重庆近代城市历史
研　究　丛　书

"十三五"重庆市重点出版物出版规划项目

重庆市出版专项资金资助项目

现代化视野下的重庆金融

1840—1949

刘志英　张朝晖◎著

重庆大学出版社

图书在版编目（CIP）数据

现代化视野下的重庆金融：1840—1949/刘志英，
张朝晖著.--重庆：重庆大学出版社，2021.10
（重庆近代城市历史研究丛书）
ISBN 978-7-5689-1867-1

Ⅰ.①现… Ⅱ.①刘… ②张… Ⅲ.①地方金融事业
—概况—重庆—1840-1949 Ⅳ.①F832.771.9

中国版本图书馆 CIP 数据核字（2019）第 242352 号

XIANDAIHUA SHIYE XIA DE CHONGQING JINRONG 1840—1949

现代化视野下的重庆金融
1840—1949

刘志英　张朝晖　著

策划编辑：雷少波　张慧梓

责任编辑：张慧梓　张家钧　　　版式设计：张慧梓
责任校对：邹　忌　　　　　　　责任印制：张　策

*

重庆大学出版社出版发行
出版人：饶帮华

社址：重庆市沙坪坝区大学城西路 21 号
邮编：401331
电话：（023）88617190　88617185（中小学）
传真：（023）88617186　88617166
网址：http://www.cqup.com.cn
邮箱：fxk@cqup.com.cn（营销中心）
全国新华书店经销
重庆俊蒲印务有限公司印刷

*

开本：787mm×1092mm　1/16　印张：42.5　字数：613 千
2021 年 11 月第 1 版　　2021 年 11 月第 1 次印刷
ISBN 978-7-5689-1867-1　定价：168.00 元

总 序

为城市存史

中国城市史学科肇始于20世纪70年代末、80年代初，是在改革开放的大潮中伴随着中国经济体制改革从农村向城市的转移而逐步发展起来的。迄今40年了。

那时，我们国家工作的重心开始了从以阶级斗争为纲到以经济建设为中心的伟大转折。在中央高层的酝酿下，提出以重庆为突破口，将国家经济体制改革的进程从农村推向城市。这涉及管理体制的重大变革，其中一个设想就是，让重庆市脱离四川省，以新体制来承担改革重任。这在当时是一件很秘密的事。因此重庆市委对外只能提"如何正确认识重庆在社会主义现代化建设中的地位和责任，更好地发挥重庆这个经济中心城市的作用"。围绕这个主题，1982年3月，以中共重庆市委研究室和重庆市经济学会的名义，召开了"发挥重庆经济中心作用讨论会"。会议的议题只有一个涉及历史——"近代以来重庆作为经济中心所发挥的作用"，希望以此论证由重庆承担国家城市经济体制改革重任的历史逻辑。会议组织者专门约请专家学者撰写了《重庆经济中心的形成及其演进》一文，用近代以来重庆城市由军政中心转变成为经济中心的历史，对重庆在当时国家经济社会发展全局中的作用进行了初步的论述。随后，《重庆日报》全文发表。由党报发表一篇城市经济史论文，不同寻常，加上坊间传闻的"重庆直辖"消息，引起了轰动。这是近代重庆城市历史研究的先声。大约一年之后，1983年2月，中央批准重庆市为全国第一个经济体制综合改革试点大城市。为了搞好这次试点，发挥重庆作为长江上游经济中心的作用，从1984年起，国家对重庆市实行经济计划单列体制，从此拉开了中国经济体制改革从农村到城市转变的大幕。

40年来，伴随着重庆城市的改革开放、发展进步，重庆城市历史研究取得了巨大的进步，在中国城市史研究领域里独树一帜。出版了《重庆开埠史》《近代重庆城市史》《重庆：一个内陆城市的崛起》《重庆通史》《权力、冲突与变革：1926—1937年重庆城市现代化研究》《当代中国城市发展丛书——重庆卷》《中国和世界历史中的重庆》《重庆历史地图集》《重庆古旧地图研究》，以及《一个世纪的历程——

重庆开埠 100 周年》、《国民政府重庆陪都史》、"重庆抗战丛书"、《重庆抗战史》、《抗日战争时期重庆大轰炸研究》[1]、《走向平等：战时重庆的外交界与中国现代外交的黎明曙光（1938—1946）》[2] 等。

40 年中，成立了重庆市地方史研究会，秉持"弘扬优秀传统文化精神，推进地方历史文化研究"的宗旨，团结培养了一大批在中国史（尤其是巴渝、三峡、移民、抗战历史文化）和中共党史、专门史等领域里成就卓著的中青年专家学者，形成了"讲政治，崇学术，重团结，推新人，出成果，走正路"的优良传统，为重庆历史文化研究的繁荣发展贡献良多。

集 40 年之经验，我以为，以城市史研究和以城市历史研究为己任的学者，只有与城市的命运紧密相连，休戚与共，才会有蓬勃的生命力和持续发展的动力。

近年来，重庆大学出版社提出了编辑出版"重庆近代城市历史研究丛书"，并被批准为"十三五"重庆市重点出版物规划项目，获重庆市出版专项资金资助。这是重庆历史学界，尤其是近现代史学界的一件大好事，是面向下一个 40 年，重整行装再出发，继续为中国的城市发展提供历史借鉴和学术支撑的重大举措。

"重庆近代城市历史研究丛书"首先确立学术性的定位，即以科学的态度、求实的精神、学术的理论方法来研究城市的历史，努力揭示其发生发展的规律，而不是宣传性、普及性读物。第二，强调原创性的品质。努力开拓研究的新领域，史料的新披露，理论和方法的新运用。不炒冷饭，不做已有成果的简单重复，努力在现有基础上再探索、再深入、再创新。第三，坚持高水平的追求。确立以原创为目标，以研究为基础，以创新为追求的丛书特色，严格审稿标准，实行匿名评审，保证公正和高水准。这是为了在新的历史条件下展现重庆近现代历史研究在新观点、新材料、新方法方面的新担当、新作为、新水平，

---

[1] 该书随后获国家社科基金中华学术外译项目资助，以《重庆大轰炸研究》为名，2016 年在日本岩波书店出版日文版。
[2] 该书英文版，2018 年由荷兰博睿出版社出版。

努力贡献新时代的标志性成果。这种高水平的追求，还有助于在重庆形成包括文献、国际、建筑、文物、影像视角在内的不同的研究群体，完善重庆历史研究的学科结构，进而形成重庆历史学界的新版图。

"重庆近代城市历史研究丛书"，在选题上继续关注传统史学的重大领域，尤其关注那些至今尚没有系统成果的重要领域，比如城市空间、金融、新闻、地图、国际文化交流等；从微观视角入手，研究那些具有典型重庆个性现象的历史领域，比如防空洞、码头、兵工企业等；还从新的史学研究前沿切入，比如用影像史学、数字史学、心理史学、遗址遗迹考据的方法等，研究重庆近现代历史；还期待对独特的城市档案（如巴县档案）和海外史料新发掘基础上的选题。

"为城市存史，为市民立言，为后代续传统，为国史添篇章"是我们研究城市历史的理念，也是我们40年前出发的初心。

不忘初心，方得始终。

与作者们共勉。

2018 年 7 月 23 日
于十驾庐

目　录

图表目录

导　论

一、近代中国金融业的现代化思考

自改革开放以来，随着中国金融体制改革的展开，从历史的角度，对近代中国金融业进行探讨，对金融与近代中国社会经济发展之间的关系进行研究，不仅能揭示近代经济产生、发展、演变的历史轨迹，更能为今天金融业务的改革与发展提供纵向比较的宝贵历史经验。自20世纪80年代以来，对近代中国金融史的研究，就成为近代中国经济史，尤其是金融史领域中的重要内容之一。特别是进入21世纪以后，随着现代金融业的发展与新史学的兴起，以及跨学科研究方法的引入，近代中国金融史研究更是受到了学术界前所未有的重视，逐渐被推向高潮，相关著作、论文大量涌现，在研究深度与广度上均有很大突破，此前的空白研究领域逐渐有所涉及，之前薄弱环节的研究也在不断加强，并取得了令人瞩目的成绩。

中国金融业的传统形态是以票号、钱庄、银号、典当等金融机构为主体，在整个近代，这些旧式金融机构虽然逐渐走向衰落，但直到20世纪40年代末，它们在中国不同地区的金融市场上仍起着不同程度的作用。与此同时，代表中国金融业现代化趋向的，以银行为主体的新式金融机构，包括证券交易所、信托公司、保险公司等，在近代中国也在逐渐发展壮大起来。然而，在近代，传统金融与现代金融之间并不是两条平行线，它们之间有着千丝万缕的联系，传统金融业在不断向现代金融转化，现代金融也是在吸收传统金融的基础上不断发展。

近代中国金融现代化，指的是近代以来，中国金融业从传统向现代化的整体转型过程。就是经过长期的探索、创新，中国金融业逐渐从传统阴影中走出来，开始迈向按现代形式组织、管理、经营的发展之路的过程。虽然近代新式的金融机构与金融业是从西方传入中国的，但中国金融现代化却并非直接或被迫移植、嫁接西方的模式，而是一个融合了现代与传统、内源与外源合力作用的过程。

尽管有关近代中国金融业的整体研究成果在近三十年的时间里，有着突飞猛进的发展，然而，从现代化角度对近代中国金融业进行思考，并做专题研究的成果却并不多，就目前学术界的研究来看，主要集中于以下几个方面：

上海在近代的相当长时间里是中国的金融中心，近代上海的金融业也是中国现代化最集中的体现，学界有关金融现代化研究的成果也主要集中于此。2002年5月27日至29日，由复旦大学历史系、上海市档案馆、香港大学亚洲研究中心联合举办的"上海金融的现代化与国际化国际学术讨论会"在复旦大学召开。此次会议共提交26篇论文，内容涉及上海金融中心地位的确立与影响、上海银行公会、近代上海的外国银行与本国银行、上海保险证券市场、上海金融风潮、上海银行家的历程等。[1]而吴景平教授在《上海金融现代化历史进程的若干思考》一文中，不仅对上海作为中国最重要的现代化金融中心，其形成和演变的历史过程做了考察，而且还对上海本土的钱庄业、外来的洋商银行、中国人自办的新式银行业，在应对中国经济与社会重大变迁和市场竞争中，实现金融制度和机制方面的现代转型，一些杰出的金融家群体为上海金融的现代化起到的重要推进作用以及金融学理和实务在近代上海的传播等问题进行了探讨。[2]

此外，学术界对近代中国金融的现代化发展情况的关注与研究，主要体现在分时段、分地域、分问题与分机构的考察中。

在分时段的研究中，代表性的成果主要有，王丹莉《银行现代化的先声——中国近代私营银行制度研究（1897—1936）》（中国金融出版社，2009年），这是一部从现代化视角对1897—1936年

[1] 吴景平、史立丽：《上海金融的现代化与国际化国际学术讨论会综述》，《历史研究》2002年第5期。
[2] 吴景平：《上海金融现代化历史进程的若干思考》，南开大学世界近现代史研究中心：《世界近现代史研究》（第三辑），北京：中国社会科学出版社，2006年，第202-215页。

中国近代私营银行的制度安排与制度创新进行深入而全面解读的专著，近代私营银行的发展是我国银行现代化的先声，该书对近代私营银行内部微观制度结构与外部制度环境、近代私营银行与政府的关系模式以及竞争对手与产业集聚等问题进行了系统考察。马华《北洋政府时期中国金融现代化研究——以银行业为例》（郑州大学硕士学位论文，2007 年），通过对北洋政府时期作为金融主体的中国银行业发展及其原因的探索，考察其在发展过程中所体现的现代化特征，并分析在当时中国特定环境下，阻碍早期中国金融业发展的一些因素。赵秀芳《抗战前十年中国金融业的现代化趋向》（《文史哲》，2003 年第 4 期），探讨了抗战爆发前十年间，国民政府建立现代化国家金融体系，金融界引入科学体制并直接参与企业经营管理，推动金融现代化的进程。郝明超《1927—1937 年中国金融制度现代化研究》（哈尔滨工业大学硕士学位论文，2014 年），依据南京国民政府的历史档案文献，对1927—1937 年南京国民政府的金融制度现代化进行了较为全面的探究，阐释了这一时期南京国民政府的金融制度现代化具有路径依赖性和政府垄断性两个突出特点，剖析了南京国民政府的金融制度现代化对近代中国历史发展的积极意义，尤其是统一货币和明晰银行职能，有利于近代中国经济现代化的发展。

在分地域的研究中，除了上述关于上海金融现代化的研究成果之外，主要的成果还有，朱智文、杨红伟《20 世纪上半叶甘肃金融现代化进程评议(上)——基于制度变迁的考察》（《甘肃社会科学》，2007 年第 6 期）及杨红伟、李浩功《20 世纪上半叶甘肃金融现代化进程评议（下）——基于制度变迁的考察》（《社会纵横》，2015 年第 7 期），集中对 20 世纪上半叶甘肃金融现代化的早期历史进程进行了简要梳理，认为由于现代金融制度的外在强制性的根本缺陷，导致现代性的金融组织往往不得不依附于政治权力，并随政治权力的变化而发生流转。相反，传统的金融机构却因其诱致性的特点，受到市场的欢迎，表现出强大的生命力。两方面作用的合力，不仅决定了甘肃早期金融现代化进程的艰难困窘，并最终导致其发展陷入难以为继的局面，也在根本上决定其不可能在近代甘肃经济发展中扮演有效的推进剂的角色。这两篇文章更多的是借鉴了经济学的一些相关理论，但对近代以来的甘肃金融发展演变的历史进程缺少更多实证的考察。而王巍《民国时期兰州金融近代化研究》（西北师范大学硕士学位论文，2013年），从现代化的视角探讨了作为西北地区甘肃省省会城市——兰州市的金融业在民国时期的发展与演变的历史脉络。

在分问题的研究中，主要的成果有，兰日旭《中国金融现代化之路——以近代中国商业银行盈利性分析为中心》（商务印书馆，2005年），该书选择近代中国金融业中最重要的组成部分——商业银行的现代化进行研究，在探讨商业银行现代化的过程中，又牢牢抓住制约商业银行生存、发展、壮大的核心——盈利性问题展开分析，厘清了金融现代化的发展历程，通过对近代中国商业银行从产生到发展40年间（1897—1937年）盈利性行为的考察，认为中国金融现代化并非直接或被迫移植、嫁接西方模式，而是一个融合了现代与传统、内源与外源合力作用的过程。张建涛《南京国民政府时期四川农村金融的现代化转型初探》（《云南财经大学学报》（社会科学版），2009年第2期），梳理了南京国民政府时期四川省农村出现的现代化金融机构和现代化的金融业务，探讨了四川传统农村金融向现代化的转型及其作用。还有学者对近代（主要是抗战时期）西北农村资金融通由传统借贷的方式向现代农村金融合作方式转变及其实施效果进行了研究。[1]

在分机构的研究中，以银行为主体进行了考察，有研究者以银行立法为视角，对南京国民政府中央银行的现代化演进进行单线式的法律制度层面的深入考察与理论分析，特别是对抗战时期中央银行在金融现代化进程所扮演的角色进行了较为深入的考察；还有学者以国民政府的国家专业银行——中国农民银行为中

---

[1] 王颖：《近代西北农村金融现代化转型初论》，《史林》2007年第2期。

心，考察和评价其对农村金融现代化的推动作用。[1]

总体而言，现有的学术界对近代中国金融现代化研究，从时段上看，主要集中在抗战爆发前，而对抗战爆发之后的金融现代化研究相对薄弱，同时还缺乏将近代拉通，从长时段完整考察近代中国或某一地区、某一城市的金融现代化发展演变的历史进程。从研究地域上看，主要集中于以上海为中心的东中部城市，此外对西北地区的甘肃省、四川省也有所考察，而对于其他地区与城市，特别是广大内陆地区以及这些地区中的中心城市的金融现代化历程却很少有系统而全面的论述。从研究者掌握和使用的资料来看，对大量体现金融现代化的档案文献与民国专题著述、报刊文献等还缺乏系统整理与利用，留下了许多可供探究的空间。

本书在充分吸纳前人研究的基础上，尽可能掌握较为充分的第一、二手资料，从金融现代化的角度入手，展现作为内陆城市代表的重庆，在近代的不同时段，其金融业从传统向现代化发展的历史进程，并试图探寻中国西部地区金融业从传统趋向现代化的艰难发展历程与轨迹，及其特殊性与基本规律。探讨一个内陆城市在近代长时段历史时期的金融改革举措及其得失，以及金融现代化过程中的经验教训，为当今深化金融体制改革、加强城市金融现代化管理等寻求历史的借鉴与启迪。

二、近代重庆金融现代化的研究现状

重庆位于长江上游与嘉陵江交汇之处，交通便利，是著名的水路码头。四川、云南、贵州等西南省份，还有陕西、甘肃等西北省份的进出物资，大都经此集结转运，这里历来商贸繁盛，金融发达。不过，由于重庆地处西部，前清时期，仍属于典型的中

----

[1] 相关研究成果主要有：魏浩然：《中国中央银行的现代化（1928—1945）——以银行立法为视角》，硕士学位论文，广西师范大学，2005 年；邹晓昇：《中国农民银行与农村金融现代化》，硕士学位论文，河北大学，2003 年。

国内陆城市，近代以来，其金融业相对于东部沿海地区显得落后，票号、钱庄、当铺等旧式封建金融机构占据着主导地位，但是代表着金融业现代化趋向的以银行为主体的新式金融机构，在清末民初的重庆也有零星出现，代表着西部地区的金融业也在缓慢地向现代化方向迈进。在这一过程中，重庆金融业虽以传统金融业为主体，但它们也并非完全封闭，与以上海为中心的东部现代化金融业还是存在着千丝万缕的联系，作为中国内陆城市的重庆，在全面抗战爆发以前，其金融业在发展过程中已经显现出了某些现代化的特征。

全面抗战爆发后，国民政府被迫将整个金融系统迁移到相对落后、以传统金融业占主导地位的大后方。随着国民政府的西迁，现代化金融机构纷纷移植重庆，当时国家金融机构的"四行二局"先后将总行、总局迁到重庆。商业银行中的精华——"南三行""北四行"与"小四行"等主要银行也到重庆筹设分支机构，甚至直接将总行迁往重庆，保险机构聚集重庆，促使重庆金融业向现代化方向的发展。战时中国金融中心从上海向重庆的转移，还带动了现代金融机构在西南西北地区的迅速发展。虽然战后金融中心又从重庆转移回到了上海，但重庆在近代中国金融业中的重要地位以及在西部地区的金融中心地位还是不可动摇的，近代以来重庆的金融现代化发展，为当代重庆金融业的崛起与西部金融中心的重构奠定了坚实基础。

目前学术界有关近代重庆金融业的研究，已经取得了相当的成果，从研究专著来说，早在 20 世纪 90 年代初期，《重庆金融》（上、下卷，重庆出版社，1991 年），其中上卷主要分货币、金融、共产党在重庆金融界的活动、重庆金融人物四个方面，对1840—1949 年重庆的金融状况进行了叙述。黄立人的系列研究论文集《抗战时期大后方经济史研究》（中国档案出版社，1998年），既有对大后方经济的总体考察，也有对某一领域、某一方面的局部探索，其中对重庆金融的研究主要涉及四联总处，对四联总处的产生、发展和衰亡做了较为深入的考察，代表了这一领域的科研成就和学术水平。隗瀛涛、周勇等展开了对大后方中心城市——重庆的研究，相继出版的《重庆开埠史》（重庆出版社，1983年）、《近代重庆城市史》（四川大学出版社，1991年）等学术专著及论文集《重庆城市研究》（四川大学出版社，1989年），在以重庆为中心的大后方经济（包括金融）方面取得了重要的研究成果。中国民主建国会重庆市委员会、重庆市工商联合会文史资料工作委员会的重庆工商系列史料，其中第六辑《聚兴诚银行》（西南师范大学出版社，1984年）和第七辑《重庆5家著名银行》（西南师范大学出版社，1989年）介绍了重庆6家著名的商业银行，分别是聚兴诚、美丰、川康、川盐、重庆、和成，即六大川帮银行，对川帮银行的发展历史进行专题介绍，并阐述了相关史实。刘志英、张朝晖等出版的《抗战大后方金融研究》（重庆出版社，2014年）一书中也有大量内容涉及近代重庆的金融业，其中，对抗战时期重庆金融中心的形成，抗战时期的重庆本地商业银行——聚兴诚银行、四川美丰银行、川盐银行等，近代重庆的金融市场——证券与保险等，以及重庆金融业同业公会中的重要组织——重庆银行公会，分别做了较为深入的专题探究。

在研究论文方面，自20世纪80年代以来，涉及近代重庆传统金融机构、新式金融机构以及金融市场等方面，学术界都有相关的考察与研究，也取得了较为丰硕的成果。有关近代重庆的传统金融机构的研究主要集中在钱庄业方面，既有对抗战爆发前重庆钱庄业的研究，也有对整个民国时期重庆钱庄业的整体考察和研究，还有对钱庄个案如和成钱庄的现代化转变的分析。[1] 在这些研究中，有的学者直接从现代化的角度去考察个别钱庄如和成钱庄是如何从钱庄改组成银行，完成从传统向现代化的转型；有的学者虽然没有明确从现代化视角去考察分析近代重庆钱庄的变

---

[1] 对重庆钱庄业的研究主要体现在以下成果中：唐学锋，《抗战前的重庆钱庄》，《成都大学学报》（社会科学版）1991年第2期；陈敏，《民国时期的重庆钱庄业》，硕士学位论文，四川大学，2003年；吕树杰，《和成钱庄的现代化变革》，《重庆交通大学学报》（社会科学版）2015年第6期。

迁，但在行文中也不能脱离这个话题。无论是抗战前的重庆钱庄，还是整个民国时期的重庆钱庄，其发展与演变的整个历程都难以脱离从传统向现代化的不断转变。除了钱庄之外，还有学者在研究民国时期四川的典当业时，对重庆的典当业也做了相应的考察。[1]

有关近代重庆金融业的研究，改革开放之后取得了重大突破，特别是吸引了不少青年学者的注意，这集中体现在不少博士、硕士论文的选题上，内容的涉及面十分广泛，既有新式金融机构的主体——银行业与保险业的整体与个案研究，也有金融地域分布、金融建筑的考察。在博士论文中，时广东《1905—1935：中国近代区域银行发展史研究——以聚兴诚银行、四川美丰银行为例》（四川大学博士学位论文，2005 年），以聚兴诚和四川美丰两家银行的个案介绍与分析，论证在近代中国西部区域银行发展史中，一般普通商业银行、中外合资银行的生存环境、历史遭遇、演变轨迹以及个性特征。力图通过这样的实证分析，较为深入地探讨作为中国内陆区域四川银行业的发展水平和程度，评价近代四川银行业在整个中国区域银行业发展史上的历史地位、作用和影响。栾成斌《川渝地区金融地理研究（1890—1949）》（西南大学博士学位论文，2014 年），从历史地理的角度，对 1890 年重庆开埠之后的川渝地区的金融地理格局发生的一系列变迁做了探讨，认为从成都向重庆的一级金融中心的转移，到通过转口贸易的带动与第一层级金融中心的辐射，形成了川渝内部四大二级金融区，即以万县为中心的川东金融区，以南充为中心的川北金融区，以泸县为中心的川南金融区和以康定为中心的川西康藏金融区。在硕士论文中，李睿《重庆近代金融建筑研究》（重庆大学硕士学位论文，2006 年）、杨朋辉《川盐银行业务变迁研究（1937—1945）》（西南大学硕士学位论文，2010 年）、黄艳《聚兴诚银行的经营理念与特色（1937—1945）》（西南大学硕士学位论文，

---

[1] 秦素碧：《民国时期四川典当业研究》，硕士学位论文，四川大学，2003 年。

2011 年）、芦智龙《聚兴诚银行业务变迁研究（1937—1945）》（重庆师范大学硕士学位论文，2012 年）、屈利伟《抗战时期重庆保险业研究（1937—1945）》（西南大学硕士学位论文，2012 年）、姜帅《四川美丰银行研究（1922—1950）》（西南大学硕士学位论文，2013 年）、付晓飞《抗战时期大后方金城银行研究》（西南大学硕士学位论文，2015 年）、吕树杰《和成银行研究》（西南大学硕士学位论文，2016 年）等，集中对近代以来重庆从传统金融组织到新式金融组织的建筑选址、总体风格、建筑功能和特点进行了研究，对重庆本土银行——川盐、聚兴诚、四川美丰、和成等，战时内迁银行——金城等，以及战时重庆保险业做了专题的个案考察。这些研究对加深重庆金融业的认识有着重要的意义。

此外，近年来学者们发表的研究性论文中，也有不少涉及近代重庆金融的研究。刘方健《近代重庆金融市场的特征与作用》（《财经科学》，1995 年第 3 期），对近代以来重庆金融市场的构成、特征与作用进行了阐述。时广东《军阀控制时期的四川美丰银行》（《社会科学研究》，2004 年第 6 期），重点探讨了 1927 年四川美丰银行从中美合资转为华股独资的一般商业银行之后，为了生存和发展，美丰银行不得已走上与四川地方军阀合作的道路，并积极地参与军阀所布置的各种金融活动。较为详尽地描述了 1927 年至 1935 年四川美丰银行与地方军阀合作的历史，以个案形式分析并总结近代中国一般商业银行在军阀控制下生存发展的独特规律和特点。刘志英《抗战大后方重庆金融中心的形成与作用》（《中国社会经济史研究》，2013 年第 3 期），对重庆从抗战前的西部区域性金融中心，到抗战时期的大后方金融中心的转变，以及重庆作为金融中心对整个抗战大后方的影响和作用进行了探究。刘志英、杨朋辉《抗战爆发前的重庆银行公会》（《西南大学学报》，2010 年第 3 期）与张天政、李冬梅《20 世纪 40 年代前期重庆银行公会对政府金融法规的因应》（《中国经济史研究》，2013 年第 1 期），通过对战前及战时的重庆银行公会发展与演变的历程进行了梳理，揭示出重庆银行公会在抗战爆发前与抗战时期所起到的不同作用。 日本学者林幸司《日中战争与重庆银行业》（《抗日战争研究》，2013 年第 4 期），梳理了近代重庆的经济体系，进而探讨了中日战争时期重庆地区银行业的环境变化以及银行业的应对过程。

以上有关近代重庆金融业的研究，在不同层面上展示了重庆金融业从传统向现代化转变的历程，然而，直接以金融现代化为题，对近代以来重庆金融业的现代化程度进行系统分析与考察的研究成果还是相对不足。 因此本书将在吸收前人已有研究成果的基础上，以金融现代化为主线，对近代重庆金融业展开探究，并将重庆置于近代中国历史发展演变的大环境之中，考察重庆在全国各城市之间的金融地位，这不仅需要了解近代重庆金融发展的基本情况，还必须将重庆与其他城市进行比较，特别是重庆与近代中国金融中心——上海进行比较与互动，从而对近代重庆金融现代化程度作出较为客观与公正的评价。

三、本书的研究框架、资料来源及学术创新

在总结前人研究的基础上，本书将在现代化视阈下，对近代重庆金融业的产生、发展与演进历程做一个较为全面而系统的梳理，除导论与结语之外，本书将分八章进行研究，首先是按照时间顺序，分四个阶段六章对晚清时期、民国初期到全面抗战爆发前、全面抗战时期、抗战结束之后到中华人民共和国成立之前，重庆金融业是如何从传统向现代化转变的历程进行分阶段的梳理与研究。 其次是分两章，按照问题分专题考察近代以来重庆金融业的行业自律、金融家与金融人才对重庆金融现代化的贡献。

史料是历史研究的基石，离开了史料的发掘和利用，史学研究就失去了生存的基础，就不可能成为科学，任何一位严肃的史学工作者都会非常重视对史料的发掘、收集和利用。 本书的研究十分重视对史料的搜集、整理与利用，在研究中主要运用的史料

归结起来有以下几类。

（一）档案类资料。档案是记录人们历史活动最直接、最原始的材料。在近现代史的研究中，档案史料的真实可靠程度最高，得到研究者的广泛运用，不利用档案是难以成为信史的。档案资料又分为已刊档案与未刊档案两大类。

目前与近代重庆金融直接相关的已刊档案资料，主要集中在抗战时期。如对国民政府的经济金融中枢决策机构四联总处史料的整理和出版。四联总处即中央、中国、交通、农民四银行联合办事总处的简称。它创立于 1937 年 7 月，撤销于 1948 年 10 月，历时 11 年，其中在重庆的时间最长，从 1938 年迁到重庆，到 1946 年迁回上海，历时 8 年。在重庆期间，它经过两次改组，成为国民政府金融财政领域的中枢决策机构，权重一时，对战时国统区特别是大后方的经济金融制度和政策的制定与实施产生过重大影响。因此，四联总处及其在重庆的活动，不仅对研究重庆金融，而且对研究抗战时期国民政府的经济金融史都具有深远意义。现有对四联总处的史料整理与出版主要有：重庆市档案馆、重庆市人民银行金融研究所《四联总处史料》（上、中、下三卷，档案出版社，1993 年），该书所辑史料以重庆市档案馆馆藏档案为主，其内容以四联总处理事会会议议事日程和记录为主，为补充档案资料之不足，选用了部分四联总处当时编印的内部参考资料以及当时的报刊资料作为补充，这些史料不仅较为全面地反映了四联总处产生、发展和衰亡的历史过程，而且比较系统地反映了国民政府决策和处置重大的金融、经济问题的基本情况。中国第二历史档案馆《四联总处会议录》（共 64 册，广西师范大学出版社，2003 年），书中收录从 1939 年 10 月至 1948 年 10 月 372 次例会及若干次临时会议中 379 次会议的文件，包括议事议程（报告事项、讨论事项、临时提议事项、附件）和会议记录，翔实地记录了国民政府金融经济政策的演化过程。有关四联总处的档案史料的整理出版，是研究抗战时期重庆金融不可或缺的第一手史料。

此外，重庆市档案馆、重庆师范大学《中华民国战时首都档案文献》(第五卷·战时金融,重庆出版社,2008年),收录了战时首都金融概况、战时首都的金融市场、战时首都的金融组织以及战时首都个体银行举例等方面的档案文献;中国第二历史档案馆、中国人民银行江苏省分行、江苏省金融志编委会《中华民国金融法规选编》(档案出版社,1989年);重庆市档案馆《抗日战争时期国民政府经济法规》(档案出版社,1992年);中国人民政治协商会议西南地区文史资料协作会议《抗战时期西南的金融》(西南师范大学出版社,1994年);重庆市档案馆《抗战时期大后方经济开发文献资料选编》(2005年内部资料);中国人民银行总行参事室《中华民国货币史资料》第一辑(1912—1927)(上海人民出版社,1986年);吴冈《旧中国通货膨胀史料》(上海人民出版社,1958年);四川联合大学经济研究所、中国第二历史档案馆《中国抗日战争时期物价史料汇编》(四川大学出版社,1998年),也有不少关于重庆货币、金融历史方面的史料。 金融机构方面史料:洪葭管《中央银行史料(1928.11—1949.5)》(中国金融出版社,2005年);中国银行总行、中国第二历史档案馆《中国银行行史资料汇编》(档案出版社,1991年);交通银行总行、国家历史档案馆《交通银行史料第一卷(1907—1949)》(中国金融出版社,1995年);中国人民银行金融研究所《中国农民银行》(中国财政经济出版社,1980年);中国人民银行上海市分行金融研究室《金城银行史料》(上海人民出版社,1983年);中国民主建国会委员会、重庆市工商业联合会文史资料工作委员会《聚兴诚银行》(西南师范大学出版社,1988年)等。

除了以上这些已经刊出的档案文献资料外,与近代重庆金融直接相关的大量未刊金融档案,主要保存在重庆市档案馆,金融类的档案资料是重庆市档案馆馆藏中的重要组成部分,有政府相关管理部门的资料,也有重庆市商会、银行业同业公会、银钱业放款委员会等行业自律管理部门的资料,更有大量金融机构的个体资料,包括国家银行、省级银行、商业银行等新式银行,信托业、保险业、证券业等新式近代化金融机构,还包括传统金融机构钱庄等的资料，内容十分丰富，是研究近代重庆金融变迁历史的重要史料来源。重庆市档案馆未刊史料中与金融直接间接相关的主要集中在下面的这些卷宗里（见表0-1）。

表0-1　重庆市档案馆藏与近代重庆金融相关的档案全宗统计表

全宗号	全宗名称	起止时间	卷数
0015	财政部	1938—1949	272
0016	国库署	1940—1946	602
0084	重庆市商会	1940—1950	700
0085	重庆市各商业同业公会	1930—1949	1037
0086	重庆市银行商业同业公会	1933—1949	487
0281	重庆市银钱业放款委员会	1943—1945	31
0282	中央银行	1937—1949	175
0283	交通银行	1920—1950	1501
0284	中国农民银行	1942—1949	200
0285	中央银行、中国银行、交通银行、中国农民银行联合办事处	1937—1948	807
0286	中央银行重庆分行	1928—1950	4232
0287	中国银行重庆分行	1915—1951	11960
0288	交通银行重庆分行	1917—1950	6295
0289	中国农民银行重庆分行	1933—1950	6370
0290	邮政储金汇业局重庆分局	1939—1950	1926
0291	重庆市合作金库	1941—1949	816
0292	中央银行、中国银行、交通银行、中国农民银行联合办事总处重庆分处	1937—1948	548
0293	太平洋保险股份有限公司重庆分公司	1944—1948	105
0294	中央信汇局重庆分局	1944—1948	105
0295	聚兴诚商业银行	1913—1955	5021
0296	美丰商业银行	1921—1960	2446
0297	川盐银行	1930—1954	4368
0298	川康平民商业银行	1938—1954	1650
0299	重庆市银行	1946—1950	475
0300	和成银行股份有限公司	1934—1953	4302

全宗号	全宗名称	起止时间	卷数
0301	永成银行股份有限公司	1942—1950	239
0302	大夏商业银行股份有限公司	1942—1957	22
0303	华康商业银行股份有限公司	1941—1950	27
0304	金城银行重庆分行	1929—1953	3838
0305	中国工矿银行重庆分行	1942—1950	1713
0306	中国通商银行重庆分行	1942—1954	157
0307	中国实业银行重庆分行	1938—1952	514
0308	中国农工银行重庆分行	1934—1949	909
0309	中国国货银行重庆分行	1939—1949	34
0310	上海商业储蓄银行重庆分行	1931—1952	3131
0311	浙江兴业银行重庆分行	1936—1952	558
0312	中南银行股份有限公司重庆支行	1935—1949	485
0313	大川商业银行	1941—1950	363
0314	四明商业储蓄银行重庆分行	1941—1952	610
0315	大陆银行重庆支行	1938—1952	56
0316	新华信托储蓄银行重庆分行	1935—1952	816
0317	建业银行重庆分行	1944—1952	384
0318	胜利商业银行	1942—1952	41
0319	银行档案汇集	1938—1949	74
0320	全国省银行重庆联合通汇处甘肃组	1947—1950	49
0321	上海信托公司渝庄	1939—1949	65
0322	钱庄全宗汇集	1935—1952	90

重庆市档案馆馆藏资料十分丰富，爬梳整理不易，在本书的写作中，仅部分运用了其中的相关资料，在今后的研究中，档案文献的运用还将进一步加强。

此外，上海是近代中国的金融中心，近代重庆设立的不少金融机构在上海都有分支机构。抗战时期，上海的金融机构，如四联总处、四行二局国家行局以及重要的商业银行，均随国民政府迁都重庆而内迁，因此，上海市档案馆中也保存有不少与近代重庆金融相关的资料，由于时间的限制，未能进行很好的搜集和整理，在本书中仅有少量的利用。

台北国史馆中保存的档案，是国民政府 1949 年败退台湾时从大陆运走的，台北国史馆与南京中国第二历史档案馆合在一起，才是完整的民国档案，作者曾于 2013 年去台北国史馆做过档案文献的查询，本书也利用了其中与抗战时期重庆金融相关的档案文献。

（二）民国著述中有关近代重庆金融的史料。民国时期，出版了各级各类的金融类图书与期刊，这部分资料，对认识和研究当时的历史有着重要的参考价值，本书将现在能搜集到的与近代重庆金融相关的图书和报刊进行分类整理和介绍。

民国时期出版的与近代重庆金融相关的图书，大致可以分为三类：一是年鉴类，二是资料类，三是著作类。

年鉴类主要为当时的经济、金融类年鉴。主要有《财政年鉴》（1935 年、1945 年）、《财政金融大辞典》（1937 年）、《中国经济年鉴》（1936 年、1947 年）、《中国金融年鉴》（1939 年、1947 年）、《全国银行年鉴》（1934 年、1935 年、1936 年、1937 年）、《保险年鉴》（1935 年）、《中国保险年鉴》（1936 年）、《四川省合作金融年鉴》（1937 年、1938 年、1939 年）、《中外经济年报》（1938 年、1939 年、1940 年）、《民国卅年实用国民年鉴》（1941 年）、《陪都工商年鉴》（1945 年）、《中国工商要览》（1948 年）等。

其中尤其值得一提的是《全国银行年鉴》与《中国金融年鉴》。《全国银行年鉴》由中国银行经济研究室编辑和出版，始自 1934 年，终于 1937 年，共出版 4 次，反映了 1934—1937 年上半年全国银行业的概况，前两年的编排以银行业各项内容为"正编"，以其他金融机构包括外商银行、钱庄与银号、信托公司、储蓄会与银公司、典当为"附编"。后两年做了调整，分三大部分，第一部分上篇为总览，包括全国银行现势之统计与说明、中央及特许银行、省市立银行、商业储蓄银行、农工银行、专业银行、华侨银行、外商银行、其他金融机构、各地银行调查。第二部分中篇为各地金融，包括华东、华北、华中、华西、华南、东北、西北等地金融和国外金融。第三部分下篇为统计法规及其他，包括银行统计、银行法令、银行规程、银行年报、银行日志、银行论著索引。该年鉴征集资料全面，调查广泛，内容翔实，统计数字尤具权威，特别是对了解全面抗战前重庆金融机构的分布与金融业的发展情况，以及它在中国金融业中的地位和作用有着重要的价值。惜因全面抗日战争爆发，中国银行总管理处亦由上海内迁重庆，如此规模巨大的全国性银行年鉴，限于战时条件，未能继续编辑出版。

《中国金融年鉴》，是继《全国银行年鉴》停刊后，全面反映战时中国金融业的大型资料汇编，1939 年版的资料搜集到 1938 年 6 月止，内容分为：现阶段之我国金融业、全国金融机关调查、金融统计、列强金融业在中国、金融日志、金融法规。1947 年版的资料搜集到 1947 年 7 月止，分为三编：第一编总述，叙述战前、战时、胜利以后之全国金融实况；第二编调查，将全国银行、钱庄、信托、保险业，合作金库以及其他金融业之总分支机构，分列其简史、地址、资本、组织、负责人等；第三编附录，分文献、法规、日志三种。该年鉴资料翔实，卷帙浩繁，为研究战前、战时重庆金融业留下众多有价值的史料。

总之，以上这些年鉴都是当时的经济、金融类机构组织编写的，真实地记录和反映了当时中国金融的本来面目，是研究近代重庆金融的珍贵史料。

资料类重要的有：财政评论社《战时财政金融法规汇编》（1940 年），财政部地方财政司《十年来之地方财政》（1943 年），财政部财政研究委员会《十年来之财政金融研究工作》（1943 年），财政部钱币司《十年来之金融》（1943 年），财政部参事厅《孔兼部长就职十周年纪念文辑》（1943 年），经济部统计处《重庆市资金分配情形》（1943 年），联合征信所重庆分所《重庆银钱业一览》（1939 年），全国经济委员会《四川考察报告》（1935 年），四联总处秘书处《中中交农四行联合办事总处三十年度农贷报告》（1941 年）、《四联总处三十一年度办理农业金融报告》（1942 年）、《四联总处四川省农贷视察团报告书》（1942 年）、《四联总处农业金融章则汇编》（1943 年）、《四联总处重要文献汇编》（1947 年）、《四联总处文献选辑》（1948 年）及《四联总处重要文献汇编》，中央银行经济研究处《全国银行人事一览》（1936 年）、《卅年上半期国内经济概况》（1941 年）、《卅一年上半期国内经济概况》（1942 年）、《卅二年上半期国内经济概况》（1943 年）、《金融法规大全》（1947 年），四川省政府《四川省概况》（1939 年），四川省政府财政厅金融统计组《四川省货币流通情形调查统计》（1937 年），重庆市政府《重庆要览》（1945 年），西南经济调查合作委员会《四川经济考察团考察报告（第四编）金融》（1939 年）、中国国民党中央执行委员会宣传部《抗战六年来之财政金融》（1943 年），中国国民党中央宣传部《四年来的经济建设》（1941 年），中国国民党中央中国经济学社《战时经济问题》（1940 年），中国经济学社《战时经济问题续集》（1941 年），中央银行稽核处《全国金融机构一览》（1947 年），中国农民银行《四川省农村经济调查报告第一号总报告》（1941 年）、《四川省农业金融：四川省农村经济调查报告（第 4 号）》（1941 年）及《中国农民银行之农贷》（1943 年），中国通商银行《五十年来之中国经济》（1947 年），中国银行《重庆经济概况（民国十一年至二十年）》（1934 年），金城银行《金城银行办事处章程》（1940 年）、《金城银行办事章程汇编（第一辑）》（1942 年）、《金城银行营业报告：民国三十三年份》（1944 年）、《金城银行营业报告：民国三十四年份》（1945 年），北碚农村银行《北碚农村银行银行报告书》（1937 年），董文中《中国战时经济特辑续编》（1940 年），杨宗序《金融：四川内地金融考察报告》（1939 年），杨晓波《四川省银行工作报告：民国三十一年度》（1942 年），张肖梅《四川经济参考资料》（1939 年），赵廩《金融法规续编》（1942 年）等。

以上这些是由当时的财政部、经济部、四联总处、各地方政府及相关经济、金融机构组织以及个人编写的经济金融类法规、文献汇编、调研考察报告、统计资料、业务报告、金融概况、金融机构的沿革历史等资料，生动展示了当时金融发展的各个方面，为深入探讨和研究战时大后方金融中心重庆的金融现状与各类金融机构的具体个案都提供了丰富可靠的珍贵文献资料。

著作类涉及近代重庆金融业的大致包括以下几类：一是关于宏观金融及金融制度方面的研究著述，重要的如：中国银行《四川之金融恐怖与刘湘东下》（1935 年），魏友棐《现阶段的中国金融》（1936 年），瞿荆洲《非常时期之金融》（1937 年），蒋舜年《战时金融》（1937 年），贾士毅《抗战与财政金融》（1938 年），周宪文、孙礼榆《抗战与财政金融》（1938 年），辜遂《我国战时金融》（1940 年），高文潮《金融统制与中国》（1941 年），钱承绪《中国金融之组织：战前与战后》（1941 年），孔祥熙《抗战以来的财政》（1942 年）、《四年来的财政金融》（1941 年）及《最近之财政金融》（1944 年），杨荫溥《本国金融概论》（1943 年），郭家麟《七年来中国金融史略》（1943 年），中央银行经济研究处《十年来中国金融史略》（1943 年），邹宗伊《中国战时金融管制》（1943 年），顾翊群《最近之财政金融》（1943 年），黄美健《战时金融之研究》（1944 年），罗敦伟《中国战时财政金融政策》（1944 年），杨寿标《工业建设与金融政策》（1945 年），陈晓钟《抗战金融论集》（1946 年），周宪文、孙礼榆《抗战与财政金融》（1948 年），潘恒勤《金融问题讨论集》（1948 年），刘善初《经济与金融》（1949 年）等。

二是关于分类金融业务的专题研究著述：林和成《中国农业金融概要》（1936 年），中央银行经济研究处《中国农业金融概要》（1936 年），叶谦吉《合作金库制度之意义与建立》（1941 年），孙冰叔《改进我国现阶段农业金融机构之商榷》（1942 年），张绍言《合作金融概论》（1944 年），陈颖光《合作金融》（1945 年），魏容先《中国战时农业金融论》（1945 年），重庆市社会局《重庆市合作事业一览》（1940 年），重庆市合作金库《重庆市合作金库概况》（1944 年）等。

三是关于金融机构的专题研究著述：周葆銮《中华银行史》（1919 年），孙德全《银行揽要》（1919 年），潘子豪《中国钱庄概要》（1931 年），施伯珩《钱庄学》（1931 年），李道南《我国银行业之今昔》（1932 年），吴承禧《中国的银行》（1934 年），王志莘《中国之储蓄银行史》（1934 年），姚曾荫《战后银行组织问题》（1940 年），褚玉亭《专业化后之中央银行》（1942 年），交通银行总管理处《各国银行制度及我国银行之过去与将来》（1943 年），寿进文《战时中国的银行业》（1944 年），徐继庄《本行沿革及组织》（1941 年），中国农民银行行员训练班《本行沿革组织及其使命》（1942 年），朱斯煌《银行经营论》（1939 年），卓宜谋《新县制与县乡银行》（1941 年），徐学禹、丘汉平《地方银行概论》（1941 年），郭荣生《中国省银行史略》（1944 年），彭俊义《县银行的业务与会计》（1944 年）、《中国省地方银行概况》（1945 年），刘佐人《省地方银行泛论》（1946 年），沈长泰《省县银行》（1948 年）等。

　　四是关于战时货币问题与金融市场的专题著述：刘大钧《非常时期货币问题》（1940 年），魏友棐《法币问题》（1941 年），杨锡勇《两年来我国外汇政策之检讨》（1939 年），石服邦《抗战来我国外汇变动与物价变动之关系》（1940 年），吴毓英《外汇平准基金》（1941 年），童蒙正《中国战时外汇管理》（1944 年），杨承厚《重庆市票据交换制度》（1944 年），交通银行总管理处《金融市场论》（1947 年），陈郁《对于吾国保险之管见》（1944 年）等。

　　此外，在一些有关经济、财政问题的著述中也有大量重庆金融方面的资料，如马寅初《抗战与经济》（1938 年），王亚南《战时经济问题与经济政策》（1938 年），杨汝梅《国民政府财政概况论》（1938 年），粟寄沧《中国战时经济建设论》（1939 年），叶笑山、董文中《中国战时经济特辑》（1939 年、1940 年），闵天培《中国战时财政论》（1940 年），沈雷春、陈禾章《中国战时经济建设》（1940 年），朱通久《战时经济问题》（1940 年），翁文灏

《抗战以来的经济》（1942 年）及《中国经济建设概论》（1943 年），吴景超《中国经济建设之路》（1943 年），张锡昌、陈文川等《战时的中国经济问题》（1943 年），蒋君章《战时西南经济问题》（1943 年），何辑五《十年来贵州经济建设》（1947 年），谭熙鸿《十年来之中国经济》（1948 年），朱斯煌《民国经济史》（1948 年）等。

以上著述中涉及近代重庆金融业的各个方面，如重庆金融业的整体发展，金融政策与制度的建立，各类金融机构如银行、钱庄、典当等的发展情况；币制、物价与各类金融市场，如货币、外汇、票据、保险等的发展情况，这些前人的研究和著述，为今天研究这段历史提供了弥足珍贵的资料。

（三）民国期刊中有关重庆金融的史料。 民国出版的报刊资料：目前已搜集到的与重庆金融直接相关的报刊资料共计有 50 多种，其中最为重要的有，由专业银行组织专门的经济研究室进行编辑出版的经济、金融专业期刊，如中央银行经济研究处《金融周报》（1936 年—1949 年）、《经济汇报（半月刊）》（1939 年—1945 年），中国银行总管理局《中行农讯（重庆）》（1941 年—1942 年），重庆中国银行《四川月报》（1932 年—1938 年），交通银行总管理处《交通银行月刊》（1939 年—1940 年），中国农民银行经济研究处《本行通讯》（1941 年—1947 年），四川省银行经济调查室（1935 年 12 月前为四川地方银行经济调查部）《四川经济月刊》（1934 年—1943 年）、《四川经济季刊》（1943 年—1947 年）及《四川经济汇报》（1948 年—1949 年），华侨银行经济调查室《华侨经济季刊》（1941 年），四川省银行《四川省银行行务月刊》，聚兴诚银行总管理处《聚星（月刊）》（1925 年—1949 年）等。

由其他金融机构及金融学会组织编辑出版的金融专业期刊，邮政储金汇业局（重庆）《金融知识》（1942 年—1944 年），银行学会《金融导报》（1939 年—1941 年），四川合作金库《四川合作金融季刊》（1940 年—1942 年），重庆市银行业学谊励进会《银励》（1939 年—1941 年），银行学会《银行周报》（1917 年 5 月—

1949年），重庆联合征信所《征信新闻（重庆）》（1946年—1948年）等。

由政府机构及行业协会等组织编辑出版的经济、金融类专业期刊，有国民政府工商部工商访问局《工商半月刊》（1929年），财政部金融研究委员会《金融季刊》（1944年），云南省财政厅财政经济编辑室《财政经济》（1945年—1946年），四川省政府（成都）《四川统计月刊》（1939年—1946年）等。

也有由各种经济协会与组织，高校经济学系等编辑出版的经济、金融类专业期刊，如由四川经济学会、重庆市商会出版《经济杂志》（1936年），重庆新经济半月刊社《新经济（半月刊）》（1938年—1945年），财政评论社《财政评论》（1939年—1948年10月），重庆中国国民经济研究院《西南实业通讯》（1940年—1948年），重庆金融月刊编辑部《金融》（1942年—1943年），重庆川康建设杂志社《川康建设》（1943年—1945年），国民经济研究所《经济动员（半月刊）》（1938年—1940年），中国经济建设协会《经济建设季刊》（1942年—1945年），中国经济研究会《经济研究》（1939年—1942年）与《中国经济》（1943年—1944年），金陵大学农学院农业经济系《经济周讯》（1939年—1946年）等。

此外，近代出版的综合性报刊如《中央日报》（1937年—1949年）、《新华日报》（1937年—1945年）、《大公报（重庆）》（1937年—1949年）等，同样刊载了大量重庆金融类的信息与资料。

以上这些各级各类的经济、金融类专业期刊，大都延聘了当时著名的经济学者，如马寅初、朱斯煌、盛慕杰、魏友棐、贾士毅、杨荫溥、邹宗伊、吴景超、王沿津、张澜苍、施复亮、罗承烈、沈长泰、徐继庄、沈雷春、章乃器、王宗培、吴承明、李紫翔等，开展经济、金融调查和研究，并作为主要的撰稿人，刊物中设的栏目十分广泛，有社论、时评、调查、专论、译述、经济时事问题、金融特辑、金融专著、金融实况、金融实务、金融人物、金融书评、调查报告、统计、法令、银行实务、讲座、通讯等，主要刊载战时首都重庆的财政、经济、金融消息，国内外银行调查以及银行、钱庄、保险和市况统计资料等。另外，还就当时经济、金融发展形势进行理论探讨，提出建议和批评。这些期刊以其消息权威、内容丰富、数据详尽，在当时的经济、金融界及社会上产生了较大的影响，真实反映了近代重庆，特别是重庆作为战时首都的地区经济、金融的原貌。已成为研究近代重庆金融，尤其是研究战时大后方金融中心重庆的金融发展史不可或缺的珍贵史料。

综上所述，关于近代重庆金融研究方面的史料，无论从种类还是数量来看都是较为丰富的，这为致力于该领域的研究者提供了可靠的基础，也为该领域的学术发展前景奠定了坚实的基础。

本书的主要创新之处体现在：

第一，选题方面的创新。近代以来，重庆是西部地区的经济金融中心，抗战时期是大后方的经济金融中心，是长江上游的重要港口，连接长江上游与中下游的枢纽，有十分重要的地位。但长期以来，对重庆开埠之后的金融业专题研究，是海内外经济、金融史学界相当薄弱的环节。本书从现代化角度出发，对鸦片战争之后，特别是重庆开埠之后，到1949年中华人民共和国成立之前的重庆金融变迁历程进行了系统的梳理，研究成果在一定程度上弥补了近代中国金融史以及重庆地方史方面研究上的不足。

第二，资料方面的创新。史料是历史研究的基础，本书着力于挖掘原始资料，特别是重点发掘利用重庆市档案馆馆藏档案及近代以来的各类报刊文献，尤其是经济金融类报刊文献，力求使问题的研究拥有丰厚扎实的资料依据，在认真细致梳理档案资料和报刊资料的基础上，构建自己的研究体系。

第三，研究方法上的创新。本书将近代重庆金融业的发展变迁置于现代化视野之下，力争做到在从事历史研究的同时，注意借鉴经济学、管理学、财政学、金融学等相关学科的专门知识和理论作多角度综合分析，在研究中注重史论结合，提升观察研究对象的立意。

金融现代化的萌芽：
晚清时期的重庆金融

重庆位于四川盆地东南部的华蓥山南麓，长江上游与嘉陵江汇合之处，既不濒临浩瀚海洋，也非地处广袤平原，而是深居中国西部内陆的一座山城。重庆有着悠久的历史，早在先秦时期，它就是巴国政治、军事中心——江州的所在地。明清时期，重庆作为川东道署、重庆府署、巴县衙门的驻地，虽然城市的规模不大，却是一个地区性的政治中心和军事重镇。

近代以来，重庆成为西部地区，特别是西南地区最大的对外开埠的口岸城市，成为列强侵略四川，乃至西南，甚至整个西部地区的一个重要基地。重庆因它独特的地理位置，从西部地区最大的货运中心和物资集散地，逐渐发展成西部地区的经济与金融中心。凭借着两江及其支流的航运之便，重庆不仅沟通了四川盆地内部，还连接了广大的西南西北地区，又依赖着长江，与中下游地区紧密相连。因此，近代重庆的历史，不仅集中体现了西方列强不断深入中国内陆，侵略中国西部的历史进程，同时，也反映了中国西部城市走向经济现代化的发展历程。

纵观 1840 年到 1911 年辛亥革命爆发前的重庆，由于地处西南，其金融业相对东部沿海地区显得更加落后，票号、钱庄、当铺等旧式封建金融机构占据着主导地位。1876 年 9 月 13 日，中英两国签订《烟台条约》，规定英国可以派员寓驻重庆，查看川省英商事宜。1890 年 3 月 31 日，中英签订《新订烟台条约续增专条》，确定重庆作为通商口岸，随后英商开辟从宜昌到重庆的轮船航线。1891 年 3 月 1 日，重庆海关在朝天门附近设立，重庆成为西部地区最早开放的通商口岸。此后，列强不断扩大对华商品输出，重庆逐渐成为西部地区对外贸易的重要口岸，重庆的传统金融机构——票号与钱庄的经营业务逐渐被纳入进出口及埠际资金融通渠道，开始了现代化的迈步，重庆的申汇市场就是集中反映。与此同时，代表着金融业现代化趋向的以银行为主体的新式金融机构，在晚清末年的重庆也有了零星的出现，预示着西部地区的金融业也在缓慢地向现代化迈进。在这一过程中，重庆虽以传统金融业为主体，但它们也并非完全封闭，与以上海为中心的东部现代化金融业还是存在着千丝万缕的联系，本章将重点探究作为中国西部内陆城市的重庆，在晚清时期，其金融业在发展过程中所体现的现代化特征。

1.1 晚清重庆货币市场的早期现代化趋向

清代的货币制度基本上和明代相同，实行白银和铜钱并行的复本位制。白银是称量货币，准民间自行铸造，其成色、重量、形状等均无严格的统一规定。大额交易用白银，小额交易用铜钱，重点是用白银。政府的财政收支以白银为标准，实际收付可以折钱。可见，银两作为政府的管理货币，主要作结算支付之用；制钱作为社会流通，主要用于市场零星支付。然而这种传统的银钱并行的货币制度，随着中国半殖民地半封建化程度的加深而逐渐趋于瓦解。在中国境内流通的货币，除了传统的银两与制钱外，还有外国铸造并在中国流通的各式银元、各省制造的机制银元、外国银行在华发行的纸币、中央及各省发行的纸币等，从而促使中国的货币从传统走向了早期现代化，这一变化，从沿海通商口岸逐渐向中国的中西部内陆地区扩张。

鸦片战争以后，随着中外贸易的发展，各种外国银元开始在中国流通，据不完全统计，在中国流通的外国银元，总共有几十种。各种外国银元流到中国，起初只当银块流通，但自 19 世纪初起，就凭个数流通，而不再加以称重。清政府曾一再禁止外国银元的流通，可惜没有什么效果。鉴于外国银元流通越来越广，清政府被迫于道光十六年（1836 年）在法律上正式承认了外国银元的流通。

外国银元在中国的流通，反映了有统一价格标准的制币较称量货币具有优越性的现实，同时也打破了银两制度一统天下的局面。外国银元在中国流通时间久、范围广、数量多，对中国的社会经济产生了巨大影响，使中国朝野对这种情形不能再完全漠视，促使中国自己制造银元以适应社会经济发展的需要。鸦片战争以后，随着外国银元流入中国的不断增多，致使中国的货币市场出现了新的变化。外国银元在中国通商口岸的广泛流通，引发清廷中有识之士纷纷上书，奏请改革币制，铸行银元，抵制外币入侵，挽救国家权益。光绪十五年（1889年），广东省奏准自铸银元。嗣后，湖北、江苏、安徽、福建等省亦先后自铸银元。宣统二年（1910年），清政府制定《币制则例》，规定银元为本位货币，但未付诸实施，清廷即覆灭。

清代初期，成都是四川省的金融中心，重庆处于从属地位。当时四川的主要城市（包括重庆）与中国其他所有的城市一样，使用金属货币，包括银两和制钱两种。大量用于流通的是制钱，银两则主要用于田赋征收和巨额支付。而制钱的铸造权在成都——四川藩司所属的"宝川局"（成立于1732年），其控制了四川的金融大权，重庆虽为四川商贸重地，制钱流通量也大，但清政府却并未在重庆设置铸局，市场上使用的制钱主要为"宝川""宝源"（清工部设铸局所铸）和"宝泉"（清户部设铸局所铸）等局所铸。

在四川，由于银锭成色之高低并无一定之标准，于是，各地有各个不同之平色。为了便于流通，各倾销炉房所铸银锭，均须铸刻成色、重量、地名、炉名、工匠等，以对所铸银锭负责。各城市专设公估局，鉴定宝银成色、重量，鉴评标定后，即由公估局负责，其流通更具信用。光绪初年，川督丁宝桢令在藩、盐两库设公估局，于成都四门设公估处。光绪十三年（1887年）重庆各商帮集资设重庆公估局，分别在朝天门、龙王庙内、都邮街和白象街等地各设公估分处。公估局鉴定和估评银两的报酬，一般是每银1锭收取制钱4文，不论交估的银锭大小多寡，一律按银锭数目计算。零星小块银两，每块也是按照4文收取报酬。[1]

---

[1] 四川省地方志编纂委员会：《四川省志·金融志》，成都：四川辞书出版社，1996年，第110页；重庆金融编写组：《重庆金融》（上卷），重庆：重庆出版社，1991年，第10-11页。

开埠前的重庆市场，币种杂芜，币制严重不统一。除渝平银外，还有省内外各地的货币，达数十种银两以及本地盐业、杂货、广货、棉纱、缎子、棉花、水银等行业专用的银两。每次交易前，双方需先议定使用的银两及平砝，再谈价格成交，非常复杂。[1] 开埠通商后，此种状况已严重阻碍了贸易的发展，亟需货币统一。

清光绪十七年（1891年），重庆被辟为商埠，由于对外商业贸易的频繁，重庆市场上也开始有了外国银元的流入，此后，沿海各省自行铸造的银元，因商贸关系也进入重庆市场，银元流入日多，商民称便。不过，在晚清的很长时间内，重庆的银元流通量并不算大，因此，大清邮政局和电报局是重庆仅有的接收银元的两个机关。银元的换算是每100元合渝平银69两至72两。1896年曾引进湖北银元5万元和若干钱票。光绪二十二年（1896年）四川总督鹿传霖乃令饬重庆地方政府，准予试用湖北省武昌银元局铸造的银元（该银元于1896年1月在重庆试行），这一年武昌银元局造的值5万元的银辅币运来重庆流通，并印行1000文的官钱票——不幸的是，这种钱票不是实值1000文，因为票上规定换银8钱，当时市价实只合制钱900文，致使人民不愿意使用这些小银元和官钱票。[2] 不过，这是重庆地区由上级政府命令使用银元的开始，从而改变了长期以来使用银两和制钱两种金属货币的历史。因为在此以前，重庆货币市场继续沿用前清时期的货币，主要使用的还是两种货币：（1）银两，即银元宝或银锭，轻重不一，普通每锭约重10两，亦有重5两、1两者，但数量不多，此为当时的主币；（2）制钱，为京师户部宝泉局、工部宝源局及各省官局所鼓铸，圆形、内有方孔、铜质，为当时之辅币。[3] 川省制钱，有公板、私板与古钱、今钱之别，种类极为复杂。至于银锭，则以重约10两之大锭为最多，除分新票、老票大锭外，又有中锭

---

[1] 隗瀛涛：《近代重庆城市史》，成都：四川大学出版社，1991年，第278-279页。
[2] 周勇、刘景修：《近代重庆经济与社会发展（1876—1949）》，成都：四川大学出版社，1987年，第128页。
[3] 张肖梅：《四川经济参考资料》，上海：中国国民经济研究所，1939年，第F1-4页。

（约重5两）、元珠（约重1两）、银块（约重三四两不一）、大元宝（重50两）等数类。嗣西康又有印度运来的银砖行使市面，但市场一切交易概以各种纹银为标准，记账亦以银两为单位，当时川省各地所行使之银锭，名目繁多平水复杂，由民间银炉房铸造，官厅不加干涉。而银两的成色向来由"公估"决定，银每锭10两收费制钱4文，发给凭单一张，银两成色区别为三项：（1）新票（纯银）；（2）老票（旧银）；（3）夸槽（次银）。若用"夸槽"付款，每100两须加3或4两，用"老票"时只加几钱。[1] 称量银两的平砝，远较银两成色繁杂，据不完全统计，当时全国各地通用的平砝有170多种。其中，广泛使用的有库平、盐平、漕平、关平、公砝平、钱平等。即使平砝名称相同，各地区、各部门所用重量标准并不一致。京公砝平与申公砝平、藩库平与盐库平并不尽一致。

晚清时期的重庆货币市场，处于完全没有外国银行或其代理人经营往来外国的汇兑、英镑兑换率不列入汇兑牌价的情况下，地方政府和银钱业的注意力都被吸引到本地两种通货的变动中，即渝平银和制钱。海关平银100两合渝平银107.29两，自从1891年开辟商埠时这样核定后一直维持稳定。[2] 开埠之后的重庆，逐渐成为四川省山货、药材、猪鬃、桐油、皮毛等土特产外贸商品和苏、广、沪、杭及外商进口"洋货"的集散中心。贸易成交的银两，大的数千两至万两。当时重庆市场上的银锭，成色足的称"老票银"，成色低劣的成为"套槽"。由于省外各地来的银两成色不一，杂劣的多，市场时起纠纷，巴县衙门于光绪十九年（1893年）下令规定一律按九七平10两和5两一锭的十足纹银的"新票银"为准，其他老票银及外地流入的银锭，必须经过倾销店改铸为新票银后始能行使。[3] 可见，"新银票"（又称"重庆票

---

[1] 周勇、刘景修：《近代重庆经济与社会发展（1876—1949）》，成都：四川大学出版社，1987年，第125页。

[2] 周勇、刘景修：《近代重庆经济与社会发展（1876—1949）》，成都：四川大学出版社，1987年，第124页。

[3] 张善熙：《清末民初四川银两制度简述》，《西南金融》1989年第S1期，第61页。

银"），是专门由重庆本地银炉倾铸的，作为重庆地方通用并可对外流通行使的一种地方标准规格的宝银。"新银票"的推行，使重庆货币市场行使的银两走向了规范化，对重庆乃至四川地方经济的发展是十分有利的。

"新银票"在重庆的施行，虽统一了重庆地区市场上流通银两的成色问题，但银两的平砝问题仍未彻底解决。其实，平砝的纷乱情况，远比银两的成色不一严重。由于平砝的大小，使银两的轻重产生了差别，折算至为繁难。在重庆，除了渝平银外，还有省内的成都、嘉定、叙府、泸州、西充、绵州、顺庆、自流井等地，省外的贵阳、昆明、北京、上海、天津、汉口、沙市、长沙、南京、扬州、镇江、苏州、南昌、杭州、广州、济南、沈阳、长春、太原、开封、洛阳、许昌、张家口、大同等地数十种银两，以及本地盐业、杂货、广货、棉纱、棉花、缎子等行业专用的银两，每次交易前，双方需要先议定使用的银两及平砝，再谈价格成交，非常复杂。以下就是清末在重庆的银锭（九七平）与各种平砝换算表（见表 1-1 和表 1-2）。

表 1-1　清末重庆地区银锭平砝换算表

单位：两

平砝	换算标准	备考
九七平①	1000 等于京公砝平 996.01	
钱平	1000 等于九七平 998.00	钱帮所用之平
沙平	1000 等于九七平 1004.00	沙市用平
关平	1000 等于九七平 1070.05	海关平
盐平	1000 等于九七平 996.00	盐帮平
广货平	1000 等于九七平 999.20	货帮平
常平	1000 等于九七平 1020.00	常德平

①晚清时期，由于川省行用的银两衡量甚多——几乎每一县和每一行业各有其衡量——引起很多不便。在 1908 年，劝业道根据"度量衡局"的命令，四川全省银两衡量通用"九七平"。其比例是：海关平 100 两＝四川平 107.075 两。

资料来源：李荣廷，《论重庆钱庄业》，《经济汇报》1941 年第 4 卷第 11 期，第 3 页。

表1-2 清末重庆九七平与四川省内各地平砝比较表

单位:两

四川各地平砝	换算重庆九七平比率
成都平	100 = 100.20
嘉定平	100 = 100.98
泸州平	100 = 100.60
夔府平	100 = 98.73
顺庆平	100 = 100.27
西充平	100 = 100.93
自流井平	100 = 99.62
叙府平	100 = 101.20
绵州平	100 = 100.68

资料来源:重庆金融编写组,《重庆金融》(上卷),重庆:重庆出版社,1991年,第7页。

由上两表可见,重庆当时的市场交易中,虽以九七平为主,而又有钱平、关平、沙平、盐平、常平以及广货平等,在四川省内,重庆与其他各地的平砝也换算不一,不仅如此,重庆在与省外各地交往中平砝的换算也十分复杂。由于重庆银两平砝与各地换算的复杂性,经营钱铺的人遂兼营银炉房,代人倾销银两。因为当时凡汇兑上之交易,概交现银新票,外埠所铸之银,非在渝倾销,不能通用,因外埠银两,常有吊铜吊铁等币,成色不纯。炉房每代人倾销银两,无论银色高低,仅酌取若干火工钱而已。在清代,各地使用的银两除极少数为官办银炉倾铸的外,绝大部分都是由民间经营的银炉倾铸的,而重庆地区当时就没有官办的银炉,只有这些民间经营的银炉,又叫倾销店。

晚清时期,建立在商业贸易不发达的自然经济基础之上的制钱制度最先衰落。同治初年,四川的宝川局就停铸制钱,重庆市场上的制钱流通日益减少,最终为兴起的现代化货币所取代。重庆市场流通的新货币主要有银元、铜元和纸币。

四川省对铸造银元态度比较谨慎。光绪二十二年(1896年),四川总督鹿传霖选择商品经济较发达的重庆地区先行试用。

他在令重庆府试用银币时称："目下风气未开，虽查询商情均称便利，而事属创始，必须先令试用，果能畅行，将来铸造行用较有把握……若有成效再请续办银元接济。行销尚有窒碍，自当随时禀候。"[1]此后，他令川东道从邻省湖北等地先后领回银元5万元，发重庆府试用，商民称便，行销顺利。[2]于是，光绪二十七年（1901年），才有成都造币厂开始铸造银币，光绪二十九年（1903年），开始铸造铜元，自此之后，四川省自铸之银元与铜元在全省各地流通，重庆市场就出现了银两、制钱、银元和铜元四种金属货币同时流通的局面。与此同时，光绪二十一年（1895年），四川设立蜀通官钱局，发行新式银票，即以新式银元为计算单位的纸币。光绪二十五年到三十四年（1899—1908年），中国通商银行与大清银行先后在重庆发行新式银两票、银元票。在此前后，四川各地的商号、票号亦发行新式银票、钱票，代替旧式银两、制钱。这样，清末时期的重庆货币与全国其他很多地区一样，开始了由传统向现代的转型，传统的货币形态（银两和制钱）逐渐衰落。特别是自光绪二十七年（1901年）成都造币厂开始铸造银币以后，银锭的铸造和使用更是逐年减少，新形态的货币（银元、铜元与纸币）开始使用并逐渐增多，货币的种类变得日益复杂。

四川省自铸银元是从成都造币厂开始的，成都造币厂的前身则是光绪二十二年（1896年）建立的银元局，铸造银元经历了一段复杂曲折的历程。当时的四川总督鹿传霖以银价过低，制钱缺乏，奏准创办银元局，附设于成都机器局内，在机器局内的余地建筑厂房。于光绪二十四年（1898年）六月落成，由成绵道库借银11.55万两，藩库借银3000两，作为开办经费，而造币厂的全套设备，早在1897年夏，就在一个曾经留学美国学习铸币的委员监护下被运到了成都。但从宜昌到四川省城的途中一系列的事故

[1] 陈默：《清末民初四川铸行银元铜元简述》，《西南金融》1989年第S1期，第45页。
[2] 四川省地方志编纂委员会：《四川省志·金融志》，成都：四川辞书出版社，1996年，第114页。

和船只失事致使铸模锈坏，损失重大，安装机器的两个美国专家（机器系由美国购来）经重庆而到成都，但因铸模损坏而无可奈何。加之，1899年6月，清政府下令将各省银元改归鄂粤代铸，成都造币厂尚无一枚铸成之币投放本地市场就停止了铸造，所铸银元及所余铸本并交藩库收存。光绪二十七年（1901年），四川总督奎俊又以川省地僻道险，求邻靡易，奏准复设，委员赴鄂考查成色重量，兼办铜模，并由藩库借铸本35万两，又拨经费银2.1万两，于是年十月开局专铸七二银元，酌拟行使章程，定大元一枚，值市平银六钱九分。光绪二十八年（1902年），设成都、重庆两分局，专司行销回换事宜。十月，川督岑春煊，改每大元一元值钱七钱一分，并仿铸三钱二分藏元，行销关外，流通无滞。当时因滇省尚未设有银元局，遂由本局搭铸。宣统二年（1910年），始由清度支部派员接收，定名成都造币蜀厂，暨改成都造币分厂。[1]

从光绪二十七年（1901年）到宣统三年（1911年）辛亥革命，重庆货币市场上流通的主要是清代龙元，重量为库平七钱二分至七钱三分，含银百分之九十以上，大半为四川本省厂造，即由成都造币厂所铸造的。

1901—1911年的十一年时间里，由成都造币厂铸造的银元有一元、五角、二角、一角、半角五类，发行的数量分别为一元币9317408枚，五角币515755枚，二角币941375枚，一角币1536132枚，半角币1218048枚（见图1-1）。这些银币也是重庆货币市场中的主要流通对象。

---

[1] 张家骧：《中华币制史》，北京：民国大学出版部，1925年，第四编第37-42页；周勇、刘景修：《近代重庆经济与社会发展（1876—1949）》，成都：四川大学出版社，1987年，第103页。

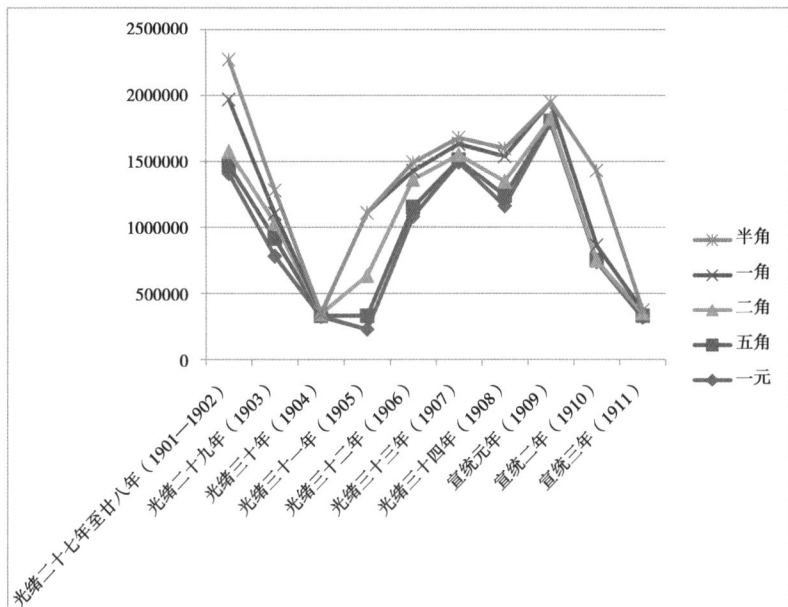

图 1-1　1901—1911 年成都造币厂铸造银币种类数目图（单位：枚）

资料来源：张肖梅，《四川经济参考资料》，上海：中国国民经济研究所，1939 年，第 F2 页。

　　总体而言，在晚清的最后十年时间里，重庆的货币市场上才真正开始采用现代的钱币。 在此之前，主要使用纹银和制钱，不过，推行银币使用的过程并不是一帆风顺的。 在最初的几年里，虽然成都造币厂造的银元和辅币——二角银币、一角银币、五分银币和一分铜币得以发行，且重量统一，较使用银两方便。 但商民溺于旧习，不愿意使用。 光绪二十八年（1902 年），岑春煊接任四川总督，强力在全川推行所铸银币，遭到官民抵制，抵制阻挠最力者为各级粮官税吏。 为此，四川厘金总局在命令行使新币的布告中允许一切捐税得以新币完纳。"现奉列宪札谕，重庆通用银元，也已开辟行用，公款搭收为先。 盐厘土税地丁，钱粮税契津捐，遵照督宪示谕，十两必搭五元。 多少照此推算，不准吏胥刁难。 至于新厘船货，格外收搭从宽。 完粮三串以下，照旧征收现钱（制钱）。 十两以内捐款，准其或银或元，数至拾两以外，一律净收银元。 倘有司巡阻挠，访实惩办从严。 至于街市行使，尤须恪遵谕言。"[1]这个改革在当时还是收效甚小，因为兴行一种在全省照额面价值流通的新币制，必然会妨碍素有势力的票号、钱庄的利益，并且因为银元与向来通用的纹银相比，成色差很多。新币真正逐渐在四川行使开来是在1905—1909年。当时西藏军务需要四川多方搜刮财源来支持，并且时值运往上海应付商业需要额款项很大，银荒之严重致使原为渝平银940两合沪平银1000两的上海汇款跌至890两，甚至870两。在这种情况下，重庆商会通过决议，劝告各票号接受银元，最后达成此后付款，配搭纹银七成、银元三成的办法。[2]这样，银元及其辅币才逐渐在四川范围内的货币市场中流行使用起来。

晚清时期，四川省铜元的铸造开工于光绪二十九年（1903年）六月。厂房则就机器局压铜厂及旧有之铜钱厂，装置铸料以机器局枪弹废壳边渣并宝川局存铜，钯炼净尽，配以铜九五、铅四、锡一，试铸当五文、当十文两种，每日出数合制钱五六百钏。七月，在成都铜元局设柜兑换，行销甚利。后来又采宁远、会理等处紫铜，添铸当二十文的铜元一种，出数甚多。其经管员司及工匠炭料，均借用于机器局，成效显著。[3]

光绪三十年（1904年），重庆铜元已由湖北等处输入，成都铜元局所铸造的当五文、当十文及用紫铜铸成之当二十文的三种铜元，也在重庆市场流通，当时人民称便。[4]光绪三十一年（1905年），四川总督锡良与川绅议定川汉铁路集股章程即有一项为在重庆设局铸造铜元，以余利作为公司股本。旋即由川路公司拨银200万两（一说为80万两）为建厂购机及开办费用，锡良并令饬藩台沈秉坤支持建厂，在重庆距城10里兜子背之对山苏家坝地方购妥近200亩为厂地，建筑铜元分局。同时派人去上海向外商洋

[1] 四川省地方志编纂委员会：《四川省志·金融志》，成都：四川辞书出版社，1996年，第114页。
[2] 周勇、刘景修：《近代重庆经济与社会发展（1876—1949）》，成都：四川大学出版社，1987年，第152页。
[3] 张家骧：《中华币制史》，北京：民国大学出版部，1925年，第四编第38-39页。
[4] 汪粟甫：《重庆金融市场考略》，《经济杂志》1936年第1卷第4期，第34页。

行购买机器设备，历时数年，厂房建成，机器设备亦陆续运回安装，购买机械物料，然正拟开铸，却由于清政府因各省铸造铜元过多，而成都已有厂铸造，重庆无增设铜元局的必要，下令中止，嗣议改为炼钢厂，亦未开办。到辛亥革命爆发时，凡从前购存之物料，损失殆尽，机械亦多损毁。[1] 光绪末年，用铁路公司之款在重庆南岸苏家坝建造的铜元局，直到清政府结束也没能正式投入生产。

为了满足对银元和铜元的需要，清政府度支部又于光绪三十一年（1905 年）在四川设立银铜元总局，负责铸造银元、铜元。宣统二年（1910 年）又将该局改名为成都造币分厂。[2] 直到清朝灭亡，四川共铸"当五""当十""当二十"各类铜元 77546 万余枚，折合制钱 885 万余钏。[3] 省内各地铜元已基本代替制钱流通，而重庆市场中流通的铜元也主要是四川铜元局所铸造的（图1-2）。

晚清时期重庆市场上的纸币的行使也历经坎坷。清代以金属货币为主，政府对纸币的发行持慎重态度。在其二百多年的统治期内，由政府向全国发行纸币的时间不到三十年。第一次是清初的顺治八年（1651 年），因"经费未定，用度浩繁"，遂仿明货币制度，发行纸币，与铜钱并行。从这一年起，每年造钞 128172贯，上下流通，民间仍以铜钱为主。至顺治十八年（1661 年），因库藏逐渐充盈，停止制造发行钞贯，此后直至咸丰二年（1852年），计 192 年间，清政府没有发行过纸币。[4] 第二次是晚清时期的咸丰三年（1853 年），当时因镇压太平天国革命，军费浩繁财政支绌，由户部发行以银两为本位的"户部官票"和以制钱为本

---

[1] 张家骧：《中华币制史》，北京：民国大学出版部，1925 年，第四编第 47 页。

[2] 傅友周：《重庆铜元局的回忆片断》，中国民主建国会重庆市委员会、重庆市工商业联合会文史资料工作委员会：《重庆工商史料》（第二辑），重庆：重庆出版社，1983 年，第 48 页；吴康零：《四川通史》（卷六，清），成都：四川人民出版社，2010 年，第 400 页。

[3] 四川省地方志编纂委员会：《四川省志·金融志》，成都：四川辞书出版社，1996 年，第 115页。

[4] 向仪：《户部官票、大清宝钞——清咸丰时期曾在四川发行的纸币》，《西南金融》1989 年第S1 期，第 40 页。

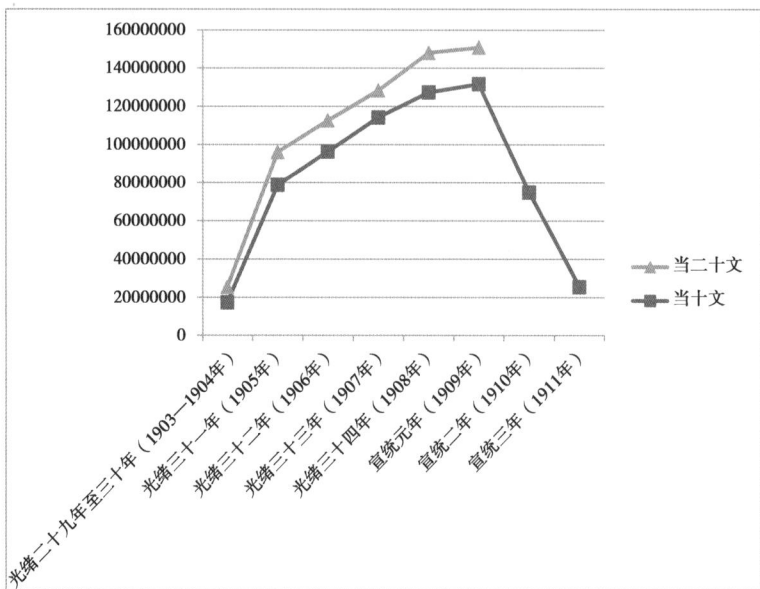

图 1-2　清末四川铜元铸造统计图

资料来源：四川省地方志编纂委员会，《四川省志·金融志》，成都：四川辞书出版社，1996 年，第116 页。

位的"大清宝钞"，官票面额有一两、三两、五两、十两、五十两五种；大清宝钞面额，初为五百文、一千文、一千五百文、二千文四种，后又添制五千文、十千文、五十千文、一百千文四种，由户部在京师统一印制，发交各省加盖大印发行，官票与宝钞兑换比率为一两比二千文[1]，这两者都是不兑现的纸币。 发行时规定，官票、宝钞与银两制钱相辅而行，先由京师试用，然后推广各省通行，同时命令各省成立官钱局，专司发行事宜，各省之票可相互流通。 咸丰三年（1853 年），四川官钱局成立，次年，该局两次奉户部发来官票计 23.67 万两，宝钞分配四川数额则无资料可考。 据研究者根据搜集到的宝钞实物推算，四川发行额不多，最

---

[1] 四川省地方志编纂委员会：《四川省志·金融志》，成都：四川辞书出版社，1996 年，第116页。

低数为 52490 串，最多不超过 10 万串。[1] 然而，推行并不顺利，到同治元年（1862 年）四川奉令停用官票、宝钞，四川官钱局也同时撤销。 重庆是当时四川最大的商业城市，是时尚未开埠，商贸往来以及民间交纳赋税仍以银两、制钱为主。 据当时重庆府所辖江津县的县志记载，江津县曾有官票流通。 至于重庆本地官票、宝钞流通情况，未见有翔实史料记述。[2]

除咸丰年间户部官票、同治年间大清宝钞曾在四川有少量流通外，在重庆市场上流通量相对较大的纸币要算是由新式金融机构——银行所发行的纸币了。 虽然，在光绪三十一年（1905 年）四川省由藩库拨付资本创设了濬川源银行，但该行在清末并未发行钞票，主要流通的银行券是中国通商银行和大清银行发行的。 首先在重庆流通的是中国通商银行发行的纸币。 中国通商银行成立之初，清政府即授予其发行银元、银两两种钞票之特权，以为民用，使为整理币制之枢纽。 银元券分一元、五元、十元、五十元、一百元等五种；银两券分一两、五两、十两、五十两、一百两等五种，这是中国人自己发行的最早的银行券。[3] 光绪二十五年（1899 年），中国通商银行在重庆设置分行，曾发行过银两票和银元票两种纸币。 后因经营与管理均欠完善，只存在两年多，便于光绪二十八年（1902 年）歇业，发行的两种纸币亦同时停止流通。 其次是大清银行发行的纸币，光绪三十四年（1908 年）三月，大清银行重庆分行开业，在四川发行面额为一两、五两、十两、五十两、一百两的五种银两票，面额为一元、五元、十元、五十元、一百元的五种银元票，可随时兑现。 截至宣统三年（1911年）六月底，重庆分行发行额为银两票 33271 两，银元票为23999 两（合银元 35999 元），合计 57270 两。 因发行时间短、数量

---

［1］向仪：《户部官票、大清宝钞——清咸丰时期曾在四川发行的纸币》，《西南金融》1989 年第 S1 期，第 42 页。

［2］重庆金融编写组：《重庆金融》（上卷），重庆：重庆出版社，1991 年，第 40 页。

［3］中国人民银行上海市分行金融研究室：《中国第一家银行——中国通商银行的初创时期》（一八九七年至一九一一年），北京：中国社会科学出版社，1982 年，第 28、155 页。

少，对社会经济生活无重大影响[1]。

总体而言，晚清时期的重庆，作为四川省最大的商业城市，也作为西部地区最早开埠的城市，在较长的时间里以使用传统的金属货币白银与制钱为主。但随着外国银元的流入，重庆的货币市场也发生了新的变化，出现了具有现代化因素的货币。自光绪二十七年（1901年）成都造币厂开始铸造银币后，银锭的数量逐渐减少，不仅打破了称量货币的一统天下，出现相对较为先进的银元、铜元，还出现了纸币。纸币的流通与发行，虽然名称多种多样，有官票、宝钞、钱票、银两券（票）、银元券（票）等，但从发行数量来看，清末纸币发行数量是不多的，流通时间也短，尚属平稳。在银两为主的时代里，银元、铜元与纸币的流通，便利了商品交易，促进了社会经济的发展。随着新货币形态的出现，形成了多种货币并存的局面，虽然币制渐趋复杂和混乱，但与其他各省相比，尚不算严重。

1.2　晚清重庆传统金融业的早期现代化趋向

中国传统的金融业，一般是指票号、钱庄和典当。鸦片战争之后，中国富饶的沿海口岸和广阔的内地市场，强有力地吸引着贪婪成性的西方资本主义势力，在欧风美雨的冲击下，中国社会发生了"三千年未有的巨变"。金融业也不例外，在中外经济实力相磨相荡的过程中，逐渐改变、适应并开始了从传统向现代化之路的转变。清末的重庆，在绝大多数时间里，占据金融业主导地位的仍是传统金融机构——票号与钱庄。不过，随着外国资本主义沿长江向西扩张，重庆的传统金融业也开始了从传统向现代化的转变。

---

[1] 四川省地方志编纂委员会：《四川省志·金融志》，成都：四川辞书出版社，1996年，第117页。

到 19 世纪 80 年代，重庆已经成为长江上游的经济重心、水陆交通枢纽和对外贸易的口岸。据统计，1881 年，重庆进口洋货量占上海进口洋货量（鸦片除外）的近1/9。19 世纪 80 年代后，重庆在销售进口洋货的地位上，仅次于上海、汉口和天津。而在许多进口商品中，重庆作为货物集散重心，甚至超过汉口。这些洋货自重庆分别销往成都、嘉定、叙州、绵州和合川等地市场，有些还取道泸州、叙府，继续运销到更远的内地——云南与贵州。[1]伴随着如此大量中转贸易的是金融机构的参与中介资金融通，于是，重庆在长江上游地区的金融市场中已趋主导地位，而与下游地区上海、汉口之间商品货币的清算，基本上依靠两地的传统金融机构——票号与钱庄的汇划来完成。

票号是清代重要的融资行业，是中国封建社会金融业的一个重要组成部分，据学界的相关研究，大体认为票号是由山西人创办的，产生于 19 世纪 20 年代前后，清嘉庆、道光年间。票号以从事汇兑事业为主，兼营存款借款等。票号最早的汇兑业务是为了适应埠际贸易的开展，解决不同地区间由于长途贩运而形成的债务清算和资金平衡等一系列问题，承担了城镇间的货币清算，以汇兑方式代替现银输送，节约社会劳动，有利于商品经济的发展。据资料记载，山西票号的产生与重庆有关，嘉庆二十年（1815 年），山西平遥县达浦村李正华派在天津经理日升昌颜料号的雷履泰，到重庆采办颜料——铜绿，运往平、津、沈阳等处销售，感于道路遥远，资源回转不易，联想借用来川售货商家之汇兑，及吸收当地官商富绅之积蓄，发明汇票。小票为汇拨款额之信据，出而试之，极合社会之需要，遂立日升昌票号，专营汇兑。[2]于是，才有"票号来渝惟日升昌最早，其初售西绿兼办汇兑，所以日升昌在票帮最发达之时代，仍有西绿局之牌名。"[3]

[1] 张国辉：《晚清钱庄和票号研究》，北京：社会科学文献出版社，2007 年，第 72-73 页。
[2] 中国人民银行山西省分行、山西财经学院、《山西票号史料》编写组：《山西票号史料》，太原：山西人民出版社，1990 年，第 12-13 页。
[3] 汪粟甫：《重庆金融市场考略》，《经济杂志》1936 年第 1 卷第 4 期，第 28 页。

可见，山西票号产生于山西人在重庆、北京、天津、沈阳等地从事颜料店经营的商业活动，为解决远道运现困难，逐渐从初期的兼营汇兑业务中脱离出来，成为专业汇兑的金融组织，而且还是重庆最有影响的票号。

汇兑一法，"凡客商往来款项，皆为之接收代汇，其法即出立一支付银钱之票据，持至所汇地之分号或联号，即可验兑……而汇款时按各地银色之高低，路途之远近，以及银根之松紧，除于所数目外，另给一种手续费，藉以抵偿因汇兑而所耗之一切费用，名曰汇费，即通常所称之汇水，汇款人只须出给少许之代价，凭一纸之书，无论远近各埠，巨款立即照付，其简便稳捷，以视镖局保送之繁，诚不可以道里计，于是商界大称便利"[1]。票号的业务遂日渐发达。

票号在最初发展的40年间，全由山西商人（主要集中于山西的平遥、祁县、太谷）投资和经营，故名山西票号。19世纪60年代开始，一些封建官吏和江浙等地商人开设票号，因总号设在江浙和云南，故被称为南帮票号，它的兴起标志着票号具有了全国性质。

票号的组织结构实行的是总、分号制。作为埠际贸易间货币汇兑的专业机构，其分号的设立至关重要。这些票号也纷纷在重庆开设分号，于是，重庆的票号逐渐分为山西帮和云南、浙江帮两帮。在重庆的山西票号，又称山西帮，或称西帮、西号，历史悠久，力量雄厚；云南、浙江帮，又称南帮，起步较晚，但后来居上。据相关资料记载，清同治、光绪年间，为重庆票号的极盛时期，以后逐渐走向衰落。重庆在最盛时有票号28家，其中除南帮票号天顺祥、兴顺和（云南帮）、源丰润（浙江帮）3家外，其余25家均为西帮票号。[2]

重庆最早的票号就是山西票号，自1831年日升昌在重庆将颜

---

[1] 杨章建：《重庆山西票号之兴衰略历》，《经济汇报》第6卷第4期，1942年8月16日，第69页。

[2] 重庆金融编写组：《重庆金融》（上卷），重庆：重庆出版社，1991年，第77页。

料铺改为专营汇兑的票号开始。据海关报告反映，到 19 世纪 80 年代，当时重庆设有 16 家山西票号，全属山西平遥县人和祁县人，系山西商人独创之金融组织，而晚清末年南帮票号——天顺祥号，则与官场接触极为密切。重庆的山西票号实际上垄断了邻省的主要业务，同时也在广州、长沙、汉口、贵阳、南昌、北京、沙市、上海、天津、云南、芜湖各地设有汇兑代办处。每家票号都握有白银 10 万两至 30 万两的资本，他们在必要时联合起来足以抵抗乃至禁止与他们竞争的庄号。他们每三年共同查账，以此商议营业扩张或收缩。这 16 家票号足有半数可以被认为是半官方机构，因为他们经手相关的各省汇到北京户部财库的公款，此外还担任汇兑捐纳官职的款项并转发文凭、执照等事宜。在一般营业方面，他们完全自己限制发行汇票的范围。他们不注重田产房契的押款，而愿收受借据来放款以表示非重商业而重友谊。他们很少收受存款，实际上，他们显现出资金宽裕的气派。如果被劝诱接受存款，其利率常是低到 5%，而且最高也不超过 8%。现金贷款只限于最可靠的个人，他们要求年利最少须 7%，最多也就在 10% 左右。[1]

到光绪十七年（1891 年）重庆建立海关时，重庆已有票号 23 家，自流井（自贡）、内江、万县、顺庆（南充）、嘉定（乐山）等城市，均有票号的分号或代理机构。票号除主营汇兑业务外，兼营存放款业务。当时四川票号每年承汇的公私款项高达二三千万两。[2] 而在 1891 年，重庆洋货净进口为 137 万余关两，而 1894 年便增加到 510 万余关两；同期中，土货出口额也从 138 万余关两增加到 500 万关两，4 年中进出口值各增 3 倍多。随着重庆输出入贸易的开展，大宗棉纱的购买，大量农副产品的外销和烟片买卖等商业活动所需要的资金，以及由此引起的各地区间金融调拨和清算，绝大部分都要通过重庆票号的金融活动来完成。

[1] 周勇、刘景修：《近代重庆经济与社会发展（1876—1949）》，成都：四川大学出版社，1987 年，第 66-67 页。
[2] 四川省地方志编纂委员会：《四川省志·金融志》，成都：四川辞书出版社，1996 年，第 2 页。

光绪二十年(1894 年),山西票号在四川共有 27 家,其中大部分设在重庆。这样,从 19 世纪 90 年代以后到 20 世纪第一个 10 年,重庆票号的力量有了重大的增长,能够起到左右当地金融市场的作用。[1]

近代重庆,在山西票号之后,同样也兴起了由浙江人、云南人开设的南帮票号,由于起步较晚,家数甚少,其中业务能与山西票号相抗衡的仅有一家,是由云南人王炽于同治十二年(1873年)在重庆创办的天顺祥票号,它同时也是南帮票号最早设立的一家。同治十一年(1872 年),王炽在云南创办了同庆丰票号,日渐发达,第二年,乃率众赴重庆,仿山西票帮规例,创办天顺祥票号,营汇兑存放事业。此时的重庆已经为山西票号所占据,天顺祥票号虽然建立较晚,但因其与重庆地方政府联系紧密而很快发展起来。清政府在重庆设立的最高行政机构为川东道,同治末年,川东道急需向四川布政司解缴白银 3 万两,但时间短无法凑足。道台向重庆商界洽借,却没有一家愿意借出。情急之下,官员们找到刚从云南来的天顺祥票号,没想到王炽竟然一口应承,并且不要利息。天顺祥票号因为垫支 3 万两,解了川东道的燃眉之急,虽然并未支付利息,但川东道却宣传天顺祥票号实力雄厚,信用昭著,使之在重庆有了名声,吸引了众多客户。此后,光绪四年(1878 年),唐炯调到重庆担任川东道台,光绪六年(1880 年),兼署四川盐茶道,督办四川省的盐务,为改善以自流井为中心的川盐生产设备,急需白银 10 万两,由于四川布政司无银可调拨,唐炯只得向重庆商界筹集。然而,重庆商人们认为,发展盐务非三五年可见成效,风险太大,不敢贸然借出巨款。最后,通过云南人盐茶道署委员张海槎找到王炽的天顺祥票号,王炽权衡利弊,答应借钱,仅用 8 天时间便将 10 万两白银全数筹足。作为回报,唐炯同意其经营四川食盐,天顺祥票号在涪陵等

---

[1] 张国辉:《晚清钱庄和票号研究》,北京:社会科学文献出版社,2007 年,第 108 页;吴康零:《四川通史》(卷六,清),成都:四川人民出版社,2010 年,第 400 页。

地开设盐号，经营盐业贸易。[1] 天顺祥票号通过对重庆及四川地方政府的借款，不仅加强自己跟地方政府的密切关系，更是在商界树立了信誉，奠定了在重庆的发展基础，逐渐成为晚清时期重庆南帮票号的代表。

清末重庆的票号，以经营凭票汇兑为其主要业务，票号内部无一定之规章，大抵由财东出资，交付"管事"或"大掌柜"经营，而"管事"对于号内事务，具有操纵处理之大权，除经营凭票汇兑外，并兼代当地绅商官户捐纳功名，集收官场存款，以及代汇京都解款与代缴公款等业务。当其最盛时期，业此者多达20余家，内分平遥、祁县、太谷等各帮，且有数家系他省人所经营者，入该帮之庄号，聘用该省人主持。光绪年间，烟土盛行，即以土邦汇款而言，每年在千万两以上，声势煊赫，无与伦比。迨清帝逊位，共和肇成，官场存款以及代缴公款等业务，因事变境迁，不复存在，票号至此亦逐渐衰微，不能立足。[2] 统计晚清时期重庆重要的票号牌名有：日升昌、百川通、协同庆、协同信、新泰厚、乾盛亨、中兴和、晋昌升、源丰润、源丰久、三晋源、乾盛晋、永泰蔚、蔚泰厚、天成亨、存义公、蔚盛长、蔚丰厚、大德恒、大德通（云南帮）、天顺祥（云南帮）、兴顺合（云南帮）。[3]

钱庄，以从事存款借款之事务为主，副业则为庄票之发行汇划之联络等。在全国各地称法不一，大概在长江一带称为钱庄，在北方各省及广州、香港多呼为银号，名称虽不同，但在实际上不仅组织相同，所营业务亦复相同。所以，从我国商业习惯而言，钱庄与银号统称钱业，为中国传统的金融机构。钱庄起源较早，元代以前，其资本薄弱，规模亦小，以兑换货币为主要业务。明朝后期到清乾隆年间，业务扩大，以经营银炉房为副业，至于

[1] 杨耀健：《王炽与天顺祥票号》，重庆市渝中区政协文史资料委员会、重庆市渝中区金融工作办公室：《重庆市渝中区文史资料第十八辑·渝中金融史话专辑》（内部资料），2008年，第60-61页。
[2] 李荣廷：《论重庆钱庄业》，《经济汇报》第4卷第11期，1941年12月1日，第3-4页。
[3] 汪粟甫：《重庆金融市场考略》，《经济杂志》1936年第1卷第4期，第29页。

汇兑事务，必须向票帮介绍，形同经纪，代人汇兑，每千两仅得佣金 2~3 两。从清朝中叶以后，进而经营存款及放款业务，逐渐兴盛起来。

重庆钱庄的兴起较长江中下游城市稍晚，大约是在清朝初年，当时称为钱铺，从事银两和制钱的兑换，即经营换钱之店铺。"钱铺买卖另星，俱对客成交"，并无钱市和经纪。[1] 而重庆钱铺最初的业务主要依赖于票帮，"凡遇汇兑事务发生必向票帮介绍，形同经纪，代人汇兑，每千两约得用钱二三两而已，俟后商业日渐发达，汇兑业务日多，业钱铺者，资本起初至多三数千两，经手既久，能得票帮信用，赊与期票，放以款项，转贷他号，以收运用之益"[2]。当时贩运棉花的花帮比较兴旺，钱铺于是将钱售与花帮，运往沙市、汉口等地，购买棉花，大约每次所售在数千串或万串不等。业此者，其铺或摊，大多设在重庆较场口及关庙街等处，因当时钱市，即在较场口附近。光绪元年（1875 年），以兑换制钱、改铸生银、兼营小额存放为业务，范围仍然异常狭隘。不过，换钱摊铺布满各街，依此而谋生者，在数百家以上。光绪二十年（1894 年）间，市面禁用毛钱，其利遂微，难以维持，于是换钱摊逐渐减少。但由于四川商务勃兴，钱业依赖票号的扶植做汇兑，其规模亦随之扩大，其资本虽仅数千两，但资金运用，能渐趋灵活，业务亦随之发达，遂有钱帮公会之成立。在光绪年间，重庆钱铺即有上半城与下半城之分：上半城大都设在较场关庙（即今民权路之旧址）一带，多专营换钱业务；下半城则设在陕西街（今之陕西路）一带，大半皆兼营倾销，汇兑贷款等业务。[3] 这些钱摊、钱铺就是重庆最早的钱庄。

晚清时期重庆比较有名的钱庄，是光绪二十二年（1896 年）江西抚州人汤子敬创建的同生福钱庄，并辅之"聚福商号"，以钱

---

[1] 张国辉：《晚清钱庄和票号研究》，北京：社会科学文献出版社，2007 年，第 3 页。

[2] 汪粟甫：《重庆金融市场考略》，《经济杂志》1936 年第 1 卷第 4 期，第 29 页。

[3] 李荣廷：《论重庆钱庄业》，《经济汇报》1941 年第 4 卷第 11 期，第 3 页；张肖梅：《四川经济参考资料》，上海：中国国民经济研究所，1939 年，第 D48 页。

庄为轴，用商号为轮，滚动发展，经过十年的打拼，在重庆拥有了源远钱庄、正大昌钱庄、得大永钱庄、正大永钱庄、聚福厚布店、德大合布店、裕生厚布店、大昌祥盐号、聚福长山货号、协太厚米粉作坊及永美厚银行，世誉"汤十号"，成为重庆银钱业和纱帮中鼎鼎有名的"汤百万"。 即便如此，清末重庆钱庄的主要业务仍是兑换和倾销（即银炉）。 最初的银钱兑换比例是：大约每 2 两银子兑换制钱 1500 文，钱庄转手买卖间所获佣金一般为 1000 文获 20 文。 随着市场经济的繁荣，银钱兑换开始根据供求和变化情况由买卖双方进行讨价还价。 其中有一种通用的年利手法，就是换出制钱时，搭配毛钱和"扣底"。 一是本来制钱 1000 文，共重应为 6.4 斤，但民间常有私铸制钱，铜质较差，重量不足，习惯称毛钱。 于是，钱庄低价收购，换出号钱时搭配三成，成为经济例规。 二是交换中，同业习惯均以 99 文做 100 计算，数满 1000 文者，则又另加 6 文，故实际每吊仅 984 文，共扣 16 文，名为九九六"扣底"。 光绪初年（1875 年），因市场流通的银两成色很杂，为规范市场交割，开始有了以图收取火工费专设银炉——代客熔铸银锭的店铺出现，即"倾销铺"。 这一业务也成了此后钱庄的主要业务。 当时重庆设置银炉经营倾销业务的店铺有 20 余家，以侯全顺、吉顺兴、恒生、德成荣、文福兴、鼎丰祥等几家较为著名。 其中有的是钱铺兼营银炉的，人们称之为兑换倾销店。[1] 钱庄无论从事兑换或倾销，只要有银两进出，总是饱进饿出，从中赚称。 同升福经营兑换业务和倾销时期，每年仅兑换赚称就达 500 两，倾销业务盈利则为 1000 两以上。[2] 至光绪末年（1908 年），概交现银新票，外埠所铸之银，非在渝倾销，不能通用，因外埠银两常有吊铜吊铁等弊，必经钱铺倾销，以杜绝此种种弊端，民国建立以后，银元通行，生银渐稀，银炉也逐渐消灭。[3]

---

［1］重庆金融编写组：《重庆金融》（上卷），重庆出版社，1991 年，第 92 页。

［2］曹庞沛：《被誉为"四鼎方尊"的四大钱庄》，重庆市渝中区政协文史资料委员会、重庆市渝中区金融工作办公室：《重庆市渝中区文史资料第十八辑·渝中金融史话专辑》（内部资料），2008 年，第 76 页。

［3］汪粟甫：《重庆金融市场考略》，《经济杂志》1936 年第 1 卷第 4 期，第 28 页。

晚清时期，重庆钱庄的主要表现形式为钱摊、钱铺和银炉，虽然逐年获利，但这三者的发展并不一致。钱摊资本较少，一般不过几十两到百余两银两，业务范围始终无多变化。自银元和铜元开始流通后，市场上制钱逐渐消失，钱摊业务就由兑换制钱转变为兑换铜元。银炉亦因市场通用了银元，倾销业务一蹶不振，最后也遭淘汰。只有钱铺发展迅速，它们的资本比钱摊多，一般为四五百两银两，也有数千两的。同治、光绪时期，重庆主要的金融机构是票号，它们的业务对象是地方政府和官吏士绅，与商场的往来较少，重庆城市中商贩的资金周转大多依靠钱铺融通。钱铺因历年获利的关系，资力逐渐雄厚，就开始办理存放业务，如同生福钱庄，就是由钱铺直接改称的。民国建立后，重庆票号收歇，钱铺因逢时会纷纷正式改为钱庄，成为重庆金融界主要行业之一。

典当是以实物为质押的一种借贷形式，其业务为小额抵押贷款。投当人多半是城乡居民中生活困难或是临时急需款周转者。他们典当贷款的抵押物品，一般是生活资料，如衣服、被毯、铜料餐具器皿以及金银首饰、珠宝钻戒、古玩名画之类；也有用生产资料，如斧头、锄头充作押品的。典当是中国封建社会最早形成的民间信用组织，也是一种长期存在的高利贷信用形式。

关于典当的起源，众说纷纭，莫衷一是，但典当作为一个行业，在正史中有比较明确的记载，应该是从两晋南北朝时开始，此时已有专门提供借贷的寺库存在，寺庙和王公官吏多经营典当盈利，隋唐时期，典当已从寺院走向民间。[1] 送当的物品，既有价值低廉的一束麻，也有贵重的金，而且有当有赎。很明显，典当已经成为一种专业行为。[2] 清代，各地典当业已较普遍，雍正六年（1728年），政府颁布《当贴规则》，规定经营典当者须向政府申请登记，领取执照，每铺年纳当课银5两。清代典当多属官

---

[1] 傅为群：《近代民间金融图志》，上海：上海书店出版社，2007年，第2页。
[2] 秦素碧：《民国时期四川典当业研究》，硕士学位论文，四川大学，2003年，第4-5页。

督商办，由政府出资（称皇本）交殷实商人或有功名宦绩者承领经营。[1]

重庆的当铺，开始于清朝初年，据说是先有当，后有质，再后有代当。乾隆二十五年（1760 年）重庆有当店 1 家，由官家将兵饷银子拿来设当营利。到乾隆三十年（1765 年），重庆官当发生经理人员挪用公款事件，四川总督阿尔泰以"当店官为经理，杂费既多，店内人员又不操练军事，还恐怕发生移用款项的弊病"，奏准清王朝，将官办当铺一律停止。[2] 于是，库银收回，官当撤销。此后，四川的当铺主要由来川经商的陕西人经营。当时在重庆经商的部分陕西客商认为典当生意有利可图，经申报重庆地方政府批准发给执照，允许开设当铺，属于商办性质，据记载，到乾隆四十三年（1778 年），重庆有当铺 4 家，历时甚久。[3] 据记载，到道光二十一年（1841 年），重庆成立的当铺至少有 13 家，详见表 1-3。

表 1-3　道光二十一年(1841 年)重庆城当商 13 家名单

铺号	商名
恒信当	韦恒信
长兴当	解长兴
福川当	王福川
惠川当	刘惠川
天佑当	刘天佑
永兴当	李永兴
长丰当	李长丰
元泰当	李元泰
广泰当	李广泰
大有当	刘大有

---

[1] 四川省地方志编纂委员会：《四川省志·金融志》，成都：四川辞书出版社，1996 年，第 49 页。

[2] 贺华清：《重庆的当铺》，《近代中国典当业》编委会：《近代中国典当业》，北京：中国文史出版社，1996 年，第 378 页。

[3] 重庆金融编写组编：《重庆金融》（上卷），重庆：重庆出版社，1991 年，第 279 页。

铺号	商名
宏昇当	何宏昇
大川当	张大川
泰来当	温泰来

资料来源:四川省档案馆、四川大学历史系,《清代乾嘉道巴县档案选编》(下),成都:四川大学出版社,1996 年,第 104 页。

到光绪三十二年（1906 年）前，全川共有 60 余家当铺，均为陕西人开设，当时以重庆城区而言，东自东水门，西至通远门，南自南纪门，北至临江门，人口不过 10 万，陕西人开设的当铺就有 5 家：响水桥的隆德当、小什字的大有当、九尺坎的日升当、十八梯的永贞当及油市街的荣盛当。陕帮在重庆经营的当铺，除了自增资本外，还有一部分是由当地票号贷款，更重要的是采取向四川藩库（即省金库）借领银两，充实资本，付出低息，获取厚利。清朝的藩台（布政司）掌管全省赋和杂税，各州县所收税捐，把地方款留用后，余款悉解藩库，藩库款项，除定期解往北京的"皇款"外，剩余部分可拨出一定款额发给殷实商家生息。重庆的 5 家陕帮当铺也呈请借领藩款，有的领到 1 万两，有的领到 2~3 万两不等。藩款月息 7 厘，每家当铺按照规定，届满三月即向藩款交纳一次利息。他们以低息领取藩款，经营典当业务，又以月息 3 分大利放出，进行高利贷剥削。光绪三十二年（1906 年），有四川资州人向藩署指控陕人把持当铺，请准予川人集资开设当铺，得到批准。于是，川人在省内各地纷纷设立当铺，由于川帮当铺的资本额不及陕帮多，故称为质店。为了抵制陕帮当铺，川帮便把当期定为 18 个月，比陕帮规定的 30 个月当期缩短 12 个月，当价也比照陕帮提高为实值的 1/2，还在"质"字之前加"公"字，以广招徕，同时标示区别于陕帮当铺，其他例规仍然照旧。公质店纷纷设立，很快家数比当铺多了一倍，又因陕帮一向把当价压得很低，相比之下，公质店的生意更多，当铺生意大减。其间，一部分陕帮当铺鉴于业务日渐衰落，便自行收歇，一部分拖到辛亥革命爆发，才告结束。自此以后，重庆的典当业务，就完全由川帮所经营。[1]

晚清时期，票号在绝大多数时间里操纵着重庆的金融市场，重庆汇兑主要由票号经营，钱业虽然参与其间，但主要是代票号经手汇兑，获利甚微，实受票号之牵制，不能充分发展。加之当时轮船不通，重庆、宜昌交通水路，全恃木船，每立汇票，必先期一个月，并须向票帮预定，若外埠汇兑，到期未能售出，必须下比（即下半月）始能售出，则折耗半个月之利息。宣统年间，各汇兑钱铺资本日益雄厚，上下货运日渐发达，汇兑款项不复仰仗于票号，而操诸钱铺之手，于是钱铺始向外埠开庄立号或委托他人代理，自行立票交兑，再不依赖票帮。[2] 由此可见，作为西南云贵川与国内外贸易的重要中转市场，重庆的金融机构为票号与钱庄两种，但票号与一流商人交易，钱庄与二流商人交易，虽两者皆做存放款业务，但显然票号占据着主导地位。因此，自1891年重庆开辟为商埠之后，银两从陆路和水路运到四川的这个最重要市场和分配中心——重庆，而票号则掌控着与邻省及国内主要城市的汇兑市场，汇兑比率变动甚大，按汇兑地点和商业情况以及时令季节而变动，但就一般情况而言，渝平银100两与各地的兑换还是有一个大概的比例，表1-4、表1-5即反映出1876—1901年，重庆市场中渝平银与各地银两及交易不同商品时的比价表。

表1-4　1876—1891年重庆汇兑市场渝平银100两与各地银两的兑换比例表

各地银两名称	与渝平银100两的兑换（两）
广州平银	95.75
北京平银	98.11
长沙平银	99.81

[1] 贺华清：《重庆的当铺》，《近代中国典当业》编委会：《近代中国典当业》，北京：中国文史出版社，1996年，第378-381页。

[2] 李荣廷：《论重庆钱庄业》，《经济汇报》1941年第4卷第11期，第4页。

续表

各地银两名称	与渝平银100两的兑换(两)
上海平银	105.30
成都平银	99.75
沙市平银	99.65
汉口平银	101.85
天津平银	97.65
贵阳平银	98.80
云南平银	97
南昌平银	98.15

资料来源:周勇、刘景修,《近代重庆经济与社会发展(1876—1949)》,成都:四川大学出版社,1987年,第67页。

表1-5　1892—1901年渝平银与各类平银之比价表

平类	海关两	平类	海关两
渝平	100.00	顺庆平	100.27
云南平	100.34	夔府平	98.73
贵州平	101.21	自流井平	99.63
成都平	100.20	盐钱平	99.85
嘉定平	100.98	杂货平	100.20
叙府平	101.20	广货匹头平	100.10
泸州平	100.60	棉纱平	99.92
西充平	100.93	缎子平	99.92
沙市平	100.60	水银平	99.92
绵州平	100.68	棉花平	101.43

资料来源:周勇、刘景修,《近代重庆经济与社会发展(1876—1949)》,成都:四川大学出版社,1987年,第125页。

　　由上两表可知，随着开埠，重庆内外贸易增多，银两兑换更加复杂。从地域来看，在重庆与各地的银两兑换中，邻省贵州和云南来的银两为数不多，而与四川省内各地以及沿长江沿岸的城市兑换频率，特别是从上海用汇票兑来的大宗款项，假如不是票号受现银太多之累把汇费提高到12%，从而兴起对远地交易货物划账互相抵消的办法，势必更要大增。上海每年多在夏初，鸦片市场最旺盛时将款项以汇票兑到重庆，由重庆运进内地收购鸦片的生银逐渐又返回重庆，用于购买洋货。

然而，重庆的钱庄在晚清时期还是有所作为的，由于银两与制钱长期并行流通，人们日常生活所需和市场的贸易往来常常需用银两兑换制钱，或用制钱兑换银两。而这一兑换，通常情况下就是由钱庄来完成的。因此，白银与制钱的兑价不仅受着市面白银数量的影响，而且还由本地几个领袖钱庄决定，他们揣度雇主的需要，每晨会商兑价，商定后在钱商间和钱铺中辗转传达。表1-6是1892—1901年的十年间，重庆市场中银价与制钱的对比表。

表 1-6　1892—1901 年重庆市场中银两与制钱的兑换比例表

年度	每千文制钱兑换		海关平银每两值制钱
	渝平银	海关两	海关平两
1892	0.630	0.587	1 = 1704
1893	0.635	0.592	1 = 1690
1894	0.665	0.620	1 = 1613
1895	0.710	0.662	1 = 1510
1896	0.800	0.745	1 = 1342
1897	0.850	0.792	1 = 1263
1898	0.800	0.745	1 = 1342
1899	0.810	0.755	1 = 1326
1900	0.815	0.760	1 = 1316
1901	0.840	0.783	1 = 1277

资料来源:周勇、刘景修,《近代重庆经济与社会发展(1876—1949)》,成都:四川大学出版社,1987 年,第 127 页。

表 1-6 中列举的是每年每 1000 文制钱换渝平银每两和海关平银每两的兑价，后一栏专列海关平银每两值制钱的数目。从以上数字可见，在 1892—1901 年的十年间，重庆市场中的银价与制钱的比价是显著下跌的，1892 年是白银 1 两换制钱最多的一年，这一年的白银异常廉价，主要由于鸦片、大米及其他农产品都丰

收，汇票贴水高涨，致使商人不顾风险用民船把现款运到宜昌，单是由洋商租用民船输出的生银即达 483515 海关两，同时毫无白银输入。 1893 年与上年相反，海关平银每两合的制钱下跌，由于暴风和雨水过多，阻碍罂粟生长，农产品和其他物品的交易萧条也影响了银钱市场情况。 1894 年和 1895 年，海关平银每两各合制钱 1613 文及 1510 文——银价续降。 到 1896 年稻谷歉收，海关银每两更下跌至合制钱 1342 文，本地生银缺乏从湖北省输入银元，但无济于事。 1897 年达到最低的换价，本地票号因上海白银亦稀，拒绝再发上海期票，以致票据交易一时停顿，于是支付紧急债务运出白银达海关平银 153300 两。 1898 年是 10 年来海关平银唯一回涨之年，达到每两换制钱 1342 文，虽然受到农产品收成较好的影响，但因余栋臣事变，绅商人士唯恐事变蔓延，连忙以钱易钱，图其便于收藏携带。 永远为货币变动有力因素的大米在 1899 年又显出它的作用。 该年干旱，除了把米价每 40 斤值制钱 900 文升高到 1200 文外，还造成海关平银每两的钱价跌到 1326 文。 市上白银供给量虽多，这种下跌仍然继续，到 1900 年海关平银每两只合 1316 文。 1901 年，尤其是下半年，票号钱庄因白银积压为累，加重汇费，于是商人们又以海光平纹银每千两付运费 1 两，把现款运到宜昌，反比汇兑所费为廉。

总体而言，1892—1901 年海关平银每两的钱价实跌 527 文。而铜钱对白银长久而广泛的昂贵，在重庆本地因下江一带制钱需求陡涨和屡次禁用毛钱而加剧（恶币驱逐良币），以至于 1895 年的头 9 个月中海关平银 1 两平均换制钱 1538 文，同年 12 月只能换制钱 1389 文。 以制钱为尺度的零售价格，名义上照常未变，但要用同数的制钱来付款，却须多费银两。 所以，以白银为尺度来看零售价格是升高了。

进入 20 世纪之后，由于银元和铜元的流通更加广泛，市场上制钱已逐渐消失，重庆的钱摊、钱铺的业务就由兑换制钱变为兑换铜元。

晚清的重庆传统金融机构——票号与钱庄的资本，除了参与商业贸易活动，在流通领域活跃外，还进一步将从商业贸易中赚取的利润投入到当时逐渐兴起的近代工业与交通领域，如重庆的南帮票号天顺祥，在洋务运动开展的1887年，就曾帮助云南的总号在四川为云南铜矿承办招股业务。 再如在清末的商办铁路运动中，1907年由官商合办改为商办的川汉铁路公司，在重庆、宜昌、成都、上海四地集掇股款，分别储存在上述四地票号和商店达681万余两。[1] 重庆票号也参与了为川汉铁路公司收存股款的业务，其收存的铁路股款达1395965两之多。 川汉铁路公司曾与四川机器局联合在重庆设厂，试办铸造铜元。 在购置机器、建造厂房中，除提借地方政府存放当铺、盐局生息款100万两以外，并向票号借款50万两。[2] 票号通过贷款支持川汉铁路公司的经营，起到了以营利筹集资本的作用，表明重庆票号从融通资金上对商办川汉铁路事业创办与经营的支持。

总之，晚清时期重庆传统的票号与钱庄，随着重庆的开埠，其业务也发生了很大的变化，票号、钱庄的资本在进出口贸易等流通领域的活跃，为外国商品销往中国西部内陆及抢占中国西部土特产市场提供了方便。 同时，在这样的过程中，传统金融机构也扩大了自身的力量，特别是以汇票、庄票为手段的信用制度得到日益完善，使其不仅参与到与西方资本主义交往的近代商业贸易中，而且随着中国民族资本主义近代工业的初步发展，票号等传统金融机构的业务与资本主义工矿交通企业的联系也逐渐密切起来，这种联系也促使传统金融机构向早期现代化转变。

然而，尽管中国的传统金融机构也曾为顺应时代潮流做出了改变，但由于其从根本上并未脱离合伙制的范畴，固守传统的经营思想，缺乏创新和服务理念，即便是像票号这样建立了庞大基业，把机构扩展到全国八九十个城镇，拥有横跨大江南北的全国性票号经营网络，最终还是因无法适应时代潮流而随着清政府的

---

[1] 张国辉：《晚清钱庄和票号研究》，北京：社会科学文献出版社，2007年，第177页。

[2] 黄鉴晖：《山西票号史》（修订本），太原：山西经济出版社，2002年，第390-391页。

灭亡走向了结束。

1.3　晚清重庆现代化金融机构的发端

近代以来，重庆扼守长江、嘉陵江交汇处的自然地理位置，为其工商业的繁荣提供了独特的发展优势，1895 年签订的《马关条约》将重庆辟为开埠城市，此时重庆的金融业虽仍以票号、钱庄、当铺等旧式封建金融机构为主导，但是代表着金融业现代化趋向的新式金融机构——银行与保险，在清末也有零星出现，表明重庆金融业在缓慢地向早期现代化迈进。

银行是资本主义经济发展的产物，是完全按照西方国家的现代企业组织形式建立起来的新式金融机构，中国现代化金融事业的开发，应以近代银行的产生为主要标志。与传统金融机构相比，银行作为新兴的金融机构，其优势主要表现在：第一，企业组织形式采用西方的公司组织（以股份公司为主），全部股本面向社会招募，资金来源分为自有资金和外来资金两部分，资本额大多在数十万至数百万之间，少数大型银行的资本额更是高达千万元以上。拥有自己的董事会和股东会，资本的所有权与经营权相分离，由一批具有深厚的理论知识和丰富的实际经验的银行家所经营。中国传统金融机构票号和钱庄采用的是合伙组织或个人经营，即有合资与独资之分，资本额少的只有数千两白银，多的也不过 4~5 万两，超过 5 万两的都很少。合资经营的股东人数通常为 2~10 人，均负无限责任，资本的所有权和经营权也是分离的，由股东共同聘请经理负责经营，股东对经理采取完全信任的态度，一切业务、资金与人事等均由经理全权决定，年终经理须向各股东报送红账，能够实现盈利即为称职经理，因此传统金融机构，经理人选是决定性因素。第二，业务运作方式是资本主义信贷资金的积累、分配和再分配。银行的主要业务是通过吸收存款和发行钞票等手段，将众多分散、小额的社会闲散资金聚集起来，加以运用，以获取稳定的收益，而在资金的运用中，重视物的信用，发放贷款以抵押贷款为主，能较好规避风险，保证资金的安全。而传统金融机构则规模小，且不重视吸收存款，其营运资金主要依靠同业的短期借款，也有股东的临时垫款，在资金运用上重视人的信用，其发放的贷款以信用贷款为主，虽客户堪称方便，有利于拓展业务，但存在极大风险，一旦发生倒账，极易受到牵连。[1]

虽然相对东部沿海各省而言，重庆新式银行的建立较晚，然而到了 20 世纪前后，西部地区的重庆还是首先出现了一些具有现代化特征的新式银行，主要有三家：中国通商银行重庆分行、大清银行重庆分行及官商合办的四川省的地方银行——濬川源银行。

近代中国新兴之华商新式银行业，当以中国通商银行为开始，创立于光绪二十三年四月二十六日（1897 年 5 月 27 日），此后在全国各大行省均先后设立分行，重要者计有北京、天津、保定、烟台、汉口、重庆、长沙、广州、汕头、香港、福州、九江、常德、镇江、苏州、宁波等处，其中在西部地区唯一设立的分行就是重庆分行，于 1899 年创立，其业务除办理政府官款汇兑外，也承办一般存、放业务。然而好景不长，受八国联军入侵的影响，再加之经营不善，因土商春森发号倒闭欠款的拖累损失甚巨，于 1902 年歇业。到 1905 年，中国通商银行业务收歇，其分支行号只留京、沪、汉三行与烟台一支店。[2]虽然中国通商银行重庆分行的情况不甚详细，其存续时间不长，但它却是重庆建立的第一个新式银行，是重庆金融业早期现代化的开端。

从 1897 年中国通商银行的创立，至宣统末年（1911 年），可视为中国银行业的萌芽时代。此期银行的实收资本均在数十万两至一二百万两左右，其活动能力与范围，均远逊于外商银行及钱

---

[1] 李一翔：《近代中国银行与钱庄关系研究》，上海：学林出版社，2005 年，第 3-5 页。
[2] 中国人民银行上海市分行金融研究室：《中国第一家银行——中国通商银行的初创时期》（一八九七年至一九一一年），北京：中国社会科学出版社，1982 年，第 181-182 页；重庆金融编写组：《重庆金融》（上卷），重庆：重庆出版社，1991 年，第 109 页。

庄。从 1897 年至 1911 年，中国的新式银行共设立 20 家：中国通商银行、户部（大清）银行、濬川源银行、信诚银行、信义银行、浙江兴业银行、交通银行、北京储蓄银行、四明商业储蓄银行、和慎银行、裕商银行、浙江银行、福建银行、广西银行、大信银行、直隶省银行、四川银行、殖业银行、中华银行、贵州银行等。[1]这些银行主要集中在东部沿江沿海地区，在西部内陆地区则只有西南地区的 4 家：四川的濬川源银行、四川银行 2 家，广西的广西银行 1 家，贵州的贵州银行 1 家，其中濬川源银行就设在重庆。在东部地区建立的新式银行中，晚清时期仅有中国通商银行、大清银行在重庆设立过分行。

八国联军之役后，清政府被迫签订了屈辱的《辛丑条约》，旧统治无法维持下去，开始举办新政，编练新军。在四川的新政中，四川总督锡良为了扩建兵工厂，需要向国外订购军械，开支浩繁。同时，四川每年摊付的庚子赔款也高达数百万两，为了解决日益紧缺的经费问题，川督锡良于光绪三十一年五月初五日（1905 年 6 月 7 日），奏请在四川设立官银行。五月三十日（7 月 2 日）奉朱批允准。锡良令重庆商务局总办周克昌筹办，定牌名为"濬川源"银行，取开通川省利源之义，并颁发"四川官银行"印信。于是年九月二十一日（1905 年 10 月 19 日）开业。总行设于重庆，成都设分行。[2] 1906 年 2 月 13 日，上海分行开幕。[3] 开办时官股 37 万两，集商股 13 万两，统计官商资本 50 万两，光绪三十三年（1907 年）撤退商股，拨官款 13 万两，以补其额，成为官办银行。[4] 原拟发行千两、五百两、二百两、一百两，五十两、二十两、十两、四两、三两、一两十种银两票，因大

[1] 唐传泗、黄汉民：《试论 1927 年以前的中国银行业》，中国近代经济史丛书编委会编：《中国近代经济史研究资料》(4)，上海：上海社会科学院出版社，1985 年，第 63 页。另据中国银行总管理处经济研究室：《全国银行年鉴（1934 年）》（上海：汉文正楷印书局，1934 年，第 A3 页）的统计，此一时期的新式银行仅为 17 家。
[2] 四川省地方志编纂委员会：《四川省志·金融志》，成都：四川辞书出版社，1996 年，第 28 页。
[3] 中央储备银行调查处：《上海银行业概况》，上海：中央储备银行调查处，1945 年，第 2 页。
[4] 周葆銮：《中华银行史》，上海：商务印书馆，1919 年，第五编第 47 页。

量鼓铸银元铜元，财政危机有所缓和，截至辛亥革命前夕并未发行。外面挂牌是"濬川源银行"，内部关防则为"四川官银行"转属于省藩司，并委藩司为督办。内部组织基本仿照票号，主要业务是承汇公私款项，兼办私人存放业务。其结账期也照山西票号规矩，由原来的每年结账一次，改为四年总结一次。[1] 宣统二年（1910年）总行迁成都，后相继在上海、汉口、北京、天津、宜昌、万县、涪陵、五通桥、自流井、保宁（阆中）、沙市等地设置分行及办事处。先后在总行任总办或总理的有周克昌、邹宪章、乔世杰、黄云鹏等人。辛亥革命爆发后，1911年12月8日成都兵变，藩库存银200余万两被劫一空，濬川源银行成都总行遭洗劫，库银损失23万余两，渝行被蜀军政府提用库款52万余两，遂致无法支撑，业务陷于停顿。[2]

虽然濬川源银行的建立与票号有着千丝万缕的联系，但是它的创立还是对重庆传统金融机构——票号起到了削弱的作用。在濬川源银行开设前，四川地方的官款存汇，主要是由票号承担。当濬川源银行开设后，开始与票号分担各项官款存汇业务，如京协各饷和债赔款汇解，向归票号汇兑，由司库拨付，交付汇费。从1905年9月29日起，改由濬川源银行领汇三成，各票号领汇七成；土税、酒捐向由天顺祥票号总司领取和分发各票号的事务，当濬川源银行成立后，改归银行总司其事；而四川筹赈总局所收捐款，向来分存天顺祥、天成亨两家票号，当濬川源银行开设后，也全部改存银行。[3]

清政府筹设户部银行（大清银行），也曾在重庆设立分行。光绪三十年（1904年）正月，由户部筹集资本，试办银行，拟先备资本银400万两，分为4万股，每股库平足银100两，由户部筹款认购2万股，其余2万股，无论官民人等，均准购买。其《试

［1］中国人民政治协商会议四川省成都市委员会文史资料研究委员会：《成都文史资料选辑》（第八辑），内部发行，1985年，第13-14页。
［2］四川省地方志编纂委员会：《四川省志·金融志》，成都：四川辞书出版社，1996年，第28页。
［3］黄鉴晖：《山西票号史》（修订本），太原：山西经济出版社，2002年，第440-441页。

办银行章程》中规定:"本行现设京师,其各大埠如天津、上海、汉口、广东、四川等处,酌设分行,未设分行之处,可与殷实商号订立合同,作为代办。"[1]光绪三十一年(1905年)八月,户部银行总行在北京成立,光绪三十四年(1908年)户部已改为度支部,户部银行改名大清银行,原有资本银400万两,拟再添招600万两,合共1000万两,分10万股,股票概用记名式,由国家认购5万股,其余限定本国人承购,进而规定,"大清银行设总行于京师,其沿江沿海贸易繁盛之处,以及各省府厅州县,应设立分行分号,得随时斟酌地方情形,禀准度支部,照章分设,或与殷实银行银号,按照银行章程订立合同,作为代办或与他行号联结,为汇兑之契约,均须呈明度支部核准,度支部视为应行分设之时,可命银行照章设立。"[2]据统计,在从户部银行的成立到1911年大清银行结束,共建立了21个分行,35个分号,主要分布于东中部地区,其中在西部地区建立的分行主要有重庆分行(光绪三十四年三月即1908年4月,建于重庆千厮门正街)、云南分行(宣统元年十二月即1910年2月,省城三牌坊)、西安分行(宣统元年十二月,地址不详)3个。 分号主要是隶属于重庆分行的四川省的成都(光绪三十四年七月即1908年8月建立)、自流井(宣统二年二月即1910年4月)、五通桥(宣统二年二月)等3个。[3]

大清银行重庆分行的主要业务是代理国库,代收盐务款项,发行银两和银元两种兑换券。 其中,代收盐款是从票号手中接过的业务。 四川江巴盐务局经收川东一带的盐款,曾由天顺祥票号受理,作为浮存不计利息,如遇盐局解饷款项不敷,天顺祥票号亦须筹垫,同样不计利息。 不过存欠扯算,总是得多失少。 大清银行重庆分行设立后,积极设法要将江巴盐务局收款接收过来,

[1]周葆銮:《中华银行史》,上海:商务印书馆,1919年,第一编第3页。
[2]周葆銮:《中华银行史》,上海:商务印书馆,1919年,第一编第10-11页。
[3]周葆銮:《中华银行史》,上海:商务印书馆,1919年,第一编第22-26页。

并报总行各监督请促成。[1] 由此可见，大清银行建立后，逐渐将票号从官款存汇领域中排挤出去。

宣统三年十月十八日（1911 年 12 月 8 日），大清银行成都分号遭哗变士兵抢劫，损失颇巨，随即停业。重庆分行及自流井、五通桥分号亦于辛亥革命后相继停业，设成、渝清理处进行清理，并拟定清理办法，清理处（敷设在重庆中国银行内）于民国四年（1915 年）5 月 24 日在重庆《西蜀新闻》刊登广告：宣布从 5 月 1 日至 8 月 1 日收兑大清银行发行的本票、银两票、银元票等各种票券，清偿债务。[2] 为中国银行所接办。

此外，重庆开办最早的商业银行为晋丰银行，宣统元年（1909 年），在江津县成立，也是四川地区最早开办的商业银行。[3] 该银行由江津人陈廷萃邀集巨资，在县城内组织晋丰储蓄兼殖业银行，于成都、重庆、上海、汉口设立分行，经农工商部立案，颇著成效。[4] 改行资本仅有数万元，营业专重存款，业务活动多在江津帮内进行，通汇地点仅限于江津、重庆间，始终未能打开局面。[5] 因此，它在重庆金融市场上所起的影响与作用均极有限。

除银行以外，早期现代化的金融机构还有保险业。保险的本意是稳妥可靠的保障；后延伸成一种保障机制，是用来规划人生财务的一种工具，主要指投保人根据合同约定，向保险人支付保险费，保险人对于合同约定的可能发生的事故，因其发生所造成的财产损失，承担赔偿保险金责任，或者被保险人死亡、伤残、疾病或者达到合同约定的年龄、期限等条件时，承担给付保险金责任的商业保险行为。保险业则是指将通过契约形式集中起来的资金，用以补偿被保险人的经济利益的行业，它是近代商品经济发

[1] 黄鉴晖：《山西票号史》（修订本），太原：山西经济出版社，2002 年，第 437 页。

[2] 四川省地方志编纂委员会：《四川省志·金融志》，成都：四川辞书出版社，1996 年，第 16 页。

[3] 四川省地方志编纂委员会：《四川省志·金融志》，成都：四川辞书出版社，1996 年，第 2 页。

[4] 戴鞍钢、黄苇：《中国地方志经济资料汇编》，上海：汉语大词典出版社，1999 年，第 1114 页。

[5] 汪粟甫：《重庆金融市场考略》，《经济杂志》1936 年第 1 卷第 4 期，第 30-31 页。

展的产物。

近代中国的保险业是先有外商保险，再有华商保险，重庆的近代保险业也不例外。 1890 年 3 月 31 日，中英签订《新订烟台条约续增专条》，规定重庆作为通商口岸。 1891 年 3 月 1 日，由海关总税务司赫德任命的首任税务司好博逊以朝天门附近的"糖帮公所"为关址，在重庆建立海关，标志着重庆正式开埠。 开埠后，以英商为首的各国商人，纷纷来渝建立工商企业以及航运机构，外国保险资本也随之逐步渗入重庆。

外商来重庆成立的保险机构，有资料可查的，先是 1891 年成立的英商太古洋行保险部及怡和洋行保险部，它们只是作为洋行兼营保险，为本国保险公司招揽业务的代理处，却开了重庆保险业之先河。 而来渝正式成立的第一家外商保险公司，是 1893 年开始筹办的利川保险公司。 据《招商局档案》记载，英国领事法磊斯在重庆开埠后不久，便向当时的川东道和四川总督提出申请，1893 年 2 月，经总理衙门批示："查重庆既已通商，即与下游各埠无异，自难阻其设立保险公司。"[1]该公司成立后，主要经营重庆与宜昌之间"挂旗船"的货物运输险和船舶保险，约有几年时间便宣告结束。 继其之后，还陆续有数家外商保险公司在重庆开业，他们凭借外交特权曾垄断重庆保险市场多年。 1903 年，英商保家保险公司来渝设立分公司，经营火险业务。 1905 年，英商隆茂洋行筹办的英京火险公司开业，在重庆刊登题为"倘遇不测，立即兑现"的广告宣传，并开始办理水、火险业务。 1906 年，英商永明和永年人寿保险公司在重庆设立分公司，经营人寿保险业务，清政府还为两公司发出保护告示，重庆从此有了人寿保险。1910 年和 1913 年，又先后有英商上海永康寿险公司和华洋寿险公司来渝设立机构，承办人寿保险。[2]

在外商保险公司的刺激下，近代重庆的华资保险业也开始兴

---

[1] 聂宝璋：《中国近代航运史资料》第一辑（1840—1895 年）（上册），上海：上海人民出版社，1983 年，第 617 页。
[2] 中国人民保险公司四川省分公司：《四川保险志》，内部发行，1989 年，第 19-20 页。

起，早在 1904 年，四川官府就有了兴办现代保险业的提议。 当时的四川商务局，曾上书给四川宪台，呈请在成渝两地设立保险公司，以保护省内银两的转运。 呈文中写道："……惟商贾运银，往来途中失事，防不胜防。 若夫信票汇兑，流通于衡衢，而捍格于僻壤外，惟有设立保险公司。 拟以省、渝为干，附近州民县为枝，互相联络，然后逐渐贯通。 使商民所费无多，而免疏忽之虞。"但这一提议并没有付诸实践。 直到 1906 年，重庆少数士绅集资招股 10 余万元，成立了探矿保险公司。 据同年 9 月重庆《广益丛报》第 24 号记闻栏刊载："地中探矿，每有水火风三种险害，防不胜防，故人多视为畏途，不敢轻试。 前有渝城某绅集议招股创立探矿保险公司，专保三种险害，凡经保者一遇损害即归公司赔偿，庶人无险阻之虞"，虽然其具体经营时间和业务情况都没有资料可寻[1]，但它却是重庆第一家华商保险公司。 它专保矿井下的水、火、风三种险，保险的对象是矿井和井下的财产，作为重庆的第一家民办保险公司，对振兴地方实业，"求富""求强"，起到了积极的促进作用。 此后不久，轮船招商局在重庆开办航运业务，曾为旗下的官办仁济和保险公司也开始在重庆经营招商局的船舶险、货运险和仓库、货栈火险，[2]但规模不大。 因此在民国以前，重庆的保险市场实际是由外商独占的。

总之，晚清时期，重庆新式金融机构银行建立，特别是四川省地方银行濬川源银行和大清银行重庆分行建立后，与重庆票号展开竞争，并凭借手中拥有的特权在官款存汇领域，以及一些衙门和地方官款存汇中几乎完全把票号排挤了出去。 但是，在一般商业贸易相关的存汇领域，传统金融机构却居于较稳固的主导地位，而且他们的经营业务也逐渐被纳入进出口及埠际资金融通渠道的体系中，与以上海为中心的东部现代化金融业发生了千丝万缕的联系。

---

[1] 中国人民保险公司四川省分公司：《四川保险志》，内部发行，1989 年，第 20-21 页。
[2] 郭晋昌：《重庆早期的保险市场》，《当代保险》1989 年第 8 期，第 47 页。

从传统向现代金融的初步转型：
从民国建立到全面抗战爆发前的重庆金融

辛亥革命后，在重庆建立起来的蜀军政府，废除了清王朝设立的重庆府，保留巴县。1912年5月，重庆蜀军政府与成都大汉四川军政府合并，成立四川军政府，撤销巴县，设重庆镇抚府，仍称重庆府。1913年，袁世凯政权改重庆府为巴县，重庆城为巴县治城。1921年11月后，重庆先后设商埠督办、市政公所、商埠督办公署。南京国民政府建立以后，1927年成立市政厅，1929年，分巴县城区正式设立重庆市，成立市政府，管辖范围除巴县城区外，还包括江北县城附近及南岸。[1]

严格说来，中国历代的地方行政都没有都市行政。市的行政是从清廷1909年颁布的《京师地方自治章程》开始的。民国以后，北京市政改设专管机关，市政才得以兴起，国内各大城市也纷纷仿照。1920年9月，广东省设立市政厅。1921年7月，北京政府公布《市自治章程》，分为普通市和特别市两种，市的行政制度的法律规定从此开始。北伐战争武汉会师后，设汉口为特别市；定都南京后，也设南京、上海为特别市。北伐成功后，天津、北平、青岛三地相继设为特别市。1930年5月，国民政府颁布《市组织法》，废除特别市，分直隶行政院之市和直隶省政府之市两种。直接由行政院所管辖的市分别为南京、上海、北平、广州、青岛五市，其地位提与省相等。[2]就重庆而言，在重庆市政府成立以前，重庆城仍基本上是巴县的治城，设市以后，才成为独立的行政区域，编制为国民政府二级乙等省辖市，首任市长潘文华。到抗战爆发之前，重庆市属于四川省管辖的一个城市。

从民国建立到全面抗战爆发之前，中国民族资本主义经济进入发展的黄金时期，中国现代化建设的步伐也开始加快。在金融业方面，旧式金融机构逐渐没落，新型金融团体受外国在华金融业的刺激而蓬勃兴起，民族资本主义金融业得到了快速发展并向

---

[1] 陈建明：《重庆城市基层行政管理》，隗瀛涛：《重庆城市研究》，成都：四川大学出版社，1989年，第387页。
[2] 王理想：《从中华民国成立到抗战时期地方财政的演变》，《新西部》2013年第9期，第84页。

现代化迈进。

进入民国之后，四川地区长期陷入严重的军阀割据混战，重庆的货币制度及金融市场也长时间处于极度紊乱与动荡之中，给重庆民众生活与社会经济的发展造成严重影响。然而，随着长江上游地区国内外贸易逐渐发达，重庆的长江上游商贸中心地位逐渐确立，现代化工商业得到发展，金融业在曲折中仍向着现代化方向艰难前行。首先，随着现代化商贸的发展，重庆的货币市场发生了很大变化，体现现代化因素的银元及纸币在重庆市场得到广泛运用。其次，重庆的传统金融机构发生嬗变，票号随着清政府的结束而宣告结束，钱庄取而代之，其经营业务发生转变，逐渐被纳入进出口及埠际资金融通渠道，开始了向现代化的迈步。重庆的申汇市场就是集中反映。作为金融现代化集中体现的新式金融机构如银行、交易所、保险公司等都相继在重庆建立，特别是作为现代金融组织的代表——银行，经过晚清的发育之后得到迅速发展，不仅有外来的商业银行、国家银行登陆重庆，本土的银行也随之发展起来，其势力不断扩展，很快就在重庆城市金融业中占有一席之地。本章将对民国建立之后到全面抗战爆发前，重庆金融业从传统向现代化的转型过程进行深入梳理。

2.1　全面抗战爆发前重庆货币的现代化因素

货币是金融的基础，经济的发展需要有一个币值稳定、发行统一有序的货币金融体系来融通社会资金。然而，自近代以来，中国货币制度一直不统一，货币体系紊乱庞杂，既有传统的货币银两与制钱，也有各国铸造并在中国流通的各式银元、中国自制的银元、外国在华银行发行的纸币、华资银行发行的纸币等。1914 年 2 月 7 日，北京政府以大总统令颁布《国币条例》及其施行细则，明确规定以银元为国币，"国币之铸发权专属于政府""以库平纯银六钱四分八厘为价格之单位，定名曰圆"。[1] 然而，中国的货币体系不仅没有得到改善，反而更加复杂，完全不能适应社会的进步和经济发展的需要。于是，从清末到民初，社会各界要求"废两改元"的呼声不绝于耳。由于军阀混战、政局更迭，加上金融界内部钱庄为自身利益而从中作梗，致使"废两改元"迟迟不能实行。直到南京国民政府成立，这种混乱局面仍然没有得到根本性改变。在国际收支和国内大宗商业往来中，银两仍然作为计算单位，但在实际支付时却多用银元，这种银两与银元之间不停兑换，致使各地间银两、银元的价格涨落波动较大，阻碍了商品贸易和流通。经过一场场激烈争辩，到1933年3月，国民政府终于推出"废两改元"的货币政策，结束了两、元并存的局面，使纷乱复杂的货币市场走向了统一，促使中国货币制度向现代化方向迈出了坚实的第一步。然而，由于仍然采用银本位制，"废两改元"并没有从根本上使中国货币制度趋于稳定。在1934—1935年美国白银政策的影响下，中国不得不于1935年11月再次推出"法币改革"，彻底抛弃了银本位，使用汇兑本位制，才真正结束了币制紊乱的历史，初步实现货币的现代化，为经济发展提供了一个稳定有利的货币环境。

在这样的大背景下，地处中国西南内陆的重庆货币市场又是怎样的呢？民国之后的重庆为西南重镇，水陆交汇，工商业繁荣。成渝两地在长时期的军阀割据与混战中几乎都是争夺的核心，尤其是重庆，其地利饷糈并重，商务殷繁，为兵家必争之地。在四川境内，不仅军人可以任意设厂铸造银币铜币，各县商会亦可随意发行流通券或铸造铅类之硬辅币，银行钱庄不经政府许可亦可发行钞票或类似钞票之兑换券，币制之紊乱，几不可究诘。在此状态之下，从民国元年（1912年）至民国二十四年（1935年）国民政府实施法币政策间，重庆的货币市场更加复杂紊乱，

---

[1] 中国第二历史档案馆、中国人民银行江苏省分行、江苏省金融志编委会：《中华民国金融法规选编》（上），北京：档案出版社，1989年，第74页。

银两、银元、铜元以及纸币继续存续，而且在军阀的争斗与控制之下，在原有的货币基础上又增加了军用票的发行与使用。

辛亥革命后四川军政府成立，财政十分困难，1912年元月，在原浚川源银行旧址成立"四川银行"，发行"四川军用票"，作为军政开支之用。

四川银行成立于宣统三年（1911年）11月，专以代财政司发行军用票，供应军政各费为急务。 1912年1月1日—4月26日，四川银行发行的军用银票，计300万元，分1元、5元两种，规定每元换钱1000文。 最初由绅商倡行，每元比银币多换钱2文，交税也多折银2分。 4月26日，四川财政司与成都造币厂联合通告，添铸每枚重5钱的50文铜元一种，与原发当10文、20文的铜元一起行使。 同月，又由财政司设利用钱庄，发行当100文、200文、500文等三种铜元兑换券，在各处设点兑换军票。 由于兑现不能普遍，找补仍有困难，军用票只能在成都、重庆等埠行用。7月，军票在重庆遭到重庆大汉银行（大清银行改称）等金融机关拒用，经重庆商会出面调解议定，一般交易照商例以军票3成、现银7成支付，称周行银，以维持军票的流通。[1] 总计四川银行先后共发出军票数目为1500万元，民国四年（1915年），以该票急需整理，乃由中央借拨银款，并由中国银行借拨银券，设处开收。先后收回500余万元，并提毁盐款军票300余万元，再加财政司在商会截毁60万元，及重庆中国银行所存盐款军票280余万元，统计已收回者1140万元。 嗣因军事告兴，饷需迫切，收票之事，遂行中止。[2]

除军用票之外，当时重庆市场流通的银行钞票主要有四川银行、浚川源银行、中国银行、交通银行、殖边银行、聚兴诚银行等发行的银行券。 其中交通银行重庆分行于1915年12月1日设立之后，就发行1元、5元、10元等三种兑换券，但其存续时间不

---

[1] 田茂德、吴瑞雨：《民国时期四川货币金融纪事（1911—1949）》，成都：西南财经大学出版社，1989年，第2-4页。

[2] 张家骧：《中华币制史》，北京：民国大学出版部，1925年，第二编第235页。

长，发行数额不多。据统计，截至 1917 年 12 月，重庆中国银行发行的兑换券共计 953639 元。[1] 显然，这些银行发行的钞票，都没有任何限制和现金准备，结果是钞票价值下跌。1916 年 6 月，中国银行和交通银行宣布停止兑现，其后果是两个银行的本地钞票只被用来完纳几种捐税，收受时并须照票面值的半数计算。原来发行的实在数量，以及尚未赎回的数量，是难以断定的。"现时没有钞票在流通，但几乎每一家钱铺都是一个多寡不等的目前不能兑现的大量钞票持有者。"[2] 据北京政府财政部的调查报告，1917 年濬川源银行发行 290 万元，中国银行重庆分行发行 590 万元，其他各行则无准确统计。另据 1921 年之估计，四川全省发行之纸币总额有 2500 万至 3000 万元之谱。上述纸币，在 1919 年时，川政当局曾照市价收回者，计有 2000 万左右。[3] 自此以后，银行因发行纸币无利可图，遂停止发行，四川全省有一个较短的时期不流通纸币。

然而，好景不长。1923 年，国内政局为南北分立，川军将领亦有向南向北的分别。第三军军长刘成勋，第一军军长但懋辛，边防总司令赖心辉等是向南的将领，当时均驻军成都，名曰省军。向北的将领有川军总司令刘湘，第二军军长杨森，黔军总司令袁祖铭，北军师长赵荣华，同时驻兵重庆，号称联军。吴佩孚令杨森以武力统一四川，孙中山在广州任大元帅，他任命熊克武为四川讨贼军总司令，刘成勋为四川省长兼川军总司令，赖心辉为四川讨贼总指挥。省军与联军开战后，是年 8 月底，省军攻至重庆浮图关，逼近联军，黔军将领周西成突然倒戈向南，参加省军对联军作战，率兵占据长江重庆段南岸，向重庆城内轰击。是时城内联军需饷急切，杨森乃委四川银行发行兑换券 100 万元，未几省军攻入重庆城，联军退至万县、宜昌，于是四川银行当年关

[1] 田茂德、吴瑞雨：《民国时期四川货币金融纪事（1911—1949）》，成都：西南财经大学出版社，1989 年，第 22、34 页。
[2] 周勇、刘景修：《近代重庆经济与社会发展（1876—1949）》，成都：四川大学出版社，1987 年，第 338-339 页。
[3] 张肖梅：《四川经济参考资料》，上海：中国国民经济研究所，1939 年，第 F1-3 页。

闭，市面上有 60 余万元未能收回。[1]

这些虽然都是民国之后四川省的纸币发行及流通情况，但由于重庆是四川最大的商贸城市，且四川主要的新式银行都建立在重庆，因此，这也反映了重庆市场的纸币情况。

民国以后，四川货币的铸造情况有了很大变化，1919 年，四川军阀实行防区制，各个军阀在其防区内私设造币厂滥铸各种不同重量、额面、花纹、成色的银币与铜元。据估计，当时川省设置的造币厂不下 40 处，北京政府财政部钱币司搜集川省当时的钱币约有 70 种之多。[2]

就银元而言，民国建立后，成都造币厂停铸龙洋，改铸汉字银元，俗称"川版汉字大洋"，在四川全省甚至湖北宜昌汉口一带流通，重庆市场上也流通这种银元。重庆方面也曾由重庆铜元局铸造银元 4 次（1919 年、1927 年、1928 年及 1934 年），称重庆版（成都并不通用），但铸数不多，四次铸造银元合计约 300 万元。[3]

至于民国之后的铜元，最初主要是四川大汉军政府接管前清度支部成都造币厂，并于 1912 年 4 月废除龙纹大清铜币模式，改铸汉字当十、当二十和当五十文三种面额铜币。形成防区制后，民财两政各自统辖，互不相属，大小军阀私自铸造铜元极其普遍，由于资料缺乏，其铸数无从统计。就重庆而言，重庆铜元局虽建于清末，但并未开铸，直到 1913 年才开始正式投入生产。"民国二年（1913 年），李成志接办，五月始出铜元，当时专铸当二十铜元，成色重量，皆与成都相同，惟非紫铜而已"[4]。据统计，到 1913 年 11 月止，重庆铜元局共铸当十文铜元 1900 万余枚，当二十文铜元 1996 万余枚，当五十文铜元 938 万余枚，当百文铜元

[1] 吴筹中、朱肖鼎：《清末民初的四川省纸币》，《西南金融》1989 年第 S1 期，第 17 页。
[2] 周勇、刘景修：《近代重庆经济与社会发展（1876—1949）》，成都：四川大学出版社，1987 年，第 357 页。
[3] 重庆金融编写组：《重庆金融》（上卷），重庆：重庆出版社，1991 年，第 18-19 页。
[4] 汪粟甫：《重庆金融市场考略》，《经济杂志》1936 年第 1 卷第 4 期，第 34 页。

117万余枚。 1914年8月—1915年9月，北京政府财政部派吴夐来四川接收重庆铜元局，1915年9月奉财政部电，重庆铜元局正式该归财政部直辖。 此后，一直到1925年，北京政府财政部，只准重庆铜元局将余铜铸尽即停工。 经军、政、商电请继续鼓铸，以济军饷，维持市面，即照成都厂的成色重量，铸5钱重的当五十文铜元一种。 继因川战不休，1920年王雨农任局长时，铸8钱重的当百文铜元，鲜特生任局长时改重量为7钱，1924年杨永懿接办，再改重量为6钱。 1925年，铸当二百文铜元，较当百文的仅重数分，且铜少铅多。[1]

民国之后，重庆市场中的货币流通远比发行与铸造更加复杂。 由于道路不靖，来源大减，兼以辛亥革命之后重庆城内的票号全部收歇，停止了纹银的供给。[2] 重庆市场上流通的金属货币主要是银元、铜元与纸币，种类繁多，十分复杂。 据1930年12月的报道，"渝市货币情形，比他处尤为奇特。 最近通用之现金，市面虽无大锭，然商帮习惯，记账多以两为单位，而现洋有前清光绪宣统龙圆、民元汉字银元、袁世凯孙总理半身像银元及重庆铜元局所制新元。 要皆九一成色，其不及九一之成都厂板，及一切半元一角二角银币，一律不能行使。 其声音稍哑者，即为哑板，不能使用，换钱铺可做八九折掉换。 市面伪洋亦多，时起纠纷，幸各银行兑换券真伪易辨，人多喜用纸币，而不习惯现洋矣。 铜币照全国通例，只用当十当二十之铜元。 惟川省自民国四年以后，滇黔军入川，即鼓铸铜元。 先由当十之铜币起，使用一二年，又改铸当百铜元，再二三年又改铸当二百铜元。 后因生铜取之美日，沿途税捐过重，成本过高，即将前清制钱改铸。 嗣后制钱铸尽，又将从前当十当二十当五十之铜元改铸当二百者。 因之旧式铜元日渐绝迹，近代所铸二百铜元，较从前之当二十铜元重

---

[1] 田茂德、吴瑞雨：《民国时期四川货币金融纪事（1911—1949）》，成都：西南财经大学出版社，1989年，第13-15、18-19页。

[2] 田茂德、吴瑞雨：《民国时期四川货币金融纪事（1911—1949）》，成都：西南财经大学出版社，1989年，第7页。

量相等，从前较大之当百当二百文铜元又将绝迹矣。因之生洋价值日高一日，现在生洋换钱，每洋一元可换十五千三四百文，生活程度因亦随以俱高。以民国初年比较，物价已增至二三十倍，较之平津申汉生活程度，有过之而无不及也。"[1]表2-1、表2-2是1922—1931年的十年间，重庆市场上流通的各种银币与纸币的统计情况。

表2-1　1922—1931年重庆流通的银币种类统计表

种类		备考
银币	袁头银币	国币之一种，通用
	北洋、湖南、湖北、云南及其他各省之龙币	成色良好，通用
	成都造币厂汉字银币	四川省内各地均通用
	重庆铜元局汉字银币	重庆通用
	金字大洋	重庆通用，有时略有折扣
辅币	袁头中元	已绝迹，即有，行使时亦有折扣
	云南半元	同前
	成都造半元	同前
	重庆造半元	同前
	各县私铸半元	同前
	袁头一二角毫洋两种	同前
	四川一二角毫洋两种	同前
	各省龙形一二角毫洋两种	同前
	广东一二角毫洋两种	同前

资料来源：重庆中国银行，《重庆经济概况（民国十一年至二十年）》，重庆：重庆中国银行，1934年，第71-72页。

表2-1集中反映了这十年间，重庆市场上银币及其辅币的流通种类。1932年，成都造币厂铜币生产过剩，造成银价飞涨，为维持银价，7月，决停铸铜币，多铸银元。[2]重庆市场中的货币，却现金枯竭，市面交易多属钞票，各地钱商又以贱价收买杂板币

[1]《重庆金融机关及货币状况》，《工商半月刊》第2卷第24期，1930年12月15日，第13页。
[2]《造币厂停铸铜币》，《四川月报》第1卷第1期，1932年7月，第10页。

入口，紊乱金融。8月，二十一军部谋救济市面，禁止杂板铜币入口，再申前令。税务监察处查获私贩入口之杂板铜币1000余元，全数解部，实行没收。[1] 总之，20世纪30年代初期的重庆货币之复杂实属罕见，"重庆通货，亦在五六十种之多，其中劣币伪币居其十分之六七，而有价值之货币，不过十之二三"[2]。

1931年九一八事变后，国内经济发生巨大变化，受此影响，渝申汇水，遂见昂腾，国民政府为应急之处置，禁止银元出口。禁银出口之结果，申汇愈益昂腾，申汇愈昂，而偷运者愈众。法令虽严，而利之所趋，希冀幸逃法网者，亦大有人在。从1931年禁银出口以来，迄1933年12月底，仅二十一军财政处运银出口之统计，就达到了24552756元，而每人规定携带出口之数量及偷运者尚未计入，致使四川通货流通之数量，虽无精确之统计，而较诸1931年以前通货流通额有巨量减少，则已毫无疑义。[3]

表2-2　1922年至1931年重庆流通的纸币种类统计表

行名	券面额	备注
中国银行	分一元、五元、十元等券	
聚兴诚银行	分五元、十元、五十元、百元等无息村票	现已收回无余
大中银行	分一元、五元、十元等	该行早已倒闭，前所发行均经收回
四川美丰银行	分一元、十元等券	
川康银行	分一元、五元、十元等券	
平民银行	五角辅币券	现已收回
市民银行	分一元、五元两种，又一角辅币一种	
中和银行	分一元、五元、十元等券	已停闭，前所发行均经收回
四川银行	分一元、五元、十元等券	已停闭，惟尚有六十万元在市面存留，不能行使

---

[1]《货币·重庆》，《四川月报》第1卷第2期，1932年8月，第11页。
[2]《地方银行之缘起》，《四川经济月刊》第1卷第1期，1934年1月，第6页。
[3]《地方银行之使命》，《四川经济月刊》第1卷第1期，1934年1月，第3页。

行名	券面额	备注
四川官银号	分一元、五元、十元等券	已停闭，前所发行之二百六十余万元全留在世，不能行使
重庆总金库粮税契券	分一元、五元、十元等券	
钧益公期票	数目多系数万或数千之整数	已由廿一军以公债票换收无余

资料来源：重庆中国银行，《重庆经济概况（民国十一年至二十年）》，重庆：重庆中国银行，1934年，第72-73页。

　　表2-2为20世纪20—30年代四川军阀割据时期重庆市场所发行的纸币统计情况。除银行发行的纸币外，重庆的驻军，不仅向商场贴抵，还采取发行钞票的方式进行周转。这一时期主要发行的钞票有：1923年6月，联军在渝时，组建四川银行于过街楼，发行钞票100万元，临退走时收回40万元，尚余60万元。1923年10月，四川省军赖心辉与滇军周西成等入城，在前设之四川银行旧址，设立四川官银号，发行钞票260万~270万元，此钞票全未收回。1926年，川军第二军将袁祖铭赶走，回驻重庆，派员到上海印制兑券共320万元，由中和银行发行，其发行额通常在100万元与200万元之间，到1931年该行停业，尚有70余万元在外，因资金不足，按七折一律收回。1930年，廿一军成立总金库，发行一种粮税契券，印制之数为1000万元，惟一元、五元、十元者，共500万元，其余则为一百元、五百元、一千元者，其后三种尚未发出市面。[1] 而在1930年，除聚兴诚银行和四川盐业银行以外，发行钞票成为了各银行的通例。川康殖业银行把一元、五元和十元面额的存款收据，共计100万元以上投入流通，重庆市民银行发行一角的辅币券（小钞）。在这些情况之下，说重庆城简直是被钞票淹没了并非过甚之词。幸而这些钞票尚能照面额互相

---

[1] 重庆中国银行：《重庆经济概况（民国十一年至二十年）》，重庆：重庆中国银行，1934年，第20-22页。

接受, 并且和现洋兑换。[1]

1933 年秋, 国民革命军第二十一军军长兼四川善后督办刘湘击败刘文辉, 掌握四川军政大权。 为统一四川紊乱的币制, 1933 年 9 月, 刘湘以四川善后督办公署名义, 饬令筹建四川地方银行。 1934 年 1 月, 四川地方银行在重庆正式设立, 发行"四川地方银行兑换券"(简称"地钞"), 试图统一四川币制。 但这一愿望并没有得以实现, 直到 1935 年 11 月法币改革之前, 在重庆仍然流通着各种钞券。

表 2-3　1935 年法币改革前重庆流通的纸币种类统计表

发行机关	发行地点	种类	发行日期	发行总额(元)	现值	重要流通区域	附注
中央银行重庆分行	重庆	一元、五元、十元、二角、一角	1935 年 5 月	700000	十足	重庆	截至 1935 年 7 月底计如上数
中国银行重庆分行	重庆、成都、叙府	一元、五元、十元	1929 年(前次发行者已收回)	2000000	十足	川西北川南及川东各县	发行总额包括各分支行数目
四川地方银行	重庆、成都	一元、五元、十元、二角、五角	1934 年	33000000	十足	廿一军戍区	二角辅币已通告收回
川康殖业银行	重庆	一元、五元、十元	1930 年	400000	十足	下川东一带	系无息存票现限于 1935 年 9 月底前全数收回
四川美丰银行	重庆	一元、十元	1922 年	500000	十足	下川东一带	限于 1935 年 9 月底前全数收回
四川建设银行	重庆	一元	1935 年	400000	十足	绥定宣津	限于 1935 年 9 月底前全数收回
重庆银行	重庆、成都	一元、五元、一角、二角、五角	1930 年	600000	十足	重庆及成都一带	限于 1935 年 9 月底前全数收回

---

[1] 周勇、刘景修:《近代重庆经济与社会发展 (1876—1949)》, 成都:四川大学出版社, 1987 年, 第 359-360 页。

续表

发行机关	发行地点	种类	发行日期	发行总额（元）	现值	重要流通区域	附注
平民银行	重庆	五角儿重礼券	1934年（1929年发行者已收回）	200000	十足	重庆	限于1935年9月底前全数收回
廿一军总金库	重庆	一元、五元、十元、百元、（粮契税券）	1930年	1400000	十足	廿一军戍区各县	通令收回

资料来源：全国经济委员会，《四川考察报告书》，上海：太平洋印刷公司，1935年，第161-162页。

　　由表2-3可见，到1935年，四川最大的商埠重庆的纸币十分复杂，发行机关有9处，发行总额达3920万元，流通着各类钞券数十种，其中四川地方银行发行的"地钞"占主导地位。到1935年1月时，所发钞票为数已达3300余万元，其中毫无准备者多至2300余万元，以致时有挤兑情事，申渝汇价亦时被影响，商业民生胥受其害。[1]

　　"地钞"的发行是以调剂金融、统一币制为职责。因此，四川地方银行为发行兑换券事宜，于理监事会之外，另行组织一个"兑换券准备金检查委员会"。[2]该委员会由四川善后督办公署任命财政处处长、银钱业同业公会主席及常务委员、重庆市商会主席、绅商界中负有声誉者、有专门学识者而具有相当经验者以及执行会计师业务者等11～19人组成，以财政处处长为当然主席，银钱业同业公会主席为当然副主席，以监督兑换发行事务，规定四川地方银行发行兑换券应有十足之准备金，现金准备不得少于60%，保证金准备不得超过40%。发行十元、五元、一元券三种，又发行二角、五角及在万县发行之流通券流通市面。[3]最

[1] 财政部财政科学研究所、中国第二历史档案馆：《国民政府财政金融税收档案史料（1927—1937年）》，北京：中国财政经济出版社，1997年，第635页。
[2] 施复亮：《四川省银行的过去现在和将来》，《四川经济季刊》第1卷第3期，1944年6月15日，第161页。
[3] 《四川地方银行兑换券准备金检查委员会条例》，《四川经济月刊》第1卷第1期，1934年1月，第101页。

初对发行较为慎重，现金准备充足。

为了确保"地钞"信用，1934 年 8 月 1 日，由四川善后督办公署命令组织"四川地方银行兑换券发行准备库"，特委中国银行、聚兴诚银行、四川地方银行、重庆市民银行、兴华、川康、平民、美丰及川盐 9 家银行经理，共同组成四川地方银行兑换券发行准备库委员会，由聚兴诚银行任望南为主席，照中央银行领钞办法，以现金六成，及二十一军发行各种公债四成，发行四川地方银行各种兑换券，不另兼营业务，全无盈亏关系。该库一切开支，概由督署协同支付，除令饬四川地方银行将发行部移交该库接收，另行组织检查委员会，负责发行，于 1934 年 8 月 1 日起开始发行。[1] 这样"地钞"在 1934 年 1 月最初发行额仅为 50 万元，到 1934 年 7 月 31 日所发之各项钞券，共计 563 万元，连同六成现金准备及四成保证准备，一并移交给新成立起来的"四川地方银行兑换券发行准备库"接收。到 9 月，准备库"地钞"发行数额，约计 900 余万元，共六成现金准备，均能足额。[2]

"地钞"发行是为了结束四川货币混乱的局面，在最初的几个月里确实也有成效。然而，好景不长，刘湘为秉承蒋介石旨意，陈兵川北，堵击红军，军费开支巨大，而赋税收入不济，致使财政军用濒临山穷水尽，于是刘湘的四川善后督办公署不断从四川地方银行大量提用"地钞"，开支军政费用。当刘湘向川北红军根据地进攻时，四川地方银行在前方设立随军银行——"绥宣兑换所"（绥定、宣汉，即今达县、宣汉），源源运去巨量"地钞"，就地发放军饷。1934 年下半年，万县奉令开拔的"剿赤"部队，因未发饷而久不出发，四川地方银行万县分行于是把整箱"地钞"抬到街上当众开箱发饷。[3] 为了统筹川军军费，刘湘命令二十一军总金库从 1934 年 9 月起，每月向发行准备库领取地钞 450

---

[1]《督署令委九银行合组四川地方银行兑换券发行准备库》，《四川月报》第 5 卷第 1 期，1934 年 7 月，第 63-64 页。

[2]《四川地方银行发钞状况》，《银行周报》第 19 卷第 17 期，1935 年 5 月 7 日，第 3 页。

[3] 肖宇柱：《刘湘的财政搜刮》，中国人民政治协商会议四川省重庆市委员会文史资料研究委员会编：《重庆文史资料》第二十二辑，内部发行，1984 年，第 48-49 页。

万元，应付军政开支。 由于应交之四成保证准备是以未经售出之债票做抵，六成现金准备则由防区内税捐项下交纳来之现金拨充，而现金来源有限，每月领用之数却有增无减，致使"地钞"发行数额逐渐增加，现金准备日趋减少。 于是，"地钞"发行不到一年，就因滥发而濒临崩溃，1934 年 1 月至 1935 年 8 月共发行"地钞"3723.3 万元。[1] 这就超过发行保证准备甚远，当时准备金只有 300 万元，发钞额超出十倍以上。 出现严重的恶性通货膨胀，造成"地钞"日贱，现洋日贵，每千元"地钞"掉换现洋，需补水达 60~70 元以至 170~180 元。"地钞"信用丧失，人心浮动，重庆、成都发生严重挤兑现象。 重庆的总行所在地陕西街，群众挤兑，交通阻断，发生挤伤人和踩死人的事故多起，社会骚动，舆论哗然。[2] 其间，虽经川省财政厅长刘航琛于 1 月 9 日召集渝市行庄，共筹救济之方，议决：除一元券外，大券一律停发，同时废止地行向总金库的领钞等五项办法，但情势依然严重。[3] 川省已无整理之力，刘湘见"地钞"挤兑之风甚炽，难以平息，于是求助于入川督剿的蒋介石与国民政府。 鉴此形势，国民政府财政部就接手移交中央银行进行整理。

1935 年 3 月 7 日，蒋介石致电财政部长孔祥熙，强调："四川财政与金融方案，必须派得力而负责人员前来，俾乘中正在川期间得以解决一切。"[4] 于是，国民政府在整理"地钞"的过程中，首先指定由中央银行重庆分行负责，从 1935 年 5 月 1 日开始发行印有重庆地名的兑换券，称为中央"渝钞"。

6 月 15 日，正式开始整理"地钞"，规定自即日起，中央"渝钞"与"地钞"同样行使，并由中央银行在川各行同价汇往上海、

[1] 白兆渝：《刘湘与四川地方银行》，《文史杂志》2002 年第 6 期，第 47 页。
[2] 肖宇柱：《刘湘的财政搜刮》，中国人民政治协商会议四川省重庆市委员会文史资料研究委员会：《重庆文史资料》第二十二辑，内部发行，1984 年，第 49 页。
[3] 四川地方银行经济调查部：《民国二十四年四川金融之回顾》，《四川经济月刊》第 5 卷第 2-3 期合刊，1936 年 3 月，第 19 页。
[4] 《蒋中正为解决四川金融致孔祥熙电》（1935 年 3 月 7 日），财政部财政科学研究所、中国第二历史档案馆：《国民政府财政金融税收档案史料（1927—1937 年）》，北京：中国财政经济出版社，1997 年，第 634 页。

汉口，其汇价由中央银行随时酌定挂牌；凡在四川省境内一切公私交易以及完粮纳税，中央"渝钞"与"地钞"同样收交，不得歧视；"地钞"仍由四川地方银行照常兑现，中央银行所发上海地名钞票，均应按照国币行使，遇有交纳公私款项及完粮纳税，均应按照国币计算，一律收受，并由中央银行在川各行平价汇往上海、汉口。同时，组织"四川地方银行兑换券兑换处"，委任蒋伯庄、孟世义为管理员，逐日由中央银行拨给现金，收兑"地钞"。[1] 此前负责"地钞"发行兑现的准备库，也于6月15日全部结束，将经管事项移交至中央银行重庆分行。此方案的实质是将"地钞"与中央渝钞同样行使，同价汇兑，以提高"地钞"价格，恢复"地钞"信誉。

然而，事与愿违，"月来成、渝各地洋水复激增不已，地钞掉换川币，每千竟须贴水一百余元至二百余元不等，尤为怪象。以致公私皆损，军民交困，市场混乱，军民惊疑，大有岌岌不可终日之势"[2]。为安定四川金融统一币制，国民政府财政部决定对"地钞"施行收销，国民政府财政部代向中央银行渝分行商借2300万元为整理"地钞"之用，指定川省税款，月拨50万元为基金，发行国库重庆分库凭证2640万元，交由中央银行渝分行作为借款本息的担保，其3300万元以外之"地钞"，由四川省政府自行筹足准备，交由中央银行渝分行一并整理。但考虑到全国金融紧迫，中央银行负担繁重，而国库凭证不能在市场流通，便改变办法。以中央所收川省统税及印花烟酒税内，月拨55万元为基金，由中央发行整理四川金融库券3000万元，定期64个月清偿，专充收回川省"地钞"之用。[3]

6月中旬，四川省财政厅又发行交换证450万元，重庆市面立

[1]《整理地钞办法决定》，《四川月报》第6卷第6期，1935年6月，第51-52页。
[2]《蒋中正为解决四川地钞发布告事致孔祥熙电》（1935年9月18日），财政部财政科学研究所、中国第二历史档案馆：《国民政府财政金融税收档案史料（1927—1937年）》，北京：中国财政经济出版社，1997年，第636页。
[3] 四川地方银行经济调查部：《财部整理川省金融》，《四川经济月刊》第4卷第1期，1935年7月，第129—130页。

即发生划账洋对现金补水。 蒋介石于 6 月 21、28 两日电令收回。
30 日，中央银行拒绝接收，引起金融恐慌，后以发行保管证 470
万元换回交换证销毁。 7 月 15 日，四川省财政厅向中央银行重庆
分行借"地钞"400 万元，向各行庄借 70 万元，将保管证收销。
但同月底又因银根紧缩发行承兑券 330 万元。 8 月 15 日，四川省
财政厅呈准发行汇划证 800 万元以收销前发的承兑券。 但因重庆
各行庄向中央银行请领现钞 4500 万元未能实现，汇划证无款兑
付，价值低落。[1] 此后，因外交局势转紧，中央无暇顾及，且信
誉低下之"地钞"与申钞等十足兑换，奸商乘机牟利，省府定期拨
款又感紧张，终未兑现。 延至 9 月 10 日，行营发布公告，强行规
定四川省内一切公私交易均以国币之中央本钞为本位，令持有
"地钞"者于 1935 年 11 月 20 日前，以"地钞"10 元者兑换中央
本钞 8 元的比例进行兑换，逾期不换者作废，抬价压价者概以军法
严惩，渝市则委托各行庄等处代为收换。[2]

自 1935 年 9 月 15 日起，四川省内一切公私交易，均以中央本
钞为本位，凡持有"地钞"者，延期于 1935 年 12 月调换完毕。
在此期内未能换得中央本钞者，准照上项定率折合收交。"施行以
后极为顺利，人民持有地钞者，均已遵限踊跃兑讫。"[3]10 月
间，因"地钞"及渝市各行所发之钞券均被收回销毁，重庆金融市
场筹码枯窘，重庆银行公会即积极派代表赴上海与中央协商解
决，商得最初每家各领钞 50 万元，在沪订约在渝领用，[4]其后不
加限制，并督促会员行领钞，以统一重庆币制。 至 12 月 20 日
止，计收回 3000 余万元，称为"四川金融之癌"的"地钞"事件
即告结束。 通过收销以"地钞"为主的杂劣货币，结束了四川币

[1] 田茂德、吴瑞雨、王大敏：《辛亥革命至抗战前夕四川金融大事记（初稿）》（五），《四川金
融研究》1984 年第 10 期，第 36-37 页。
[2] 四川地方银行经济调查部：《民国二十四年四川金融之回顾》，《四川经济月刊》第 5 卷第 2—
3 期合刊，1936 年 3 月，第 21-22 页。
[3] 《整理川省地钞情况》（1937 年），财政部财政科学研究所、中国第二历史档案馆：《国民政府
财政金融税收档案史料（1927—1937 年）》，北京：中国财政经济出版社，1997 年，第 634
页。
[4] 重庆市档案馆馆藏重庆市银行商业同业公会未刊档案，档号 0086-1-117。

制的长期紊乱局面，为四川金融稳定、经济复苏奠定了基础。

除了四川地方银行发行的"地钞"之外，截至 1935 年 3 月 31日，在重庆发行钞票的银行还有中国银行重庆分行、川康殖业银行、重庆银行（1934 年 8 月 29 日由重庆市民银行更名）、四川建设银行、四川美丰银行、重庆平民银行等 6 家银行，共计发行各类纸币总额为 3554934.50 元，经四川省政府规定，凡发有钞票银行，统限 6 个月内将所发钞票陆续收回，至 1935 年 9 月底止，一律收毕。"此后调节地方金融事宜，自当听候中央银行商承政府办理。"[1]

由此可见，在国民政府实施"法币改革"之前，重庆发行的纸币都得到了整理与收回，为国民政府"法币改革"在四川的顺利推行做好了准备。

1935 年 11 月，国民政府宣布施行"法币改革"，以中央、中国、交通三行所发行钞票定为法币；所有完纳粮税及公私款项之收付，概以法币为限，不得行使现金，违则全数没收，以防白银之偷漏。1936 年 1 月，中国农民银行亦奉财政部令准予发行 1 万万元，与三行法币同样使用。法币政策颁布之后，各省地方政府反应不尽相同。最初，在四川省的推行并不顺利，"民间狃于积习，对推行法币及集中准备，颇多疑虑；加以宵小从中造谣，希图渔利；以致物价暴涨、铜元骤缺，一时市面情形，颇呈恐慌之象"[2]。但法币却得到四川省政府的积极支持，川省政府采取措施积极推广法币在四川的使用。第一，针对川省通行之银币，种类繁多、重量成色不一的情况，制定了切实可行的法币兑换办法。规定：（1）普通银洋，凡以向来在市照面额之川币一元兑一元；其成色过低者，照所含纯银量兑换法币。（2）光哑川洋，除铜铅外均可收兑；至应行折扣者，仍照市价折扣兑换。（3）云南半元，凡前清铸及民国铸唐像半元，准以二枚兑换法币一元；其他

---

[1]《四川财政特派员公署呈稿》（1935 年 5 月 17 日），中国第二历史档案馆：《中华民国史档案资料汇编》第五辑 第二编 财政经济（四），南京：江苏古籍出版社，1995 年，第 613-618 页。
[2] 张肖梅：《四川经济参考资料》，上海：中国国民经济研究所，1939 年，第 F1 页。

滇铸新旧半元，以四枚兑换法币一元。（4）什银，应照纯银二三。四九三四八公分（合市平 0.75179）折合国币一元。（5）生银，就地收受运沪，估计成色，再定结价。 第二，对统一发行后各行庄之领钞做出规定，以六成现金、四成保证准备十足领钞，除现金部分稍受洋水损失外，其余四成保证金额可净获二年之利息；得到各行支持，集现领钞，极为踊跃。 到 1936 年 6 月底，各行领用数已达 6000 余万元。 其中银行方面：计聚兴诚 100 万元（有一部分系在上海中央总行领用），美丰 1200 万元（省行在内），重庆 1000 万元，川盐 700 万元，川康 200 万元，商业 600 万元，平民 150 万元，江海 200 万元，建设 50 万元。 钱庄方面：和成 110 万元，信通 50 万元，永庆 30 万元，和通 30 万元，宝丰 10 万元。财政部以川省筹码逐渐充裕，法币所存无多，特令暂时停止各行庄缔结领钞新约，领钞遂告中止。 其后川康、建设两行，又获各领 100 万元，旋即再度停止。 到四川建设公债发行后，渝金融界复请以建债四成，现金六成继续领钞。 经财政部审核结果，保证准备仍以善债四成缴充，并核准各行领用额：四川省银行 1000 万元，川盐 150 万元，美丰 100 万元。 各行奉令后，皆已纷纷领用。 综计各行庄向中央银行申请之领钞总额为 8385 万元。 截至 1937 年 1 月其已领用者，共 6980 万元，尚有 1365 万元未领。[1]第三，积极推动四川省银行发行辅币券，稳定法币市场。 由于法币政策推行之后，四川境内因法币辅币缺乏，造成金融市场筹码不足，四川省政府为速谋解决，特向国民政府财政部商陈解决办法，请准由四川省银行，将原准发行之辅币券 100 万元增发至 2000 万元，并准以四川建设公债六折充作保证准备。 当然，辅币券的发行还是要参酌川省商务及需要情形，首发 1000 万元，但须分两次发行，第一期应连已发之券，共发 500 万元。[2]

为了进一步稳定重庆乃至四川的货币市场，1935 年 12 月初，

［1］张肖梅：《四川经济参考资料》，上海：中国国民经济研究所，1939 年，第 F8-9 页。
［2］《金融界两问题圆满解决》，《四川经济月刊》，第 7 卷第 1—2 期，1937 年 1—2 月，第 15 页。

四川省财政厅长刘航琛、行营财政监理处长关吉玉、四川美丰银行总经理（代表重庆金融界）康心如等，特联袂飞沪，向财政部长孔祥熙请示办法，经孔财长允由四川善后公债内，加借800万元，由中央银行重庆分行就近拨付，以400万元贷给四川省财政厅，400万贷与重庆金融界，这样使上海至重庆间之汇水，所有以前临时流通之汇划证逐渐收回，故上海至重庆间之汇水乃由1030余元跌为1005元，上海成都间则为1007元，概以中央规定之法币支付。[1] 此后，重庆及四川省法币增多，辅币充足，公债互动，金融市场日趋安定。

这样，在四川重庆，通过调换银币、领用法币，币制渐告统一，而通过发行辅币券，则解决了法币流通的不足，稳定了金融市场，到全面抗战爆发前，在重庆流通的主币，几乎全为法币，也为抗战全面爆发后重庆成为战时首都奠定了基础。

2.2 全面抗战爆发前重庆传统金融业的现代化转型与申汇市场

民国建立后到1937年全面抗战爆发前，重庆的传统金融业，随着票号的退出，以典当与钱庄为主。典当业虽有一定发展，但并未有多大改变，真正代表传统金融业向现代化方向转变的是钱庄，不仅体现在组织机构上，更体现在业务经营上。其中，由重庆钱庄掌控的申汇市场更是其现代化表征的集中体现，本节对此将进行专题论述。

2.2.1 全面抗战爆发前的重庆传统金融业及其演变

民国建立后，作为传统金融机构主要代表的票号相继收歇，退出了重庆金融市场的历史舞台，钱摊、钱铺正式改为钱庄，真

---

[1]《沪川汇水抑平》，《金融周报》第1卷第1期，1936年1月1日，第18页。

正成为重庆传统金融机构的主要代表。 与此同时，典当等传统金融机构在重庆也继续保留下来，并得到一定的发展。 因此，从民国建立以后到全面抗战爆发前，重庆的传统金融机构以典当和钱庄为主，其中钱庄的实力最强，是重庆金融市场中的重要金融机构。

民国之后的重庆典当业务，主要为川帮所经营的公质店，进入纯由商人自行集资经营的阶段，当时全川的公质店达几百家，而重庆先后开设的公质店就有 17 家，具体情况见表 2-4。

表 2-4　民国初期重庆开设的公质店家数

店名	创办者	地址
日升	舒鹏程	回水沟
永升	张采卿	大梁子
天泰	钟燮泰	三五庙
永庆	刘炳荣	油市街
永隆	刘绍先	田中和巷子
义新	壬序伦	白果巷
民生	舒兆灵	千厮门
永盛	赵成章	新丰巷
仁裕	刘公笃	白象街
重新	周信清	陕西街
聚川	杨巨禄	棉花街
吉庆	吴义成	老街
集福	许宅三	杨柳街
鸿州	钟北泉、郭怀之	羊子坝
永兴	吴寿廷、贺华清	十八梯
隆庆	詹质彬、贺华清	金沙岗
复兴	吴寿廷、贺华清	江北

资料来源：贺华清，《重庆的当铺》，《近代中国典当业》编委会，《近代中国典当业》，北京：中国文史出版社，1996 年，第 381 页。

以上 17 家公质店设于重庆各处，同时又派生出代当店。 代当

店是为公质店代收转送当物的，公质店称它为"划子"。 凡愿意
开设代当店的，只要凑足议定资金（多则银元 1000 元，少则数百
元），经征得某家公质店的同意，并按照约定项目履行，即可设
立，不向官厅立案。 由于代当店的手续费是值百取三，而所收当
物投当人逾期一月不取，才转送到公质店，照月息三分计算，如
代当店过多，就会分散和减少公质店利润，因此，代当店也不是
公质店随便同意其设立的。 重庆的代当店先后共有二十余家。
除城区外，郊区的弹子石、铜元局、磁器口、木洞等地均设有代
当店。[1]

　　进入民国之后，由于四川境内军阀割据，政局一直动荡不
安。 重庆作为西南最大商埠、水路交通枢纽和川东政治经济中
心，更是成了兵家必争之地，典当行业也常遭抢劫，成为驻军派
款与勒索的对象。 再加之当物者多，赎当者少，大部分资金都积
滞在当物上，周转困难。 继而，重庆又不断发生金融风潮，地方
军阀发行的纸币一再贬值，一出一进之间，差异甚巨，公质店亏
折很大。 同时，有的公质店内部管理不严，营私舞弊、挪用店款
之事时有发生。 在经营不善，业务不振，资金短缺的情况下，停
业的比例达 1/3。 1927—1930 年，有不少倒闭停业的公质店，到
1934 年，重庆的公质店减少为 10 家，见表 2-5。

表 2-5　截至 1934 年重庆公质店情况统计表

开设时间	店名	资本额（万元）	股东	经理	地址
1912 年	日升	4	舒克选	舒克选	廻水沟
1912 年	天泰	3	钟燮泰	钟燮泰	老街
1914 年	永升	6	蒋贯文等	唐焕章	大樑子
1915 年	明升	3	舒照临	舒照临	千厮门行街
1916 年	天厚	3	赵成章	赵成章	杨家十字
1919 年	永兴	3	不详	李志周	十八梯

[1] 伍志安：《民国时期重庆的当铺业》，重庆市渝中区政协文史资料委员会、重庆市渝中区金融
　　工作办公室：《重庆市渝中区文史资料第十八辑·渝中金融史话专辑》（内部资料），2008
　　年，第 153 页。

开设时间	店名	资本额(万元)	股东	经理	地址
1920 年	积福	3	许泽三	许泽三	苍坪街
1921 年	聚川	3	不详	杨正禄	棉花街
1923 年	又新	3	不详	郭怀之	售珠市
1923 年	仁裕	3	刘公笃	刘公笃	白象街

资料来源:重庆金融编写组编:《重庆金融》(上卷),重庆:重庆出版社,1991 年,第 283 页。

总体而言,进入民国之后,重庆的典当业发展虽有曲折,但已经比晚清时期有了较大的发展,还组成了重庆市典当业同业公会,维护行业利益。 重庆市政府为整顿本市典当业,在 1937 年 3 月 5 日,假市府会议厅邀请市征收处、警备部、警察局各机关开联席会议,由市府社会科长蔡家彪主席,决议:(1)典当业前隶警备部警察局管辖,现改归市政府直接管理;(2)今后整理事项,由市政府与市征收处会同重新登记,未领登记证者,须将登记手续完成后,合则即加取缔云。[1] 加强对重庆市典当业的管理。

民国以后,重庆传统金融业的主体还是钱庄,其活动范围亦与日俱增,汇兑业务几有取票号而代之。 据统计,到 1913 年底,四川钱庄达 243 家。[2] 其中重庆钱庄,势力日张,1918—1919 年,为重庆钱业极盛时代,共有钱庄 50 余家,直接间接藉资糊口者,在 6000 人以上。[3] 以后逐年减少,到 1925 年,减少至 30 家。 当军事稍定后,各业逐渐回升,钱业界亦谋振作,到 1927 年初,钱庄竟增至 49 家。[4] 但好景不长,此后政局动荡,钱庄倒闭、歇业者不断,1930 年时,重庆全市计有和济、协和等 30 余家钱庄,资本数万数十万不等。 其营业者存款、放款、抵押汇兑,与银行略同,惟不发行兑换券,以汇兑为大宗营业。[5] 1931 年

---

[1]《渝市典当业改隶市府管理》,《四川经济月刊》第 7 卷第 3 期,1937 年 3 月,第 38 页。

[2] 田茂德、吴瑞雨、王大敏:《辛亥革命至抗战前夕四川金融大事记(初稿)》(一),《四川金融研究》1984 年第 4 期,第 21 页。

[3]《鸣呼重庆之钱业》,《工商特刊》创刊号,1933 年 4 月,第 67 页。

[4] 周开庆:《四川经济志》,台北:台湾商务印书馆,1972 年,第 122 页。

[5]《重庆钱业概况》,《中行月刊》第 1 卷第 5 期,1930 年 11 月,第 55 页。

长江下游城市遭受特大水灾，重庆出口贸易受阻，再加之九一八与一·二八事变的发生，天灾人祸接踵而至，致使业务原已不振的重庆钱业进一步受到影响，家数锐减，只余 12 家勉强维持营业。[1] 1932 年初，重庆钱庄业务略有起色，到 8 月底的"汤字号事变"以前，又回增到 20 家。 1933 年又收歇 5 家：裕丰（资本 10 万元，倒欠 32 万元）、宝庆（资本 7 万元）、福星恒、同丰、安康（后 3 家属自动歇业，未累市面）。[2] 1934 年 1 月 29日，重庆恒茂钱庄宣布歇业。 这家钱庄原有资本 12 万元，营业额计申票 900 余万元，长短借贷 200 余万元。 曾于 1932 年改组一次，但因历年亏空过巨，经手人常用已达 10 万元，部分存户纷提存款。 该号股东多鄞都帮字号，1933 年因汉口烟土字号倒闭甚多，颇受影响，再加之做空申票，损失过大，债务达 40 余万元。[3] 1934 年，加上重新开业的 6 家，重庆计有同生福、正大永、谦泰、益庆、久大、和成、和济、信通、同丰、裕泰、益康、益友、复兴、安定、永大、永庆、德安、益源等 18 家钱庄。[4]1935 年，重庆市陕西街福兴钱庄因受连号福兴玉盐号倒闭影响，营业搁浅，不能周转，宣告停业，并于 1935 年 10 月底办理结束。[5] 1936 年市面渐趋安定之后，该钱庄又由该号股东等重新改组，更名为复兴义记钱庄开始营业，并加入重庆钱庄业同业公会，经理仍为前任林寿山。[6] 同样在 1935 年因业务清淡、加以派垫过多而宣告歇业的谦泰钱庄，也于 1936 年 3 月，由该号股东及经理人等原班人马重新组织，并加入钱业公会，正式对外营业。[7] 总之，由于市面清淡，重庆钱业大多采取紧缩方式维持业务，当时重庆钱业公会的会员钱庄，除结束和归并者外，仅余 7

［1］重庆金融编写组：《重庆金融》（上卷），重庆：重庆出版社，1991 年，第 94 页。
［2］张舆九：《四川经济之分析及其重要性》，《四川月报》第 4 卷第 4 期，1934 年 4 月，第 14页。
［3］《重庆恒茂钱庄歇业》，《四川月报》第 4 卷第 2 期，1934 年 2 月，第 60 页。
［4］唐学峰：《抗战前的重庆钱庄》，《成都大学学报》1991 年第 2 期，第 21 页。
［5］《重庆福兴钱庄停业》，《四川月报》第 7 卷第 4 期，1935 年 10 月，第 58 页。
［6］《金融概况·重庆》，《金融周报》第 1 卷第 19 期，1936 年 5 月 6 日，第 11 页。
［7］《金融概况·重庆》，《金融周报》第 1 卷第 13 期，1936 年 3 月 25 日，第 11 页。

家，为历年会员钱庄家数最少的时期。[1] 此后，随着 1935 年国民政府对川政的统一，1936 年，重庆地方秩序平定，游资集中，商业好转，种种关系，呈现空前之繁荣状态，各银行纷纷扩充资本，几较原有资额增加一倍，大小钱庄，亦如雨后春笋，设立不下 10 家。[2]

民国之后，虽然重庆已经有了新式金融机构银行，但由于商民对之不甚了解，业务未能广泛展开，钱庄则凭借其悠久的历史和广泛的社会基础，承担了社会金融的主要调剂任务。从重庆出口的药材、山货、盐、糖、烟叶和从沿海进口到重庆的匹头、棉纱、五金、杂货等帮的存贷款与汇兑事项，无不依赖重庆的钱庄办理。据资料显示，当时上下货帮的款项收交和城市商贩的资金周转多由钱庄汇兑融通，钱庄每年吸收的存款约合白银 1000 万两，贷给货帮的款项则高达 1500 万两。[3] 其中仅对丝帮的贷款即达 300 万两，1912—1920 年，钱庄在重庆市场中的地位和作用超过了银行。[4] 此后，全面抗战爆发前，重庆市各钱庄，成了西部地区金融积汇转输之所，各钱庄之资本及其负责人情况统计见表 2-6。

表 2-6　1936 年重庆市钱庄情况统计表

钱庄名称	负责经理人	资本（万元）
同吉太钱庄	关建章	4.3
永庆钱庄	赖善成	3
益民钱庄	杨行知	2
复兴义记钱庄	王雨樵	3.2
同心钱庄	李文彬	4
宝丰钱庄	吴杏初	3

[1] 重庆金融编写组：《重庆金融》（上卷），重庆：重庆出版社，1991 年，第 96 页。
[2] 白也：《抗战期中的重庆金融》，《四川经济月刊》第 9 卷第 1—2 期，1938 年 1—2 月，第 62 页。
[3] 四川省地方志编纂委员会：《四川省志·金融志》，成都：四川辞书出版社，1996 年，第 3 页。
[4] 重庆金融编写组：《重庆金融》（上卷），重庆：重庆出版社，1991 年，第 94 页。

钱庄名称	负责经理人	资本（万元）
和济钱庄	李柱臣	5.2
和通钱庄	甯子村	10.5
谦泰钱庄	熊崇鲁	4
同生福钱庄	王伯康	12
益友钱庄	李量才	3
和成钱庄	吴晋航	10.5
勤德钱庄	黄勤生	2
义丰钱庄	邓志荣	15
聚丰钱庄	单汝玉	2
信通钱庄	何绍伯	10
同丰钱庄	蔡元之	3.6
合计	全市钱庄共计 17 家，资本 97.3 万元*	

* 此处原文的统计为 83.8 万元，为统计错误，在此予以纠正。

资料来源：《渝市钱庄统计》，《四川月报》第 9 卷第 2 期，1936 年 8 月，第 119-121 页。

表 2-6 所列是 1936 年重庆钱庄的基本情况。其实，在 1935 年法币改革之后，钱庄的业务已经失去了依据，陆续收歇或倒闭者不少，1936 年时，重庆全市有 17 家钱庄，到 1937 年 7 月，钱庄渐趋衰落，倒闭结束者固不在少数，但因社会需要，新兴设立者亦多有出现，表 2-7 是到 1937 年 7 月时，重庆钱庄的统计情况。

表 2-7　截至 1937 年 7 月重庆钱庄资本额及经理姓名表

庄名	经理姓名	街名	资本额（元）
同生福	王伯康	上陕西街	110000.00
和通	宁芷村	新街口	200000.00
同丰	蒋元之	打铜街	50000.00
厚记	白绚春	模范市场	50000.00
集义	廖闻聃	打铜街	50000.00
友康	林本源	下陕西街	50000.00
和盛	丁次鹤	上陕西街	100000.00

庄名	经理姓名	街名	资本额(元)
庆裕	张子黎	上陕西街	50000.00
谦泰	熊崇鲁	下陕西街	50000.00
益友义记	李量才	打铜街	50000.00
益民	扬知行	打铜街	100000.00
怡丰	李泽敷	打铜街	100000.00
仁裕	李仲谦	上陕西街	50000.00
和济	李柱臣	上陕西街	52000.00
义丰	邓志学	上陕西街	210000.00
复兴义记	王雨樵	下陕西街	160000.00
益康祥	蓝襄臣	上陕西街	60000.00
和成	吴晋航	新街口	150000.00
益源长	王汉卿	新街口	50000.00
信通和记	何绍伯	曹家巷	100000.00
睿源	董博林	下陕西街	50000.00
同心	李文彬	模范市场	100000.00
永庆		一牌坊	54000.00
合计	23 家		1996000.00*

* 此处原文的统计为1951000.00元,为统计错误,在此予以纠正。

资料来源:《重庆钱庄调查》,《四川经济月刊》第8卷第2期,1937年8月,第23-24页。

由于四川省政府规定,钱庄资本以5万元为最低额,因此渝市5万以下资本的钱庄还有勤德等数家并未统计进去。 从总体来看,在抗战爆发之前,重庆银号与钱庄的规模与数量都在逐渐减少,这也说明作为旧式传统金融机构的钱庄银号,在重庆金融中的地位与影响力逐渐让位给新兴的金融机构银行,逐渐变成为银行的补充与辅助。

总体而言,民国建立后到全面抗战爆发之前,重庆的钱庄,按照规模大小及营业范围可以分为三级:第一级为规模较大者,主要业务除大宗存放款项外,在上海、汉口等外埠设有分号,办理汇兑等事宜;第二级则为规模较小者,除做存放款外,关于汇兑事务，则委托人代办收交；第三级则仅仅经营普通兑换业务，大批买进或卖出辅币以期从中取利。重庆钱庄的组织结构，与上海及其他各地的钱庄并没有多大区别，一般由五个部分构成：会计、出纳（管称）、出店（赶场）、文书、经理（掌柜）。[1]

在 20 世纪 30 年代，重庆除了较大的钱庄之外，换钱铺也是普遍存在的。换钱铺须设有门面或摊子，以铜元收买洋钱，1930 年，重庆全市多达百余家。[2] 据重庆市换钱业公会调查，到 1934 年 11 月，重庆全市换钱商 604 家，其中资本 1 万元的 3 家，7500 元的 1 家，2000 元的 1 家，1000 元的 3 家，其余 596 家资本较少，有的只有 20~30 元。[3] 他们主要在各街设有铺面或摊子，以铜元收买洋钱为主，每日赶场两次，收买整数铜元。第一次是清晨在校场坝钱市，第二次是正午在米花街某茶馆。其零换价值，虽由金融讨论会评定，但其整价之涨跌，仍须凭行作市，操换钱业者，每元赚一二百文，每日获利虽甚简单，而资本大者，亦可操纵于其间。[4]

在此时期里，新式金融机构银行的创立，对钱庄还是产生了较大的影响，如 1934 年 5 月创立的和成钱庄，其创始人吴晋航曾受刘航琛邀请，出任川康殖业银行的总务主任，对银行的业务有一定了解。因此，在钱庄创办之初，就借鉴了银行的先进经验，在组织结构上没有采取当时重庆大多数钱庄的独资经营方式，而是采取了合资组织形式，资本定为 15 万元，并采用了发行股票的方式，钱庄股份以 1000 元为 1 股，1 股 1 权，以伙友会为最高监督机关，凡有重大事项之决定，须有过半数股权之出席，出席过半数以上之决定乃得发生效力。[5] 而在此后的经营中，和成钱

---

[1] 致高：《重庆之钱庄》，《钱业月报》第 12 卷第 9 期，1932 年 9 月 15 日，第 1-2 页。

[2] 《重庆钱业概况》，《中行月刊》第 1 卷第 5 期，1930 年 11 月，第 56 页。

[3] 田茂德、吴瑞雨：《民国时期四川货币金融纪事（1911—1949）》，成都：西南财经大学出版社，1989 年，第 128 页。

[4] 《重庆金融机关及货币状况》，《工商半月刊》第 2 卷第 24 期，1930 年 12 月 15 日，第 12-13 页。

[5] 《和成钱庄组织与增资及改组银行股东创立会会议录》，和成银行未刊档案 0300-0002-00001，重庆市档案馆藏。

庄更是借鉴银行的经营理念，侧重扶助经营四川省的布匹、棉纱、桐油、生丝等进出口贸易，还突破了钱庄大多不设分庄的常规做法，不仅设分庄于上海，还在成都、万县、涪陵、南充等四川省内各地扩设办事处，树立了川省省内汇兑之基干。[1] 随着业务的迅速发展，作为旧式金融机构的钱庄，已经不能适应需要了，于是增资改组便提上了议事日程，和成钱庄遂走出了迈向现代化的第一步。 1937 年 2 月 1 日，由发起人会议正式通过《和成银行股份有限公司章程》，决定将和成钱庄改为和成银行，设总行于重庆新街口，并于国内外重要商埠设立分支行或办事处。[2] 1937 年 5 月，和成钱庄增资 60 万，正式呈准改组银行。[3] 钱庄除了经营传统的存款、放款及汇兑业务之外，还开始参与到新式金融业务中，如 1931 年，因受二十一军财务政策之赐，屡发库券与公债，钱庄大肆参与其间而营业鼎盛。[4] 此后在重庆证券交易所中，钱庄也多做经纪人，代客买卖有价证券，藉以获取佣金，且不乏自身直接经营公开库券者，其间自不免有买空卖空之投机交易。[5]

总之，全面抗战爆发前的重庆钱庄，无论在组织机构还是业务经营方面无不受到新式金融机构银行的影响，而呈现出现代转型特征。

2.2.2　全面抗战爆发前的重庆申汇市场与钱业的现代化

民国以后，重庆传统金融业走向现代化的表现，还体现在重庆钱业代替票号逐渐成为申汇市场的主要掌控者。

申汇又称为"上海头寸"，是近代中国各地同上海之间电汇的简称。 近代上海是中国的经济和金融中心，各地同上海的资金划

---

[1]《和成银行十年来业务概况》，《四川经济季刊》第 1 卷第 3 期，1944 年 6 月 15 日，第 194 页。

[2]《和成银行股份有限公司章程》，和成银行未刊档案 0300-0002-00008，重庆市档案馆藏。

[3]《和成银行总管理处沿革》，和成银行未刊档案 0300-0001-00408，重庆市档案馆藏。

[4] 李荣廷：《论重庆钱庄业》，《经济汇报》1941 年第 4 卷第 11 期，第 4 页。

[5] 李荣廷：《论重庆钱庄业》，《经济汇报》1941 年第 4 卷第 11 期，第 8 页。

拨十分频繁，申汇即是一种埠际资金调拨方式。天津、汉口、重庆、西安、南昌、宁波、杭州等全国各重要城市形成了申汇市场，进而构筑起了以上海为中心的全国范围内的汇兑体系，使商埠之间的资金调拨畅通无阻。

近代以来，上海是中国的金融和工商业中心，而西南地区的重庆则是长江上游的经济重心、水陆交通枢纽和对外贸易口岸。晚清时期，重庆与长江下游各地区间金融调拨和清算，绝大部分都要通过重庆票号的金融活动来完成。自民国建立以来，钱庄接替票号，成为申汇市场的主要操控者，四川全省汇兑，咸以渝票为中心本位，进出口贸易总额每年平均约为关平银7000万两。[1]

重庆与上海之间的资金流量是比较大的，故申汇之涨落，为重庆市场繁荣或疲弱之大关键。渝市申汇稳定，约以上海规元1000两恰等于渝钱平银950两左右。重庆素来以九七平7钱1分合洋1元，向无洋厘起落。故凡以渝钱平952两，按九九八折合九七平，再以每元7钱1分合洋1338元1角6分，即合规元1000两，是为平过。[2]民国之后票号衰落，川江轮运开通后，贸易扩大、汇划往来增加，重庆钱庄势力膨胀起来，开始在省外口岸城市设庄自行办理汇兑，逐渐取代票号而成为重庆汇兑市场的主力，特别是操控了重庆货帮与上海的资金汇兑。不过，重庆对上海汇水伸缩，主要受重庆与上海的进出口贸易之比差以及重庆银根之活滞影响，如进口繁盛或当银根呆滞时，由重庆汇往上海之汇水即涨；反之，如为出口繁盛或银根活动时即跌。这从1922—1926年的重庆申汇市场的涨跌即可得到印证。

[1] 重庆中国银行：《重庆经济概况（民国十一年至二十年）》，重庆：重庆中国银行，1934年，第3页。
[2] 周宜甫：《四川金融风潮史略》，重庆：重庆中国银行，1933年，第67-68页。

表 2-8　1922—1926 年重庆申汇市场涨跌幅度表

年份	涨跌区间（两）	涨跌幅度(%)
1922	1050—1002	4.8
1923	1040—960	8.3
1924	1172—960	22.1
1925	1084—960	12.9
1926	1150—978	17.6

资料来源：重庆中国银行，《重庆经济概况（民国十一年至二十年）》，重庆：重庆中国银行，1934年，第44-51页。

　　上表中显示的五年来重庆申汇市场的涨跌，主要是受重庆与上海间货物往来贸易的影响，其次才是受局势的影响。1922年间，当由重庆出售到上海的羊皮较多，重庆汇上海的票价跌；当重庆棉纱、苏货、疋头等畅销，商人争向上海购货时，申汇遂涨；当重庆各货因轮通而暴落，上海川丝涨价，出口额多时，申票再跌；当川战激发，水道梗阻，各商家不敢再运现金，汇水又涨；当战事稍平，上下货帮亦有冒险运现者，汇水跌；川江水枯，大轮停驶，而各商家又须向沪进货囤积，以作冬末春初之销售时，申票再涨。1923年间，因军兴道阻，进货不能畅销，申票步跌，后疋纱各帮着手准备向申进货，以待春冬间川河水枯时销售，票价始涨。不料战事日恶，各商不敢贪多，而山货亦渐有出口，其价仍跌，12月末因阳历年关又涨。1924年，因上海纱价过高，买者停手，而各商调出之款，搁置颇巨，汇价遂陡落，后江水渐涨，大轮畅行，申庄渐渐进货，票价始渐增涨，嗣后更逐步高翔，直至年终始降。1925年，因申息甚低，各号申庄，遂就上海息借进货，申汇遂一落千丈，呈近低远贵之势，五卅沪案起后，商业情形愈形混沌，交易更少，时各号因重庆银紧息高，多在申汉调款，来渝存放，藉图厚利。同时，各钱庄又复卖空，远期申票，遂逐渐下落。继因大小河运已通，各地商场恢复，而上海纱价亦跌，渝银因调申购纱，申票回涨。当浙孙（传芳）入苏，杨宇庭等北走之时，重庆因消息不灵，申汇突涨，然为时甚暂，不久仍跌。 1926年，申汇处于步跌时期，因川黔两军对峙，各帮不敢上货，武汉战起，上海对长江上游各埠交易，突取严格态度，汉口又暂停收支，遂一跃而至。 及革命军定武汉，沪汉市面平定，上海对川帮借款，一律转期，下货又复畅行，种种原因，不啻皆为抑价者之后盾，票价遂不能过涨，此后小有回旋。

然而，1927年起，钱帮风起云涌，都觉申汇投机有利可图，趋之若鹜，汇兑交易，渐趋投机，买空卖空，多存侥幸于万一。加之此时国民军兴，江浙吃紧，沪市金融，发生极大变化，渝申间进出口，更形成有入无出状态，川帮欠申之款，更不能急急措还，导致申汇行情暴涨至 1179 两合洋 1647 元，此后渐趋稳定。 1931年夏，长江水灾，渝市人口锐减，汇价为 1400 元（1931 年重庆实行废两改元，上海汇兑每千两以规元折合计算）上下，九一八事变后，沪市银根逐步紧缩，川帮在申活动能力全赖调款挹注，有出无入导致申汇率由 1400 两涨至 1600 多两，投机家更行活跃，商人、非商人、银钱业或货帮均参与其间，市场出现极度动摇，波及弱小钱庄，宣告搁浅者多家，一日之间申汇率有三四十元的升降，于是有识者以为市场商业不振，买卖申汇，举市若狂。[1]

1932年之前，重庆的申汇市场就设在重庆钱业公会内。 每日上午 11—12 时，各庄派员齐集公会，短期借贷及汇兑，多在钱业公会接洽，赶场注意买卖申票、汉票、或蓉票、叙泸票，或一千两千，或三万四万，赌汇水之涨落。 例如申票一千元，此地交一千零若干元或不及一千元，在上海对期交付一千元，于中取利。 亦有所估汇水涨跌不洽，以致折本者。[2] 期间，重庆"申票大王"石建屏更是经营建记字号，大肆投机申汇，先是卖空申票达 300 余万元，获利极丰。 不久遭遇九一八事变及武汉水灾影响，石继续卖空，因此失败亏折数十万元宣告破产，牵累市面甚大。 到 10 月

[1] 卢澜康：《从申汇说到现金问题》，《四川经济月刊》第 1 卷第 4 期，1934 年 4 月，第 5-7 页。
[2] 《重庆金融机关及货币状况》，《工商半月刊》第 2 卷第 24 期，1930 年 12 月 15 日，第 12 页。

31 日，汇合、恒美、鸿胜、康济等家受牵连相继停业，在重庆酿成金融风潮[1]，由此引发了对申汇市场的整顿。 一方面，对影响各商业之建记石建屏及汇和张丕成之间倒骗案进行公开处理，经钱业公会从中调解，准以六成偿债，和解讼案。 并判石建屏以 2 年又 6 月之有期徒刑，张丕成以 6 月之有期徒刑。[2] 另一方面，刘湘部二十一军财政处长刘航琛将申汇交易交给了银行公会主持，于 1932 年 4 月 20 日才开业的重庆证券交易所整理经营。 由于过去做申汇之钱业公会及各庄商号，认定申汇系其专营业务之一，此项利益，交易所不能强夺，于是又惹起极大风波，终由四川善后督办公署明令禁止，加之钱帮团结不坚，遂先后完全加入交易所。[3] 这样，重庆的申汇市场也就从原来的钱业公会搬迁到了重庆市证券交易所。

重庆证券交易所中的申汇市场，每日分前后两市，成交总数，多至二百万，少亦数十万，行市涨落一经公开，得到进出口货帮商人的赞许，故汇价一度得到稳定。 但时间一久，因投机暴利，经纪人或受委托人驱使，或为本身利益投机，两者相互需要和利用，相约捏造气氛宣传消息，汇价亦开始剧烈变动。 1932 年 6 月 30 日，重庆市银行业同业公会在四川美丰银行召开第十六次执行委员会会议，专题讨论申汇奇涨问题，作出六项决议：（1）平定汇价治本办法，另由经济研究会从长计议；（2）平定汇市治标办法应呈请军部撤除运现禁令；（3）开禁一层，如不能办到，请准军部发给临时现金通过证以资调剂汇市，使其渐趋安定；（4）现洋流出后，利率如见提高，本会承认今后贷与政府之款项息率，不得过二分，逾一分半时应随市作定，但市息超过二分时应请政府救济；（5）公推重庆银行公会主席康心如会同重庆钱业公会主席刘闻非与重庆市财政局接洽给照办法；（6）现金外溢，各行库存必见低

[1] 周宜甫：《四川金融风潮史略》，重庆：重庆中国银行，1933 年，第 59 页；田茂德、吴瑞雨、王大敏：《辛亥革命至抗战前夕四川金融大事记（初稿）》（四），《四川金融研究》1984 年第 9 期，第 38 页。
[2]《石建屏倒骗案结束》，《四川月报》第 1 卷第 1 期，1932 年 7 月，第 7 页。
[3] 卢澜康：《从申汇说到现金问题》，《四川经济月刊》第 1 卷第 4 期，1934 年 4 月，第 7 页。

减，应由公会妥筹，相互保障办法。[1] 然而，申汇市场并没有得到有效控制，7 月 6 日申汇已达 1820 元之极点，市面恐慌，不可终日。 由于交易所买卖，双方须缴保证金，若交割后亏折过半，则须追加保证金，且买卖方式公开，交易者有所顾忌。 而在钱帮中做申汇买卖，既不须缴纳保证金，更不须依传统习惯——袖底作价，大量商家集中于钱业公会进行申汇买卖，于是金融界开会讨论，呈请军部筹谋改良办法。 7 月 17 日，军部发出布告："从即日起，凡本市申汇，除一个月期以内之近期外，所有远期汇票，一律限在证券交易所内叙做，违者均按交易所法第 49 条、第 50 条之规定，分别处罚，决不姑宽。"[2] 此布告发表后，引发重庆钱业公会与交易所的"钱交风潮"。

8 月 1 日，重庆钱业公会请求取缔交易所。 钱业公会"每日均在报纸沥陈交易所操纵申汇，危害市场；复根据法令，连篇累牍，极端捍毁。 钱业店员之在交易所任代理人者，亦一律自行退出，奔走呼号，气焰张甚。 交易所因系呈请给照之营业机关，除上军部呈文，详自辩诉外。 对兹攻讦，皆置不理。 后虽经市政府召集两方代表，出任调人，以钱交互相合作为宗旨。"[3] 自石建屏投机申汇失败后，交易所与钱业协议，钱业做近期，交易所做远期。 但在此后的交易中，钱业中仍有做远期的，而交易所又搞投机，业务矛盾日深。 此后经军方多次干预，允许钱业入所，又在 12 月 3 日申汇暴涨至 1000：1400 时下令交易所停拍，才告解决。[4]

1933 年 4 月，渝市申汇在 1600 至 1700 回旋，因中央通令废两改元，4 月 16 日为 1196 元（比较规元千两仍在 1670 左右），8 月底到 10 月初因上海货物欠佳，降到 1008 元，10 月中旬后又涨到

<hr>

[1] 重庆市档案馆馆藏重庆市银行商业同业公会未刊档案，档号 0086-1-117。
[2] 周宜甫：《四川金融风潮史略》，重庆：重庆中国银行，1933 年，第 74-75 页。
[3] 《重庆申汇风潮之追述与现况》，《四川月报》第 1 卷第 2 期，1932 年 8 月，第 8 页。
[4] 田茂德、吴瑞雨、王大敏：《辛亥革命至抗战前夕四川金融大事记（初稿）》（四），《四川金融研究》1984 年第 9 期，第 39 页。

1130 元[1]，1934 年下半年申汇由 8 月底的 1230 元，因种种原因 10 月半时即涨到 1420 元左右[2]。 1934 年 10 月，重庆市商会为平准渝申汇水，曾具呈二十一军部请由官商合共出资 100 万元组织公司收买土产货品运申销售，由政府特予免税出口，以一笔为期，军部业已照准。 其商股 50 万元中拟请重庆银行公会担任大部，对平准汇水原则，重庆银行公会极端赞成；对重庆市商会的提议本，公会认为：将来公司如能组织成功，重庆市银行公会各行对商股部份决加重负担；至于认股方法则与政府协商。[3]

以上可见，1933—1935 年，重庆申汇市场，完全变成赌场，由渝汇申，每千元汇水曾达 700 元以上之高额。[4] 申汇市场中的涨跌起伏，反映出时局人心的不稳定。 1934 年 11 月，四川善后督办公署命令在渝组织设立重庆汇兑管理处，设所长 1 人、委员 4 人，管理汇兑事项，维持真实汇款，取缔投赌汇，处理四川对内对外汇兑一切事宜，藉使汇价渐趋平衡，免致军民交困，已委涂重光为所长，李昌隆、李远哲、娄仲光、刘丹秋为委员。 并制定《重庆汇兑管理所组织条例》11 条，规定该所职权：（一）关于每日汇兑登记事宜。（甲）交易所汇兑之登记。（乙）各行庄汇兑之调查及登记。（二）关于通货进口及存底之调查。（三）关于汇市激动之调查。（四）关于取缔事项。（甲）查禁交易所以外之汇兑。（乙）投机汇兑之取缔。（五）关于汇兑上非常事件之处置。 在汇市变动激烈时期，为安定金融市场，平准汇兑，该所呈请督办公署后，可作有效处置：（一）关于限制资金之流出者。（甲）限制非必要汇票之买卖。（乙）限制生金银及银币之出口。（丙）限制以本省资金向外放款。（丁）外资出口之禁止。（二）关于进出口贸易者。（甲）限制奢侈品之进口。（乙）限制特种物品之进口。（丙）

[1] 卢澜康：《从申汇说到现金问题》，《四川经济月刊》第 1 卷第 4 期，1934 年 4 月，第7-8 页。
[2] 四川地方银行经济调查部：《重庆申汇市况》，《四川经济月刊》第 2 卷第 4 期，1934 年 10 月，第3-4 页。
[3] 重庆市档案馆馆藏重庆市银行商业同业公会未刊档案，档号 0086-1-117。
[4] 张舆九：《抗战以来四川之金融》，《四川经济季刊》第 1 卷第 1 期，1943 年 12 月 15 日，第 71 页。

出口贸易之鼓励。（三）关于出口贸易收入资金之强迫分配。（四）关于外埠应收债款之强迫分配。[1] 1935年1月，蒋介石为控制全川财政金融与货币，在重庆设四川财政特派员公署，负责收拨汇办国库款项、整理金融币制。先后派陈绍妫、谢霖甫为特派员。陈绍妫于1月13日抵达重庆。[2] 1935年2月1日交易所被迫关闭，停拍申汇，仅由银钱业组织交易处经营，以维市场。[3]

民国之后的重庆申汇市场虽然有着很大的投机成分，但上海作为商品流通网络中心及汇兑中心，主导着全国主要商品的价格，然后经由钱庄向全国扩散。其影响到达重庆之后，再经过重庆向更广大的西南腹地渗透与扩散，资本也因此进行了集中。这样，申汇就以一种重要的埠际资金汇兑方式，以重庆申汇市场为纽带，将西南地区的资金网络与上海紧密地联系在了一起。而且，重庆的申汇市场还集中反映了重庆传统金融业的现代化趋势，一是顺应时势，从传统的业务经营顺利转到以进出口贸易的货币清算为主，二是钱庄在掌控重庆申汇市场的过程中，能利用现代化的重庆证券交易所开拍申汇。

重庆钱庄，除了将资金投入商品流通市场及申汇市场之外，还积极参与对重庆工商业的投资与扶持。如1930年，四川盐商积盐过巨，周转不灵，幸有重庆钱庄与银行联合巨额投资，历时数载，最终使积盐走销，资金复活，厂灶工人，未至失业。又如1933年四川省丝业衰退，厂商完全停顿，新茧上市，无人承购，亦幸有钱庄与银行，联合尽量投资，各厂乃得复工。[4]

进入民国之后，中国经济经历了最初20年的短期繁荣，但整个社会面临着深层次的现代化转型，特别是20世纪30年代以后南

---

[1]《二十一军部设立重庆金融汇兑管理处》，《四川月报》第5卷第5期，1934年11月，第69-70页。

[2] 田茂德、吴瑞雨：《民国时期四川货币金融纪事（1911—1949）》，重庆：西南财经大学出版社，1989年，第132页。

[3] 四川地方银行经济调查部：《二十四（1935）年四川金融大事日志》，《四川经济月刊》第5卷第1期，1936年1月，第10页。

[4] 李荣廷：《重庆市之钱庄业》，《金融知识》第1卷第3期，1942年5月，第190页。

京国民政府"统制经济"政策实施以后，无论是金融领域的直接改革还是对整体经济的宏观干预，都使钱庄业原有的运行秩序受到冲击，为了适应新的经济形势，钱庄业这种传统的金融机构也不断向现代化转型。全面抗战爆发前的重庆钱庄业，不但在国内商品交易以及外国商品的输入和西部地区土产输出的对外贸易中都起到了重要的资金融通作用，是重庆金融市场的重要组成部分，而且积极扩展投资到现代工业领域，呈现出向现代化转型的多重表征。

2.3 全面抗战爆发前重庆现代化金融机构及其发展

民国建立以后，除了上海等东部地区的新式金融机构来渝设立的分支机构外，重庆本地也设立了自己的新式金融机构——银行与保险公司。全面抗战爆发前，重庆的新式金融机构有了进一步的发展与繁荣，在创新活动、业务管理、法规制度建设、金融机构网络化的形成等方面已经显现出明显的现代化特征。

2.3.1 民国后重庆现代化金融机构——银行

开埠以后，虽然有不少洋行进入重庆，但直到 1937 年全面抗战爆发之前，重庆仍然没有一家外国银行。 1921 年，英商汇丰银行的一个代表曾来重庆考察，拟在重庆开设分行，最终却没有成立。[1] 因此，民国之后的重庆现代化金融机构——银行，就只有华资银行。 不仅原有的本地地方银行进一步发展起来，还有国家银行及东部商业银行纷纷到重庆设立分支行。 受此影响，重庆本地的商业银行也得到快速发展。 到全面抗战爆发前，银行业已经发展成为重庆主要的金融机构，并建立了自己的机构网络。

---

[1] 周勇、刘景修：《近代重庆经济与社会发展（1876—1949）》，成都：四川大学出版社，1987年，第 340-341 页。

民国成立，大清银行宣告清理，1912 年 2 月 5 日，中国银行在上海汉口路 3 号召开成立大会，正式开业。 8 月 1 日，中国银行总行在北京大清银行旧址成立。 辛亥革命之后，四川军政府以四川银行名义滥发军用票，且兑换无期，币信丧失，币值日落。1914 年 12 月，四川省财政厅电请财政部转饬中国银行来川开办分行，并建议先从收回军用票着手，以救燃眉之急。 当时，中国银行作为中央银行，本就负有收回各省滥发纸币及维持地方金融之责，曾经派员对四川省情况做过调查，接四川省财政厅电文后，决定到四川设立分行。 1915 年 1 月 18 日，中国银行重庆分行正式营业，行址设在重庆市区曹家巷，经理王丕煦。 同年在四川省还成立了成都（后改为支行）、万县、自流井、泸县、五通桥等 5个分号，1917 年成立三台分号，均属重庆分行管辖。 1922 年，重庆分行由总行直辖改为支行，归第三区域行汉口分行管辖。 成都支行同时改为办事处。[1]

民国建立后到 1918 年，交通银行在全国共设有 25 个分行，其中仅有一个重庆分行设于西部地区，57 个汇兑所中，西部地区一个也没有。[2] 而设在四川的重庆分行存续的时间也并不长，1915年 12 月 1 日，交通银行重庆分行设立，经理先后由周钧、张秉衡、周锡夔等充任，不过仅半年时间，到 1916 年，袁世凯称帝，引发护国运动，当年 5 月，交通银行渝分行因四川靖国军强提款项，业务陷于停顿。[3] 1922 年，总处第二次行务会议以重庆分行账面款项无几，在外的流通券仅 6.9 万余元，四川金融又一时难以恢复，决定裁撤，设清理处处理遗留问题。[4] 此后，直到全面抗战爆发前，交通银行都没有在重庆再设分行。

民国之后，中国银行与交通银行虽然在重庆设立了分行，但自从 1916 年宣布中交两行钞票停止兑现以后，实际上已没有营业

[1] 四川省地方志编纂委员会：《四川省志·金融志》，成都：四川辞书出版社，1996 年，第 18 页。
[2] 周葆銮：《中华银行史》，上海：商务印书馆，1919 年，第二编第 17-23 页。
[3] 交通银行总行、国家历史档案馆：《交通银行史料第一卷：1907—1949》，北京：中国金融出版社，1995 年，第 128 页。
[4] 四川省地方志编纂委员会：《四川省志·金融志》，成都：四川辞书出版社，1996 年，第 19 页。

而成为当地政府的一种金库。[1] 1914 年 11 月在北京由徐绍桢等筹设的殖边银行，于 1915 年 9 月 9 日在重庆设立支行。[2] 与此同时，重庆本地的银行得到了迅速发展。

首先是辛亥革命爆发后，渝蓉分立，渝方蜀军政府设华川银行，蓉方蜀军政府设四川银行。当 1912 年年底濬川源银行复业后，两行皆被并入，因华川银行情况记载残缺，不得其详。[3] 而晚清时期建立的濬川源银行进行重建，是在 1912 年 11 月，由四川省官府添筹新资本 400 万元，设总行于成都。其旧设之重庆分行得以复业，以代收公款为主。然而，筹拨之新资本 400 万元，仅由华川银行拨入 45 万两，而迭次垫补之行政经费反过于此，就账面数目言之，资产负债相抵，尚余 406 万余两，但其中大半为官欠之款，致使贷付久停，存款亦鲜，唯以汇兑营业为事，难以为继。到 1915 年以后，遂有改弦更张之举，适值四川银行并入濬川源银行，增加官股，又集合商股，改为股份公司之组织，定资本为 100 万元，集合官股四成，商股六成，拟具章程 26 条，呈请财政部核准。[4] 1915 年 5 月，改组完毕，营业顿呈活跃。不久，新任四川巡按使陈宦莅任，以官商合办，政府不便支配，电请北京政府财政部撤销合办案，已收商股分别退还，仍为完全官办。是年因收回军票，发行濬川源兑换券 200 万元。1916 年，护国军兴，滇中起义讨袁。军锋北指，四川首当其冲，旋以宜宾失手，行款再度被提用，行券不能兑现。营业更属寥落，成渝两行，因业务清淡，无形停顿。京、汉、宜、沙各行，追收旧欠，并无营业，以其所收办事经费，随收随用，终至收无可收。沪行因经理人携匿款项簿据，行员伙食，亦不能支付。[5] 到 1916 年年底，濬川源

[1] 周勇、刘景修：《近代重庆经济与社会发展（1876—1949）》，成都：四川大学出版社，1987 年，第 340 页。

[2] 周葆銮：《中华银行史》，上海：商务印书馆，1919 年，第二编第 47-52 页。

[3] 郭荣生：《中国省银行史略》，沈云龙：《近代中国史料丛刊续编》第十九辑，台北：文海出版社，1975 年，第 75 页。

[4] 周葆銮：《中华银行史》，上海：商务印书馆，1919 年，第五编第 47-48 页。

[5] 郭荣生：《中国省银行史略》，沈云龙：《近代中国史料丛刊续编》第十九辑，台北：文海出版社，1975 年，第 76-77 页。

银行已经背负了数百万元的债务，这些债务中包括"自复业以来，军队提用的150余万元，所有债项中，又以公家欠款为多数，商家欠款函送法庭究追的，先后6起，债款3.8万余元，历时数月，法庭仅追回军票900元"[1]。

到1917年，濬川源银行因行款一再被提用，此后防区制形成，该行随军事的转移，有时隶属财政厅，有时隶属督军，总分各行事权难以统一，业务清淡。到1920年9月，四川省财政厅令濬川源银行总分各行一律暂停营业，汉口、重庆、五通桥、自流井各派一人为督收员清收外欠。[2] 1925年，联军进驻省城，濬川源银行被接收，四川省金库改为独立办理。1926年，四川省金库再次改归四川省财政厅办理，由濬川源银行代理。但不久由于政治变化，濬川源银行解体，金库随之停办。[3]

民国之后的重庆，除了中国银行、交通银行以及濬川源银行等国家及地方官办银行在重庆设立分行之外，本地的商业银行也纷纷发展起来。首先是清末建立的晋丰银行，于1912年将业务扩展到重庆，在下陕西街租赁楼房一幢，委任陈绍尧任重庆晋丰银行经理，在江津、重庆两行门前分别挂有"晋丰银行"招牌，虽然总行仍设在江津，但两地的机构设置与人员编制都大致相同。[4] 1915年聚兴诚银行建立，1919年大中银行成立，1922年四川美丰、中和两银行分别成立，均为民营，经营普通商业银行之业务。1927年以后，重庆在二十一军统治之下，金融市场稍有转机，各军军政各费支拨浩繁，动以厚利借巨款，颇能激励商业银行之成立。重庆先后又成立重庆平民银行、川康殖业银行、四川商业银

---

[1] 田茂德、吴瑞雨：《民国时期四川货币金融纪事（1911—1949）》，成都：西南财经大学出版社，1989年，第30页。

[2] 田茂德、吴瑞雨、王大敏：《辛亥革命至抗战前夕四川金融大事记（初稿）》（二），《四川金融研究》1984年第5期，第28-29页。

[3] 田茂德、吴瑞雨、王大敏：《辛亥革命至抗战前夕四川金融大事记（初稿）》（三），《四川金融研究》1984年第8期，第26-28页。

[4] 江津县政协文史组：《四川创建的第一家私营银行——江津晋丰银行史略》，中国人民政治协商会议四川省委员会文史资料和学习委员会：《四川文史资料选辑》（第四十九辑），出版社及时间不详，第200页。

行、重庆川盐银行、四川建设银行、四川新业银行、重庆市民银行等 7 家商业银行。 这些重庆本地商业银行的基本情况如下。

1915 年 3 月 16 日，聚兴诚银行在重庆正式开业，该行为杨文光及其族人所开设，是中国西部地区早期最有实力和影响的商业银行之一。 光绪二十二年（1896 年），杨文光独资创立聚兴仁商号，资本总额 1 万两，经营进出口贸易，专营疋头、棉纱两项事业，获利丰厚，遂兼营汇兑。 光绪三十年（1904 年），杨文光从聚兴仁商号拨出 5 万两银子，后来增加为 10 万两做资本，交由他的长子杨寿宇另开聚兴成商号。 光绪三十四年（1908 年）杨寿宇患病身死后，由杨文光的三子杨粲三接手，将聚兴成改为"聚兴诚"，同时采取两项措施：一是扩大经营品种，二是扩大商业和票号业务。 民国初年，聚兴诚商号每年经营存、放、汇兑的总金额已接近 1000 万两，所获利润占杨氏家族各种商号收益的第一位。于是，次子杨希仲与其族人集议划分该商号所兼营之汇兑业务，合其家族之人力财力，另建银行，对于国内商业，亦另划资金，仍留为聚兴诚商号独办，又增设外国贸易部，为海外直接输出入。1913 年，四川省财政厅长龚农瞻曾要求杨氏兄弟接办濬川源银行，但杨粲三坚决主张自己设立，于是请濬川源银行派监理官萧止真起草股份两合公司章程。 1914 年，杨希仲创设聚兴诚银行，1915 年获北京政府财政、农商两部批准，采用股份两合公司组织形式，资本总额为 100 万元，分作 1000 股，其中无限股 50 万元由杨氏家族 11 人完全担任，有限股 50 万元亦由杨氏完全承购，再转售于亲友及号伙。 聚兴诚银行每两年结算一次，每届结算都获利丰厚，两年届满，结算结果，除填一切损失及缴费外，计获纯益48 万元之巨。[1]

聚兴诚银行设事务员会，杨文光任主席，杨希仲任总经

---

[1]《聚兴诚银行》，《银行月刊》第 1 卷第 1 期，1921 年 1 月，第 47-48 页；金逸明：《川帮银行的首脑：聚兴诚银行》，《经济导报（香港）》第 72 期，1948 年，第 8 页。

理。[1] 杨希仲是杨文光的二儿子，晚清时留学日本，在岩仓大学铁道科学习交通，在日本时，他看到三井洋行的财阀势力，非常羡慕，之后他又赴美国伊利诺伊及芝加哥大学读书，辛亥革命之后回国。因为他是留日的铁道专家，回川后，沿途留意采购地基，回渝后，政界往来，一度承办铜元局，运购大批铜筋，年终结算，大获其利。由此拨 2 万元办国外贸易部，而与外商竞争国际贸易，没有金融实力是不行的，于是开办银行。[2] 银行创立之后，先后在省外上海、宜昌、沙市等商埠及省内成都、自贡、内江等城市设立 29 个分支机构。该行成立之后，即注意对工商业的资金融通，尤其注意对桐油、生丝、猪鬃、川盐各业和矿产进行放款。[3] 可见，聚兴诚银行从开始营业便很赚钱，其业务发展甚速，该行实收股本仅 60 万元，然而每年纯益 48 万元左右，到 1919 年存款达 300 万元，汇兑每年达 5000 万元。[4] 不过，据不完全统计，从 1915 年开办到 1927 年聚兴诚银行为军阀们垫出的款项，本息累计已达 107 万元，连同对杨氏家族私人名下的派垫，共计 150 多万元，超过银行登记的资本总额的一倍半（额定资本 100 万元，实收资本只有 60 万元），成为聚兴诚银行资金枯竭，运转不灵的致命伤。[5] 1934 年后，聚兴诚银行的委托买卖兴盛起来，缔结长期合约者时有增加，除经销慎昌洋行的五金电料，华中几家厂的棉纱棉布，上海的绒线、啤酒，湖北的棉花外，还代买土特产盐、糖、烟叶、山货等，代办信托业务颇显繁荣。1935 年设立代办部，杨粲三要求全行人员尽量发展代办业务，并决定以

[1] 田茂德、吴瑞雨、王大敏：《辛亥革命至抗战前夕四川金融大事记（初稿）》（一），《四川金融研究》1984 年第 4 期，第 21 页。
[2] 金逸明：《川帮银行的首脑：聚兴诚银行》，《经济导报（香港）》第 72 期，1948 年，第 8 页。
[3] 唐传泗、黄汉民：《试论 1927 年以前的中国银行业》，中国近代经济史丛书编委会：《中国近代经济史研究资料》（4），上海：上海社会科学院出版社，1985 年，第 74 页。
[4] 金逸明：《川帮银行的首脑：聚兴诚银行》，《经济导报（香港）》第 72 期，1948 年 5 月 25 日，第 9 页。
[5] 中国民主建国会重庆市委员会、重庆市工商业联合会文史资料工作委员会：《聚兴诚银行》，重庆：西南师范大学出版社，1988 年，第 180 页。

1936 年为"信托营业年"。经过这一年的努力，总计全年受托代客买卖达 4417 笔，报运进出口货物达 122269 件，货值 1243 万元，上海占 36%，沙市占 34%，重庆占 19%。当年全行毛收益为 77 万元，决算纯益为 21 万余元（储蓄部收益在外），其中代办部的纯益即占 14 万余元，几乎给银行挣了 2/3。[1] 可见，这项业务对增加聚兴诚银行的收益起到了重要作用。

总体而言，聚兴诚银行初创时，采用的是股份两合公司组织形式，其组织以事务员（董事）会为最高机关，由无限责任股东任之，并互推一人为主席，总协理由事务员中择任之，如延聘事务员外之人担任，则须经全体同意。[2] 由此可见，聚兴诚银行实则是家族银行，虽然银行以事务员会为最高权力机关，事务员由无限责任股东充之，但其实银行主要掌控在杨氏家族手中。直到1937 年全面抗战爆发前夕，事务员会主席杨粲三鉴于股份两合公司之组织，不合经济潮流，更不愿将此项社会事业据为一姓私有，才提经事务员会讨论将股份两合公司改组为股份有限公司，得到一致赞同，随即经 3 月 25 日举行的第十二届股东大会认可，全体无限责任股东提出声请退股书，同时商定增加资本为 200 万元，改为股份有限公司，由出席股东即席认足。[3] 改组为股份有限公司后，刘航琛、何北衡、卢作孚、周见三、甘典夔等人均加入股本，即时选定杨粲三、董庆伯、任望南、杨晓波、杨季谦、张茂芹、龚农瞻、刘航琛、何北衡等人为董事，黄锡滋、甘典夔、何绍伯为监察人，除依法举办注册手续外，营业照常进行。[4] 这样，聚兴诚银行从家族制真正迈向了现代化的组织管理形式。

1919 年 7 月 21 日，重庆大中银行开业，由重庆汪云松、长寿

［1］中国民主建国会重庆市委员会、重庆市工商业联合会文史资料工作委员会：《聚兴诚银行》，重庆：西南师范大学出版社，1988 年，第 109-110 页。
［2］金逸明：《川帮银行的首脑：聚兴诚银行》，《经济导报（香港）》第 72 期，1948 年 5 月 25日，第 8 页。
［3］宫延璋：《聚兴诚银行三十年来概况》，《四川经济季刊》第 1 卷第 3 期，1944 年 6 月 15 日，第 184 页。
［4］《聚兴诚银行改组增资》，《四川月报》第 10 卷第 4 期，1937 年 4 月，第 304 页。

孙仲山发起筹组，定资本 100 万元，开幕时仅收足 30 万元，次年始收足额定 100 万元。 经币制局批准有发行权，以 400 万元为度，总行设在重庆，由汪云松充任重庆经理，又先后设有北京、上海、天津、汉口、成都等分行。[1] 1920—1921 年，四川政局变化，官欠逐渐增多，以致周转发生困难。 该行印就的钞票，除在北京、重庆各发行数十万元外，分送各个分行。 成都分行正准备发行时，值 1922 年奉直开战，奉军从北京撤退，所欠该行北京总行的借款无法收回，京行突起风潮，风声所及，重庆分行发生挤兑，波及申、津、汉、蓉，成都分行因此搁浅，商民损失颇巨。[2] 大中银行曾经盛极一时，但它与北京政权的结纳致使它关闭，所幸发行之钞票皆如数收回，未累市面。

1921 年 6 月 1 日，中和银行在重庆陕西街成立，为刘湘驻渝时官商合办，主持人温友松、赵资生，股本 60 万元中，军方占 20 余万元，商界占 30 余万元。 总行开业后，陆续在上海、汉口、成都、宜宾、泸州、万县等地设有分行。 1926 年黔军驻渝时不能维持，驱袁（祖铭）后复业，在上海印钞 320 万元发行。[3] 该行代理刘湘第二军的经费收支，所有第二军需出入款项，皆归该行经收经支，得此官款周转，营业颇占优势。 但其后由于军款收不敷支，总分行均不免为军方借贷所累，呆滞过巨，渐难支持。[4] 中和银行曾有几年信用昭著，1926 年春，受黔军袁祖铭据渝影响，几不能支持。 后第二军将袁军击走，回驻重庆有所好转，1930 年 5 月间市上发现大量伪造该行钞票，该行因而亏累至于破产。 到 1931 年，该行停业。[5]

---

[1] 重庆中国银行：《重庆经济概况（民国十一年至二十年）》，重庆：重庆中国银行，1934 年，第 36-37 页。
[2] 中国人民政治协商会议四川省成都市委员会文史资料研究委员会：《成都文史资料选辑》（第八辑），内部发行，1985 年，第 26 页。
[3] 田茂德、吴瑞雨、王大敏：《辛亥革命至抗战前夕四川金融大事记（初稿）》（二），《四川金融研究》1984 年第 5 期，第 30 页。
[4] 中国人民政治协商会议四川省成都市委员会文史资料研究委员会：《成都文史资料选辑》（第八辑），内部发行，1985 年，第 26 页。
[5] 重庆中国银行：《重庆经济概况（民国十一年至二十年）》，重庆：重庆中国银行，1934 年，第 21-22 页。

1922 年 4 月 10 日，四川美丰银行在重庆开业。四川美丰银行发轫于 1921 年，时为公务员的康心如与上海美丰银行总经理雷文（F.J.Raven）筹设在直隶设立银行，正在洽谈中，恰巧重庆的士绅邓芝如、陈达璋到了北京，经康心如介绍与雷文洽商，由华人与美国人雷文合组之中美合资股的股份有限公司，改在重庆设立美丰银行。同时由康心如主持洽商条件，议定合同资本 25 万元，美股占 52%，由雷文负责，就上海美籍股东募集，华股占 48%，完全由康心如负责筹募。在筹备中，康心如亲到上海与雷文商洽，由上海美丰银行派布拉德（H.S.Bullrd）为经理，会同康心如到重庆主持筹措工作。[1] 于 1922 年 2 月 12 日向美国康梯克省注册，与上海美丰银行共牌号而不共损益。资本额定 100 万元，开幕时收足 25 万元，华股占 48%，美股占 52%，总行设重庆。该行以美商股本为最多，主要由美国人经理，总经理雷文（美）、经理赫尔德（美），协理邓芝如、康心如。经营商业银行业务，发行钞票 150 万元。1925 年因重庆发生剧烈排外风潮，该行美股遂于 1927 年全体退出，由川中军政商界集资收买，所有美商股份均被华籍股东转购过来。经营除银行业务外，并兼理美国水火保险会事务。该行还在上海、汉口、万县、北平、天津等处设有代理机关。1931 年实收股本增为 50 万元，重庆经理为康心如。[2] 到 1937 年全面抗战爆发前，四川美丰银行的业务主要分为：商业部（经营商业银行一切业务）、储蓄部（收受各种储蓄存款）、信托部（代客报关转运保险买卖各种证券货物）。附设保管库（代客保管各种贵重物品出租新式纯钢保管箱）、仓库（承堆客号各种粗细货件）。除了总行设在重庆之外，还在重庆关庙街、段牌坊设有两个支行，在四川省内的万县、成都以及省外的上海、汉口设立 4 个分行，在四川省内的遂宁、宜宾、泸县、内江、

---

[1] 培根：《康心如与四川美丰银行》，《川康建设》第 1 卷第 2-3 期，1943 年 8 月，第 98 页。
[2] 田茂德、吴瑞雨、王大敏：《辛亥革命至抗战前夕四川金融大事记（初稿）》（二），《四川金融研究》1984 年第 5 期，第 30 页；重庆中国银行：《重庆经济概况（民国十一年至二十年）》，重庆：重庆中国银行，1934 年，第 37-38 页。

绵阳、三台、太和镇、涪陵、乐山等设办事处 9 个，在国内的北平、天津、南京、济南、青岛、南昌、长沙、杭州、南浔、苏州、无锡、郑州、石家庄、绍兴、江津以及国外的纽约、伦敦、巴黎、神户等设立了 19 个代理处，而储蓄分支部及信托分支部，则附设于各分支行处。[1]

　　1930 年 7 月 5 日，四川盐业银行[2]在重庆创立，资本 200 万元，实收 1090500 元，董事长吴受彤、总经理陈丽生，在自流井设分行，上海、江津设办事处，汉口、万县有代办处。 9 月 1 日，川康殖业银行在重庆创立，资本 100 万元，董事何北衡等，总经理卢作孚，在上海、汉口、成都等地设分行。 1931 年 1 月 5 日，重庆市民银行（1934 年 8 月 29 日更名重庆银行）成立，资本 50 万元，重庆市政府认股 5 万元，董事长温少鹤，总经理潘昌猷。[3] 1932 年 6 月 10 日，四川盐业银行因受中和银行停业牵累，几将所收股本丧失，经股东改组，向国民政府财政部注册，因行名与迁到上海的盐业银行同名，来电交涉，乃改称重庆川盐银行。 额定资本 200 万元，已收足 110 万元，并另划资本 20 万元，以作储蓄部基金，将重庆市新街口旧址改建欧式门面已落成，于 7 月 4 日正式开幕。 其都邮街储蓄部亦同时举行开幕。[4] 并改进业务：（一）开办储蓄。（二）呈蒙财政部稽核厅所，批准担保楚盐余税。（三）开办自流井、成都两分行，上海、江津两办事处，汉口、万

[1] 中国银行经济研究室：《全国银行年鉴》（1937 年），上海：中国银行经济研究室，1937 年，第 J 广告 1 页。
[2] 川盐银行初期成立时的名称为"重庆盐业银行"还是"四川盐业银行"，学术界对此有分歧。重庆金融编写组《重庆金融（1840—1949）》（上卷）（重庆：重庆出版社，1991 年，第 226 页），中国民主建国会重庆市委员会、重庆市工商业联合会文史资料工作委员会《重庆 5 家著名银行》（重庆：西南师范大学出版社，1989 年，第 125 页）及张肖梅：《四川经济参考资料》（上海：中国国民经济研究所，1939 年，第 D16 页）认为是前者，而田茂德、吴瑞雨、王大敏：《辛亥革命至抗战前夕四川金融大事记（初稿）》（四）（《四川金融研究》1984 年第 9 期，第 37 页）认为是"四川盐业银行"。
[3] 田茂德、吴瑞雨、王大敏：《辛亥革命至抗战前夕四川金融大事记（初稿）》（四），《四川金融研究》1984 年第 9 期，第 37-38 页。
[4] 田茂德、吴瑞雨、王大敏：《辛亥革命至抗战前夕四川金融大事记（初稿）》（四），《四川金融研究》1984 年第 9 期，第 39 页；《川盐银行正式开幕》，《四川月报》第 1 卷第 1 期，1932 年 7 月，第 7 页。

县两代办处。（四）呈准盐商同业保险，并奉令推行于犍、乐等处。[1] 此后发展日益顺利。

1931 年 7 月 10 日，北碚农村银行正式开业，额定资本 10 万元，实收 4 万元。董事长卢作孚、经理伍玉璋，在重庆设办事处。该行于 1928 年 10 月发起组建，章程以服务农村社会，发展农村经济，提倡农村合作为宗旨。[2]

总之，到 20 世纪 30 年代初，新式金融机构——银行业经过发展，已在重庆金融界占有举足轻重的地位。到 1931 年重庆有新式银行共 8 家，除中国银行为分行外，其余 7 家均为总行在渝者，现将其基本情况统计如表 2-9 所示。

表 2-9 1931 年重庆市七家银行资本金统计表

单位：万元

银行类别	银行名称	额定资本金
商业储蓄银行	聚兴诚银行	100
	四川美丰银行	50
	重庆平民银行	10
	重庆市民银行	50
农工银行	北碚农村银行	10
专业银行	川康殖业银行	100
	重庆盐业银行	120
总计		440

资料来源：中国银行经济研究室编，《全国银行年鉴》(1937 年)，上海：中国银行经济研究室，1937 年。第 D70-192 页、第 E19 页、第 F1-6 页整理所得。

1932 年后，重庆的银行业筹设又进入一个相对活跃的时期。1932 年 7 月 25 日，重庆青年会少年部所办重庆少年银行正式开幕，以奖励少年储蓄为宗旨，到 8 月已收到存款 350 元，计活期存款 50 户。往来存款 10 户。[3] 10 月，重庆江北各机关法团以适

---

[1] 重庆市档案馆藏川盐银行未刊档案，档号 0297-2-2076。

[2] 田茂德、吴瑞雨、王大敏《辛亥革命至抗战前夕四川金融大事记（初稿）》（四），《四川金融研究》1984 年第 9 期，第 38 页。

[3] 《少年银行》，《四川月报》第 1 卷第 2 期，1932 年 8 月，第 8 页。

应环境需要，准备设置农村银行，已提交第七次行政会议决议成立，并推定文化成、唐建章、李源泉等共同办理筹备事宜。[1] 10月1日，重庆商业银行正式开幕，其资本总额定为60万元，由各发起人分认，总经理汤子敬，协理王汝舟，襄理戴矩初，董事长唐棣之，其目的在扶助商业之进展。[2] 1937年3月20日，该行开召开第四届股东常年大会及第二次临时股东会，新增资本40万元，连前100万元，全部收足。由各董事推选刘航琛为董事长，随即投票改选甘典夔、石竹轩、何绍伯为监察。[3] 这样，四川财政厅长刘航琛成了该行的实际掌控人。

1933年秋，刘湘击败刘文辉，打破防区制，统一川政，刘湘为了增强其实力，采取了以掌握经济来控制政权的策略，于是由其率领的二十一军负责筹设四川地方银行，特委唐华、康宝志、周俊、汤壶峤、李鹄人、任望南、邹汝百、王汝舟等为四川地方银行筹备员，并指定唐华为筹备主任。[4] 1934年1月，四川地方银行在重庆陕西街成立，正式营业。资本总额为500万元（实收资本125万元，在辖区田赋公债项下拨给）。组织性质官办，无限责任。营业项目：经营商业银行存款、放款、贴现、汇兑、储蓄、信托、代理公债还本付息、发行兑换券。第一任理事、监事及总协理人选是：理事长郭文钦（二十一军参谋长）、理事唐华（二十一军财务处长）、康宝志（二十一军财务处副处长）、任师尚（聚兴诚银行经理）、吴炜、温嗣康（重庆商会主席）、卢澜康（重庆钱业公会主席）。监事甘绩镛（二十一军政务处长）、周宜甫（中国银行重庆分行经理）、赵资生、李鑫五（重庆工商界知名人士）、周俊（四川善后督办公署财务处长）、张茂芹（聚兴诚银行业务部经理）。总经理唐华，协理康宝志。[5] 1935年10月，四川省政府将四川地方银行正名为四川省银行，当时在原有官股120万元之外加拨80万

［1］《江北筹办农村银行》，《四川月报》第1卷第4期，1932年10月，第14页。
［2］《重庆商业银行开幕》，《四川月报》第1卷第4期，1932年10月，第13-14页。
［3］《商业银行增加资本》，《四川经济月刊》第7卷第4期，1937年4月，第24页。
［4］《重庆银行业杂询》，《四川月报》，第3卷第2期，1933年8月，第43页。
［5］《地方银行之缘起》，《四川经济月刊》第1卷第1期，1934年1月，第6-7页。

元，实收资本 200 万元，于同年 11 月 1 日，总分行处一律正式开业，以调剂四川内地金融，促进币制统一，复兴农村经济，辅助地方工商业为宗旨。截至 1937 年七七事变爆发，四川省银行有总行 1 处，分行 2 处，办事处 13 处，汇兑所 3 处。[1]

1932 年 10 月，二十一军政务处近召集成区各县建设科长会议，议决将于重庆设一建设银行，以谋发展成区各县一切建设事宜，更于各县分别设立支行或分店。至重要乡镇等，则设立农村钱庄，用以活动金融，共资周转。拟定划拨短期公债，并由各县尽量筹募，积极推进。[2] 直到 1934 年 6 月 1 日，四川建设银行才在重庆开业，由成渝公路总局发起组织，资本 100 万元，总局与商股各 50 万元，成立时收足半数，经营商业银行业务，董事长赵资生，总经理屠馨斋，在成都设分行，上海、南充、内江等地设办事处。[3]

随着对四川统一的完成，国民政府的国家银行也开始对四川进行渗透，1930 年，中国银行成立重庆分行、成都支行，1935 年又在乐山、成都南台寺（以上隶属成都支行）、重庆（上关岳庙、重庆四牌坊）、内江、涪陵、宜宾、隆昌（以上隶属重庆分行）等地增设机构。[4] 1935 年《中央银行法》颁布后，为便利发行，准备在西南、西北、华中三区分别设立发行分局，原拟西南区设于重庆，西北区设于郑州或洛阳，华中区设于汉口或九江，后于 1935 年 9 月先在重庆成立发行第一分局。[5] 中央银行决定筹设重庆分行，早在 1934 年春就已谋划，当时的中央银行总裁孔祥熙就以整顿川政应以财政金融为首要，俾能配合军事，决定在川筹设分行，派出中央银行发行局副发行杨晓波先行调查重庆金融市

[1] 张舆九：《抗战以来四川之金融》，《四川经济季刊》第 1 卷第 1 期，1943 年 12 月 15 日，第 67 页。
[2] 《廿一军筹办建设银行》，《四川月报》第 1 卷第 4 期，1932 年 10 月，第 13 页。
[3] 田茂德、吴瑞雨：《民国时期四川货币金融纪事（1911—1949）》，成都：西南财经大学出版社，1989 年，第 119 页。
[4] 四川省地方志编纂委员会：《四川省志·金融志》，成都：四川辞书出版社，1996 年，第 18 页。
[5] 张度：《二十年来中央银行之变迁》，《中央银行月报》新 3 卷第 10 期，1948 年 10 月，第 20 页。

场情形，并由经济研究处特派协纂刁培然协助。委员长行营及财政部重庆特派员公署均先后在渝成立。[1] 12月27日，正式派出杨晓波为筹备主任，乘中航飞机由沪飞渝后，即租定重庆模范市场和济钱庄为办公地点，筹备分行事宜。1935年1月2日，该总行协纂刁培然、冯幼丹等亦到重庆。因此将工作分为两部分，一面从事四川整个金融财政之调查，一面进行筹备分行事宜，当筹备大致就绪后，杨晓波于1月19日乘机飞往京沪，向总行请示。[2] 1935年3月25日，中央银行重庆分行在第一模范市场正式开业，首任经理杨晓波，同年5月改调奚炎继任，该行为一等分行。[3] 主要业务为发行兑换券、筹措军费、平抑申汇、收销地钞、开展领钞等。7月，在重庆成立中央银行第一发行分局，发行中央银行兑换券。[4] 1935年8月16日，中央银行成都分局在东御街前地方银行行址正式开幕，经理杨延森，至此，该行在四川共设重庆、成都二个分行，并在万县设有办事处1所，直属重庆分行。[5] 此外，中央银行重庆分行为扩大业务，遵照总行命令，附设中央信托局，办理各种信托及储蓄事宜，也在重庆积极筹备建立信托分局，定于1935年11月1日成立。[6]

1935年4月1日，总行设在汉口的鄂豫皖赣四省农民银行，奉蒋介石之命改为中国农民银行，紧接着在湘、鄂、豫、陕、甘、皖、闽、江、浙、赣等省设有分行，各处设立支行及办事处甚多。此后决定设立中国农民银行重庆分行，由该行总行派定薛迪锦为筹备主任，章颐重为筹备员，于6月来渝，开始筹备工作，初设筹备处于上陕西街42号，后又勘定黉学街房屋一所，修筑布置之后，7月8日中国农民银行重庆分行开业典礼，邀请四川省及重庆

---

[1] 杨晓波：《重庆分行之沿革》，《中央银行月报》新3卷第10期，1948年10月，第71页。
[2] 《中央银行筹设重庆分行》，《四川月报》第6卷第1期，1935年1月，第50页。
[3] 田茂德、吴瑞雨：《民国时期四川货币金融纪事（1911—1949）》，成都：西南财经大学出版社，1989年，第135页。
[4] 四川省地方志编纂委员会：《四川省志·金融志》，成都：四川辞书出版社，1996年，第17页。
[5] 四川地方银行经济调查部：《一月来金融业之动态与静态》，《四川经济月刊》第4卷第3期，1935年9月，第11页。
[6] 《中央信托局定下月成立》，《四川月报》第7卷第4期，1935年10月，第55页。

市党政军各机关、各商帮同业会、各银行钱庄及各报社新闻界人员等参加，仪式极为隆重。渝分行经理为薛迪锦，文书主任为张定生，出纳兼发行主任为余撝吉，会计主任为章颐重，营业主任为汤伯谋，及各股股员若干人。发行钞票四种，分一角、二角、五角、一元。[1]这样，在全面抗战爆发前，中中交农四行中，除交通银行在战前未在重庆设立分支机构外，中央、中国、中国农民三行都在重庆设立了分支处。

全面抗战前，重庆外来的商业银行并不多，仅有江海银行与金城银行两家在重庆设有分支机构。1934年6月12日，江海银行由上海总行拨给资本30万元，在重庆设立分行，经理尹子宽。[2]1936年3月，金城银行汉行经理戴自牧抵达成都，受到四川省政府主席刘湘的欢迎，希望其到四川开办分支机构，接着戴自牧与四川建设厅长卢作孚一起到重庆考察选址，决定在重庆设立办事处，由张佑贤具体负责办理。5月28日，金城银行重庆办事处兼储蓄处在重庆陕西路正式建立，主任张佑贤。[3]据1936年金城银行在重庆的经济刊物上所登广告可知，重庆分行是金城银行所设25个分行中，唯一设在西部的分行。行址设在陕西街36号，由商业部办理存款、放款、汇兑、押汇、贴现等业务，而由储蓄部办理活期存款、整存整付、整存支息、整存零付、零存整付、特种定期、定期零存、通信存款等业务。[4]

上海商业储蓄银行虽然也早有在渝设立分行之意，该行总经理陈光甫曾经两度入川，亲自调查一切，皆因时局关系未能即见实行。1937年初，因川省政治经济均已步入正轨，拟即图向西南发展。特派该行汉口分行副经理李共猷来渝筹设分行，3月29日

[1]《中国农民银行重庆分行开幕》，《四川月报》第7卷第1期，1935年7月，第73-74页。
[2] 田茂德、吴瑞雨：《民国时期四川货币金融纪事（1911—1949）》，成都：西南财经大学出版社，1989年，第119页。
[3] 中国人民银行上海市分行金融研究室：《金城银行史料》，上海：上海人民出版社，1983年，第252、255页。
[4]《金城银行广告》，《经济杂志》第1卷第2期，1936年8月。

李共猷飞渝与各方分别接洽。[1] 但直到全面抗战爆发，上海商业储蓄银行都没能正式在重庆设立分支机构。

据统计，到 1936 年，在重庆市开设有总行或分行的银行共有 14 家（见表 2-10）。

表 2-10 截至 1936 年重庆的银行统计表

银行名称	资本总额/万元	重庆行址	在重庆开设年月	总行或分行
中央银行	2000	第一模范市场	1935 年	分行
中国银行	2500	小梁子	1915 年	分行
中国农民银行	1000	县庙街	1936 年	分行
金城银行	1000	陕西街	1936 年	分行
江海银行	100	道门口	1934 年 6 月	分行
四川省银行	200	陕西街	1934 年 1 月	总行
聚兴诚银行	200	新丰街	1915 年	总行
四川美丰银行	300	新街口	1922 年	总行
川盐银行	200	新街口	1930 年	总行
川康银行	100	打铜街	1930 年	总行
四川建设银行	100	陕西街	1934 年 8 月	总行
重庆银行	100	打铜街	1930 年	总行
四川商业银行	100	打铜街	1932 年 1 月	总行
重庆平民银行	50	陕西街	1928 年	总行

资料来源：戴鞍钢、黄苇，《中国地方志经济资料汇编》，上海：汉语大词典出版社，1999 年，第 1114 页。

由上表可见，全面抗战爆发前，既有四川地方金融机构——四川省银行将总行建立在重庆，也有国民政府掌控的中央、中国、中国农民三行在重庆设立分支机构。除此之外，重庆本地建立的商业银行有 8 家，外省商业银行在重庆建立的分支机构有 2 家。新式金融机构——银行业经过发展，已在重庆金融界中占有举足轻重的地位。

---

[1]《上海银行筹备设渝分行》，《四川经济月刊》第 7 卷第 4 期，1937 年 4 月，第 21-22 页。

2.3.2　民国后重庆的现代化金融机构——保险公司

民国之后，除银行以外，重庆的新式金融机构中，保险业也有了进一步的发展。到 1926 年，重庆大多数年份处于战乱频繁、政局动荡之中，经济萧条，保险业发展也相对迟滞。1927 年以后到全面抗战爆发前，重庆政局趋于稳定，经济逐渐得到恢复发展，保险业也随之兴盛起来，为抗战时期重庆成为全国保险行业的中心奠定了基础。

辛亥革命前，重庆的保险业主要为外商所操纵。民国建立以后，重庆成为我国西南最大的物资集散地和水陆交通枢纽，重庆的保险业发生了很大的变化，其中最主要的就是民族保险业得以兴起与发展起来。民国之后的重庆华资保险业，最初多为各大保险公司设立的分支机构和代理处。

1913 年 1 月 19 日，总公司设于上海的华洋人寿保险公司在重庆设立分号，且在北京政府工商部进行了注册，并核准给照。[1] 此后数年，由于四川军阀混战，没有保险公司再进入重庆，直至 1919 年，才有上海金星保险公司来重庆设立分公司，经营水火险业务。1926 年，刘湘控制重庆后，政局渐趋稳定，经济逐渐复苏，进入重庆的保险机构逐步增多。1927 年，由交通、金城、中南、大陆、国华、华莱等银行投资开办的安平保险公司在重庆设立分公司，经营水火险业务。1930 年，由金城银行独家投资开办的太平水火保险公司在重庆设立分公司，经营水火险，后又开辟了寿险业务。1931 年，丰盛实业公司在渝设保险机构，经营承保火险业务，后因经营不善，1934 年被金城等几家银行接收改组为丰盛保险公司。1936 年丰盛与太平、安平两公司联合组成太安丰总经理处，次年又兼并中国天一保险公司（1935 年 4 月在重庆设立办事处），形成在中国最有实力的"太平保险集团"。[2]

---

[1]田茂德、吴瑞雨：《民国时期四川货币金融纪事（1911—1949）》，成都：西南财经大学出版社，1989 年，第 8 页。
[2]郭晋昌：《重庆早期的保险市场》，《当代保险》1989 年第 8 期，第 47 页。

除上述的太平、宝丰、安平、丰盛、天一等保险公司在渝设分支机构和代理机构外，中国银行总行曾拨款 500 万元投资开设的中国保险公司，在长江南北各埠已经营多年，声誉卓然。 1932 年，该公司决定在渝开办经理处，经理即由中国银行重庆分行经襄理兼任，业务主任为萧永藩，公司设于四牌坊中国银行办事处内，经营水火保险业务。 其曹家巷总行及关岳庙街办事处亦可办理。定于 11 月 1 日，正式开幕。[1]

根据 1935 年 5 月由国民政府公布的《简易人寿保险法》，重庆邮局办理小额简易人寿保险，该法规定办理简易人寿保险的应为国营事业，其他保险机构都不能经营，美商友邦人寿保险公司所经营的小额寿险，与此法律有抵触，予以取缔。

除了省外的保险公司到重庆设立分公司之外，重庆本地也有保险业与保险公司的建立。 重庆本地的保险业最有特色的就是"盐载保险"：因民国时期的食盐以"载"（或者"儎"，意思相同）为计算单位而得名，"盐载保险"即盐运水险，是一种专门针对川盐水路运输的保险业务。

四川盛产食盐，集中在川南、川北两大盐区，前者包括富、荣、犍、乐等地区，年产 487 万余担，占川盐总产量 76.6%；后者年产 149 万余担，占总产量 23.4%。 川盐的产量，向以销路为准则：销路畅旺则多制，销路滞缓则少产，采用"以销定产"的办法，所以川盐每年的产量，须视销路如何而后定，生产力受到一定的限制。[2]

四川是当时的产盐大省，所产食盐除供给四川各地外，还远销贵州、云南、湖南、湖北等省。 川盐外运皆走水路，盐船重载，失吉时有发生，盐商损失惨重。 为了适应盐业经济发展的需要，盐载保险应运而生。 有关民国时期的四川盐载保险最早的记载："民国十年（1921 年），重庆盐帮公所设立保险部，自办富荣

---

[1]《中国保险公司》，《四川月报》第 1 卷第 4 期，1932 年 10 月，第 14 页。
[2] 张肖梅：《四川经济参考资料》，上海：中国国民经济研究所，1939 年，第 Q83 页。

场至邓关、重庆、涪陵、宜昌等沿途水运盐载保险业务。"[1]而有确切史料可考的四川盐载保险是重庆盐业公会 1930 年附设的保险部所专门办理盐载保险。 从 1930 年 11 月开始，这项业务由川盐银行办理。 1932 年 7 月，盐业银行改组为重庆川盐银行后，继续经办此项业务。 直至 1950 年停办，前后近 20 年之久。[2] 该项保险从适应本地经济出发，对保障盐业生产经营以及抗战时期军需民食，都起到了很好的作用。

在抗战前，四川的盐载保险为重庆川盐银行一家独占，盐业保险发展顺利。 针对四川重庆一带水险滩多、运输不便和盐业本身生产成本高的特点，川盐银行设立的另一目的就是为盐业运销商提供运输保险，其章程就规定营业范围"经办盐斤抵押借款及担保盐载余税等项"。 川盐银行在其成立的 1930 年 7 月，从总行划拨资金 20 万元创设"川盐银行附设盐载保险部"，隶属川盐银行，以承办盐商同业保险负平均盐载损失为主旨。 11 月起，又接管了盐业公会的保险部。[3] 1932 年，重庆川盐银行改组成立后，继续设立保险部经营川江盐运保险，并在自流井、邓井关、合川、涪陵、万县、合江、江津等地沿岸设立保险部办事处，所保船货由产盐地启运，由于运输路线较长，特意根据木船运输的实际状况，陆续在各盐岸设置了水上查证机构。 后来又联合其他承保公司，组建了盐运保险查验总管理处，先后成立了 9 个查证站和 4 个滩务站，专门为保险盐船进行查验和导航，以预防可能发生的灾害事故。 这一做法为保险和防灾相结合开创了先例。[4]

重庆川盐银行保险部，为完善简章，设立组织机构，对人事配备、保险赔偿费用、失吉救助、船舶检查等方面都做了详细规

[1] 中国人民保险公司四川省分公司：《四川保险志》，内部发行，1989 年，第 19 页；《涪陵地区盐业志》编纂委员会：《涪陵地区盐业志》，成都：四川人民出版社，1991 年，第 111 页。
[2] 石丽敏：《四川盐载保险研究》，硕士学位论文，四川大学，2003 年，第 1 页。
[3] 重庆市档案馆藏川盐银行未刊档案，档号 0297-2-2195。
[4] 劳伯贤：《川江木船运输的保险查验工作》，重庆市渝中区政协文史资料委员会、重庆市渝中区金融工作办公室：《重庆市渝中区文史资料第十八辑·渝中金融史话专辑》（内部资料），2008 年，第 264 页。

定。[1] 盐运保险有专门的章程 26 条，对保额、费率、责任和赔款处理等均有明确的规定，采取多项对策以减少损失降低风险。除了经营保险，还对盐载运输的整个过程进行监督和管理，归纳起来有以下几方面：（一）组织保险机构检验船只并加强运输过程中的监督。在自流井分处、邓井关和泸州代办处、合江、江津、涪陵、忠县、万县、合川等 9 处均派驻调查员[2]，人员 49 人，滩务处 4 个，设有滩务员、验船员、水手等，在滩口选雇熟悉该处水性精于放船的舵工放滩。[3] 检验符合标准后即可运盐，同时对盐船运输过程中拒绝赔偿的情形也进行了详细规定。（二）加强滩务管理，疏通航道。川江水道迂回狭长，险滩较多，每当枯水季节，保险部就积极组织对险要滩口进行清理。1934 年，保险部报告"查今年泸州大滚滩损失盐船甚多，派张伯琴前往调查，始知系验滩事务所抽检舞弊，以致盐船不加考核使本行蒙此损失"。所以董事会决定"请运署将验滩事务所收回由保险部办理"[4]。此后积极推进，1937 年川盐银行为便利内江到泸县间航运，拨 2000 元经费派特派员监视淘修内泸间滩口，较过去淘修增深一丈。[5] 除此之外，川盐银行保险部还在盐船失吉时如何快速进行抢救等事与船帮交涉，加强应急机制尽可能减少损失。协议规定"盐船失吉仓促之际，无论敝处所置之巡船或码头之小船均得施救，以救得之盐包，……任何方面均不得垄断独吞"[6]。这样能尽快地进行救助，减少损失。由此可见，重庆川盐银行保险部预防为主的方针和重视防灾机构建设、加强水情预报、拨款修滩堰疏通航道、主动与航管部门维护航行安全等一系列具体的防灾防损措施，至今仍值得学习与借鉴。

———————————

［1］重庆市档案馆藏川盐银行未刊档案，档号 0297-2-2076。

［2］重庆市档案馆藏川盐银行未刊档案，档号 0297-2-2076。

［3］重庆金融编写组：《重庆金融（1840—1949）》（上卷），重庆：重庆出版社，1991 年，第 231 页。

［4］重庆市档案馆藏川盐银行未刊档案，档号 0297-2-2215。

［5］重庆中国银行：《川盐银行淘修内陆滩口》，《四川月报》第 10 卷第 3 期，1937 年 3 月，第 264 页。

［6］重庆市档案馆藏川盐银行未刊档案，档号 0297-2-2799。

重庆川盐银行保险部经过一系列有效周密的措施，在全面抗战爆发前，取得了较好的成绩。 1930—1937 年四川盐载保险基本为川盐银行独家办理，保险部取得的收益颇丰，1930 年 9 月至 1931 年底收益 348308.81 元，1932 年收益 137321.22 元，1933 年收益 149732.00 元，1934 年收益 155243.49 元。 1935 年 1 月至 9 月底因盐法改革，盐商推销积盐，数日未尝领运，保费无收，而赔款不免。[1] 又加长江大水盐船损失较多，保险部赔 47224.83 元，1935 年 10 月至 1936 年收益 9948.90 元，1937 年 1 月至 9 月收益 24140.97 元[2]，总计盈余 777470.56 元之多。 1934 年国民政府因鉴于川盐银行自成立保险部以来，办理盐载保险以致失吉之事日渐稀少，对盐商利益较大，便令川盐银行将此项办法及章程呈报备案拟分令各省盐业均仿照此种办法办理。[3] 可见，重庆川盐银行保险部经营的影响重大。

　　全面抗战爆发前，重庆地区自己创办的华资保险公司仅有一家，那就是 1935 年由聚兴诚银行创办的兴华保险公司。 聚兴诚银行建立起来之后，即设有保险代办部，经理北美洲保险公司之水险，营业颇形发达。 后该行杨培英等，鉴于我国保险事业为外商所把持，利权外溢，邀集金融界同志，筹设兴华保险公司，以增加华商公司之力量。 1933 年 10 月 15 日，开创立会于重庆，规定资本 100 万元，分为 1 万股，由各界先后认定，每股先收半数，计 50 万元，选举杨培英为董事长，杨培英、杨培荣、杨鹤龄、杨锡嘏、杨锡融、杨锡远、张孟晋、王法言、袁隐邨、董伯钦、谢仲达 11 人为董事，成耕南、喻理贞、刘琳 3 人为监察人，一面呈请实业部注册，暂定营业年限为 30 年。 到 1935 年 1 月 25 日，领到设字第 890 号营业执照后，乃于是年 9 月正式成立总公司于重庆，聘任望南为总经理，10 月设分公司于上海，以杨锡远为经理，承保水火人寿等险，唯该公司因开办未久，故营业范围暂定为水、火、

[1] 吴受彤：《川盐银行营业报告书：1935 年》，重庆：川盐银行，1935 年。
[2] 重庆市档案馆藏川盐银行未刊档案，档号 0297-2-3324。
[3] 重庆市档案馆藏川盐银行未刊档案，档号 0297-2-2215。

信用、兵、盗、汽车、人寿等各险，其中人寿险暂未开办起来。其营业区域之分布状况，总公司设在重庆，分公司开设于上海，在汉口、沙市、宜昌、长沙、万县、成都、泸州、常德、南京、北平及苏州等地设立代理处。[1] 可见其营业范围主要以西部地区为重。

兴华保险公司是杨粲三为了安置他在美国学习保险业务毕业归来的次子杨锡远，使之能发挥其所学的专业，而由聚兴诚银行独资创办起来的，实收资本为 50 万元，经营了一年多，业务颇有起色，获利 5 万多元。1937 年，四川省财政厅长刘航琛希望将几家川帮银行联合起来，合资组办一个保险公司，与杨粲三商量，杨粲三也正想借此扩大发展兴华保险公司业务，赞同刘航琛的意见。当时各银行承接的水火保险业务，全系代办性质，只收佣金，唯有川盐银行的盐载保险运输水险是自负盈亏，获利较厚。经刘航琛出面说合，各银行均愿意交出合办。[2] 于是 1937 年 3 月初，兴华保险公司决定进行改组，增加股本，扩大组织，召开筹备会议。议定：（一）资本总额，暂定为 100 万元，由聚兴诚银行认股 30 万元，川盐、美丰、川康、省行、平民、重庆、商业各银行及华通、民生两公司以及和成钱庄等 10 家各认股 7 万元。（二）新股限于 1937 年 6 月底一次收齐，7 月 1 日即正式改组成立。（三）为发展业务，必要时将总公司迁设上海。（四）推吴受彤、康心如、周见三、宁芷邨、潘昌猷、罗震川、宋师度、何北衡、周季悔、吴晋航、杨粲三 11 人为董事，刘航琛、龚农瞻、戴矩初 3 人为监察。经第一届董监会议，推杨粲三、康心如、吴受彤、潘昌猷、周见三 5 人为常务董事，并由周见三出任总经理，通过聘任川盐银行保险部经理杨绸堂为重庆公司经理，杨锡远为上海分公司经理，定于 4 月 1 日正式营业。[3] 公司地点，租借的是

---

[1] 中国保险年鉴社：《中国保险年鉴》（1936），上海：中国保险年鉴社，1936 年，第 8-9,143 页。

[2] 中国民主建国会重庆市委员会、重庆市工商业联合会文史资料工作委员会：《聚兴诚银行》，重庆：西南师范大学出版社，1988 年，第 271 页。

[3] 《兴华保险公司扩大组织》，《四川月报》第 10 卷第 3 期，1937 年 3 月，第 158-159 页。

聚兴诚银行三楼，所有川盐银行盐载保险业务统并入该行办理，定于 4 月内正式接办。原来该公司账目结束至 6 月底止，7 月 1 日起，由新组织接管。[1] 该公司增资扩股进展十分顺利，仅用了一个多月，到 1937 年 5 月，就将 100 万元的股本全数收足。与此同时，重庆川盐银行也慷慨将办有成效的盐糖木船保险事业交出，让兴华保险公司继续经营。[2] 不过，川盐银行最终则因为对改组后的人事安排不满而未参加，也未交出盐载保险业务。兴华保险公司以杨粲三为董事长，周见三任总经理，杨锡远任上海分公司经理，聘任美国顾问克鲁伦驻上海，主要业务均由上海分公司承办。[3] 到 7 月底，还准备将总公司移沪，在重庆仅设分公司。[4]

在抗战爆发前，中国的保险公司与保险业主要集中在上海、香港及广州等地，至于广大的西部地区建立的保险公司则更是凤毛麟角，在重庆，保险业虽有所发展，但很多都是由银行等金融机构兼营，真正建立的华商保险公司并不多，据统计，到 1936 年，重庆的华商保险公司主要有 5 家，其简要情况见表 2-11。

表 2-11　截至 1936 年重庆华资保险公司情况统计表

保险公司	总支分公司别	重要职员之职务	重要职员之姓名	公司所在地
中国天一保险公司	分公司	经理 副理	蒋相臣 方安燦	重庆老鼓楼街征收局 港口
四明保险公司	分公司	经理	川康银行	重庆打铜街
华安合群保险公司	四川全省分公司	总经理	刘尚玉	武库街
兴华保险公司	总公司	总经理	任望南	重庆新丰街
宝丰保险公司	分公司	经理	陈松如	重庆第一模范市场

资料来源：中国保险年鉴社，《中国保险年鉴》(1936)，上海：中国保险年鉴社，1936 年，第 158 页。

---

[1]《兴华保险公司扩大组织》，《四川经济月刊》第 7 卷第 4 期，1937 年 4 月，第 20 页。
[2] 白也：《四川金融业最近之动态》，《四川月报》第 10 卷第 5 期，1937 年 5 月，第 16 页。
[3] 中国民主建国会重庆市委员会、重庆市工商业联合会文史资料工作委员会：《聚兴诚银行》，重庆：西南师范大学出版社，1988 年，第 127-128 页。
[4]《一月来之保险业务》，《四川经济月刊》第 8 卷第 2 期，1937 年 8 月，第 22 页。

由上表可见，到 1936 年，重庆共有华商保险公司 5 家，其中总公司 1 家，分公司 4 家。至 1937 年，重庆的华商保险业就已有 17 家，其中总公司 2 家，分公司 8 家，代理处 7 家。由此说明重庆的华商保险业在全面抗战爆发前，已由萌芽时期逐步走上发展时期，而且各公司业务日趋发达，年终决算均有盈余。[1]

就整个民国之后的重庆保险业而言，华商保险业有了显著发展，开始改变外商保险公司独占重庆保险市场的局面。然而，外商保险业在重庆仍有所发展。外商保险业中，美亚保险公司、友邦人寿保险公司设有分公司，广东保险公司、香港火险公司、保裕保险公司、保泰保险公司、康泰保险公司设有代理处，太古洋行和怡和洋行设有保险部。[2]

1926 年，在重庆政局稳定之后，又有一些外商保险公司陆续迁来。如经营水火险业务的英商白理洋行、海利英商行和日商三井洋行等。其中三井洋行信誉不佳，业务未能开展，遂自行停业。此外，20 世纪 30 年代初，重庆多家银行为办理抵押贷款业务需要保险，均在上海接洽代外商办理保险业务。据重庆中国银行 1933 年编辑发行的《四川月报》记载，1933 年以前，来渝经营保险业务的外商还有：英商白理洋行、华兴公司、安利英洋行、安达生洋行、日商三井洋行以及美商美亚保险公司。此外，四川商业银行代理英商康泰保险公司、美丰银行代理美国公会保险业务、川康银行代理英中合资的宝丰保险公司经营一些房地产抵押保险业务。[3] 1935 年，美商友邦人寿保险公司也将业务扩展至重庆，专门招揽顾客投保 15—20 年期的小额寿险。[4]

以上这些外商保险公司，大部分经营时间不长，主要是在不平等条约掩护之下，倚仗雄厚的财力，按自己制订的保险法规自由经营。外商保险公司还利用投保人获得赔偿款后，在报纸上刊

［1］《中国保险史》编审委员会：《中国保险史》，北京：中国金融出版社，1998 年，第 131 页。
［2］吴申元、郑韫瑜：《中国保险史话》，北京：经济管理出版社，1993 年，第 105 页。
［3］郭晋昌：《重庆早期的保险市场》，《当代保险》1989 年第 8 期，第 46 页。
［4］中国人民保险公司四川省分公司：《四川保险志》，内部发行，1989 年，第 20 页。

登启事，为其做广告，以招揽业务。

总之，全面抗战爆发之前的重庆保险业，经历了从外商独揽到华商保险业迅速崛起，并逐渐占据重庆保险市场主体地位的过程，预示着抗战前，重庆现代化保险业已经有了较为迅速的发展。

2.4　全面抗战爆发前重庆金融市场的现代化特征

优越的地理位置是近代重庆商品市场形成的基本条件，作为长江上游最大的河道枢纽，重庆以其较为发达的航运交通体系吸收吞吐着四川以至西南各地的物资，贩进卖出。商品市场的规模随着交往的频繁、空间范围的延伸而日益扩大。在重庆的经商贸易者来自五湖四海，他们往往以地域关系组成会馆（或行帮），或以行业相约组成公所。商人、商业团体之间相互利用、相互补充的业务联系，构成了重庆商品市场的基本骨架。它们各具实力，汇集天南海北各地商品于重庆，而以价值规律为主体的市场机制则制约和调节着各地、各类商品的价格与产销比例，使其发展成为长江上游最大的商品市场。随着金融业筹集、融通资金范围的日益扩大，金融业务机制的市场化程序也逐渐加深，在此基础上重庆逐渐成了长江上游最大的金融中心，金融市场日趋活跃。

近代以来到抗战爆发前，重庆的金融市场已经基本齐全，不仅原有的拆借市场、申汇市场有相当程度的发展，还正式形成了西部地区唯一的证券市场与票据交换市场。重庆的金融市场成为四川乃至西部地区最完整的金融市场，同时也是沟通西部与东部联系的一个金融枢纽。在重庆的这些金融市场中，最能体现其现代化特征的就是重庆证券交易所与重庆票据交换所，本部分将对此进行专题讨论。

2.4.1 全面抗战爆发前重庆证券市场的建立

全面抗战爆发前，由于东西部经济发展的区域性差异很大，中国现代化的工商业及金融业主要集中在东部沿江沿海地区，作为经济发展晴雨表的证券市场也不例外。除主要集中在上海（上海华商证券交易所）、北平（北平证券交易所）等经济发达城市外，在全国一些重要城市，随着 20 世纪 30 年代经济的发展，也相继出现了一批证券交易所，如 1932 年 4 月建立的重庆证券交易所，1933 年 9 月成立的四明证券交易所，1934 年 5 月成立的汉口证券交易所，1934 年 8 月成立的青岛物品证券交易所等。其中，重庆证券交易所是唯一设在西部地区的证券交易所。这个证券交易所经历了一段极不平凡的发展历程。在抗战之前，它的建立与发展，同全国其他各地的证券市场一样，既是政府发行公债解决财政赤字的结果，也是以重庆为中心的西部经济、金融发展的产物。因此，重庆证券交易所的建立既是西部金融现代化的反映，更是西部经济发展的重要体现。

20 世纪 30 年代初，出于解决地方财政问题的考虑，四川财政厅长刘航琛认为有必要组织交易所，乃拟定章程草案，约集金融界要人发起成立，并在四川善后督办公署呈准立案，发给临时营业执照，经营有价证券交易。第一届理事长为聚兴诚银行总经理杨粲三，常务理事均为当时重庆金融界的头面人物，有川康银行协理康心之、平民银行经理张子黎、重庆钱业公会主席安定钱庄经理卢澜康及一般股东中的邹侠舟。其余理、监事人选则有四川美丰银行的康心如、周见三，川盐银行的吴受彤，川康银行的刘航琛等。[1]

1932 年 4 月 20 日，重庆证券交易所正式营业，该所以 1932

---

[1] 卢澜康：《重庆证券交易所的兴亡》，全国政协文史资料委员会：《文史资料选辑》第 149 辑，北京：中国文史出版社，2002 年，第 77 页。

年4月至年底为第一届，推选杨粲三为理事长，中间杨因事离渝，乃选康心如代理。1933年为第二届，经股东会及理事会选任刘航琛为理事长，刘因公赴沪，仍由理事会举康心如代理。第一、二两届常务理事，均为康心之、卢澜康、周霞丹、张子黎连任，并由二十一军部特派唐华为该所监理官，重庆市政府亦派余子立为监理官。而证据金检查委员会主席，则由总金库经理娄仲光充任。各股主任，计总务股主任为李德昭，会计股主任为简兆瑶，保管股主任为廖洁夫，场务股主任为童斗皋，其余职员，共40余人。[1]

重庆证券交易所采用股份制组织形式，资本总额，原定国币20万元，分为4000股，1932年开幕时，收足10万元，在第二届股东会后即将20万元全数收足。交易所下设总务、会计、场务、保管四股，每股各设主任1人，负责进行一切所务。该所有经纪人45名，每名缴纳保证金5000元。营业种类：除专营各种有价证券外，善后督办公署还将管理申汇之权暂令其兼办，于是又有了兼营各处汇兑票买卖的业务。其中经营的各种公债、库券及有价证券，主要包括地方债券，如田赋公债、军需短期库券、短期盐税库券、整理川东金融公债、第一期整理重庆金融库券、第二期整理重庆金融库券、第一期整理川东金融公债、第二期整理川东金融公债；各种中央政府债券，军需债券、盐税库券、印花烟酒库券等；部分产业证券：中国银行股票、美丰银行股票、北川铁路公司股票、川康殖业银行股票、民生实业公司股票、重庆自来水公司股票及各埠各国短期定期汇票与其他债券等多种。每日分前后两市营业，前市由午前10点至午前12点，后市自午后3点至5点。成交数目，每日约数十万元，最多时竟达288万元。该所的收入状况：自1932年4月开幕至年底，除各项杂用外共获纯利6.6万余元。1933年上半年，收营业经手费13万余元，下半年因减收手续费，故仅收8.8万余元，利息收入200余元。统计经手费

[1]《重庆证券交易所概况》，《四川月报》第4卷第1期，1934年1月，第52-53页。

利息两项，有 24.4 万余元。 除该所缴用及股息外，并照交易所税则，以 1/10 缴呈善后督办公署，并补助重庆市政府建设费。 入付两抵，盈余计 10 万余元。 至 1933 年营业合计 6000 余万元。[1]

在创立重庆证券交易所，理顺各类地方公债买卖的同时，此间二十一军整理川东金融公债基金保管委员会，于 1932 年 7 月 20 日起，定期实行收回各种债券(如内地税券、丁卯戊辰军需公债券、钧益公四是公债券、民十年商会借款收据、民十九重庆万县短期公债券等)，另行换发川东金融公债。 并布告各界持券人等，要求届时前往调换。[2]

正是由于重庆证券交易所兼营汇兑，投机暴利，1932 年 12 月 3 日及 1935 年 1 月两度奉令停拍，其间曾与重庆钱业公会酿成"钱交争执"。 1932 年 8 月 1 日，竟发生了重庆钱业公会与交易所的"钱交风潮"，钱业公会请取缔交易所。 自石建屏投机申汇失败后，交易所与钱业协议，对申汇，钱业做近期，交易所做远期。 但钱业中仍有做远期的，而交易所又搞投机，业务矛盾日深。 此后经军方多次干预，允许钱业入所，又在 12 月 3 日申汇暴涨至 1000：1400 时下令交易所停拍，才告解决。[3] 1934 年申汇市场再次发生巨变，申汇飞涨，川钞锐跌，受此影响重庆证券交易所蒙受重大损失，受到社会各界的抨击。 该所鉴于前途之危机，于 1935 年 1 月底实行停止申汇交易，并自动呈请督署，将申汇管理权奉还政府，督署照准，将渝市申汇申票交易事宜，另饬银行公会及钱业公会，会同组织申汇交易处继续办理。 2 月 1 日后，重庆证券交易所宣布停拍申汇业务，实行对证券交易的专营业务。 然而，自交易所停拍申汇后，政府虽有责成银钱两公会合

[1] 《重庆证券交易所概况》，《四川月报》第 4 卷第 1 期，1934 年 1 月，第 51-55 页；《重庆证券交易所股份有限公司发起人、股东名册和训令批示等文件》，档号 0024-1-456，重庆市档案馆藏档案。
[2] 《公债·重庆》，《四川月报》第 1 卷第 1 期，1932 年 7 月，第 11 页。
[3] 田茂德、吴瑞雨、王大敏：《辛亥革命至抗战争前夕四川金融大事记(初稿)》(四)，《四川金融研究》1984 年第 9 期，第 38-39 页。

组交易处，却因各商帮从中作梗而并未成立，而申汇之善后处置，亦长此迁延。受此影响，重庆证券交易所的业务无形中陷于停顿，证券交易十分平淡，难以维持。到 2 月底，只得宣告停办完全结束，并将所有股本退还股东，房产也售与银行公会作为该公会会所。[1] 其间，2 月 20 日，财政部电令取缔重庆证券交易所。而此前，重庆地方政府也已下令该所撤销。[2]

然而重庆证券交易所停业后不到半年的时间，便又开始筹备恢复与重建，其主要的动因在于政府财政的需要。1935 年 7 月 1 日，国民政府财政部宣布民国二十四年四川善后公债 7000 万元如数发行，除一部分作善后建设外，一部分即按六折收换四川金融公债（即四川金融公债 10000 元，可以调换善后公债 6000 元）。[3] 为了便于四川善后公债顺利推行，重庆银行公会于 1935 年 7 月 29 日开会，讨论决议重建证券交易所，采用股份有限公司。并推举康心之、杨粲三、张子黎 3 人负责研究法律章程等，以便决定股本金额，同时通知重庆钱业公会推出 3 人加入共同研究与筹备。[4] 8 月 18 日，重庆市银钱业筹备恢复重庆证券交易所，认为：（1）四川证券交易渐繁，无交易机关之整理，将有周转不灵之苦；（2）现营证券业者，多属以少做多而无保障，且极少真实交易。于是，推定康心之、张子黎、杨粲三等为筹备员负责具体办理，地点仍设原处，惟其交易应以促进资金流通、活动金融为主。不得投机赌博，再蹈前辙。[5] 重庆证券交易所的恢复，还得到了国民政府军事委员会委员长行营的积极支持，"鉴于四川金融恐慌，欲于救济，必须四川公债得能流通市面。而证券交易

[1]《重庆证券交易所停拍——汇兑管理所撤销》，《四川经济月刊》第 3 卷第 2 期，1935 年 2 月，第 79-80 页；《四川省政府咨国民政府实业部文》，1935 年 5 月，四川省建设厅档案 0009-1-456，重庆市档案馆藏。
[2] 田茂德、吴瑞雨、王大敏：《辛亥革命至抗战争前夕四川金融大事记（初稿）》（五），《四川金融研究》1984 年第 10 期，第 35 页。
[3]《四川最近之公债与房捐问题》，《四川经济月刊》第 4 卷第 3 期，1935 年 9 月，第 9 页。
[4] 重庆市档案馆藏重庆市银行商业同业公会未刊档案，档号 0086-1-117。
[5]《重庆金融近讯》，《四川经济月刊》第 4 卷第 2 期，1935 年 8 月，第 109 页。

所，即为重要之流通机关。饬速组织"。这样，在国民政府与重庆市金融界的双重推动下，由发起人拟具章程草案，并推举杨粲三、卢澜康、陈达璋、张子黎、康心之、陈诗可6人为筹备员，杨粲三为筹备主任，负筹备责任。8月24日，筹备委员会正式成立，此后召开了两次筹备会议，制定出了公司的章程及营业细则。[1] 9月3日，在银行公会举行会议，预选重庆证券交易所的理事监察。9月4日，再次在银行公会举行复选，结果选出潘昌猷、康心之、卢澜康3人为常务理事，重庆银行的潘昌猷为理事长。该所采股份有限公司组织，资本总额定为20万元，分为2000股，每股100元，所有股份先收半数10万元，均由发起人40人认齐，收足开始营业。余下的10万元在第二次股东大会决议后，于1936年3月底全数收足。经纪人名额暂定50名，每名拟取保证金5000元。[2] 此次重建证券交易所，旨在以买卖国省债券及有价股票证券为业务，调剂市面金融，所有申汇交易绝不兼营，所址仍租重庆银行公会为营业市场。[3]

1935年10月21日，重庆证券交易所开幕，正式营业，潘昌猷任理事长、熊崇鲁任经理，资本20万元，纯以买卖国、省债券及各种有价证券为业务。[4] 租用道门口新建银行大厦为证券交易所的交易市场。交易所设经纪人，由重庆各行庄充任，编为50个牌号。场内证券交易均须通过经纪人办理。[5] 后经四川省建设厅转呈，1935年12月，获得国民政府军事委员会委员长行营核

[1]《重庆证券交易所股份有限公司股东会决议录》，1935年9月2日，四川省建设厅刊档案 00094-1-456，重庆市档案馆藏。
[2] 四川地方银行经济调查部：《一月来金融业之动态与静态》，《四川经济月刊》第4卷第3期，1935年9月，第12页；重庆市档案馆藏美丰商业银行未刊档案，档号0296-14-216。
[3] 四川地方银行经济调查部：《一月来金融业之动态与静态》，《四川经济月刊》第4卷第3期，1935年9月，第12页。
[4] 田茂德、吴瑞雨：《民国时期四川货币金融纪事（1911—1949）》，成都：西南财经大学出版社，1989年，第145页。
[5] 中国人民银行总行金融研究所金融历史研究室：《近代中国的金融市场》，北京：中国金融出版社，1989年，第184页。

准发给的临时执照。[1] 在 1935 年 10 月 19 日，经理事会召集会议对办理登记手续的经纪人进行公开审查，审定合格的正式经纪人为 42 家。[2] 然而，其间有不少经纪人因经营不善而申请歇业，据 1936 年 9 月的调查，重庆全市经营市证券业的商号实际仅有 14 家，基本情况统计见表 2-12。

表 2-12　截至 1936 年 9 月重庆市证券商号情况统计表

商号名称	经理	资本/元	地址
盛记	秦祉祥	30000	上陕西街
裕昌	戴献之	20000	下陕西街
胜利	侯玉琴	20000	新新街口
鸿庆	余蜀方	20000	打铜街
大亨	涂朗西	17000	棉花街
和昌	吴建如	10500	棉花街
和胜	李豆乾	6000	第一模范市场
集云	徐承谱	6000	朝天驿
兴记	丁寿眉	5000	第一模范市场
源记	童月樵	5000	第一模范市场
长源	陈完璧	5000	中陕西街
源源	伍季翔	5000	上陕西街
和丰	罗式如	5000	曹家巷
协和	齐鑑湖	5000	上陕西街

资料来源:《重庆市证券业调查》,《银行周报》第 20 卷第 36 期,1936 年 9 月 15 日,第 36 页。

由上表可知，重庆证券商号共计 14 家，资本共 159500 元。其中以盛记、裕昌、胜利、鸿庆等四家资本较为雄厚，四家资本为

---

[1]《重庆证券交易所股份有限公司发起人、股东名册和训令批示等文件》，四川省建设厅档案 00094-1-456 重庆市档案馆馆藏。

[2] 重庆市档案馆馆藏美丰商业银行未刊档案，档号 0296-13-35。

90000 元，占整个资本总额的 56.43%。[1]

再度成立的重庆证券交易所在组织制度与市场交易规则的建设方面渐趋完善。根据《重庆证券交易所股份有限公司章程》（8章43条）可知，重庆证券交易所是一个以四川省为营业区域的地方证券交易所，采取股份有限公司的组织形式，明确规定股东以有中华民国国籍者为限，股票不得转让或出售给非中华民国之人民或法人，违者无效。其最高权力机构为股东会，分常会与临时会两种，议决一切重大事项。执行机构为理事会，设理事7人、监察人3人，均由股东会选任。在理事中互选理事长1人，常务理事2人，常驻所主持各种工作。同时还设立评议会，除以本所理事长或理事中共推一人为评议长外，主要由理事会从商业上具有经验及声誉之人士且非本所经纪人中，聘请5~7人为评议员，凡交易中发生事故或出现异议，均由评议会进行评议。[2]

对重建的重庆证券交易所的交易品种与交易规则，在筹备期间就进行了认真的讨论，吸取此前教训，新开的交易所不再做申汇买卖，成为真正的证券交易市场，因此，在制定的《重庆证券交易所股份有限公司章程》中明确规定：营业范围为中央及地方发行之公债及库券暨其他合法有价证券之现期与定期买卖，同时可以兼营仓库业。[3] 同时，还进一步对证券交易做出具体规则，通过制定《重庆证券交易所股份有限公司营业细则》（16章94条）进行规范，对市场、交易、保证金、交易证据金、经纪人及其代理人、经纪人公会、买卖委托、计算、交割、公定市价、违约处分及赔偿责任、经手费及佣金、公断、制裁等均制定了详细规则，成为规范市场交易的基本准则。重庆证券交易所的证券交易种类主要

---

[1] 对于重庆市证券商号的统计情况，同一时期的《四川经济月刊》也有统计，经比对大体一致，差异之处主要在总数上为15家，总资本额175553元，详见《本市证券业概况》，《四川经济月刊》第6卷第3期，1936年9月，第15页。

[2] 《重庆证券交易所股份有限公司章程》，1935年9月2日，四川省建设厅未刊档案0009-1-456，重庆市档案馆藏。

[3] 《重庆证券交易所股份有限公司章程》，1935年9月2日，四川省建设厅未刊档案0009-1-456，重庆市档案馆藏。

集中于中央及地方发行之公债及库券及其他合法有价证券，分现货与期货两种形式。[1] 可见，开拍的标的物只能是证券，而且还对即将上市交易的证券进行了概算，详见表2-13。

表2-13   重庆证券交易所交易物品种类名称及买卖额预算表

证券名称	总额/万元	本所每月买卖概数预算
二十四年四川善后公债	7000	定期800万元
行营清理四川省政府短期借款凭证	1150	能否出交不能预算
四川省库券	800	能否出交不能预算
民生实业公司股票	100	能否出交不能预算
四川商业银行股票	60	能否出交不能预算

资料来源:《重庆证券交易所股份有限公司交易物品种类名称及买卖额预算清册》(1935年9月),重庆市档案馆馆藏四川省建设厅刊档案,档号0009-1-456。

上表可见，在筹备恢复重庆证券交易所的过程中，主要计划经营三种地方债券（二十四年四川善后公债、行营清理四川省政府短期借款凭证、四川省库券）与两种地方公司股票（民生实业公司股票、四川商业银行股票）。这与之前的交易品种相比已经大打折扣，然而，在其后的市场中，公司股票几乎没有开出。在开业之初，仅开拍三种债券：民国二十四年（1935年）四川善后公债、委员长行营驻川财政监理处清偿证及四川省政府省库券。经理事会议决交易办法如下:（1）经手费：民国二十四年四川善后公债每成交票面额1万元，买卖双方各缴5元。委员长行营驻川财政监理处清偿证，每成交票面额1万元，买卖双方各缴8元，自10月21日起，每三个月另议公告。四川省政府省库券，每成交票面额1万元，买卖双方各缴8元。上项经手费，交易所及经纪人各得二分之一。（2）本证据金：民国二十四年四川善后公债每成交1万元缴300元。委员长行营驻川财政监理处清偿证，及四川

---

[1]《重庆证券交易所股份有限公司发起人、股东名册和训令批示等文件》，四川省建设厅未刊档案0009-1-456，重庆市档案馆藏。

省政府省库券每成交 1 万元缴 400 元。 前市成交买卖，限后市未开拍前缴纳，后市成交买卖限第二日前市未开拍前缴纳。（3）追加证据金：本证据金因行市涨落，一方损失半数时，由损方缴纳之。缴纳数目以补足本证据金之半数为标准。 前市追加者限后市未开拍前缴纳。 后市追加者限次日前市未开拍前缴纳。（4）特别证据金：照章于本证据金两倍之范围内，临时公告期限数目缴纳。（5）代用品：本证据金以现金为原则。 除现金外，准以本所开拍之三种债券照市价七折作代用品。 或本比七日以内之会员银行钱庄本票，经本所审核许可，亦可作现金缴纳。（6）成交起码单位：现货以票面额 1000 元，期货以票面额 5000 元为单位。（7）叫价最低数：照票面额 100 元为标准，叫价增减最低以 5 分为起码，不计"分"以下之数字。（8）开期：除现期外，定期买卖，分本月、下月、再下月、更分、月半、月底六种。（9）停拍标准：照票纳额，每百元市价骤涨或骤落至 3 元时，即行停拍追证。（10）红灯表示：经纪人对各种证据金未能依限缴纳者，于红灯栏内悬挂其经纪号次，暂停该号交易，白牌红字，表示只准填抵不得作新买卖；白黑字牌，表示绝对禁止买卖交易。[1] 自 1937 年 2 月 1 日起，重庆证券交易所添拍四川建设公债一种，每成交票额 1 万元征取经手费 4 元，由交易所与经纪人各得 1/2，总计 2 月份共成交四川建设公债票面额数 3531 万元，除当日同期买卖进出抵消票面额数 719.5 万元，征得经手费半数银 1439 元，其非当日买卖进出抵消票面 2811.5 万元，征得经手费 11246 元，合计征得经手费 12685 元，本月连同善、建两债共征得经手费银 25603.75 元。[2] 从此之后，直到全面抗战爆发前，重庆证券交易所主要交易的证券主要集中为四川善后公债与四川建设公债两种。 以下是全面抗战爆发前夕的 6 月 24—29 日（周一到周六）一周，重庆证券交易所中的

---

[1]《重庆证券交易所开幕》，《四川月报》第 7 卷第 4 期，1935 年 10 月，第 57-58 页。
[2]《民国二十六年二月份证券成交及征得手续费数目报表》，四川省建设厅未刊档案 0009-1-455，重庆市档案馆藏。

债券交易情况，详见图 2-1。

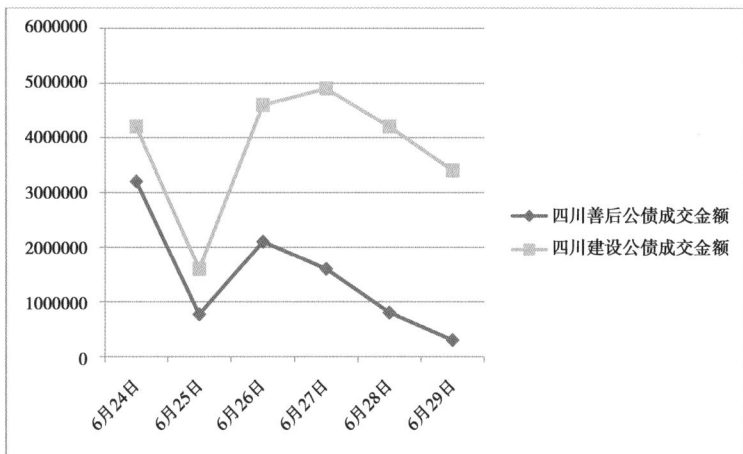

图 2-1　1937 年 6 月 24—28 日重庆证券交易所公债成交统计图

资料来源：《金融概况·重庆》，《金融周报》第 3 卷第 23 期，1937 年 6 月 9 日，第 11 页。

由上图可知，20 世纪 30 年代重庆证券交易所的建制及各种规章制度与北京、上海等地的证券交易所并无二致，是一个组织机构健全、交易制度相对完备的西部地区的地方证券市场。 到 1937年 6 月底，重庆证券交易所集中交易的是四川省发行的四川善后公债与四川建设公债两种，一周中有涨有跌，四川善后公债的涨跌区间在 30 万~320 万元，而四川建设公债则在 160 万~490 万元。周成交金额，四川善后公债为 877 万元，而四川建设公债高达2290 万元，且运行状态良好。

总体而言，抗战前重庆工商业虽有了一定发展，为重庆证券市场的创立提供了一些条件，但重庆证券市场主要还是在政府出于解决财政需要的推动下产生的，因此进入证券市场交易的主要是政府债券。 近代重庆的工矿企业发展落后于沿海，发行股票、债券的企业也较少，企业通过证券市场向社会直接融资的作用尚未充分发挥，致使长期资金市场的存在与发展缺乏内在条件和必需的外部环境，这也导致了近代重庆金融市场内部结构中的不平衡。

2.4.2 全面抗战爆发前的重庆票据交换所

票据交换为各银行间之清算方法，是现代金融机构银行发展起来之后的产物。各银行所收入之支票或其他可代货币之票据，派人送至一定之地点，相约一定之时刻，各提出其票据相互交换，以便抵消彼此之借贷关系。惟各银行每日所用之票据为数甚多，故票据交换之工作亦殊繁多，因此必须组织一种专门机关以处理之，即所谓票据清算所（Clearling House）；在日本称之为手形交换所，中国则称为票据交换所。[1]

票据交换所是集中办理同城或同一区域内各银行间应收应付票据的交换和资金清算的场所，也是金融市场现代化的重要表征。它开始时由银行间共同协议设置，随着中央银行制度的建立和发展，成为中央银行领导下的一个票据清算机构。中国最早的票据交换所是在上海出现的。民国建立以后，华商银行增设渐多，但无自己的清算机构，其同业间票据收付委托钱庄通过汇划总会办理。之后，上海银行业务日益发达，票据流通逐渐增多，通过钱庄清算，不但资金调度不及时而且担负风险，万一该钱庄倒闭势必受累。为此，上海银行公会委托银行业联合准备委员会，参照美国票据交换所先例，筹办上海银行业自己的票据清算机构，其间克服了当时钱庄与外商银行的种种阻挠和反对，终于在1933年1月10日，成立了中国第一家新型的票据交换所。

当中央银行制度体系在全国未完全建立之时，区域间的票据清算业务就显得异常重要，金融界共同的票据清算转账机关可以为各行庄简化往来手续，节省交易费用。重庆的票据交换所也是建立在民国之后，随着重庆新式银行的不断建立，1933年1月17日，重庆银行公会提议筹设票据交换所。[2] 重庆市银行公会与钱业公会负责人王汝舟、康心如、刘航琛等为谋两会互相联络，

---

[1] 杨骥：《重庆市的票据交换制度》，《新经济》第7卷第11期，1942年9月1日，第219页。

[2] 《重庆市银行业同业公会执行委员会第二十五次会议记录》，1933年1月17日，重庆市银行商业同业公会未刊档案0086-1-117，重庆市档案馆藏。

共同发展，发起召开联席会议，决定成立一个重庆市银钱业同业公会联合公库，地址设在打铜街川康殖业银行内，并推定王汝舟、康心如、刘航琛、杨粲三、卢南康为常务委员，刘航琛为主席委员，戴矩新、张子黎、周宜甫、潘昌猷、熊崇鲁、李柱臣为执行委员，朱敬西、吴受彤、汤子敬、林寿山、蒋元之为监察委员。[1] 该提议也得到重庆市地方政府的积极支持，为了调节渝市金融及便于筹款，重庆市政府赞同由重庆银钱业共同组织"重庆市银钱业同业公会联合公库"。 5月30日，重庆银钱业联合公库正式成立，各银行钱庄为委员行庄，刘航琛任主席。 将粮契税券200余万元收回转存，另发公单，面额为五百、一千、五千、一万元四种，首批发行250万元。 此外，办理同业存款、票据交换和行庄以债券、股票作抵押的少量借款。[2] 为谋同业间工作上之便利及公共利益计，在公库之内设票据交换处，办理会员行庄之票据交换事宜，对全市银钱业抵解款项办法，冀收整齐划一之效果。 经召集银钱同业行庄委员大会议决，其票据交换时间，定于比期日午后8点，平时午后5点。 并定比期日午后6点，平时午后4点，停止收划。[3]

由于当时渝市金融奇窘，乃由需款行庄提交担保品于联合公库，再由公库发行定期公单，加利行使，代替现金以作各行庄交换抵解之用，即所谓"划账洋"[4]。 联合公库于每比发行的公单，由差款行庄以有价证券作抵向公库领用，办法既称简便，市场亦感活动，最初运行十分良好。 然而，到1934年8—9月，由于二十一军军费浩大，其财政走入竭蹶之途，不得已以未销售之公债，向公库抵解公单，在市面贴现使用，造成市面上之通货日益膨胀，洋水高腾，申汇飞涨，有岌岌不可终日之势。 后经二十一军财政处及重庆金融界的联合应对，所有公单，除各行庄领用

[1]《重庆银钱业组织联合公库》，《四川月报》第2卷第6期，1933年6月，第44页。
[2] 田茂德、吴瑞雨、王大敏：《辛亥革命至抗战前夕四川金融大事记（初稿）》（四），《四川金融研究》1984年第9期，第40页。
[3]《重庆银钱业组织票据交换处》，《四川月报》第2卷第6期，1933年6月，第44-45页。
[4] 杨承厚：《重庆市票据交换制度》，重庆：中央银行经济研究处，1944年，第2页。

者由各该领用行庄自行收回外，二十一军军部用者，则向各行庄商借 750 万元将公单全部收回。[1]

到 1935 年 4 月底，重庆市银钱业同业公会联合公库宣告结束，其所属之票据交换所经改组后仍然存在，唯转账机关从之前的联合公库担任，一分为二，在银行方面由银行联合库为转账机关，在钱庄方面则由义丰钱庄为转账机关。[2] 而所属票据交换的抵解业务仍照常办理，各银行的转账机关本拟中国银行担任，但总行未允，故银行公会在公会内另组银行联合库，专办对内转账业务不对外营业，保证品作价由公会执行委员评议，公推康心如为主席，康心如、周宜甫、吴受彤为常务委员，聘杨学尤为事务主任。[3] 但为便利重庆金融界的票据抵解清算业务顺利展开，有必要设立金融界的转账清算机关，于是通过与中国银行的多次交涉，由中国银行办理转账事宜。 1936 年 9 月 21 日各行庄在银行公会召开行庄联席会议，决定将原有之联合公库撤销，票据交换所改组成立，定 10 月 15 日起开始试办，并选出交换所主席及常委，主席康心如，常委王伯康、吴受彤、潘昌猷、陈施可等四人，主席及常委就职日期，亦与票据交换所成立日期同时。[4] 重庆票据交换所正式成立后，加入银行 10 家，钱庄 12 家。[5]

1936 年 10 月，该所再度改组，重庆金融界为健全票据交换所，特托由中国银行重庆分行担任联合转账工作。[6] 这次改组是经过几度商洽，才获得中国银行的同意，并由四川省财政厅长刘航琛与中国银行董事长宋子文商定后，确定透支额为 300 万元，各行分配数额，计银行每家 25 万元，钱庄每家 2 万至 5 万元，现金保证，每家 5000 元，信用保证现时以第一期善债及统债充用，

[1] 甘慕乔：《重庆信用票据之兴废》，《银行周报》第 21 卷第 28 期，1937 年 7 月 20 日，第 13 页。
[2] 杨骥：《重庆市的票据交换制度》，《新经济》第 7 卷第 11 期，1942 年 9 月 1 日，第 219 页。
[3] 重庆市档案馆藏重庆市银行商业同业公会未刊档案，档号 0086-1-117。
[4] 《渝金融界转账问题近讯》，《四川月报》第 9 卷第 3 期，1936 年 9 月，第 124 页。
[5] 田茂德、吴瑞雨、王大敏：《辛亥革命至抗战前夕四川金融大事记（初稿）》（六），《四川金融研究》1984 年第 11 期，第 29 页。
[6] 杨承厚：《重庆市票据交换制度》，重庆：中央银行经济研究处，1944 年，第 2 页。

等中央核准发行之公债在交易所逐日拍板交易有市价时，渝中行得根据各行各庄之申请，陈请总管理处核准充作信用保证，至于各行庄交换后活存中行之存款，以周息3厘计算，双方签订草约后，新票据交换所，即于十半比期正式成立交换结果。 参与票据交换的银行主要有四川省银行、中国银行、聚兴诚银行、美丰银行、平民银行、川康银行、重庆银行、川监银行、四川商业银行、金城银行。 参与票据交换的钱庄主要有同生福钱庄、和济钱庄、复兴钱庄、益民钱庄、信通钱庄、谦泰钱庄、同丰钱庄、义丰钱庄、永庆钱庄、和通钱庄、和成钱庄、益友钱庄。 而未加入之银行四家：（1）中央银行，各埠均不加入银行公会为会员，亦不加入票据交换所，委托中国银行代为交换；（2）中国农民银行，为本埠银行公会会员，未加入票据交换所，委托四川省银行代为交换；（3）江海银行，为本埠银行公会会员，暂未加入票据交换所，委托川监银行代为交换；（4）建设银行，为本埠银行公会会员，赞成10月底加入票据交换所，委托重庆银行代为交换。[1] 重庆票据交换所设置在陕西街钱业公会内，交换所由银钱两业公会主席等7名常务委员负责管理相关事务。 最高职位为主席，由7名常务委员相互选出5人担任，任期为1年。[2] 可见，改组之后的重庆票据交换所比此前更加规范与健全。

重庆票据交换所成立之后，经召集银钱同业行庄委员大会议决，其票据交换时间，定于比期日午后八钟，平时午后五钟。 并定比期日午后六钟，平时午后四钟，停止收划。[3] 颁布了《重庆市银钱业联合公库票据交换所交换办事细则》共7章27条，主要内容：交换时间定为每日一次，以午后五钟行之，比期日则订为午后六时举行。 交换行庄提出之票据，以行庄本票、保付支票、保付汇票或汇款收据为限，否则概不受理。 交换所设主任1人，计算员3人，为交换行庄交换后之总结算。 凡各行庄对本所往来

---

[1]《二十五年四川金融之回顾》，《四川经济月刊》第7卷第3期，1937年3月，第92-93页。

[2] 盛慕杰：《重庆票据交换制度概述》，《兴业邮乘》第169期，1949年，第6-7页。

[3]《重庆银钱业组织票据交换处》，《四川月报》第2卷第6期，1933年6月，第44-45页。

应付交换差额，在 5000 元以内者，可由本所照前条办理，超出 5000 元以外，应先提出保证品，向本库领用公单，或收件存账备抵，不得于交换后临时筹措。 同时还对各行庄派出之交换计算员及本所结算员的违规行为制定了制裁条款。[1]

凡是加入公库的行庄，所出的庄票、支票，经公库保付后，任何商号都可接受，最后向公库结抵清算。 这不仅少了现金收交的麻烦，而且为会员行庄融通资金创造了条件。 从 1933 年到 1937 年，重庆银钱业的票据交换额逐年上升，1933 年为 3300 万元，1935 年达到 82680 万元，1937 年虽受抗战爆发的影响，但仍达到 77555 万元。[2] 票据交换市场的交换物品还有股票和证券。 从整体上看，到 20 世纪 30 年代，重庆金融业已具有了跨地区的影响。

表 2-14　1933—1937 年 7 月重庆银钱业票据交换所票据交换统计表

单位:元

时期	交换总数				交换差额				交换张数			
	总计	每日交换最高额	每日交换最少额	平均每日交换额	总计	每日交换差额最大数	每日交换差额最小数	平均每日交换差额	总计	每日交换最多张数	每日交换最少张数	平均每日交换张数
1933 年	—	20905649	1155	1419835		1701772	1155	171993				
1934 年	724071121	33766166	9349	2062947	98141844	3219219	5082	280039				
1935 年	796139789	37323283	10844	2649455	123334771	5943586	6312	357534	382290	10367	11	1113
1 月	55426430	23494025	31059	2131785	7263756	2316842	20541	279374	23535	7820	36	905
2 月	54044292	24984693	67983	2251345	8293966	1903523	35191	345582	23236	6536	95	1176
3 月	61143715	26443805	18183	2103404	7923104	2055559	9549	273210	26724	6850	43	922
4 月	64353080	28187413	12910	2293324	7571246	2380310	10997	270402	16407	5709	11	586
5 月	84014292	37323283	36489	2800476	13030355	5943536	16114	456012	25844	8212	45	801
6 月	69498719	28171747	28267	2396509	10800195	3256809	23953	372421	29134	8886	10	1005
7 月	67108081	26136293	27834	2164809	11717272	3627379	11212	377977	29763	8060	27	961
8 月	72104400	27234422	45827	2403480	15452323	3511291	25667	515077	29448	8563	94	982
9 月	57967670	21724155	50456	2146951	9504712	2559602	18235	352026	34936	8852	91	1296
10 月	65866476	27621559	55328	6195549	8144842	1601453	20794	271495	49670	10238	142	1656
11 月	65199728	23710072	56890	2248266	9340931	1302610	27107	322101	52086	10367	220	1796
12 月	79411906	32014377	10844	2647064	13642039	5626157	6312	454736	36463	9765	11	1215

[1]《重庆市银钱业联合公库票据交换所交换办事细则》，《四川月报》第 2 卷第 6 期，1933 年 6 月，第 50-55 页。
[2] 周勇：《重庆通史》，重庆：重庆出版社，2002 年，第 390 页。

	交换总数				交换差额				交换张数			
1936年	678676457	33472006	80	2058770	92490778	5515208	80	280823	151135	7013	1	447
1月	46108726	24741558	3449	2195558	4703545	1242658	2595	223978	11044	5878	15	567
2月	40579177	21391394	17852	1009179	5771017	1628086	12857	199001	10706	4858	3	366
3月	50007416	23357048	80	1666914	4901922	1186959	80	165381	8623	4629	1	287
4月	52664562	23619540	787	2106582	6436408	2157435	787	257456	12069	4800	2	483
5月	55685710	26773255	252	1796313	6201901	1438805	152	201901	12029	4999	2	288
6月	55614635	24827219	3075	1917746	7486238	2043749	3075	258140	12588	5428	2	434
7月	58560202	27051516	5232	2019319	9355548	2725687	4630	322598	12529	5018	9	432
8月	52758002	24209472	400	1819241	7195627	2195963	400	248125	11473	4080	2	395
9月	56949210	26409578	11910	2033543	8640577	2770384	10219	308592	13468	5951	4	381
10月	70846550	33472006	3107	2429191	9045297	3158757	2933	311906	16228	6879	6	559
11月	62582531	28477321	95189	2407020	8904897	2737813	39739	342496	14871	6169	38	572
12月	70319730	32247843	95114	2704605	13787801	5515208	64950	530300	15507	6416	35	596
1937年												
1月	72558970	33402475	93047	3023290	11035419	2299096	52020	459475	14316	6446	39	596
2月	63432128	36733365	80043	2883278	11560298	4295101	54649	525468	11054	4895	33	502
3月	84494407	45093667	85740	3673609	11966206	4162873	47808	520269	13784	5952	27	596
4月	116009220	58637990	150133	4461893	16652813	6616864	93315	640492	16157	6772	39	691
5月	120149787	62150725	179749	4449992	14982882	5435399	97338	554921	17002	7013	48	629
6月	122540344	61379702	217137	5105847	16795999	5683443	101491	699833	16291	6741	59	678
7月	123575986	95962712	220737	5372868	19524454	8289749	114842	818889	16417	6988	52	714

资料来源:张肖梅,《四川经济参考资料》,上海:中国国民经济研究所,1939年,第E18-20页。

表2-14反映出重庆银钱业票据交换成立以后到抗战爆发前的基本业务概况,自银重庆票据交换所建立以来,各行庄因票据交换之便利,加入交换或委托代交换之行庄与日俱增。因此,票据交换数额亦日渐增多,其中尤以1937年的契约券为更甚,统计是月交换总额达1亿2350余万元之多,虽以比期收解增繁为其主因,但也显示出乎票据交换额之月月增益,足见票据交换自身之繁荣景象。

总之,在1933年之前,重庆虽有票据交换,但系采取双方交换办法,以现金清算差额,随后逐渐过渡到多方交换。到1933年5月以后,票据交换才集中于重庆银钱业同业公会联合公库,随后成立票据交换所,以公库单或抵解证相互轧清。至1935年,公库取消,票据交换所改组,抵押或转账,由银钱业自行料理。由此可见，自 1933 年 5 月到 1937 年 7 月重庆的票据交换制度在中国还是属于成立极早的一类，仅稍迟于上海票据交换所，可谓得全国风气之先，是重庆金融市场走向现代化的一个重要表征。而纵观其实际运用，可显示出两个特点：（1）采取定时交换制；（2）银钱业一致参加，与上海之银钱业分立者不同。

2.5　全面抗战爆发前重庆作为西部区域金融中心地位的形成

经济是金融中心形成与发展的内在动力。金融中心是随着经济中心的形成而形成的，也是经济中心发展的必然结果。经济中心是一定区域内经济活动比较集中的城市，当商品生产和商品流通的发展形成以某一地区为中心以后，一方面从生产领域游离出大量的货币资金需要寻求投资的场所，另一方面，生产和流通又需要大量的货币资金，这就产生了对金融的需求，从而促使金融中心的形成。金融中心的形成和发展是中心城市金融发展的最终结果。

重庆发展为全面抗战时期中国的金融中心并非偶然。全面抗战爆发前，在西部各地区的发展中，重庆已经具备了一定的金融聚集潜力，从金融规模看，重庆已成为西部地区典型的商贸性金融中心。

重庆位于长江与嘉陵江的交汇处，长江上游的商运以水路为主体，长途贩运往往以河流为依托与沿河城市串通，形成了以重庆为枢纽的商业贸易网络，古代重庆因水运而商盛。清朝前期，重庆是川东道、重庆府、巴县三级行政机关同城的重镇，又是西南地区最大的商贸集散地。重庆还逐渐吸收西南地区的黔北、滇北、藏卫和西北地区的陕南、甘南的农副产品、手工业产品与长江中下游地区进行区域之间的大宗商品贸易。不过，成都仍是前清时期四川的政治中心和金融中心，重庆处于从属地位。

1891 年重庆正式开埠后，长江航运进入轮船时代，国外商业机构在重庆设立，商品交换关系逐渐打破国界，以世界范围为活动空间。在重庆的经商贸易者来自五湖四海，往往以地域关系组成会馆（或行帮），或以营业相约组成公所。他们各具实力，汇集天南海北各地商品于重庆，重庆发展成为长江上游最大的商品市场。

随着近代重庆经济的繁荣，商业的兴旺，城市近代金融业也发展起来，相继建立了许多金融组织。票号、典当、钱庄等传统金融机构进一步发展，银行、交易所等新式金融机构也相继出现。

重庆钱庄盛世期"每年吸收存款总数约白银 1000 万两，而贷给货帮的款项高达 1500 万两"[1]。"民国十六年以前，川中金融业务，大部分为此等钱庄字号所把持，虽有银行之设立，亦难与钱庄势力抗衡。民国十八九年间，因商业不景气，而钱庄以经营不善，无法适应，遂逐年衰落，渐归淘汰"。[2] 连绵不断的战争和持续不停的军政垫款，使资金弱小的钱庄不堪重负，再加上投机申汇和九一八事变的影响，1931 年时，重庆钱庄已从最盛时 50 多家锐减为"12 家勉强维持营业"[3]。

即便如此，20 世纪 30 年代的重庆钱庄仍与大多数中小商人联系紧密，"川中一般钱庄字号与输出入贸易之关系，非常密切，……因是各地商业之倚赖钱庄字号，与各地钱庄字号之辅助商业，实为往时内地贸易上普遍之现象。……而钱庄对于商人之信用借款，则甚有裨助"[4]。潘子豪于 1929 年亦总结了钱庄的此点优势，银行本票流通不如钱庄庄票广泛，银行的抵押放款不如钱庄的信用放款。[5] 因此，20 世纪 30 年代重庆的金融市场

[1] 重庆金融编写组：《重庆金融》（上卷），重庆：重庆出版社，1991 年，第 94 页。
[2] 杨泽：《四川金融业之今昔》，《四川经济季刊》第 1 卷第 3 期，1944 年 6 月 15 日，第 214 页。
[3] 重庆金融编写组：《重庆金融》（上卷），重庆：重庆出版社，1991 年，第 94 页。
[4] 杨泽：《四川金融业之今昔》，《四川经济季刊》第 1 卷第 3 期，1944 年 6 月 15 日，第 215 页。
[5] 潘子豪：《中国钱庄概要》，沈云龙：《近代中国史料丛刊正编》第八十八辑（876），台北：文海出版社，1987 年，第 5 页。

上，在存放汇兑与工商联系方面，钱庄还是占有优势。

重庆的新式银行业从晚清到抗战爆发前经历了从无到有的发展历程。晚清时期，从 1896 年中国通商银行创立，到 1911 年清政府统治的结束，创立的华资银行共 17 家（倒闭 10 家，仅存 7 家）。[1] 主要集中于东部沿海地区，西部地区仅四川有 2 家，其中重庆 1 家，即 1905 年创设于重庆的四川濬川源银行，初为官商合办，1908 年退还商股，改为官办，辛亥革命中一度停办。[2] 此外，1899 年中国通商银行在重庆设立分行，1908 年大清银行在重庆设立分行。[3]

民国建立以后，华资新式银行有了突飞猛进之发展，到 1935 年，全国银行总行 159 家，分支 1188 家，按其总行所在地及分行处所在地域分布状况加以统计，以都市来说，上海最多，总行 60 家，占全国的 37.74%，分支行 128 家，占全国的 10.77%，而沪、津、平、京、青、杭、重、汉、广等九市集中了主要的华资银行，总行为 98 家，占全国的 61.64%，分支行为 377 家，占全国的 32%。以省别来说，总行及分支行的所在地又以江浙两省、沿海诸省及长江流域数省为最多，总行 116 家，占全国的 72.96%，分支行为 680 家，占全国的 57.24%。而偏僻之区，特别是工商业不发达的西部省份，如甘肃、陕西、四川、广西、绥远、察哈尔、宁夏等，不但总行鲜见，就是分支行也极少有，总行为 19 家，仅占全国的 11.95%，分支行为 150 家，仅占全国的 12.63%。在这些西部省区中，四川（包括重庆）一省的总行 13 家，分支行 55 家，分别占西部省区的 68.42% 和 36.67%。其中，重庆为当时九大华资银行集中城市中的唯一一个西部城市，总行 9 家，分支行 14 家，在九大华资银行集中城市中位居第三，仅次于上海与天

[1] 中国银行总管理处经济研究室：《全国银行年鉴》（1934 年），上海：中国银行总管理处经济研究室，1934 年，第 A1-2 页。
[2] 田茂德、吴瑞雨、王大敏：《辛亥革命至抗战前夕四川金融大事记（初稿）》（一），《四川金融研究》1984 年第 4 期，第 19、21 页。
[3] 田茂德、吴瑞雨、王大敏：《辛亥革命至抗战前夕四川金融大事记（初稿）》（一），《四川西南金融研究》1984 年第 4 期，第 21 页。

津，为四川及西部地区新式银行业集中的城市。[1] 至 1937 年七七事变前，全国银行的总行数量增至 164 家，分支行增至 1627 家，总分支行合计 1791 处。[2] 然而，其地域分布并没有多大改变，整个西部地区的银行业在全国所占比重仍十分微弱，见表 2-15。

表 2-15 1937 年抗战爆发前西部地区银行一览表

银行	总行所在地	设立年度/年	实收资本/元	分支行数	行员数
四川省银行	重庆	1935	2000000	17	198
西康省银行	康定	1937	250000	—	22
陕西省银行	西安	1930	1000000	30	145
富滇新银行	昆明	1932	11278392	8	166
宁夏银行	宁夏	1931	1501018	6	26
新疆银行	迪化	1930	73069	8	113
广西银行	桂林	1932	4930927	32	484
四川美丰银行	重庆	1922	1200000	15	168
四川商业银行	重庆	1932	600000	5	90
自流井裕商银行	自流井	1933	300000	—	15
重庆平民银行	重庆	1928	500000	4	69
重庆银行	重庆	1930	1000000	8	116
聚兴诚银行	重庆	1914	1000000	21	374
丰业银行	归绥	1920	266000	2	38
北碚农村银行	北碚	1931	40397	3	11
江津县农工银行	江津	1933	299186	1	21
金堂农民银行	金堂	1935	58226	—	6
陕北地方实业银行	榆林	1930	125000		20
棠香农村银行	荣昌	1934	48238	1	10
垫江农村银行	垫江	1935	32650	—	7
广西农民银行	桂林	1937	1050000	12	130

---

[1] 王承志：《中国金融资本论》，上海：光明书局，1936 年，第 16-20 页。
[2] 沈雷春：《中国金融年鉴》（1939 年），沈云龙：《近代中国史料丛刊续编》第六十二辑（613），台北：文海出版社，1979 年，第 104 页。

银行	总行所在地	设立年度/年	实收资本/元	分支行数	行员数
琼崖实业银行	琼州	1934	150000	—	12
川康殖业银行	重庆	1930	1000000	5	96
川盐银行	重庆	1930	1200000	11	128
四川建设银行	重庆	1934	1000000	2	62
合计	25		30903103	191	2526
全国总计	164		434301812	1627	28878

资料来源:中国银行经济研究室,《全国银行年鉴》(1937年),上海:中国银行经济研究室,1937年,第A12-17页。

由表2-15可见,在全面抗战爆发前夕,全国实存华资银行164家,西部地区的新式银行总行仅25家,占全国总数的15.24%;分支行191处,占全国分支行总数1627处的11.74%;资本总额30903103元,占全国总资本数434301812元的7.12%;行员人数2526人,占全国行员人数28878人的8.75%。然而,就在这极其微弱的新式银行中,重庆一地却有13家(包括北碚、江津、荣昌、垫江的农村银行在内),在西部地区占有举足轻重的地位,占总行设在西南西北地区25家银行的52%,分支行93处,占西部地区分支191处的48.69%。

重庆银行业的业务辐射范围遍及四川全省,有的银行与外省也有较多的业务往来。据统计,1935年重庆金融机构移入现款总额达1140余万元,移出达2500余万元,出入总额中一半以上是与包括上海在内的外埠之间进行的。这一现金融通规模不仅在西南各省中为首屈一指,也超出了同期天津的水平。[1]

20世纪30年代,国民政府逐渐形成了以"四行二局"(即中央银行、中国银行、交通银行、中国农民银行以及中央信托局和邮政储金汇业局)为中心的金融网络体系。四行中,除交通银行曾一度在重庆设立分行又很快撤销外(1915年12月1日首在西部

---

[1]吴景平:《近代中国金融中心的区域变迁》,《中国社会科学》1994年第6期,第185页。

设立了重庆分行，但次年 5 月因袁世凯称帝，护国军兴而撤销，在抗战爆发前在西部均未设立分支行），中国银行重庆分行（1915 年 1 月 18 日开业）、中国农民银行重庆分行（1935 年 7 月 8 日开幕）、中央银行重庆分行（1935 年 3 月 25 日成立）均在重庆设有分行。 特别是中央银行重庆分行还设为一等分行。[1] 需要指出的是中央银行分支机构的设置，并不完全依照行政区划，而是参酌经济发展的情况，在重要城市设置分行，次要城市设置支行，比较重要的城市设置办事处或支行等。 在抗战爆发前，中央银行在全国共设有南京、天津、北平、青岛、汉口、重庆、西安、广州、厦门 9 个一等分行。 这些均说明重庆在西部地区的经济与金融中的重要性。

抗战爆发前，重庆除了有相对较为完善的金融机构外，还在西部地区相对发达的金融市场，不仅原有的拆借市场、申汇市场有相当程度发展，还正式形成了西部地区唯一的证券市场与票据交换市场。

明末清初以来，重庆的申汇市场即十分发达，也相对稳定，约以上海规元 1000 两恰等于渝钱平银 952 两左右。[2] 但 1921 年后，钱帮都觉申汇投机有利可图，趋之若鹜。 1927 年到 1931 年，由于政局动荡，渝市申汇市场极度动摇，波及弱小钱庄，宣告搁浅者多家，一日之间申汇率有三四十元的升降。[3] 其间，重庆"申票大王"石建屏大肆投机申汇失败亏折数十万元，致其经营宣告破产，牵累市面甚大。 到 10 月 31 日，汇合、恒美、鸿胜、康济等受牵连相继停业，在重庆酿成金融风潮。[4] 引发了对申汇市场的整顿，重庆证券交易所得以建立。

[1] 田茂德、吴瑞雨、王大敏：《辛亥革命至抗战前夕四川金融大事记（初稿）》（五），《四川金融研究》1984 年第 10 期，第 36 页。
[2] 周宜甫：《四川金融风潮史略》，重庆：重庆中国银行，1933 年，第 67-68 页。
[3] 卢澜康：《从申汇说到现金问题》，《四川经济月刊》第 1 卷第 4 期，1934 年 4 月，第 6-7 页。
[4] 周宜甫：《四川金融风潮史略》，重庆：重庆中国银行，1933 年，第 59 页；田茂德、吴瑞雨、王大敏：《辛亥革命至抗战前夕四川金融大事记（初稿）》（四），《四川金融研究》1984 年第 9 期，第 38 页。

为了加强对渝市申汇市场的管理及解决地方财政问题，在刘湘部二十一军财政处长刘航琛与重庆银行公会共同努力下，1932年4月20日，重庆证券交易所开业，资本20万元，杨粲三任理事长。经营各种公债、库券及有价证券。[1] 并以整理申票为附业。这样，重庆证券交易所又有了兼营各处汇兑票买卖的业务。由于申汇市场的暴涨暴落，1935年2月1日交易所被迫关闭，停拍申汇。[2] 1935年7月1日，财政部宣布民国二十四年四川善后公债7000万元如数发行。[3] 为了便于四川善后公债顺利推行，重庆银行公会于1935年7月29日开会决议重建证券交易所。[4] 经过筹备，10月21日重庆证券交易所再度开拍。[5] 到抗战之前，重庆证券交易所逐渐发展成一个以经营政府公债为主的交易制度相对完备的西部地区的地方证券市场，市场运行渐趋良好。

　　1933年5月30日，重庆银钱业联合公库成立，并在公库之内设票据交换所，办理会员行庄之票据交换事宜。加入银行10家，钱庄12家。[6] 票据交换之功用在于：（1）清算手续极为简易，集中对扎节省许多人力物力；（2）现金收解，可以节省，仅须收解交换差额即可；（3）各银行对应付票据之准备金可以减至最低限度；（4）交换时间缩短甚多，较个别收解殊为经济；（5）免除送运现钞之频繁与危险；（6）推广票据流通之便利，扩展票据使用之范围等。有此诸项功用，故信用发达之英美国家，此种制度极为盛行。[7] 可见，票据交换是金融现代化的集中体现，中国的票据交

[1] 田茂德、吴瑞雨、王大敏：《辛亥革命至抗战前夕四川金融大事记（初稿）》（四），《四川金融研究》1984年第9期，第38页。
[2] 四川地方银行经济调查部：《二十四（1935）年四川金融大事日志》，《四川经济月刊》第5卷第1期，1936年1月，第10页。
[3] 《四川最近之公债与房捐问题》，《四川经济月刊》第4卷第3期，1935年9月，第9页。
[4] 重庆市档案馆馆藏重庆市银行商业同业公会未刊档案，档号0086-1-117。
[5] 田茂德、吴瑞雨、王大敏：《辛亥革命至抗战前夕四川金融大事记（初稿）》（五），《四川金融研究》1984年第10期，第38页。
[6] 田茂德、吴瑞雨、王大敏：《辛亥革命至抗战前夕四川金融大事记（初稿）》（六），《四川金融研究》1984年第11期，第29页。
[7] 杨骥：《重庆市的票据交换制度》，《新经济》第7卷第11期，1942年9月1日，第219页。

换制度虽创始于上海，但重庆却是仅次于上海之后建立票据交易所的城市。从整体上看，到 20 世纪 30 年代，重庆金融业已具有了跨地区的影响。

总之，抗战爆发前，随着重庆金融业的发展，逐渐形成了以聚兴诚银行为首的川帮商业银行之中心，成为重庆乃至四川地区的金融核心，进而又和川滇银行组合成全国银行界中的"华西集团"。它们和中国银行重庆分行一起组建覆盖西南地区的金融网络，控制与垄断着四川地区的金融业务，关联并影响重庆诸多的金融市场，如存款放款市场、资金拆借市场、票据贴现市场、证券交易市场、货币汇兑市场等，执四川乃至西部地区金融界之牛耳。

由此可见，抗战爆发前的重庆已逐渐成为中国西部的区域性金融中心，其形成是自然渐进式的，是应市场需求而产生，并与经济发展相伴随，其特点在于金融体系的产生、变化发展由经济发展决定，经济增长产生了对金融业新的需求，于是金融机构与金融市场相应扩张，制度层面的金融决策与法规也随之发生变化，即经济增长→金融市场发展→金融制度变化→区域金融中心形成。战前重庆区域金融中心的形成，也成为抗战爆发后国民政府定都重庆，建立大后方金融中心的重要前提。

3

全面抗战时期重庆的金融现代化（上）

1937 年的七七事变，标志着中国人民反抗日本侵略的全面抗战的开始，随着日军的步步紧逼，上海、南京的相继陷落，整个中国最为发达的地区被日本侵略者所占领。国民政府被迫迁都重庆，在中国广大而落后的西部地区建立起大后方，支撑中国的持久抗战。于是，战时重庆的地位也随之发生了很大的变化。1937年 11 月 16 日，国民政府主席林森率国民政府直属的文官、主计、参军三处的部分人员从南京出发，乘"永丰舰"西上，揭开了国民政府迁都重庆的序幕。11 月 20 日，林森一行抵达汉口，林森以国民政府主席的身份发表了《国民政府移驻重庆宣言》，宣布："兹为适应战况，统筹全局，长期抗战起见，本日移驻重庆。"[1]自此，国民政府正式宣告将首都由南京迁往重庆。11 月 26 日，林森一行到达重庆。12 月 1 日，国民政府在原省立重庆高级工业职业学校原址正式办公。1939 年 5 月 5 日，国民政府主席林森及行政院院长孔祥熙又发布"重庆市，著改为直隶于行政院之市"[2]的令。1940 年 9 月 6 日，国民政府明定重庆为陪都，"重庆缩毂西南，尤为国家重镇。政府于抗战之始，首定大计，移驻办公。风雨稠缪，瞬经三载。……今行都形式，益臻巩固。战时蔚成军事政治经济之枢纽，此后自更为西南建设之中心。恢闳建置，民意金同。兹特明定重庆为陪都，着由行政院督饬主管机关，参酌西京之体制，妥筹久远之规模，借蔚舆情，而彰懋典"[3]。成为"战时首都"之后，重庆城市人口更是与日俱增，从 1937 年 7 月的 47.91 万人，到 1938 年 10 月—1939 年 4 月达到50.29 万～54.05 万人。之后，为躲避日军对重庆进行的大轰炸，城市人口曾不断下降，最低时仅 29.87 万。到 1941 年 3 月开始增长，达到 61.04 万，重庆人口由此进入快速膨胀，1943 年 1 月

---

[1]《国民政府移驻重庆宣言》(1937 年 11 月 20 日)，郑洪泉、黄立人：《中华民国战时首都档案》第一卷 国府迁渝·明定陪都·胜利还都，重庆：重庆出版社，2008 年，第 4-5 页。
[2]《国民政府为改重庆市为直属市令》(1939 年 5 月 5 日)，郑洪泉、黄立人：《中华民国战时首都档案》第一卷 国府迁渝·明定陪都·胜利还都，重庆：重庆出版社，2008 年，第 33 页。
[3]《国民政府明定重庆为陪都令》(1940 年 9 月 6 日)，郑洪泉、黄立人：《中华民国战时首都档案》第一卷 国府迁渝·明定陪都·胜利还都，重庆：重庆出版社，2008 年，第 58 页。

80.08 万，2 月 83.11 万，7 月增长到 91.42 万，1944 年 10 月更是突破百万大关，达到 103.34 万，到抗战胜利之前的 1945 年达 125 万左右的人口水平。[1] 重庆成为中国全面抗战时期大后方的政治、军事、经济、文化中心，成为抗日民族统一战线的政治大舞台，成为世界反法西斯战争的远东指挥中心，更是成为国际上享有盛誉的"英雄之城""不屈之城"。

随着国民政府的西迁，中国的金融中心也开始了从上海向重庆的转移，全面抗战时期的重庆，不仅是国民政府新的政治、经济中心，更是逐渐发展成战时大后方的金融中心。不仅聚集了大量新式金融机构——四联总处、国家行局、主要商业银行及保险公司，还带动了重庆传统金融机构向现代化的转变，重庆也因此成了大后方重要金融市场的主要聚集地，这些都大大推动了重庆金融现代化的进程。本书将分三章对全面抗战时期作为战时首都重庆的金融现代化进行探究，而本章重点对全面抗战时期大后方重庆金融中心的形成，四联总处与国家银行、省银行、重庆市合作金库等在重庆的发展进行研究，并展现这些金融机构的变迁所体现出的重庆金融现代化的发展。

3.1　全面抗战时期重庆现代金融中心的形成与作用

近代中国，随着新式金融机构银行业和金融市场的发展，在全国逐渐形成了若干金融中心。19 世纪下半叶，随着上海的开埠，外资银行及华资银行在上海的兴起，上海成为全国性的金融中心。此后，北京政府时期又形成一些地区性的金融中心，最主要的金融中心为北京、上海、天津和汉口，而且北京和天津由于其得天独厚的政治条件，成为当时全国性的金融中心。南京国民

---

[1]《各院辖市历年分月人口数·重庆》，《内政统计月报》第 4-5-6 期合刊，1947 年 6 月，第 4页。

政府成立后，由于上海在地理位置上靠近首都南京，获得了金融快速发展的大好时机，到 20 世纪 30 年代，成为名副其实的全国性金融中心。 然而，全面抗战爆发后，随着东部、中部地区的相继沦陷，国民政府的内迁，重庆逐渐成为中国战时大后方的经济中心和金融中心。 抗战胜利后，随着国民政府政治中心的再次东移，金融中心又重回上海。 总之，近代以来，中国全国性金融中心在不同区域之间不断变迁，这一变迁的基本轨迹是：上海—北京与天津—上海—重庆—上海。[1] 在此，我们将着重探究全面抗战时期重庆作为大后方金融中心的形成过程、原因及其作用。

3.1.1 重庆作为抗战大后方金融中心地位的形成

全面抗战爆发前，中国的金融中心在上海，1937 年全国银行发展到 164 家，其总行设在江浙两省者达 90 家，占全国总数 55%强；而上海一埠即占 48 家，几占总数的 1/3。[2] 但七七事变爆发后，上海的金融业和金融市场受到重大影响。 八一三事变，更是使作为全国金融中心的上海成为烽火连天的战场，中国经济最发达的华东地区岌岌可危，上海银钱业不得不于 8 月 13 日至 16 日连续休业四天，上海华商证券交易所和金业交易所即奉令停业。对此，国民政府最初试图维持上海的金融中心地位，财政部于 8 月 15 日公布了《非常时期安定金融办法》，旨在限制提存，节制资金外流。 8 月 16 日，上海四行联合办事处在法租界开业，8 月 26 日财政部又公布了《中中交农四行内地联合贴放办法》，在上海设立四行联合贴放委员会和联合办事处[3]，其目的不仅在于稳定上海的金融，还试图强化上海在调剂内地金融方面的中心作用。

随着战事的演变，国民政府预计东中部地区难以保全，乃将国统区经济、金融中心西移，提出要在平汉、粤汉线以西的地区

---

[1] 吴景平：《近代中国金融中心的区域变迁》，《中国社会科学》1994 年第 6 期，第 177 页。
[2] 沈雷春：《中国金融年鉴》（1939 年），沈云龙：《近代中国史料丛刊续编》第六十二辑（613），台北：文海出版社，1979 年，第 108 页。
[3] 任建树：《现代上海大事记》，上海：上海辞书出版社，1996 年，第 675-678 页。

建立"抗战建国"大后方。这样，虽然上海一埠因有租界关系，仍为当时中国金融业者荟萃之区，但京、杭两大都市之新式银行总行，则先后迁往内地或避入条约口岸之租界，以致江浙两省所有之银行总行数较前减少，资金之投放，在国民政府抗战建国之政策下，改向西南各省运转。1937年11月上海失守，国民政府旋即于11月20日发表《国民政府移都重庆宣言》，指出："迩者，暴日更肆贪黩，分兵西进，逼我首都，察其用意，无非欲挟其暴力，要我为城下之盟，殊不我国自决定抗战自卫之日，即已深知此为最后关头，为国家生命计，为民族人格计，为国际正义与世界和平计，皆已无屈服之余地，凡有血气，无不具宁为玉碎，不为瓦全之决心。国民政府兹为适应战况，统筹全局，长期抗战起见，本日移驻重庆。此后将以最广大之规模，从事更持久之战斗；以中华人民之众，土地之广，人人抱必死之决心，以其热血与土地，凝结为一，任何暴力不能使之分离。外得国际之同情，内有民众之团结，继续抗战，必能达到维护国家民族生存独立之目的。"[1]11月26日，国民政府主席林森率部乘船抵达重庆，部分军政机关留驻武汉办公，指挥对日作战。于是，中国的金融中心也随着政府的西迁而开始了从上海向重庆的转移，此后，尤其是太平洋战争之后，在上海，租界被占领，西商众业公所宣告中止，英美系银行停业清理，中中交农四行所有分支机构撤出，不少商业性金融中枢机构亦西撤，法币被彻底逐出上海。这就使上海以往对其他地区的金融辐射作用不复存在。而重庆作为国民政府新的政治经济中心，逐渐发展成了战时全国最大、最重要的金融中心。主要体现在如下几个方面：

第一，抗战时期，外资银行正式在重庆建立，开展业务活动。重庆最早的一家有外资的商业银行，是1922年设立的中美合资的四川美丰银行，但很快就在1927年被华资买下了全部美股，而成了一家完全的华资商业银行。虽然此间也有意大利、美国、法国

---

[1] 蒋介石：《抗战到底》，上海：上海生活书店，1937年，第90-91页。

等想在重庆创设银行，但均未能实现。直到全面抗战爆发前，重庆都没有一家单独的外资银行建立，战时这一局面得以改善。法商东方汇理银行，原在渝设有办事处，后拟改为分行，但因时局关系，汇兑困难，至业务暂告停顿。到1941年初，该行又筹划复业，仍以分行名义出现，行址准备设在重庆市打铜街，预计在3月中可望开幕。[1] 然而实际上最后并没有建立起来，到1941年太平洋战争爆发前，在后方设立的外商银行，仅有法商东方汇理银行在昆明设立。财政部决定：外国银行，依照中国《修正非常时期管理银行暂行办法》，一律向财政部注册，按旬表报存放汇款数目，接受财政部派员检查，并不得与上海、天津以及沦陷区域暨日本各地通汇及与日本人贸易，经咨外交部照会各外使，并饬东方汇理银行检具行章，呈请补行注册给照。1942年1月，复准英商务专员霍伯器函商，拟在昆明或重庆设立汇丰、麦加利、渣打三行分行，亦呈奉钧座指示，只准该三行在重庆设立分行。将来各外商银行请求注册时，自应详核行章，严定业务范围，所有发行钞票、吸收储蓄、存款等项业务，自亦在限制之列，不许外商银行办理。[2]

最后真正在重庆设立的外资银行只有两家——汇丰银行与麦加利银行。1942年冬，汇丰银行派默里（Murraw.C）来重庆，筹建汇丰银行重庆分行。1943年1月，国民政府发给外银字第一号营业执照，汇丰银行重庆分行于同年3月1日在川盐银行大楼正式开业，不久迁至第一模范市场38号新行址继续营业。1942年冬，麦加利银行也派员来重庆筹建麦加利银行重庆分行，在领得国民政府颁发的外银字第二号营业执照之后，该行于1943年6月1日在中国旅行新厦开业，首任经理为W.G.戈登·布朗（W.G. Gordon Brown），后由约翰·埃皮（John Epipe）继任，后迁至打铜街11号营业。它们与中国、交通两银行共同组建了"中英平准基

[1]《东方汇理银行渝分行复业》，《西南实业通讯》第3卷第4期，1941年4月，第46页。
[2]《俞鸿钧呈办理限制外国银行业务及管制银钱业情形》，1942年4月16日，民国政府未刊档案001-084002-0003，台北"国史馆"藏。

金委员会"，基金共为 1000 万英镑，其中汇丰银行投资 300 万英镑，麦加利银行投资 200 万英镑，参与中国外汇平准活动。除此之外，它们还向在重庆的英美商家提供投资。抗战期间经英美大使馆注册在重庆营业的英美商行计有 27 家，都是汇丰银行的往来对象。[1] 汇丰银行与麦加利银行在领到国民政府财政部颁发的营业执照之后，又加入了重庆市银行公会，成为会员银行，但重庆银行公会在给会员银行的通知后面，常常会加上"汇丰麦加利两行不发"的字样。[2] 1944 年 6 月 14 日，在重庆市银行商业同业公会第十二次理事会会议上，理事长康心如提议："据秘书长报告，外商参加公会，社会部已颁有许可原则，本会两外商银行如仍在会，似应同一享有选举、被选举及表决权，请予核议。"最后做出的决议是，"欢迎为本会正式会员，享有同等权利，惟推派会员代表依照现行法律及本会章程规定，仍以有中华民国国籍年在二十岁以上者为限"[3]。由此可见，这两家外资银行虽然是会员银行，但却没有当选会员代表的资格，实际很少参与重庆银行公会的活动。

不过，抗战时期，在大后方金融中心重庆设立的两家外商银行——汇丰银行与麦加利银行，分别取得由国民政府财政部对外国银行发给的登记证，这在以前是不可想象的。近代以来，外资银行在中国开设分支行处，从来未受中国法律及财政部管辖，而战时开设在重庆的这两家外国银行，已正式接受中国法令之指挥及财政部之监督。在此之后，"闻有行将开业者，一为有利银行，一为花旗银行"[4]。但实际上，直到抗战结束，后面这两家银行都没有能在重庆正式开设起来。

[1] 中国人民政治协商会议西南地区文史资料协作会议：《抗战时期西南的金融》，重庆：西南师范大学出版社，1994 年，第 271-273 页。
[2] 《重庆市银行商业同业公会致各会员银行函》（1944 年 3 月 18 日）及《重庆市银行商业同业公会第七次会员大会会务报告》（1944 年 3 月 21 日），重庆市银行商业公会未刊档案 0086-1-148，重庆市档案馆藏。
[3] 《重庆市银行商业同业公会第十二次理事会会议记录》，1948 年 6 月 14 日，重庆市银行商业同业公会未刊档案 0086-1-148，重庆市档案馆藏。
[4] 朱耀初：《近年来重庆市之金融组织》，《经济汇报》1944 年第 9 卷第 1 期，第 74 页。

第二，各地金融机构纷纷迁入重庆。金融中心的形成必须要有较为密集的金融机构，战时重庆金融中心的形成最显著的标志，便是原先汇集于上海及其他东中部城市的国家银行、地方银行、商业银行以及保险公司等金融机构纷纷内迁重庆。

全面抗战开始后，为了稳定金融和抗战大后方的经济局势，诸国家银行及新成立的四联总处亦随政府西迁，以担负其战时金融政策之任务。1938 年 1 月，交通银行在渝设立分行。同年四联总处亦由汉迁渝。[1] 1939 年 8 月 22 日，国民政府财政部令中央、中国、交通、中国农民四行总行在香港的机构迁渝办公。10月 1 日，四联总处在渝改组，由研究指导四行业务进而为战时经济与金融政策的执行机关。[2] 其重要职权：掌握全国金融之设计；资金之集中与运用；四行发行准备之审核；受托小额币券之发行与领用；四行联合贴放；内地及口岸汇款之审核；外汇申请之审核；战时特种生产事业之联合投资；战时物资之调剂；收兑生银之管理；推行特种储蓄；四行预决算之复核等。[3] 这样"四联总处"便成为战时全国金融的最高权力机关。全面抗战以来，中央、中国、交通、中国农民四银行陆续在后方各地增设分支机构，以期逐步完成后方金融网建设之计划。太平洋战争爆发后，中国对日正式宣战，所有被敌占领区域各金融机关，均受暴力压迫，并图利用扰乱我国金融，中央银行为维持立场，饬令沦陷区各分行，一律停止营业，并取消各行经、副理及主任、系长之签字权，以免劫持。该行之汉口、北平分行，早令结束，原无营业可言，上海、天津、广州（驻九龙）、鼓浪屿各分行，在日军控制之环境中，自无法完成其任务，已宣告停业，以防止日军之利用。中

[1] 交通银行总管理处：《金融市场论》，上海：交通银行总管理处，1947 年，第 97 页。
[2] 田茂德、吴瑞雨：《抗日战争时期四川金融大事记（初稿）》，《四川金融》1985 年第 11 期，第 25 页。
[3] 洪葭管：《中央银行史料（1928.11—1949.5）》（下卷），北京：中国金融出版社，2005 年，第770-771 页。

国、交通、中国农民三行亦同样办理。[1] 到 1941 年底，重庆一地的四行分支行处已达 20 个，而到 1943 年底为止，就增加到了 39 个单位之多。[2] 到 1945 年 9 月抗战结束后，中央、中国、交通、中国农民四行及中央信托、邮政储金汇业两局开始由渝迁沪。[3] 整个抗战时期，四行二局与"四联总处"作为全国性金融首脑机关集中于重庆，迅速成为重庆金融业的主体，集聚了巨额的货币资本，是金银外汇的总汇，货币发行的枢纽。

全面抗战爆发后，重庆成为内迁工矿业的最大集聚地，同时也是内迁金融业的最大聚集地。对上海和其他沦陷区金融机构而言，重庆不仅是国统区的政治中心，也是最大的经济中心和有利的投资场所，具有很大的吸引力。原设上海之诸商业银行亦纷纷向内地扩展，并陆续将总行移设重庆，同时各省地方银行为谋地方与中央间通汇之便利，亦先后在渝设立分行或办事处。如号称"北四行"的金城、盐业、中南、大陆银行，号称"南四行"中的上海商业储蓄、浙江兴业以及新华信托银行等，纷纷来渝开业。太平洋战争爆发后，1942 年 4 月 1 日，国民政府财政部令全国各商业银行，凡总行或总管理处在沦陷区的必须移设后方，指定重庆、昆明、桂林三地任各行选择[4]，更是促进了沦陷区银行的内迁。据 1943 年 7 月重庆市各银行注册一览表的统计，已向政府注册的银行共计 70 家，其中属于内迁重庆的外地银行情况见表 3-1。

[1]《沦陷区中中交农四行停业》，《资源委员会公报》第 2 卷第 2 期，1942 年 2 月 16 日，第 75 页。
[2]《抗战中重庆银钱业概况》（1941 年 12 月），郑洪泉、黄立人：《中华民国战时首都档案》第五卷 战时金融，重庆：重庆出版社，2008 年，第 54 页；交通银行总管理处编：《金融市场论》，上海：交通银行总管理处，1947 年，第 97 页。
[3] 田茂德、吴瑞雨：《抗日战争时期四川金融大事记（初稿）》，《四川金融》1986 年第 4 期，第 30 页。
[4] 田茂德、吴瑞雨：《抗日战争时期四川金融大事记（初稿）》，《四川金融》1986 年第 1 期，第 29 页。

表 3-1　截至 1943 年 7 月外地在重庆注册的银行统计表

行　名	注册时间	资本总额/万元	备　注
新华信托储蓄银行	1932 年 1 月	20000	原设上海，1942 年移渝
江海银行	1934 年 2 月	10000	原设上海，1938 年移渝
山西裕华银行	1941 年 9 月	500	
华侨银行重庆分行	1943 年 3 月	100	
中国国货银行	1929 年 11 月	2000	设香港，1942 年 9 月移渝
云南兴文银行	1942 年 7 月	1600	重庆分行营业基金为 50 万元
金城银行	1935 年 7 月	1000	重庆管辖行资本 600 万元
中南银行	1935 年 7 月	750	重庆支行营业基金为 25 万元
中国农工银行	1932 年 5 月	10	重庆分行资金为 70 万元
上海商业储蓄银行	1936 年 4 月	500	重庆分行资金为 50 万元
大陆银行	1929 年 5 月	500	渝分行资金为 25 万元
中国通商银行	1937 年 4 月	400	原设上海，1943 年移渝
四明商业储蓄银行	1937 年 5 月	400	上海总行撤销，在渝另设总行办事处
四川农工银行	1943 年 7 月	600	分行资金为 10 万元
复兴实业银行	1943 年 4 月	500	渝分行资金为 30 万元
成都商业银行	1940 年 10 月	100	渝支行资金为 25 万元
浙江兴业银行	1934 年 5 月	400	渝支行资金为 100 万元
四行储蓄会	1931 年 8 月	100	渝分会
广东省银行	1937 年 2 月	1000	重庆办事处基金 10 万元
湖北省银行	1940 年 7 月	1000	渝支行资金为 3 万元
广西银行	1939 年 9 月	1500	设有重庆办事处
江苏银行	1936 年 7 月	600	重庆设有分行，总行拟移渝
福建省银行	1936 年 2 月	500	重庆办事处基金为 3 万元
陕西省银行	—	—	设有重庆办事处注册手续正在办理中
江西裕民银行	1937 年 3 月	500	设有重庆办事处
安徽地方银行	1942 年 5 月	500	设有驻渝办事处
贵州银行	1941 年 12 月	600	设有重庆办事处
湖南省银行	—	500	重庆办事处资金 5 万元，注册手续正办理中

行　名	注册时间	资本总额/万元	备　注
甘肃省银行	1940 年 10 月	500	重庆办事处资金 3 万元
江苏农民银行	1932 年 10 月	400	驻渝办事处资金 5 万元
河南农工银行	1943 年 6 月	300	设有重庆办事处
西康省银行	1941 年 9 月	350	设有重庆办事处
河北省银行	1940 年 3 月	100	重庆办事处资金 5 万元

资料来源:《重庆市各银行注册一览表》,1943 年 7 月,重庆市银行业商业同业公会未刊档案 0086-1-11,重庆市档案馆藏。

由表 3-1 可知,到 1943 年 7 月,外省迁往重庆的商业银行、省地方银行共计 33 家,占当时在重庆注册银行 70 家的 47.14%。

全面抗战爆发前,重庆保险公司仅寥寥数家,且大都操纵于外商之手,如太古、怡和等洋行均设有保险部,其他如金星人寿保险公司、天一水火保险公司,则时起时歇,仅太平、宝丰等华商经营保险公司,艰难支撑。[1] 全面抗战爆发后,伴随国民政府迁都后方,工商业及运输业,均较前发达,重庆即成为保险业的中心地,1943 年统计,国人经营的保险公司,重庆有 21 家,在此 21 家之中,总公司设在重庆的有 12 家,分公司设在重庆的有 8 家,另 1 家为代理处,从保险种类来看,这 21 家保险公司中,属于人寿保险的 3 家,简易寿险的 1 家,人寿兼产物保险的 1 家,盐傤保险的 1 家,产物保险的 15 家。 截至 1944 年底止,保险事业相继设立,已增达 53 家,计外商保险公司 3 家(此 3 家之业务均陷于停顿状态),华商保险公司 50 家。[2] 至于战时在重庆建立的信托事业,仅有中央信托局与中华实业信托公司 2 家,而银行附设之信托部,则多达 38 家。[3]

第三,重庆本地金融机构的迅猛发展。 战时重庆金融中心形

[1] 罗君辅:《重庆保险业之展望》,《四川经济汇报》第 1 卷第 1 期,1948 年 2 月 15 日,第 21 页。
[2] 董幼娴:《重庆保险业概况》,《四川经济季刊》第 2 卷第 1 期,1945 年 1 月 1 日,第 334 页。
[3] 交通银行总管理处:《金融市场论》,上海:交通银行总管理处,1947 年,第 101 页。

成的标志同样也包括本地金融机构票号、钱庄与银行的发展，尤其是本地银行的开办，是重庆金融中心形成过程中最重要的事件。战前的重庆就已经是四川甚至是西部地区的金融中心。在四行二局等国家银行与大量沿江沿海商业银行的内迁带动下，重庆本地的各大小银行也纷纷发展起来。据 1939 年 12 月 7 日的《商务日报》刊载消息，当时重庆共有大、小银行 30 余家，加入银行业同业会者 23 家，可以说这时的重庆已经是整个西南地区的金融中心。到 1943 年 7 月，在重庆注册的银行已达 70 家，其中，37 家为本地银行，占 62.86%。[1] 其时，票号、钱庄、银行等金融机构主要集中在陕西路、打铜街和道门口等朝天门地区一带。因为朝天门港是重庆转口贸易的核心，在这里的商业和金融业网点十分密集，为当时重庆之最。

从战时重庆银钱业的整体发展来看，截至 1943 年底，重庆市共有各级政府银行 19 家，其中国家银行总行 4 家，省银行总行 2 家，其余 13 家则为各省地方银行分设重庆之分行或办事处；而战前则仅有国家银行分行 3 家及省银行总行 1 家而已。重庆市有商业银行 50 家，银号与钱庄 34 家，其中总行在重庆之商业银行计 39 家，钱庄中则仅有 2 家系外埠分设重庆市之分号；总计 84 家行庄中，战前设立者 19 家，战后成立者 65 家。如并入总行在重庆之各行在本市之分支行处计算，则更足以显示抗战以来重庆市银钱业蓬勃发展之一般趋势。以下统计中可清楚显现：

图 3-1 中的数字包括了各行分设于重庆市的分支行处在内，无论是国家银行、商业银行还是银号钱庄，都呈现出逐年递增，到 1943 年底的 59 家政府银行中，计国家银行 4 家，支行 2 家，办事处 18 家，分理处 8 家，简易储蓄处 7 家，及省银行总行 2 家，办事处 18 家；1943 年年底的 75 家商业银行中，计总行 39 家，分行处 25 家，及外埠银行分设渝市之分行处 11 家；钱庄改组银行的 1938 年、1941 各 1 家，1942 年 3 家，1943 年 11 家。

---

[1] 重庆市档案馆藏重庆市银行业商业同业公会未刊档案，档号 0086-1-11。

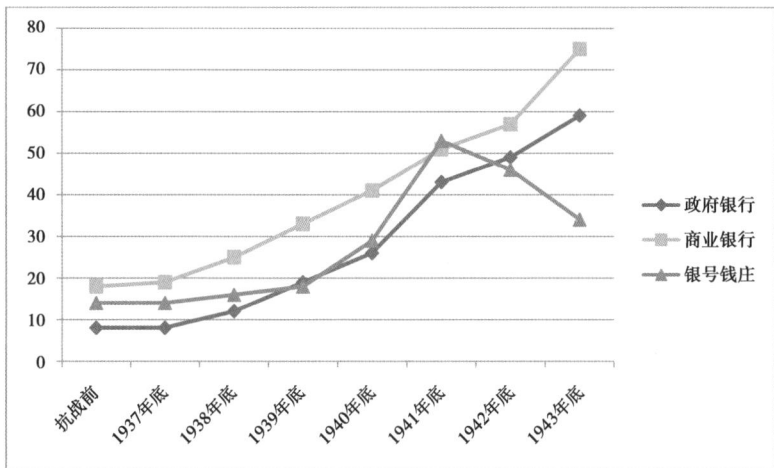

图 3-1　1937—1943 年底重庆市银钱行庄累计图

资料来源:交通银行总管理处,《金融市场论》,上海:交通银行总管理处,1947 年,第 94 页。

　　总之,在全面抗战爆发前,重庆银行钱庄合计不过 20 余家,至 1945 年 8 月底,重庆已有政府金融机构、省市县地方银行和商业银行共 94 家,另有银公司、银号、钱庄及信托公司等 24 家,外商银行 2 家。[1] 而且,战时重庆金融业一般在外埠设有分支机构或代理机构。 从整体上看,重庆金融业已具有了跨地区甚至全国性的影响力,重庆是国统区资金融通与划拨的中心,也是最大、最重要的金融中心。

　　第四,金融中心的形成还必须要有完善的金融市场。 战时重庆金融市场的发育与完善,是重庆全国金融中心形成的集中体现。 抗战爆发后,重庆的金融市场发生了极大变化,原有的证券市场停业,票据市场重新改组,在新形势下,重庆的内汇市场有了进一步的发展,并形成了新的金融市场——外汇市场与黄金市场。

　　战前运行良好的重庆证券交易所在八一三事变后,即奉令停市。 虽然国民政府在迁都重庆后,政府与经济、金融、社会各界对后方证券交易所的重建不遗余力,从而引发了一场是否建立以

----

[1] 朱斯煌:《民国经济史》,上海:银行学会、银行周报社,1948 年,第 34 页。

重庆为首的大后方证券市场的争论，但最终由于战时的特殊环境，这一愿望因种种条件的限制而未能实现。[1]

受战争影响，1937年10月中国银行停止办理转账事宜，各行庄拆款均不易还清，重庆票据市场发生风潮，重庆市政府出面维持，准令差额行庄以财产担保，另组银钱业联合准备委员会，发行代现券作为差额之用，转账机关改由四川省银行及同生福钱庄担任。但代现券之担保品不易变现，其价格与法币发生贴水，于1939年1月停止发行。票据交换工作因差额抵解困难，陷入停顿状态。[2]此后，虽然恢复票据交换的呼声不断，但仍未实行。1941年12月24日，财政部函请中央银行筹备恢复重庆市票据交换制度："重庆现已为后方金融重心，亟应提倡行使票据以期金融市场得以正当发展而逐渐取消比期存款之高昂利率，兹拟于三十一年一月起开办票据交换所以实现上述之目标……所有开办重庆市票据交换事项，应请贵行克期实行……以利金融。"[3]经过筹备，1942年6月1日，战时重庆票据市场在中央银行的主持下正式开始交易，参加交换之行庄，计有银行36家，钱庄33家，共69家；其后各行庄陆续加入，同年12月底增为银行45家，钱庄43家，共88家；1943年12月底，银行增为58家，钱庄中因一部分已改组银行，减为32家，共计有交换行庄90家。[4]1943年4月2日，财政部公布《非常时期票据承兑贴现办法》，指定在重庆、成都、贵阳、桂林、昆明、衡阳等19个地区实施[5]，以推动票据承兑贴现业务的开展。

重庆内汇市场在抗战时期得到进一步扩展，由于国民政府金融中心的西迁，重庆更进一步地发展成为大后方的汇兑中心。

[1] 刘志英：《关于抗战时期建立后方证券市场之论争》，《西南大学学报》（社会科学版）2007年第4期，第163-167页。
[2] 杨承厚：《重庆市票据交换制度》，重庆：中央银行经济研究处，1944年，第7-8页。
[3] 杨承厚：《重庆市票据交换制度》，重庆：中央银行经济研究处，1944年，第17页。
[4] 交通银行总管理处：《金融市场论》，上海：交通银行总管理处，1947年，第127页。
[5] 田茂德、吴瑞雨：《抗日战争时期四川金融大事记（初稿）》，《四川金融》1986年第2期，第35页。

1943 年 5 月，重庆各行庄向国内城市如成都、昆明、内江、万县、衡阳、泸县、三斗坪、柳州、广东、贵阳、上海、江津、宜宾、西安、梧州等地汇函资金 4.81 亿元，同期由外地汇入重庆的为 3.72 亿元，当月共计调动资金就达到 8.53 亿元。[1]

战时的重庆外汇市场从无到有，1941 年 1 月后，国民政府鉴于日军南进之声浪甚高，太平洋局势日益紧张，一旦战事爆发，上海地位岌岌可危，于是筹划将上海金融市场转移至内地，中央银行开始在重庆按时出售外汇，以期建立内地外汇市场，减少对上海外汇市场之依赖性。[2]"太平洋大战爆发，沪港相继沦陷，后方各大都市经济上金融上皆与沪港绝缘。渝市金融市场更因之而发生绝大之变化，此后申汇与港汇之行情不复存在，汇兑方面，以内汇为主，而平准会亦改在内地供给外汇，渝市金融市场将代沪港而为全国金融中心矣。"[3]可见，在太平洋战争爆发后，上海和香港的法币外汇市场均告结束，中英美平准基金委员会和国民政府财政部外汇管理委员会所在地重庆，成为中国大后方唯一进行外汇决策及操作的城市。

战时重庆虽无专设的黄金市场，但其交易却十分活跃。其活动中心主要在银行公会大厦的营业厅，每天上午 9 时到 10 时，下午 1 时到 2 时，是市场交易的集中时间。在重庆从事黄金交易的，有银楼、行庄、字号、帮客、掮客等，在帮客中又有西安帮、昆明帮、汉口帮、江浙帮、本地帮的区别。尽管国民政府反复无常，对黄金买卖时而开放，时而关闭，但黑市买卖终难禁止，只是交易地点时而场内时而场外而已。[4]

此外，战时中央、中国、交通、中国农民四行在重庆设立了联

[1] 刘方健：《近代重庆金融市场的特征与作用》，《财经科学》1995 年第 3 期，第 54 页。
[2] 中国国民党中央执行委员会宣传部：《抗战六年来之财政金融》，抗战建国六周年纪念丛刊，1943 年 7 月 7 日，第 23 页。
[3] 洪葭管：《中央银行史料（1928.11—1949.5）》（上卷），北京：中国金融出版社，2005 年，第 397 页。
[4] 中国人民银行总行金融研究所金融历史研究室：《近代中国的金融市场》，北京：中国金融出版社，1989 年，第 196-198 页。

合征信所，为四川和大后方其他各地工商业提供经济信息和咨询服务。

关于重庆市银钱业行庄的家数，各方的调查统计，颇不一致。截至 1941 年 8 月底，重庆各银行之总分支行处统计达 83 个，而钱庄亦达 43 家。[1] 到 1943 年 10 月底止，重庆市银钱业行庄的家数，共计为 162 家。其中银行总行计 37 家，银行的分支行处计 89 家，钱庄银号的总分庄号计 36 家。如就其资本来源、类别统计，除钱庄银号均为商营的以外，其类别情形如图 3-2 所示。

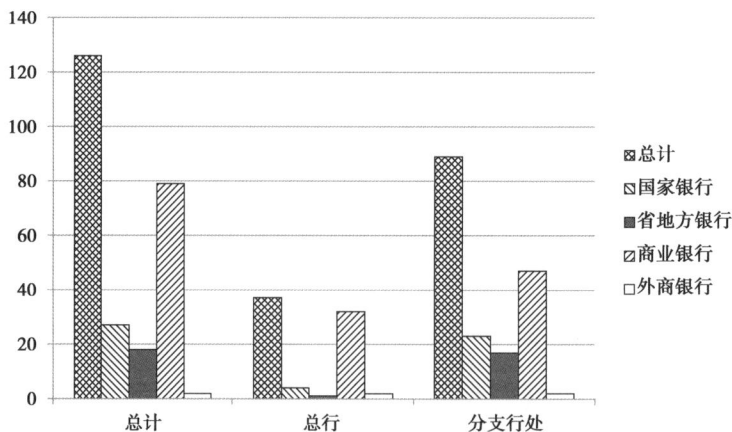

图 3-2　截至 1943 年底重庆市银行家数分类

资料来源：康永仁，《重庆的银行》，《四川经济季刊》第 1 卷第 3 期，1944 年 6 月，第 102 页。

但有的银行，在重庆所设立的分支行处不只为一家，凡属于同一银行的分支行处，如果作为一个单位计算，则重庆市的银行，共计为 72 个单位。其类别如图 3-3 所示。

从以上两图分析：就图 3-2 看，可以知道在银行之总分支行处 126 家中，属于国家的计 27 家；属于省地方的计 18 家，属于商营的计 79 家、属于外商的计为 2 家。商营的银行，如果连钱庄银号

[1] 杨章建：《重庆山西票号之兴衰略历》，《经济汇报》第 6 卷第 4 期，1942 年 8 月 16 日，第 69 页。

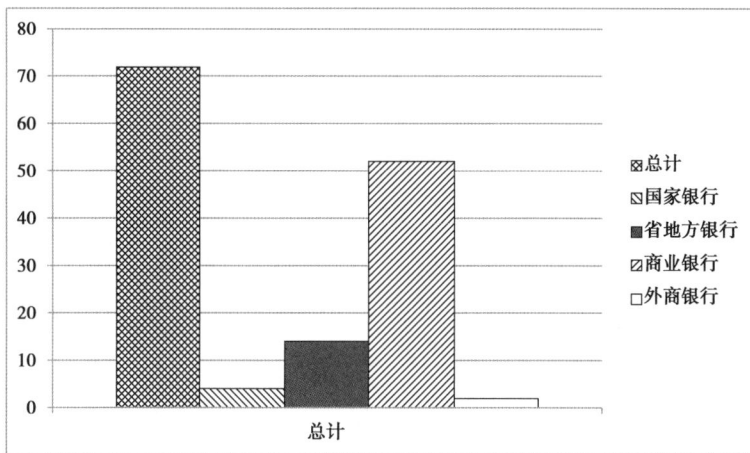

图 3-3　截至 1943 年底重庆市银行单位分类

资料来源：康永仁，《重庆的银行》，《四川经济季刊》第 1 卷第 3 期，1944 年 6 月，第 103-104 页。

一并计算在内，共计为 115 家。 就图 3-3 看，可以知道重庆市的银行界，是由 4 个国家银行，14 个省地方银行，52 个商业银行，2 个外商银行，外加 36 个钱庄银号组织而成的。

据统计，至 1945 年 8 月底，重庆有四行二局一会及小四行 11 家，省市县地方银行 26 家，商业银行 57 家，合计政府金融机构、地方银行和商业银行共 94 家，另有银号、钱庄及信托公司等 24 家，外商银行 2 家。[1] 毫无疑问，重庆是国统区资金融通与划拨的中心，是最大、最重要的金融中心。

总之，抗战期间，随着国民政府政治经济中心的西移，为了稳定金融和抗战大后方的经济局势，政府将四行二局迁往重庆。"四行二局"即中央银行、中国银行、中国农民银行、交通银行和中央信托局、邮政储金汇业局。 除了作为重庆金融主体的国家银行外，许多外地银行也没有忽略重庆的商机，纷纷来渝开业，如号称"北四行"的金城、盐业、中南、大陆银行，号称"南四行"的上海商业储蓄、浙江兴业、新华信托银行等。 再加上重庆本地

---

[1] 朱斯煌：《民国经济史》，上海：银行学会、银行周报社，1948 年，第 34 页。

的各大小银行，整个城市的银行规模可想而知。 极盛时期，重庆的金融机构达到 160 多家，不仅有国家银行、地方银行、商业银行，还有钱庄、银号、保险公司。 外商银行的汇丰和麦加利也在重庆设立了办事处，可以说这时的重庆已经是整个西南地区的金融中心。 其时，票号、钱庄、银行等金融机构主要集中在现陕西路、打铜街和道门口等朝天门一带，它们共同构成了重庆金融业发展的潮流，使其逐渐形成了一个门类众多、体系完备的金融市场，战时重庆金融中心地位也由此形成。

3.1.2　战时重庆金融中心形成的原因及其在抗战中的作用

战时重庆金融中心的形成与发展具有深刻的背景。

首先，战时大后方经济的发展与金融之间的相互作用，是重庆金融中心形成和发展的内在动力。

抗战爆发以前，重庆虽然是四川最大的也是唯一的工业区，其工厂数在全国仍十分微弱，经济部 1932 年至 1937 年的工厂登记统计数据显示，全国工厂总数 3935 家，资本 373359000 元，工人数456973人，其中四川工厂 115 家，资本 2145000 元，工人数13019 人，"十之七八是设于重庆或其附近"。 按最高 80% 计算，当时重庆仅有工厂 92 家，占全国的 2.34%；资本 1716000 元，占全国的 0.46%；工人数 10415 人，占全国的 2.28%。[1] 然而，到1945 年年底，重庆工业已发生天翻地覆的变化，登记的工厂达1694 家，资本 2726338000 元，工人 106510 人。 在战时大后方的工业中所处地位：在 5998 家中占 28.3%，在 8490929000 元的资本总额中占 32.1%，在 395675 个工人中占 26.9%。 重庆工业都占了1/4 以上，而资本方面达 1/3。 至于工人的比率较低，则是由于重庆工厂使用动力的程度较高。 如以重庆对西南——川、康、滇、黔，或以重庆对四川看，重庆工业的地位还要显著。 从西南四省

---

[1] 李紫翔：《抗战以来四川之工业》，《四川经济季刊》第 1 卷第 1 期，1943 年 12 月 15 日，第20-21 页。

看，在 3314 家工厂中，重庆占了 51.1%；在 5984538000 元资本中，重庆占了 45.6%；在 222878 名工人中，重庆亦占了 47.9%。在四川省内，重庆更占了 2852 家工厂的 59.4%，4729994000 元资本的 57.6%，183559 名工人的 58%。[1] 因此，抗日战争爆发后，重庆成为内迁工矿业的最大的集聚地，对上海和其他沦陷区金融机构而言，重庆不仅是国统区的政治中心，也是最大的经济中心和有利的投资场所，具有很大的吸引力。战时重庆经济的飞速发展是促进重庆金融中心形成的"原动力"。

其次，国民政府的积极介入则是推动重庆金融中心形成和发展的外部动力，国民政府为重庆金融中心的形成和发展提供政策支持。

重庆金融中心形成的原因固然是多方面的，但受政局演变和政治中心变动"连带"效应的影响，是不争的事实。国民政府对重庆金融中心的支持可以表现为直接介入金融中心的建设和间接影响金融中心的发展两个方面。

抗战爆发后国民政府公布了《四行内地联合贴放办法》（1937年9月），批准重庆成立贴放委员会；《改善地方金融机构办法纲要》（1938年4月）；《战时健全中央金融机构办法纲要》（1939年9月），规定"中、中、交、农四行总行之未移设于国民政府所在地者，应由联合总处理事会规定日期在最近期内实行移设"[2] 等一系列金融法规。还于 1938 年 6 月和 1939 年 3 月分别在汉口、重庆召开了两次地方金融会议，国民政府财政部为了推进国家银行在西部地区的设点工作，拟订并公布了《筹设西南西北及邻近战区金融网二年计划》（1938年8月）、《巩固金融办法纲要》（1939年9月），规定扩充西南西北金融网，各与政治、交通及货物集散有关的城镇乡市都须设立四行之一的分支机构。又于 1940

---

[1] 李紫翔：《胜利前后的重庆工业》，《四川经济季刊》第 3 卷第 4 期，1946 年 12 月 31 日，第 4-5 页。
[2] 重庆市档案馆、重庆市人民银行金融研究所：《四联总处史料》（上），北京：档案出版社，1993 年，第 67-68 页。

年 3 月增订第二、第三期西南西北金融网计划，再次规定四行在西南西北设置分支行处，力求普遍周密。 1942 年 9 月 5 日，四联总处提出了《筹设西北金融网原则》，决定从速增设西北地区四行网点。 这些金融法规与计划，无疑对建立大后方金融中心重庆提供了必不可少的政策支持。

1941 年 11 月，国民政府颁布了《非常时期奖励资金内移兴办实业办法》14 条规定，凡是中华民国人民自国外或本国各口岸及战地，以国币进入内地投资；将存款移存内地供我投资支用、以外币外汇或黄金交存指定银行，供内地投资支用；以外币有价证券交由指定银行受价，或投入机器及必要物资作价或受价，以供内地投资等方式移资内地者，均属于奖励的对象，可选择投资于各主管部指定区域及规划具体方案之民营生产事业；可购买由政府担保本息，政府特许发行之实业债务及投资信托证券；还可享受非常时期工矿业奖励条例，特种工业保息及补助条例或非常时期华侨投资国内经济事业奖助办法之优待；得随时向中央信托局投保战时陆地兵险；向口岸购买原料或机件时，可向中央、中国、交通、中国农民四行联合办事总分支处申请汇款，并予以便利。其中特别对经财政部核准的移资内地之金融业，在投资经营指定之事业时，除享规定之优待外，当其因周转需要现金时，可以此项投资向中央、中国、交通、中国农民四行抵押借款。 对后方工矿交通农林畜牧各业，凡合于在战时内迁、在战时扩充生产、在战时创办等情形，同样可援用本办法之规定，请予奖励。[1]

战时重庆金融中心的形成对整个战时大后方的社会经济的发展又产生了重大的作用：

第一，战时中国金融中心的成功西移，重庆金融中心的形成，起到了吸引资金内移，凝聚抗战力量的巨大作用。

重庆成为战时大后方的金融中心，国民政府财政部大力提倡和奖励西南投资，颇得银行界及金融界之拥护。 上海游资大量流

---

[1] 重庆市档案馆藏重庆市银行商业同业公会未刊档案，档号 0086-1-46。

入内地，虽无确切数字可考，但据估计，到 1939 年上海银行界及其顾客往重庆及其他内地各处投资之总数，不下 15 万万元。 1940 年上半年又有 6 万万元汇入自由区，内中大部分为私营商号及个人汇款以发展企业。[1] 同时，随着上海、武汉、广州的相继陷落，上述各地之资金现款，多集中于香港各中外银行，据非正式统计，曾达 5 万万港币，此项巨量不流动之资金存置于各银行，实达半年之时期，到 1940 年初开始向国内流动，其中流返上海租界之资金数目几达 2 万万元之谱，其余一部分则流入西南大后方昆明、贵阳、重庆。 其中重庆占 30%，昆明占 25%。[2]

第二，重庆金融中心的形成，促成了以重庆为中心，辐射整个大后方的金融网的建立与发展。

抗战爆发以后，随着国民政府的西迁，后方产业逐渐繁荣，而使银行业重趋蓬勃，一时新银行之设立如雨后春笋，尤以大后方之情形为然。 据统计，自 1937 年七七事变至 1942 年 8 月底，五年内新设银行即达 108 家之多，其中仍以商业银行为最多，占 62 家，次为省市县立银行，占 19 家，农工银行 15 家，专业银行 9 家。 此后战事虽屡有推移，银行增设却方兴未艾。 截至 1945 年 8 月底胜利前夕，后方银行总数，已达 415 家；分支机构则为 2566 所。 由此可见，战时大后方银行业兴盛之一斑。 8 年中全国银行之分类数量如图 3-4 所示。

从图 3-4 可知，1937 年 7 月—1945 年 8 月，国营行局及省营银行分支机构以及县市银行出现激增，可见当时政府对调整金融机构及开发后方经济之努力。

由图 3-5 可知，截至 1945 年 8 月胜利前夕，全国除沦陷地区外，银行总行总数为 416 家，分支行 2566 家。 其中以西南五省为数最多，计总行 245 家，占总数 59%；分行 1314 处，占总数

---

[1]《中外财政金融消息汇报·沪市游资大量内移》，《财政评论》第 4 卷第 4 期，1940 年 10 月，第 153 页。
[2]《中外财政金融消息汇报·巨量资金流返国内》，《财政评论》第 4 卷第 1 期，1940 年 7 月，第 213-214 页。

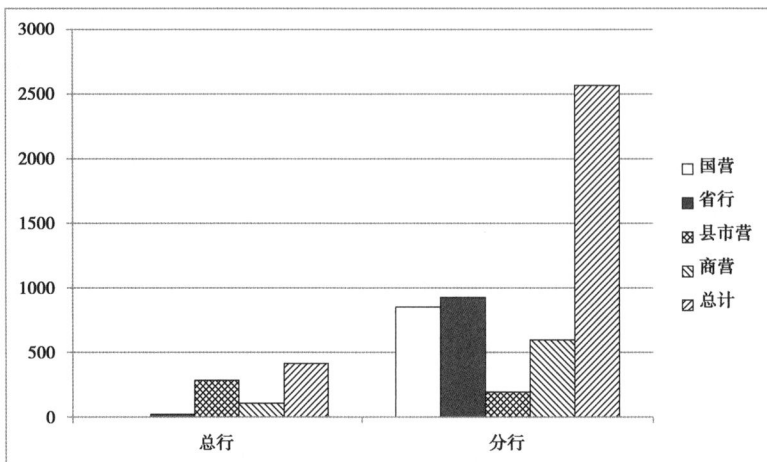

图 3-4　1937 年 7 月—1945 年 8 月中国银行业分类统计图

材料来源:中国通商银行,《五十年来之中国经济》,上海:六联印刷股份有限公司,1947 年,第 43 页。

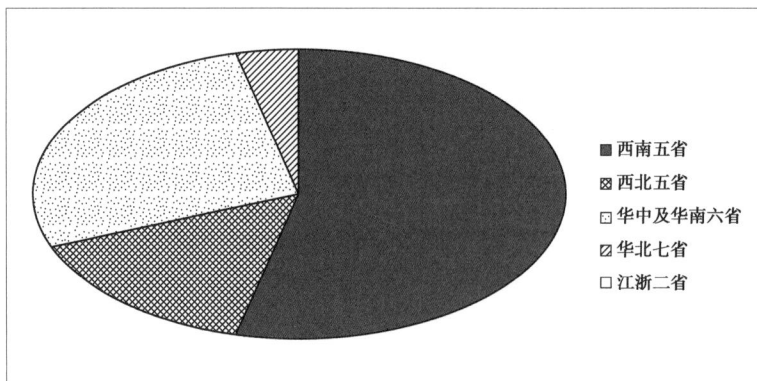

图 3-5　1945 年 8 月全国银行地域分布情形统计图

资料来源:中国通商银行,《五十年来之中国经济》,上海:六联印刷股份有限公司,1947 年,第 48 页。

51%。 其中当以四川（包括重庆在内）为最多，计总行 215 家，分行 922 家；西北五省总行有 64 家，占总数 15%，分行则较少，计 366 家（占 14.3%）。 华南及华中六省分行较多，计 754 家（占 29.4%），总行亦有 53 家（12%）。 当时华北七省及江浙两省，大部陷于敌手，故银行较少。

由上可知，抗战期间，随战事之推移，金融业已向后方发展，不再偏在江浙，边远地区亦开始有新式银行之踪迹。 但在大后方，其分布仍未见均匀，主要集中于陪都重庆及四川。

第三，重庆金融中心的形成，促进了大后方金融制度的建立、完善与金融业的现代化。

1939 年 9 月，国民政府颁布《巩固金融办法纲要》及《战时健全中央金融机构办法纲要》，[1]统一规范对银行的监督管理。1941 年开始，由财部负责办理银行检查工作，1942 年 7 月，加强管制全国银钱行庄业务，又进一步将银行监理官分区设置，规定：于重庆以外各重要都市设置银行监理官，并于各省地方银行及重要商业银行设置派驻银行监理员，经常监理各该区内银行钱庄业务。 制定了《财政部银行监理官办公处组织规则》与《财政部派驻银行监理员规程》等规章制度，对银行监理官之职掌、驻行监理员之任务、职责以及处罚权限等均进行了制度规范。 1943 年 3 月，为了加强对新设银行的规范管理，特由财政部部长孔祥熙发出训令，对银钱号增资改设银行进行了限制，除已有银行开设处分支行外，凡是由钱庄、银号等改组开业之各银行，必须规定合并 3 家以上，方准立案注册。[2]

东部沿海地区的内迁银行，在大后方金融制度与金融业的近代化进程中，起到了积极带头作用，他们不仅带来新的经营理念，还带领大后方的银行业直接参与到国民政府的金融制度建设中去，如 1945 年初，由浙江兴业银行重庆分行、重庆中南银行、中国农工银行重庆分行、中国实业银行总行、金城银行重庆分行、重庆新华信托储蓄银行、上海商业储蓄银行总行、中国通商银行重庆分行等 8 家领衔，对于国民政府战时的管制金融法令从导引游资投放生产建设事业、简化放款手续、调整存款准备金 3 个方面提出书面建议，请政府采纳修正。[3] 1945 年 2 月，由财政部钱币司召集重庆金融业组织建立金融法规研讨委员会，每星期开

---

[1] 重庆市档案馆藏重庆市银行商业同业公会未刊档案，档号 0086-1-56。
[2] 重庆市档案馆藏重庆市银行商业同业公会未刊档案，档号 0086-1-11。
[3] 重庆市档案馆藏重庆市银行商业同业公会未刊档案，档号 0086-1-26。

常会一次，主要研究讨论六个方面的问题：（一）关于银行资金运用法规；（二）关于各项放款法规；（三）关于票据法规；（四）关于管理汇兑法规；（五）利率问题；（六）存款准备金及农贷资金问题。研讨问题必要时得由会指定委员数人先行研究再提全体会讨论，这一研究工作在两个月内结束，其研讨结果由钱币司汇集整理作为修正相关条文之根据。对此活动，重庆的各银行均积极参与，如泰丰银行、西亚银行、正和银行、川康平民商业银行等向银行公会呈报了许多书面的意见，历陈战时管制金融各行庄感受之困难，提供修改意见，以促进国民政府的金融法制建设。[1]

为了活泼战时金融，统一规范对金融市场的管理，运用扶植战时生产建设，逐渐建立健全规范的票据市场，1943 年 4 月，国民政府行政院会议修正通过《非常时期票据承兑贴现办法》18 条，对合法商业行为签发之票据（商业承兑汇票、农业承兑汇票、银行承兑汇）承兑贴现的时间、方法、贴现率以及违反处罚等均做了较为详细的规范，并决定由财政部首先在重庆、成都、内江、宜宾、自贡、南充、嘉定、万县、贵阳、桂林、衡阳、昆明、曲江、永安、吉安、屯溪、兰州、西安、洛阳等地公告施行。在这些票据中，由于银行承兑汇票易于流通，在票据市场中占据重要部分，因此，财政部对于银行办理承兑业务特别规定管制办法三项：（一）各银行票据承兑数额以各该行前期决算时实际资产总额四分之一为该行承兑最高额。（二）各银行办理承兑业务必须逐笔登账。（三）银行承兑之票据到期，由承兑银行负付款全责，如承兑行不能如期履行付款者，依"非常时期票据承兑贴现办法"第十六条之规定从严惩处。[2]

同时，为了灵活市面金融，扶助经济发展，1943 年，国民政府又筹设银钱业公会组织联合准备委员会，7 月颁布《银钱业公会组织联合准备委员会原则》11 条，规定了该委员会的组织建制与

[1] 重庆市档案馆藏重庆市银行商业同业公会未刊档案，档号 0086-1-26。
[2] 重庆市档案馆藏重庆市银行商业同业公会未刊档案，档号 0086-1-11。

职责等。 8 月 30 日，重庆市银钱业联合准备委员会筹备委员会第一次筹备会议在钱业公会会所正式召开，除各省地方银行之分支机构因未兼营存放业务，可免参加外，其余行庄均须一律加入，陈德恕、康心如、蔡鹤年、李崇德、潘昌猷、席文光、卢南康、孙荫浓、徐国懋、徐广迟、汤筱齐等 11 人当选为筹备委员，拟定公约草案 15 条，规定，凡本市各银行、银号、钱庄均得参加为本委员会委员行庄。 委员会设执行委员 15 人，常务委员 5 人，10 月 1 日举行第一次执行委员会，互选龚农瞻、徐广迟、卢南康、陈德恕、蔡鹤年 5 人为常务委员，自即日起，假银行公会开始办公，当时参加该委员会的银行有 51 家，钱庄、银号 33 家。 银钱业联合准备委员会建立的目的有三：（一）集中银钱业之实力，以增强其对于整个社会之信用，健全我国战时金融制度；（二）同业头寸之调剂；（三）为中央银行充作调节之工具。 建立后，组织了评价委员会，开始接受委员行庄缴存准备财产，并照章签发公库证。[1]

第四，促进了战时大后方经济的迅速发展，对大后方工商业与农村经济的发展起到了积极的推动与促进作用。

很显然，内迁的国家银行和其他大银行提供的巨额资金，是原有地方性金融机构无力承办的。 这也是金融中心西迁对大后方战时经济最显著的促进作用。

据统计，1939 年重庆 16 家银行钱庄放款 2488 余万元中，商业放款占 89.14%；投资 2110 余万元中，债券占 73.51%。 1940 年重庆 26 家银行钱庄放款余额 4172 万元中，商业占 96.85%，工矿 0.64%；投资 1545 万元中，债券占 59.28%，工矿 3.85%。[2] 据统计，1944 年，四川省银行投资 16 个行业计 35 家，总金额为 8465963 元。[3]

1939 年 2 月 15 日，国民政府公布《修正经济部小工业贷款暂

［1］重庆市档案馆藏重庆市银行商业同业公会未刊档案，档号 0086-1-11。
［2］田茂德、吴瑞雨：《抗日战争时期四川金融大事记（初稿）》，《四川金融》1985 年第 11 期，第 18、26 页。
［3］田茂德、吴瑞雨：《抗日战争时期四川金融大事记（初稿）》，《四川金融》1986 年第 3 期，第 42 页。

行办法》17 条，1942 年 9 月 11 日修正公布，对经营 10 万元以下 1 万元以上，其实收额已达 10% 以上的纺织、制革、造纸、金属冶炼、化学、陶瓷、农林产品制造及其他经济部认为有贷款必要之小工业，可申请贷款，贷款总额至多不得超过借款人实收资本额，并应按其事业进行实况分期摊付。 小工贷款之利率定为周息 1 分，贷款之偿还期间为开工出货之日起分年摊还但至多不得超过 5 年，经济部对于贷款未清偿之各小工业，无论在设厂时或完成后，得派员实地考察，指导与监理。[1]

财政部为便利生产建设事业单位向银行借款，曾制定了特种厂商借款原则四项，"财政部各区食糖专卖局管理商人向银行借款实施办法"及"管理经营盐业商人向银钱业借款实施办法"两种，除此之外，还于 1943 年 6 月颁布施行了《各地经济事业向银行为超额借款审核证明办法》13 条。[2] 在国民政府的大力提倡和促进之下，在金融机构的支持下，大后方的工商业得到了迅速发展。 这促进了战时大后方广大农村地区的经济发展，为抗战的胜利奠定了坚实的物质基础。

不过，战时重庆金融中心具有鲜明的财政性。 它与战前集商贸性与财政性于一身的金融中心上海具有完全不同的特点，是政府推进模式形成的金融中心，其金融体系并非纯粹依靠经济自身发展形成，而是通过国民政府的人为设计、强力支持产生，具有明显的超前性。 并且，正是这种超前性刺激了经济发展，对经济发展发挥了先导作用，以供给引发了需求。 政府推进模式下金融中心形成的核心在于建立和完善金融制度以促进金融资源聚合。

综上所述，一个金融中心的形成，是自然与人文、历史与现实、经济与政治等复杂而多样化的因素综合作用下的产物，战时重庆之所以迅速成为全国金融中心，也是种种复杂因素综合作用的结果。 当然，全面抗战中重庆作为抗战大后方的核心和战时之

---

[1] 重庆市档案馆藏重庆市银行商业同业公会未刊档案，档号 0086-1-90。
[2] 重庆市档案馆藏重庆市银行商业同业公会未刊档案，档号 0086-1-11。

首都无疑是其中最重要的因素。 也正是由此,战后重庆全国金融中心这一地位的迅速失去也是必然的和毫不奇怪的了。 如果说作为战时金融中心的重庆对全国的影响与作用是巨大而短暂的,那么它对本地区乃至抗战大后方的影响和作用则是重大而深远的。 其中最重大的莫过于大大促进了西部地区金融制度的建立、完善与金融业的现代化,促进了西部地区经济现代化的迅速发展。 因此,重庆全国性金融中心地位的形成,对近代以来一直是中国最落后的西部地区,的确是一个千载难逢的历史发展机遇。

3.2 四联总处在重庆——大后方金融中枢

四联总处,即中央、中国、交通、中国农民四银行联合办事总处的简称,1937 年 8 月成立于上海,名"四行联合办事处",是抗日战争的历史产物,应战时金融管理之需要而设立,沪、宁沦陷后,该处西迁汉口,工作一度停顿。 1938 年 10 月末,孔祥熙回国,在汉口主持该处并恢复工作,11 月,改为"四行联合办事总处",简称"四联总处"。 不久,四联总处又由汉口迁重庆,一直工作到 1939 年 9 月实行改组。 1939 年 10 月开始,由蒋介石兼任理事会主席,四联总处成为蒋介石直接控制的金融经济管制机构,1948 年宣布撤销,历时十一年,其在重庆的时间长达七年。 作为国民政府的一个中枢金融机构,四联总处为战时的大后方金融、经济领域发挥过特殊作用,产生过重大的影响。

全面抗战爆发后,战争给金融、经济带来的恐慌立即笼罩全国,为应付突然事变,安定金融,稳定经济,国民政府急需一处置战时金融事宜、事权高度集中、具有权威的战时金融总枢机构。 但战前的金融领域内,还未形成这样一个权威机构。 于是,"七七事变"发生后,蒋介石令饬迅组以宋子文为首的金融委员会,并亲自决定了委员会组成人员名单,总领全国金融决策。 无奈国民党内派系倾轧，利害相争，以致该委员会迟迟未能建立。[1] 为了使全国金融、经济在战争的突然打击下不至于瘫痪，作为临时性的紧急措施，1937 年 7 月 29 日，国民政府财政部授权中央、中国、交通、中国农民四行在上海合组联合贴现委员会，共同办理同业贴现业务。 八一三事变后，为加强国家行局的联系和协调，集聚金融力量应付危局，8 月 16 日，财政部致函中央、中国、交通、中国农民四家银行在设有分支行的重要都市各设联合办事处，同日，上海四行联合办事处在法租界开业。[2] 四行联合办事处成立之初，仅由四行各派代表一人参加，每次集会，先冀遇事取得联络。 因财政部长孔祥熙尚在国外，由中国银行董事长宋子文代为主持，四行高级人员一体参加。 8 月 19 日，四总行电令：各地四行中有两行分支行者，应即日联合组设办事分处。 其任务：维持当地金融；汇总当地各方请示与当地市面情形，逐日电报一次。 分处成立后，每日上午八时必须集议一次。 8 月 25日，为活泼市面、增加生产、适应后方需要，财政部函令四行在设有分支行之各重要都市设立联合办事处，办理贴放事宜，并于汉口、重庆、南京、南昌、广州、济南、郑州、长沙 8 处先行成立。随即通电国内各重要城市之四行，筹设联合办事分处，其先后组成者，计达 52 处。[3]

此后，因上海失陷，南京告急，四行联合办事处由上海内迁至汉口，1937 年 10 月末，财政部长孔祥熙由伦敦回国。 11 月 25日，由孔祥熙主持恢复四行联合办事处的工作，改"四行联合办事处"为"四行联合办事总处"，简称"四联总处"，并以中央银行理事会主席兼总裁名义担任四联总处主任，上海改为分处。1938 年初，武汉局势紧张后，四联总处由汉口迁至重庆，1939 年9 月第一次改组时，地址选择在重庆市神仙洞街王园内，后设在化

---

[1] 黄立人：《四联总处的产生、发展和衰亡》，《中国经济史研究》1991 年第 2 期，第 46 页。
[2] 任建树：《现代上海大事记》，上海：上海辞书出版社，1996 年，第 671、676 页。
[3] 重庆市档案馆、重庆市人民银行金融研究所：《四联总处史料》（上），北京：档案出版社，1993 年，第 53-61、118-120 页。

龙桥龙隐路二十八号。[1] 而四联总处重庆分处的地址当时设在莲花街，在抗战结束之后，移到了第一模范市场。[2] 这样，在重庆，四联总处与四联总处重庆分处就同处一城，他们各自的情况如何呢？ 本部分将分别阐述。

3.2.1 作为大后方金融总枢的四联总处

重庆为后方重镇，抗战大后方的政治、经济、文化中心，当四联总处迁至重庆后，为谋加强组织及增进工作效能，1939 年 3 月，添设政策、业务、考核、事务四组，分掌四行之计划，贴放发行之调拨，收兑金银之考核，以及运输工程各项事宜之计划。 如此一直工作到 1939 年 9 月实行改组。 不过，这时的四联总处，实际上属于业务联系性质，组织比较松散。 这一时期，也正是国民政府将其从平时经济转变为战时经济的过渡时期。 在此时期中，有关财政、金融、经济方面的重大决策，以及这些决策的实施，主要是由国民政府军委会、财政部、军委会三调整会（即工矿调整委员会、农产调整委员会、贸易调整委员会）和稍后组建的经济部设计和执行的。 此时的四联总处还不是一个金融、经济领域里的决策机构，仅由四行代表共同研讨及指导联合应办业务之责，其范围较狭，其性质偏于联络方面。 它的主要任务是联络国家银行，协调各行动作，配合政府贯彻《非常时期安定金融办法》，并对外汇实行初步管制，稳定金融市场，同时集中利用国家银行资力，举办联合贴放业务，融通资金，扶持生产，支持工矿企业内迁。

四联总处在重庆的改组有两次，1939 年 9—10 月是第一次，1942 年 9 月进行了第二次改组。

1939 年的国际国内形势更趋严峻，武汉、广州沦陷，战争进

---

[1] 洪葭管：《中央银行史料（1928.11—1949.5）》（下卷），北京：中国金融出版社，2005 年，第 770 页。

[2] 俞容志：《四行联合办事处概述》，中国人民政治协商会议西南地区文史资料协作会议：《抗战时期西南的金融》，重庆：西南师范大学出版社，1994 年，第 252 页。

入相持阶段后，日本侵略者除了在军事上保持强大压力和在政治上加紧诱降外，主要企图利用金融经济上的手段来搞垮国民政府。它完全切断了国统区对外联系的直接海上通道，加紧对国统区的经济封锁。它发动货币金融战，千方百计地破坏法币体系。它鼓动走私，大规模地抢购国统区战略物资。国民政府认识到，其生存越来越取决于国统区的金融经济能否支撑下去，经济特别是金融的作用绝不在党政军之下，所以蒋介石继续加紧金融管制的步伐，正如他在致四联总处的信中所说："今后抗战之成败，全在于经济与金融的成效如何。""七分经济、三分军事"的呼声在朝野内外越喊越响。在战争状况下要达此目的，就必须有一权威机关执掌金融中枢。1939年8月，财政部次长徐堪由香港到重庆后，"草拟巩固金融办法草案，加强本总处（即四联总处）组织"，"呈奉委座亲加核正"[1]。9月8日，国民政府公布《巩固金融办法纲要》和《战时健全中央金融机构办法纲要》，改组成立四联总处，将蒋介石建立"金融总枢机构"的愿望付诸实现。

1939年10月1日，四联总处进行了第一次改组，理事会为四联总处最高之执行机构，其任务在决定政策、指示方针、考核工作。理事会系由中央银行总裁、副总裁，中国银行董事长、总经理，交通银行董事长、总经理，中国农民银行理事长、总经理，财政部、经济部代表组织之。设主席一人，总揽一切事务。常务理事三人，襄助主席，执行一切事务。于理事之中，由主席指定若干人，分组战时金融及战时经济两委员会。[2]

1939年10月2日，由理事会主席蒋中正主持的四联总处第一次会议讨论通过，以孔祥熙、宋子文、钱新之、翁文灏、张嘉璈、徐堪、唐寿民、叶琢堂为战时经济委员会委员；以孔祥熙、宋子文、钱新之、徐堪、陈行、唐寿民、贝祖贻为战时金融委员会委员。1939年10月3日，由孔祥熙代理主持的四联总处第二次会

---

[1] 伍野春、阮荣：《蒋介石与四联总处》，《民国档案》2001年第4期，第91页。
[2] 重庆市档案馆、重庆市人民银行金融研究所：《四联总处史料》（上），北京：档案出版社，1993年，第55页。

议，拟以金国宝为战时金融委员会发行处处长，浦拯东为战时金融委员会贴放处处长，戴铭礼为战时金融委员会汇兑处处长，王华为战时金融委员会特种储蓄处处长，李嘉隆为战时金融委员会收兑金银处处长，徐广墀为战时经济委员会特种投资处处长，庞松舟为战时经济委员会物资处处长。此后，经报请四联总处理事会主席蒋中正的批准，于10月13日的四联总处第四次会议中，由秘书长徐堪报告，并增补了翁文灏理事提出的以章元善为战时经济委员会平市处处长。[1]

改组后的四联总处，最大的一个变化就是由国民政府特任蒋介石以中国农民银行理事长名义兼任理事会主席，不仅缓和了孔、宋之间的矛盾，也加强了蒋介石对金融的控制。四联总处的最高领导层由理事会组成，财政部授权四联总处理事会主席，在非常时期内对中央、中国、交通、中国农民四行可为便宜之措施，并代行其职权。这样，四联总处就成为一个金融宏观决策性的机构。加上理事会主席由国民政府特任蒋介石兼任，这就使四联总处具有最高的权威性，同时提高了中央银行在四行中的地位，各地四联分处均明令规定以当地中央银行经理为主任委员。

第二个变化就是改组后的四联总处，由研究指导四行业务进而成为战时经济与金融政策兼具决策与执行权力的机关。至此，四联总处成为一事权高度集中的、具有权威性的战时金融总枢机构。改组后的四联总处，不仅参与了各项经济金融大计之决策与筹划，且负有督导国家行局予以贯彻执行之责。1940年初，四联总处召集全体理事会议，制定《金融三年计划》及《经济三年计划》，以集中家银行力量巩固币制、发展经济为目的，此为四联总处初期一切措施之根本。[2]

由此可见，自1939年改组后的四联总处拥有至高的权力。蒋介石除军事委员会委员长、海陆空军大元帅之身份外，又兼任了

---

[1] 重庆市档案馆、重庆市人民银行金融研究所：《四联总处史料》（上），北京：档案出版社，1993年，第69、74-75页。
[2] 联合征信所调查组：《上海金融业概览（1947年）》，上海：联合征信所，1947年，第3页。

四联总处理事会主席，孔祥熙、宋子文分别以财政部长、行政院代院长、中央银行总裁与中国银行董事长的身份出任理事会常务理事，另由国家行局、财政部、经济部、粮食部、交通部之负责人共同组织理事会。四联总处集政治、军事、经济各主要部门及金融界之首脑人物于一堂，自然拥有了强有力的资源，包括金钱、地位与权威，这为四联总处的活动提供了极大的便利。

在国家银行专业化方案实施后，中央银行职能作用大见增强，各行循既定目标发展，四联总处着重于业务的督导，职责发生了新的变化。1942 年 9 月，四联总处按照国防最高委员会第 85 次会议通过的修正案《修正四联总处组织规程》，实行第二次改组。主要内容为：

（1）为增强力量，中央信托局、邮政储金汇业局两局也加入四联总处，但各行局一切事务，仍自行分别负责。

（2）理事会增设副主席，取消常务理事，增加交通、粮食两部长担任理事。设常务理事，只设副主席一人，规定由行政院长兼任。第二次改组以前，蒋介石曾面谕四联总处秘书长："公忙不及兼理总处事务时，由孔常务理事代理。"[1] 于是改组后的四联总处理事会增设副主席一职，行政院长（代）孔祥熙以本总处理事会常务理事"奉国府特派为理事会副主席"[2]。至此，四联总处与蒋介石的蜜月结束了，直至抗战结束，蒋介石极少出席和主持理事会会议。1945 年 7 月 25 日，国民政府正式批准孔祥熙辞去四联总处理事会副主席职务，同时特派宋子文为四联总处理事会副主席。[3]

（3）将原设金融、经济两委员会取消，所辖八处合并，加强秘书处职权，各项事务分科管理，对各行间之联系，则分设放款、

<hr>

[1] 重庆市档案馆、重庆市人民银行金融研究所：《四联总处史料》（上），北京：档案出版社，1993 年，第 86 页。
[2] 重庆市档案馆、重庆市人民银行金融研究所：《四联总处史料》（上），北京：档案出版社，1993 年，第 92 页。
[3] 重庆市档案馆、重庆市人民银行金融研究所：《四联总处史料》（上），北京：档案出版社，1993 年，第 104 页。

汇兑等小组委员会办理之。

四联总处在实际的运作中，其已设机构的职能已发生了变化，原定平市处与经济部平价购销处及后筹设之物资局职掌重复；原定物资处与财政部贸易委员会之职掌重复；而收兑金银事项已决定交由中央银行办理。 汇兑处原掌外汇审核工作，已移交外汇管理委员会主办，该处现仅负国内军政大宗汇款之审核与摊汇；特种储蓄处除推行各项储蓄业务外，并负计划推进吸收普通存款之责。 且各处多系委员会性质，负审核或设计之责，其日常事务多由秘书处稽核科或指定之专员洽办。 依据以上情况，决定对四联总处的组织机构做出调整，撤销平市处、物资处、收兑金银处；将汇兑处改称国内汇兑处，特种储蓄处改称储蓄处。 其他如发行处、贴放处、特种投资处、农业金融处均仍旧。[1]

四联总处经过第二次改组，作为全国金融之总枢纽，其工作主要限制在金融领域，加强自身力量。 理事会成员增加了交通部与粮食部代表；理事会不设常务理事，改设副主席一人，由孔祥熙担任。 第二次改组后，在督导国家行局、管理商业行庄和金融市场方面，仍然发挥了重要作用。 1945 年，副主席改由宋子文担任。

在战时重庆的四联总处作为大后方的金融总枢决策机构，在国统区金融、经济领域内发挥作用，被蒋介石喻为"经济作战之大本营"。 为了更好地促进战时金融业的发展以支持抗战的持续进行，四联总处为调整并加强各地分支处之机构，订定改组各地四联分支处办法，规定业务重要区域设立分处；次要区域，改设支处，将各地原有之贴放分会，统一归并于该地之分支处，并限各区于 1940 年 1 月 1 日改组成立，依限陈报成立者：（一）分处计有重庆、成都、上海、香港、杭州、宜昌、福州、贵阳、桂林、长沙、西安、衡阳、南昌、昆明、兰州等 15 处；（二）支处计有内

---

[1] 重庆市档案馆、重庆市人民银行金融研究所：《四联总处史料》（上），北京：档案出版社，1993 年，第 86-87 页。

江、自流井、叙府、嘉定、泸州、万县、北碚、宁波、吉安、泉州、永安、梧州、零陵、常德、南郑、柳州、西宁等17处。2月1日，韶关直辖支处陈报成立，为适应各地需要，又增设宁夏、雅安两支处，天水一直辖支处，合计支处21处。[1] 这样，到1940年2月，四联总处共设有分处15处，支处21处。

以上可见，在太平洋战争爆发前，四联总处的分支处的分布情况还是比较广泛的，不仅在西南西北的大后方地区普遍设立，同时在东部地区的重要城市，如上海、香港、杭州、福州、南昌、宁波、吉安、泉州以及中部地区的宜昌、长沙、衡阳、零陵、常德等地设立，其管辖的范围辐射到了东中部尚未完全沦陷的地区。也正是通过这种分支处或分支行处的建设，四联总处得以将其触角延伸到国统区的各个角落，有效地加强了对国统区经济金融的掌控力度。

太平洋战争爆发之后，随着形势的发展，四联总处的控制范围逐渐缩小，经四联总处秘书处的统计，截至1942年4月，分支处的设立情况为：分处12处，直辖支处4处，支处28处（内有平凉、上饶、宝鸡、广元四支处，正在筹设中）。其中杭州、南昌2分处经先后移驻永康、赣县，改称为浙江分处与江西分处。广州湾支处原属香港分处管辖，香港沦陷后，该处改为直辖支处。随着战事的发展，1943年，四联总处在全国各地的分支处又发生了变动，首先是裁撤了宁波、平凉二支处，其次是韶关支处经核准改组为广东分处，此外经核准成立支处者有下关、郁林、合川、南充4支处。截至1943年底，四联总处所属各地分支处，共计分处12处，支处34处。12个分处中，在西南西北大后方的重要城市如重庆、成都、贵阳、昆明、桂林、西安、兰州、天水、老河口等分别设立9处，占75%，所辖支处共计21个，占61.76%。[2] 可

[1] 洪葭管：《中央银行史料（1928.11—1949.5）》（下卷），北京：中国金融出版社，2005年，第776页。
[2] 重庆市档案馆、重庆市人民银行金融研究所：《四联总处史料》（上），北京：档案出版社，1993年，第129、132-133页。

见，四联总处驻重庆期间，于临近战区前方及西南、西北各省均设有分支机构，但主要还是集中在抗战大后方地区。

四联总处从抗战爆发初期在上海建立的一个临时金融协调组织，到后来经过从上海到汉口再到重庆的不断迁徙过程，最终在重庆确定领导全国金融的地位，并将分支机构扩建到西南、西北为主体的整个国统区，成为抗战时期中国金融业的指挥中心，为抗战的军需民用做出了重大贡献。

3.2.2　四联总处重庆分处及其作用

全面抗战爆发后，随着日军的步步进逼，最富庶的东部地区大多数被日军侵占，内地与沿海各重要港口，尤其是与上海的联系被割断，国民政府匆忙撤退，导致沦陷区原有的产业大多落入日军手中。随着南京的沦陷，国民政府迁都重庆，全国70%以上的工业都随着国土的沦陷而丧失，而国民政府迁都后所控制的四川、西康、云南、贵州、广西、陕西、甘肃、宁夏、青海、新疆10省区以及福建、浙江、江西、湖南、湖北、广东、河南等东中部省份的一部分地区，原有的工业生产及金融能力都极度薄弱，整个国民经济陷入危机中。为了调整全国各地经济、金融发展不平衡现象，尤其是促进大后方经济、金融的发展为抗战提供物质保障，新建立起来的四联总处，积极筹划在全国重要地区或城市设立分支处，以便于将国家经济、金融政策及时、快速得到贯彻。

在全面抗战时期的重庆，除了四联总处之外，还同时存在一个四联总处重庆分处，这个分处虽然与总处同处一城，但却有着自己的使命。四联总处属于决策机构，其本身不对外经营业务，而四联总处重庆分处则具体负责四联总处方针、政策在所管辖地区的实施。

1937年8月，当四行联合办事处在上海成立以后，为了战时金融发展的需要，促进内地农工商矿各业资金流通，要求在四大国家银行中有两行分支行的地方，均应设立联合办事处分处。由于交通银行在全面抗战爆发前还没有在重庆设立分行，于是，1937年8月20日，中国银行重庆分行经理徐维明、中国农民银行重庆分行经理冯英及中央银行重庆分行经理潘益民等齐聚中央银行重庆分行会议室，共同商议作出决定：四行联合办事处重庆分处暂由中央银行、中国银行、中国农民银行三行组成，即日宣告成立。由三分行的经理作为该分处代表，并规定中央银行重庆分行经理潘益民出公期间，由副理刁培然代理。8月25日，中国银行、中央银行、中国农民银行三总行分别电令重庆三行仿照上海办法，设立贴放委员会。8月28日，中央、中国、中国农民三渝行复电称，已遵照规定，设立了贴放委员会，推定徐广迟、潘益民、冯英、王士燮、王君韧、金雪滕、刁培然、顾敦甫、孙祖瑞为委员，并推徐广迟、潘益民、冯英三经理为常委，地点暂设在中央银行渝分行办公。直到1938年1月，交通银行重庆分行成立，按照四联总处分支处委员会组织规定，加推交通银行重庆分行李钟楚为常委、沈青山为委员。[1] 至此，四联总处重庆分处的组织机构得以完善。

然而，直到1939年10月四联总处第一次改组前，重庆分处的职权并不大，其主要任务在于维护重庆及周边的金融稳定，自1937年8月28日重庆中央、中国、农民三行联合贴放分会成立后，即开始办理重庆同业及工商放款，截至9月，放款总额达1000余万元，有效地缓解了全面抗战初期重庆银根转紧的局面。此后，在1938年底到1939年初，重庆分处还通过对四川14个行处调查铜元在当地的使用情况，建议制定治本办法，由中央大量铸造新辅币收换旧铜元以利币制统一。治标办法是按照市面流通情形，将小一百文定为半分、小二百文定为一分，以利市场行使。[2] 1939年7月26日，四联总处重庆分处又制定了"非常时

［1］重庆市档案馆、重庆市人民银行金融研究所：《四联总处史料》（上），北京：档案出版社，1993年，第119-122页。
［2］俞容志：《四行联合办事处概述》，中国人民政治协商会议西南地区文史资料协作会议：《抗战时期西南的金融》，重庆：西南师范大学出版社，1994年，第252页。

期同业收受票据办法"，经分处会议通过，规定：各行每日收到的同业票据，必须在 11 时半以前送往各行进账，进账回单随到随即签发，另加盖图章；如有退票，应于每日下午 2 时前通知进账行，以退票行时间为准[1]，起到了规范与维护后方票据市场的作用。

1939 年 11 月 28 日，四联总处第十次理事会正式通过了《中央中国交通农民四银行联合办事处分处组织章程》与《中央中国交通农民四银行联合办事支处组织章程》各 13 条，分别规定了分处与支处的职掌与组织机构的构成。[2] 而四联总处重庆分处据此规定，拟定重庆分处组织章程，1940 年 1 月 8 日，在交通银行重庆分行二楼召开了四联总处重庆分处第一次会议，宣布当天即为该分处的改组成立日。同时，还决定了分处召开会议的时间为每星期一与四下午二点各开会议一次，由四行渝分行各派代表 1～2 人参加。[3] 根据分处设立的组织规程，改组后的重庆分处只设有文书、业务、会计、调查四个组，不久以后，根据需要增设了储蓄、农贷两个组，其组织达到六个组。纵观四联总处所设立的分处，重庆分处所管辖的区域是所有分处中管辖区域最大的一个。1940 年时，四联总处共设立 15 个分处，其中，没有下辖支处的有 6 个：昆明分处、贵阳分处、宜昌分处、衡阳分处、上海分处及香港分处；管辖 1 个支处的有 3 个：杭州分处（宁波支处）、南昌分处（吉安支处）、西安分处（南郑支处）；管辖 2 个支处的有 5 个：兰州分处（宁夏支处、西宁支处）、桂林分处（柳州支处、梧州支处）、成都分处（嘉定支处、雅安支处）、福州分处（泉州支处、永安支处）、长沙分处（零陵支处、常德支处）；管辖 6 个支处仅有 1 个：重庆分处（万县支处、宜宾支处、泸州支处、自流井

---

[1] 重庆市档案馆，重庆市人民银行金融研究所：《四联总处史料》（上），北京：档案出版社，1993 年，第 596 页

[2] 重庆市档案馆，重庆市人民银行金融研究所：《四联总处史料》（上），北京：档案出版社，1993 年，第 123-126 页。

[3] 《中中交农四行联合办事处渝分处第一次会议记录》，1940 年 1 月 8 日，四联总处重庆分处未刊档案 0292-0001-00001，重庆市档案馆藏。

支处、内江支处、北碚支处）。[1] 由此可见，在四联总处所设立的所有分处中，有 6 个分处没有下辖支处，而其他分处所辖支处也不多，仅 1 至 2 处，独有重庆分处的管辖支处最多，达到 6 个。并且经过第二次改组之后，到 1943 年，所辖支处在原有的基础上又增加了合川支处和南充支处，达到了 8 个之多。[2] 其管辖范围囊括了重庆以及四川省的主要地区，广泛的管辖范围显示出重庆分处权力辐射范围之大，由此独显重庆分处处于抗战时期的经济金融中心地位，其职权与职能都是其他分处无法比拟的。

在全面抗战期间，四联总处重庆分处通过协调四行二局及其在管辖范围内的分支机构，全面贯彻与实施四联总处的决策。从改组之后重庆分处的会议记录显示，在 1940 年上半年，重庆分处的主要业务是集中办理与军事紧密相关的事宜，如根据第三战区长官司令部驻渝办事处函请，汇往上饶军费 30 亿元（其中指定由中国银行汇 20 亿元，中国农民银行汇 10 亿元）。为第一集团军每月领汇经常战务等费 200 亿元，其中吉安部队每月汇 140 亿元（由中央银行承汇 80 万元，中国银行承汇 60 亿元），昆明部队每月汇 40 亿元（由交通银行承汇），芷江部队每月汇 20 亿元（由中国农民银行承汇）。为军监部在宁波订购汽油汇出国币 90 亿元。军政部兵役署为西安、吉安、衡阳、桂林、宜昌等处兵役机关需款迫切，要求由重庆分处每月汇出军费共计 500 余亿元（分配由中央银行每月承汇 300 亿元，中国银行承汇 100 亿元，交通银行、中国农民银行各承汇 50 亿元）。军政部军需署委托订购价值国币 272 亿余元军毯以及冬服购料借款 1000 亿元，经财政部核定后，由四行分担承汇。行政院购粮战区粮会监委员会贷予第一战区司令长官司令部 50 亿元，其中由中央银行承汇 30 亿元、中国农民银行承汇 20 亿元。农本局第二期抗战屯粮周转金借款 732 亿元，先期由

[1] 洪葭管：《中央银行史料（1928.1—1949.5）》（下卷），北京：中国金融出版社，2005 年，第 777 页。
[2] 重庆市档案馆、重庆市人民银行金融研究所：《四联总处史料》（上），北京：档案出版社，1993 年，第 133 页。

四联总处重庆分处垫借 300 亿元。 农本局与四联总处签订 600 亿元的购棉价款，由经济部核准担保，农本局购运棉花向四行借款 2000 亿元，其中向重庆分处垫借 300 亿元。 复兴商业公司函以各地购运桐油亟须现款，请汇永康 300 亿元、桂林 250 亿元、衡阳 200 亿元、贵阳 50 亿元、宜昌 100 亿元，总计 900 亿元，经重庆分处的会议决定，五处汇款均由四行按四三二一比例分担承汇。

除与军事紧密相关的事宜外，支持重庆城市建设与经济建设，也是重庆分处的主要业务，如中央机关迁建区公务转车增添设备费借款 25 亿余元。 重庆市政府为唐家沱建筑房屋计划及承包建筑房屋，向四联总处重庆分处借两期款项 100 亿元。 重庆自来水公司为本公司上年承贵四行透支法币 10 亿元。 1940 年 4 月 26 日届满第二六个月期限，民生公司以轮船为抵押向重庆分处续借押款 70 亿元，定期 6 个月应于 1940 年 1 月 31 日满期，因扩充业务需款巨，除已还本 15 亿元并结清到期利息外，余下 55 亿元拟请转期 6 个月，并按月约每月摊还 3.5 亿元。 1939 年 7 月底转期批注因敌机狂炸渝市各件几经迁转，以重庆电力公司为新置电机需款向重庆分处借款 100 亿元。 永利化学工业公司复兴基本化工借款，决议新厂每年盈利，除偿还新借款到期本息外，应将余款提二分之一作为新借款保息基金，再以剩余之款交售银元支配。 永利化学工业公司已派员赴美订购机器，原曾向商业银行商贷 100 亿元，提交四联总处第二十二次理事会决议，核定该公司向商业银行借款与第十四、十六两条抵触，经理事会议决议，应以公用事业之整理为须加借款增置机器可向四行洽办。 为稳定战时首都重庆的物价与人民生活，经济部评价购销处为本处受委托机关开办费业务费，已准四联总处决定办法总额以 100 亿元为限。 为准平价购销处函以准本处委托承办日用品部分业务机关中国国货联合营业公司现钞汇 100 亿元，平价购销处营运资金 2000 亿元借款，经济部平价购销处为受委托机关之开办费及业务费透支款项 100 亿元，以平价购销处第一期营运资金 800 亿元，准央行业务局函已照开该处透支户转请备案，以平价购销处拟具服用品平价购销第一期业务计划及预算到部。 支持以重庆为中心的大后方教育事业的发展，中华教育基金委员会借款是由国民政府财政部担保偿还，续借 1940 年度下半年经费 6 亿元，由四联总处重庆分处于 1940 年度 3 月间完成第一次借款。[1] 总之，四联总处重庆分处统领着战时国民政府在大后方的核心区域重庆及四川的大部分，作为四联总处的得力助手，它对战时首都重庆及大后方主要区域四川的金融稳定与经济发展做出了重大贡献。

3.3 国家行局在重庆——大后方的金融核心

在全面抗战前，中央银行、中国银行、交通银行、中国农民银行及中央信托局、邮政储金汇业局，并称"四行二局"，已经发展成为全国的金融核心。 它们的总行与总局全都设在中国的金融中心——上海，其分支机构也主要集中于东中部地区，在广大的西部地区十分弱小，即便是在当时西部的金融中心——重庆，四行二局也没有全部设立分支机构。 四大行中只有中央、中国、中国农民三行在重庆设立分支机构，交通银行在全面抗战爆发之前没有在重庆设立分支机构，二局中的邮政储金汇业局也没有在重庆设立分支机构。

银行是现代金融业的主力，全面抗战爆发之初，为了确保战争的正常进行，国民政府明确规定在战区以内中央、中国、交通、中国农民之四分行，应随军队坚持到最后，始能撤退。 特别是战区司令部所在地，四行中应有一行分设支行，照常服务，以利战区金融。[2] 因此，八一三事变后，8 月 16 日，中央、中国、交通、中国农民四银行迁至法租界，继续营业，直到 11 月上海失守，国民政府随即迁往重庆。 国内形势突变，中国沿海、沿江等

---

[1]《中中交农四行联合办事处重庆分处第 1 至 26 次会议记录》，1940 年 1—4 月，四联总处重庆分处未刊档案 0292-0001-00001，重庆市档案馆藏。

[2] 孔祥熙：《第二次地方金融会议演词》，《财政评论》第 1 卷第 4 期，1939 年 4 月，第 118 页。

东中部地区逐步沦为战区，原有的以上海为中心的金融网遭到破坏，为了保存经济力量，国民政府不得不放弃盘踞将近半个世纪的口岸都市，组织经济、金融组织以及相关人员进行西迁。 在国民政府的号召下，作为国民政府金融核心的"四行二局"，也踏上了浩大而充满艰辛的西迁行程，在战时的首都重庆开启了历史的新篇章。

3.3.1 中央银行内迁重庆

"中央银行"被称为发行的银行、国家的银行、银行的银行，是国家银行的中枢。 1928 年 11 月 1 日，中央银行在上海黄浦滩路 15 号华俄道胜银行旧址宣告成立。 其内部组织，除总裁、副总裁外，由监事会和理事会主持一切，且另设业务、发行两局。 其业务包括发行、铸币、经理国库、承募内外债、金银外汇的买卖、办理票据交换、重贴现及调剂金融市场等。 自中央银行 1928 年成立到 1945 年 7 月，宋子文、孔祥熙先后担任总裁。

1937 年八一三事变后，全国经济陷入混乱，各地金融机构被迫实行转移。 中央银行总部历经周折，辗转上海到南京，后再迁移到武汉，不久武汉战事爆发，中央银行不得不于 1938 年 8 月由武汉西迁重庆。[1] 与此同时，中央银行在各地的分支行也纷纷开始内迁。 全面抗战爆发前，中央银行有分行处 49 处，战事发生后，南京、扬州、镇江、下关、芜湖、蚌埠、安庆、济南、青岛、石家庄等行处先后西撤，于 1938 年 4 月在汉口组织撤退行处联合办公处，办理各该行处结束事宜。[2] 中央银行的南京分行、汉口分行、济南分行、青岛分行陆续迁渝，也有部分分行迁至甘肃、西安等地。 其中，中央银行南京分行在 1937 年全面抗战爆发后，先将账册、文券运往汉口，11 月 27 日奉命撤退。 所有员工除部分留守外，大部分先迁汉口，继迁重庆。 其原有的业务，在撤至汉

---

[1]《民国时期中央银行历史沿革及业务状况》，《档案与史学》2003 年第 3 期，第 5 页。

[2] 张度：《二十年来中央银行之变迁》，《中央银行月报》新 3 卷第 10 期，1948 年 10 月，第 20 页。

口时，即将存款移交汉口分行。经理李嘉隆奉命在汉口设立"撤退行联合办事处"，该办事处后来也迁到了重庆。撤退行联合办事处业务上只办理清理及移转账项，1942年1月在重庆清理就绪，将账册移交总行业务局接管，该处与收兑金银处同时结束。1945年8月15日，日本投降，南京分行奉命先于各行复员。同月25日，财政部指派李嘉隆为中央银行南京区复业特派员，他率领原该行人员十余人赶赴南京，9月15日该分行正式复业。[1]

七七事变后，由于国民政府机关纷纷迁来汉口，中央银行汉口分行业务增加，1938年7月，武汉撤退，于汉口法租界满沙街设置留守处，后改为三等分行，其余大部分人员迁往重庆，在都邮街国货商场二楼办公，继续办理汉行未尽事项。1945年10月22日，该分行返回汉口，在横滨正金银行旧址复业。[2]

中央银行总行迁到重庆后，初期借重庆市新街口四川美丰银行五楼办公，设有业务、发行、国库三个局和秘书、经济研究两个处。后随业务增多，内部组织不断调整扩大，各局处相继另觅地址办公，总行则在重庆道门口建房办公。[3] 在中央银行总行迁到重庆后，原来的重庆分行曾于1939年8月在上清寺设置新市区办事处，是年总行各局处也陆续抵渝。为应付对内对外事实上之需要及业务上之便利起见，总业务局于1940年元旦起正式对外营业，重庆分行的所有业务并入总行业务局，重庆分行宣告结束。直到1946年4月1日，中央银行总行复原东迁，同日，中央银行重庆分行才重新复业。[4]

中央银行总行迁渝后，重点在推进西南、西北地区基层网点的建设，仅四川一省就设置行处30多个。抗战胜利前夕，中央银行的分支机构计有一等分行7个，二等分行17个，三等分行67

［1］南京金融志编纂委员会、中国人民银行南京分行：《民国时期南京官办银行》，南京：南京金融志编辑室，1992年，第2-3页。
［2］湖北省志·金融志编纂委员会：《湖北省金融志》（上）（内部刊物），1985年，第137页。
［3］谷昆山：《抗战后迁渝的中央银行》，中国人民政治协商会议西南地区文史资料协作会议：《抗战时期西南的金融》，重庆：西南师范大学出版社，1994年，第166-167页。
［4］杨晓波：《重庆分行之沿革》，《中央银行月报》新3卷第10期，1948年10月，第71页。

个，办事处 12 个，税收处 29 个，另在印度加尔各答设有通讯处。[1] 迁渝后的中央银行，首要任务就是配合国民政府政治、军事目的，整顿大后方的财政金融和经济，支持抗战。在四联总处的领导下，中央银行逐步取得了相应的各项职权，开始发挥"银行的银行"的一些主要作用。1942 年 5 月 28 日四联总处临时理事会议通过《中中交农四行业务划分及考核办法》，7 月正式实施，规定四行业务，除各依其法及条例所规定者外，该行规定以下列各项为主要业务：（一）集中钞券发行，（二）统筹外汇收付，（三）代理国库，（四）汇解军政款项，（五）调剂金融市场。[2] 1945 年 6 月，国民政府财政部授权中央银行检查全国金融机构业务，该行为适应需要起见，将该行县乡银行业务督导处改组为金融机构业务检查处，于 6 月 11 日成立，负责检查全国各地金融机构之业务。[3] 这样，中央银行的功能逐渐高于其他三行，在全面抗战时期其地位仅次于四联总处，成为大后方的金融中枢，在控制大后方金融市场中起着重要作用。

3.3.2　中国银行内迁重庆

1912 年 2 月 5 日，中国银行在上海汉口路 3 号召开成立大会，正式开业。8 月 1 日，中国银行总行在北京大清银行旧址成立。初为总行制，1914 年 8 月改为总管理处制。在总行（或称总处）之下分为四级：分行、分号、兑换所和汇兑所。1928 年 10 月 26 日，国民政府公布《中国银行条例》，改中国银行为国民政府特许经营国际汇兑的专业银行。

1937 年全面抗战爆发后，国民政府财政部于 9 月 25 日密令中央、中国、交通、中国农民四行总行移设于国民政府所在地南京。

---

[1] 谷昆山：《抗战后迁渝的中央银行》，中国人民政治协商会议西南地区文史资料协作会议：《抗战时期西南的金融》，重庆：西南师范大学出版社，1994 年，第 167 页。
[2] 洪葭管：《中央银行史料（1928.11—1949.5）》（下卷），北京：中国金融出版社，2005 年，第 802-805 页。
[3] 联合征信所调查组：《上海金融业概览（1947 年）》，上海：联合征信所，1947 年，第 13 页。

中国银行随即对外发布公告，总管理处遵守命令迁往南京，并在南京分行挂了总管理处的牌子，还增添了办公处，但实际上并没有在那里办公。此后，由于环境的变化以及在海外设行办理登记手续需要填报总行所在地等原因，中国银行对总处所在地曾有几次决议，即1937年11月由上海迁汉口，1938年10月迁广州，同年11月迁昆明，但都是名义上的，并没有真正移设。八一三事变后，中国银行为安全起见，将总管理处由上海汉口路50号（在原公共租界内）迁至上海分行霞飞路办事处（原法租界内）楼上。后经财政部许可，另在汉口、香港设立临时机关。其一，在汉口设置总管理处驻汉办事处（总驻汉处），管理全体分支行处业务、账务及事务；其二，在香港设置总管理处驻港办事处（总驻港处），办理有关全行外汇及发行集中事项；其三，储蓄部随同总驻汉处一并移设汉口，国外部及信托部随同总驻港处一并移设香港。1937年11月，"总驻港处"在香港成立，地点在香港德辅道中6号广东银行大楼二楼，董事长宋子文、总经理宋汉章、副总经理贝祖贻等人员以及总处大部分处、室均移驻香港办公，成为当时中国银行的实际指挥中心。"总驻汉处"并未成立，但总管理处的部分处室如总账室一度曾移设汉口，储蓄部也曾迁往汉口，但都为时不长。1937年12月，储蓄部迁香港。1938年1月，总账室迁重庆，1939年3月1日，移往昆明，称为"驻滇总账室"，同年12月5日，又移设重庆。[1]

中国银行总管理处移设香港，虽为一种权宜之计，但却是利用香港发达的交通、通信等有利条件，便于联系上海及华中、华北，在金融方面与敌人进行斗争，同时也有利于吸收南洋、欧美各地侨汇及配合进口作战物资，以增长抗日实力。然而，当1939年9月，欧洲战事全面爆发后，香港的这种有利条件逐渐丧失。国民政府又颁布《战时健全中央金融机构办法纲要》，规定中央、

---

[1] 中国银行行史编辑委员会：《中国银行行史（1912—1949）》，北京：中国金融出版社，1995年，第404-405页。

中国、交通、中国农民四行总行未移设国民政府所在地者，应在最近期内移设，中国银行总处奉命由香港内迁重庆办公。此时正值重庆空袭频繁，加上银行人员众多，券料账册等资料尤需及时妥善安置。所以，中国银行在调集第一批人员迁渝办公的同时，在重庆郊区的石桥铺、枣子岚垭、牛角沱、丁家寨、玉灵洞等处租建办公及职工宿舍用房，开凿防空洞及保管库，以分批组织内迁。除留部分高层人员和必要人员在港外，大部分人员取道海防，由滇越路经昆明转重庆，也有部分员工暂留昆明、下关、保山等处办公，借以疏散。以后日本加紧南侵，派兵入越，以致有一部分经越返国员工中道折回，改由上海取道宁波辗转赴渝。1941年12月8日，太平洋战争爆发，不久香港沦陷，留港办事人员陷敌，所幸重要文件、账册等已先期运入内地，未遭损失。继而全部员工历尽艰辛，陆续偷越敌人封锁线，分别经澳门、广州湾、深圳等口岸进入内地，回到重庆总处。[1]

中国银行总行迁到重庆之后，其办公地点设在重庆新华路，而原有的重庆分行设在重庆中正路，其辖区除重庆外，还包括四川、贵州、西康三省，成为中国银行的重点行。到1942年底，中国银行重庆分行及所辖行处共70个单位，占同期中国银行机构的25.9%。到1944年底，重庆分行资产占全行的25%，负债占32%。1944年7月至11月，重庆分行盈利1.66亿元，比全行盈利1.54亿元还多。所以如此，一是因为重庆分行是中国银行业务重点，二是因为有相当多的行处亏损。[2]

3.3.3　交通银行内迁重庆

交通银行是晚清时期设立的第二家国家银行，为中国早期官商合办新式银行之一。光绪三十三年（1907年），由梁士诒提议，邮传部尚书陈璧以"募债赎回京汉铁路，方便经营邮传部轮、

---

［1］中国银行行史编辑委员会：《中国银行行史（1912—1949）》，北京：中国金融出版社，1995年，第405-406页。

［2］重庆金融编写组：《重庆金融》（上卷），重庆：重庆出版社，1991年，第131-133页。

路、电、邮四政，自办国际汇兑，辅助统一币制"[1]为由，奏请朝廷筹设交通银行。 光绪三十四年二月初二（1908 年 3 月 4 日），北京行开业，意味着交通银行的正式成立。 李经楚与周克昌分别为第一任总理和协理。 此后，在天津、上海、汉口、广州四地分行成功开办的形势下，国内各地分支机构以及海外分支机构的设立提上日程。 据统计，自光绪三十四年（1908 年）至宣统三年（1911 年），交通银行先后开张的营业机关共有 21 处。[2]

全面抗战爆发前，交通银行的分支机构已遍布国内经济比较发达的地区。 沿海地区自东北、华北沿海延伸至华南沿海，形成营业线最长的海岸系营业区。 长江以北，则遍布于以徐州、泰州、高邮、淮安为代表的地区，形成环状网络最广的江北系营业区。 依托京沪线路，对江南地区的城市和农村进行较广泛的网点分布，形成江南系营业区。 浙江地区的工商业和金融业素来发达，遂以钱塘江等交通要道为依托，形成浙江系营业区。 沿长江溯流而上，至中游的湖北地区，依次布置营业网点，形成长江系营业区，并有进一步将网点向长江上游扩张的计划。 西北系营业区则以陇海线为依托，在铁路沿线地区设置网点，东起海州西达郑州，并努力向内地深入推进。[3] 这六大营业区，以总行为主体，负责全国营业方针的制定。 下设有汉口、天津、厦门、长春、青岛、杭县、香港七分行，分行下设有支行，支行下又开设办事处、临时办事处，形成周密完善的隶属关系。 纵观全面抗战爆发前的交通银行的网络布局，主要集中于以上海为中心的东中部地区，西部地区则较少触及，在长江上游的重庆没有设立分支机构。

1937 年 7 月 7 日，全面抗战爆发，日军展开疯狂进攻。 短短

---

[1]《交通银行史》编委会：《交通银行史》（第一卷），北京：商务印书馆，2014 年，第 15-16 页。

[2] 张国辉：《中国金融通史》（第二卷），北京：中国金融出版社，2003 年，第 326 页。

[3] 交通银行总行、国家历史档案馆：《交通银行史料第一卷：1907—1949》，北京：中国金融出版社，1995 年，第 139-141 页。

数月，国土已大片沦丧，交通银行的大多分支机构陷于沦陷区的魔爪。 面对敌军进攻，在总处拟定统一的撤退方案前，已有一些分支机构采取办法进行自身调整或是先行撤退，这种情况的出现大多集中于战争爆发较早的地区。 为了安定人心，避免混乱，7月31日，交通银行总行发出指令，要求各行各处应采取措施应对当前局势，除了要保证资金安全外，还要妥善保存各种账册、票据。 8月13日，淞沪抗战正式开始，交通银行的重要营业区上海陷入混战之中，给交通银行带来巨大灾难，不得不迅速采取措施以应对局势。 除了将总行地点由上海外滩搬迁至霞飞路外，还对相关机构进行了调整，"将本总行改组为总管理处，简称总处，仍分业务、发行、储信三部，事务、稽核两处，并同时成立上海一等分行，所有总管理处处理一切行务之手续，为求事实上之便利"[1]。

1937年12月，按照四联总处要求，交行总处暂驻汉口，最终西迁重庆的决议，总处将办事机构分驻汉、港、渝三地，以便进退周旋，随时联络策应。 面对日军疯狂的进攻，交行总处被迫再次进行战略转移，开始从汉口撤出，兵分两路。 一路前往重庆，一路撤到香港，至此，两个总处并存的局面形成。 直至太平洋战争爆发后，香港沦陷，人员大部分迁渝。 在转移的过程中，钞票和印钞模版最为重要。 四联总处也发出指示，要求钞票模版设法运回，实在困难的话就地销毁，并要求人员和文件要尽量内迁。 由于时间紧迫、情况紧急，加上交通阻断，原计划将印钞模版带回重庆的想法落空，因此不得不狠心将其用铁锤砸毁，以免落入敌人手中后患无穷。 除此之外，交行行员顶着轰炸与战火将钞票切角，绝不留给敌人一分一毫。 但由于敌人的进攻突然，根本来不及准备，使得大量未带走的卷宗、账册以及来不及切角的钞票落入了敌军之手。 至此，总管理处驻港、沪的办事机构全部被日军占领，所有部门只得移往重庆。 直至抗战胜利，这一格局未再发

---

[1]《组织变更》，1937年9月21日，档号Y18，交通银行博物馆藏。

生变化。[1] 交通银行业务重心亦由港迁渝。

自 1937 年 7 月 7 日至 1939 年 7 月 20 日，交通银行各分支行处皆进行了裁撤。其中 1937 年 10 月因战事关系暂行裁撤的有临清办事处、泰安办事处以及邢台临时办事处、朝阳临时办事处。1939 年因业务清简裁撤的办事处有周巷办事处、庵东临时办事处、上海提篮桥支行、马尾办事处、宣城办事处及淮安办事处等 42 个分支行、办事处，都于撤退后归账。其间，约有 41 个交通银行支行、办事处撤退，撤退地点有天津、青岛、香港、上海、重庆及贵阳等。[2] 而同一时间，交通银行增设的行处有重庆分行、成都支行、昆明分行、贵阳支行、自流井办事处、内江办事处、万县办事处、李子坝办事处、雅安办事处、绵阳办事处、乐山办事处、都匀办事处、安顺办事处、遵义办事处等 35 个分支行、办事处。[3]

1938 年 8 月 24 日，交通银行董事长胡笔江及机上 20 余人乘坐的"桂林号"遭日军袭击坠毁遇难。在生死考验面前，张店办事处职员陈洞夫作为普通员工，冒着生命危险竭力保护行产；无锡分行办事员刘绥之、发行部经理刘宗成，为交行的内迁献出了宝贵的生命。诸如此类的故事还有很多，他们无论职位高低，均为交行做出了巨大的贡献。交通银行南京分行于 1937 年 11 月撤退至汉口，继续办理业务。后分两路，一部分由广州经香港至上海，一部分迁往重庆。次年 11 月，由重庆迁至昆明，后并入交通银行云南分行。

1942 年 7 月，交通银行经国民政府明定为发展全国实业之银行，规定该行以办理工矿交通及生产事业之贷放与投资及公司债与股票之经募或承受为主要业务，其一般业务范围包括存款、放

---

[1]《交通银行史》编委会：《交通银行史》（第三卷），北京：商务印书馆，2015 年，第 7-8 页。
[2] 交通银行总行、国家历史档案馆：《交通银行史料第一卷》（1907—1949 年），北京：中国金融出版社，1995 年，第 137-141 页。
[3] 交通银行总行、国家历史档案馆：《交通银行史料第一卷》（1907—1949 年），北京：中国金融出版社，1995 年，第 136-137 页。

款、汇兑、储蓄、信托及代理国库等项。 该行既负有发展实业之使命，故放款投资方面向以扶助工矿生产事业为主要业务，储蓄业务除普通活期、特种活期、整存整付、整存零付、整存分期付息、整存便期、零存便期等及协助政府推进各种储政外，更举办统制储蓄、养老储蓄、劳工团体储金、劳工福利基金储蓄、个人教育费储蓄及集团教育费储蓄等新型储蓄业务。 重要信托业务计有各种信托存款、各种信托投资、贴现、代理保管、保险、仓运、买卖有价证券以及代理购运生产原料与运销生产成品等项。 此外，抗战期间曾特创工厂添购机器基金存款，并代客优先预定购置机器，以谋协助生产事业之发展。[1]

抗战时期，交通银行不仅将总行迁到了重庆，同时还在重庆设立了分行，1938 年 1 月 10 日，设为重庆特等支行，11 月改为分行，行址设在打铜街 26 号，首任经理李钟楚，其后继任者有浦心雅、汤巨、张朔等。 从 1938 年到 1942 年底，先后在成都、叙府设支行，在自流井、内江、万县、雅安、绵阳、乐山、五通桥、太和镇、黔江、秀山、新津、灌县、綦江及重庆市郊区李子坝、化龙桥、小龙坎、歌乐山、黄桷垭等地设办事处，在资阳设分理处，连同重庆分行本部共 22 处，重庆分行业务区域包括四川全省并远及西康省的雅安，成为交通银行的重点分行。 与全行相比，以 1942 年为例，重庆分行的分支机构占 19.6%，存款占 16.2%，放款占 41.2%，汇出汇款余额占 15.4%，投资占 16.4%，是战时交通银行的主要盈利单位。[2]

3.3.4　中国农民银行内迁重庆

中国农民银行，其前身为"农村金融救济处"，1932 年由豫鄂皖三省剿总司令部设立，办理农贷储蓄及普通银行业务。 1933 年 4 月 1 日，改组更名为"豫鄂皖赣四省农民银行"，资本额定为

---

[1] 联合征信所调查组：《上海金融业概览（1947 年）》，上海：联合征信所，1947 年，第 25-26 页。
[2] 重庆金融编写组：《重庆金融》（上卷），重庆：重庆出版社，1991 年，第 142 页。

1000万元，初采总行制，由郭外峰任总经理，总行设在汉口，内分总务、业务、券务、会计、调查等五处，于南昌、芜湖二地设有分行及数办事处，规模粗具。1935年郭外峰病故，由徐继庄继任总经理。1935年4月，为统筹、调剂其他各省农村金融，该行奉令改组，更名为中国农民银行，总行设于汉口，业务区域扩及全国。该行发行之钞券亦于1936年春，奉令与法币同样行使。1937年4月，叶琢堂继任总经理，总行由汉口迁至上海。[1] 相较于其他几家国家银行，中国农民银行成立较晚，资本较为薄弱，分支机构也稍微逊色。

1937年7月，全面抗战爆发，总行又由沪迁回汉口。1938年6月，武汉会战开始，随着战局的恶化，武汉随时有失守的危险。1938年8月，中国农民银行总行迁往重庆化龙桥，后又于同年9月改为中国农民银行总管理处。下设总务、业务、农贷、储蓄、信托、发行、会计及经济研究8处，秘书、稽核、专员3室。1941年奉令兼办土地金融，增设土地金融处。同年秋，叶琢堂病故，总经理由顾翊群继任。1941年7月，国民政府施行国家银行专业化，该行发行事务移交中央银行，并接收中国、交通、中央信托局农贷事宜，农贷业务统一后，该行乃成为国民政府特许设立唯一之农村金融机构，资本额增为6000万元。1944年2月，该行股东大会议决，增加董事及监察人名额，董事增为25人，监察人增为9人，董事长仍由孔祥熙担任。[2]

抗战初期，中国农民银行的分支机构或撤退或新设，并无大增减，行处数目，1936年为75所，1937年为87所，1938年为71所，1939年为75所。到1940年之后，分支机构迅速发展，与战前相比增加至一倍以上，1940年为83所，1941年增至114所，同时还附设合作金库，由1940年的74所增至1941年的263所，两

[1] 联合征信所调查组：《上海金融业概览（1947年）》，上海：联合征信所，1947年，第34页；联合征信所调查组：《上海金融业概览（1948年）》，上海：联合征信所，1948年，第A37页。

[2] 联合征信所调查组：《上海金融业概览（1948年）》，上海：联合征信所，1948年，第A37-38页。

年之间，营业单位合计由 157 所增至 377 所。 1942 年是中国农民银行演变最大的一年，该年 7 月国民政府决定四行专业化，中国农民银行将发行业务移交给了中央银行，并接收三行局农贷事宜，计接受农贷区域 299 县，机构 112 所，人员 772 人，贷款额为 29000 万余元。 原由中国银行办理之工合放款，因与农村副业有关，该项放款 630 余万元，也由中国农民银行接收。 1942 年中国农民银行的分支机构增为 183 所，农贷机构 339 所，合计为 522 所。 1943 年下期，分支机构为 224 所，农贷机构为 526 所，合计达到 750 所。 1944 年下期有所减少，分支机构 201 所，农贷机构为 505 所，合计为 706 所。 1945 年上期，分支机构为 248 所，农贷机构为 492 所，合计为 740 所。[1] 可见，抗战大后方的农贷趋于统一，中国农民银行成为战时负责农村金融的专业机关。

中国农民银行重庆分行是 1935 年筹设的，管辖范围主要是四川省，全面抗战前，相继在成都、南充、乐山、资中、广元、泸县、宜宾、内江、自流井 9 地设立支行。 全面抗战爆发后，重庆分行根据四联总处敷设金融网的指示增设分支机构，1941 年中国农民银行积极推行储蓄运动，半年中已有 5000 万元之成绩，该行为了达到以金融扩充农贷资金的目的，推广设立简易储蓄处，规定凡该行之分行与分处均需负责筹设简易储蓄处 2 所，预计总数可达 200 处。 此外并设特约简易储蓄处 300 所。 重庆分处也积极推行，到 1941 年 5 月，沙坪坝、新桥及张家湾三处就已正式开业。[2] 到 1942 年时，重庆分行辖有 18 个办事处和 12 个分理处，所管辖的合作金库，到 1943 年 4 月止共有 68 个。 农贷业务地区包括川东南、川东北、川中内江以及自流井等 83 个市县设治局和试验区。 中国农民银行重庆分行行址最初设在黌学街，该址被日机炸毁后迁川盐大楼，后迁民权路特 11 号。[3]

---

[1] 中国人民银行金融研究所：《中国农民银行》，北京：中国财政经济出版社，1980 年，第 38-41 页。
[2] 《农民银行积极推行简易储蓄》，《陕行汇刊》第 5 卷第 5 期，1941 年 5 月，第 89 页。
[3] 重庆金融编写组：《重庆金融》（上卷），重庆：重庆出版社，1991 年，第 155 页。

3.3.5　中央信托局内迁重庆

信托事业，是受人委托代行管理、处理各种财产业务的行业，为近代金融业的重要支柱之一。 1921 年中国才有信托公司出现，仅上海一地即成立 10 余家，但因经营不善，多被淘汰。 1928年以后，又渐有设立，至 1936 年时，经国民政府财政部注册之信托公司，除中央信托局外，有通易、中央、国安、和昆、上海、恒顺、通顺、东南、上海兴业、中国、生大等 11 家，其中 1933 年 10月上海市政府所办之上海兴业信托社，是官办信托机构之始，而1935 年 10 月成立的中央信托局则是资本最为雄厚的国营信托机构。[1]

1935 年 10 月 1 日，中央信托局奉国民政府令准中央银行在上海汉口路 126 号设立，拨足资本 1000 万元，开始营业。 总局设于上海，在全国 26 个城市设立分局，19 个城市设立了代理处，其中，在西部地区的西安、重庆、兰州、贵阳、成都五地都设立了分局。[2] 中央信托局是国民政府的国家信托机构，"最初设立的目的，一方面是想为我国信托事业奠定一个巩固的基础，一方面是为了协助政府向国外采购各种建设事业需要的物料，尤其是与国防设备有关的东西"[3]。 中央银行兴办各种金融业务，难免业务繁多且手续繁杂。 故特在中央银行之下，组织成立一信托事业独立机关，承办一切信托局所做业务，办理各种信托及保险。 最初，信托局与中央银行业务、发行、国库三局同为该行直属之机关，行政上直属于该行，会计则完全独立。[4] 理事长由中央银行总裁孔祥熙兼任，局长由中央银行副总裁张嘉璈担任，不久，由

[1] 刘鼎铭：《中央信托局概略》，《民国档案》1999 年第 2 期，第 65 页。
[2] 中国银行总管理处经济研究室：《全国银行年鉴》（1936 年），上海：中国银行总管理处经济研究生，1936 年，第 J14 页。
[3] 中国第二历史档案馆：《中华民国史档案资料汇编》第五辑 第二编 财政经济（四），南京：江苏古籍出版社，1997 年，第 319 页。
[4] 洪葭管：《中央银行史料（1928.11—1949.5）》（上），北京：中国金融出版社，2005 年，第189-192 页。

于张嘉璈就任铁道部长，辞去局长兼职，由常务理事叶琢堂兼代，叶氏于 1936 年 1 月 13 日正式就职。[1]

中央信托局建立起来之后，经营信托、储蓄、购料、保险等业务，曾长时期附属于中央银行之内，并于各地中央银行分行设代理处。全面抗战爆发之后，1937 年 8 月，中央信托局内迁重庆，并于香港、上海两地各设办事处，随着业务的开展正式独立起来，先后增办兵险、寿险、易货、农贷、印制、运输等业务。1941 年 12 月，港沪沦陷，两办事处先后停顿，所有业务归并后方。[2] 其业务重心已经偏向于信托与保险。

中央信托局的活动长期置于中央银行控制之下，设理事会为最高权力机关、监事会为监督机关，理事会设理事长 1 人、理事 5 人，理事长由中央银行总裁兼任，其余理事及监事由中央银行总裁指定、派充。抗战时期的理事长（理事会主席）为孔祥熙（1935.8—1945.7）。[3] 战时的中央信托局，以太平洋战争爆发为界，分为前后两个阶段。从全面抗战爆发到太平洋战争爆发前，中央信托局为适应战争局面增添了好几个部门：易货部、兵工储料处、建储农贷处、印刷处、人寿保险处、运输处、人事处、秘书处。太平洋战争爆发以后，港、沪沦陷，上海残留的虹口业务处和审核处完全停顿。再加沿海口岸被敌封锁，购料、易货业务也都失掉了进出口，信托局业很受打击，因此不再扩充机构，改为一面协助政府为战时努力，一面尽可能紧缩。如 1942 年撤销了建储农贷处，1943 年将运输处缩小为科，到 1944 年 5 月撤销。总体而言，到 1944 年，中央信托局在重庆的总局共有 8 个营业部门（信托、储蓄、仓储、产险、寿险、印制、购料、易货），4 个管理机构（会计、人事、秘书、稽核）。分局共有 5 个，设在昆明、贵阳、桂林、衡阳、成都。另外，在印度有 1 个办事处，还

---

[1]《中央信托局长叶琢堂就职》，《金融周报》第 1 卷第 4 期，1936 年 1 月 22 日，第 17 页。
[2] 沈雷春：《中国金融年鉴》（1947 年），上海：黎明书局，1947 年，第 A81 页。
[3] 刘鼎铭：《中央信托局概略》，《民国档案》1999 年第 2 期，第 65 页。

在各地中央银行，都有中央信托局的代理处。[1]

3.3.6 邮政储金汇业局内迁重庆

1930 年 3 月 15 日，邮政储金汇业总局于上海成立，直隶于交通部，专办全国储金汇兑等业务，对各邮局办理储金汇兑等事务，有指挥监督之权，在南京、汉口两地先后设立分局。 1935 年 3 月，改称为邮政储金汇业局，直隶于交通部邮政总局。[2] 全面抗战爆发后，邮政储金业务遭受挫折，1937 年 12 月上海沦陷后，邮政储金汇业局部分搬迁至香港办公。 后为便于管理内迁分局业务起见，1940 年 4 月 1 日，邮政储金汇业局正式迁往重庆。 为开拓业务起见，开始以重庆为中心，在贵阳、昆明、桂林、西安、兰州、成都、韶关、衡阳、福州、永安、天水、宝鸡等后方各重要城市设立分局约 30 处，并在其下设立办事处 40 余处，专办储汇业务。 其间，虽因战事几经变迁，但截至 1945 年 8 月，国统区办理邮政储金的邮局及邮汇局所已有 2000 余处，几乎是战前全国储金机构的 3 倍以上，而各区局所经办人手的充实也远非战前所可拟。[3] 在全面抗战时期，邮政储金汇业局的业务在 1942 年国民政府施行国家银行专业化后有了变化，以储金汇兑为主，以交通部所属机关之存放款、简易人寿保险及其代理业务为副。[4]

在重庆，除了邮政储金汇业局的总局外，1939 年 1 月 27 日，还建立了邮政储金汇业局重庆分局，该分局是由内迁到重庆的邮政储金汇业局南京分局驻渝办事处改组而成。 原设重庆城内段牌坊，因离商业市场颇远，寻找到都邮街川康平民银行旧址，于是年 4 月 3 日修竣，迁往营业仅一个月，5 月 4 日敌机大举袭击，新

---

[1] 中国第二历史档案馆：《中华民国史档案资料汇编》第五辑 第二编 财政经济（四），南京：江苏古籍出版社，1997 年，第 319-320 页。

[2] 联合征信所调查组：《上海金融业概览（1948 年）》，上海：联合征信所，1948 年，第 A52 页。

[3] 徐琳：《试论抗战时期的邮政储金汇业局》，《社科纵横》2007 年第 11 期，第 129 页。

[4] 联合征信所调查组：《上海金融业概览（1948 年）》，上海：联合征信所，1948 年，第 A52 页。

址被炸损毁，不得不回段牌坊营业。 1939 年春都邮街新户落成，迁往营业，仍在段牌坊原址设办事处，因上清寺一带机关林立，增设办事处于该处。 同时又在山洞修建房屋，除营业外并作为疏散公务之用。 1941 年，增设黄桷垭办事处，又为便利各兵工厂员工之储汇起见，在近郊之陈家馆、铜元局、大佛寺、磁器口、郭家沱五个兵工厂内设立分理处各一所。 1942 年，南岸四公里机关要求重庆分局在该处设立机构，遂于孙家坡增设分理处。 1943 年，为便利迁建区居民之储汇，在新桥、青木关、弹子石、龙门浩各设办事处一所，后又于相国寺、高滩岩各设分理处一所。 此外，1940 年 1 月设成都办事处，由重庆分局直辖。 这样，到 1944 年，总计设有办事处 8 所，分理处 8 所。 重庆分局的业务以储金及汇兑为主，放款次之。 在储金业务方面，1938 年仅 190 万元，到 1943 年已增为 63450 万元，1944 年的 1—5 月又增 45000 万元达到 108000 万元，至于存户数目已由 1939 年份之 1625 户增至 52000 余户。 汇款方面，1938 年仅 220 万元，到 1943 年增为 36000 万元，1944 年份估计可达 60000 万元。 而放款方面，1938 年底仅 10 万元，从 1941 年以后逐渐增大，到 1943 年底，已达 25700 万元。[1]

3.4　各省地方银行在重庆

省地方银行的经营范围，本来主要限定在省境以内。 1937 年，全国省地方银行共计 23 家，分支行处约为 540 个。[2] 全面抗战爆发后，随着战事的不断扩大，东部地区不断沦陷，沦陷区银行大量西迁，东部各省地方银行也开始了内迁。 国民政府财政部又多次召开地方金融会议，明确指出省地方银行是推动地方金

---

[1] 王租廉：《邮政储金汇业局重庆分局概况》，《交通建设》1944 年第 2 卷第 7 期，第 8-9 页。
[2] 傅兆荣：《抗战来之我国省地方银行》，《财政知识》第 2 卷第 3-4 期，1943 年 2 月 1 日，第 70 页。

融的枢纽。 特别是在 1940 年 12 月 14 日，国民政府财政部通令：省地方银行及其分支行处，"应以本省境内为限……如省境以外，确有设立机关之必要，应专案呈部核准办理……并以设置办事处为限"[1]。 可见，在全面抗战时期的各省地方银行与国家银行和商业银行不同，其业务范围主要以本省为重，因此省地方银行设立的省外分支机构不多，且主要集中于战时首都重庆。 这样，在重庆既有迁来的各省地方银行，也有总行设在重庆的四川地方银行。

3.4.1 内迁重庆的各省地方银行

全面抗战爆发之后，东部省地方银行均不同程度地受到了战事的影响，其中，受战争影响最为剧烈的省地方银行是河北省银行，该行虽能继续营业，但已为敌伪所劫持利用，1937 年 11 月 13 日，并入伪察南银行（察南银行于 1940 年 9 月 21 日改组为伪蒙疆银行）。[2]

随着战事的发展，战区内的各省银行纷纷陷于停滞状态。 总行设于上海的江苏银行，其抗战前设在江苏省境内的分支机构 34 处，全为所在地的敌伪掠夺。 江苏省农民银行亦遭受严重损失，所有各种放款共计 1800 余万元，均无法收回。[3] 先后停业之分支机构有分行 18 处，支行 7 处，办事处 50 处。 后于香港设保管处，集中账册予以整理，同时还将江苏农民银行总行迁移到汉口。 1938 年初，该行农产运销处主任陈启湘，率领职员 10 余人到重庆筹设分行，并租定新街口某号房屋加以改建作为行址。 山东民生银行因受战事影响，1937 年 11 月将总行及办事处 8 处同时停业，随军撤退。 1937 年 10 月 8 日太原失陷后，山西省银行总

---

［1］郭荣生：《中国省银行史略》，沈云龙：《近代中国史料丛刊续编》第十九辑，台北：文海出版社，1975 年，第 4 页。

［2］郭荣生：《中国省银行史略》，沈云龙：《近代中国史料丛刊续编》第十九辑，台北：文海出版社，1975 年，第 26 页。

［3］中国第二历史档案馆：《四联总处处会议录》（一），桂林：广西师范大学出版社，2003 年，第 189-190 页。

行迁移晋南运城、临汾两地。 1938 年春,晋南吃紧,总行迁移西安,晋省内各分支机构一律停业。[1]

东部各省沦陷后,沦陷区各省银行不仅积极进行恢复自救,同时还配合国民政府的金融政策,致力于同敌伪展开金融战,甚至把总分行迁入大后方,支持大后方的经济建设。 1940 年春,国民政府为加强货币战争,保护法币,使不为敌伪收集套购外汇,颁布《管理各省省银行或地方银行发行一元券及辅币券办法》,准各省银行发行地方券,以限制法币外流。 东部各省即成为货币战之前哨,但原有地方金融机构已遭到毁坏,于是财政部试图恢复战区各省银行以加强斗争。

财政部与河北省政府筹设河北省银行,以抵制日伪金融侵略。 1939 年 8 月,河北省政府奉财政部令,筹设河北省银行(第二),核定资本总额 100 万元,先拨半数计 50 万元,首先成立重庆分行,派武绍望负责,经多月筹备,于 1940 年 4 月 11 日开幕,采取总管理处制,总处业务由重庆分行代理。 1941 年 4—5 月筹设洛阳、西安两办事处,7 月 1 日开幕,由河北省政府议决增拨资本 30 万元。 1942 年 4 月,总管理处移设洛阳,组织陆续扩大,设有总务、会计、出纳、稽核四课及金库组。 1942 年冬,奉财政部核准,设物资购销部。 重庆分行亦奉财政部令改为办事处。1942 年底该行资本 100 万元中,由省库拨下 50 万元,其余 50 万元,决定由省库于半年内陆续拨足。 该行为执行对敌伪货币战任务,发行有五角辅币券一种,1942 年 8 月,发行额为 30 万元,流通额为 24 万元,库存券 60 万元。 现金准备与保证准备依财政部规定全数缴足。 1945 年抗战胜利,该行移设河北。[2]

绥远平市官钱局在包头以东各局为敌伪攫取后,仅剩五原与临河两分局在万难中艰苦支持。 1939 年绥省政府转进河西,复奉

---

[1] 郭荣生:《中国省银行史略》,沈云龙:《近代中国史料丛刊续编》第十九辑,台北:文海出版社,1975 年,第 31-32、104-105 页;《各银行筹设重庆分行》,《金融周报》第 5 卷第 14 期,1938 年 4 月 6 日,第 20 页。
[2] 郭荣生:《中国省银行史略》,沈云龙:《近代中国史料丛刊续编》第十九辑,台北:文海出版社,1975 年,第 96 页。

国民政府令于陕坝成立总局恢复办公,几经整顿始具规模。 为适应抗战需要,1940 年 7 月改组为绥远省银行。 1941 年 1 月 1 日正式成立于绥远陕坝,设办事处于兰州、宁夏。 该行资本总额 100 万元,实收 50 万元,由省府出资。 到 1942 年 6 月,已发行有元辅币券 50 万元,流通绥西各县。[1]

江苏银行为恢复营业与国民政府财政部筹商复业计划,1940 年 7 月国民政府财政部与江苏省政府决定各筹集资金 300 万元,以为复业之用,双方资金先后拨足。 因江苏省战事关系,业务无法开展。 1941 年 11 月 1 日设重庆办事处,原在渝聚兴诚设立之总行办事处即予取消,太平洋战事发生后,即以重庆为总行,1941 年 12 月底其总分支机构仅重庆与上海两办事处。 后上海公共租界被日军侵占,沪行环境恶劣,应付困难,业务无形停顿。[2]

江苏省农民银行镇江总行对外停止营业后,对内主要在重庆黄桷垭设总经理办公处,指挥行务。 1942 年 2 月,开业之办事处已达 9 处,计为驻渝办事处,驻歙办事处,驻饶办事处(江西上饶,1940 年 6 月设),驻金办事处(浙江金华,1941 年 4 月 15 日设),驻屯办事处(安徽屯溪,1942 年 2 月设),驻江南办事处,溧阳收购丝茧办事处,金华合作社农产运销处及苏北分行筹备处(淮安泾口镇,1942 年 1 月 2 日设)。 除各办事处外,还开办有江南分行一处。 从上述情形可见,该行在困难情形下,其业务仍在努力推动。[3]

1938 年冬,山东民生银行的总行及各办事处账册退集重庆,加以整理。 设山东民生银行整理委员会,拟予复业,以便协助战区金融。 1938 年春,在晋南吃紧后,山西省银行即将晋省内各办事处一律停业将总行迁移西安,与山西铁路银号合组办事处,并

[1] 郭荣生:《中国省银行史略》,沈云龙:《近代中国史料丛刊续编》第十九辑,台北:文海出版社,1975 年,第 29 页。
[2] 郭荣生:《中国省银行史略》,沈云龙:《近代中国史料丛刊续编》第十九辑,台北:文海出版社,1975 年,第 30-31 页。
[3] 郭荣生:《中国省银行史略》,沈云龙:《近代中国史料丛刊续编》第十九辑,台北:文海出版社,1975 年,第 31 页。

设分处于成都。后成都办事处裁撤，在陕西宜川设总行，西安设办事处，对外停止营业，主要任务在维持该行所发钞券之补找流通及破烂钞票之收毁。1942年，将总行移山西吉县克难坡重新规划，以图扩大营业。1943年，山西省府决议将铁路银号与山西省旧设绥西垦业银号并入，总行移设西安恢复营业，并在晋西各县大宁、石楼、方山、孝义、离石、吉县及陕北之宜川等地设立办事处恢复营业。[1]

省银行主要以调剂本省金融，扶助发展本省经济为职责，而其分支行处之设立，也是主要以本省境内为限。在抗战时期，东部沿海地区的省级地方银行在战争中遭受了重大损失，其中少数迁往西部地区。在东部各省银行中，江苏银行、山东民生银行两家总行撤至重庆，河北省银行的总行迁移洛阳。与此同时，各沦陷省份之省地方银行，也奉国民政府之命先后在陪都重庆设立分行或办事处，而战时在渝设行处者，计有江苏省农民银行、江苏银行、安徽地方银行、湖南省银行、湖北省银行、河北省银行、河南农工银行7家。此等省地方银行在渝设立办事处，主要在于加强各省与后方国民政府的金融联系。除此之外，还办理与各该行区内各县通汇，兼营一部分普通银行业务。[2]此外，战时战区各省银行，以迁移本省非战区继续坚持艰难经营为主体，如浙江地方银行、江苏省农民银行、安徽地方银行、江西省银行、湖北省银行等，因其本省大部分地区沦陷，其分支处机构随之撤销，但其总行机构并未撤销，主要任务是随各省军政机关行动，经理省金库，办理其军政费用的收支。全面抗战爆发后将总行迁到重庆的省地方银行情况见表3-2。

---

[1] 郭荣生：《中国省银行史略》，沈云龙：《近代中国史料丛刊续编》第十九辑，台北：文海出版社，1975年，第31-32、105页。

[2] 张舆九：《抗战以来四川之金融》，《四川经济季刊》第1卷第1期，1943年12月15日，第68页。

表 3-2　全面抗战爆发后将总行迁到重庆的省地方银行情况表

行　名	设立年月	设立的总行所在地	战时总行撤移地	1936 年底分支行处数	受战事影响停业撤退行数	抗战期中添设行数
江苏银行	1912 年 1 月	上海	重庆	34	不详	1
江苏省农民银行	1928 年 7 月	镇江	重庆	73	38	1
山东省民生银行	1932 年 7 月	济南	重庆	8	8	
合计				427	96	400

资料来源:傅兆荣:《抗战来之我国省地方银行》,《财政知识》第 2 卷第 3-4 期,1943 年 2 月 1 日,第 68-70 页。

可见,在战争环境下,东部地区的省地方银行虽然受到冲击,总行所在地全都进行了迁移,但真正迁到抗战大后方的并不多,仅有江苏银行、江苏省农民银行及山东省民生银行 3 行将总行直接迁移到大后方中心的重庆,其余的则在本省内迁移。

当东部各省沦陷后,沦陷区各省银行虽蒙受相当损失,然均能在政府督导之下,增强力量,发展业务并随时注意敌伪经济侵略,以适当之抵制方法,粉碎其阴谋。[1] 尤其是配合国民政府的金融政策,致力于同敌伪展开金融战,甚至把总分行迁入大后方,支持大后方的经济建设。 从表 3-3 中可以看到迁入大后方的沦陷区省银行的基本情况。

表 3-3　截至 1942 年底沦陷区各省地方银行在西南西北设立行处统计表

省别 行别	四川	重庆	西康	贵州	云南	广西	陕西	甘肃	宁夏	青海	新疆	总计
湖北省银行	2	1										3
江苏银行		2										2
江苏省农民银行		3										3
广东省银行		1		1	1	3						6
河北省银行		1					1					2
安徽地方银行		1										1
福建省银行		1										1

[1] 财政部钱币司:《十年来之金融》,重庆:中央信托局印制处印,1943 年 11 月,第 11 页。

省别 行别	四川	重庆	西康	贵州	云南	广西	陕西	甘肃	宁夏	青海	新疆	总计
河南农工银行		1					1					2
湖南省银行		1		1		4						6
绥远银行									1	1		2
总计	2	12	0	2	1	7	2	1	1	0	0	28

资料来源:郭荣生,《战时西南西北金融网建设》,《财政学报》第 1 卷第 3 期,1943 年 3 月 15 日,第 60-65 页。

由表 3-3 可知,随着日军的步步进逼,中国的东中部地区不断沦陷,各省地方银行也纷纷随着国民政府而西迁。到 1942 年底,迁到西南西北各省的沦陷区省地方银行一共有 10 家,其分支行处共计 28 个,其中主要集中在重庆,共计 12 个,其次是广西有 7 个,在西部 10 省 1 市中,除了西康、青海和新疆没有建立分支机构外,其余省份都有,虽然总体机构不多,但分布还是十分广泛的。湖南省银行即在战时首都重庆打铜街寻找到新址,设立重庆分行,于 1939 年 12 月 15 日迁入营业。[1]

全面抗战爆发后,不仅东中部诸沦陷区之省地方银行,先后纷纷内迁,内地一些省地方银行也在战时首都重庆和大后方设立办事处,以加强与后方地区之间金融联系。其中,在重庆设行处者,有江苏省农民银行、江苏银行、安徽地方银行、湖南省银行、湖北省银行、河北省银行、河南农工银行、陕西省银行、甘肃省银行、广东省银行、广西银行、福建省银行、云南省银行、西康省银行、贵州省银行、浙江地方银行。[2]

3.4.2 在重庆的四川省银行

四川省是近代中国建立省级地方银行较早的省份之一,而重

---

[1]《湖南省银行重庆分行于十二月十五日迁入打铜街新址营业》,中国农民银行重庆分行未刊档案 0289-1-1202,重庆市档案馆藏。
[2] 张舆九:《抗战以来四川之金融》,《四川经济季刊》第 1 卷第 1 期,1943 年 12 月 15 日,第 68 页;重庆市政府:《重庆要览》,重庆:重庆市政府,1945 年,第 90-91 页。

庆则是四川省建立的各类地方银行筹设总行及分支机构的重要城市。 从 1905 年创办的濬川源银行，到 1921 年刘湘驻渝时创办的官商合办的重庆中和银行，1923 年联军总司令刘湘、黔军总司令袁祖铭等新设四川银行，再到 1934 年 1 月设立的四川地方银行，1935 年 11 月改组为四川省银行，都将总行设立于重庆。 1937 年 7 月，四川省银行的业务发展良好，相继设置的分行办事处汇兑所等，计有成都、万县、上海、内江、涪陵、达县、自流井、富顺、泸县、宜宾、乐山、绵阳、南充、遂宁、三台、太和镇、峨眉、巴中 18 处之多，行务极为繁冗。 四川省政府主席刘湘认为，总行制下，总行既须办理渝行事务又须统筹各分行处全局业务，在分行处所不多时尚能应付裕如，而当行处增加之后亟有改良制度之必要。 于是，谕令四川省银行仿中国银行之例组织总管理处，以资统筹，另设渝行，业务划分办理，与其他行处同辖于总处。 在总管理处设立后，另设渝分行，经理一职即以原任成都分行经理兼第一区税务督察处长何兆青调充。[1] 然而，从之后公布的《四川省银行章程》来看，抗战时期的四川省银行仍然实行的是总分行制，"本银行设总行于重庆，设分行于成都，其他各重要地方经董事会之议决得设分支行及办事处、代理处，但须呈请省政府核准，咨请财政部备案"[2]。 这样，在全面抗战时期，总行设于重庆的四川省银行得到了空前发展，为重庆的金融现代化做出了贡献。

全面抗战之后，随着国民政府的西迁，重庆成为战时首都，四川经济地位的重要性较战前大增，四川省政府为了发挥省银行在金融方面应尽的职能，特别加强四川省银行的组织建设。 四川省银行的人事在战前系以周焯为理事长，刘航琛为总经理。[3] 1938 年，四川省银行改组两次，5 月第一次改组，由周焯任董事长，改任潘昌猷为总经理；11 月第二次改组，潘昌猷继续为总经

[1]《四川省银行改总管理制》，《四川经济月刊》第 8 卷第 1 期，1937 年 7 月，第 19-20 页。
[2]《四川省银行章程》，《四川省银行行务月报》第 1 卷第 1 期，1940 年 5 月，第 12-13 页。
[3] 徐学禹、丘汉平：《地方银行概论》，福州：福建省经济建设计划委员会，1941 年，第 85 页。

理，董事长改由郭松年担任。直到 1939 年 4 月，四川省政府以省行分支机构日渐增多，业务日趋繁剧，原有组织不足以适应业务进展的需要，必须将内部组织加以扩大，于是经四川省务会议决议，颁发《修正四川省银行组织章程》，由董事长代表董事会执行日常重要业务。1940 年 6 月，四川省政府指派潘昌猷为董事长，另委杨晓波为总经理，改组后的董监事会于 7 月 1 日正式就职，接管行务。[1] 而内部组织于 1939 年夏季加以扩大，董事长、总经理、协理以下，分设稽核处、总务两处，业务、省库、储蓄、信托四部及经济研究室。[2] 四川省银行在董事长潘昌猷与总经理杨晓波的带领下，业务得到迅速发展。

抗战时期四川省银行快速发展，银行资本额得到迅速增长是其主要表现。在 1935 年改组成立时资本额为 200 万元，到 1936 年，经四川省府第 108 次省务会议决议，就建设公债中拨公债票面额 200 万元，充四川省银行资本，资本额达到 400 万元。[3] 1939 年 10 月，四川省银行原有资本总额 700 万元，因业务增加，四川省政府决定于最近期内将该行资本扩充为 1000 万元，以便大举发展全川地方经济，实现预定之新四川建设方案。[4] 这 1000 万元资本的股额分配，由四川省政府认股 400 万元，国民政府财政部认股 200 万元，招募商股 400 万元。[5] 事实上，新增资本是比较困难的，到底官股如何领取，商股如何招募？均难以解决。到 1940 年 9 月 20 日，财政部所认之官股 200 万元，以统一丁种公债票面额 200 万元拨充，而四川省政府所认增加之官股，迄未照拨。此后虽有取消商股，增加官股为 2000 万元之拟议，一年多也未能

---

[1] 施复亮：《四川省银行的过去现在和将来》，《四川经济季刊》第 1 卷第 3 期，1944 年 6 月 15 日，第 162-163 页。
[2] 徐学禹、丘汉平：《地方银行概论》，福州：福建省经济建设计划委员会，1941 年，第 85 页。
[3] 《川省银行增加资本》，《四川月报》第 9 卷第 3 期，1936 年 9 月，第 142 页。
[4] 《四川省银行扩充资本为一千万元》，《经济汇报》第 1 卷第 2 期，1939 年 11 月 16 日，第 19 页。
[5] 《总字通告第二十九号》，《四川省银行行务月报》第 1 卷第 3 期，1940 年 7 月，第 31 页。

实现。[1] 1942 年 12 月，四川省银行为进一步推进业务，再次决定增加资本 4000 万元，此项增加之资本，其中国民政府财政部担任 1000 万元，四川省政府担任 2000 万元，其余 1000 万元为商股。[2] 到 1944 年初，随着通货膨胀的日益加剧，四川省参议会曾建议由四川省府增补 4500 万元，财政部增补 1500 万元，以增足 1 亿元。1944 年上半年，四川省银行拟定办法，将该行 1943 年度盈余之 5200 万元增为资金，并于 5 月呈请财政部批准。[3]

在全面抗战爆发后，四川省银行分支行处的增设十分迅速，特别是 1938 年 6 月 9 日，国民政府公布《公库法》，通令各省先后遵照四川省政府经两年准备，定自 1940 年 7 月起实施，委托四川省银行代理公库，令省银行敷设四川全省金融网，务期每县市至少须设一分支行处。省行为奉令以应代理省库之实际需要，于 1938 年内，除将内江办事处改为分行，富顺、太和镇、三台 3 汇兑所改为办事处外，复添设香港、昆明、雅安、西昌、广元等办事处 10 余所。1939 年为四川省银行建设省内金融网最努力之一年，计添设办事处 42 所之多，1940 年增设办事处 19 所。其后连年增设，到 1943 年底有总行 1 处设于重庆，设于成都、内江、万县分行 3 处，设于合川、遂宁、南充、达县、泸县、自流井支行 6 处，分布于全川各县镇的办事处 80 处，总共有分支行处 89 处，连同总行共 90 处。[4] 在重庆，除了总行之外，到 1944 年 6 月，共设有新桥、黄桷垭、磁器口、弹子石、两路口等 5 个办事处。[5]

在重庆的四川省银行总行，设在重庆下陕西街。但全面抗战爆发之后，随着国民政府迁都重庆，从 1938 年 2 月开始，日军实施了对战时首都的无差别大轰炸，特别是 1939 年五三、五四敌机

---

[1] 郭荣生：《抗战期中之四川省银行》，《经济汇报》第 5 卷第 5 期，1942 年 3 月 1 日，第 80-81、87 页。
[2] 《四川省银行增资四千万元》，《经济汇报》第 6 卷第 12 期，1942 年 12 月 16 日，第 100 页。
[3] 《金融界简讯》，《银行通讯》1944 年第 10 期，第 23 页。
[4] 张舆九：《抗战以来四川之金融》，《四川经济季刊》第 1 卷第 1 期，1943 年 12 月 15 日，第 67 页。
[5] 施复亮：《四川省银行的过去现在和将来》，《四川经济季刊》第 1 卷第 3 期，1944 年 6 月 15 日，第 164 页。

大肆轰炸重庆后，重庆机关团体奉令疏散，四川省银行也不例外。 到 6 月 25 日，下陕西街的四川省银行总行被炸，于是四川省银行决意将办公地点辗转迁徙，不得已将原有的信义街（接圣街）十六号仓库地点略事修葺，暂时营业；各级职员分别疏散，将总行总务、业务、稽核三部的职员迁到距城 40 余里的花岩寺，与经济部共同居住；买南岸龙门浩上新街房屋一幢，将总行无线电台及职员疏散到该处；将经济调查室的职员及书籍迁到黄沙溪；租建设新村供储蓄部各职员居住。 从 1939 年 6 月到 1940 年 8 月，在重庆的四川省银行总行经轰炸后，集多数人居住者已有六七处之多，其余三五人散居城乡间者，如陕西街二十五号、信义街十四号、海棠溪车站、江北仓库、牛角沱、天星街等不一而足。疏散只是权宜之计，为了提高办事效率，仍须集体居住。 于是，四川省银行在 1939 年 8 月，购得松林坡孙姓田地及荒山数十亩地，建造办公室及宿舍，到 1940 年 8 月已初步完成三期建设。 这样，即便是在日军不断狂轰滥炸情况下，四川省银行仍然得到发展，规模越来越大，仅在重庆总行的行员人数从 1939 年 6 月的 197 人，到 1940 年 7 月增加到 478 人，行警役夫亦由 100 余人增至 300 余人。[1] 在日机的不断轰炸下，四川省银行的职员也仍然坚持工作。 据记载，1940 年 11 月因"敌机袭渝，信义街总行附近落弹，本行屋瓦窗壁以及防空洞口均受波及，经事务课督率培补，当晚即告恢复原状，次日得照常营业，足见督率有方，办事敏捷"，因此，相关人员均受到嘉奖。[2] 到 1941 年 4 月 25 日，四川省银行在重庆的对外营业部分全部迁道门口新厦办公。[3]

随着四川省银行业务的发达，银行职员也不断增加，其中在重庆的营业机构还大量雇用女职员。 据报道，该银行在重庆自抗战前就开始雇用女职员，1934 年仅雇用女职员 19 人，之后雇用女

---

[1]《总行一年来事务之回顾》，《四川省银行行务月报》第 1 卷第 4 期，1940 年 8 月，第 61-64 页。

[2]《通告·奖惩（十一月份）》，《四川省银行行务月报》第 1 卷第 8 期，1940 年 12 月，第 22 页。

[3]《四川省银行迁移新址》，《银励》第 2 卷第 2 期，1941 年 5 月 15 日，第 21 页。

职员的人数逐渐增多，1939 年增为 169 人，到 1940 年 10 月女职员已达 270 人。 并且自 1940 年 11 月 1 日起，在重庆新市区的四川省银行的营业部门，全部雇用女职员，自经理至仆人均为女子。据代理经理称，女工成绩往往较男工为佳，唯有时女工不能忍受长期工作。[1] 从 1941 年起，四川省银行确定了明确的营业方针，积极扶助生产事业及本省特产品的生产运销。 1943 年度更是确定放款五大原则，即（一）提倡本省特产品的生产运销放款，（二）扶助生产事业的放款，（三）尽量限制普通商业放款，（四）限制同业放款，（五）继续办理小工业放款。[2] 重庆作为战时首都，人口急剧膨胀，人民的日常需要增加，为了扶助重庆市区小工业之发展，增加日用品之供给，四川省银行在 1943 年 10 月专门颁布《四川省银行办理重庆市小工业放款暂行办法》，所扶植的小工业"以其出品能供给军用或民生日常需要，并经社会局登记加入同业公会者为限"。 借款的手续，首先是借款人填写省银行借款申请书并觅取殷实铺商或厂家或社会上有信誉之二人担保，提出银行规定的担保品：自有之原料产品、土地、房屋、工具生财等；其次是经银行派员实地调查核实其业务及担保品后，再行核定放款金额。 并规定，每一借款人，其借款数额，至多不得超过 5 万元。 借款利率按照重庆市中央银行挂牌拆息计算。 借款期限为 3 个月，如有特殊情形不能如期清偿时，须于到期前一个月填具申请书，申述展期理由送交省行审核。 展期以一次为限，利率照原期付清。 借款人所借款项，限在本业上作正当运用，不得移作其他不正当用途或转贷他人从中渔利。 省行对借款人之借款用途及一切账目，有随时监督审查之权。[3] 实际的效果是，关于生产事业及本省特产放款，在重庆总行方面，主要集中在丝业放款、水电公司事业放款、水泥及炼油事业放款、面粉业及盐业放

---

[1]《四川地方银行全用女职员》，《国际劳工通讯》第 7 卷第 11 期，1940 年 11 月，第 22 页。

[2] 施复亮：《四川省银行的过去现在和将来》，《四川经济季刊》第 1 卷第 3 期，1944 年 6 月 15日，第 167 页。

[3]《四川省银行办理重庆市小工业放款暂行办法》（1943 年 10 月四川省银行公布），《经济汇报》第 8 卷 9-10 期，1943 年 11 月 6 日，第 265-266 页。

款、公共汽车及轮渡业放款等。[1]

总之，四川省银行在抗战时期得到极大发展，1937 年，除重庆总行之外，共有分支机构 17 处，1938 年增为 29 处，1939 年激增为 70 处，1940 年达到 88 处，1941 年更是创下了 91 处的新高，1942 年降为 89 处，1943 年又升为 92 处。而伴随着分支机构的增加、规模的扩大，行员队伍也在不断扩大，当 1935 年四川省银行改组成立时，只有 144 人，1936 年增至 187 人，1937 年 263 人，1938 年 339 人，1939 年 836 人，1940 年增至 1275 人，为四川省银行抗战以来人数最多的一年。其后逐渐减少，1941 年底全行员生已减至 1216 人，1942 年底更减至 1017 人，1943 年底又减至 991 人，比 1940 年已经减少 284 人了。[2] 在四川省银行的发展壮大中，重庆总行是核心，不仅是各分支行处的指挥中心，而且也为战时首都重庆的工商业发展提供了金融支持。

3.5　全面抗战时期重庆城市合作事业与重庆合作金库

全面抗战爆发后，重庆的地方金融机构，不仅有从战区内迁的省地方银行与大后方本地的省地方银行在重庆设立的分支机构，还有重庆市自己建立的重庆市合作金库，该库建立于 1941 年 1 月 5 日，是全面抗战时期最具特色的重庆地方金融机构。

合作金库起源于西方，是伴随着合作社的发展而兴起的一种新型的金融组织形式。20 世纪 20 年代以后，随着合作经济思想在中国开始传播，国民政府面对日渐残破的农村经济，开始推行农村合作社。到 20 年代中期，为解决农村合作社存在的严重资金短缺问题，国民政府开始实施建立合作金库制度，由此拉开了合

[1] 施复亮：《四川省银行的过去现在和将来》，《四川经济季刊》第 1 卷第 3 期，1944 年 6 月 15 日，第 167 页。
[2] 施复亮：《四川省银行的过去现在和将来》，《四川经济季刊》第 1 卷第 3 期，1944 年 6 月 15 日，第 164 页。

作金库在近代中国的发展序幕。 直到全面抗战爆发前，合作金库虽在全国范围内有了一定程度的发展，但主要限于农村，城市合作金融还未得到充分展开。

全面抗战时期，重庆市合作金库的组建，主要是因为国民政府迁都重庆造成人口激增，加之物价不断高涨，重庆市内职工居民生活日益困难，重庆市政府为平抑物价、安定生产，提倡组织消费社、生产社，使重庆市合作事业迅猛发展，然而出现了资金瓶颈。 为了促进重庆城市合作事业的发展，调剂重庆市合作社的资金需要，重庆市合作金库就这样应运而生了。 作为一种新型的城市合作金库，重庆市合作金库不同于当时为解决农村合作金融而设立的省县合作金库，为城市合作金融的推广与发展做出了示范。

3.5.1 全面抗战之初的重庆城市合作事业兴起与重庆市合作金库的建立

全面抗战爆发之前，重庆市管辖四川省的江北、巴县两县，隶属于四川省政府。[1] 此时的重庆市面积相对狭小，到 1936 年，重庆人口有 47 万余人。[2] 1937 年七七事变爆发，随着战争局势的扩大，大片国土沦陷。 11 月 20 日，国民政府发表宣言，正式宣告将首都从南京迁往重庆，沦陷区之工厂、银行、商号、学校和各种文化单位以及各地难民大量涌向重庆，使重庆人口猛增。 1938 年重庆市人口增至 52 万余，1939 年和 1940 年因日机空袭频繁，为避免轰炸，国民政府通令人口疏散，重庆市人口降为40 万~41 万。 此后，随着轰炸的减少，再加正面战场的节节失利所引起的大量难民涌向重庆，人口开始回流，1941 年增到 70 万余人，1942 年 78 万余人，1943 年 92 万余人，1944 年突破了百万大关达到 104 万余人，1945 年更是达到重庆市人口总数的最高

---

[1] 行政院：《国民政府年鉴》，重庆：行政院，1943 年，第 1 页。
[2] 汤约生、傅润华：《陪都工商年鉴》，重庆：文信书局，1945 年，第 7 页。

峰——125 万人左右，比战前增加 2 倍多。[1] 为适应重庆市行政地位的提升，扩大市区势在必行，1939 年 5 月 11 日，国民政府将重庆市改为直隶于行政院之市，扩大后的重庆新市区跨嘉陵江、扬子江南北两岸，地域宽广，连同旧市郊区即江、巴两县划入土地，全市面积为 45 万市亩，较原市区 12 万市亩约增 3 倍。[2]

重庆成为战时首都后，军政机关林立，工厂学校众多，人口急速增加，超出了重庆市社会经济正常的发展速度和整个城市的承受力，带来了许多困难。 其中，人口的增加，凸显重庆物资的不足，加剧了物资缺乏的程度。 日常用品的极度缺乏与物价的飞涨，使重庆市的公教人员及市民生活颇为艰苦。 为改善机关员工及市民生活，国民政府"提倡消费合作社，并督促展开工合运动"[3]。 因为合作社组织是本着"人人为我，我为人人"的原则，由民众在平等互利互助的基础上自愿组合而成，不以剥削营利为目的，它是一种自营自救的经济实体，受到国家免税的优待。[4] 于是，重庆市政府及各机关纷纷组织设立合作社，以谋解救。 考察战时重庆市推行的合作社，主要有消费合作社与生产合作社两种，公用业务虽有举办，然均系由消费合作社兼营，并未单独设置。 供给运销合作社正在推行中，信用及保险合作社因事实及组织之条件，不及推行，故重庆市所推行的只可说是消费合作社与生产合作社两类。[5]

重庆市合作组织的建立，是抗战的产物，开始于 1938 年，管理机构主要有两个，一个是重庆市社会局，属于市级主管合作事业的单位，负责全市合作社成立、变更、解散、清算及登记，它可以根据中央政府颁布的有关合作社之规定，针对重庆市的环境与

［1］重庆市地方志编纂委员会总编辑室：《重庆市志》（第一卷），成都：四川大学出版社，1992年，第 775 页。
［2］行政院：《国民政府年鉴》，重庆：行政院，1943 年，第 2 页。
［3］重庆市合作金库：《重庆市合作金库概况》，重庆：重庆市合作金库，1944 年，第 1 页。
［4］章国殷：《四川合作金融的兴衰》，中国人民政治协商会议西南地区文史资料协作会议：《抗战时期西南的金融》，重庆：西南师范大学出版社，1994 年，第 444 页。
［5］张攻非：《重庆市合作社组织与指导》（续），《重庆合作》第 1 卷第 2 期，1942 年 7 月 30 日，第 5 页。

事实的需要，颁布有关推行合作的单行法令。 至于合作事业的具体指导与推行，重庆市社会局还设置了专人负责。 此后，重庆的合作事业得到蓬勃发展，为了加强管理，1940 年在重庆市社会局内又设置合作指导室具体负责发展推行。 还有一个管理机构是中国工业合作协会重庆事务所，由于重庆是都市，工业生产比农业生产易获成效，加上信用、运销、保险等合作，于是合作指导工作似乎无形中形成分工，这个机构就专门负责指导重庆市的工业生产合作事宜，其他消费、公用等及一部分生产合作社由重庆市社会局合作指导室负责。[1]

重庆市合作组织在 1938 年时，仅有业余消费合作社之创立，到年底计有合作社 7 所。[2] 1939 年，工业生产合作组织开始由中国工业合作协会负责在重庆推行。 重庆市的消费合作组织，分为市民的和机关的两个系统，前者以市民为组成分子，以镇为组织范围；后者以公务员工为组成分子，以机关为组织范围。[3] 据统计，到 1940 年，合作组织日益发达，经正式考核登记者有 150 余社。 其中消费合作社约占 3/5，生产合作社约占 2/5，而消费合作社里面，市民消费合作社与机关消费合作社约各占半数。 1941 年度，消费合作社更加发达，增加到 140 余所，生产合作社在维持原状基础上略有下降，有 40 余所。[4]

重庆市的消费合作社，主要是由于物价高涨，致使以固定工资收入的公教人员生活艰苦，影响日常工作。 国民政府为缓解这一矛盾，用行政手段发动重庆市的党、政、军、教系统的机关、学校、后勤部队与企事业单位，在内部设立职工消费合作社，自行设法筹集资金，经营日用消费物品，可按规定承受国家对粮食、花纱布、食盐、食糖、烟酒、日用品所设置的管制专卖机构配给按人供应的平价物品。 供应不足、又为生活所必需的，则向生产厂

[1] 张攻非：《重庆市合作社组织与指导》，《重庆合作》第 1 第 1 期，1942 年 7 月 4 日，第 5 页。
[2] 陈岩松：《中华合作事业发展史》（上），台北：台湾商务印书馆，1983 年，第 317 页。
[3] 曹海秋：《重庆市消费合作社联合社的成长》，《重庆合作》第 1 卷第 1 期，1942 年 7 月 4 日，第 3 页。
[4] 张攻非：《重庆市合作社组织与指导》，《重庆合作》第 1 第 1 期，1942 年 7 月 4 日，第 5 页。

家或生产基地联系成批购进，低于市价售给社员。这对调剂物资，平抑物价，减轻职工生活负担，稳定工作情绪，起到一定的作用。[1]

重庆市的生产合作社于1939年1月，中国工业合作协会从汉口迁至重庆之后建立。"工业合作社是一些小工厂，在敌人轰炸和进攻时便于转移，并且属于其中工作的男女们所共有。最初，它们只被认为是一种工具，向战区前线和后方断绝货物供应的地区，提供商品、军火、修理和各种工业服务。"[2]此后，工业合作社发展成为一种大后方人民的生产自救运动，它以工业生产为目标，采取合作化的方式发展小型手工业和半机器工业，利用大后方的丰富资源和流落到抗战大后方的工人难民从事各种迫切需要的日用品的生产，供应军需民用。其首要的任务就是增加战时生产，补充军需民用，并且要寓救济于生产，大力组织失业技工、战区流亡难民和伤残军人实行生产自救，参与经济抗战。工业合作社的业务主要分为纺织工业、化学工业、矿冶工业、机器工业、电器工业、交通用具工业和其他工业7个部门。为了适应战时需要，"工合"重点抓纺织、药棉、纱布、煤、铁、火柴和造纸等产品的生产。[3]为适应实际情形，重庆工合事业"着重组织化学、机械及日用品社"[4]。大后方的工业合作，在中国战时工业经济中占有一定的地位，曾被誉为"经济国防线"。

重庆市合作事业的迅猛发展，合作社资金极度缺乏，根本不能够正常开展其业务。不管是生产合作社还是消费合作社，都是劳动者自主之经济组织，在生产过程中，所需要之资金，应以参加合作社的社员自集为原则，然而，抗战时期在重庆建立的合作社社员，多系战区失业技工及穷苦的难民，其自筹资金之能力，

[1] 章国殷：《四川合作金融的兴衰》，中国人民政治协商会议西南地区文史资料协作会议：《抗战时期西南的金融》，重庆：西南师范大学出版社，1994年，第444页。
[2] 爱泼斯坦：《重庆合作》，卢广绵等：《回忆中国工合运动》，北京：中国文史出版社，1997年，第313页。
[3] 任荣：《民国时期合作运动发展述略》，《档案与史学》2000年第5期，第42页。
[4] 石鸣：《三年来之川康工合》，《工业合作月刊》第3卷第1-2期，1942年8月5日，第49页。

远不能适应其事业上之需要，必须依赖政府与金融机关从旁协助，始能有济。[1] 合作社的资金除了自集之外，还有其他来源，如可以通过对外借款来弥补资金的不足，无论借自私人或金融机关甚至合作金融机构均可。[2] 从重庆建立的合作社来看，消费合作社中，机关合作社之资金一般"不大成问题"，因为机关合作社的资金除社员股金外，大部是由机关拨借专款辅助发展；市民合作社因为没有公款来辅助，资金的筹措颇感踌躇，认股过多则"市民无力担负"，过少则合作社又无法经营，因此不得不"采缓进政策，分次增股的方法来补充"[3]。各社"除少数资金足敷运用外，大都有捉襟见肘之势"[4]。就生产合作社而言，由于重庆市生产合作社之社员，多系战区失业技工及穷苦无告之义民等，其自筹资金之能力，远不能适应事业上之需要。[5] 到 1939 年 12 月，重庆市的生产合作社，仅 4 社 42 个社员，到 1940 年 12 月，发展到 57 社 624 个社员，到 1941 年 6 月，又有所下降，为 40 社 524 社员。[6] 总体而言，重庆市"各地工合社，均感资金缺乏，致各项工作不能开展，直接间接影响战时生产甚巨，此为目前工合运动过程中所遭遇之严重困难。今后欲使工合社在战时立于不败之地位，及确立战后工合事业之基础，在当前应针对其困难，设法宽筹贷款资金，作维持及发展业务之用"[7]。

正是由于资金不足，重庆市的消费合作社及生产合作社均未达到理想的发展。于是，国民政府认为，必须动员金融机构支持

[1] 石鸣：《三年来之川康工合》，《工业合作月刊》第 3 卷第 1-2 期，1942 年 8 月 5 日，第 52-53 页。

[2] 中国合作事业协会：《抗战以来之合作运动》，南京：中国合作事业协会，1946 年，第 33 页。

[3] 张攻非：《重庆市合作社组织与指导》（续），《重庆合作》第 1 卷第 3-4 期，1942 年 8 月 30 日，第 6 页。

[4] 《义大煤矿公司员工消费合作社章》，义大煤矿股份有限公司未刊档案 0247-1-18，重庆市档案馆藏。

[5] 石鸣：《三年来之川康工合》，《工业合作月刊》第 3 卷第 1-2 期，1942 年 8 月 5 日，第 52 页。

[6] 巢楣：《重庆市工业合作的分析》，《合作评论》第 1 卷第 11 期，1941 年 11 月 15 日，第 13 页。

[7] 吴本蕃：《川康工合事业之现状与展望》，《工业合作月刊》新 1 卷第 5-6 期，1941 年 12 月 15 日，第 20 页。

合作事业，想要继续开展合作事业，就必须组建重庆市合作金库。1940年初，重庆市社会局曾与中国农民银行签订协议书，希望由中国农民银行负责重庆市合作金库的筹备工作，为节省经费，筹备工作在中国农民银行行址办公，由重庆市府派出人员协助进行。规定重庆市合作金库的股金总额暂定为国币100万元，每股20元，共5万股，股本由重庆市区内合作社及联合社先行认购，不足之数再由中国农民银行重庆分行认提倡股70%以上，其余由重庆市政府及其他不以营利为目的之法团酌量认购，股息暂定周息6厘。重庆市合作金库理监事会主席，从重庆市政府与中国农民银行选出的理监事中选任，其余理监事按股权比例选任，营业地址由重庆市政府指拨交通较为方便之公产借与使用，重要职员于必要时得由市政府与中国农民银行调充，不另支薪。[1]

1941年1月5日，经过筹备，重庆市合作金库成立大会在重庆巴蜀小学大礼堂召开，各社员、各提倡股机关代表及各主管机关代表共约50人出席了会议。选举理监事并推选经理，选出理事11人，其中，中国农民银行7人：顾翊群、徐继庄、侯哲莽、许锦绶、王伯天、尹志陶、冒景璠；重庆市政府2人：包华国、刁培然；中央信托局1人：邱正伦；南岸皂烛碱生产合作社1人：武光舜。选出监事11人，其中，重庆市政府1人：吴国桢；中国农民银行6人：王冕、王紫霜、许荣荫、陶渭白、麦宝华、董维城；中央信托局1人：翟克恭；中央党部消费合作社1人：朱延本；合作事业管理局员工消费、信用合作社1人：冯斌甲；沙坪坝消费合作社1人：吴朗西。[2]随即召开了重庆市合作金库理监事第一次联席会议，推举中国农民银行总经理顾翊群出任理事会主席，重庆市市长吴国桢出任监事会主席，冒景璠任经理。决定理监事联席

---

[1]《社会局、中国农业银行重庆分行辅设重庆市合作金库协议书》，重庆市政府未刊档案0053-0004-00030，重庆市档案馆藏。
[2]《重庆市合作金库成立大会记录》，1941年1月5日，重庆市合作金库未刊档案0291-0002-00011，重庆市档案馆藏。

会每三个月举行一次。[1] 确定资本 100 万元，由重庆政府认提倡股 10 万元，其余由各合作社自行认购，不足之数由中国农民银行、中央信托局认购提倡股。[2] 除此之外，中国工业合作协会决定参加并认购提倡股 10 万元，在合作金库的理监事会中各占 1 席，由协会业务处长及财务处长分别充任。[3] 这样，重庆市合作金库，就由重庆市政府会同中国农民银行、中央信托局、中国工业合作协会共同筹组成立起来。 合作金库的最高权力机关为代表大会，依照章程规定，由社员社及提倡机关推选代表召开代表大会，并由代表大会选出理监事，分别组成理事会及监事会，由理事会聘请经理、副经理各 1 人，下设总务、业务、会计、出纳、储蓄 5 课及 1 个辅导室，分掌各项事务。 资金总额 100 万元，由参加的合作社尽先认购，不足之数由中国农民银行、中央信托局、中国工业合作协会、重庆市政府认购提倡股补足。 此后，到 1942 年，资本增为 400 万元，其中以 200 万元为提倡股，以 200 万元为社员股。 这一年，由国家行局实行专业化，中央信托局原认之提倡股，全部改由中国农民银行认购。 到 1943 年，重庆市合作金库的资本改增为 1000 万元，仍以半数为提倡股，半数为社员股。[4]

3.5.2 全面抗战时期重庆市合作金库及其贡献

重庆市合作金库自 1941 年 1 月建立起来之后，致力于重庆市的合作事业发展，以调剂本市合作事业资金、促进经济建设为宗旨，以重庆市区为业务区域，采取合作社参加合作金库成为会员的形式，由业务区域内各种单位合作社及联合社认股组织，主要

---

[1] 《重庆市合作金库理监事第一次联席会议记录》，1941 年 1 月 6 日，重庆市合作金库未刊档案 0291-0002-00011，重庆市档案馆藏。

[2] 《重庆市合作金库举行开礼典幕》，《金融周报》第 11 卷第 3 期，1941 年 1 月 15 日，第 15 页。

[3] 《重庆市合作金库成立，本会认提倡股十万元》，《工业合作月刊》复刊号第 1 期，1941 年 7 月 15 日，第 100 页。

[4] 重庆市合作金库：《重庆市合作金库概况》，重庆：重庆市合作金库，1944 年，第 1-3 页。

以办理存款、放款、汇兑、代理、收付各种业务为准。[1] 虽然规定的业务有五类，但根据其创立宗旨，其核心业务是为了办理各种合作贷款，同时为谋求充裕的贷款资金，又不得不办理存款以吸收社会游资，所以重庆市合作金库的主要业务可归纳为放款、存款两大类。

3.5.2.1　放款业务

在重庆市合作金库的各项业务中，最主要的就是放款业务。规定的放款对象为：凡在重庆市区域内，经依法登记成立并已加入重庆市合作金库为社员之合作社及联合社。重庆市合作金库以重庆市区为业务区域，建立以来到 1941 年 4 月初，共有生产社 10 社、消费社 20 社加入重庆市合作金库。[2] 此后逐渐发展，1943年，加入重庆市合作金库为社员的各级合作社已有 102 社，其中属于生产者 31 社，消费者 70 社，信用者 1 社。到 1944 年底，加入的合作社增到 131 社，其中生产者 41 社，消费者 89 社，信用者仍为 1 社。当时重庆市的各种合作社将近 800 社，加入重庆市合作金库的合作社约占全市各类合作社的 1/6。[3] 截至 1945 年底，加入重庆市合作金库的合作社又增至 141 社，其中生产社 43 社，消费社 97 社，信用兼营社 1 社。[4]

加入重庆市合作金库的各合作社，如因业务需要感到资金不敷运用时，可依照章程规定向重庆市合作金库申请放款。放款业务以短期放款为主，以会计科目分为下列六项：（1）甲种定期放款，一年以上三年以下；（2）乙种定期放款，六月以上一年以下；（3）丙种定期放款，六月以下；（4）甲种活期透支，不超过三个月而又不超过约定限额者；（5）乙种活期透支，不超过两个月而又不

[1]《重庆市合作金库章程》，1944 年 3 月 29 日，重庆市合作金库未刊档案 0291-0002-00021，重庆市档案馆藏。

[2]《有限责任重庆市合作金库第二次理事会议记录》，1941 年 4 月 21 日，重庆市合作金库未刊档案 0291-0002-00011，重庆市档案馆藏。

[3]《重庆市合作金库三十三年度业务报告》，重庆市合作金库未刊档案 0291-0002-00031，重庆市档案馆藏。

[4]《重庆市合作金库 1945 年度业务概况目录》，重庆市财政局未刊档案 0064-0008＝01549-00000-08000，重庆市档案馆藏。

超过约定限额者；（6）通知放款，可以随时收回之本库代办基金。而以统计程序之放款，则分为下列六项：（1）生产放款；（2）消费放款；（3）储押放款；（4）运销放款；（5）信用放款；（6）公用放款。[1] 据统计从 1941—1944 年重庆市合作金库的放款情况见图 3-6。

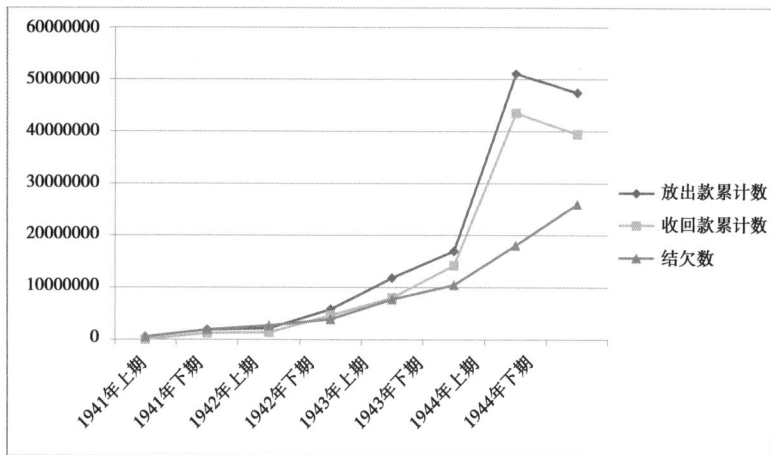

图 3-6 1941—1944 年重庆市合作金库放款情况图

资料来源：重庆市合作金库，《重庆市合作金库概况》，重庆：重庆市合作金库，1944 年，第 15 页。

从图 3-6 可见，重庆市合作金库的放款逐年扩大，就用途而言，在各项放款中，1941 年上期属于生产放款者占 28%，属于消费放款者占 72%。到 1942 年度下期，生产放款增至 46% 弱，消费放款减至 53% 强，同时该年还增加了信用放款，因创办伊始，为数不大，仅占放款总额 2‰。到 1943 年底，由于政府提倡生产，生产放款超过了消费放款，占到 49%，消费放款降为 36% 弱，而信用及其他放款则约为 15%。1944 年上期，生产与消费之放款并驾齐驱，因物价高涨，各机关消费合作社及镇消费合作社运用资金加多，是项贷款随之增加其比例，增至与生产贷款相等。[2]

---

[1]《重庆市合作金库处理战时放款业务暂行细则》，重庆市合作金库未刊档案 0291-0002-00030，重庆市档案馆藏。

[2] 重庆市合作金库：《重庆市合作金库概况》，重庆：重庆市合作金库，1944 年，第 4-5 页。

就放款形式而言，大部分为现金，从 1942 年下期起，重庆市合作金库鉴于实际情形之需要，乃创办实物放款业务。对各合作社之需要作积极供应，按照《重庆市合作金库办理实物贷放规则》的规定：贷放实物暂分生产社制造所需之生产原料及消费社供销所需之日用必需品两项，贷放生产原料应以制成品偿还，贷放供销用品得以现金偿。生产原料之贷放额每次以申请社一个月生产所需量为度，供销用品之贷放额每次以不超过申请社前两月之销售额为限，但均得因物资供给情形预订 6 个月或 6 个月以上之供给合约按月配发，分期偿还。贷放实物以免收利息为原则，但如未能依期偿还成品或现金者仍须补缴该期贷放之利息，按月息 1 分计算，其逾期期间加息 4 厘。贷放实物得酌收手续费 1% ~ 3%。[1] 截至 1942 年底，此项业务之营业总额为 463696.00 元，到 1943 年底增至 2156685.68 元，1944 年上期已保有 10604451.43 元，到 1944 年 11 月 20 日止，更增至 22529187.56 元。此外，还于 1943 年举办贴现及承兑业务。[2]

3.5.2.2 存款业务

重庆市合作金库放款的资金主要是以合作金库的股本金作为运用的资金，当资金不足时，筹集经营资金的渠道，主要是存款业务、透支借款和开办储蓄业务三项。在这三项中，吸收存款是重庆市合作金库的资金主要来源。就吸收存款而言，重庆市合作金库办理的存款业务与一般商业银行不同，主要目的是吸收游资以转供生产事业之运用，依据《重庆市合作金库处理战时存款业务暂行细则》的规定，主要经营定期存款（周息 1 分至 1 分 2 厘）、活期存款（周息 4 厘至 7 厘）、特别活期存款（周息 4 厘至 7 厘）、优利活期存款（利率与借款利率相同，透支率加 5 厘）及小额活期存款（周息 7 厘至 9 厘）等五种。[3] 当 1941 年初创时

---

[1]《重庆市合作金库办理实物贷放规则》，重庆市合作金库未刊档案 0291-0002-00030，重庆市档案馆藏。

[2] 重庆市合作金库：《重庆市合作金库概况》，重庆：重庆市合作金库，1944 年，第 4-5 页。

[3]《重庆市合作金库处理战时存款业务暂行细则》，重庆市合作金库未刊档案 0291-0002-00030，重庆市档案馆藏。

期，存款业务仅有活期存款、特别活期存款两种。到该年底，二者之结余额 725507.53 元，1942 年增加优利活期存款一种，截至年底，三者之结余额已达 4407657.93 元，到 1943 年底增至 12488530.95 元，至 1944 年 11 月 20 日，增至 29531782.09 元。[1]

除吸收普通存款外，还向中国农民银行洽订透支储蓄借款。据统计，1941 年度向该行透支额为 100 万元，1942 年度透支额为 200 万元，1943 年度透支额为 400 万元，到 1944 年，已订透支总额为 800 万元。此外，1942 年 10 月，重庆市合作金库呈奉财政部核准设立储蓄部，12 月 1 日正式营业，分储蓄存款为五种：活期储蓄存款与活利储蓄存款系对一般市民而设，团体储蓄存款系对普通机关团体而设，定期储蓄存款（内分合作基金储蓄存款与合作公积金储蓄存款）系对合作界储蓄资金而设，分期储蓄存款则系为奖励生产事业资金之储蓄而设。五种存款中，以前三种较易推展，故于业务开始时即行办理，存款情形是逐年增加，存款结余额由 1942 年底之 204579.00 元，增至 1943 年底之 590696.56 元，到 1944 年 11 月 20 日止，储蓄存款已达 2048262.98 元，存户数额亦达 400 余户。[2]

总之，全面抗战时期建立起来的重庆市合作金库的核心业务，就是对重庆城市中建立起来的合作社进行放款，主要以消费社放款为主，不仅直接贷放现金，还创办了实物贷放业务，一定程度上缓解了重庆城市合作社的资金需求，促进了重庆市合作事业的发展。与此同时，重庆市合作金库也注重存款的吸收，以开办存款业务、储蓄业务，透支借款等多种方式，使存款数额大幅上升，但由于这些存款多为重庆市内各机关团体的活期存款，限制了放款业务的开展。尽管如此，重庆市合作金库作为调剂城市合作事业资金的一种合作金融制度，对配售平价日用必需品的消费社和小手工业性质的生产社提供资金资助，部分解决了市民生

[1] 重庆市合作金库：《重庆市合作金库概况》，重庆：重庆市合作金库，1944 年，第 6 页。
[2] 重庆市合作金库：《重庆市合作金库概况》，重庆：重庆市合作金库，1944 年，第 2、6-7 页。

活艰难的问题，发挥了调剂城市合作事业的资金、促进城市经济的发展的功能，对战时首都重庆的社会稳定起到了重要作用。

综上所述，在全面抗战爆发前，由国民政府直接出资兴办的金融机构主要有中央、中国、交通、中国农民四大国家银行与中央信托局、邮政储金汇业局。地方金融机构中，虽然也有县市出资兴办的县市银行，但毕竟是少数，主要是以省地方银行为主。全面抗战爆发之后，随着国民政府西迁重庆，四联总处以及中央、中国、交通、中国农民四大国家银行和东中部地区遭受日军侵略的部分省地方银行，也纷纷跟随国民政府内迁到以重庆为中心的大后方。在重构的西南西北金融网中，为了将金融网从城市铺设到广大的乡村，除了国家银行与省地方银行之外，国民政府也开始在大后方广建县银行与省市县合作金融。在战时的金融中心重庆，国家资本金融机构当然是重庆金融最主要的支撑力量，除了内迁的四联总处、国家行局与省地方银行之外，大后方本地的省地方银行与新建的重庆合作金库，也充当了重要的金融角色。

全面抗战时期重庆的金融现代化（中）

银行是现代金融业的主力，全面抗战爆发后，在国家银行的带动下，不少商业银行也开始内迁[1]，并在战时的特殊环境下，力谋新的生存发展之道，为坚持抗战以及战时重庆金融现代化做出了独特贡献。在内迁商业银行的带动下，重庆本地商业银行也有了快速的发展，与内迁商业银行一道，推动了重庆金融现代化的发展。

保险是社会经济的稳定器，全面抗战的爆发，改变了中国保险业的发展进程，形成了以重庆为中心，并由此辐射到整个大后方的保险市场。抗战时期重庆保险业的迅猛发展，不仅促进了重庆保险业的现代化转型，而且在战时的特殊条件下，也为安定重庆经济社会生活、促进重庆工商业的发展、维持市场的稳定，起到了一定的积极作用。

4.1　外埠商业银行内迁重庆

随着全面抗战的爆发，外埠商业银行和钱庄纷纷向汉口、重庆等地添设分、支行及办事处。到 1938 年初，除浙江兴业银行、上海商业储蓄银行等于 1937 年就在重庆设立分支行外，又有不少东部的银行派人到重庆寻找合适的行址，准备迁入，如中南银行经理孙伯森，早已来渝，为该行迁渝事曾与重庆金融界接洽，并选定打铜街集义钱庄为行址。北方银行界资本颇为雄厚的盐业银行，自华北沦陷后，即派南京分行经理方振民来渝筹设分行，租得道门口天申永作为行址。大陆银行先租定陕西街某号为行址，后又改租第一模范市场为行址。四明商业储蓄银行同样派员来渝寻觅行址，准备设分行。作为在上海资格极老的中国通商银行，

---

[1] 这里需要注意，与工业内迁、高校内迁等有所不同的是，银行等金融机构的内迁并不是将金融机构全部迁往后方，而是在保留沦陷区原有分支机构的同时，在大后方进行分支机构的扩张与建设，即便是有的金融机构，随着战事的发展将总管理处或者总行迁往了后方，也没有完全停止在沦陷区的金融活动。

派员来渝筹备设立分行，行址选在第一模范市场。中国实业银行派襄理来渝，与渝市金融界人士数度会晤，进行设立分行的准备。上海绸业银行也派人来重庆，筹设分行。而由金城、大陆、盐业、四明所合组之四行储蓄会，派有专人在渝进行该会移设重庆事，租定第一模范市场某号为会址。[1] 经过筹备，各东部银行纷纷在战时首都重庆安顿下来，开展业务，表4-1是截至1943年7月从东部迁往重庆的商业银行统计表。

表4-1 截至1943年7月内迁重庆的东部商业银行统计表

行　名	注册时间	资本总额/万元	备　注
新华信托储蓄银行	1932年1月	20000	原设上海，1942年移渝
江海银行	1934年2月	10000	原设上海，1938年移渝
中国国货银行	1929年11月	2000	设香港，1942年9月移渝
金城银行	1935年7月	1000	重庆管辖行资本600万元
中南银行	1935年7月	750	重庆支行营业基金为25万元
中国农工银行	1932年5月	10	重庆分行资金为70万元
上海商业储蓄银行	1936年4月	500	重庆分行资金为50万元
大陆银行	1929年5月	500	渝分行资金为25万元
中国通商银行	1937年4月	400	原设上海，1943年移渝
四明商业储蓄银行	1937年5月	400	上海总行撤销在渝另设总行办事处
浙江兴业银行	1934年5月	400	渝支行资金为100万元
四行储蓄会	1931年8月	100	渝分会

资料来源：《重庆市各银行注册一览表》，1943年8月，重庆银行公会未刊档案0086-1-11，重庆市档案馆藏。

由表4-1可知，到1943年7月，东部迁往重庆的商业银行共计12家，都是全面抗战爆发前，中国非常著名的商业银行，"北四行"中的金城银行、中南银行与大陆银行，"南三行"中的浙江兴业银行与上海商业储蓄银行，还有"小四行"中的中国通商银行、中国国货银行与四明商业储蓄银行。在这些内迁的商业银行中，

---

[1]《各银行筹设重庆分行》，《金融周报》第5卷第14期，1938年4月6日，第20-21页。

金城银行、中国通商银行、上海商业储蓄银行等，都是内迁商业银行中的典范。

金城银行是抗战时期内迁商业银行中在西部建立分支机构最多的一家，是大后方极具特色的商业银行。

早在抗战爆发前，金城银行就已经在西部成立了办事处。1933—1936年，金城银行为扩展中西部一带业务，分别设长沙、西安、重庆等办事处。[1] 抗战爆发后，金城银行最初将苏州、南通、常熟各行处先后撤到上海。[2] 上海战事结束后，随着金融中心的逐步西移，金城银行通过对西南各省金融、产业、交通、经济概况的调查，对以重庆为中心的西南西北地区在战时的重要作用有了深刻认识，认为"抗战军兴，西南西北各省区之地位日形重要，重庆尤为军事经济政治之策源地，四川素称天府之国，物产丰饶，而重庆地扼全省之锁钥，转运之枢纽，凡陕甘川康黔湘桂之商业胥以重庆为中心"[3]。 于是，金城银行逐渐将业务发展的重心转向了以重庆为中心的大后方，不断在西部地区增设分支机构。

1938年武汉沦陷，原汉口分行重要部分撤退到重庆，汉行经理戴自牧呈请沪总处，在渝设立汉行驻渝办事处，办理汉行及所属各办事处与联行间转账事宜，负指导业务之责，但不对外营业，而业务经营仍由"重庆储蓄、办事处"办理。 1940年5月，金城银行又设"重庆信托分部"，任命李祖芬为经理，专办附属及投资事业之行政事项。 1941年4月8日，金城银行总经理周作民认为汉行与西南各地交通阻隔，环境各殊，事实上已无联系之必要，经与汉口分行经理戴自牧商定后，决定将汉行与渝行两行的资产分开，汉行原有2/3的资产划归渝行，其中，放款总额国币

---

[1]《金城银行重庆管辖行及所属各行处民国三十二年营业计划大纲》，1943年，金城银行重庆分行未刊档案0304-1-185，重庆市档案馆藏。

[2] 任建树：《现代上海大事记》，上海：上海辞书出版社，1996年，第679页。

[3] 上海市档案馆馆藏金城银行未刊档案，档号：Q264-1-790-1；《金城银行重庆管辖行及所属各行处民国三十二年营业计划大纲》，1943年，金城银行重庆分行未刊档案0304-1-185，重庆市档案馆藏。

134 万元，划归渝行 89 万元，不动产总额国币 235 万元，划归渝行 157 万元，证券总额余额 232 万元，划归渝行 154 万元，总计国币 400 万元。[1] 另外一方面，为适应环境需要，"调整本行西南各行处管辖系统，以期推展业务起见，特在重庆设立管辖行，并将该行驻渝办事处撤销，改任原行戴经理自牧为重庆管辖行经理，徐国懋、李祖芬、王恩东、刘知敏、张佑贤五君为副理，除汉口分行外，直隶总处"[2]。新设立的重庆管辖行成为直属总行，专门负责督导管理西南各分支行处及附属投资事业与人事的主管机关，"使能配合国家经济政策，达成辅助生产裨益抗战之使命"[3]。同时还将"重庆储蓄、办事处"改组为"重庆分行"，下设"两路口办事分处""民权路办事分处"及"沙坪坝办事分处"三个分支机构。"重庆分行"与"重庆信托分部"为平行机构，都隶属于"重庆区管辖行"。随着重庆管辖行的成立，原设的成都办事处改为成都支行（简称蓉支行），邓君直改任蓉支行经理，贵阳办事处改为贵阳支行（简称黔支行），邵仲和改任黔支行经理，昆明办事处改为昆明支行（简称滇支行），吴肖园改任滇支行经理，原隶属郑行的陕西办事处改为西安支行（简称陕支行），刘纯中改任陕支行经理，原长沙办事处改为长沙支行，统一隶属重庆管辖行。[4]

需要注意的是，在太平洋战争爆发前，金城银行虽然逐渐撤迁沿海机构，将其重点转向大后方，在后方成立重庆总经理处，但它的总行仍然在上海，上海总经理处也未迁至后方，总经理周作民也并未来渝，而是仍然坐镇上海。周作民认为局势是"日军力量很强大，三年两年不会垮台，我必须设法在这种环境中维持

---

［1］《关于规定金城银行汉口分行资产划归重庆分行数额及转账办法致金城银行重庆分行的函》，1941 年 5 月 1 日，金城银行重庆分行未刊档案 0304-1-460，重庆市档案馆藏。

［2］《金城银行总经理处为设立重庆管辖行事致各分处函》，1941 年 1 月 31 日，金城银行未刊档案 Q264-1-232-10，上海市档案馆藏。

［3］《金城银行重庆管辖行及所属各行处民国三十二年营业计划大纲》，1943 年，金城银行重庆分行未刊档案 0304-1-185，重庆市档案馆藏。

［4］中国人民银行上海市分行金融研究室：《金城银行史料》，上海：上海人民出版社，1983 年，第 689 页。

和扩展已有基业"[1]，倘若他离开上海，金城银行就有被日本吞并的可能。

1941 年 12 月初，周作民去香港办事，不久太平洋战争爆发，日军占领香港，拘留了当时在港办事的周作民。加之沪渝交通断绝，金城银行在后方的分支行处与沪总处及沦陷区域内各分支行处完全失去联络，总经理周作民派人带信到渝，并通电钱新之、范旭东等商议设"总经理处"于重庆，并委任戴自牧代行总经理职权。"总经理处"只办督导掌握工作，其行政管理仍由"重庆区管辖行"办理，管辖行经理仍由戴自牧兼任。1944 年 4 月，金城银行在重庆正式成立总经理处，统辖后方金城银行的各分支行处，与上海总经理处划分资金，实行独立核算，形成与上海对峙的局面。与此同时，将大后方金城银行原来的机构进一步的升级扩充，原来的重庆管辖行改组为西南区管辖行，管理四川、云南、贵州所在各行处，仍在重庆管辖行原址办事，西南区管辖行经理、副理仍由原重庆管辖行经副理继任，增设东南及西北两区管辖行，"督导各分支行处，借收指臂之效"。东南区管辖行管理广西、湖南及东南范围内各行处，办事地点暂设桂林，管辖行经理由原重庆管辖行秘书室主任秘书南经庸调任，西北区管辖行管理陕西、甘肃及西北范围内各行处，管辖行暂设在西安，经理由总经理处秘书陈国梁调任。[2] 至此，金城银行彻底从沪总处独立出来，在大后方形成了以戴自牧为首的渝总处和以周作民为首的沪总处，各据一方。

[1] 罗瑞：《近代金融奇才周作民传》，石家庄：河北人民出版社，1995 年，第 248 页。
[2] 中国人民银行上海市分行金融研究室：《金城银行史料》，上海：上海人民出版社，1983 年，第 694 页。

表 4-2　全面抗战时期金城银行大后方分支机构一览表

机构名称	设立日期	附　注
西南区管辖行		
重庆分行	1936 年 5 月 28 日	原为办事处，1941 年 4 月 8 日改为分行
沙坪坝办事分处	1937 年 10 月 10 日	
成都支行	1937 年 11 月 4 日	原为办事处，1941 年 4 月 8 日改为支行
昆明支行	1938 年 5 月 2 日	原为办事处，1941 年 4 月 8 日改为支行
西南联大办事分处	1938 年 5 月 2 日	
贵阳支行	1938 年 10 月 14 日	原为办事处，1941 年 4 月 8 日改为支行
川大办事分处	1938 年 12 月 1 日	1943 年 3 月 8 日随川大迁蓉，1943 年 3 月 20 日正式营业，改称东门办事处
自流井办事处	1939 月 10 月 10 日	
重庆信托分部	1940 年 5 月 1 日	
威远季庄	1940 年 9 月 14 日	
两路口办事分处	1940 年 11 月 20 日	
乐山办事处	1940 年 12 月 14 日	
华西坝办事分处	1941 年 9 月 15 日	
民权路办事分处	1942 年 9 月	由原中央大学分处迁至都邮街分处，1943 年 5 月 5 日因都邮街已改民权而亦改称
泸县办事处	1943 年 1 月 25 日	
西北区管辖行		
西安支行	1935 年 10 月 10 日	原为办事处，1941 年 4 月 8 日改为支行
汉中办事处	1939 年 11 月 1 日	
宝鸡办事处	1942 年 9 月 1 日	
平凉办事处	1944 年 3 月 6 日	
天水办事处	1944 年 12 月 1 日	
东南区管辖行		
长沙支行	1933 年 12 月 11 日	原为办事处，1938 年 11 月 11 日撤至沅陵，于 1941 年 6 月 1 日改为支行，1944 年 5 月 10 日迁回长沙，1944 年 5 月 29 日再度撤出
常德办事处	1938 年 4 月 1 日	1938 年 11 月 15 日撤至沅陵，1939 年 4 月 30 日归并长沙办事处
衡阳办事处	1941 年 6 月 20 日	1944 年 6 月 19 日撤退
辰溪办事分处	1942 年 2 月 10 日	由湘大储蓄分处改组成立
桂林支行	1942 年 3 月 25 日	1944 年 9 月 12 日撤退
柳州办事处	1942 年 10 月 7 日	1944 年 9 月 19 日撤退
梧州办事处	1943 年 8 月 9 日	1944 年 9 月 15 日撤退
沅陵办事处	1944 年 4 月 1 日	因长沙行由沅陵迁回长沙而另设

资料来源：中国人民银行上海市分行金融研究室，《金城银行史料》，上海：上海人民出版社，1983 年，第 690 页。

由表 4-2 可知，金城银行在后方各省增设分支机构的重点在西南，西北相对较弱，而且西北与东南区设立的时间较晚，这主要在于商业银行以营利为目的，其设立地点倾向于商务繁盛或交通便利之地。西北地处边陲，农工商业落后，且人口稀少，社会贫乏，自然不是商业银行营业的理想区域。但是，太平洋战争爆发后，日军攻占了上海、香港，中国内地便失去了海陆相通的供应线，而后日军又攻占越南和缅甸，切断了滇缅交通，"西南国际运输线中断以后，西北的对外交通益形重要，而且又为我国国防资源的蕴藏所在"[1]，为开发西北资源，适应战时需要，国民政府加大了西北金融网敷设力度，金城银行也将业务扩往西北。而以湖南和广西为主的东南区域，则由于战事不断扩大，业务无法正常开展，所涉机构呈现出不断撤退的状况。

中国通商银行是在太平洋战争爆发之后才大规模向内地迁移的商业银行，且将其业务重点放在西北地区。抗战爆发后，中国通商银行即遭受重大损失，自八一三事变至 1939 年底，该行在上海、南京、苏州、无锡、杭州、汉口、厦门、宁波、定海等地的各行处所在地，或被日军侵占，或遭日机轰炸，或因郊外战事致受资产损失，共计直接损失 3049 万余元，间接损失 1.7 万余元。特别是太平洋战争爆发后，该行在沦陷区的各机构更是面临着被日伪政府改组的命运，难以在东南立足，遂将总行迁往重庆。1942 年 5 月 12 日，中国通商银行重庆分行被国民政府财政部指定为内地管辖行，在总行未迁入内地以前，内地各行处受管辖行指导监督。1943 年 2 月 11 日，董事长杜月笙向财政部呈请该行总行内迁，被批准备案。总经理胡以庸因病不能至重庆任事，经财政部批准，杜月笙兼代总经理之职。1943 年 6 月 10 日，中国通商银行总行正式在重庆成立，原上海总行机构及重庆内地管辖行同时撤销，重庆方面一切业务仍由重庆分行办理。1942 年 3 月 2 日，

---

[1] 李京生：《论西北金融网之建立》，《经济建设季刊》第 2 卷第 4 期，1944 年 4 月，第 154 页。

重庆分行正式开业，中国通商银行致力于在内地增设分支行处和拓展业务，先在四川扩增分支机构，1942年7月3日，该行向财政部呈请在成都、内江、自流井筹设分支行。接着，为开发西北，积极在西北设立分支行处。将兰州作为打开西北业务局面的首选之地，1942年10月12日，获财政部允准在兰州设立分行，1943年1月11日，兰州分行开业。此后，力图在西北、西南齐头并进，1943年1月20日，呈请设立西安分行及所辖宝鸡、洛阳二办事处，同月30日，又呈请在贵阳、桂林、衡阳、曲江等地筹设分支行处。不过，其重点还是在西北地区发展。1943年6月29日，呈请设立平凉办事处，隶属兰州分行。界首、漯河、老河三处地处于政府策动抢购沦陷区物资的要冲，1944年2月24日，呈请在该三地设立办事处，隶属西安分行。同月29日，又呈请在宁夏、青海、迪化、天水设立分支行，并在凉州、肃州、哈密分设机构。在1944年秋至1945年春的豫湘桂战役期间，洛阳办事处撤至宁夏复业，桂林和衡阳两分行撤至重庆联合办公，后来该三行处被撤销。1945年8月15日，该行宁夏办事处才得以开业，是抗战时期该行在内地设立的最后一个分支机构。[1]

上海商业储蓄银行是战时内迁商业银行的又一个典型代表。[2]其总行迁往重庆经历了不断的反复，最后到抗战即将结束的1944年才将总行迁到重庆。早在抗战爆发之初，上海商业储蓄银行总经理陈光甫即提议将总行迁移，经多次讨论，该行于1938年7月1日起，将总行管理部分暂迁香港办事，成立总经理处。总行管理部分迁至香港后，该行在上海总行原址内设立总经理驻沪办事处，管辖范围为上海、无锡两管辖行及其所属之行处、南通分行、镇江支行及扬州、东台、海门、清江浦四办事处，总行原有营业部分则改为上海管辖行。太平洋战争爆发后，该行

[1] 陈礼茂：《抗战时期中国通商银行的内迁和战后的复员》，《上海商学院学报》2011年第1期，第67-69页。
[2] 以下有关上海商业储蓄银行的内迁资料，除特别注明的外，均出自复旦大学中国金融史研究中心：《中国金融制度变迁研究》，上海：复旦大学出版社，2008年，第81-89页。

总经理处和香港分行很快发生挤提，1942年9月19日，该行裁撤总经理驻沪办事处，宣布将总行管理部分迁回上海。1943年，陈光甫拟将总行迁至重庆，乃令总经理伍克家入渝。1944年3月28日，伍克家到达重庆。5月14日，该行在重庆举行股东会，议决迁总行至重庆，并改选董事及监察人。5月17日，董事会互选陈光甫为董事长，伍克家为办事董事兼总经理。6月1日，该行总行在重庆宣告成立，同时撤销总经理驻渝办事处，原由该处管辖之分支行处，概归总经理处管辖。

上海商业储蓄银行分支行的迁徙则是从抗战爆发后即已展开。1937年八一三事变后，上海商业储蓄银行总行暂迁法租界办公，淞沪会战结束之后，该行沿京沪线一带各分支行除少部迁往上海外，大部分陆续迁往汉口。11月中下旬，其苏州、无锡、常州、镇江等分支行均有部分职员撤至汉口办公，总经理驻宁办事处、南京分行及其所属之支行、办事处亦于11月30日全部抵达汉口。12月，该行芜湖、溧阳、蚌埠、临淮、明光、安庆、合肥等行处部分职员亦相继撤至汉口。1938年3月，该行南通分行撤至上海，与此前撤至上海之海门办事处合组为通海两行联合办事处。

武汉会战期间，该行各分支行处继续内迁重庆。1938年上半年，该行郑州、开封、板浦等分支行亦撤至汉口。是年6月27日，各撤退至汉之分支行处组成联合办事处。7月13日，该办事处撤退至重庆办公。不久，九江分行和牯岭办事处亦辗转撤至重庆，并入撤退行联合办事处。8月9日，总经理驻汉办事处先行撤渝，改组为驻渝办事处。汉口分行近200名职员亦陆续内调，最后一批撤退者15人于10月21日乘船赴渝。该分行在渝成立驻渝办事处，于11月5日在重庆开始办公。11月8日，长沙分行大部分职员携带账册前往沅陵。该月11日，该分行剩余职员亦启行赴沅。该行沙市支行和宜昌办事处先后于1939年2月和3月撤至重庆。1939年6月1日，经康心如之介绍，向川康平民商业储蓄银行租到重庆新街口第三十八号门牌双开式铺面楼房一幢，作为上海商业储蓄银行重庆分行的经营场所。[1]

至 1945 年 3 月，上海商业储蓄银行在内地的机构共计 17 处，其中，四川省有 11 处，即总行 1 处，重庆分行 1 处，成都、宜宾支行 2 处，其余在四川的乐山、五通桥、自流井、万县和华西坝等办事处 7 个；在云南和陕西省各 2 处，即昆明和西安两个分行，下关和宝鸡两个办事处；贵州和湖南省各 1 处，即贵阳分行和长沙管辖行。

四明商业储蓄银行，最早成立于光绪三十四年八月十六日（1908 年 9 月 11 日），系在沪宁波人袁鎏、朱葆三、虞洽卿等筹集规银 150 万两兴办的私营商业银行，总行设于上海，是晚清时期建立的三大华资商业银行之一。初名四明商业银行，后改名四明商业储蓄银行，简称四明银行。该行于 1936 年被南京国民政府改组，加入官股，遂成为官商合办银行，与中国通商、中国国货、中国实业三家官商合办银行并称为"小四行"。自宣统元年（1909年）到 1937 年，次第分设宁波、温州、汉口分行，南京分行，上海南市、西区、城区、南京路、霞飞路支行，苏州、杭州、绍兴支行，南京下关、宁波灵桥门、鼓楼办事处，香港办事处。股本总额曾于 1931 年改为国币 225 万元正。1937 年，召集临时股东会修正章程，增改股本为国币 400 万元正。[2]由此可见，全面抗战爆发前，四明银行的总分支行主要集中在以上海为中心的江浙一带，最西边也到达湖北，在汉口设有分行。

全面抗战爆发后，四明银行开始考虑内迁，1940 年冬总行迁到香港。1941 年四明银行重庆分行建立，太平洋战争爆发之后，总行开始考虑迁往重庆，1942 年在重庆设立总行办事处，同时，上海分行则为敌伪所劫持，进行非法改组。此后，在西部地区设立西安分行、成都分行、洛阳支行、兰州支行，宝鸡、平凉和天水

---

[1]《关于川康平民商业储蓄银行与上海商业储蓄银行重庆分行的合同书》，重庆市政府未刊档案 0053-22-43，重庆市档案馆藏。
[2]《四明银行行史资料》，《档案与史学》2002 年第 6 期，第 14-15 页。

办事处，1945 年抗战胜利后，总行即于同年 10 月迁回上海。[1]

1939 年 1 月 5 日，为发展全国国货生产事业，中国国货银行重庆分行宣告成立，该行董事长孔庸之亲自到行指导一切，各界来宾数百人参加其开幕式，颇极一时之盛，当日收进各项存款达 100 余万元。[2]

由上述可见，抗战期间上海的商业银行积极响应国民政府号召进行了内迁，并在大后方地区广布分支行处，融入大后方的抗战事业中。与国家银行内迁有所不同的是，商业银行的内迁虽有国家银行的示范影响，但其内迁的根本动机还是为了躲避战火及由此带来的损失，而非如国家银行那样，首先是为了维护政府对金融的领导地位和控制力，进而坚持抗战。其次，商业银行内迁中，先行迁徙的是分支行处，总行则大多有一个滞留上海的时期，在太平洋战争爆发后，才由上海迁往重庆，而非如国家银行那样，在太平洋战争爆发前，总行就已经离开上海迁往了重庆。

总之，战时商业银行的内迁，为落后的西部地区带来了大量宝贵的资金和人才，也带来了现代化的金融理念、经营方式和管理制度，为促进西部地区经济和金融事业的发展做出了贡献。

4.2　全面抗战时期重庆本地商业银行的发展概况

1937 年全面抗战爆发之后，"国府迁渝，随政治重心之西移，战区之重要工商机构，均相继迁川，各金融机关，亦相率内徙；而自沪港相继沦陷以后，重庆已成为全国实际上之金融重心"[3]。据统计，到 1943 年 10 月底，重庆市银钱业行庄的家数，共计为

[1] 王培培：《抗战时期四明商业储蓄银行内迁及发展研究》，硕士学位论文，上海师范大学，2014 年，第 8 页。
[2] 《中国国货银行渝分行开幕》，《四川经济月刊》第 11 卷第 1-2 期，1939 年 1-2 月，第 34 页。
[3] 杨泽：《四川金融业之今昔》，《四川经济季刊》第 1 卷第 3 期，1944 年 6 月 15 日，第 213 页。

162 家，其中银行总行计 37 家，银行的分支行处计 89 家，钱庄银号的总分庄号计 36 家。除钱庄银号以外，如果将属于同一银行的分支行处并作一个单位计算，则重庆市的银行，共计为 72 家，有 4 个国家银行、14 个省地方银行、52 个商业银行、2 个外商银行构成。[1] 可见，商业银行占银行总数的 72.22%，重庆 52 家商业银行及其分支行情况统计如表 4-3 所示。

表 4-3　截至 1943 年 10 月重庆的商业银行情况统计表

成立时期及机构数 机构名称	战前成立		战后成立		合计	
	总行	分支行处	总行	分支行处	总行	分支行处
本土商业银行	6	4	17	18	23	22
聚兴诚银行	1	2		1	1	3
四川美丰银行	1	1		2	1	3
川康平民商业银行	1			6	1	6
川盐银行	1			3	1	3
重庆银行	1	1		1	1	2
四川建设银行	1				1	
通惠银行			1		1	
建国银行			1		1	
和成银行			1	3	1	3
大川银行			1	1	1	1
光裕银行			1		1	
茂华商业银行			1		1	
复华银行			1		1	
华侨兴业银行			1		1	
福钰银行			1		1	
华侨联合银行			1		1	
永成银行			1		1	
大夏银行			1		1	
谦泰豫银行			1		1	
永美厚银行			1		1	

---

[1] 康永仁:《重庆的银行》,《四川经济季刊》第 1 卷第 3 期, 1944 年 6 月 15 日, 第 102-104 页。

续表

成立时期及机构数 机构名称	战前成立		战后成立		合计	
	总行	分支行处	总行	分支行处	总行	分支行处
胜利银行			1		1	
亚西实业银行			1	1	1	1
复礼银行			1		1	
外来迁入（开设）商业银行	5	9	20	9	25	
山西裕华银行			1		1	
中国工矿银行			1		1	
长江实业银行			1		1	
同心银行			1		1	
永利银行			1		1	
大同银行			1		1	
聚康银行			1		1	
泰裕银行			1		1	
开源银行			1		1	
北碚农村银行重庆办事处		1				1
江海银行重庆分行		1				1
金城银行重庆分行及其下辖机构		1		5		6
大陆银行重庆办事处		1				1
上海商业储蓄银行重庆分行		1				1
浙江兴业银行重庆分行				1		1
中南银行重庆支行				1		1
盐业金城中南大陆四行储蓄会重庆分会				1		1
中国实业银行重庆分行				1		1
新华信托储蓄银行重庆分行				1		1
盐业银行重庆办事处				1		1
中国国货银行重庆分行				1		1
成都商业银行重庆分行				1		1
复兴实业银行重庆分行				1		1
云南兴文银行重庆分行				1		1
四明商业储蓄银行重庆分行				1		1
济康银行重庆分行				1		1

成立时期及机构数\n机构名称	战前成立		战后成立		合计	
	总行	分支行处	总行	分支行处	总行	分支行处
江津农工银行重庆分行				1		1
中国通商银行重庆分行				1		1
中国农工银行重庆分行				1		1

资料来源:康永仁:《重庆的银行》,《四川经济季刊》第 1 卷第 3 期,1944 年 6 月 15 日,第 105-106 页。

由表4-3可见,在重庆的52家商业银行中,有32家的总行设在重庆,除山西裕华银行（由山西省太谷县内迁）、中国工矿银行总行（由华侨在战时重庆创办）、长江实业银行总行（由昆明迁来）、同心银行总行（由昆明迁来）、永利银行总行（由昆明迁来）、大同银行总行（由上海内迁）、聚康银行总行（由贵阳迁来）、泰裕银行总行（由汉口内迁）、开源银行总行（由上海内迁）9 家外,其余 23 家均为重庆本土银行。 其中,四川美丰银行、重庆银行、川盐银行、聚兴诚银行、川康平民商业银行（前身为川康殖业银行、重庆平民银行、四川商业银行）、四川建设银行6 家为战前设立,其余 17 家为战后创建的重庆本地商业银行。 总之,全面抗战以前,重庆本地商业银行总行为 6 家,分支机构 4 家,全面抗战中,新成立的重庆本地商业银行总行 17 家,分支机构 18 家,总计总行 23 家,分支机构 22 家。 战时成立的本地商业银行总行数为战前的 283.3%,战时设立的分支机构数为战前的 450%。 而由外地迁入或在重庆设立的商业银行总行战前为 0,分支机构 5 家;战时设立总行 9 家,分支机构 20 家,总计总行 9 家,分支机构 25 家,战时由外地迁入或在重庆设立的商业银行分支机构数为战前的 500%。 战时重庆本土商业银行发展之迅猛由此可见一斑。

上述重庆本地商业银行中,实力最强的仍然是聚兴诚银行。全面抗战以后,随着战事的发展,聚兴诚银行在南京及老河口、沙市三办事处相继撤归重庆总行,苏州支行及香港办事处撤归上海分行，武昌办事处撤归汉口分行，并迁入法租界，长沙支行与常德办事处相继移沅陵，宜昌办事处始移三斗坪，1943 年撤归万县分行。同时为实践发展西南政策，省外增设昆明分行、贵阳支行及柳州办事处，省内增设自流井分行及新都、金堂、简阳、乐山、犍为、南充等办事处，原有代理处奉国民政府财政部命令一律取消，到 1944 年仅有西安永利银行、广元永利银行、梁山县银行 3 所代办收解处。[1]

在抗战时期重庆新建立的银行中，建国银行是 1941 年由重庆金融界人士孙麟方与上海及华侨方面等金融实业界集资组织建立的，资本定为 200 万元，实收 130 万元，于 5 月 5 日正式开幕，行址设在新街口原中央储蓄会旧址，即小什字广场。该行总经理为刘汉义，经理为李溪春，经营普通银行业务。[2]该行除经营一般商业银行业务外，并特别注重各种手工业生产事业之投资与贷款等。此外，设有奖学金、社会福利金，期为银行界创一新局。[3]

重庆本地商业银行战时在重庆所设的分支机构为：四川美丰银行新生路、化龙桥、上清寺支行，计 3 处；重庆银行都邮街、山洞办事处，计 2 处；川盐银行南泉、黄沙溪、山洞办事处，计 3 处；聚兴诚银行重庆分行，民权路、上清寺办事处，计 3 处；川康平民商业银行都邮街、沙坪坝、磁器口、小龙坎、牛角沱、歌乐山办事处，计 6 处；和成银行化龙桥、磁器口支行，沙坪坝办事处，计 3 处；大川银行重庆分行，计 1 处；亚西实业银行磁器口办事处，计 1 处；共计 22 处。[4]

在重庆本地银行的建立中，最有特色的是华侨出资建立了一批华侨银行。在国民政府《修正非常时期管理银行暂行办法》第 2 条中明确规定，新设之银行除县银行及华侨资金内移请设立银行者外，余皆一概不得设立。华侨资金设立银行者，亦须合于财政

［1］宫廷璋：《聚兴诚银行三十年来概况》，《四川经济季刊》第 1 卷第 3 期，1944 年 6 月 15 日，第 188 页。
［2］《建国银行开幕资本暂定两百万元》，《银励》第 2 卷第 2 期，1941 年 5 月 15 日，第 21 页。
［3］《建国银行定五日开幕》，《陕行汇刊》第 5 卷第 5 期，1941 年 5 月，第 80-90 页。
［4］康永仁：《重庆的银行》，《四川经济季刊》第 1 卷第 3 期，1944 年 6 月 15 日，第 103 页。

部所核定之审核标准，即华侨资金内移请设银行，其资金完全以侨资为原则，但华侨自愿与国内资金结合共同经营银行业务者，以华侨须达资本总额51%以上为限，且申请设立银行之华侨，应由侨务委员会证明其确为华侨内移之资金，亦应由承汇银行证明其内移之时间，其设立银行以投资国内生产事业者方为合格。[1] 在国民政府的提倡与鼓励之下，1942年之后，华侨银行、中国工矿银行、华侨兴业银行、华侨联合银行、华侨信托银行、华侨建国银行、华侨工业银行等一批侨资银行在重庆纷纷建立起来，成为建设大后方的生力军之一。

最早到重庆筹设办事处的侨资银行是华侨银行，该行为纯粹华侨资本，华侨经营之金融机关，总行原设新加坡，分行遍设沪、港、马来西亚、荷属印度及缅甸等地。日军南侵后，总行筹备内迁，但事起仓卒，除仰光分行外，余均未能及时撤退。1942年7月，仰光分行职员抵渝，原拟在重庆筹设华侨银行重庆分行，因未获得国民政府财政部的批准而自行撤销。8月21日另以华侨银行总行代表及仰光分行经理副经理名义呈请财政部准予成立办事处，获得批准，以重庆市千厮门街12号行业大楼三楼为通讯处。9月5日，申请加入重庆银行公会。9月11日，重庆银行公会要求其在开业时，依法申请加入银行公会。9月14日，仰光华侨银行经理即向重庆银行公会提出申请加入公会。[2] 然而，未见重庆银行公会的回复，到1943年3月，国民政府财政部以"外银字三号"的执照号码批准华侨银行重庆分行的注册，资本为100万元。[3] 在此后的重庆银行公会会员银行的名单中也没有见到该行的名字，推测应该是最后该银行并没有加入重庆银行公会。

1942年9月16日，中国工矿银行在重庆林森路2号成立，旅

---

[1] 朱耀初：《近年来重庆市之金融组织》，《经济汇报》第9卷第1期，1944年1月1日，第74页。

[2] 《华侨银行致重庆银行公会函》（1942年9月5日及9月14日），《重庆银行公会致华侨银行函》（1942年9月11日），重庆市银行商业同业公会未刊档案0086-1-8，重庆市档案馆藏。

[3] 《重庆市各银行注册一览表》（1943年7月），重庆市银行业商业同业公会未刊档案0086-1-11，重庆市档案馆藏。

美芝加哥侨领谭赞是该行的发起人之一，曾创设华人制面厂、华人贸易公司等，曆任旅美芝城华侨救国会副委员长、国民参政会参政员等职。抗战爆发后，谭赞"领导侨胞，捐输报国，凡有捐输，辄慷慨解囊以为首倡。除了以前为革命的捐款不算外，自抗战以来，统计谭同志个人的各种捐款，已超过美金二十万元"[1]。华侨兴业银行呈奉财政部颁发银字第 573 号营业执照，并于 1943 年 1 月 27 日开幕正式营业，行址设在重庆小什字堂内。[2]

1943 年 5 月 1 日，在华侨参政员连瀛洲、徐生理、何葆仁等带领下，创办了华侨联合银行。连瀛洲是新加坡侨领，担任战时星洲华侨救济会主席，从事难民救济工作，回国后被推举为国民参政会华侨代表、外交事务委员会委员。作为发起人之一，连瀛洲靠着人际关系取得银行的营业执照，后担任华侨联合银行的董事长。[3] 华侨联合银行为当时国内唯一纯粹的华侨资金银行。资本额定为国币 1000 万元，分为 10000 股，每股 1000 元，先收半数营业，其余定期收足，此后增加资本也以南洋华侨为主。[4]

华侨建国银行开始筹备于 1941 年初，海外部副部长周启刚为谋树立华侨金融中心，拟组织华侨建国银行，预定资本国币 1 万万元，分 1000 万股，每股 10 元，营业范围：（一）以吸收海外侨资，就国内急要，举办各项实业为原则，由该行附设之"实业计划委员会"，处理计划事项；（二）促进侨胞长期节约储蓄金运动；（三）办理侨汇、押汇、便利侨胞，预料 1941 年内可成立。[5]

战时，重庆本地的商业银行在机构上有了空前的大发展，那么在资本上有何变化呢？其资本总额是多少，在整个金融资本中

[1] 张道藩：《谭赞同志传略》，杜元载：《革命人物志》（第八集），台北："中央"文物供应社，1971 年，第 436 页。
[2] 《银钱业零讯》，《经济汇报》第 7 卷第 5 期，1943 年 3 月 1 日，第 58 页。
[3] 《华侨联合银行开幕》，《华侨先锋》第 5 卷第 5 期，1943 年，第 51 页。
[4] 《重庆市社会局、华侨联合银行股份有限公司关于变更发起人并报送发起人认股清册》，1943 年 4 月 20 日，重庆市社会局未刊档案 0060-0002-01608-0000002，重庆市档案馆藏。
[5] 《华侨建国银行已在考虑组织》，《国货与实业》第 1 卷第 2 期，1941 年 2 月 1 日，第 112 页。

所占的份额又如何？ 从表4-4中可见一斑。

表4-4　战前设立、战时继续存在的商业银行资本前后比较

单位:千元

银行 ＼ 年份	1937年"七七"前	1941年年底	1943年10月底
总计	11000	28000	53000
聚兴诚银行	2000	4000	4000
四川美丰银行	3000	10000	20000
重庆银行	1000	5000	10000
川盐银行	2000	4000	6000
四川建设银行	1000	1000	3000
川康平民商业银行	2000	4000	10000

资料来源:康永仁:《重庆的银行》,《四川经济季刊》第1卷第3期,1944年6月15日,第108-109页。

附注:川康平民商业银行系由川康殖业、重庆平民及四川商业三银行改组合并而成者,这三行的资本合计为200万元。

由表4-4可见,战前成立、战时继续存在的6家银行,1941年年底的资本总数,为七七事变前资本总数的2.5倍,1943年10月底又为1941年底的2.9倍,而约为七七事变前总数的7.2倍。

表4-5　全面抗战时期重庆的银行资本分布情形

单位:千元

资本额	家数	资本总额	银行名称
100000	1	100000	中央银行
60000	3	180000	中国银行、交通银行、中国农民银行
40000	1	40000	四川省银行
20000	1	20000	四川美丰银行
12000	1	12000	开源银行（外来）
10000	10	100000	重庆银行、川康平民商业银行、长江实业银行（外来）、和成银行、中国工矿银行（外来）、永利银行（外来）、聚康银行（外来）、泰裕银行（外来）、亚西实业银行、华侨联合银行

资本额	家数	资本总额	银行名称
8000	1	8000	华侨兴业银行
6000	3	18000	川盐银行、复华银行、永成银行
5000	8	40000	山西裕华银行（外来）、同心银行（外来）、光裕银行、大夏银行、谦泰豫银行、永美厚银行、胜利银行、复礼银行
4000	1	4000	聚兴诚银行
3000	3	9000	通惠实业银行、四川建设银行、大川银行
2000	1	2000	建国银行
1000	2	2000	福钰银行、大同银行（外来）

资料来源：康永仁，《重庆的银行》，《四川经济季刊》第 1 卷第 3 期，1944 年 6 月 15 日，第 107 页。

附注：(1) 商业银行在重庆者，共计 32 家，因茂华商业银行之资本不详未列，本表所列者仅 31 家。凡未注明外来者，均为重庆本土商业银行。(2) 建国银行开幕时实收资本 133 万元，1943 年 7 月有增资之说，增资若干不详，本表所列者为其旧资本额。(3) 开源银行之资本，实收半数。(4) 福钰、大同两银行，为其钱庄时代之资本，改组为银行后是否增资不详。

由表 4-5 可见，重庆银钱业行庄的资本总额（银行为总行在重庆的资本，其总行未在重庆者不论），截至 1943 年 10 月底，共计为 5 亿 7825.8 万元。其中政府银行的资本，为 3.2 亿元，即占全部资本的 55% 多，商业银行的资本，计为 2.15 亿元，即占全部资本的 37% 多（其中，本土商业银行资本总额 1.21 亿元，占重庆的全部商业银行资本的 56.3%），钱庄银号的资本，计为 4325.8 万元，约占 8%。商业银行的资本，以 2000 万元者为最高，最低者为 100 万元，而以 1000 万元、500 万元的家数为最多。这说明全面抗战以后，重庆本地商业银行在资本上，同样也得到迅猛发展。不仅战前就已成立的本地商业银行的资本在战时有快速地发展，包括商业银行在内的各类银行资本在战时都发生了迅猛的扩张。

重庆本地商业银行在全面抗战时得以迅速发展的原因，第一，抗战后国民政府迁渝，重庆成为全国政治经济的中心，由此推动了本地商业银行的发展。伴随着内迁，大量的资金和人流聚集于重庆，有利于战时经济的繁荣，而抗战也亟需要金融的支持，这些因素无疑促进了本地商业银行的发展。第二，筹措经营附业的资金所需，这也是推动战时商业银行发展的又一主要的原因。所谓经营附业，并非经营《修正非常时期管理银行暂行办法》所规定的，"收受存款及放款，票据贴现，汇兑或押汇"等银行常规业务，而是"购囤大量的货物，以获大量的暴利"。但一般商业银钱业行号，向四行融通款项甚为困难，于是遂群起组织银钱业行号或增设分支行处，藉以吸收存款，来作为经营附业的资金。[1] 可见，在战时经济繁荣的推动这一原因之外，投机活动的猖獗，也是促进本地商业银行机构发展的一个重要因素。

4.3　全面抗战时期重庆本地商业银行的现代化变革

全面抗战时期，重庆本地商业银行不仅在机构、资本上有了进一步的发展，而且在内迁国家行局以及商业银行的带动下，存、放、贷等业务方式以及银行制度方面都朝着现代化方向变革，主要有以下表现：

第一，传统的比期存款受到抑制。比期是重庆传统金融市场中，专门由钱庄经营的存款放款时的利息计算方法。关于比期制度的起源，一种说法是最早出现于山西，山西票号进川返货，因路途遥远，汇兑也不方便，往来时间较长。山西票号与重庆本地货物交易商进行资金借贷、还本付息均需要预期，而该时间一般定为月中与月底。久而久之成为重庆当地之惯例，比期也就出现了[2]。所谓比期存款，是重庆工商金融界的特产，以半月为彼此结算期限，到期存款方凭存单提取本息。可见，比期的存放款属于一种商业借贷资本，比期制度是建立在商品贸易与商业资本流动之上的。

---

[1] 康永仁：《重庆的银行》《四川经济季刊》第 1 卷第 3 期，1944 年 6 月 15 日，第 109-110 页。
[2]《重庆市废除比期制度之经过》，《金融周刊》第 4 卷第 6 期，1943 年 2 月 8 日，第 1 页。

此种行款，一直以来是银钱业获取暴利的投机业务。当新式银行在重庆出现之后，仍按照传统进行比期存放款，甚至外省银行来到重庆，也在比期拆借头寸给重庆本地银行，或在比期存款至重庆本地银行，以此获利，至全面抗战爆发之后，比期制度已经在重庆金融市场成为一种传统。资料显示，重庆主要本土商业银行的比期存款在 1939 年底还没有超过 50%，1939 年底重庆川盐银行的存款总额为 1020.5 万元，其中比期存款为 543.7 万元，占总存款的 47%。[1] 1940 年 8 月颁布施行《非常时期管理银行暂行办法》，施行之始，曾特准银钱业界的请求，比期存款可以不必缴存款准备金，于是各行庄为了逃避缴纳存款准备金起见，将存款尽量地登记在这个科目，这也是比期存款突增的真正原因。[2] 尤其进入 1941 年以后，各银行的比期存款比例就不断攀升，从表4-6 川康平民商业银行的情况可以得到反映。

表 4-6　1941 年 7 月底至 10 月底川康平民商业银行总存款与比期存款比较

单位:千元

年月	存款总数	比期存款	比期存款所占之%
总计	82948	73904	89
1941 年 7 月底	18257	15888	87
1941 年 8 月底	22219	20010	90
1941 年 9 月底	21496	18998	88
1941 年 10 月底	20976	19008	91

资料来源:康永仁,《重庆的银行》,《四川经济季刊》第 1 卷第 3 期,1944 年 6 月 15 日,第 123 页。

由表 4-6 可见，1941 年 7 月底至 10 月底川康平民商业银行比期存款占总存款 89%～91%。如此之高的比期存款率导致每到比期存贷款进行交割的时候，其交割数量会急剧增加，利率也随之增高，而利率的不稳定对重庆金融市场的正常运作会产生不利的影响，甚至引起金融风潮。"川中比期制度之流行，其集中清理，

[1] 康永仁:《重庆的银行》,《四川经济季刊》第 1 卷第 3 期, 1944 年 6 月 15 日, 第 123 页。
[2] 康永仁:《重庆的银行》,《四川经济季刊》第 1 卷第 3 期, 1944 年 6 月 15 日, 第 124 页。

短期收付之习惯，使资金周转，过于频促，不但不合商业与金融
上之需要，且转成为金融运用与商业流通之桎梏。"[1]尤其是在
集中收付款项时，常致筹码不足，引起金融市场之波动，于是，乃
有废除比期制度之举。[2] 1942年起，财政部规定比期存款一并
提存后，这种存款在各行庄存款中所占的比例随之降低。 表4-7
就反映了1942年3月底，重庆8家银行总存款中比期存款的下降
情况。

表4-7 1942年3月底重庆8家银行总存款与比期存款比较

单位:千元

行别	存款总数	比期存款
总计	114333	75703
百分比	100	66
亚西实业银行	8558	3900
川盐银行	25190	19459
四川建设银行	6732	3104
江海银行	7050	3875
大川银行	3944	1930
通惠实业银行	14987	11219
四川美丰银行	11045	5755
川康平民商业银行	36827	26461

资料来源:康永仁,《重庆的银行》,《四川经济季刊》第1卷第3期,1944年6月15日,第124页。

可见，1942年3月底，在银行方面，比期存款所占全部存款
的百分比降到了66%，不仅如此，国民政府与重庆银钱业两界，
自1943年起，索性联合将此种存款制度予以废除。[3]
第二，商业银行之资金，由战前趋于申汇市场转向商业放款
和生产事业。 全面抗战爆发前，就汇兑与证券投机来看，当时上
海公债市场的繁荣与厚利，对四川金融业是一个极大诱惑。 除在

[1] 杨泽:《四川金融业之今昔》,《四川经济季刊》第1卷第3期,1944年6月15日,第227页。
[2] 杨泽:《四川金融业之今昔》,《四川经济季刊》第1卷第3期,1944年6月15日,第219页。
[3] 康永仁:《重庆的银行》,《四川经济季刊》第1卷第3期,1944年6月15日,第124页。

省内各埠的汇票业务外，重庆金融业长期以来以投机申汇为对象，故各银行成立之后，常常先设立沪埠分支机构，从事经营商业，投机申汇和买卖公债市场。此外还大量从事沿袭已久的比期存放款及信用放款业务，而对定期存款及抵押放款业务尚较少参与。可见全面抗战前四川金融业分布不合理，资金之运用亦有偏颇。[1] 全面抗战爆发后，金融市场中，上海所受打击最重，渝市僻处后方无外汇市场，申汇遂无法经营。银行资金，乃逐渐转入商业放款，此为渝市银行业步入正轨之一大转折点。尤其是自1943年起，国家银行实施专业化，中央银行专司发行，已具备其为银行之银行的资格。强化对各商业银行及省地方银行的监管，国民政府财部对新银行之设立又严加限制，资金运用管理甚严，促使渝市银行业经营对象日益转入生产事业之途径。[2] 与全面抗战开始前相比，渝市银行业在抗战中因后方经济之发展及游资之活跃，银行业气象蓬勃，表面似颇繁荣，但实际上营业已受政府严格管制，而开支激增，盈余不易博取。但值得庆幸的是，一般商业银行之业务，已逐渐纳入融通商业资金及扶助生产事业之正轨。[3] 表4-8是重庆市商业银行及钱庄的各类放款比较。

表4-8　1940年及1942年重庆市银钱业各类放款之分配

单位:千元

类　别	1940 年		1942 年	
	实数	百分比	实数	百分比
总计	42753	100.00	274371	100.00
商业放款	41409	96.86	143190	52.19
工业放款	275	0.64	9266	7.02
矿业放款	—	—	7227	2.63

[1] 杨泽:《四川金融业之今昔》,《四川经济季刊》第1卷第3期, 1944年6月15日, 第215-216页。

[2] 陈晓钟:《十年来重庆市银行业鸟瞰》,《四川经济季刊》第1卷第3期, 1944年6月15日, 第157页。

[3] 陈晓钟:《十年来重庆市银行业鸟瞰》,《四川经济季刊》第1卷第3期, 1944年6月15日, 第159页。

类　别	1940 年		1942 年	
	实数	百分比	实数	百分比
交通及公用事业放款	206	0.48	4594	1.67
同业放款	—	—	54922	20.02
个人放款	—	—	10603	3.87
其他	863	2.02	34569	12.60

资料来源:李紫翔,《我国银行与工业》,《四川经济季刊》第 1 卷第 3 期,1944 年 6 月 15 日,第 90 页。

　　依据上表对重庆市银钱业放款的统计,1940 年 26 家银钱业(银行占 2 家,余为钱庄)之放款余额,计商业放款占到 96.86%,工业及交通公用事业仅占 1.12%。 1942 年 60 家银钱业(银行占 26 家,钱庄 34 家)3 月下旬之放款余额,计工业放款占 7.02%,工矿交通放款合计占 11.32%,商业占 52.19%。 如果将个人放款并入商业放款,并将同业放款剔除不计,则商业放款将为 70%以上,工矿交通事业放款亦增为 14%强。 至于投资,据 1940 年 26 家行庄的统计为 15456 千元,其中政府债券占 59.28%,商业占 26.38%,房地产占 8.89%,工矿业占 3.83%,公用事业占 1.15%,交通事业占 0.29%,其他占 0.18%。 依放款情形推测,则 1942 年工矿业投资亦有同速度增加的可能。 综合各年统计观察,1942 年银钱业放款的分配情形,较 1940 年更加合理。 其中,各行庄对工业资金的关系,虽然有厚薄深浅的不同,但在抗战以来,银行与工业的一般关系,显然较前更加密切了。 如估计后方全体商业银行和钱庄(连同省县银行在内)的工业放款和投资,占投放总额的 5%至 10%。 这种对工业的放款及投资的比例,从银钱业扶植工业的意义上,或工业对资金需要的程度上来看,当然是远远不够的;不过就中国近代金融业的历史看,银钱业对于工业资金的融通,的确有了些许的进步,亦是不可否认的。[1] 相

----

[1] 李紫翔:《我国银行与工业》,《四川经济季刊》第 1 卷第 3 期,1944 年 6 月 15 日,第 89-90 页。

较于其他银行，作为重庆本地商业银行之一的重庆银行，特别注意发展后方生产建设，且其资金之运用不偏重于都市，多转移于地方资本极弱之地区及边陲尚未开发之地带，以助推政府发展民营生产事业，故对西南西北及西康方面之投资资金与农工业者，占全部资金的 40%~50%。[1]

第三，抵押放款，开始为商业银行所接受。传统金融机构一般多采用信用放款，其原因在于以人情为重，抵押放款似乎有失借款人的面子，因而对人的信用，超过对物的信用，这种习惯显然是一种落后的经营方式，不利于金融机构的放款安全。相较而言，抵押放款则是进步的经营方式，有利于降低资金的风险。内迁银行放款时，为求安全起见，多采用抵押放款的方式，而采用信用放款较本籍为少，在此影响下重庆本地银行的经营方法，也较传统金融机构为进步，信用放款也较钱庄为少些。比如 1939 年底，6 家银行（重庆银行、通惠实业银行、川盐银行、山西裕华银行、和成银行、中南银行）的放款，其中信用放款计占 88%，14 家钱庄的放款，其中信用放款计占 92%强。1940 年底，4 家银行（和成银行、江海银行、重庆银行、山西裕华银行）的放款，其中信用放款计占约 81%，24 家钱庄（信通和记钱庄、同心钱庄、和贵钱庄、永生钱庄、厚记钱庄、濬源钱庄、泰丰钱庄、和通钱庄、光裕钱庄、正大永钱庄、同生福钱庄、泰记银号、仁裕钱庄、福钰钱庄、和兴钱庄、复兴义记钱庄、永庆钱庄、益民钱庄、胜利钱庄、聚丰钱庄、永美厚钱庄、谦泰钱庄、泰裕钱庄、和丰钱庄）的放款，其中信用放款计占约 97%。1942 年 3 月底，3 家银行（川康平民商业银行、川康平民商业银行都邮街支行、川盐银行）的放款中，信用放款计占约 84%，12 家钱庄（胜利钱庄、志城钱庄、信源钱庄、义亨钱庄、安钰钱庄、正大永钱庄、义丰钱庄、总汇银号、和兴银号、复礼银号、大夏银号、振裕银号）的放款中，

---

[1]《四川十家银行概述》，《四川经济季刊》第 1 卷第 3 期，1944 年 6 月 15 日，第 204-205 页。

信用放款计占99%。[1] 具体情况见表4-9。

表4-9 1939年、1940年、1942年重庆的银行、钱庄抵押与信用贷款比较表

单位：千元

年份	贷款类别	行庄	银行	钱庄
1939年	抵押贷款	金额	2235	932.7
		百分比	9.8	7.13
	信用贷款	金额	16687	13201
		百分比	90.2	92.87
	合计	金额	18922	13138
		百分比	100	100
1940年	抵押贷款	金额	2802	976
		百分比	8.8	2.54
	信用贷款	金额	12084	38074
		百分比	91.2	97.46
	合计	金额	14850	39067
		百分比	100	100
1942年	抵押贷款	金额	6887	272
		百分比	10	1
	信用贷款	金额	36492	26960
		百分比	90	99
	合计	金额	43379	27233
		百分比	100	100
总计	抵押贷款	金额	11924	2180
		百分比	15.4	2.71
	信用贷款	金额	65263	78235
		百分比	84.6	97.2
	合计	金额	77187	80415
		百分比	100	100

资料来源：康永仁，《重庆的银行》，《四川经济季刊》第1卷第3期，1944年6月15日，第132-133页。（个别数字经笔者校正）

表4-9显示，受传统经营方式的影响，重庆本地的银行虽然信

---

[1] 康永仁：《重庆的银行》，《四川经济季刊》第1卷第3期，1944年6月15日，第132-133页。

用放款的比重仍远高于抵押放款，但 1939—1942 年，抵押放款呈逐年上升，而信用放款呈逐年下降的趋势。相反，钱庄则在抵押放款上呈逐年下降，而信用放款呈逐年上升的趋势。之所以抵押放款业务难于开展，因多数商家以抵押借款为耻，而且空袭期间兵险费率奇昂，押品缺乏保障，故此项正常业务，殊难有进展机会。至信用放款，则只需凭借人事关系办理，所以愿意者甚多。[1]

第四，票据承兑，逐渐符合现代银行规范。抗战爆发后，推行票据制度，规范票据市场，是解决大后方资金不足问题的最有效手段，亦是现代银行制度得以发展完善的基础条件。票据承贴，"渝市商场通行之票据，过去多不合法，如本票限于抵解，汇票附有对期条件，支票每有预开习惯，空头恬不为怪，退票习为故常，以致银行承贴殊感困难，实际等于虚设。自中央决定推行票据以改进信用制度后，银行业乃渐有问津者，但承允人又每有推脱，银行业承贴时，遂多有向申请人索附借据或另觅保证者。此皆不合理之现象，有碍于票据之流通。幸经部令严予规定，虽商业票据应附有货物交易者，仍不多见，而近来承兑业务，确渐通行，信用市场，日见臻于近代化"。[2]

第五，货币发行权统一于央行，商业银行停止自行发钞。1935 年 5 月公布实施的《中央银行法》，赋予"中央银行发行本位币及辅币之兑换券""经理政府所铸本位币、辅币及人民请求代铸本位币之发行"之特权。[3] 1935 年 11 月 3 日公布的关于改革币制实施法币政策的《孔部长宣言》显示了国民政府进一步集中货币发行权，"中央银行、中国银行、交通银行三行所发之钞票，自公布日起，定为法币，并集中其发行。其他各银行所发钞票，仍

[1] 陈晓钟：《十年来重庆市银行业鸟瞰》，《四川经济季刊》第 1 卷第 3 期，1944 年 6 月 15 日，158 页。
[2] 陈晓钟：《十年来重庆市银行业鸟瞰》，《四川经济季刊》第 1 卷第 3 期，1944 年 6 月 15 日，第 158-159 页。
[3] 中国第二历史档案馆：《中华民国史档案资料汇编》第五辑 第一编 财政经济（四），南京：江苏古籍出版社，1994 年，第 482 页。

准流通，但应逐渐收回，而代之以中央银行钞票。 以后各行不得续发钞票，所有已印未发之新钞，应缴存中央银行"。[1] 可见此时，除中央银行外，中国、交通、中国农民三行也握有法币发行权，包括其他银行发行的货币亦处于逐步回收过程中。 1942 年 6 月 18 日，通过财政部制定的《统一发行实施办法》，规定自 1942 年 7 月 1 日起，所有法币的发行统由中央银行集中办理；中国、交通、中国农民三行截至 1942 年 6 月 30 日，所发行之法币准备金，要全数移交中央银行接收；中国、交通、中国农民三行业务上所需资金，得提供担保向中央银行商借。[2] 1942 年 7 月 14 日财政部发布关于《中央银行接收省钞办法》，规定"所有各省地方银行的存款和准备金，均归中央银行保管"。[3] 于是，全国货币发行权无论在法律还是实践中均集中在中央银行一家手中了。 在四川省币制统一前，渝市银行多兼有发行业务。 如四川美丰、川康殖业、重庆等商业银行均曾发行小额钞券；中央收回发钞权后，渝市各商业银行，因鉴于国家银行钞券之信誉，并为协助整理四川省币制起见，纷纷停止发行钞券，转向中央银行办理领钞。[4]

第六，强化监管，健全现代商业银行制度。 全面抗战前，中国金融业一向在自由放任情形下发展，而重庆金融业尤其处于痼弊丛生之经济环境中自生自灭，其盛衰起落俱随经济情势为转移，无所谓限制与管理，更无金融政策之指导。 至全面抗战发生，国都西迁，沦陷区游资大量内移，后方投机盛行，物价不断狂涨之后，金融业参与商业投机已成为引起后方经济波动之重大因素，放任政策显然已再不能长此持续。 有鉴于此，财政部为整顿经济金融秩序，以应对战局，遂空前强化了对银行的监管。 于

[1] 中国第二历史档案馆、中国人民银行江苏省分行、江苏省金融志编委会：《中华民国金融法规档案资料选编》，北京：档案出版社，1989 年，第 404 页。
[2] 重庆市档案馆、重庆市人民银行金融研究所：《四联总处史料》（中），北京：档案出版社，1993 年，第 40-41 页。
[3] 中国第二历史档案馆：《中华民国史档案资料汇编》第五辑 第一编 财政经济（四），南京：江苏古籍出版社，1997 年，第 316 页。
[4] 陈晓钟：《十年来重庆市银行业鸟瞰》，《四川经济季刊》第 1 卷第 3 期，1944 年 6 月 15 日，第 158 页。

1940 年 8 月，公布《非常时期管理银行暂行办法》，对银行业务银行信用均予以较严之限制。 为加强管理起见，又于 1941 年 12 月 9 日公布《修正非常时期管理银行暂行办法》，严厉限制新银行之设立及货物之押款。 此后又陆续颁布比期存款管制办法、银行盈余分配及提特别公积办法、银行投资人入股办法、财政部检察银行规则、管理银行抵押放款办法、管理银行信用放款办法、商业银行设立分支行处办法等。 1943 年 2 月，为加强管制银行资金，令重庆及各地四联分支处会同当地银钱业同业公会组织放款审核委员会，以审核各银钱行庄放款事宜，并制定各地银钱业组织放款审核委员会通则。 至此，中国战时金融业之管理，在法规上可谓已构建起了相当严密之规则。[1]

上述强化银行监管的举措，不仅是应对战局整顿金融秩序之举，也是健全现代银行制度的进一步变革之举。 其中，最为重要的当属公布《非常时期管理银行暂行办法》和《修正非常时期管理银行暂行办法》[2]，这两份文件为关于商业银行制度的指导性法规，其他法规文件则处于从属地位，概要来看，主要涉及如下方面：

（1）确定被管理金融组织的范围及业务。 凡经营收受存款及放款、票据贴现、汇兑或押款各项业务之一而不称银行者，视同银行。 即确定管理的范围包括银行、钱庄、银号、信托公司等。

（2）建立银行存款准备金制度。 经收存款，除储蓄存款外，其普通存款应按所收存款总额 20% 提缴准备金，转存当地中央、中国、交通、中国农民四行中之一行，并由收存行给以适当利息。

（3）限制银行资金的用途。 不得直接经营商业或囤积货物，并不得以代理部、贸易部或信托部等名义，自行经营或代客买卖货物；运用存款，当以投资生产建设事业等方面为原则；承做抵

---

[1] 杨泽：《四川金融业之今昔》，《四川经济季刊》第 1 卷第 3 期，1944 年 6 月 15 日，第 227-228 页。
[2] 中国第二历史档案馆：《中华民国史档案资料汇编》第五辑 第二编 财政经济（三），南京：江苏古籍出版社，1997 年，第 18-24 页。

押放款，应以该行业正当商人为限，押款届期，如系民生日用必需品，应即限令押款人赎取出售，不得展期；承做汇往口岸汇款，应以购买日用必需品及抗战必需品之款为限。

（4）检查银行的营业。 规定银行每旬应造具存款、放款、汇款报告表，呈送财政部查核。 财政部随时派员检查银行账册、簿籍、库存状况及其他有关文件。

（5）禁止银行从业人员经商。 规定官办或官商合办的银行，其服务人员一律视同公务人员，不得直接经营商业。

（6）规定相应的处罚原则和标准。

上述是《非常时期管理银行暂行办法》规定的基本内容，旨在统制金融，将商业银行的业务纳入战时管制体系中，严禁奸商借银行资金从事囤积居奇，投机操纵，稳定战时金融，支持抗战。 然而由于该办法条文简单且没有制定施行细则，管理规则不完善，因此在执行的过程中得不到彻底贯彻，引发了银行界的各种不满与争议。 此后经过反复征询意见，于 1941 年 12 月 9 日，国民政府财政部公布《修正非常时期管理银行暂行办法》[1]，其新增内容要点如下：

（1）限制新银行之设立，并督促银行注册。 自该办法施行之日起，新设银行，除县银行及华侨资金内移请设立银行者外，一概不得设立；银行设立分支行处，应先呈请财政部核准；前此已开业而未呈请注册之银行，应于一个月内，呈请财政部补办注册手续。

（2）货物押款条件从严。 银行承做以货物为抵押之放款，应以经营本业之商人，并以加入各该同业公会者为限。 放款期限最长不得超过 3 个月，每户放款不得超过该行放款总额 5%。 对请求展期者，应考察其货物性质。 如系非日用重要物品，则以一次为限。

（3）明令取缔银行附设商号，经营商业。

---

[1] 重庆市档案馆藏重庆银行公会档案，档号 0086-1-91。

（4）彻底管理外汇及口岸汇款。 具体规定银行承做口岸汇款的性质，以购买供应后方日用重要物品、抗战必需物品、生产建设事业所需机器、原料及家属之赡养费之款项为限。 明确规定银行非经呈奉财政部特准，不得买卖外汇。

（5）对银行从业人员的禁令。 银行服务人员利用行款经营商业，以侵占论罪。

（6）加重银行违反规定时的处罚。 除罚金外，对情节较重者可勒令停业，"累犯二次以上者，予以停业处分"。

与《非常时期管理银行暂行办法》相比较，《修正非常时期管理银行暂行办法》对商业银行进行了更加严格的限制和更多的控制，特别是体现在限制银行设立问题和经营活动等方面，是对前者有关规定的细化和补充。 这些制度的确立，一方面是源自战时环境下政府对商业银行的强化监管，另一方面则源自特殊历史背景下，省外尤其是东部地区大量银行的内迁带来的现代银行制度随之迁移所产生的巨大影响。 由此，重庆本地商业银行建立起来了一系列现代商业银行的基本制度，包括了商业银行组织机构的建立、业务范围、资金运用、存款准备金、禁止性规定、检查与处罚等，大大弥补充实了之前的制度缺憾，因此是重庆本地商业银行现代化变革的重要体现和进步。 综观战时银行管制之结果，包括重庆在内的四川金融业在机构增殖与业务进行上，均进行了较大改革。 在商业银钱行号中，虽仍不免有巧立名目，变相出资，或以放款方式直接间接经营商业并伪造账目，以应付政府检查及逃避税负之事实，然而此类情形，较 1942 年以前已大为改观，至少在表面上银钱业已不像以前那样气焰嚣张地从事投机越轨的活动了。 尤需指出的是，1943 年 1 月初比期制度之废除，使川中商业与金融上集中于月半月底首付款项之痼习，宣告中止。 不过，这些变革并非完善，仍存在遗憾之处，比如票据制度未能普遍推行，无代替比期制度之方式[1]，银行监理官组织与职权有待提高，存款准备及流动性准备之不彻底等[2]。

综上所述，虽然早在 1899 年，中国通商银行就在重庆建立了分行，但作为重庆本地的商业银行却是在 1915 年聚兴诚银行建立后发端起来，直到全面抗战爆发前，重庆本地商业银行的发展十分缓慢，远落后于东部地区，只有 8 家（到全面抗战爆发时，其中 2 家停办，余 6 家）。尽管商业银行在重庆本地银行中占居主流，也均采用了西方现代公司制的组织形式，但其现代化程度并不高。组织上，尚有浓厚的合伙制的传统色彩；经营上，受地方军阀的操控，常沦为地方财政的工具；理念上，受忠实为体，勤俭为用的传统经营理念的束缚，缺少独立与开拓精神。

全面抗战开始后，随着重庆成为抗战大后方的金融重心，重庆本地的各大小商业银行也纷纷有了新的发展与繁荣。其一，组织机构有了迅猛发展。战时成立的本土商业银行总行数为战前的 283.3%，分支机构数战时设立的为战前的 450%。之所以重庆本土商业银行在全面抗战时能有如此空前的发展，不仅是抗战后政府迁渝，使重庆成为全国政治经济中心的推动所致，而且战时投机活动的猖獗，也是促进了本土商业银行机构发展的一个重要因素。其二，在经营方式以及银行制度方面发生了朝着现代化方向的深刻变革。主要表现在：比期存款受到有效抑制；资金运用，转向商业放款和生产事业；抵押放款，开始为商业银行所接受；票据承兑，逐渐符合现代银行规范；货币发行权，统一于央行；监管强化，并建立了较系统的现代商业银行制度。这些发展和变革，不仅体现了重庆本地银行业由传统迈向现代的轨迹，也代表了中国西部地区银行业向现代化的艰难转型。与东部地区相比，重庆本地商业银行的这种变迁，显然是以强制性为主，即战时环境下政府对商业银行的强化监管，以及东部地区现代银行制度的

---

[1] 杨泽：《四川金融业之今昔》，《四川经济季刊》第 1 卷第 3 期，1944 年 6 月 15 日，第 229 页。

[2] 《川省银钱业之现状及其管制》，《四川经济季刊》第 1 卷第 1 期，1943 年 12 月，第 178 页。

迁移所产生的巨大影响和推动，这不仅是重庆本地商业银行的变迁所具有的特性，也是整个西部地区银行业变迁所具有的特性。

4.4　全面抗战时期重庆的保险业及其现代化

近代以来，外商曾占据大半中国的保险市场。根据 1937 年的调查，外商保险公司共有 150 家，中国保险公司 49 家，全国各种保险每年保险费总额约 3000 万元，外商占 60%，华商占 40%，又 70% 转向外商再保险，实际上华商每年所得不过 400 万元，每年流向外商的保险费 2000 余万元。[1] 全面抗战的爆发，改变了中国保险业的发展进程。到 1941 年太平洋战争爆发，外商保险公司全部被封闭停业清理，在重庆的二三家外商保险机构，如太古、怡和等亦很少业务活动。外商全面被迫退出占领百年的中国保险市场，战时的中国保险市场，特别是以重庆为中心的大后方保险市场，更是成了华商保险的一统天下。

近代中国的华资保险事业，发轫于清光绪年间的轮船招商局附设的仁和保险公司与济和水火保险公司。此后，华商保险业经过晚清、民国时期，不断发展壮大起来。但直到抗战爆发前，中国的华商保险业仍主要集中在以上海为中心的东中部地区。到 1934 年，西部地区没有保险公司的总公司建立，仅在陕西、四川两省有保险公司的代理机构，1935 年，重庆有兴华保险公司一家总公司及 4 家分公司。

全面抗战的爆发改变了中国保险市场的空间分布结构，开始了从以上海为中心的东部向以重庆为中心的西部转移。在日益严峻的形势面前，上海各华商保险公司纷纷采取应对措施，一方面收缩业务，将处于战区的分公司或代理处进行撤销或者合并；另一方面"另寻蹊径，向西南及边陲各地伸张，以收桑榆之效，各公

---

[1] 陆自诚：《谈中国的保险事业》，《报报》第 1 卷第 13 期，1946 年 3 月 30 日，第 42 页。

司配合西南及边陲当地环境之需要，设立分公司或经理处"[1]。

1937年11月20日，国民政府宣布迁都重庆，沿海及华中的大量工商企业也内迁至后方，重庆成为战时中国的政治经济中心，这就为重庆保险业的发展奠定了物质基础。而当时日机频繁轰炸，以重庆为中心的大后方人民生命财产遭到巨大威胁。太平洋战争爆发后，外商保险公司又相继歇业，沦陷区保险机构人员纷纷迁来大后方。国民政府又一再限制新设银行钱庄，迫使游资急切寻找新的突破口。于是便形成了以重庆为中心，并由此辐射到整个大后方的保险市场。

抗战时期重庆的保险业务分为人身保险与产物保险两类。经营人身保险的保险公司不多，业务量不大。而产物保险却十分发达，主要有火险、运输险、运输工具险、盗匪险、兵险、农业保险以及多种附加险。产物保险的对象包括各种战略物资、大后方各省区的土特产、厂矿企业财产、各种运输工具等。抗战时期以重庆为中心的大后方保险市场对保障大后方经济的发展、工商业的正常运作以及后方人民的日常生活，起到了一定的促进作用，本节将对此进行考察。

4.4.1 战时重庆主要的保险机构及其发展

重庆作为西南西北大后方保险业的中心，到1943年底，国人在重庆经营之保险公司已有23家，其中为总公司14家，分公司8家，代理处1家。[2]截至1944年11月，重庆的保险事业，已增达53家，计外商保险公司3家（此3家之业务均陷于停顿状态），华商保险公司50家。[3]兹将截至1944年11月，重庆已有保险公司之情况列于表4-10中。

---

[1] 沈雷春：《抗战前后之我国保险业》，《金融导报》第1卷第5-6期，1940年1月15日，第19页。

[2] 李荣廷：《中国保险业之回顾与前瞻》，《经济汇报》第9卷第2期，1944年1月16日，第19页。

[3] 董幼娴：《重庆保险业概况》，《四川经济季刊》第2卷第1期，1945年1月1日，第334页。

表 4-10 1944 年 11 月重庆保险业统计表

公司名称	负责人姓名	资本总额/万元	业务	成立时间	地 址
中央信托局人寿保险处	罗北辰	1000	人寿保险	1941.3.1	中正路 240 号
邮政储金汇业局保险处	汪一鹤	50	简易寿险	1935.12	上清寺储汇大楼
中国人寿保险股份有限公司	钱家泰	500	人寿保险	1933.7	中正路中国银行
长华保险股份有限公司	丁趾祥	1000	产物保险	1943.8.22	民权路 52 号
中国工业联合保险公司	章剑慧	2000	产物保险	1944.9.1	蓝家巷特 5 号
安宁保险股份有限公司	李肃然	500	产物保险		陕西路大夏银行内
恒昌保险股份有限公司	吕苍岩	500	产物保险	1943.9.24	大华楼巷 17 号
裕中产物保险股份有限公司	李叔言	500	产物保险		陕西路大夏银行
永中保险股份有限公司	汤壶峤	500	产物保险	1944.6	陕西路 201 号
华联产物保险股份有限公司	杨经才	1000	产物保险		陕西路 196 号
太安丰保险股份有限公司	戴自牧	200	产物保险	1943.11.1	第一模范市场 11 号
中华产物保险股份有限公司	黄厚贤	1000	产物保险	1944.5.7	中正路 159 号
中国人事保险特种股份有限公司	王晓籁	3000	人事保险	1944	保安路
全安保险股份有限公司	戴恩基	1000	产物保险	1944.4.13	中华路 64 号
中国工商联合保险公司	姜有为	1000	产物保险		民生路 64 号
怡太产物保险公司	杨管北	1000	产物保险	1944	林森路特 27 号附 1 号
太平人寿保险股份有限公司	李启宇	100	人寿保险	1938.12.10	第一模范市场 11 号
中央信托局产物保险处	项馨吾	500	产物保险	1935.10.1	中正路 204 号
中国天一保险股份有限公司	李启宇	100	产物保险	1934.7.1	第一模范市场 11 号
中国保险股份有限公司	钱家泰	500	产物保险	1931.11.1	中正路中国银行
中兴保险股份有限公司	杨经才	300	产物保险	1942.3.8	第一模范市场 28 号
太平保险股份有限公司	李启宇	500	产物保险	1930.3.11	第一模范市场 11 号
安平保险股份有限公司	李启宇	100	产物保险	1927.5.4	
裕国产物保险股份有限公司	谭备三	600	产物保险	1942.4	陕西路 180 号
华安水火保险股份有限公司	李启宇	60	产物保险	1938.4.16	第一模范市场 11 号
兴华保险股份有限公司	潘昌猷	100	产物保险	1935.1.25	兴华大楼
丰盛保险股份有限公司	李启宇	20	产物保险	1931.9.25	第一模范市场 11 号
宝丰保险公司	邵竞	50	产物保险	1940.11.1	林森路九号
川盐银行保险部	朱寿珊	20	盐载保险		中正路川盐银行
亚兴产物保险股份有限公司	翟温桥	100	产物保险	1942.6.1	林森路十六号
大东保险股份有限公司	唐有烈	100	产物保险	1942.4	新生路永大大厦

公司名称	负责人姓名	资本总额/万元	业务	成立时间	地址
大南保险股份有限公司	张昌祈	100	产物保险	1942.6	新生路永大大厦
中国平安保险股份有限公司	汪荣熙	100	产物保险		邹容路六二号
永大保险股份有限公司	夏大栋	500	产物保险	1943.3.20	新生路五十四号
永兴产物保险股份有限公司	翟温桥	500	产物保险	1944.4	林森路工矿大楼
民安保险股份有限公司	杨经才	1000	产物保险	1943.11.11	民族路福钰银行
合众保险股份有限公司	沈铬盘	500	产物保险	1943.11.15	机房街宁邨
太平洋保险股份有限公司	钱新之	1000	产物保险	1943.12.8	五四路特十九号
中国农业特种保险股份有限公司	顾翊君	1000	特种保险	1944.3.15	民国路十七号
中国航运意外保险股份有限公司	邓华益	500	意外保险	1944.4.20	曹家巷十二号
新丰保险股份有限公司	张明昕	100	产物保险	1944.5.1	白象街81号
民生保险股份有限公司	周蔚柏	1000	产物保险	1944.4.1	九尺坎41号
宁波保险股份有限公司	虞仲贤	1000	产物保险	1943.11.1	陕西街225号
华孚保险股份有限公司	沈楚贤	500	产物保险	1944.2.24	林森路
裕国保险公司	钱以诚				沧白路39号
富滇保险公司重庆经理处					林森路永龄巷2号
开罗产物保险股份有限公司					道门口总汇银号
联安保险股份有限公司					五四路特三号
泰安保险股份有限公司					
太古洋行保险部					
怡和洋行保险部					
美亚人寿保险公司					
中央、太平洋、中国、中农盐运保险联合管理处					

资料来源:董幼娴,《重庆保险业概况》,《四川经济季刊》第2卷第1期,1945年1月1日,第335-337页。

由表4-10可知,重庆的53家保险企业中,专营者48家,属于兼营性质者5家(中央信托局人寿保险处、产物保险处及邮政储金汇业局保险处3家,系由中央信托局及邮政储金汇业局兼办,其余2家则为英商太古、怡和两洋行兼营,自战事发生后,此2家之业务已陷于停顿)。以资本额而论,在此53家保险业中,除资本额不详者9家外，其余44家，资本额最高者为3000万元，最低者仅为20万元，平均资本额则为580余万元。 其中，资本为3000万元及2000万元者各1家，资本1000万元者12家，资本500万元者13家，600万元、300万元、200万元、60万元者，各1家，100万元者9家，50万元及20万元者各1家。 可见，重庆各家保险业之资本额，以500万者为最多，而以1000万元者（共12家）之资本总额为最大。 但平均资本额仅580余万元，这些资本与当时物价上涨之高度相比较，当然过于薄弱。 再就保险之类别而言，除不详之9家外，44家保险业中，属于人寿保险者仅有4家，而人事保险、意外保险、特种保险各只1家，其他37家全为产物保险。 就重庆保险业成立之时间而论，在44家保险业中（除成立时期不详之9家外），抗战以前成立者9家，而在抗战发生以后成立者多达35家。 1938年成立者2家，1940年、1941年各成立1家，1942年成立者5家，1943年成立者8家，而1944年迄至11月底为止，设立之保险业共达12家。 可知重庆保险业的极度发达时间，主要是自抗战发生以后，特别是集中于1942—1944年的三年内。 从其设立地址可见，这些保险公司集中在重庆金融业比较发达和集中的陕西街、第一模范市场与民权路等地方。

抗战时期，除了重庆之外，大后方各省的保险业都有一定的发展，如贵州的保险业，在战前多由银行代理，1936年仅有中央信托局办理保险业务，1937年7月，中央信托局派翟温桥到贵阳开办人寿保险业务。[1] 抗战爆发后，除中央信托局外，开始有了专营保险公司，1938年6月太平保险公司贵州分公司成立，这是贵州设立保险专业机构的开始。 该公司资本300万元，总公司设于上海，黔省分公司经营业务为人寿险、火险、运输险及邮包险等项。 经理为张梦文，副经理为张次欧，地址在贵阳市大什字。7月，安平保险公司贵州分公司成立，该公司为6家华商银行所组

---

[1] 胡致祥：《贵州经济史探微》（内部资料），贵州省史学学会近现代史研究会，1996年，第239页。

织，资本 50 万元，总公司设于上海，经营承保火险、人寿险、汽车险、运输险、邮包险及玻璃险等业务，地址也设在贵阳市大什字。经理亦为张梦文，营业主任为蔡森久。[1] 此后，陆续成立的保险公司有：贵阳中国银行代办的中国保险公司贵阳经理处，贵阳交通银行代办的太平洋保险公司经理处，贵阳中国农民银行信托股办理农业保险业务，上海商业储蓄银行代办的宝丰保险公司，亚西银行代办的亚兴保险公司，兴文银行代办的云信保险公司等，都设在贵阳。[2] 1944 年 4 月，交通银行贵阳支行成立了"太平洋保险公司贵阳办事处"，初属昆明分公司管辖，经理蔡仲镒兼任该办事处主任，仅有办事员 1 人，1945 年改为贵阳支公司，由贵阳交通银行经理兼任该公司经理。业务方面仅有火险与汽车货物运输险两种，业务对象主要是交通银行的贷款户，以借款的抵押品投保，业务范围狭小。[3] 整个抗战期间，贵州开办保险的机构发展到 11 家，多属公私银行投资或代办，主要办理水陆运输保险、水火灾保险、人寿保险、战时兵险等。[4]

大后方的保险业虽然主要集中于重庆，但许多保险企业的分支机构还是遍及大后方的，如中国保险公司为便于各地经理处接洽及呼应周密起见，于 1938 年双十节成立总驻港处，由董事长亲自驻港主持一切。因为川黔桂各省逐渐成为全国工商业重心，为谋公司未来业务进展，于 1938 年 12 月，在重庆市派驻襄理钱家泰为驻川黔桂专员，专事辅佐川黔桂三省各经理处业务之推进以及技术之咨询，并制定《中国保险股份有限公司总驻港处派驻川黔桂专员办法》，规定中国保险股份有限公司总驻港处派驻川黔桂专员，秉承总驻港处之指挥，随时辅佐四川、贵州、广西三省各经理处业务之推进，技术之咨询，办理缮发正式水火运输险保单及换

[1] 贵州省地方志编纂委员会：《贵州省志·金融志》，北京：方志出版社，1998 年，第 8 页。
[2] 胡致祥：《贵州经济史探微》（内部资料），贵州省史学学会近现代史研究会，1996 年，第 241 页。
[3] 贵州金融学会等：《贵州金融货币史论丛》（内部资料），1989 年 3 月，第 102-103 页。
[4] 贵州省地方志编纂委员会：《贵州省志·金融志》，北京：方志出版社，1998 年，第 8 页。

发人寿险保单暨其他一切奉总驻港处委办事宜。[1]

国营保险业虽然发端于 1935 年成立的中央信托局保险部与邮政储金汇业局兴办的简易寿险，但其发展与兴盛则是在战时的大后方地区，主要集中体现于中央信托局与邮政储金汇业局经营的保险业务。 大后方的国营保险公司，主要是由国民政府有关部门兴办的保险机构和附属的保险部门。 有中央信托局产物保险处与人寿保险处、中国产物保险公司、中国人寿保险公司、太平洋产物保险公司、中国农业保险公司、邮政储金汇业局寿险处、资源委员会保险事务所等 8 家。[2]

地方官办保险公司，主要是指以地方政府和财政金融部门投资为主开办的保险公司。 抗战以前，这类机构只有四川省的兴华保险公司和川盐银行保险部两家。 兴华保险公司，自 1935 年成立以来，营业尚属发达，到全面抗战爆发后，兴华保险公司总公司迁往重庆，其保险业务日趋进步，为厚集资本以昭信用，原定资本 100 万元，除收足 50 万元外，重庆银行、四川省银行、川康银行、四川美丰银行、平民银行、商业银行、和成钱庄、民生公司、华通公司 9 个团体加入到该公司，最后收足 100 万股本，此项新增股本，已于 7 月底，全数收齐，[3]并在省内外部分大城市设有分支机构和保险代理处，业务范围比较广泛。 川盐银行保险部成立于 1932 年，1945 年根据《公司法》规定，改组成立川盐保险公司，专门办理川江盐运保险。 业务范围遍及西南及川江沿岸各地，还附设有水上查证机构。 除重庆外，云南尚有几家保险公司，即 1940 年 2 月在昆明成立的富滇保险公司，1942 年 8 月成立的云南省保险合作社，1944 年 2 月由云南省信托局保险部演化而来的云信保险公司及由侨民银行于 1945 年 4 月投资成立的安全保险公司。 这四家保险公司主要是办理云南省属企事业单位的财险、寿险等，其中云信、安全、侨民 3 家公司的董事长都是由云南

---

[1] 贵州省档案管馆藏中国银行贵州分行未刊档案，档号：M52-53。
[2]《中国保险史》编审委员会：《中国保险史》，北京：中国金融出版社，1998 年，第 134 页。
[3]《一月来之保险业务》，《四川经济月刊》第 8 卷第 2 期，1937 年 8 月，第 22 页。

省财政厅长兼任。[1] 鉴于非常时期，同胞生命保障之重要，兴华保险公司，特于1941年创办战时团体及个人意外保险，凡由于意外轰炸、兵器、敌侵、疾病、以致丧失四肢或身故者，均依保险范围获得赔偿。[2]

除了正规的保险公司，在大后方还一度兴起农村保险合作组织。国民政府实业部（后改为经济部）成立农本局后，大后方普遍建立以办理农村猪牛保险为主的保险合作社，有的则通过各县农本局成立家畜保险经理处和区乡的家畜保险社具体办理。广西、江西两省在1938年就已开始组成家畜保险社或耕牛保险合作社。后来，四川、贵州、云南等省也陆续成立这类保险合作社，试办耕牛和猪仔保险。具体做法是：凡参加保险的农户，在缴纳少量的基金后即成为基本社员。所保耕牛猪仔由乡评估委员会评定保险金额。保险费率，包括免费防疫医疗在内，一般为每年5%。合作社还以其承保保险金额的80%向县社或县保险经理处进行再保险。如遇牲畜死亡，即按承保评定价值的90%赔付，如当年收不抵支时，则由县社（经理处）予以垫借，于下年归还。有些省的农民银行还办了耕牛保险转抵押贷款，额度为保额的80%。但每头水牛最高不超过150元，每头黄牛不超过80元。四川北碚三峡实验区家畜保险社自1939年成立到1941年也承保了不少猪仔。保险业务为鼓励农民饲养家畜起到了一定的作用，直到1944年3月中国农业保险公司成立后，这些合作社保险组织便相继结束。[3]

抗战时期，东部地区保险业向大后方的迁移，促使西部地区保险业迅速建立与发展起来，并形成了以重庆为中心覆盖西南西北各省的保险市场，成为大后方社会经济的稳定器。

---

[1] 王洪涛：《成长与迟滞：近代中国华商保险业发展历程的历史考察（1865—1945）》，硕士学位论文，厦门大学，2006年，第29-30页。

[2] 《兴华保险公司举办战时人身意外保险》，《保险界》第7卷第15期，1941年8月1日，第12页。

[3] 《中国保险史》编审委员会：《中国保险史》，北京：中国金融出版社，1998年，第140-141页。

4.4.2 全面抗战时期重庆保险业的主要业务

国民政府于 1929 年公布，并于 1937 年修正公布之《保险法》，将保险分为两大类：其一为损失保险，如火险、水险及其他损失保险均属之；其二为人身保险，复分为人寿保险与伤害保险，人寿保险为死亡或生存之人身保险，伤害保险则为对人身之伤害保险。 1935 年政府通过《简易人寿保险法》，由邮政储金汇业局开办简易人寿保险。[1] 抗战时期重庆的保险业务分为产物保险与人寿保险两类，下面将分两个方面进行论述。

4.4.2.1　战时重庆产物保险——以兵险为例

全面抗战时期重庆的产物保险十分发达，主要有火险、运输险、运输工具险、盗匪险、兵险、农业保险以及多种附加险。 产物保险的对象包括各种战略物资、大后方各省区的土特产、厂矿企业财产、各种运输工具等。 虽然产物保险种类繁多，但最具特色的却是战时兵险，在此仅选取战时重庆的兵险为代表论析。

兵险是产物保险中的一种，最早在中国经营兵险的是外商保险公司。 早在 1936 年 11 月，华商上海市保险业同业公会与外商上海火险公会签订《上海兵险公约》，为可能发生的战争危害等提供安全保障。[2] 并且在战争爆发前，上海"各工厂商号听从保险业之预先劝导，向伦敦劳合公司投保巨额兵险"。 战争爆发后，劳合社履行了战前的兵险合同，投保的华商公司"获得兵灾赔款，为数约在三千万元，不但使一部份民族资本能在抗战期内恢复其生产，而对海外贸易上亦获得甚多之外资。 最近，由上海迁入内地之工厂，均赖此兵险赔款。 而保险业之处置迅速，致获得意外收效，在抗战之功绩上，亦不能忽略也"[3]。 然而，当八一

---

[1]《"八一三"前后之我国保险业》，《经济汇报》第 1 卷第 15 期，1940 年 6 月 1 日，第 33 页。

[2] 赵兰亮：《近代上海保险市场研究（1843—1937）》，上海：复旦大学出版社，2003 年，第 182 页。

[3] 沈雷春：《抗战前后之我国保险业》，《金融导报》第 1 卷第 5-6 期合刊，1940 年 1 月 15 日，第 20 页。

272 | 现代化视野下的重庆金融 1840—1949

三事变后，外商保险公司却相继做出了停保兵险的决定。8 月，英国劳合社及各海上保险公司发出通告"决定不再承保上海、香港、大连及东北各港口岸的货物运输险"。10 月，美国及其他国家的保险公司也都发表声明，不再承保运往中国及香港的货物运输兵险。[1]

全面抗战爆发之后，国民政府决定迁都重庆，为了加强后方的经济力量，充实战争资源，又采取了工厂内迁措施，但由于当时日本飞机到处轰炸，制空权完全掌握在日军手中，不得不将保护内迁工厂物资运输的安全提上重要议事日程。而战时兵险非民营保险公司资力所能胜任，于是国民政府决定由政府出面办理兵险，可见战时兵险是国民政府在产物保险方面的一个创举。在 1937 年 8 月 25 日国民政府召开的行政院常务会议上，作出了迅速开办战时兵险的决定，财政部指定由中央信托局办理此项保险。1937 年 10 月 11 日，财政部公布《中央信托局办理战时兵险办法》（8 条），规定由财部拨资 1000 万元，交由中央信托局保险部作为办理战时运输兵险业务之基金。运输兵险的范围：（一）运输途中兵险，以转运期间国内水陆运输之兵险为限，凡入口卸运前及出口装载后之运输兵险概不包括在内。至普通运输险，亦得合并承保，但单独陆地兵险暂不承保。（二）承保运输途中兵险分下列六种：（甲）农产品，（乙）矿产品，（丙）工业制造品，（丁）国际贸易物品，（戊）运输工具（以在运输途中而与甲乙丙三项有关者为限），（己）运输员工（以在运输时间为与甲乙丙三项有关者为限，但须限制保额）。（三）中央信托局对保险物品及运输情形认定为危险过大时，仍得向投保人说明理由，拒绝承保。此外还规定，出口物之运输途中兵险必须经财政部贸易委员会之许可方可投保。而中央信托局得组织战时兵险审核委员会以备咨询。战时兵险各项保险费率，由中央信托局参照危险程度及市面情形

---

[1] 吴景平等：《抗战时期的上海经济》，上海：上海人民出版社，2001 年，第 334 页。

随时订定，概不折扣。[1] 上述兵险仅限于物资运输，于1937年10月18日开始承保。[2]

运输兵险开办后进展顺利。1938年3月间，贸易调整委员会建议中央信托局会呈财政部再拨基金办理中转地堆栈货物兵险。9月间，汉口市银行公会鉴于敌机已开始肆虐后方，银行业为求抵押物资获得安全保障，提请添办仓库兵险转中央信托局核议，并转请财政部考虑。此后，1939年2月，经济部工矿调整处为保障内迁工厂顺利建厂开工，提出添办工厂固定兵险。到1939年8月，财政部多次接到国民参政会第三次大会建议，为发展后方生产，充实抗战资源，请政府拨专款举办工厂及仓库兵险，以资保障。于是，财政部再次指示中央信托局办理陆地兵险。中央信托局就原颁《中央信托局办理战时兵险办法》拟定修正草案函送财政部，该案由财、经两部审核修正，中央信托局于1939年12月份起在重庆、昆明、成都三地开办战时陆地兵险。[3]

战时陆地兵险条款：（一）保险范围：直接由于后列事故，而致减失或损害，均由本部负赔偿责任。甲、因飞机轰炸射击空战及防空炮火所致之损毁暨延烧之损失。乙、间谍奸细掷弹爆炸或纵火焚烧之损失。丙、因从事消灭前列甲乙两项灾害，而致损毁之损失。（二）不保事项：后列各项本部不负赔偿责任。甲、军警当局命令破坏及征用之损失。乙、灾害发生之当时或前后被偷窃或劫掠之损失。丙、一般火险之损失。丁、其他不属承保范围之损失。（三）保险期限：经载明满期之日，其保险效力至下午四时为止。（四）保单失效：凡有后列事项之一者，本保险单即行失效。甲、保险标的之一切情形，或所有权变更而未报由本部签发背书批注者。乙、被保险人有欺诈行为或做虚伪报告，故意使保

———————————

[1] 中国第二历史档案馆：《中华民国史档案资料汇编》第五辑 第二编 财政经济（四），南京：江苏古籍出版社，1997年，第252-253页。

[2] 《"八一三"前后之我国保险业》，《经济汇报》第1卷第15期，1940年6月1日，第36页。

[3] 中国第二历史档案馆：《中华民国史档案资料汇编》第五辑 第二编 财政经济（四），南京：江苏古籍出版社，1997年，第323-324页。

险标的增加损害，藉图不当利益者。（五）损害赔偿，保险标的发生本保险单所保值损害时，被保人必须立即书面通知本部。并于损害发生之第十五日内，提供详实书面报告及有关证件。[1]

中央信托局受财政部委托办理战时兵险，负管理与营业之责，关于兵险营业除由中央信托局及其分局代理处办理外，根据办理战时兵险办法第四条之规定，可分托各华商保险公司代理承保。由于战时兵险系政府为配合抗战及保障农工商业而特予创办，各代理公司纯以尽义务为原则而非以图利为目的，不支取手续费或代理佣金，但为弥补其实际开支，由中央信托局核给开支津贴。运输兵险之开支津贴，最初为 2.5%，后改为 3%，最后为4%。陆地兵险之开支较大，定为 5%。各公司代理承保，须缴纳保证金 1 万元，1943 年奉财政部核准改为 5 万元。运输兵险从1937 年 10 月开始到 1945 年 9 月结束，参与代理运输兵险的华商保险公司主要有：中国、兴华、太平、宝丰、亚兴产物、裕国、永大、合众、太平洋、华孚、长华、民生、永中 13 家。陆地兵险正式开办后，中央信托局的分支机构已遍设后方重要都市，主要由中央信托局直接办理。直到 1943 年 3 月，才经财政部核准准予其他华商保险公司代理。到抗战结束，参与代理陆地兵险的华商保险公司有：裕国、中国、宝丰、亚兴产物、兴华、太平、太平洋、合众、华孚、长华、民生 11 家。[2]

国民政府举办兵险，意在鼓励后方生产与建设。在这个过程中，中央信托局承担了主要的兵险业务，其所发之兵灾保险单到1940 年上半年已达 86500 万元，其中运输保险占 60000 万元。余皆为轰炸保险等。截至 1940 年 7 月初旬，保款未偿之数，计有运输保险 20000 万元，陆地保险 13500 万元。自 1940 年 4 月重庆被轰炸以后，陆地保险增加甚多。中央信托局举办兵保险业务之各都市中，以重庆为最重要，其保款占全国 2/3。轰炸保险，不特

---

[1] 《中央信托局办理战时兵险》，《银行周报》第 23 卷第 34 期，1939 年 8 月 29 日，第 3 页。
[2] 中国第二历史档案馆：《中华民国史档案资料汇编》第五辑 第二编 财政经济（四），南京：江苏古籍出版社，1997 年，第 325-327 页。

为中国所仅见，亦全世界所仅见。 国民政府举办此项保险，为欲增进内地之生产，且使其意外损失有所保障，所收保险费比外国任何兵险低廉，该项保险费从不超过保款全数1%。 凡属长期保险及与建设有关之工业保险，又予以特别折扣之优待。 1940 年 11 月 1 日起至 1941 年 4 月 1 日止，重庆轰炸保险费将照原定数目削减1/4，因在此时期内重庆多雾，空袭较少。 中央信托局对非常时期保险营业商店所存门市货物各别投保兵险，并定补充办法四点：（一）凡由社会局核准投保之商店，其门市货物亦得同时投保，但每一商店之总额不得超过五千元；（二）各商店应将每日营业后之存货日报表 3 份，除 1 份自存外，其余 2 份分别于次日上午 8 时以前送达同业公会及社会局；（三）存货日报表所填数字必须与实际相符，不得虚报；（四）凡与货物数量有关各项簿册文件，必须妥善保藏，以备随时核对。[1]

中央信托局举办战时兵险，截至 1942 年 8 月底，运输兵险保额已达 30 余亿元，而陆地兵险保额则达 70 余亿元。[2]

运输兵险业务首先在上海开办，承保标的以由沪抢运内地及进口、出口货物为主，承保区域则侧重东南诸省。 随着战局日益扩大，战区各线及多条国际线路均遭截断。 1941 年 12 月太平洋战争爆发后，香港仰光最后一条国际线路亦被切断。 1942 年 5 月后，运输兵险业务逐渐进入紧缩状态，承保路线约分下列四类：（一）由加尔各答空运及一部份由美国太平洋口岸经印度空运之物资，但数量殊微；（二）由各沦陷区抢运内地之物资，如湘鄂一带之棉花，粤南之五金材料，桂南之盐，河南之烟叶等；（三）由东南各省内运物资，如纸张等；（四）后方互运之民生必需品，如米、煤、盐、油等。 自 1943 年起，第四类之数量日增，运输兵险业务中心，几乎全部集中于后方。 至 1944 年平汉、湘桂发生战事，不但沦陷区物资很少内运，即东南物资亦因交通阻绝而无法

---

［1］《中央信托局办商品兵险》，《财政评论》第 4 卷第 4 期，1940 年 10 月，第 148 页。
［2］中国国民党中央执行委员会宣传部：《抗战六年来之财政金融》，重庆：国民图书出版社，1943 年，第 20 页。

西运。至运输兵险停办前夕，承保路线 95% 以上均属内地运输。战时运输兵险自 1937 年开办到 1945 年结束，承保保额共达国币 2601614 万元，其中承保金额最大的是以棉花、食盐、粮食等为主的农产品，共 2172701.50 万元，占总额的 83.51%。[1]

陆地兵险自 1939 年开办以来，承保区域共涉及川、康、滇、黔、粤、桂、陕、甘、浙、赣、闽、湘、鄂、皖 14 省。其中除闽、皖、鄂三省因战事关系未能及时开办外，余均由各省省会及重要地点直接办理，首先在重庆、昆明、成都三地开办。为适应西北及各地需要，1940 年 1 月续在汉中、宝鸡、西安、宜宾、贵阳开办。2 月，添办兰州、万县，3 月添办衡阳、乐山，4 月添办内江，10 月在桂林、12 月在柳州，先后开办陆地兵险。[2] 1939—1945 年各区承保陆地兵险金额情况见表 4-11。

表 4-11　1939—1945 年各区承保陆地兵险金额情况统计表

区域	包括省份	保额/元	百分比/%
重庆		14307720299.51	51.29
川康	四川、西康（重庆除外）	4892968550.79	17.54
西北	陕西、甘肃	3220735935.58	11.55
西南	云南、贵州、广东、广西	3032614617.08	10.87
华中	湖南、湖北	1216186931.43	4.36
华南	浙江、安徽、江西、福建	1224093658.94	4.39
合计		27894319993.33	100.00

资料来源：中国第二历史档案馆，《中华民国史档案资料汇编》第五辑 第二编 财政经济（四），南京：江苏古籍出版社，1997 年，第 362 页。

由表 4-11 可知，陆地兵险承保额中，重庆占一半以上（51.29%），因为重庆是后方工业中心，同时空袭程度也较其他城市更为剧烈；其次为川康区，因为四川省开办业务较广，而成都、

----

[1] 中国第二历史档案馆：《中华民国史档案资料汇编》第五辑 第二编 财政经济（四），南京：江苏古籍出版社，1997 年，第 357-359 页。
[2] 中国第二历史档案馆：《中华民国史档案资料汇编》第五辑 第二编 财政经济（四），南京：江苏古籍出版社，1997 年，第 361 页。

万县等地，均为大后方物资麋集之区；再次为西北、西南，而华中、东南所占比例较小，两区一共也不到 10%。

4.4.2.2　战时人寿保险业

近代中国的人寿保险晚于财产保险。1899 年英人瓦特氏，按照英国《保险法》，在香港注册所创设的中国永年人寿保险公司，为外人在中国首创的第一家寿险公司，当时的投险人多系在华外侨，国人之投保者殊属少见。但从此后，我国寿险公司的设立几乎每年都有，不过其实力与进展脆弱而迟慢。据统计，到抗战爆发前，中国寿险的有效保险额为 12500 万元，平均每人寿险 0.28 元（以 4.5 亿人计），正如徐新六先生所说："全国投保寿险者，不及三万人，此三万人中恐大半系在华之外人，中国人之保寿险者，不过占人口三四万之一耳。"[1] 如此弱小的寿险业务，在抗战爆发后，其业务却是最受打击的，原有的寿险机构，大都处于停止状态无法进行。

抗战时期大后方的人身保险，相对于产物保险来说是极不发达的。在大后方各地专营寿险业务者，为中央信托局人寿保险处、中国人寿保险公司、太平人寿保险公司及邮政储金汇业局简易人寿保险处 4 家，兴华保险公司则兼营人寿与产物保险两种业务。战时后方人寿保险业务不发达之原因：（1）大多数国民教育程度低落，对人寿保险尚缺乏认识；（2）战时人民生活不安，迁徙无定，未暇及此；（3）人寿保险时期过长，被保人不能于短期内享受实惠；（4）战时物价与存款利率高涨。[2]

正因为如此，即便是实力强大的国营中央信托局保险部经营的寿险业务，从 1937 年至 1941 年 3 月 1 日（人寿保险处处正式成立之日），其总保额仅 1100 余万元。[3] 为使寿险业务有所起

---

[1] 彭瑞夫：《谈寿险事业与公教人员寿险问题》，《新经济半月刊》第 12 卷第 3 期，1945 年 8 月 16 日，第 77-78 页。

[2] 李荣廷：《中国保险业之回顾与前瞻》，《经济汇报》第 9 卷第 2 期，1944 年 1 月 16 日，第 16 页。

[3] 罗北辰：《一年来之中央信托局人寿保险业务》，《经济汇报》第 5 卷第 9 期，1942 年 5 月 1 日，第 42 页。

色，保障国民及公教人员生活之安定，国民政府决定改组中央信托局保险部，分为人寿保险处与财物保险处，并由国库另拨 1000万元为人寿保险处之资金[1]，该处于 1941 年 3 月 1 日成立。[2]自这个寿险机构产生后，中央信托局的寿险业务有了进步：第一是废除佣金制度，一扫战前掮客的种种流弊；第二是举办免验寿险，完成大胆的尝试，为同业树立一个优良的模范；第三是重团体寿险，开中国团体的先例，造福社会。[3]

在中央信托局人寿保险处的带动下，战时大后方的寿险业务逐渐开展起来，主要分普通人寿保险与简易人寿保险两类。

普通人寿保险：是按照人寿保险的常规程序来进行的，即先进行验体，"普通寿险对于被保人之体格，必施以医生检验，以防事业之危险而增投保者之平均负担"[4]，并以此作为先决条件。然而，由于当时大后方医疗卫生事业不发达，医药设备简陋，再加上交通不便，致使人寿保险只能局限于少数大都市，再加之寿险产品保险保额较大、期限较长，不易为广大民众所能接受，因此人寿保险公司业务数量较少。

有鉴于此，中央信托局人寿保险处积极从事于制度及技术方面的改进。经营的寿险险种计有六种：（1）国民寿险——免验体格，保额宏大，个人团体，均得要保，可以安定国民生活，增进工作效能；（2）公务人员团体寿险——优点与国民寿险同，且能增加行政效率，促进廉洁政治；（3）储蓄寿险——具保障之功能，又有储蓄之利益；（4）终身寿险——能以低廉代价，享受生活保障；（5）养老年金——安定老年生活，确保晚景欢愉；（6）人寿再保险——既使危险分担，又免资金外流。[5] 其中的国民寿险就是一

［1］彭瑞夫：《谈寿险事业与公教人员寿险问题》，《新经济半月刊》第 12 卷第 3 期，1945 年 8 月16 日，第 76 页。
［2］《中信局成立人寿保险处》，《财政评论》第 5 卷第 4 期，1941 年 4 月，第 161 页。
［3］朱斯煌：《民国经济史》，上海：银行学会、银行周报社，1948 年，第 96 页。
［4］张明昕：《简易人寿保险制度创设经过及由邮政经办理由》，《保险季刊》第 1 卷第 3 期，1937年 3 月，第 44 页。
［5］罗北辰：《一年来之中央信托局人寿保险业务》，《经济汇报》第 5 卷第 9 期，1942 年 5 月 1日，第 43 页。

种创新，采养老兼残废保险制。所包范围至广，对疾病死亡及意外与兵灾伤害均负责任，且免验体格，不分性别，不分地域，费率一致。而团体要保，还有不加利息并可分季或按月缴费之优待。[1] 这些险种推出后，深得社会人士之赞许，渝市社会局颁布《重庆市工厂员工团体寿险办法》，各公务机关与中央信托局保险部人寿保险处商洽办理公务人员团体寿险，其他机关社团及个人要保者亦多，以是业务进展颇速。在短短一年中，有效保额增至5000万余元，一跃而为全国第一，与规模最大、具有三十年历史而有效保额仅3000余万元之华安合美保寿公司相较，成绩进展甚速。[2] 从表4-12中可见一斑。

表4-12　中央信托局保险部人寿保险处1942年3月—1943年2月业务情况一览表

项目 ＼ 时间	1937.7—1941.2	1941.7—1942.2	一年来之增加额
被保险人	5786人	16922人	11136人
有效保额	11758860.00元	55162239.29元	43403379.29元
应收保费	1055470.00元	3148142.70元	2092672.70元
保险人数	47人	104人	57人
给付保额	99960.00元	20666000元	106700.00元

资料来源：罗北辰，《一年来之中央信托局人寿保险业务》，《经济汇报》第5卷第9期，1942年5月1日，第43-44页。

注：1942年2月份营业数字为估计数字。计被保险人1000人，保额300万元，保费15万元，保险给付5人，1万元。

　　1945年，邮政储金汇业局与中央信托局联合呈财政部转行政院，请实施公教人员人寿强迫保险，已呈奉行政院核准公教人员人寿保险强迫保险，将来公教人员均保有一定额之寿险，预缴或逐月缴纳保费。[3]

---

[1] 周绍廉：《寿险事业之真谛》，《经济汇报》第5卷第9期，1942年5月1日，第18页。

[2] 罗北辰：《一年来之中央信托局人寿保险业务》，《经济汇报》第5卷第9期，1942年5月1日，第43页。

[3] 彭瑞夫：《谈寿险事业与公教人员寿险问题》，《新经济半月刊》第12卷第3期，1945年8月16日，第76页。

简易人寿保险：人寿保险的一种，因投保对象面对的是全体国民，同时也是社会保险的一种。国家举办简易人寿保险，目的在求增进人民福利与安定社会生活，仅求其不致亏本，不计本身营业利益。简易人寿保险，完全以财力不甚宽裕之一般民众为保险对象，与普通人寿保险有别，故在实施上与普通人寿保险亦有不同。呈现出以下特征：（1）完全国营。由交通部主管，由邮政储金汇业局专营，其他保险业者不得经营。（2）保险金额较低。普通人寿保险，其保险金额有多至数十万元者，但简易人寿保险最高保险金额初仅 500 元，后增为 5000 元，后又增为 2 万元。（3）免验体格。普通人寿保险，必须由医生检查体格合格后始可加入，而简易人寿保险因保险金额较低，不负担此项费用，故仅由保险费征收与投保者会晤，以考察其体格营养及颜色等项，记入于一定报告书内，作为参考资料。（4）设置保险金之消减期间。规定保险契约发生效力后，于一定期间内被保险者死亡，得依期间之久暂，以消减支付之金额，但依战争变乱及兵灾死亡者，则须无条件支付保险金，不得适用消减期间。此项办法从保险之目的上观察，虽觉不妥，但因免验体格，易有弱者加入，以致增高死亡率，为减少保险人受损起见，故不得不有此项规定。（5）缴纳保险费之期间较短。普通人寿保险，其保险费多按半年或每年缴纳一次，但简易人寿保险，为适应一般国民之缴费能力，特将缴纳期间细分为按月或按周，并由征收员免责征集之。（6）根据保险费计算保险金额。普通人寿保险之保费表，系按保额千元计算，故其保险金额无百元以下之尾数，简易人寿保险之保费表，则以每月缴纳保险费一角为基础计算保险金额，故在保费上无一角以下之零数，而在保险金额上则有元以下之尾数。（7）保费缴纳有伸缩性。被保险者在保险契约发生效力后成为残废时，得免缴保险费，其保险金额之支付，则依其残废之程度以决定。（8）积存金运用稳妥。运用积存金时，须经过上级管理机关之核准，不得自由支配，且其投资对象，亦有一定限制，须大部分用在社会事业，以期增进国民福利。[1]

1935年5月，国民政府行政院颁布《简易人寿保险法》，指定"以邮政储金汇业局为保险人"独家经营。[2] 全面抗战爆发，完全打乱了简易寿险良好的发展势头，不但扩充业务的计划难以实行，就连先前的契约失效数也不断激增。到1942年底，有效契约仅为6万余件，保额剩970余万元，平均每件保费在1元左右，每件保额仅160元。而在这些存续的保户中，邮政员工占70%~80%，普通契约失效的竟达70%，损失重大。[3]

全面抗战开始后，由于业务范围集中在大后方省份，邮储局保险处于1941年春由昆明迁入后方保险业中心的重庆。1943年，战事稍有缓和，邮储局保险处即通过各种方法来拓展业务：（1）将简易寿险与储金、汇兑并列为三大中心业务；（2）大量增添办理局所，全国三等以上邮局全部开办寿险，并划定各区局的配额，限期完成；（3）加派人手，采取业务员制度，并发动邮政员工举办一人三契竞赛活动。同时最高保额也由5000元提至2万元。到1943年年底，新订契约达8万余件，超过创办以来历年所订契约总和，保额也增至1万6千余万元，较历年的总保额增16~17倍。[4] 1944年又开办一种60岁养老保险，经交通部通令部属各机关全体员工一律投保，其保费的半数规定由各机关负担。5月，国民党中央宣传部把简易人寿保险法列入政令宣传大纲，通令各机关、团体、学校、保甲详加研究和讲解，并在重庆推进一户一人投保简易寿险活动。[5] 经过努力，邮储局简易寿险业务成绩突飞猛进，各项指示均超出历年数倍。

---

[1] 郑尧拌：《推广我国简易寿险刍议》，《金融知识》第2卷第4期，1943年7月，第9-10页。

[2] 中国第二历史档案馆：《中华民国史档案资料汇编》第五辑 第一编 财政金融（四），南京：江苏古籍出版社，1997年9月，第745页。

[3] 《简易人寿保险创办十周年特刊》，重庆市社会局未刊档案0060-1-89，重庆市档案馆藏。

[4] 《简易人寿保险创办十周年特刊》，重庆市社会局未刊档案0060-1-89，重庆市档案馆藏。

[5] 颜鹏飞、李名炀、曹圃：《中国保险史志（1805—1949）》，上海：上海社会科学院出版社，1989年，第414页。

表 4-13　1937—1945 年简易人寿保险发展状况进度表

单位:元

年度	经办局数	年底有效契约累计			年内增(减)契约			备注
		件数	月保费	保额	件数	月保费	保额	
1937	304	41958	36178.9	5451051.4	24039	15227.8	1583864.4	
1938	304	37063	32271.5	4915512.5	-4895	-3907.4	-535539.2	因战事锐减
1939	313	36974	31605.8	4297923.7	-89	-665.7	-117585.5	
1940	313	43922	37048.8	5668909.5	6948	5433	870985.8	
1941	315	54769	49577.3	8190713.3	10847	12528.5	2521803.8	
1942	347	61818	60887.5	9745618.9	7049	11310.2	1554905.6	
1943	1920	158514	1366556.1	189165503.1	96696	1305668.6	179419884.2	
1944	1900	285804	4538792.1	609708271.1	127290	3172206	420342768	
1945	1968	363050	8956051.8	1409996121.1	77246	4417262.7	800287850	截至 11 月

资料来源:《简易人寿保险创办十周年特刊》,重庆市社会局未刊档案 0060-1-89,重庆市档案馆藏。

由表 4-13 可见,抗战开始后,简易人寿保险十分简单,1938—1939 年出现负增长,保险件数、月保费及保额因战争影响均大量锐减,而从 1940 年开始好转,到 1942 年后,增长更是十分迅速,1944—1945 年达到高点。 这种增长集中在城市还是乡村? 参保简易寿险的被保险人都是些什么人呢? 以下这个简易寿险被保险人职业的统计表即可充分说明。

表 4-14　1935 年 12 月—1945 年 11 月简易寿险被保险人职业百分比表

职业	公务员	商人	工人	家务	无业	农民	社会事业	学生	自由职业
百分比	46.11	22.65	8.99	8.66	5.35	3.71	1.91	1.67	0.95

资料来源:《简易人寿保险创办十周年特刊》,重庆市社会局未刊档案 0060-1-89,重庆市档案馆藏。

由表 4-14 可知,公务员和商人占据简易寿险近七成份额,而人口众多的农民只占到 3.71%。 由此可知,抗战时期的寿险分布极不平衡,主要集中在城市,特别是各省的中心城市。 抗战时期人寿保险相比产物保险发展缓慢,除了战事频繁,社会动荡不安,生活窘迫,无力购买等客观因素外,更重要的是民众固有的传统思维模式如"养儿防老"及国民的教育程度低下而致。 中国是一个农业大国，农民占总人口的绝大多数，寿险事业主要集中"通都大邑"，没有深入广大的农村，即使涉及也因为农民微弱的购买力而无法经营。这也是近代中国人寿保险难以推广和发展的最主要的原因。

4.4.3 全面抗战时期重庆保险业的特点及其作用

抗战时期重庆保险业，在当时的特殊环境下，虽历尽艰险，但在国民政府和保险业界同仁的努力坚持下，仍克服重重困难，顽强生存并赢得了空前的发展，呈现出具有时代特征的一系列特点。

因战而兴，抗战第一。重庆保险市场在全面抗战时期迅速发展，与抗战的爆发所造成的特殊环境，显然是密切联系的。八一三事变后，外商保险公司对中国保险业务相继做出了停保兵险的决定。全面抗战爆发之后，国民政府决定迁都重庆，工厂内迁，但由于当时制空权完全掌握在日军手中，不得不将保护内迁工厂物资运输的安全提上重要议事日程，于是决定努力兴办兵险。可见，战时兵险是特殊背景下做出的，而且动机与目的很明确，那就是恢复生产，并非如一般商业保险公司那样，始终把营业利润置于决策的首位。包括轰炸保险，亦是为使因轰炸而带来的意外损失有所保障而设立的，此不特为中国所仅见，亦为全世界所仅见。举办此项保险，是为了增进内地之生产，所收保险费，比外国任何兵险都低廉，且对长期保险及与建设有关之工业保险，又予以特别折扣之优待。从客观上说，兵险的举办，对抗战物资运输、生产建设的安全，起到了积极的作用。

政府主导，国营当头。由于战争环境风险巨大，非一般民营保险企业愿意和能够承受兵险，1937 年 8 月 25 日财政部指定由中央信托局办理，随即财政部公布《中央信托局办理战时兵险办法》，规定由财部拨资 1000 万元，交由中央信托局保险部作为办理战时运输兵险业务之基金。至于战时陆地兵险，很快又另拨给中央信托局 1000 万元。为保障国民及公教人员生活之安定，又改组中央信托局保险部，并由国库另拨 1000 万元为人寿保险处之资金，成立人寿保险处，不仅扩大业务范围，而且为战时公教人员提供了一种基本保障。其后，中国邮政机关办理之简易人寿保险，更是将人寿保险对象拓展到财力不甚宽裕之一般民众，这种保险在于给与一般民众提供最低的社会保障，而不以盈利为目的，因此亦非民营保险机构所愿涉足。

因地（时）制宜，不断创新。战时不仅环境险恶，而且局势多变，难以预料，这就要求保险业务不能一成不变，而应该因地（时）制宜，不断创新。战时重庆保险市场之所以能发展，正是由于顺应了形势的需要，抓住机会，不断创新，从而开拓出的新市场。比如在战争环境下积极办理兵险就是保险业的一大创举，而且关于运输兵险的范围的变化，也体现了保险市场的应时顺便。最初运输兵险是以转运期间国内水陆运输之兵险为限，既不包括入口卸运前及出口装载后之运输兵险，也不包括单独陆地兵险。此后鉴于敌机大肆轰炸后方，内迁工厂难以顺利建厂开工，从 1939 年 12 月起，中央信托局在重庆、昆明、成都三地开办战时陆地兵险。战时运输兵险自 1937 年开办到 1945 年结束，承保保额共达国币 2601614.00 万元，其中承保金额最大的是以棉花、食盐、粮食等为主的农产品，占总额的 83.51%。[1] 同样，改组中央信托局保险部，成立人寿保险处，大力开拓人寿保险业务，特别是废除佣金制度，举办免验寿险，侧重团体寿险，开办简易寿险，都是具有代表性的创新举措。

战时重庆保险市场的发展，是中国近代保险史上大发展的一个时期，不仅大大推动了保险市场空前繁荣与近代化，也为抗战事业发挥了巨大作用，做出了不可磨灭的贡献。

首先，战时重庆保险市场的发展，为大规模内迁的实现提供

---

[1] 中国第二历史档案馆：《中华民国史档案资料汇编》第五辑 第二编 财政经济（四），南京：江苏古籍出版社，1997 年，第 357-359 页。

了保障。 1941 年国民政府颁布了《非常时期奖励资金内移兴办实业办法》，其中，特别规定：依该办法投资之事业，得随时向中央信托局投保，战时陆地兵险，中央信托局非经财政部核准，不得拒绝承保。[1] 这些就为沿海企业和物资的内迁解除了后顾之忧。 同时，考虑到战时兵险系政府为配合抗战及保障农工商业而特予创办，各代理公司纯以尽义务为原则，而非以图利为目的。为弥补其巨大风险，由政府当局核给开支津贴。 运输兵险之开支津贴，最初为 2.5%，后改为 3%，最后为 4%。 陆地兵险之开支较大，定为 5%。

其次，战时重庆保险业的发展，为重庆工业生产和商贸事业的发展提供了有利条件。 兵险的路线，先是集中于东南沿海诸省，以后随着战局的发展变化不断变化，由东南沿海向沦陷区，再向大后方不断扩展。 自 1943 年起，运输兵险业务中心，几乎集中于后方的中心城市重庆，互运之民生必需品，如米、煤、盐、油等。 除了兵险外，抗战时期重庆的产物保险十分发达，比如有火险、运输险、运输工具险、盗匪险、农业保险以及多种附加险。产物保险的对象包括各种战略物资、大后方各省区的土特产、厂矿企业财产、各种运输工具等。 战时大量经营财产保险的公司的建立，为重庆工业的发展、经济的稳定起到了重要作用，如中国保险公司，其财产险主要承保当地中国银行押汇、放款业务及该行投资兴办的企业和仓库财产，还有一些官办大企业的保险份额和当地吸收的少数分保业务。 在重庆承保的有豫丰纱厂、丝业公司、中棉公司等大中型企业。[2]

1940 年，因敌机狂炸，重庆市政府经财政部特案，由中央信托局承保"重庆市指定商店""重庆市轮渡"及"差轮兵险"等战时特殊陆地兵险。"重庆市指定商店案"，当敌机轰炸时，各商店纷纷疏散，市面停顿，物价上涨，为使指定商店继续安心营业，由

---

[1] 重庆市档案馆馆藏重庆市银行商业同业公会未刊档案，档号 0086-1-46。
[2]《中国保险史》编审委员会：《中国保险史》，北京：中国金融出版社，1998 年，第 134 页。

重庆市社会局出面为这些指定商店承保陆地兵险，投保指定商店货物，以每家 5 千元为限，综合性之商场及重庆市日用必需品公卖处，则以 5 万元为限。 1941 年 4 月后，进一步将承保范围扩大到旅馆、理发店等，这些办法直到 1944 年 5 月，市区空袭日少而逐渐停顿。"重庆市轮渡案"，当空袭期间，为了维护正常的轮渡交通，由重庆市政府及重庆市空袭服务救济联合办事处出面，为担任空袭时服务的第一号轮渡 2 艘、第四号轮渡 1 艘，共 3 艘承保陆地兵险，1941 年 2 月后，扩大到对全部轮渡悉予承保。"差轮兵险案"，民生实业公司所有轮只在 1940 年应差装运军队，军政部为保障这批差轮的安全，特咨请财政部同意由中央信托局为其承保陆地兵险，从 1940 年 11 月开始承保，到 1941 年 7 月 1 日停保，先后承保 113 笔，保险金额 157600000 元。[1]

第三，战时重庆保险市场的发展，适应了重庆民众的生活需要，有利于社会稳定。 保险是一种社会事业，不但要扶助工商业的发展，维持市场的稳固，而且还要顾及国家的建设和民众需要及社会稳定。 1939 年《四川贵州两省疏散人口区域建筑房屋办法》，关于勘测地点建筑房屋事项，由四川贵州两省政府建设厅及重庆市政府办理并由内政部指导进行，关于资本事项由内政、财政两部会函中国、中央、交通、农民四行联合办事处并分令重庆、成都银行公会及贵阳各银行共同投资，即以此项房产作抵，由政府担保其数目，重庆暂以 300 万元为限，成都、贵阳各 100 万元为限，至必要时得增加之。 此项房屋由中央信托局承保兵险，如该局有损失时，由政府负责。 在 1939 年 5 月底以前，私营住宅向地方主管机关申请建筑登记者，得以内地房产救济办法予以奖助，并得照前条规定投保兵险。[2] 此项办法对重庆的社会稳定起到了保障作用。 战时的人寿保险和简易人寿保险，就适应了民众的需要，仅求其不致亏本，不计本身营业利益。 在战争动荡的年

---

［1］中国第二历史档案馆：《中华民国史档案资料汇编》第五辑 第二编 财政经济（四），南京：江苏古籍出版社，1997 年，第 343-345 页。
［2］重庆市档案馆藏重庆市银行商业同业公会档案，档号 0086-1-56。

代，人寿保险为社会稳定起到了一定的作用。

总之，保险是一种社会事业，不但要扶助农工商业的发展，维持市场的稳固，还要顾及国家的建设和社会的福利。而战时大后方保险业的发展，形成了以重庆为中心的保险市场，不仅为促进西部金融业的近代化做出了重要贡献，而且在战时的特殊条件下，为安定社会经济生活，促进大后方工商业的发展起到了一定的积极作用，对抗日战争的最终胜利做出了贡献。

然而，必须指出的是，虽然战时大后方的保险业有了迅猛发展，但其中发展最快、获益最大的是国家资本。国营公司是保险业中的主要力量，它们资金雄厚，又有政治后台，几乎包揽了当时大部分保险业务，占据了保险业的垄断地位。如经营人寿保险的公司仅有中国人寿保险公司、太平洋人寿保险公司、中央信托局人寿保险处以及邮政储金汇业局保险处四家机构，除太平洋人寿保险公司外，其余三家均为国家保险公司。1939年邮政储金汇业局成立了重庆邮政储金汇业局分局，开始在重庆独家办理简易寿险，垄断了整个重庆乃至大后方的简易寿险市场。地方政府办保险公司，主要依靠当地政府和地方经济力量，以经营本省和本地区的工商企业业务为主，也有一定的实力。民办保险公司数量最多，但实力有限，只能根据自身的资金能力和依靠力量，从国营保险公司分到一杯羹。虽然战时重庆保险业的发展，对战时重庆经济稳定和发展起到了一定的促进作用。但是，也有不正常的一面。在极度动荡的战争时期，开办保险业的风险本来是极大的，然而，从当时的经营保险业的公司情况来看，几乎都是盈利的，这些盈利很多是从非正常的经营渠道而来，有些保险公司打着保险的招牌，实际上是借以吸收资金进行大肆投机活动，以所收保费兼营商品买卖，投机取巧；以所有资金，转放短期高利贷；兼充房地产及水陆运输经纪人；买卖黑市外汇及黄金。这在一定程度上给战时重庆的保险业务和经济发展造成了不良影响及后果。

全面抗战时期的重庆金融现代化（下）

全面抗战爆发之后，重庆成为中国战时的首都，随着大批东中部沿海沿江沦陷区工商、金融业的纷纷内迁，人口骤增，重庆凸显出其战时大后方经济、金融的中心地位。在新式金融业的带动之下，重庆的传统金融机构——钱庄等也得到长足发展，从1937年前的23家发展到1942年的56家，且大多位于小什字至陕西街一带，形成了门类众多、体系完备的典型金融一条街，重庆钱庄也进入第二次昌盛繁荣时代。[1] 同时也加快了从传统向现代化的进一步转型。

　　重庆的金融市场在战时也发生了极大变化，随着国民政府内迁重庆，大量金融机构聚集于此，重庆金融市场上的资金大增，把重庆推上了大后方资金融通、划拨的中心地位，也使重庆金融市场的结构发生了根本性改变。全面抗战之初，受战事的影响，重庆金融市场呈现出极大的动荡，金融风潮不断，原有的证券市场、比期利率市场等受到冲击，重庆证券交易所被迫关闭，直到抗战结束都未开启；而比期制度也在1942年被国民政府废除。此后，随着战时重庆及大后方经济的发展，重庆原有的票据交换所停顿，代之而兴的是以中央银行为中心的新的票据市场。与此同时，过去以上海为中心的黄金市场、外汇市场转而进入重庆，并迅速发展壮大，不仅充实和完善了重庆的金融市场，还促使其向现代化方向发展。

　　全面抗战时期，重庆金融市场的繁荣与发展，在支持战时重庆及大后方经济发展方面做出了重大贡献。但是随着太平洋战争的爆发，大片国土沦丧，大后方通货恶性膨胀，物价高涨，金融市场投机充斥，风潮迭起，也加剧了大后方社会经济的动荡与不稳定。本章将着重探究全面抗战时期以钱庄为主体的重庆传统金融业以及重庆金融市场的发展演变轨迹。

---

[1] 曹庞沛：《泰丰——从钱庄到银行》，重庆市渝中区政协文史资料委员会、重庆市渝中区金融工作办公室：《重庆市渝中区文史资料第十八辑·渝中金融史话专辑》（内部资料），2008年，第72页。

5.1　全面抗战时期重庆传统金融机构向现代化的变迁

全面抗战爆发后，随着长江下游各埠相继沦陷，国民政府西迁重庆，重庆的传统金融业典当与钱庄经历了不同的命运。 到1939 年时，重庆公质店减少为永升、天厚、积福、明升、永兴、日升、谦泰、兴泰 8 家。 此后，日本飞机频繁轰炸重庆，公质店有的因被炸损失惨重而停业；有的由于通货膨胀、货币贬值、经营亏损而停业；各种寄卖行、委托行兴起，代替了一部分典当业务，典当业因萧条而停业。 在重庆有着 200 多年历史的典当行业就这样悄悄地被淘汰了。[1] 与此相反，重庆的钱庄业在全面抗战时期又开始兴盛起来，除正常存放汇兑业务外，以拥有雄厚资金直接或间接经营商品贸易，钱庄在重庆金融中的资本额与影响虽比不上国家银行和商业银行，但由于其悠久的历史和在重庆金融中的影响力，在数量上有了明显的增长，进入了继民国初年的第一次快速发展后的第二次兴旺发展时期。

5.1.1　全面抗战时期重庆钱庄业的再度繁荣

1937 年，"七七"事变爆发，重庆金融市场动荡，钱业也由此受到冲击。 钱业中因参与投机公债失败，而出现资金呆滞，最终导致营业失利而办理结束的有和盛、友康、集义、益源、益友 5 家钱庄，其余钱庄虽然尚有盈余，亦只维持现状。[2] 其中合盛钱庄不仅于 1937 年 11 月登报公告结束营业，还宣布即将加入川康平民商业银行集团。[3] 也有钱庄尽力恢复营业，如同心钱庄就在此时期尽力筹备复业，由前平民银行襄理李远哲等筹资本 10 万元，

---

[1] 重庆金融编写组：《重庆金融》（上卷），重庆：重庆出版社，1991 年，第 283 页。

[2] 白也：《抗战期中的重庆金融》，《四川经济月刊》第 9 卷第 1—2 期，1938 年 1—2 月，第 76 页。

[3] 《金融概况·重庆》，《金融周报》第 4 卷第 18 期，1937 年 11 月 3 日，第 7 页。

继续经营。[1]

经历了 1937—1938 年的动荡之后，随着沿海工业集中内迁，重庆工业也开始迅速发展，急需更多的融资渠道以促进工业的扩大再生产；沦陷区大量资金又不断涌入重庆，使得重庆金融可以接收的资金更为庞大；大量难民因国土沦陷而内迁至重庆，导致普通民众的金融需求开始上升，带来了存款业务的增加；国民政府为稳定其以重庆为主的抗战大后方的统治，需要发展大后方经济，鼓励金融机构的设置。此外，随着沿海交通口岸的沦陷，内地各省所需日用品日感困难，大后方商品市场求过于供，物价日趋上涨，重庆钱庄一面经营比期存放，一面兼营商品交易，获利甚丰。在此背景之下，从 1939 年开始，重庆钱庄有了缓慢发展，据调查统计，到 1939 年底，重庆市钱庄有谦泰、复兴、同生福、和济、信通、永通、益民、义丰、同丰、仁裕、和通、永美原银号、同心、濬源 14 家，所结纯益约在 60 万元。到 1940 年 1 月，新增和兴与永生 2 家，共有 16 家，资本总额为 346.2 万元。在这 16 家中，资本额最多的为永生，达 80 万元，其次为永美原银号，资本 70 万元，再次为义丰，资本 42 万元，依次为和兴、和通，各 20 万元，其余 5 万元至 10 余万元不等。[2] 此后，由于获利丰厚，开设钱庄者如雨后春笋，截至 1941 年 10 月，重庆的钱庄银号已达 49 家，其资本最多达 150 万元，可谓盛极一时。详见表 5-1 的统计。

---

[1]《金融概况·重庆》，《金融周报》第 4 卷第 2 期，1937 年 7 月 14 日，第 11 页。
[2] 康永仁：《论重庆市银钱业的发展及管理》，《经济建设季刊》第 1 卷第 1 期（创刊号），1942 年 7 月，第 265-266 页。

表 5-1 截至 1941 年 10 月重庆市钱庄一览表

名 称	成立时间	资本总额/万元	经理人	地 点	备 考
和济钱庄	1913 年	23	李桂臣	东昇楼 1 号	
信通和记钱庄	1940 年 3 月底	30	经理卢仲良，副理李从周，襄理刘南名	曹家巷 52 号	
同生福敬记钱庄	1940 年 1 月 18 日	10	彭肇嘉	陕西路 119 号	
永庆钱庄	1924 年 1 月	10.8	经理赖善臣，副理陈俊卿	林森路 194 号	
益民钱庄	1936 年 1 月 6 日	20	经理杨行知、罗芝麟	打铜街 17 号	
义丰钱庄	1935 年 3 月	42	邓志学	陕西路 238 号	
同丰钱庄	1941 年 1 月	12	周以耕	打铜街 38 号	
谦泰钱庄	1940 年 3 月 4 日改组	20	熊崇鲁、缪茂修	陕西路 180 号	
复兴义记钱庄	1936 年 3 月初	16	王雨樵	陕西路 154 号	
仁裕钱庄	1933 年 6 月	30	许效周	陕西路 223 号	
和通钱庄	1936 年 2 月底	40	胡子移	中正路 175 号	
濬源钱庄	1937 年 1 月 31 日	5	董传霖	陕西路 84 号	
永美厚银号	1937 年 1 月	70	总理汤壶峤[1]，经理刘光弟，襄理曾鸣普	陕西路 201 号	
同心钱庄	1939 年 12 月 28 日	20	邓彦修、舒次范	第一模范市场 40 号	同心资本共 50 万，计二分钱庄 20 万，字号 30 万
和兴钱庄	1939 年 11 月 28 日	20	田镜知	陕西路 231 号	
永生钱庄	1939 年 12 月 13 日	80	总经理刘闻非，经理王柏康	陕西路 217 号	副经理蔡鹤年，襄理詹郁秋
福钰钱庄	1939 年 12 月	20	王和民	陕西路 179 号	

---

[1]原文献误写为"汤壹峤"，作者核查应为"汤壶峤"。

续表

名　称	成立时间	资本总额/万元	经理人	地　点	备　考
胜利钱庄	1940 年 1 月 19 日	50	田尔畋	陕西路 199 号	
大夏钱庄	1939 年 12 月 18 日	100	丁子磬	陕西路 239 号	
聚丰钱庄	1934 年 10 月	20	经理周子鹤、副理丁南室	陕西路 160 号	
泰裕钱庄	1940 年 3 月	30	王承绪	陕西路 88 号	
泰丰钱庄	1940 年 2 月	10	陈德恕	陕西路 196 号	
正大永钱庄	1940 年 4 月 15 日	10	尹制陶	九尺坎 15 号	
和丰银号	1940 年 5 月，1941 年 6 月改组	100	经理潘纯垠，副理朱仲裁	打铜街 46 号	原资本为 30 万元，于 1941 年 6 月改组为银号并加资本
光裕钱庄	1940 年 1 月 23 日	50	吴德瑜、刘仲衡、庄德生	陕西路 38 号	
万瑢钱庄	1940 年 12 月 18 日	12	萧斗墟、申美初	打铜街 47 号	
正和钱庄	1941 年 1 月 5 日	20	陈晃久	太华楼 8 号	
福余钱庄	1941 年 1 月 5 日	18	吕直平、雷应霖	中正路 181 号	
信源钱庄	1940 年 12 月 19 日	10	王云峰	打铜街 33 号	
泰记银号	1940 年 12 月	40	经理王溥澄，协理张勉之、周资深	中正路 187 号	襄理李量才
开元钱号	1941 年 1 月 25 日	40	总经理兼董事长刘虞义	莲花街 12 号	渝分庄经理董允复，川盐一里 9 号
聚康钱庄	1941 年 1 月 1 日	20	黎季云	陕西路 180 号	
恒聚钱庄	1941 年 2 月 25 日	50	总经理黄一勉，协理卢俊卿	陕西街 187 号	经理夏典章
志诚钱庄	1941 年 2 月 15 日	50	吴懋昭、季崇德	林森路 266 号	
成大钱庄	1941 年 1 月 25 日	20	朱慎修、庄德生、徐化洽	陕西路 106 号	
久裕钱庄	1941 年 2 月 27 日	40	李量才	千厮门行街 4 号	

名　称	成立时间	资本总额/万元	经理人	地　点	备　考
和畅钱庄	1941 年 3 月 15 日	30	总理汤子敬，经理胡守吾	九尺坎 23 号	
复华钱庄	1941 年 2 月 27 日	60	总经理李崇德，副理杨巨川	林森路 59 号	
振裕银号	1941 年 3 月 15 日	40	总经理张咸熙，经理刘宗珩	模范市场 25 号	监理曹水臣
天祥钱庄	1941 年 3 月 14 日	30	徐湛元	陕西路赣江街 88 号	
永利钱庄	1941 年 6 月	50	黄仲谦、李叔声	陕西路 198 号	
总汇钱庄	1941 年 6 月	50	经理曾学成，襄理余泽民	陕西路余家巷 23 号	
华康银号	1941 年 7 月 5 日	150	经理刘芝祥，副理杨同庄	陕西路 197 号	
江庆钱庄	1941 年 8 月 8 日	100	经理卢亨泰，副理彭炽光	陕西路 88 号	
复礼银号	1941 年 10 月	100	经理萧元复，副理宋勤耕	打铜街 29 号	
义亨钱庄	1941 年 9 月	50	经理李景熙	太华楼 3 号	
大信钱庄	1941 年 11 月	100	经理陈铨	林森路	
厚记银号	1941 年 1 月	60	经理彭嵩高	道门口	该号成立远在六年前，最初资本为 10 万元，1940 年增加至 30 万元，本年又增加至 60 万元，但未加入公会
敦余厚银号	不详	20	经理董仁俊	不详	未加入公会
合计	49	1998.8			

资料来源：李荣廷，《论重庆钱庄业》，《经济汇报》1941 年第 4 卷第 11 期，第 15-17 页。

由表5-1可知,到1941年重庆钱庄发展达到高峰,1941年10月时为49家,资本总额为1998.8万元,最低10万元,最高150万元,其中超过50万元的17家,占34.69%。仅1941年前10个月就新设立了21家钱庄,占钱庄总数的42.86%。

而据李荣廷进一步的分析,战时钱庄设立的目的,主要集中于以下五种:(一)融通兼营工商副业之资金。独资或合伙经营钱庄之股东,因经营之种类不同,彼此缺乏联系,资金的盈虚无法互相调剂,当遇资金短绌时须以较高之利息,向银行或钱庄银号借款或透支,且银行方面还须提供抵押品及其他担保,手续甚繁不能享受迅速融通资金之便利。故为其本身事业利益着想,有自己组设钱庄或银号以调剂资金盈虚之必要。(二)企图经营工商事业。钱庄或银号之股东企图经营一种或数种工商业,为将来运用资金便利计,先行筹设钱庄或银号吸收存款,以为创办工商业所需资金之来源。(三)流通本帮之资金。如棉纱帮、药材帮等,为本帮资金之流通及灵活运用,亦有集资筹设钱庄或银号者。(四)融通特殊地域间之资金。如重庆市钱庄业中之丰都帮,即为丰都在渝人士存放款、汇兑及收支便利起见集资筹设钱庄。(五)获取金融支配权或办理他种事业。重庆市有少数商业银行或资本家,愿意以资本向钱庄入股以获取支配钱业之权势,或因该银行直接经营工商业,有碍《银行法》规定,即以一部分资金投资于钱庄间接经营工商业,谋获厚利。[1]由此可见,抗战之后的重庆市钱庄设立之动机,较之战前已经有了显著变化,除了原有的存放款等基本业务之外,一变而为间接投资经营工商业。

另据交通银行总管理处统计,重庆市钱庄银号在1938—1943年总量变化如图5-1所示。

由图5-1可见,在1938—1941年,重庆钱庄、银号的数量经过全面抗战初期的短暂动荡之后,呈现了逐步回升与迅速发展的趋势,到1941年底时更是发展到53家。1941年之后,由于大后

---

[1] 李荣廷:《重庆市之钱庄业》,《金融知识》第1卷第3期,1942年5月,第191页。

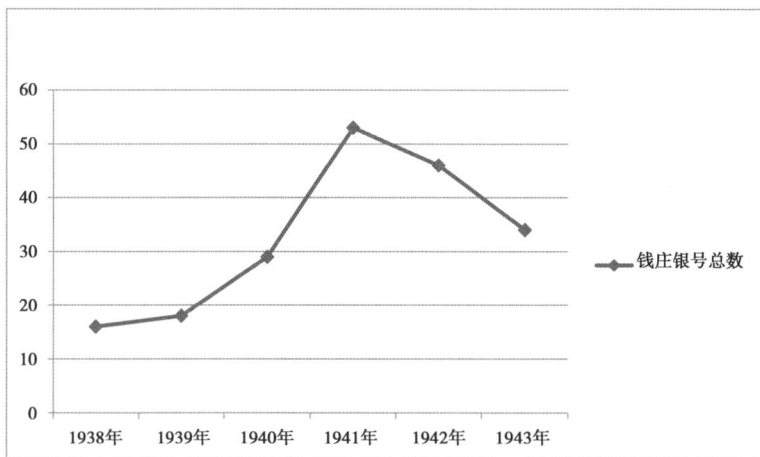

图 5-1 1938—1943 年重庆钱庄银号总数变化表

资料来源：交通银行总管理处，《金融市场论》，上海：交通银行总管理处，1947 年，第 94 页。

方通货膨胀不断，物价高涨，钱庄正常的存放款业务难以获得利润，不得不将资金投入囤积居奇以及对黄金、美钞的投机炒作中。国民政府为了制止囤积与投机，也开始出台相关限制钱庄、银号发展的政策。1941 年 12 月 9 日，国民政府公布《修正非常时期管理银行暂行办法》，规定，"凡经营收受存款及放款票据贴现汇兑或押款各项业务之一而不称银行者，视同银行"。"自本办法施行之日起，新设银行，除县银行及华侨资金内移请设立银行者外，一概不得设立。"[1]这就明确将钱庄、银号纳入银行的范围进行管理，不仅限制钱庄、银号的增设，还监督其资金的使用并对其业务加以控制。

1942 年后，财政部通令施行《银行钱庄补行注册变通办法》，不仅对钱庄、银号实行普遍的登记注册制度，还限制其新增，明确规定："各地如经注册之钱庄银号，如系三十年十二月九日以后新设者，应一律勒令停业"。[2]因此，自 1942 年之后，国民政

---

[1]《修正非常时期管理银行暂行办法》，1941 年 12 月 9 日，重庆市银行商业同业公会未刊档案 0086-1-73，重庆市档案馆藏。
[2]《银行钱庄补行注册变通办法》，《立信会计月报》，第 2 卷第 4 期，1942 年 11 月 25 日，第 41 页。

府不仅加强对钱庄银号的审批，对尚未给予批准就擅自营业之钱庄、银号给予停业处分，对已登记注册之各钱庄，还规定要经常向财政部或指定机关呈送存放报告表，随时由财政部审核指示纠正。财政部除借此种报表察知其业务外，并将随时抽查各钱庄账册及库存，各钱庄办理收款须先向财政部请核。设在陪都重庆之钱庄，直接由财政部钱币司稽核室负责稽核检查。[1] 1942 年，国民政府财政部首先对重庆的钱庄进行了检查，发现不少钱庄专做投机生意，有碍战时经济之发展。为整顿钱庄业务，到 1942 年3 月初就勒令不合法钱庄 14 家停闭。[2] 在这一年中，作出停业处分的有安钰、天祥、恒聚三钱庄，复茂银号重庆分号等。未经呈准设立之庄号，如璧山永裕银号重庆分号、成都振华银号重庆分号、成都华孚银号重庆分号、衡阳鸿兴银号重庆分号、衡阳康东银号重庆分号、衡阳大生银号重庆分号、合川永元钱庄重庆分庄、广安四达银号重庆分号、内江鑫丰钱庄重庆分庄、内江利友钱庄等均由财政部饬令停业。[3] 此外，还有部分因经营不善最终申请停业的，如 1942 年重庆泰记银号以资金薄弱支持艰难，于6 月 8 日申请财政部予以停业。可见，受国民政府的指令停业之钱庄、银号就为数不少，重庆市钱庄、银号的数量在 1942 年降为46 家，1943 年更是降到了 34 家。1944 年，重庆钱庄业进一步分化，由于不少钱庄纷纷增资改组为银行，钱庄银号的数量减少为20 家。[4]

5.1.2　全面抗战时期重庆钱庄的现代化转型

全面抗战开始后的重庆钱庄，经历了冲击—繁荣—衰退的一个过程，但在新式金融机构的影响下，重庆钱业继续向现代化方

---

[1]《银行钱庄限期注册》，《财政评论》第 7 卷第 4 期，1942 年 4 月，第 75 页。
[2]《经济杂讯-国内之部·金融》，《经济导报（永安）》第 1 卷第 1 期，1942 年 5 月 15 日，第107 页。
[3]《一年来重庆银钱业之动态》，《金融周刊》，第 4 卷第 5 期，1943 年 2 月 1 日，第 7 页。
[4] 李云吉：《一年来重庆银钱业动态》，《金融周讯》第 1 期，1945 年 1 月 15 日，第 3 页。

向转型，主要表现在以下几个方面。

5.1.2.1 重庆钱庄在管理体制上的现代化变革

按照重庆商场习惯，钱庄银号组织通常为独资经营或合伙经营性质，资本主或股东均负无限责任，以股东的全部财产为担保，债务由其单方面负责。这种情况在民国之后逐渐发生变化，抗战爆发之后更是有了进一步的转变。重庆钱庄银号组织管理最为重要的变化是逐渐从无限责任制向有限责任制转变，不断有钱庄向现代金融机构银行学习，改组为有限责任之组织。[1] 如民国建立前就有的同生福钱庄，资本最初为 500 两，1940 年经过改组后更名为永生钱庄，资本为国币 80 万元[2]，改组之后直接采用股份有限公司组织形式，到 1945 年 3 月已经召开三届股东大会。[3] 再如著名的义丰钱庄，其历史十分悠久，肇创于 1908年，初名正大永钱庄，属于合伙组织，1935 年改为义丰钱庄后，设总庄于重庆陕西路 238 号。1942 年不仅改组为股份有限公司，其资本额也不断增加，1942 年为 200 万元，1943 年增为 500 万元，1944 年再增为 1000 元。[4] 而抗战之后建立的钱庄则多直接使用股份有限公司的组织形式进行管理。如 1942 年成立之聚丰钱庄"全称为聚丰钱庄股份有限公司，于 1942 年 6 月 18 日举行创立会"[5]。无限责任制转变为有限责任制公司，说明重庆钱庄银号已经逐渐向近代化的金融机构转变。

重庆钱庄传统管理制度一般是经理人地位最高，组织各钱庄银号的内部事务，负责对外业务及人事管理。有部分钱庄在经理人之上设立总经理。在经理之下设立副经理或襄理、协理等职位，其权力次于经理，也负责处理钱庄一切事物，是经理或总经

---

[1] 李荣廷：《论重庆钱庄业》，《经济汇报》1941 年第 4 卷第 11 期，第 5 页。
[2] 《永生钱庄、永裕银号上海分庄、号今日开业》，《征信所报》第 236 期，1946 年 12 月 12日，第 4 页。
[3] 《永生钱庄》，《银行通讯》第 18 期，1945 年 2 月，第 30 页。
[4] 《重庆义丰钱庄》，《银行通讯》新第 8 期，1946 年 7 月，第 32 页。
[5] 《聚丰钱庄今日开创立会》，《商情报告》特 1206，1942 年，第 2 页。

理之补充。 襄理、协理之下就是具体分工的职位，通常称为八部，又叫"八把头"：清账、汇划、钱行、银行、洋房、信房、跑街、客堂。 其主要职责：清账——会计总账，编制每月结算，计算存欠户利息，审核年终损益状况，编造红账（损益计算书），掌管会计簿籍；汇划——考核往来客户存欠情况，记录汇划系统原始簿据；钱行——向汇划总汇贷借款项，接洽同业间事务，兼任跑街职务；银行——向银行方面接洽存放款项，兼任跑街，有时由钱行兼任；洋房——管理现金的出纳，记录现金出入的簿据；信房——草拟信件、文电，代理外埠同业或行号的收付，保管文件；跑街——接洽存放款事项，探听市面消息，调查商行信用；客堂——招待来往宾客。 职掌上述事务的，都是比较高级的职员。 此外，还有普通职员，主要有：票现——隶属于汇划，登录票据和来往，清算每日同业应收付的余额；学生——练习各部事宜；栈司——装送现金票据，投递信件等。 以上内部的职掌分工，如果归纳成系统来看，不外是（一）营业，（二）会计，（三）出纳，（四）文书四个部分而已，可用图 5-2 展示。

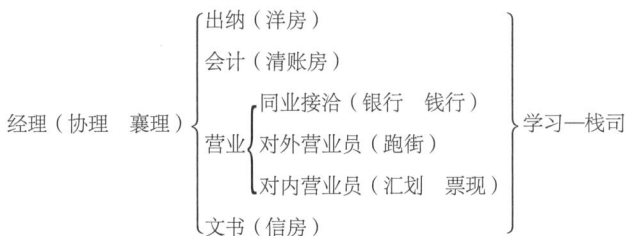

图 5-2　钱庄内部的管理体系表

资料来源：魏友棐，《钱庄的内部管理与会计制度》，《钱业月报》第 17 卷第 2 期，1937 年 2 月，第 24 页。

从以上的钱庄内部管理组织关系来看，钱庄的管理主要还是传统的方式，不过也显示出与时俱进的一些变化，过去曾有一种管理银行成色出入贴水职务的，叫作"进出水"，在银两废除币制统一以后无形中就消灭了，也有因为业务上改革而添设的部分，如"银行"，就是在新式金融机构银行业发展起来之后，钱庄为了向银行方面接洽存放款项而增设的。

5.1.2.2 重庆钱庄在资本额上的变革

1937年之前，重庆钱庄、银号无论平均资本额或者资本总额都相当有限。具体来说，在1937年7月之前，重庆12家钱庄、银号的平均资本为8.7万元，资本总额为200.6万元。1939年之后，重庆钱庄、银号进入快速发展时期，其资本额均得到了不同程度的发展。至1941年底，银号钱庄平均资本与资本总额已经分别达到了49.2万元和2608.8万元。[1] 两者的总量均较抗战前期有了显著的增长。至1942年，重庆钱庄、银号的发展数量有所减缓，但该年度仍有开设，其中颇有资金雄厚者，其主要情况如表5-2所示。

表5-2　1942年开设之银号、钱庄具体情况表

名称	成立时期	资本数额/万元	总经理或经理	备注
永成银号	1942年1月31日	300	毛燕明	总行设雅安，资本500万元，实收250万元
江津正大银号代理处	1942年1月		陈席珍	总号资本6000万元
信通钱庄总庄	1942年1月	100	宁芷邨 卢仲良	由信通和记钱庄改组而成，原有资本30万元
安康钱庄总庄	1942年3月	50	陈子胜	
泰丰银号总号	1942年4月	50	魏丽琳	
聚丰钱庄总庄	1942年4月	100	甘典夔 周子鹤	
上海金源钱庄分庄	1942年7月23日		代民麟 黄永康	总庄资本100万元

资料来源：《一年来重庆银钱业之动态》，《金融周刊》，第4卷第5期，1943年2月1日，第2-3页。

从表5-2可以看出，在1942年重庆新成立之钱庄、银号资本最少50万元，最高已达300万元。与1941年相比，钱庄、银号

---

[1] 康永仁：《重庆的银行》，《四川经济季刊》第1卷第3期，1944年6月15日，第108页。

数量虽在下降，但是其资本额最少者已经有50万元，比1941年的10万元有所上升。到1943年10月，重庆钱庄、银号在数量上有所下降，为34家，但资本额却有所上升，其分布情况详见表5-3。

表5-3 截至1943年10月重庆钱庄银号资本分布统计表

资本额/万元	家数	钱庄银号名称
500	3	义丰钱庄、总汇钱庄、永生钱庄
300	1	华康银号
200	2	同生福钱庄、义亨钱庄
160	1	成大钱庄
150	1	志城钱庄
120	1	振裕银号
100	10	和兴银号、和丰银号、福余钱庄、益民钱庄、聚丰钱庄、正和钱庄、信通钱庄、仁裕钱庄、和通钱庄、大信钱庄
70	1	豫立钱庄
60	4	厚记银号、信源钱庄、和畅钱庄、久裕钱庄
50	7	泰丰钱庄、正大永钱庄、同丰钱庄、万镒钱庄、复兴义记钱庄、安康银行、和济钱庄
20	1	敦余庆银号
10.8	1	永庆钱庄
5	1	濬源钱庄

资料来源:康永仁,《重庆的银行》,《四川经济季刊》第1卷第3期,1944年6月15日,第107-108页。

从表5-3可见，重庆钱庄银号的资本，最高为500万元，最低为5万元，而以100万元、50万元及60万元的家数为最多，其平均资本与资本总额已经分别达到127.2万元与4325.8万元。从整体来分析，1937—1941年资本总额增长了2408.2万元，1941—1943年资本总额增长了1717万元。从资本的平均数来看，1937年7月为8.7万元，1941年底为49.2万元，比1937年增加40.5万元，1943年达到127.2万元，比1941年增加78万元。资本平均数也是在1943年之后上涨幅度最大。到1944年，重庆增资钱庄只有豫立钱庄 1 家，资本额从 100 万元，增加为 600 万元。[1]

从总体上来看，在整个全面抗战期间，重庆钱庄银号的资本额有了明显的增加，但这种增长仅仅是数字上的，是通货膨胀引起的货币贬值造成的，钱庄资本的增加远远赶不上当时通货膨胀的速度。

5.1.2.3　重庆钱庄业务经营上的现代化变革

在全面抗战爆发之前，重庆钱庄的经营范围基本集中于存放款、汇兑等传统的业务。此外，还将大部分资金投资于政府发行的公债，不仅受政治环境的支配，还带很大的赌博性，而且钱庄基本是单打独斗，很少实行联合。全面抗战之后，经过一系列金融风潮的冲击，钱庄业开始走向了合作。1938 年初，渝市各钱庄，鉴于在战争的非常时期需群策群力集中力量，方可谋渝市钱庄之发展，且借鉴川康、平民、商业三银行合并后资力雄厚，业务突飞猛进的成功范例，钱庄中也出现由数家钱庄负责人发起，磋商如何将钱庄联合起来合并营业。[2] 联合钱庄资本额达 100 万以上，以期实现重庆钱庄、银号的托拉斯化。[3] 虽然此种联合钱庄最终未能真正建立，但却是重庆钱庄、银号业抱团取暖的一次探索。同时在业务上也逐渐有了一些转变，1938 年中，钱庄中十分之七八，多改营进出口贸易，无不利市三倍，所获盈余视其所经营货物之多寡。重庆钱业共计 15 家，除有 1 家结束外，其余各家均正常营业。[4] 现将 1938 年的重庆钱庄资本情况与业务主要经营情况统计如表 5-4 所示。

---

[1] 李云吉：《一年来重庆银钱业动态》，《金融周讯》第 1 期，1945 年 1 月 15 日，第 3 页。
[2] 《渝钱庄将联合营业》，《四川经济月刊》第 9 卷第 4 期，1938 年 4 月，第 7 页。
[3] 《集中资力合并营业，渝市钱庄托拉斯化》，《新新新闻》，1938 年 3 月 11 日，第 5 版。
[4] 《渝市金融业去岁均获利润》，《四川经济月刊》第 11 卷第 3 期，1939 年 3 月，第 15 页。

表 5-4　1938 年重庆各钱庄经营情况调查表

名称	地点	资本/万元	经理人	业务范围
浚源	重庆	10	董傅霖	存放款、汇兑、抵押、买卖生金银及有价证券，兼营商贸品
永庆	重庆	10.8	赖善诚	存放款、贴现、汇兑、买卖证券及生金银、代理收支、代办仓库、货物贸易等业务
庆裕	重庆	5	张子黎	经营钱业业务
仁裕	重庆	5	黄仲谦	存放款、汇兑、抵押
同丰	重庆	12	蒋元之	经营钱庄，兼营纱业
谦泰	重庆	5	缪茂修	存放款、汇兑买卖、有价证券抵押
益民	重庆	5	杨引之	买卖金融证券、兼营棉纱、居间业盐等业务
集义	重庆	5	廖问冉	存放款、汇兑、贴现、买卖有价证券
信通	重庆	25.9	何绍伯	存放款、买卖有价证券，兼营盐业棉纱、报关等业务
和济	重庆	5.2	李柱臣	存放款、买卖有价证券
同生福	重庆	11	王伯康	存放款、汇兑、贴现、买卖有价证券，并代理保险及收缴
和盛	重庆	10	丁次鹤	存放款、汇兑、贴现、买卖有价证券，并代理保险及收缴
益友	重庆	5	李景才	存放款、汇兑、代办、收支、买卖证券及一切金融业务
友康	重庆	14.8	林本源	经营钱庄业务，兼营盐业
和通	重庆	20	宁芷邨	存放款、汇兑、买卖证券
义丰	重庆	21	邓志学	存放款、抵押、贴现、汇兑、买卖证券及生金银业务
复兴	重庆	16	王兴樵	存放款、买卖证券、汇兑，兼营进出口货物
益源	重庆	10	王汉卿	经营钱庄业务，兼营盐业
劝德	重庆	5	黄勤生	存放款、汇兑、买卖证券
同心	重庆	20	李远哲	存放款、贴现、押汇、买卖证券及货物等业务

资料来源:《成渝各钱庄资本业务概况表》,《四川财政季刊》创刊号,1938 年 11 月 1 日,第 136-137 页。

由表5-4可知，重庆20家钱庄的业务范围已经开始变化。除了常见的存放款、贴现、押汇、买卖证券、买卖生金银等业务之外，开始代理保险业务，兼营盐业、棉纱业、仓库业、商贸货物等其他业务。而其中最为明显的就是兼营货物贸易的情况较为普遍，出现在各资本额较大的钱庄之中。此后，在利润刺激下，重庆钱庄经营方式进一步发生转变，不仅经营传统的存放款业务，同时还兼营附业，从单一的向商业放贷，逐渐转变成向工业、商业、文化事业、公用事业等多个方向进行放款，放款业务范围明显扩大。1939年时，钱庄银号的放款对象已经开始多元化了，不仅局限于商业放款与投资，也对文化、交通、公用等其他事业进行投资。而由于工矿企业放款大，周期长，钱庄、银号尚未进行相关投资。从以下1940年度重庆钱业的放款与投资余额类别表就可以窥见一斑，见表5-5，表5-6。

表5-5　1940年12月底重庆市24家钱庄、银号放款余额类别表

投资类别	数　额/元	百分比
商业放款	34675887.37	98.89
工矿事业放款	165000.00	0.47
公用事业放款	800.00	
交通事业放款	20000.00	0.06
文化事业放款	500.00	
政府债券放款	203132.77	0.58
总　计	35065320.14	100.00

资料来源：张与九：《抗战以来四川之金融》，《四川经济季刊》第1卷第1期，1943年12月15日，第73页（个别数字经笔者校正）。

表5-6　1940年12月底重庆市24家钱庄、银号投资余额类别表

投资类别	数　额/元	百分比
商业投资	1432061.97	42.19
工矿事业投资	50000.00	1.40

续表

投资类别	数　额/元	百分比
公用事业投资		
交通事业投资	20000.00	0.68
政府债券投资	1886045.35	55.56
房地产投资	4970.28	0.14
其他	1000.00	0.02
总计	3394077.60	100.00

资料来源:张奥九:《抗战以来四川之金融》,《四川经济季刊》第 1 卷第 1 期,1943 年 12 月 15 日,第 74 页。

由表 5-5,表 5-6 可知,在 1940 年,钱庄、银号放款与投资的领域更加广泛。 虽然在放款中占主体的仍然是商业,但对于工矿业、交通、文化以及政府债券均有了放款,而在投资中,则以商业和政府债券为主,工矿业、交通、房地产均有所涉足。 在 1941 年之后,重庆钱庄银号的放款与投资已经开始全面扩展至工农商、交通、文化、公用等各个领域,其经营模式更加广阔,由一元化向多样化方向发展。 1942 年,重庆钱庄业还曾决定"设立联合仓库,承受商人的各种抵押"[1],试图开展联合营业的经营模式。

5.1.2.4　重庆传统钱庄改组为现代银行

钱庄银号走向现代化的另一个主要表现就是改组为现代银行。 抗战前期,为适应经济发展之需要与丰富业务,有部分规模较大的钱庄银号增资成为银行。 如著名的和成钱庄,在 1937 年融资 60 万元,6 月,向财政部呈准注册改组银行。[2] 1938 年 1 月,正式以和成银行的名义对外营业。 但在抗战爆发初期,重庆钱庄、银号改组为银行的较少。 其原因在于重庆多数钱庄、银号资本薄弱,无法像和成钱庄一样快速吸纳足够的资金进行增资。此种状况在抗战中后期改变。

---

[1]《渝市钱庄业决定设立联合仓库》,《新新新闻》1942 年 12 月 30 日,第 6 版。
[2]《金融状况:重庆》,《金融周报》第 3 卷第 26 期,1937 年 6 月 30 日,第 13 页。

1942 年，国民政府颁布《银行钱庄补行注册变通办法》，规定自 1941 年 12 月 9 日之后新设的钱庄银号一律停业。 从政策上限制了钱庄银号发展的空间，钱庄、银号急需摆脱困境，而增资改组为银行可以拓宽业务，获得更多的发展空间。 因此，重庆之钱庄、银号改组为银行的数量开始增加。 如 1942 年 8 月，永利钱庄呈请国民政府财政部核准，改组为永利银行，领得银字号第 496 号执照，并于 1943 年 1 月 23 日开幕正式营业，行址在陕西路 205 号。[1] 又如 1942 年 7 月 1 日同心钱庄资本由 20 万元增至 500 万元，改组为同心银行。 1942 年 10 月 1 日，光裕钱庄资本由 50 万元增至 500 万元，改组为光裕银行。[2] 表 5-7 统计了从 1942 年 7 月起到 1943 年 8 月 15 日止，重庆由钱庄银号改组为银行的情况。

表 5-7　1942 年 7 月起到 1943 年 8 月 15 日止重庆由钱庄银号改组为银行的统计表

银行名称	成立时间	改组前的钱庄银号
同心银行	1942 年 7 月 1 日	同心钱庄
光裕银行	1942 年 10 月 1 日	光裕钱庄
复华银行	1943 年 1 月 4 日	复华银号
永利银行	1943 年 1 月 23 日	永利钱庄
福钰银行	1943 年 3 月 1 日	福钰钱庄
大同银行	1943 年 4 月 7 日	大同银号
聚康银行	1943 年 5 月 1 日	聚康钱庄
大夏银行	1943 年 5 月 1 日	大夏银号
泰裕银行	1943 年 5 月 24 日	泰裕银号
胜利银行	1943 年 7 月 15 日	胜利钱庄
永美厚银行	1943 年 7 月 26 日	永美厚银号
复礼银行	1943 年 8 月 5 日	复礼银号

资料来源：朱耀初，《近年来重庆市之金融组织》，《经济汇报》第 9 卷第 1 期，1944 年 1 月 1 日，第 74-75 页。

---

[1]《各地经济市况·重庆》，《经济汇报》第 7 卷第 5 期，1943 年 3 月 1 日，第 58 页。
[2] 本处资料室：《川省银钱业之现状及其管制》，《四川经济季刊》第 1 卷第 1 期，1943 年 12 月 15 日，第 169 页。

由表 5-7 可知，在 1942 年 7 月到 1943 年 8 月的一年多的时间里，重庆有 12 家钱庄、银号改组为银行。 1944 年，国民政府财政部又颁布《增订银号钱庄改组为银行办法》，明确规定，重庆昆明凡已注册之银号钱庄，增加资本改组为银行，至少应实收资本1000 万元；成都、西安等 25 处，已注册之银号钱庄，增加资本改组为银行，至少应实收资本 500 万元，合并钱庄、银号达三家以上改组为银行者，得不受前三项资本额之限制。[1] 但是，钱庄、银号改组为银行的势头并未完全消减。 现将整个 1944 年中，钱庄、银号改组为银行及申请拟改组为银行的情况统计如表 5-8 所示。

表 5-8　1944 年一年中重庆增资已改及拟改银行之庄号统计表

项目 \ 行别	行名	原属行庄	资本/万元
由钱庄、银号增资已改之银行	华康银行	华康银号	1000
	安康银行	安康钱庄	1000
	四川兴业银公司	仁裕钱庄、植光钱庄	10000
	泰裕银行	泰裕钱庄	1000
	建业银行	和济钱庄、裕华及振华银号	1000
	正和银行	正和钱庄	1000
由钱庄、银号呈准财部拟改之银行	和丰银行	和丰银号	1000
	同生福银行	同生福钱庄	2000
	其昌银行	其昌银号，和兴、资源	1000
	成大银行	成大银号	1000
	江庆银行	江庆钱庄	1000
	久裕银行	久裕银号	1000
	聚丰银行	聚丰钱庄	1000
	和通银行	和通钱庄	1000

资料来源：李云吉，《一年来重庆银钱业动态》，《金融周讯》第 1 期，1945 年 1 月 15 日，第 4 页。

由上表可知，抗战后期重庆出现了钱庄、银号改组成为银行

---

[1]《增订银号钱庄改组为银行办法》，《经济汇报》，第 9 卷第 8 期，1944 年 4 月 16 日，第 109页。

的潮流，不少钱庄为了追加资本，扩大规模，寻求生存，积极谋划着转轨改组为银行。在1944年一年中，重庆由钱庄、银号增资改组为银行者为6家，呈准财政部拟改银行之银号钱庄为8家，为历年最多。在这些改组为银行的钱庄中，江庆银号增资为4000万元，向国民政府财政部申请改组为江庆实业银行，推邓鸣阶为董事长，潘昌猷、鲜伯良、黄功懋等为董事，黄功懋任总经理。还有成都汇通银号、重庆和畅钱庄、内江信和钱庄，获得财政部核准改组为汇通银行，并增资为3000万元，该行总管理处设于成都，于重庆、内江、雅安、康定等地设立分支行，渝分行经理刘絜敖。[1] 到1945年初，又有钱庄改组为银行，并纷纷对外营业。1月4日，复兴义记钱庄，增资1000万元，改组为复兴义记银行，在陕西路154号正式开幕。1月16日，同时有两家正式开幕，一家是聚丰钱庄，改为聚丰银行，董事长为甘典夔，董事潘昌猷、卢澜康、唐棣之，总经理为庞怀陵。另一家为泰丰银号，改组为泰丰银行，资本1000万元，由前钱业公会理事长陈德恕任董事长兼总经理，行址设在陕西路198号。1月24日，和通钱庄增资为1000万元改组为和通银行，正式开始对外营业办理商业银行一切业务，董事长宁芷邨、经理蒋德生。[2]

总之，抗战中的重庆钱庄银号，经历了抗战的短暂冲击后，随着重庆成为大后方经济金融中心而迅速发展壮大起来，到1941年达到高峰，此后虽有所下降，但直到1945年抗战结束，重庆的钱庄仍持续存在，并不断向现代化方向转变。

5.2 全面抗战时期重庆金融市场的动荡

1937年的七七事变，标志着中国全面抗战的爆发，全国各地

---

[1]《金融界简讯》，《银行通讯》第13期，1944年9月，第28页。
[2]《银行动态》，《银行通讯》第17期，1945年1月，第29页。

金融界为之震动，国内金融市场受到强烈冲击，发生了很大的变化。重庆作为西南诸省的金融枢纽，与全国各地尤其与上海金融市场关系之紧密，远较西南其他城市为甚。在重庆的金融市场中，这种金融动荡主要表现为公债大幅下跌，比期利率频繁波动。为稳定金融，重庆金融界与政府一起采取了一系列措施，虽然平息了金融风潮，但因为战争也改变了重庆金融市场原有的轨迹，证券市场再也没有恢复，比期制度最终被废除。本节将对全面抗战爆发后的重庆金融风潮与各方反应，以及金融市场的改变展开探究。

5.2.1　公债风潮与重庆证券市场的动荡

全面抗战爆发以前，受上海公债价格暴涨及债券押款便利等因素的影响，重庆证券交易所中挂牌交易的四川善后公债及四川建设公债价格猛涨，善后公债价格最高时达到 86 元，建设公债也曾出现 78 元的高价，公债买卖十分活跃。各行庄因此而获买卖差金的利益无形中增高，大致上半年的决算中，不少银行账面纯益多达 200 万~300 万元，各小钱庄业务也颇发达，有开业不及三月，即获利 10 余万元者。[1] 可谓重庆公债交易的空前繁荣时期。

1937 年卢沟桥事件发生后，上海证券交易所各公债价格狂跌不止，重庆作为长江上游的金融枢纽，受此影响，其金融市场顿成恐怖状态，重庆证券交易所中的四川善后与建设公债价格也纷纷跌落。7 月初，四川善后公债债价尚在 84 至 85 元间徘徊，至 7 月底则降至 65 元左右。四川建设公债则由 7 月初的 74~75 元，降至 7 月底的 60 元左右。[2] 公债价格的大跌影响巨大，为稳定重庆的证券市场，7 月 21 日，四川财政特派员公署电令重庆证券

---

[1] 白也：《抗战期中的重庆金融》，《四川经济月刊》，第 9 卷第 1-2 期，1938 年 1—2 月，第 62 页。

[2] 白也：《抗战期中的重庆金融》，《四川经济月刊》，第 9 卷第 1-2 期，1938 年 1—2 月，第 63 页。

交易所，要求其召集各经纪号开会，对该所各经纪号从 7 月 5 日到 20 日内的买卖成交数额及远近期交易数额等严加统计考查，并于三日内列表送转来署以凭查考。[1]

重庆银钱两业公会于 21 日当天，在银行公会会所联合召集两公会各会员，开会商讨安定金融办法，并邀中央银行渝分行经理潘益民出席。会议商定：（一）救济善后公债办法。由银钱两公会主席负责调查重庆市各行庄持有四川善后公债数目及需要抵押现款数目，根据重庆市发行银行之头寸，共同商筹妥善办法，以维市面。（二）救济四川建设公债办法。该公债本属地方公债，向来中央、中国及农民三行均不抵押，但在此非常时期，应由两公会主席负责调查各行庄持有建债数额，报告行营顾祝同主任，请转商中、中、农三行总行，体念时局严重，准予抵押，以维金融。（三）平息谣言。连日重庆交易所谣言杂出，投机操纵者甚众，由银钱两公会建议交易所设法自动取缔投机；如交易所取缔力量不足时，再呈请当地政府设法协助。（四）银钱两公会，为应付今后严重时局及便利讨论金融市场起见，决定组织一联合机构，以便交换意见。[2]

7 月 27 日，鉴于局势的紧张，重庆市银钱业特别召集临时联席大会，共议维持金融办法，出席的银钱业代表有潘昌猷、康心如、康心之等 30 余人，四川财政厅长刘航琛希望各界人士对公债价格不要发生疑问，为维持国家信用计，无论如何困难均应尽力维护。经商定，由银行方面的吴受彤、康心如、潘昌猷、张茂芹与钱庄方面的戴矩初、王伯康、陈思可 7 人，组成银钱两帮联合机关——金融讨论会，拟定办法 8 项，分电财政部、国民政府军事委员会委员长重庆行营及四川省府申请救济，并推吴受彤、王伯康等银钱业两公会主席分谒行营顾祝同主任、贺国光副主任、关吉

---

[1]《重庆证券交易所经纪人公会致聚兴诚银行函》，1937 年 7 月 21 日，聚兴诚商业银行未刊档案 0295-1-1654，重庆市档案馆藏。
[2]《重庆金融发生危机》，《四川月报》第 11 卷第 1 期，1937 年 7 月，第 89-90 页。

玉特派员、刘航琛厅长请求协助。[1] 其中特别请求重庆行营及四川省府，颁订《取缔交易所投机买卖办法》5 项及其施行细则 14 条。 7 月 31 日，由财政特派员关吉玉及四川财政厅长刘航琛为首组成的重庆市公债买卖临时管理委员会（以下简称"管理委员会"）正式成立，对战时特殊环境下的买卖公债实行监督与管理。该委员会设委员 7 人，由军事委员会委员长行营指派财政部四川财政特派员为主任委员，四川财政厅长为副主任委员，中央银行重庆分行经理为保管委员，重庆市银行业同业公会主席为副保管委员，财政监理处副处长、重庆市钱业同业公会主席、重庆证券交易所股份有限公司理事长为委员。 委员会还专设审查委员 3 人，公推中央银行渝分行经理、重庆银钱业两公会主席为审查委员，负责审核调查各经纪人所交之寄存证、抵押证是否实在。 该委员会暂借廿四年四川善后公债基金保管委员会地址办公。 并详细规定了经纪人不得违反规定而代人抛售公债的具体办法，违者将被取缔交易并被取消经纪人资格。[2] 此后，管理委员会即肩负起对重庆证券市场的监管工作。

随着局势的日趋紧张，重庆市面上廿四年四川善债价格及建债价格继续狂跌，人心浮动，投机者也乘机操纵其间。 为了稳定市场，8 月初财政部四川财政特派员公署、四川财政厅驻渝办事处联合发出训令，决定比照中央五种统一公债的限价政策制定四川善后公债与四川建设公债的最低限价，所有川省廿四年善后公债应即比照统一甲种债券，规定每万元最低限价为 7600 元，四川建设公债应比照统一丙种债券，规定每万元最低限价 7150 元，于 8 月 9 日起施行。 自经此次限制规定之后，重庆证券交易所买卖以上两项公债，均应切实按照所定最低标准实行，如在该限度以下

---

［1］《重庆金融近状》，《四川经济月刊》第 8 卷第 2 期，1937 年 8 月，第 14-16 页。
［2］《取缔重庆证券交易所投机交易办法施行细则》，1937 年 8 月 7 日，四川美丰商业银行未刊档案 0296-13-42，重庆市档案馆藏。

私行交易，一经察觉均作无效，并严予惩处。[1]

由于交易市场的停市，公债期货交易的了结成了当时市场善后最棘手的问题。八一三事变后，8 月 14 日，军事委员会委员长行营紧急命令重庆、成都、万县、泸州、内江、自流井、遂宁、三台、南充等各银行钱庄总分行着即比照沪、汉两市办法从当日下午到 16 日停市两天半，重庆市证券交易所也奉令停市，到 8 月 17 日又续奉行营电令自 17 日起至 19 日止继续休业三天，自 20 日起照常营业，[2]自此以后，重庆证券交易所再也没有得以恢复。致使市场中的八月半、八月底、九月半、九月底四个比期的公债期货交易无法进行了结，此后，围绕着这一问题，重庆证券交易所、重庆市公债买卖临时管理委员会进行了一系列善后处理。为了尽快解决公债了结问题，9 月 27 日，管理委员会在遵令限制提存及绝对维持限价原则下，援用沪市 8 月交割先例参照渝市情况，拟定了《交易所八九月期交易延期交割办法》十项，请示行营批准，规定：所有八半底九半底四个比期之期货一律延期至 10 月 15 日交割，其延期交割之交易由买方照买入价格之数按月息一分五厘计算贴给卖方，在 10 月 15 日以前如有自愿抵账了结者，准其向交易所冲抵，除冲抵之外，不得在所外私行暗盘交易，破坏限价，并责成交易所及经纪人严行查禁，否则一经察觉即行呈请行营查处。[3]

在战局动荡，市场停顿，债券价格一路走低的冲击下，此前的限价已经难以抵挡，10 月初，四川省政府财政厅呈准财政部再次降低川省债券的最低限价，四川善后公债照准票面六折、四川建设公债照票面五折计算抵押，至于四川省赈灾公债票面则按照

[1] 《重庆证券交易所经纪人公会致美丰银行函》，1937 年 8 月 7 日，四川美丰商业银行未刊档案 0296-13-42，重庆市档案馆藏。
[2] 《重庆证券交易所经纪人公会致会员函》，1937 年 8 月 17 日，聚兴诚商业银行未刊档案 0295-1-1654，重庆市档案馆藏。
[3] 《重庆证券交易所经纪人公会抄行营核定交易所八九月期交易延期交割办法》，1937 年 9 月 28 日，四川美丰商业银行未刊档案 0296-13-42，重庆市档案馆藏。

四五折计算贴现。[1] 这一变动增加了公债交割的困难，为了使交割得以顺利进行，在交割期限前一日 10 月 14 日，管理委员会正副主任——财政特派员关吉玉及四川财政厅长刘航琛，决定亲临交易所召集交易所与经纪人公会双方代表了解情况，会同解决。[2] 然而，由于银钱业限制提存与公债限价的再次调低严重影响交割，交易所与经纪人间、经纪人与委托人间种种纠纷难以弥合，延期至 10 月 15 日的交割未能顺利进行，被迫再次延期。

交割问题延搁成了当时管理委员会面临的主要难题，关吉玉特派员、刘航琛厅长为了谋求一个根本的解决之道，要求重庆证券交易所和经纪人公会将交易所内各经纪号买卖数额及抵押情形开列数目详细陈明，作为拟具办法的凭据。于是经纪人公会于 10 月 31 日上午 9 时，召开全体经纪人紧急会议，交易所派出经理莅会说明情况，对买卖两方收货交货数目及本已应付交割并抵押情况做了详细了解和登记，列报交易所并转呈管理委员会核查规定办法。[3]

尽管交易所与管理委员会分别劝导各委托人及早了结，对未能了结各债项一再展延期限。然而到 12 月初，证券市场已停市 4 个月之久，市场并未因此而完全办理完了结事项，致债券市场陷于停顿，整个金融受到影响。于是，管理委员会在维持现定价格，不违背安定金融办法，不抵触迭次命令与顾全事实环境之原则下，又一次拟定《了结渝市证券交易所未能依期交割债券办法》8 项，规定所有截至 12 月 10 日止尚未在交易所了结之八月半底九月半底四个比期之善债与建债期货，一律限于 12 月 14 日下午六时止照规定办法了结清楚。且对拒不交割者制定了处罚规定，如至 14 日下午六时，委托人有不遵办者，责成经纪人开具委托人

[1]《重庆证券交易所经纪人公会致会员函》，1937 年 10 月 22 日，聚兴诚商业银行未刊档案 0295-1-1654，重庆市档案馆藏。
[2]《重庆证券交易所经纪人公会致会员函》，1937 年 10 月 13 日，四川美丰商业银行未刊档案 0296-13-42，重庆市档案馆藏。
[3]《重庆证券交易所经纪人公会致会员函》，1937 年 10 月 31 日，四川美丰商业银行未刊档案 0296-13-42，重庆市档案馆藏。

姓名、职业、住址交由管理委员会处理；经纪人有不遵办者，责成交易所开具经纪人牌号号数、负责人姓名送由管理委员会处理并即取消其经纪人资格。[1] 正是在管理委员会同重庆证券交易所的督促下，重庆证券市场中的公债期货交割问题得以最终解决。总体而言，从1937年1月1日至八一三事变，重庆证券交易所约开拍200天，每日平均100余万；已开拍之四川善后公债，成交者共24168.5亿元，四川建设公债6376.32亿元。八一三停拍后，到1938年1月初尚有110余万元，未能依宰价了结，小有争执，惟短时间内可望了清。[2]

应当说，这一问题的解决意义深远，它稳定了抗战初期的重庆金融市场，为战时后方经济与金融业的恢复与发展奠定了基础，同时也为以后筹备建立后方证券市场保存了实力。

5.2.2 全面抗战之初的比期风潮与重庆利率市场的动荡

近代重庆金融市场中的比期制度，始于清朝山西票号称盛之时，专门由票号钱庄经营存款放款时的利息计算方法，存取放收均得以半月或月底为期，每届月之十五或三十日即行清结本息。如经授信及受信双方同意，亦可转期，但惯例须将利息清付。[3] 关于比期制度的起源，一种说法是"最早出现于山西，山西票号进川返货，因路途遥远，汇兑也不方便，往来时间较长。山西票号与重庆本地货物交易商进行资金借贷、还本付息均需要预期，而该时间一般定为月中与月底。久而久之成为重庆当地之惯例，比期也就出现了"[4]。由此可见，比期制度应该出现于商业资本的周转之中，比期的存放款属于一种商业借贷资本，随着重庆商品经济发展而产生。由于重庆处于长江水陆交通的重镇，从长江

---

[1]《了结渝市证券交易所未能依期交割债券办法》，聚兴诚商业银行未刊档案0295-1-1654，重庆市档案馆藏。

[2]《重庆证券交易所准备复业》，《四川月报》第12卷第2期，1938年2月，第71-72页。

[3] 陈英竞：《比期存放制度之存废问题》，《川康建设》第1卷第1期，1943年，第55页。

[4]《重庆市废除比期制度之经过》，《金融周刊》第4卷第6期，1943年2月8日，第1页。

可以直达宜昌、汉口、上海等商埠，陆路贯通川、黔、滇、陕各省，是一切"上货""下货"的聚集地，凡洋货内销、原料输出，多以重庆为转运的枢纽，商贾众多、贸易繁华，是西南交易中心。因此来往商业较为发达，商品贸易昌盛，商业资本也就活跃，货帮来渝办货，因交通困难及汇兑不便等关系，一切交割及与票号之往来，多以比期为准，相习成俗。其他城市亦逐渐仿行，建立在商品贸易与商业资本流动之上的比期制度也就在西南各省的都市中推广开来。

最初经营比期存放款的是晚清的票号，民国初年票号衰落，钱庄兴起。为了扩大生意，聚拢客户，钱庄与各本地货物交易商之间的资金借贷与还本付息仍因缘旧习，遵行比期。为吸收资金，钱庄也有比期存款的业务。近代新式银行在重庆出现之后，营业范围较钱庄更广，故其存款与贷款初不限于比期，然为拉拢货帮生意起见，亦多在定期存款项下兼营比期业务。甚至外省银行来重庆，也在比期拆借头寸给重庆本地银行，或在重庆本地银行存放比期，以博取较为优厚的利息。直至全面抗战爆发之前，比期制度已经在重庆金融市场成为一种传统，但每到比期存贷款进行交割的时候，其交割的数量会急剧增加，利率也随之增高，而利率的不稳定对重庆金融市场的正常运作产生不利影响，甚至引起金融风潮。

1937 年七七事变爆发之前的四五个月内，重庆比期利率比较平稳，均盘旋于 1 分 4 厘左右。[1] 然而七七事变爆发后，伴随着重庆公债价格的下跌，重庆市面的比期利率却一度高涨，对金融市场的动荡起到了推波助澜的作用。7 月 21 日，比期利率竟达 2 分 4 厘以上，公债步步跌价，一部分银行钱庄颇有损失，金融界预料七底比期必难以平安度过。[2] 而随着七底比期的临近，重庆各行庄都面临着巨大的结算压力，纷纷回笼资金，重庆市面流通

---

[1] 梁子范：《重庆之比期存放及其高利问题》，《金融知识》第 1 卷第 1 期创刊号，1942 年 1 月，第 153 页。
[2]《重庆金融发生危机》，《四川月报》第 11 卷第 1 期，1937 年 7 月，第 89 页。

资金不仅为之一空，周边商埠流通资金也大都运往重庆以应付比期，尽管如此，其筹码差额数仍达 3000 万元以上。[1]

面对此种金融危局，重庆市银钱两业积极展开自救。7月21日，重庆市银钱两业公会在银行公会召开联席会议，决定由重庆证券交易所与重庆市政府协同取缔投机以及组建银钱两业联合机构以应对危局。[2] 7月27日，重庆市银钱业再次召集临时联席大会，共议维持金融办法，出席会议的银钱业代表潘昌猷、康心如、康心之等 30 余人，财政厅长刘航琛也专程从成都赶往重庆参加了会议，并分析了当时重庆金融市场面临的困难有三，第一是公债跌价，第二是筹码减少，第三是头寸不够。为此，一面电呈国民政府财政部请求救济，一面由银钱业联合达成 8 项自救办法，主要是针对重庆证券交易所的投机交易，稳定市场。[3]

在重庆银钱业一再请求及四川省财政厅长刘航琛、财政部四川特派员关吉玉等人的积极奔走下，在 7 月 30 日七底比期到来之际，重庆行营主任顾祝同命令中央银行、中国银行、中国农民银行三行借出 200 万元给重庆金融业，以重庆各行庄之善债 220 万元、建债 250 万元作抵，以帮助重庆各行庄渡过七底比期。[4] 到7月31日晚，七底比期结束时，还是有不少银行没能完全抵解，特别是四川建设银行首当其冲，受时局恶化的影响，加之经营事业多遭失败，以致周转不灵，到七底比期时，由于市面银风奇紧，利率高达 3 分，该银行无法维持，只得停业清理。[5] 而其他银行也深感头寸不敷，惧怕步四川建行后尘，如重庆银行、四川商业银行、江海银行等也没能抵解完毕，虽不至于像四川建设银行那样搁浅，但也已是深陷困境。于是，重庆金融市场一片恐慌。

---

［1］中国第二历史档案馆：《中华民国史档案资料汇编》第五辑 第二编 财政经济（四），南京：江苏古籍出版社，1997 年，第 625 页。

［2］《重庆金融发生危机》，《四川月报》第 11 卷第 1 期，1937 年 7 月，第 89-90 页。

［3］《重庆金融近状》，《四川经济月刊》第 8 卷第 2 期，1937 年 8 月，第 14 页。

［4］中国第二历史档案馆编：《中华民国史档案资料汇编》第五辑 第二编 财政经济（四），南京：江苏古籍出版社，1997 年，第 618-624 页。

［5］《四川建设银行停业》，《四川月报》第 11 卷第 2 期，1937 年 8 月，第 97 页。

七底比期虽然度过，重庆金融形势却并没有得到根本好转，由于救济有限，银根紧缩及公债价格下跌的状况并未得到根本缓解，重庆金融界实际上处于一种脆弱的稳定状态，稍有冲击就有可能再次酿成风潮。而就在此时，市面忽传利济、安济两财团[1]七底到期共为 340 万元，本应由禁烟总局以所收各区解款发付，却以解款不足宣布延期，此消息更增加了重庆行庄的提存风险[2]，使原本不稳的重庆金融市场再次陷入风雨飘摇中。

8 月 7 日，四川省政府主席刘湘、财政厅长刘航琛、省政府秘书长邓汉祥、省政府委员甘绩镛及卢作孚等乘飞机由成都经重庆赶赴南京，参加国民政府召集的国防会议。[3] 渝市商会主席温少鹤、银行公会主吴受彤于当日刘湘等过渝飞京时前往机场恭送，并报告重庆金融紧急情形，请求刘氏转陈中央彻底救济。刘湘当即表示，已经完全明了重庆金融情形，"在此抗战期中，安定后方金融，实属必要，予此番晋京，首先即将向蒋委员长及中枢各当局奉商此事，期于最短间，得一彻底救济办法"[4]。在离开之前，刘湘将办理救济渝市金融的权力交给了建设厅长何北衡。8 月 8 日，四川省政府主席刘湘即向蒋介石报告说，重庆有 30 余家银行在 8 月 15 日比期如无维持办法，势将倒闭若干，请求借款 500 万元俾资救济。8 月 12 日，蒋介石批准照此办法，由中央、中国、中国农民三行押款，以 500 万元为度。此后关于金融军费，应由川省政府切实整理税收，力谋自给，以免牵动整个军事。[5]

---

[1] 重庆利济、安济财团成立于 1937 年 1 月，主要由川盐银行、美丰银行、川康殖业银行、重庆银行、四川商业银行、江海银行、四川省银行等重庆七家银行组建而成，是重庆金融业为配合四川省政府所实行的烟土统制政策，而由七家银行所临时组成的金融联盟，通过开立期票、垫付款项、提供贷款等方式，保障该体系的顺利运转。

[2] 白也：《抗战期中的重庆金融》，《四川经济月刊》，第 9 卷第 1-2 期，1938 年 1—2 月，第 63-64 页。

[3] 张守广：《卢作孚年谱长编》（上），北京：中国社会科学出版社，2014 年，第 699 页。

[4] 《刘主席向中央呼吁救济》，《四川经济月刊》第 8 卷第 3 期，1937 年 9 月，第 21 页。

[5] 中国第二历史档案馆：《中华民国史档案资料汇编》第五辑 第二编 财政经济（四），南京：江苏古籍出版社，1997 年，第 624-625 页。

与此同时，鉴于"七底难关，虽已勉强渡过，而市面银根，仍然奇窘，且八半比期，转瞬即居，约计本比相差之数，在千万以上"。8月9日上午，奉命办理救济渝市金融之四川省建设厅长何北衡，在重庆银行公会召开银钱业联席会议"商讨维持市面金融办法，以期渡过本比难关"。银钱两业到会40余人，最后议定办法三项：（1）各行庄自行填报资产负债表、交由公会汇呈行营；（2）致电财部、顾主任、刘主席、刘厅长呈报最近金融情形，请求速即设法维持；（3）各行庄自行将本比收交急需数目开出，限8月9日晚将所差总数报给重庆行营。[1]8月10日上午，重庆行营监理处长关吉玉为救济渝市金融，召集中央、中国、中国农民三分行负责人王君韧、刁培然、冯一飞及省府代表何北衡等开会商讨办法，决定三项办法：（1）建债碍于行章仍不抵押；（2）善债抵押价格、照票面额由四六折增为四九折；（3）比期存款，各行应一律改成整月。晚间，关吉玉与何北衡又召集重庆金融界要人在曾家岩何公馆开会，将上午开会所决定之三项救济办法向重庆金融界宣布，而金融界同人则认为有窒碍难行之处，且非彻底救济，另行提出三项办法：第一，以烟土向三行抵借；第二，善建两债请援上海抵押例，照七五折价作向三行抵现；第三，以赤金向中中农三行领钞2000万元。请求关何两氏再商中央、中国、中国农民三行采纳、并要求三行办理重贴现，还推宁芷村第二天携此办法直飞南京，向财政部请愿。[2]国民政府财政部高度重视维持与稳定重庆金融市场，积极采取应对措施：（1）公债方面，决定由财政部负责维持，稳定公债价格，并规定善债最低价格，照甲种统一公债价格76元，建债最低价格照丙种统一公债价格71元，如超过此最低价格，即由中国、中央、中国农民三银行接收；（2）利济、安记两财团期票方面，由四川省财政厅负责办理，并组织保管委员会保管禁烟局所存烟土，各地解归禁烟局款一律由中国、中国

---

[1]《金融界共商维持办法》，《四川经济月刊》第8卷第3期，1937年9月，第19-20页。
[2]《金融界拟具三项救济办法》，《四川经济月刊》第8卷第3期，1937年9月，第20-21页。

农民两行代为兑渝，由四川省财政厅负责保管，每月由财政厅监付一切，由财政厅向行营借款 200 万元，先行兑回 7 月底期票二成，其余八成于 8 月底兑回，依次推延一月，分期兑回。[1]

正当重庆官商与国民政府积极准备安度八半比期之时，八一三事变后，国民政府财政部为防止金融剧烈变动，特令全国银钱业一律休假二日，一面邀集银钱业领袖筹商并公布《非常时期安定安定金融办法》7 条，并通令全国银钱业，8 月 16 日起一体照办。于是，重庆各银行自 8 月 13 日之后开始放假，原定 8 月 17 日即行复业，后因奉委员长行营电令延长三日，于 20 日正式复业。[2] 复业后，对于八半收交，统移在 20 日办理。对重庆通行的比期制度作了变通处理，如比期存款划入定期存款内，只能比照存款，每周提取 5%，期各种存款及货补存款，亦限定每周提取 5%，各银行钱庄间，同业放款，亦限提 5%。未到期之存款，欲提前提存者，须照财部抵押办法办理。[3]

国民政府也于 1937 年 8 月颁布了《四行联合贴放办法》，规定"转抵押款项，不得超过原抵押金额；贴款利率，由当地联合贴放委员会斟酌市面情形定之；请求贴放之款项，由各地联合贴放委员会负审核其用途之责任"[4]。而中央、中国、中国农民三行的渝分行也奉财政部及三总行电令，8 月 28 日，指定由中国银行渝分行经理徐维明为主席，与中央银行渝分行代表刁培然、中国农民银行代表冯英共同商议、组织贴放委员会，会址暂设中央银行、拟具贴放各项手续详细办法，于 8 月 31 日起即开始办理贴放抵押及转抵押，救济渝市金融及工商各业资金之流通。[5] 与此同时，8 月 28 日，由重庆市银行业钱业两公会会员行庄共同组织

[1]《财部电准维持渝市金融》，《四川经济月刊》第 8 卷第 3 期，1937 年 9 月，第 22 页。

[2]《银行奉令停业》，《四川经济月刊》第 8 卷第 3 期，1937 年 9 月，第 20 页。

[3] 白也：《抗战期中的重庆金融》，《四川经济月刊》，第 9 卷第 1-2 期，1938 年 1—2 月，第 66 页。

[4]《中中交农四行内地联合贴放办法》，《信托季刊》第 3 卷第 1-2 期，1938 年 6 月 30 日，第 231 页。

[5]《中中农三行组织贴放委会》，《四川经济月刊》第 8 卷第 3 期，1937 年 9 月，第 25 页。

重庆市银钱业联合准备委员会处理各种重大突发事件，维持非常时期的重庆金融，会址设于本市第一模范市场银行公会内，同时接受国民政府军事委员会委员长行营及四川省政府之监督指导，并由军事委员会委员长行营简派监理官负责监督。[1]

正是在以上多重因素联合作用下，全面抗战爆发之初的重庆金融风潮得到有效控制，最终也限制了重庆市场利率的上涨。

5.2.3 重庆筹备成立后方证券交易所的曲折

在经历过全面抗战之初的公债风潮后，重庆证券交易所处于关闭的状态。需要指出的是，国民政府在迁都重庆后，对后方证券交易所的恢复还是持肯定和支持态度的。国民政府经济部遵照政府命令于 1938 年 1 月组织成立，同年即核准发给重庆市证券交易所营业执照。鉴于该所在抗战发生后已经停业，饬令该所如要恢复营业，应先行呈经济部核准。该所各经纪人则须补行注册以符规定。[2]与此同时，1938 年 1 月 25 日，重庆证券交易所在渝开第四届股东大会，到会 900 余股权（原共 1100 余权），人数 20 余人。除由常务理事康心如报告 1937 年营业状况及停拍后经过情形，监察人张子黎报告 1937 年度决算，选举候补理事监察等案外，重点讨论了 1938 年度营业方针及根本大计。经多数股东讨论，决定仍继续营业；惟为避免开业后之种种障碍计，责成监理于开会后三个月内向有关各方接洽妥善，始行开业，否则再召开大会讨论一切。[3] 1938 年 4 月，重庆证券交易所鉴于该所资本过少，经各方之赞助及该所股东之同意，曾筹划补增资本金为 200 万元。[4] 1940 年春，鉴于游资在后方及上海充斥，后方即以重庆一市来说，就有 3 亿元以上的游资，而当时西南各省投资总额不

---

[1]《发行保证代现券》，《四川经济月刊》第 8 卷第 3 期，1937 年 9 月，第 22-24 页。

[2] 中国第二历史档案馆：《中华民国史档案资料汇编》第五辑 第二编 财政经济（五），南京：江苏古籍出版社，1994 年，第 112 页。

[3]《重庆证券交易所准备复业》，《四川月报》第 12 卷第 2 期，1938 年 2 月，第 71-72 页。

[4]《证券市场近讯——渝证券交易所增资》，《四川经济月刊》第 9 卷第 4 期，1938 年 4 月，第 8 页。

过 5 亿元，重庆的游资即占了西南各省投资总额的大半。[1] 为引导游资投入后方生产事业，重庆证券交易所总经理潘昌猷，更有呈请国民政府准许增资复业之要求。[2] 于是重建后方证券市场问题，遂引起各界人士的关注。

其实，国民政府曾有将上海华商证券交易所迁往重庆复业，经营债券股票交易的想法，经与重庆金融界商讨而放弃此方案。到 1941 年 3 月 27 日，正式对外宣布上海华商证券交易所暂不移渝[3]，决定在原有的重庆证券交易所基础上恢复组织。[4] 在重庆金融实业界人士的共同努力之下，4 月 11 日，重庆证券交易所特召开临时股东会议，作出两点决议：（一）请求政府准许复业，（二）增加资本为 100 万元。[5] 1941 年 4 月 18 日《大公报》称，重庆市证券交易所准备恢复营业，该所业已筹备就绪，资本 100 万元，现正以各项管制问题，谋与政府作通盘筹划。俟商定后，即可宣告成立。[6] 然而，此后的一年里，却并没有看到重庆证券交易所成立的消息，直到 1942 年 4 月 5 日重庆《大公报》才登载"政府准于重庆开办证券物品交易所"，接着，4 月 12 日《大公报》又载："行政院会议顷已决定为推行本年度发行之美金公债及储券起见，准予成立证券交易所，但不准物资在该所开拍，以免扰乱市场"[7]。可见，当时国民政府和重庆证券交易所双方对筹备复业虽然是积极主动的，但仍存在着分歧。

此后，有关后方证券交易所是否应该恢复或建立，成了人们热议的焦点，最初主要集中在大后方是否应该建立证券市场以及

[1] 时事问题研究会：《抗战中的中国经济》，中国现代史资料编辑委员会翻印，北京：北京大学印刷厂，1957 年，第 174 页。
[2] 邹宗伊：《证券市场》，《金融知识》第 2 卷第 2 期，1943 年 3 月，第 130 页。
[3] 《沪证券交易所暂不迁渝》，《新闻报》1941 年 3 月 27 日。
[4] 《渝证券交易所短期内可成立》，《陕行汇刊》第 5 卷第 3—4 期合刊，1941 年 4 月，第 54 页。
[5] 《重庆证券交易所请求复业》，《经济汇报》第 3 卷第 9 期，1941 年 5 月 1 日，第 85 页。
[6] 邹宗伊：《当前之内地证券市场建立问题》，《经济汇报》第 4 卷第 2 期，1941 年 7 月 16 日，第 66 页。
[7] 詹显哲：《后方开办证券物品交易所问题》，《金融知识》第 1 卷第 4 期，1942 年 7 月，第 32 页。

证券市场的交易证券如何确定。 国民政府希望通过恢复或建立证券市场,达到"吸收游资""推销公债""稳定物价""发展后方生产"的目的。 对证券交易所的营业范围,人们一致认为产业证券的开拍是有利无弊的。 争议的焦点是政府公债的开拍,公债又分为战前公债、战时国币公债、战时外币公债及粮食库券等四种,对战前公债(以复兴公债、统一公债为主,省公债暂且不计),一种观点认为战前所有旧债,因在津沪各埠已有非正式的公开市场,在后方证券市场开拍尚无大碍[1];而另一种意见恰好相反,认为正是因为此种公债在沦陷区流通颇多,若一旦开拍,势将倒流至后方,而后方之持票人,亦将纷纷持债票至交易所抛卖。 结果势将放出法币,收回旧债,不仅不能达到吸收游资、推销公债、稳定物价之目的,甚至可能增加后方的发行,影响至为恶劣。 故战前公债决不宜开拍。[2] 战时国币公债,主要包括救国公债、国防公债、金公债、振济公债、二十八年建设公债、军需公债、二十九年建设金公债、军需公债、三十年建设公债及军需公债等。 对此,人们普遍认为不能开拍,因为这些公债或采取强制摊派,或采取劝募推销,在 1940 年后虽曾采取低价发行制度,然折扣也是九八或九六。 持有这些公债票的人,本已有无法变现之苦,若在交易所开拍,势必一齐涌至,竞求脱售,政府不维持则已,若欲加以维持,必将放出大量法币收回公债,而大量法币之放出,又将激刺物价。 这与开放证券市场以吸收游资、推销公债、稳定物价的宗旨相违背。[3] 至于外币公债(如政府为吸收游资发行的 1 亿美元同盟胜利金公债),由于有确实外汇为担保,还本付息极为可靠,故其发行以后,购买者必较以前踊跃,可以开拍。 至于粮食

---

[1] 邹宗伊:《当前之内地证券市场建立问题》,《经济汇报》第 4 卷第 2 期,1941 年 7 月 16 日,第 69 页。
[2] 朱偰:《重建后方证券及物品交易所问题》,《金融知识》第 1 卷第 3 期,1942 年 5 月,第 95 页。
[3] 邹宗伊:《当前之内地证券市场建立问题》,《经济汇报》第 4 卷第 2 期,1941 年 7 月 16 日,第 69 页;朱偰:《重建后方证券及物品交易所问题》,《金融知识》第 1 卷第 3 期,1942 年 5 月,第 95 页。

库券，由于以实物为对象，以斗石为单位，各地稻谷品质不齐，难以标准化，且其还本付息，视田赋征收实物之成绩以为断，因此，粮食库券介乎证券与实物之间，未具"标准化"之条件，是否可以开拍而收成效，一时遂难加以解答。[1]

以上可见，对建立后方证券交易所的问题，国民政府从一开始即采取支持的态度。只是政府与民间各自所关注的侧重点不同而已。政府方面强调更多的是开放公债市场，想借此解决其财政上的困难，稳定物价，抑制通货膨胀。民间的讨论，与政府的初衷并不完全一致。他们认为，由于特殊的战争因素，后方不适宜开设物品交易所，但可以开设证券交易所，能在证券市场上进行交易的证券主要是战时的外币公债与企业股票和公司债，战前的政府公债与战时的粮食库券可以试拍，但战时发行的公债则不能开拍。

从 1942 年下半年开始，随着后方产业经济的发展，人们越来越认识到建立后方证券市场的根本目的和首要任务不是为政府公债寻找出路，应该是为发展后方的产业经济筹措必要的资金。证券交易所应该"着眼于产业证券之推行与倡导，负起资本市场之使命"。而且，抗战以来，后方工矿事业，在政府积极奖助下，内有战时急迫需要，外无舶来品竞争，正处于发展的大好时机，也正是设立资本市场的适当时机。[2] 著名经济学家章乃器更是直接指出，"解决工业资金问题之目的，并不需要新奇玄妙之方案，而唯须建立产业证券市场及票据市场"。并进而提出了建立产业证券市场的具体方案，工业家需要长期资金，不必自行募集股份或请求押款，而只须向工业金融机关提出计划书（事业之在经营中者并须附会计报告）申请承受（或代募）其股份或公司债（统称产业证券）。关于产业证券之来源，可以国营工矿事业之

---

[1] 朱偰：《重建后方证券及物品交易所问题》，《金融知识》第 1 卷第 3 期，1942 年 5 月，第 95-96 页。

[2] 谢敏道：《论资本市场之设立及其运用》，《金融知识》第 1 卷第 4 期，1942 年 7 月，第 28 页。

办有成效者改组为有限公司，以股份49%招商承募，民营工矿事业也可发行新股份解决流动资金之困难。这样，证券市场成立后，股票之发行，当可蔚为风气。[1]

有人指出"产业证券化"为现代生产事业进步的表征，并分析"产业证券化"在我国虽经多年提倡，但仍成效不大的主要原因是缺乏资本市场的配合。"为扶植证券上市……可由交通银行开办股票银行业务或投资信托业务，乃至组织银行团包销，或代理发行产业证券等……与证券交易所开拍证券，相互表彰，共同合作，则生产资本，自可渐入于证券化之途。"[2]由此可见，人们对建立证券市场的认识有了进一步的提高，不仅要建立作为二级市场的证券交易所，还需要建立新证券的一级发行市场，这样才能真正实现产业的证券化。

1943年6月1—9日，以国家总动员会议秘书长及经济、农林两部部长为主席团，聘请农、矿、工各业代表，各机关主管长官及各省政府代表共260人，举行了第二次全国生产会议。[3]在这次会议中，关于产业资金的议案就达100余件，参加该小组讨论的人数也是最多的，足见此问题之重要。其中主要问题有三：一为产业资本额之调整，二为生产贷款之改进与扩大，三为产业证券之发行与买卖。大家一致认为，产业证券的推行，才是解决产业资金最根本的治本办法。而且，在后方设立产业证券市场，为此次全国生产会议明确决议之一。[4]

紧接着，国民政府财政部及国营金融机关开始了具体的筹备工作，决定由中国银行、交通银行、中国农民银行三行及中央信托局、邮政储金汇业局两局联合其他金融业及产业团体共同组织

---

[1] 章乃器：《对于工业资金问题之管见》，《金融知识》第1卷第3期，1942年5月，第122-124页。

[2] 詹显哲：《后方开办证券物品交易所问题》，《金融知识》第1卷第4期，1942年7月，第37页。

[3] 中国第二历史档案馆：《中华民国史档案资料汇编》第五辑 第二编 财政经济（五），南京：江苏古籍出版社，1997年，第322-323页。

[4] 吴承明：《产业资金问题之检讨》与章乃器：《生产会议与工业资金》，《金融知识》第2卷第5期，1943年9月，第15、28页。

重庆市产业证券推进会，然后该会附设证券市场。此证券市场，将不经常开放，而系定时集合。买卖交易，暂以现货为限。加入交易之各种产业证券，必须先经该会理事会审查通过再由该会将其价格按日公布。各会员银钱行庄及产业团体，将各派代表一人到场经理买卖事务，遇必要时始酌设经纪人办理。该会得向买卖双方收取手续费，以其五成作为佣金，其余五成拨充该会经费。倘此五成手续费不足支该会开支时，则由基本会员担负。上述原则，业由财部函达四联总处，依经订定之重庆市产业证券推进会组织规则，该会附设市场交易规则及附设市场产业证券申请审查规则，以凭办理。并为迅赴事功起见，已由有关机关会同派员组织筹备委员会共策进行。其筹备委员人选，经财政部长孔祥熙指定由戴铭礼、刘攻芸、郭景琨、王志莘等人担任。[1]

可见，这场关于是否恢复重庆证券交易所，建立后方证券市场的讨论，已由前期的建立以推销政府公债市场和产业证券市场并重，转而倡导建立产业证券市场以促进后方产业经济发展，从倡设证券的二级交易市场，到提倡证券的发行机构，建立新证券的发行市场。虽然这一愿望和目标最终由于种种条件的限制而未能实现，然而，这场讨论折射出的却是抗战时期以重庆为中心的西部经济较之前有了大的发展的事实。

5.2.4 国民政府金融管制与重庆比期制度的废除

当全面抗战之初重庆金融市场中的比期风潮被平息之后，从1938年到1940年3月，重庆的比期利率均无剧烈变化，大约多涨落于1分至1分5厘之间。[2]与此相适应的是，由于比期存款之利甚少而害极多，早为人所诟病。从1939年秋季到1940年上半年，重庆办理比期存款的银行只剩三四家，然而从1940年秋季到

---

[1]《筹备证券票据市场》，《财政评论》第11卷第1期，1944年1月，第148页。
[2] 梁子范：《重庆之比期存放及其高利问题》，《金融知识》第1卷第1期创刊号，1942年1月，第153页。

1941 年，重庆市场的比期利率再次开始猛涨，经营比期存款的各金融行庄又开始兴盛起来。[1] 据 1941 年 12 月，国民政府财政部检查重庆市 85 家行庄所得统计，比期存款总额为 20700 余万元，占各项存款总额 56% 强，比期放款总额为 26300 余万元，占各项放款总额 57% 强。[2] 而这一情况还可以从表 5-9 中得到印证。 全面抗战爆发以前，重庆各年的比期利息均低于 1937 年，1936—1937 年的比期利息较高，1938—1939 两年之比期利息最低，而重庆市比期利息之高升开始于 1941 年，至 1942 年底竟达 16 元，造成历年最高纪录。 其原因主要体现在以下几个方面。

表 5-9　1934 年至 1942 年重庆市各年之比期利息统计表

单位:每半月之千元利息数(元)

年别	最高	最低	众数	算数平均	指　数	
					以 1934 年为基期	以 1937 年为基期
1934	8.0	4.5	5.5	5.62	100	77
1935	9.0	4.5	5.5	5.42	96	75
1936	10.0	4.0	5.5	6.16	110	85
1937	15.0	5.0	7.5	7.27	129	100
1938	5.5	4.0	5.0	4.78	85	66
1939	6.0	4.5	5.0	5.08	90	70
1940	11.0	5.0	10.0	8.94	159	123
1941	16.0	10.0	13.0	13.50	240	186
1942	17.0	16.0	16.0	16.42	292	226

资料来源:《重庆市废除比期制度之经过》,《金融周刊》第 4 卷第 6 期,1943 年 2 月 8 日,第 1 页。

　　首先，最主要的原因在于以重庆为中心的大后方物价飞涨助长了金融市场的投机之风。 1939 年 1 月，国民党五届五中全会召开，通过了"使用多量法币，则筹码之流通，自无不足之虑"的决

[1] 朱祖晦:《重庆之比期存款》,《金融知识》第 1 卷第 1 期创刊号，1942 年 1 月，第 167 页。
[2] 朱耀初:《近年来重庆市之金融组织》,《经济汇报》第 9 卷第 1 期，1944 年 1 月 1 日，第 72 页。

议，把通货膨胀作为一种政策确定下来。由于国民政府推行通货膨胀政策，重庆的银行、钱庄在全面抗战时期深受通货膨胀之影响，为保证资金的充足，多设立自己的附属企业进行投资，结果导致囤积居奇现象普遍出现。商人为收囤货物起见，不惜付高利借款，而资金持有者，则因一般物价之日涨货币价值日低，以为存钱不如存货，每取出存款，改囤货物，最终导致物价飞涨，商人在经营时难以保证自己的资金链不断裂，因此必然要从银行、钱庄大量借款。银行、钱庄可借贷之资金减少，借款的利率自然猛涨。同时，为了吸引更多的资金弥补自己借贷出的款项和经营附属企业，各行庄的存款利率也相应地增加了。由于比期利息提高，各银行存户多将定期与活期存款转存比期以获取更大收益。为此，1940年4月3日，国民政府财政部下令禁止重庆市银钱业经营日用品之投机买卖及以日用品为抵押之放款业务以及四行联合贴放委员会除对工厂及运输等业办理贴放外，停止对日用品商人贴放。但物价因"供需失调"及"通货与物资之失调"而不断高涨，商人暴利可获，乃不惜以高利贷入资金，利息遂因之而突升。[1]

其次是为了吸引沿海资金特别是上海游资内移大后方，重庆及上海的商业银行纷纷加入办理重庆比期存款的业务中。不仅川帮各银行办理，上海的银行也积极办理。凡由上海交托存入者，按照当日上海汇渝之汇价折合升水，并规定每户最低额为国币1000元，最高额不予限制，特定半月为期，以每月之月半、月底为存取日期，如欲期前存入亦可。其利息必须于月半、月底起息。存款利率每期以重庆比息为准，每半月规定一次，比较上海为高，约合月息2分，并以重庆通用国币计算。例如由上海存入约700余元，连升水折合重庆约1000元，如欲到期日提取本息或一部分或全部，均以重庆通用国币付给。又如在重庆以外之城市取用时，银行允予开立汇票。惟如在上海取用，应按当日重庆汇上

---

[1]《重庆市废除比期制度之经过》，《金融周刊》第4卷第6期，1943年2月8日，第2页。

海之汇价折合付给，旨在限制内移之资金流回上海。[1] 在办理以后，虽然收到一定成效，但这种以高额利息吸引上海资金的做法，也加剧了重庆比期利率的不断上涨。

正是由于重庆比期利率的不断上涨，造成市面银根紧缩，货帮、企业等难以贷款进行生产，经济萧条。为了尽快恢复经济，国民政府开始了对这一制度的限制，直至最终废除。

盛行于重庆许多商业银行和钱庄银号间的比期存放款，与一般的存放款最大的不同点是利息高而定期短。随着全面抗战的进行，比期制度的性质在抗战中期发生了变化。由于重庆通货膨胀、物价飞涨、囤积居奇等商业投机行为可以获得重利，银行、钱庄经营比期存放款利率虽有上升，却难以企及商业投机所获之重利。比期的存放款从促进商业生产与发展的商业借贷资本变成了促进商人进行商业投机的资本，而商品的囤积居奇又反过来刺激物价进一步上涨，形成恶性循环。

在全面抗战时期，比期存放款逐渐变成了银钱业获取暴利的投机业务。"川中比期制度之流行，其集中清理短期收付之习惯，使资金周转，过于频促，不但不合商业与金融上之需要，且转成为金融运用与商业流通之桎梏。"[2] 1940 年 8 月，国民政府颁布施行《非常时期管理银行暂行办法》，施行之始曾特准银钱业界的请求，比期存款可以不必缴存款准备金，于是各行庄为了逃避缴纳存款准备金起见，将存款尽量地登记在这个科目，这也是比期存款突增的原因。[3] 下面将通过川盐银行、川康平民商业银行以及一些钱庄比期存款的变化反映其具体情况，见表 5-10、表 5-11。

[1]《各银行创办重庆比期存款》，《银行周报》第 25 卷第 40 期，1941 年 10 月 14 日，第 3 页。

[2] 杨泽：《四川金融业之今昔》，《四川经济季刊》第 1 卷第 3 期，1944 年 6 月 15 日，第 227 页。

[3] 康永仁：《重庆的银行》，《四川经济季刊》第 1 卷第 3 期，1944 年 6 月 15 日，第 124 页。

表 5-10　1939 年底 4 行庄及 1940 年底 8 行庄总存款与比期存款比数

单位:千元

行　庄	1939 年底		1940 年底	
总　　计	存款总数	比期存款	存款总数	比期存款
	14739	6893	15156	7264
百分比	100	47	100	48
川盐银行	10205	5437		
和通钱庄	1575	750	3106	1529
同心钱庄	1791	448	1868	887
信通和记钱庄	1168	258	2034	143
永生钱庄			3043	2381
福钰钱庄			1935	893
永庆钱庄			1379	758
聚丰钱庄			1158	77
泰裕钱庄			633	596

资料来源:康永仁,《重庆的银行》,《四川经济季刊》第 1 卷第 3 期,1944 年 6 月 15 日,第 123 页。

表 5-11　1941 年 7 月底至 10 月底川康平民商业银行总存款与比期存款比较

单位:千元

年月	存款总数	比期存款	比期存款所占之%
总计	82948	73904	89
1941 年 7 月底	18257	15888	87
1941 年 8 月底	22219	20010	90
1941 年 9 月底	21496	18998	88
1941 年 10 月底	20976	19008	91

资料来源:康永仁,《重庆的银行》,《四川经济季刊》第 1 卷第 3 期,1944 年 6 月 15 日,第 123 页。

从以上两表可见,1939 年 12 月底至 1940 年 12 月底,川盐银行和和通等钱庄的比期存款,占全部存款的百分数为 47%～48%,不到全部存款的一半。然而,1941 年 7 月底至 10 月底川康平民商业银行比期存款却占总存款 87%～91%。反映出在 1941 年以后,比期业务在重庆银钱业中占据主导地位。而且,到 1941 年底前，比期利息仍在不断上升。

在抗战中后期，国家银行对贷款的对象限制很严，一般人难以借款成功。因此在比期存放款的过程之中，不少商业银行、钱庄或者个人进行高利贷的活动更加威胁了重庆金融的稳定。如何管理比期存放款的问题，当时金融界出现了两种意见，"一种主张提高四行的存款利息，与比期利息相等，使商业银行的比期存款，仍流回四行，这样不仅是法币可以回笼，而且减少了投机囤积的游资。另一个主张，是四行以低利放款，尽量供给资金于工商业，来抑低比期存款"[1]。

国民政府针对比期存放款的利率失控状况，于1941年12月22日颁布了《比期存放款管制办法》6条，对重庆比期存放款利率进行管制，同时也对借贷对象进行监督：比期存款之利率，由当地银钱公会于每届比期前两日，分别报请当地中央银行核定；比期后之日拆，按日计算，亦不得超过本比期核定之利率；比期放款之利率至多不得超过当地该届比期存款利率二厘；每届比期需要款项之银钱行号，得申报缘由，提供证品，向中央银行请求放款；中央银行对申请放款银钱行号所具之理由不充分或其所营业务不健全者得拒绝之；中央银行对申请放款银钱行号可随时派员检查，如发现违反《非常时期管理银行暂行办法》之规定时，报请财政部核办[2]，从而以法令的形式将重庆的利率增长限定在一定的范围之内，并将利率纳入政府的监管之中。

1942年起，财政部规定比期存款一并提存后，这种存款在各行庄存款中所占的比例随之降低。表5-12反映了1942年3月底，各行庄的总存款中比期存款的下降情况。

---

[1] 杨秀：《比期存放款的分析》，《银行界》第1卷第4期，1942年6月，第4页。
[2] 《财政部训令重庆市银行公会》，1941年12月23日，重庆市银行业商业同业公会未刊档案0086-1-6，重庆市档案馆藏。

表 5-12　1942 年 3 月底 8 家银行总存款与比期存款比较

单位:千元

行别	存款总数	比期存款
总计	114333	75703
百分比/%	100	66
亚西实业银行	8558	3900
川盐银行	25190	19459
四川建设银行	6732	3104
江海银行	7050	3875
大川银行	3944	1930
通惠实业银行	14987	11219
四川美丰银行	11045	5755
川康平民商业银行	36827	26461

资料来源:康永仁,《重庆的银行》,《四川经济季刊》第 1 卷第 3 期,1944 年 6 月 15 日,第 124 页。

　　从上表可知,1942 年 3 月底,在银行方面,比期存款所占全部存款的百分数降而为 66%,在钱庄银号方面,此种存款所占全部存款的百分数降而为 63%。 这也说明上项办法实行后对银钱业还是有所限制。 1942 年内,重庆的比期利率得到了一定程度的控制,除 3 月至 9 月利息为 16 元外,余均为 17 元。 然而由于重庆周边的四川省其他各地管制较松,9 月以后,南充、内江、成都、遂宁等地黑市利息竟有高达 50 元至 100 元者,重庆市亦因受其影响而发生黑市,在 20～30 元。[1] 可见,此管制办法并未达到最初目的,重庆比期存放款之利率仍不断升高。 其原因除了通货膨胀无法抑制,难以从根本上限制比期的存放款利率之外,还在于"该办法实施之区域,暂以重庆为限,川省比期利率最高之地区如内江自贡市等,则尚未推行,因此不但未能收普遍管制之效,且在此畸形之状态中,更能在重庆吸收较低利率之比期存款,调

[1]《重庆市废除比期制度之经过》,《金融周刊》第 4 卷第 6 期,1943 年 2 月 8 日,第 2 页。

至内江，自贡市等地放出比期放款藉以博取高利"[1]。 最终国民政府未能限制比期存放款利率。

正是在高利的引诱之下，大量资金流入比期市场，其清算期限又短，经营正当生产事业者，既须负担高利，而资金周转仍感困难，获利自远不如不正当营业者，严重妨碍了生产事业的发展。 如 1942 年初，复兴面粉公司竟然将从四行贷借的低利资金转作比期存款，以获取高利。 由经济部会同财政部呈奉行政院令准对其执行处罚以示惩戒：停止该公司 1942 年份向四行贷款，并将套利所得比期利息予以充公，另处以同额之罚金。[2] 再如当时迁川工厂联合会在请求国民政府暂缓征收迁川工厂的过分利得税时所陈述的"游资充斥于市，而重庆比期月息恒在三分左右，其故又何在？ 足见做投机者之多也。 比期月息三分，则全年利得超过资本额百分之三十六以上。"[3]由此可见，比期制度严重阻碍了工业生产的正常发展。 比期利息的增高又促使商品成本的增加，价格亦随之上涨。 物价越高需要资金越多，利息更加上升，两者互为因果，比期利率的高涨又助长了物价的疯涨。 而金融及工商机构间之相互贷借关系又必须于月中月底的二日交割，头寸调拨自感困难，如果遇经济情形变化或其他意外，一个环节发生问题，提存之风一起，则随时都有发生金融风潮之可能。[4]

为了避免再次引发重庆金融市场波动，在限制比期利率收效甚微的情况下，国民政府开始着手废除比期制度。 而此时，废除比期制度的时机也逐渐成熟，最初考虑到重庆及西南地区的比期制度是以习惯演变而成，沿来已久，在工商各业未经全国管制，投机之途未尽宕结之前遂行废除，难免不使金融机关掌握之社会

[1] 詹显哲：《比期存放款问题之检讨》，《银行界》第 1 卷第 4 期，1942 年 6 月，第 1 页。
[2]《重庆市商会通知》，1942 年 4 月 22 日，重庆市银行商业同业公会未刊档案 0086-1-91，重庆市档案馆藏。
[3]《关于告知迁川工厂联合会各员工厂暂缓缴纳过分利得税的公函》，1942 年 4 月 25 日，重庆市各工业同业公会未刊档案 0083-0001-00046-0000-171-000，重庆市档案馆藏。
[4]《重庆市废除比期制度之经过》，《金融周刊》第 4 卷第 6 期，1943 年 2 月 8 日，第 3 页。

资金游离而投机市场，乃决定采取办法，逐步推进，由财政部指定《比期存放款管制办法》分令施行。到1942年以后，行政院长蒋介石手订《加紧管制物价方案》已经颁布施行，全国金融与经济之管制密切配合，废除比期制度之投机业已成熟。[1] 财政部钱币司会同中央银行业务局召集重庆市银钱两业同业公会负责人商讨施行办法，得到重庆市银钱两业的拥护。1942年11月10日，重庆市银钱两业同业公会联合举行全体会员大会，决议办法八项，由两公会联名备文正式请求国民政府明令废除比期制度，自1943年元旦起实行。经国民政府财政部指令照准，并商由中央银行对各银钱行庄予以协助，废除比期制度，代之以日拆制度。日拆牌价由中央银行按日核定公告。同时宣布财政部前颁之《比期存放款管制办法》自1943年元旦起在重庆停止施行。重庆市以外各地如有类似比期制度，并由各该地银钱业同业公会妥拟废除办法报部核定，以收因地制宜之效。[2]

至此，重庆正式废除比起制度，改之以日拆制度。1943年1月4日开始，中央银行公布牌价为"同业往来每千元日拆七角。银行钱庄收受存款月息不得超过二分八，放款三分二，但实际恐须达到四分八。往来短期存款可分十日廿日及一月三种，但必须避免'十五日'为期之存放"[3]。

对此，重庆金融界人士给予了肯定的评价，"银钱业已不办比期了，我们工商各界也不能再办比期，……总之，无论银钱两业，工商各界，大家避免月半或月底来办收交，我们要把比期忘得干干净净，无影无踪，……把原来比期天的收交，分派到一月中的各天去办，不令再发生像过去比期那天对资金需要特别多的情形，利息也不会过分的高昂起来，这就说明废除比期以后，可以

---

[1]《财政部指令照准废除比期制度》，《裕民（遂川）》第4期，1943年，第188页。
[2]《各地经济市况·重庆（1943年1月1日至15日）》，《经济汇报》第7卷第4期，1943年2月16日，第88-89页。
[3]《重庆市废除比期制度之经过》，《金融周刊》第4卷第6期，1943年2月8日，第5页。

压抑资金的特别高涨"[1]。 但是，其实际情况是中央银行贷款的对象多有限制，一般企业商户难以贷款，贷款数额也有限，难以满足重庆市面对资金的需求，因此一般企业或商户均私下以高额利润吸收资金，导致资金的黑市利率。 市面上出现了中央银行的官定利率以及黑市利率，而市面上存放款之利率多以黑市利率为准，为此，重庆银行商业公会在1943年5月26日呈文国民政府财政部，反映了在废除比期制度之后，重庆市面发生黑市贷款利率特高妨害管制金融政策的情况。 6月8日财政部复函重庆市银行商业公会，要求对其进行严肃查办："查重庆市黑市贷款既发生于该业市场以外，应由经济部筹议有致取缔办法，切实查禁，惟该公会似应对所属各会员行庄放款利率严加管束，勿使逾越正执，兹对上项黑市贷款随时严查纠举报部核办。"[2]然而，这并没能控制住黑市利率的猖獗，1943年之后的重庆金融市场利率不减反增，难以遏制。 从1943年至1945年，重庆市面的利率大致走向仍是以升高为主，国民政府对此也无能为力。 因此，比期制度虽然表面被废止，但是比期的习俗并没有彻底废除，银行钱庄的比期业务仍较平时为多，不少商户等也以月中或月底作为结算日期。 比期习俗仍影响着重庆的金融。 直到1945年抗战结束之后，比期习惯仍为商家及金融业者所沿用，当时重庆市银钱业中所盛行之"账外利率"即为比期利息之变相。[3]

　　总之，比期制度产生于近代重庆商业贸易活动对金融不断发展的需求之中，本质上是一种资本借贷，随着商品经济的发展而扩大开来，广泛盛行于西南诸省。 比期存放款，与一般的存放款最大的不同点，是利息高而定期短。 这种集中于月半和月底进行

[1] 陈启能：《废除比期和压低利息》，《商业知识》第8期，1943年5月15日，第7-8页。
[2] 《重庆市银行商业同业公会呈财政部文》（1943年5月26日）及《财政部指令重庆市银行商业同业公会》（1943年6月8日），重庆市银行业商业同业公会未刊档案0086-1-11，重庆市档案馆藏。
[3] 杨荫溥、钟襄充：《八年来大后方之金融》，《银行周报》第30卷第3-4期合刊，1946年1月16日，论著第7页。

资金交割的方式，看似只是一种相因成俗的传统，在一定时期也发挥了为商业和生产活动进行融资的积极作用。但实际上，比期制度却存在着巨大的风险与危害，而且随着商品经济的发展，资金流通量的扩大，这种风险与危害与日俱增。

比期制度不仅因资金的集中交割带来金融市场的动荡，更严重的是其所产生的高利率，诱使越来越多的金融机构、商业资本，甚至实业资本，将资本倾囊投入其中意图谋取暴利。如此不计长远、不顾后果的投机，即使是在和平时期对国计民生的危害都是不言而喻的，更何况在战争年代。如上所述，抗战初期，重庆发生的金融风潮都与比期制度有着直接的密切关系，比期制度是造成金融风潮的重要根源之一。正因为如此，国民政府才痛下决心，将比期制度纳入监管，并在 1943 年最终废除了比期制度。但是必须看到，比期制度的废除，并不能解决根本问题，事实上战时国民政府所确定的通货膨胀政策才是导致金融风潮的最深原因。所以，比期制度虽被废除了，但资金的黑市利率却继之而起，并汹涌澎湃无法遏制，对此国民政府束手无策，因为通货膨胀本身就是国民政府不可移易的既定方针。

5.3 全面抗战时期重庆金融市场的变革

1937 年七七卢沟桥事变标志着全面抗战的爆发，也改变了重庆金融市场的正常发展轨道。受战争的影响，重庆金融市场中原有的证券交易所被迫关闭，直到抗战结束也没有开放，而利率市场中，因比期涨落助长投机，国民政府最终废除了比期制度。除此之外，因为大量金融机构的内迁，重庆的货币市场也发生了改变，促使了重庆票据交换所的建立。全面抗战之后，随着上海等东中部地区的逐渐沦丧，内汇市场也发生了变化，主要形成了以重庆为中心的西南西北抗战大后方内汇市场。全面抗战之后，重庆成为抗战大后方的金融中心，这为重庆金融市场融入了新的因素，战前并不占据重要地位的黄金市场，在战时的重庆不仅发展起来，还极大地影响着重庆金融市场的稳定。 战前重庆几乎没有的外汇市场，也在太平洋战争爆发之后，随着上海的完全沦陷而进入重庆。 本节将对因战而变的重庆票据市场与内汇市场，因战而兴的重庆外汇市场与黄金市场进行专题探究。

5.3.1　全面抗战时期的重庆票据市场

票据的出现是经济发展到一定阶段的产物，它是一种延期支付或借贷款项的凭据，经由出票人签订字据方能生效。 由于票据可以提取现金，因此它具有交易的价值，可以在金融市场进行抵押、转让、买卖，票据市场也就形成了。 全面抗战爆发之前，虽然也建立了重庆票据交换所，但从整体而言，票据交换的数量并不大，在重庆的货币市场中并不占据主导地位。 全面抗战时期的重庆票据市场可以分为前后两个时期。 前期为 1937 年 7 月—1938 年 1 月；后期为 1941—1945 年，由中央银行票据交换业务局内部设立票据交换科，开始中央银行管理票据市场时期。

当 1937 年全面抗战爆发之后，7—8 月，重庆票据市场的交换数额急剧下降，此种情况在 10 月之后才有所好转，票据交换的数额开始回升。 但是直到 1938 年 1 月重庆票据市场停业为止，票据交换的数额都未能恢复到战前的数额，见表 5-13。

表 5-13　1937 年 6 月—1938 年 1 月重庆票据交换数额及利息统计表

单位：元

时间	票据交换数额	票据交换差额	利息
1937 年 6 月	122580344.76	16795999.37	13.5
1937 年 7 月	123486286.84	19524454.85	20
1937 年 8 月	6875515.59	2631372.45	20
1937 年 9 月	9420971.16	4035786.49	18

续表

时间	票据交换数额	票据交换差额	利息
1937 年 10 月	10893583.09	4706547.65	13
1937 年 11 月	10648131.80	7817025.53	8
1937 年 12 月	11790470.04	7781311.51	8
1938 年 1 月	15712712.25	6957129.58	8

资料来源:《重庆票据交换数额及利息统计表》,《四川经济月刊》第 10 卷第 1 期,1938 年 7 月,第 1 页。

从上表可以看出,1937 年 8 月以后,重庆票据市场中的交换数量降幅巨大,其原因是全面抗战的爆发,重庆金融市场银根紧缩,市面萧条,出现金融恐慌。受此影响,重庆票据市场中的票据价值大幅度下跌,交换行庄数量减少,导致票据交换数额大幅降低。

在此时期内,重庆票据市场的直接管理者也发生了变化,1937 年 7—10 月,继续由中国银行重庆分行经营重庆票据交换所。10 月以后,中国银行因感责任过重而停办转账工作,其原因在于"一般商民及金融界信用之欠佳及责任心之缺乏:或因头寸不足而滥发本票(或庄票),或并无交易而填发汇票,或明知存款已无而开出支票,更有利用保付办法而在交换之前辗转抵用者……凡此种种均为信用欠佳及责任心缺乏之表现,遂使交换所为头寸薄弱者所乘"[1]。中国银行重庆分行主持票据的转账,而其本身资金有限,对应予兑换现金的票据无力支付。且在票据交换过程中,中国银行重庆分行收入的各行庄的本票、保付支票因辗转抵用而无法及时兑现,而其开出的本票、保付支票又急需向对方付现,导致账目不清,资金出现缺口,以致自身与各参加票据交换的行庄均遭受巨大损失。最终在 1937 年 10 月停止办理转账,这也从事实上宣布了中国银行退出了票据市场的领导地位。

1937 年 10 月,在中国银行退出对重庆票据市场的控制之后,

[1] 杨骥:《重庆市的票据交换制度》,《新经济》第 7 卷第 11 期,1942 年 9 月 1 日,第 220 页。

形成由四川省银行与重庆同生福钱庄共同维持重庆票据市场的局面，该局面持续到 1938 年 1 月结束。 在此期间，重庆的票据交易开始逐渐恢复，票据交换数额有所回升，但中国银行停止办理转账之后，各行庄的拆款担保成为一个棘手的问题。 由于各行庄的保证金多以公债的形式缴纳，中国银行不易及时将其兑换现金，且抗战爆发之后，公债价值均有所损失，难以足额兑现。 因此，四川省银行与重庆同生福钱庄出面组织各行庄，重新组织银钱业联合准备委员会，发行保证代现券用以补偿差额，票据交换由此才顺利进行，转账事项则由四川省银行与重庆同生福钱庄共同负责。 为了稳定票据市场，1938 年 1 月 26 日，重庆银行公会召开会议，讨论月底发行代现券数额及利率。 因本比正值旧历年节，恐各行庄先未准备，现金必感枯竭，决议仍照旧额，发行代现券600 万元，利率定为每千元 4.5 元。[1] 保证代现券仅是一种代用筹码，随着时间的推移，保证代用券也开始贬值，四川省银行与重庆同生福钱庄不得不停止其发行。 由于缺乏补偿差额的筹码及划账筹码代现券停止发行，从 1938 年 1 月—1941 年 12 月，除少量票据交换由各行庄私下进行交涉外，重庆票据交易市场基本陷入停滞。

由于票据交换的中断，重庆金融市场资金流动不畅，而 1941年之后，重庆通货膨胀开始加快，金融界苦于融资渠道不足，多次向国民政府请求恢复票据交换。 其理由如下：（1）改善信用，活泼金融：实行票据交换之后，各行庄对其他行庄付款之票据均可畅收无阻，持票人视票据较现金尤为便捷而乐于使用。（2）适应市场需要，稳定银行基础，节省钞券之使用与接触收解之困难，为当前渝市迫切之需要，唯有之健全发展与银行基础实行票据交换制度；并可随使检查各银行业务状况，制止非法营业，而谋金融市场之发展与银行基础之巩固。（3）节省法币收支周转，解决钞券缺乏困难。（4）取消比期存放高利，平抑物价剧烈变动。[2]

---

[1]《重庆银钱业发行代现券》，《四川月报》第 12 卷第 2 期，1938 年 2 月，第 65 页。
[2] 杨骥：《重庆市的票据交换制度》，《新经济》第 7 卷第 11 期，1942 年 9 月 1 日，第 220 页。

在重庆金融界的不断呼吁之下，1940 年 9 月 9 日，重庆市开始试行四行轧现制度，即由中央银行、中国银行、交通银行、中国农民银行对彼此票据一律畅收，每日由中央银行轧结一次，尾数互相抵解，轧欠数并得开立寄存证，交与收款行，以免当日搬运现钞。这实际上成为重庆市银钱业普遍试行票据交换制度之先声。此后，四联总处提出调查过去渝市票据交换情形之报告，并拟具恢复办法五项。而国民政府财政部也致函中央银行，促其早日开始筹办渝市票据交换所。[1] 至 1941 年 12 月，四联总处最终决定由中央银行重新开设票据交换所，财政部派定中央银行业务局代局长郭锦坤负责筹备，并限于 1942 年元旦正式成立。[2] 然而，由于筹备工作复杂，事实上并没能如期成立。

1942 年 5 月，中央银行制定了《中央银行办理票据交换办法》（6 章 40 条），主要内容有：除中央银行为当然交换银行外，凡当地银钱两业同业公会各会员行庄，经各该同业公会介绍，均得加入为交换行庄；交换行庄应填具申请书，并缴纳保证金，才能加入交换；参与行庄还需缴纳相当数量的保证准备，保证准备包括政府公债、著名公司工厂之股票、立时可以变现的货物栈单以及经中央银行许可的其他财产；所有交换之票据应按照代收方式清算；各行庄的保证准备如遇到市价低落时，应该立刻补充差额，如无法补足，可以向中央银行拆款，以一日为限，并由中央银行随时监督该行庄的营业情况；票据交换所中可以交换的票据有汇票、汇款收据、本票、支票、公库支票、经理国债银行之还本付息凭证以及其他中央银行认可的票据；交换行庄违反该办法，或损害中央银行及其余行庄的信誉，或有营业不稳的形式，中央银行将予以书面警告直至撤销其交换行庄资格的处罚。[3]

---

[1] 杨骥：《重庆市的票据交换制度》，《新经济》第 7 卷第 11 期，1942 年 9 月 1 日，第 220 页。

[2] 《渝市票据交换所现正积极筹设中》，《经济汇报》第 5 卷第 1-2 期，1942 年 1 月 16 日，第 238 页。

[3] 《中央银行办理票据交换办法》（1942 年 5 月），《雍言》第 2 卷第 6 期，1942 年 6 月，第 93-100 页。

而对参加票据交换各行庄的保证准备，规定仅以政府公债为限，同时还核定了保证准备价格，由中央银行另设估价委员会估定后，照估价七折计算其金额。 表5-14为第一次估定各种公债及储蓄券在重庆之折价：

表5-14　1942年中央银行估价委员会第一次估定各种公债及储蓄券在重庆之折价表

债券名称	估值折扣
统一公债甲种债券	估价七五折
统一公债乙种债券	估价七折
统一公债丙种债券	估价六五折
统一公债丁种债券	估价六五折
统一公债戊种债券	估价六五折
廿四年四川善后公债	估价八折
廿五年四川善后公债	估价七五折
廿五年四川建设公债	估价六折
廿八年四川建族公债	估价五折
廿九年军需公债	估价六折
廿九年美金公债	照票面原币按牌价折合国币后估价八折
廿九年英金公债	照票面原币按牌价折合国币后估价八折
甲种节约建国储蓄	按票面十足估价
美金节约建国储蓄	按票面十足估价

资料来源：朱耀初，《近年来重庆市之金融组织》，《中央银行经济汇报》第9卷第1期，1944年1月1日，第71页。

由此可见，中央银行开始吸收中国银行的失败教训，在一些方面有所加强。 各行庄的拆款期限由15日减少到1日，可以有效预防各行庄利用规则漏洞进行的透支与拖延。 保证准备易于变现，从而避免因票据无法及时兑现而陷入的金融恐慌。 转账事项，交换、退票等环节完全由中央银行管理，从而提高了办事效率，并保证了对各参与行庄的监督。 票据交换的品种更多，从而使票据交换形式多样化，资金流动更为顺畅。

从1942年6月1日开始，经核定参加交换的行庄，计银行37

家，钱庄 42 家，其他一时不及加入者随后陆续加入，到 1942 年底，参加票据交换的银行已增至 45 家，钱庄 43 家，共计 88 家。[1]

为了进一步扩大重庆票据承兑贴现，活泼战时金融，发展战时经济，1943 年国民政府财政部又颁布了《非常时期票据承兑贴现办法》(18 条)，明确规定了合法票据的种类及其贴现办法：(1)工商业、农业、银行业承兑汇票：凡商人、农民组织之合法团体，因交易行为、承兑契约所发生之债权债务，由债权人向债务人发票，请其承兑之票据属之；(2)发票人、承兑人必须是合法的正式商人、农业团体、银行；(3)票据经背书后，才能相互买卖或申请贴现，或向中央银行申请重贴现；(4)票据的期限不超过 90 日，农业承兑汇票不得超过 180 日；(5)到期的银行承兑汇票，及继承兑人或付款人批明，请由银行付款之工商业承兑汇票及农业承兑汇票，才能在依法设立的票据交换机构兑换；(6)票据到期后，承兑人不能如期履行付款，视其情节轻重处以罚款。[2]

由于国民政府政策与机构的大力支持，重庆票据市场的交易数量从 1942 年 6 月中央银行票据交换科成立开始，就呈现出直线上升趋势。 如图 5-3 所述，1942—1944 年，无论交换总额、交换差额、票据张数都在逐年增加。 1944 年 6 月，重庆票据交换总额是 1942 年 6 月的 12.3 倍，交换差额为 19.5 倍，交换张数为 2.74 倍。 而 1944 年 6 月比 1937 年 6 月相比，交换总额是其 353.6 倍，交换差额为其 736.9 倍。 除去通货膨胀的因素，增长也是明显的。

1944 年，抗战时期工商企业的承兑票据多因其本身信用不高，工商企业发行的票据难以流通，故市面多以银行承兑票据为主，这就造成经营的单一化，并且由于银行承兑票据独占市场，

---

[1] 朱耀初：《近年来重庆市之金融组织》，《经济汇报》第 9 卷第 1 期，1944 年 1 月 1 日，第 71 页。

[2] 《非常时期票据承兑贴现办法》，《金融周刊》第 4 卷第 29 期，1943 年 7 月 19 日，第 17-18 页。

（单位：万元）

5000000

4500000

4000000

3500000

3000000

2500000

2000000

1500000

1000000

500000

0

1942年6月
1942年7月
1942年8月
1942年9月
1942年10月
1942年11月
1942年12月
1943年1月
1943年2月
1943年3月
1943年4月
1943年5月
1943年6月
1943年7月
1943年8月
1943年9月
1943年10月
1943年11月
1943年12月
1944年1月
1944年2月
1944年3月
1944年4月
1944年5月
1944年6月

—◆— 交换总额（万元）　—■— 交换差额（万元）

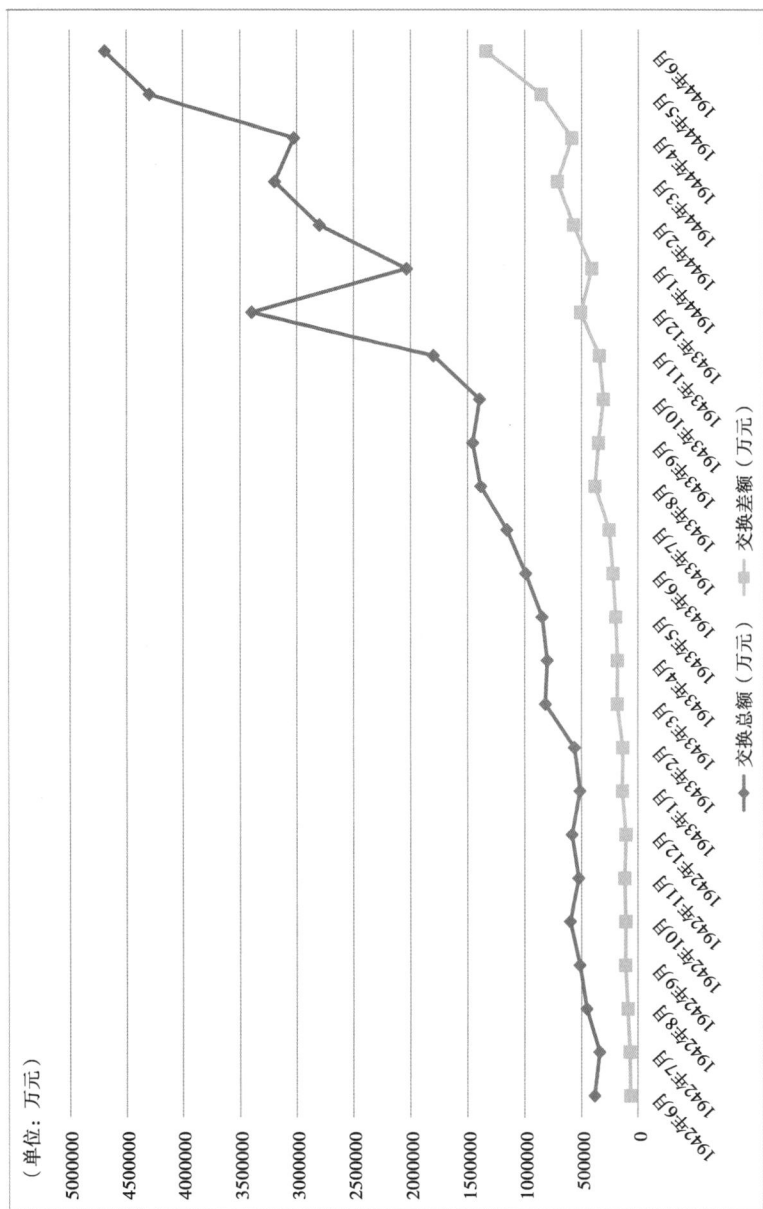

图5-3　重庆市票据逐月统计表（1942年6月—1944年6月）

资料来源：《重庆票据逐月统计表》，《金融周刊》第5卷第33期，1944年8月14日，第12-13页。

容易导致银行随意签发票据引起的金融混乱。因此，1944 年 10 月，四联总处决定在重庆设立票据联合承兑所，由章乃器负责起草章程及筹备工作。[1] 该所基金 2500 万元，悉数募足，由中国银行、交通银行、中国农民银行三行及邮政储金汇业局、中央信托局两局担任 1500 万元，余数由商业银行钱庄分摊。选举孔祥熙、郭锦坤、贝祖诒、赵棣华、吴晋航等五人为常务理事，宋子良为常务监事，王志莘为总经理，邵曾华为协理，赵石湖为主任秘书，定于 10 月 2 日正式开幕。其附属之征信所，经理人选亦经推举四联总处秘书刁民仁充任，与承兑所同日开幕。[2]

由此可见，新成立的重庆票据联合承兑所，以扶持和办理工矿企业的票据承兑为主，在承兑的过程中，各行承兑的票据不得超过实际资产总额的 25%，承兑票据每张不得超过 100 万元。委托人申请票据时，应觅殷实之保证人。必要时需要提供实物保证。承兑手续费，按票据面额的 1/10 收取。票据联合承兑所为了便于工商企业团体掌握各地物价，提高各自的信用程度，还出版了《征信新闻》，从而有力地促进了工商企业票据承兑的发展，完善了重庆票据市场的秩序。至 1945 年 7 月，"票据张数达到191131 张，交换总额已经达到 219503 百万元"[3]。

但是，在票据市场繁荣的背后，也同样存在着严重的问题。随着 1941 年重庆通货膨胀的加剧，重庆金融市场的混乱日益加重，投机之风盛行。票据交换的数量、交易总额的迅猛增长与金融投机和通货膨胀是紧密相连的，其几乎爆炸式的增长，也在破坏重庆金融市场的秩序。总体来看，重庆票据市场在战时的繁荣带有极大的虚假繁荣成分，带给重庆金融业融资场所的同时，也带来了投机的机会。重庆票据市场的繁荣是抗战后期金融投机盛行、市场严重混乱的一种表现。

---

[1] 中国人民银行总行金融研究所金融历史研究室：《近代中国的金融市场》，北京：中国金融出版社，1989 年，第 192 页。
[2] 《重庆联合票据承兑所》，《银行通讯》第 13 期，1944 年 9 月，第 26 页。
[3] 《重庆市票据交换统计》，《中农月刊》第 6 卷第 9 期，1945 年 9 月 30 日，第 117 页。

5.3.2　战时重庆内汇市场的变迁

汇兑，即以汇票代现金之输送而作异地间资金的移转。 内汇即国内汇兑（Domestic Exchange）的简称，在同一国内以国内汇票作各地域间资金的移转。 近代中国的内汇市场，在银本位时代，废两改元以前，因各地银两成色不一，折算非易，国内汇兑异常复杂。 1935 年币制改革以后，全国通用法币，国内汇兑也由复杂而趋于简易，国内各地自由通汇，汇资甚低，资金移动毫无困难。全面抗战爆发前，重庆的内汇市场主要是重庆与各口岸城市之间的贸易汇兑，特别是以重庆与当时的中国经济金融中心上海之间的申汇市场占主导地位。 全面抗战爆发，国内汇兑市场渐趋凌乱复杂，重庆内汇市场也发生了极大变化，从战前的单一内汇，到战时的以重庆为中心的发散型内汇。 重庆汇率的高低不仅直接反映出重庆与各地物资流动情况的趋势，也往往决定了重庆，甚至整个抗战大后方的经济与金融的稳定。 战时重庆内汇市场可分为两个阶段：1937—1941 年底，重庆内汇市场虽仍以重庆与上海为主体的申汇市场占主导地位，但随着重庆在大后方政治经济地位的提升，开始向以重庆为中心的大后方各地的内汇市场转变；1942—1945 年，太平洋战争爆发之后，随着上海的完全沦陷，重庆内汇市场的重点集中在重庆与内地各城市间的内汇市场。

全面抗战爆发后，国民政府为稳定金融秩序，颁布了《非常时期安定金融办法》等各项法案。 由于东南沿海地区先后沦入敌手，国民政府西迁重庆，重庆的人口激增，西南各地货物，必须仰给香港与上海，而其出口货物除一部分为国民政府统制外，普通土产出口为数有限，正是在这种状况下，重庆内汇市场在抗战爆发之后呈现出较为稳定的态势，申汇波动反而较小。 具体情况见表 5-15。

表 5-15　重庆申汇洋水涨落表(1937 年 6—12 月)

月份	申汇	洋水
6 月	1002.00	92.50
7 月	1002.00	94.00
8 月	1002.00	97.50
9 月	1002.00	98.00
10 月	1002.00	98.50
11 月	1002.00	71.50
12 月	1002.00	71.50

资料来源:《重庆申汇洋水及比期利息涨落表》,《四川经济月刊》第 9 卷第 1-2 期,1938 年 2 月,第 1 页。

　　抗战爆发之后的数月间,重庆的申汇市价(为汇上海每千元应付法币数)并无太大变动,而洋水市价(为每千元贴水数)在 11—12 月份反倒下降,而这是由于重庆各行庄遵照政府命令,限制口岸汇兑的结果。可见,国民政府稳定金融政策在稳定重庆内汇市场方面确实起到了应有的作用。

　　1938 年,由于大量工商企业与厂房迁入上海租界,再加以各地居民避难来沪,挟来大量资金,经济出现畸形繁荣,租界金融投机盛行,进而导致内地主要地区的资金也大量流向上海,用以购买外汇或用做投机。"每日由滇,川,湘,桂等处汇往上海者,据统计为数恒超过十万元以上。"[1]国民政府虽未有管理内汇的专门政策出台,但对内地向上海等口岸的汇兑还是进行严格限制,1938 年 9 月,财政部发现"法币巨量流入上海、天津各口岸,显系有人从中偷运;希图破坏法币政策。除电令沿海各关口负责当局严厉检查外,各银行对于往来存户应特别注意限制汇兑,凡五百元之汇兑均须查明用途及性质,倘有意破坏不法情事应即扣留,或退还原来地方,以免法币之外流"[2]。然而,零散

[1] 泗幸:《内汇管理》,《职业与素养》第 2 卷第 1 期,1939 年 12 月 16 日,第 14 页。
[2]《财部限制汇兑》,《银行周报》第 22 卷第 38 期,1938 年 9 月 27 日,第 4 页。

的政策已经无法限制内地资金大量流往上海。 重庆申汇汇率从 1938 年的 1026 元上升至 1939 年的 1325 元，增幅明显加强。[1]

为了限制内地资金继续流沪，鼓励现资内移，保证抗战大后方建设资金，加强对以重庆内汇为中心的整个抗战大后方内汇市场的管理与控制就势在必行。 1939 年 9 月，中、中、交、农四行奉国民政府财政部之命令组织了国内汇兑管理委员会，管理国内汇兑业务，该委员会设在重庆四行总行所在地。 全国设立分会，附设在中、中、交、农四行内，对由内地汇款至沿海沦陷区域如上海等处，以购买日用必需品为限，并须先向汇兑管理委员会申请，说明用途、数目、汇往地区及买货商号之证明文件。 为鼓励资金流入内地，对上海汇款至内地者给予种种便利，规定汇款入内地者无论何地一律免收汇费，只收手续费每千元国币一元，并得以上海通用之汇划票据付给之等。[2] 该委员会的设立，标志着国民政府对以重庆为中心的内汇市场的管理提升到了一个新的高度。 自国内汇兑管理委员会成立以后，对以重庆为中心的内地汇往上海的款项更为严密，非经该委员会之审查合格不得委托行庄邮局汇出，重庆等地汇款现钞约 1400 元合上海 1000 元，且重庆汇款为现钞，上海领款为汇划，如此一来，以重庆为中心的资金流沪现象得到明显控制。

紧接着，国民政府又出台关于内汇的专门法案。 1940 年 3 月，国民政府财政部正式颁布《便利内汇暂行办法》，并令各地银钱业公会转饬会员各行遵办。 其中规定：由口岸汇内地者，免费；内地之间的汇兑，由财政部定汇率；由内地汇往口岸者，仅限于财政部所定日用必需品之款，并必须经过中、中、交、农四行内汇审核；货物不论从内地到口岸还是从口岸到内地，都必须经过当时四行严格审查。[3] 该办法目的在于防止内地资金外流的同时，吸纳资金内流。 为巩固对内汇市场的控制，国民政府在接下

---

[1] 《重庆申汇行市与日拆》，《中农经济统计》第 1 卷第 6 期，1941 年 11 月 30 日，第 44 页。
[2] 《内汇管委会之设立》，《财政评论》第 2 卷第 3 期，1939 年 10 月，第 195-196 页。
[3] 《便利内汇暂行办法》，《中央银行月报》第 9 卷第 8 期，1940 年 8 月，第 2829 页。

来的几年中又将内汇的政策逐渐细化。 1940 年 3 月 28 日，四联总处又颁行《国内汇款统一征费实施细则》，以加强内汇之管理。[1] 随后又在 1941 年颁布了《修正国内汇款统一征费实施细则》，规定从 2 月 1 日起实行，其主要内容：将国内汇款分为 5 个类型，即口岸汇款、口岸间汇款、本省汇款、它省汇款、腹地汇款；国内汇款收费分为手续费及运送费两种。 口岸汇款，交汇划，每千元手续费 1 元、运送费 49 元，共 50 元。 缴法币现金，每千元收手续费 1 元、运送费 99 元，共 100 元。 口岸间汇款，由当地四行按市况及比例酌定之。 本省汇款，每千元收手续费 1 元、运送费 9 元，共 10 元。 他省汇款，每千元收手续费 1 元、运送费 19 元，共 20 元。 腹地汇款，各口岸之四行，应参照市场情形，随时酌定适宜办法。[2] 受此政策的影响，重庆内汇市场中的申汇呈现出相对稳定的状态，具体情况如图 5-4 所示。 可以看出，从 1940 年 1 月到 1941 年 10 月，重庆申汇的波动不大，被限定在一个有限的范围之内，最高时为 1941 年 7 月的 1000∶1400，最低为太平洋战争爆发前的 1941 年 10 月的 1000∶1138。 申汇市场不仅与国民政府的内汇政策紧密相关，更与申货内运之多寡关系最为密切，上海货物内运多，则申汇价涨，上海货物内运少，则申汇价缩。 从 1940 年之后重庆申汇汇率虽然涨跌幅度有限，但整体上呈现的是下降趋势，这与上海与内地的交通阻断，货物内运不易直接相关。

在太平洋战争爆发之前，重庆的内汇市场主要以申汇为主，但随着重庆大后方经济金融中心地位的形成，重庆与国内其他城市的汇兑也同样重要。 在全面抗战爆发后的一段时间里，为了防止资金辗转逃避，国民政府对内地商业汇款亦多限制，其结果势必限制愈严，市场汇价愈趋高昂，不仅使后方物价趋涨，且使各地间法币购买力参差不齐。 于是，国民政府决定开放内地商汇，

---

[1]《最近一年来之渝津申汇概况》，张肖梅等：《中外经济年报》1941 年第三回续编，上海：世界书局，1941 年，第 14 页。
[2]《修正国内汇款统一征费实施细则》，《中央银行月报》第 10 卷第 9 期，1941 年，第 1287 页。

（单位：千元）

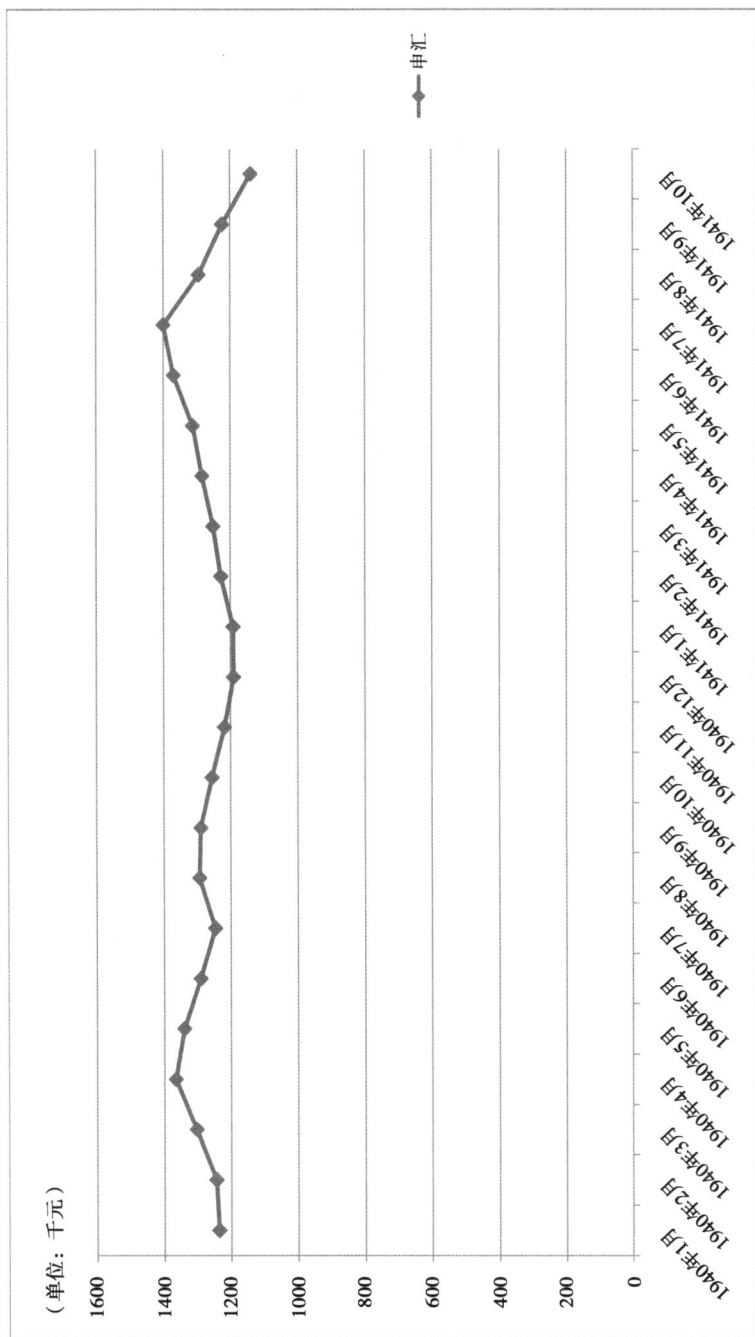

图5-4 重庆申汇行市表（1940年1月—1941年10月）

资料来源：《重庆申汇行市与日拆》，《中农月刊》第2卷第11期，1941年11月，第132页。

1941 年 3 月 13 日，经四联总处第 69 次理事会议通过施行《改善内地商业汇款暂行办法》，规定凡正当商人从重庆请汇桂林、柳州、衡阳、贵阳等处购买日用必需物资价款，只要填具汇款申请单可直接向四联总处申请办理。 同时还规定了各地款额：贵阳每月 500 万元，桂林、柳州每月合共 1000 万元，衡阳每月 1500 万元。 自 1941 年 3 月开办起至 12 月底止，核准商汇总额为 2891.2 万元，分别为汇往衡阳 1436.7 万元，约占总额的 50%；柳州 1115 万元，约占总额的 39%，桂林 243 万元，约占总额的 8%，其他各地 95.5 万元，约占总额的 3%。[1] 此时的商汇数额很小，影响不大。

1941 年 12 月 8 日，太平洋战争爆发，上海租界被日军接管，重庆与上海的联系被切断，于是，重庆内汇市场的重点逐渐从申汇转向重庆与其他各城市间的汇兑。 对此，国民政府及时出台相关政策，对重庆内汇的黑市价格进行限制。 1942 年 2 月，因商民为获利而纷纷前往柳州、衡阳、金华、西安等地购买货物，致使重庆内汇市场上对上述城市之汇率上涨，市场出现波动。 四联总处通过《压平重庆对各重要都市汇款黑市汇价办法的决议》，规定了市场汇价，计金华为每千元收费 120 元，衡阳、柳州为每千 40 元，西安为每千 70 元。 为进一步压平内汇黑市，便利商民，减轻日用必需品成本，达到平抑物价的目的，由渝四行逐日斟酌前一天市场汇价情形，厘定当日四行商汇汇价，大致以照市价八折为原则，并由各行悬牌公告，直到四联总处统一收费办法原规定的最高额为止（即本省每千收费 10 元，它省每千收费 20 元）。[2] 1942 年 3 月，四联总处通过《关于渝四行为平抑汇价厘定汇率办法的报告》，再次对重庆与各后方城市内汇汇率进行规定：重庆对衡阳、柳州、金华、吉安、西安、洛阳等地市场汇价暨每日各该地

---

[1] 重庆市档案馆、重庆市人民银行金融研究所：《四联总处史料》（下），北京：档案出版社，1993 年，第 57-58 页。

[2] 重庆市档案馆、重庆市人民银行金融研究所：《四联总处史料》（下），北京：档案出版社，1993 年，第 67 页。

汇款成交约数，应由渝四行跑街人员逐日查明，列表报告四联分处；重庆四联分处，根据所报各该地市场汇价，斟酌规定次日四行承做商汇汇率，大致可照市价八折为原则，并迅即通知渝四行悬牌公告，以便洽汇；凡由重庆汇往发生市场汇价地点附近地带款项，如数额在 5000 元以上者，得由承汇银行随时商同其他三行，按照上项规定之各该地挂牌汇价，斟酌规定汇率洽汇，以杜商民套汇取巧。[1] 表 5-16 是从 1939 年到 1945 年 8 月，重庆与国内主要城市之间的内汇行市统计情况。

表 5-16　1939—1945 年 8 月重庆与国内主要内汇行市表

单位:每千元

时期	成都	西安	洛阳	漯河	贵阳	昆明	桂林	柳州	衡阳	吉安	曲江	金华	永康	万县	广州湾	老河口
1939 年	1002					1005										
1940 年	1006					1006										
1941 年	1005					1007			1043							
1942 年																
1 月	1006				1013	1008	1025	1039	1038			1035				
2 月	1003				1015	996	1938	1042	1039			1045	1119			
3 月	1005	1040	1106	1131	1014	999	1038	1039	1039			1030	1081	1075		
4 月	1008	1037	1110	1130	1014	1004	1032	1039	1040			1030	1074	1070		
5 月	1006	1041	1110	1130	1014	1009	1035	1035				1038				
6 月	1002	1037	1110	1130	999	1009	1016	1019	1019			1038				
7 月	1002	1040	1110	1130	1005	1002	1015	1023	1017			1038				
8 月	1004	1042	1110	1130	998	995	1012	1014	1012			1038				
9 月	1007	1033			996	994	1009	1011	1009	1046					1119	
10 月	1002	1024		1125	998	996	1011	1013	1011							1110
11 月	1000	1022	1105	1105	1000	998	1013	1013	1014							1110
12 月	1001	1020	1107	1107	999	998	1012	1011	1012							1097
1943 年																
1 月	1002	1017	1100	1100	1001	997	1011	1012	1012						1061	
2 月	1002	1016	1096		1000	994	1012	1011	1011						1053	
3 月	1003	1014	1095		1001	993	1011	1010	1011						1050	
4 月	1003	1012	1098		1000	994	1010	1011	1011						1050	

---

[1] 重庆市档案馆、重庆市人民银行金融研究所：《四联总处史料》（下），北京：档案出版社，1993 年，第 71 页。

续表

时期	成都	西安	洛阳	漯河	贵阳	昆明	桂林	柳州	衡阳	吉安	曲江	金华	永康	万县	广州湾	老河口
5月	1002	1020	1098	1080	998	992	1012	1013	1013							1079
6月	1003	1020	1093	1080	1000	995	1013	1012	1012							1078
7月	1002	1018	1081	1080	1001	993	1012	1011	1011							1077
8月	1001	1017	1080	1080	1001	989	1011	1011	1011					1010		1080
9月	1005	1016	1080	1080	1003	992	1010	1009	1009					1016		1072
10月	1003	1013	1080	1080	1002	997	1008	1007	1007					1002		1070
11月	1002	1018	1075	1075	1002	1000	1010	1010	1010					1003		1070
12月	1004	1034	1070	1070	1005	1000	1012	1012	1012					1001		1065
1944年																
1月	999	1019	1070	1070	1007	995	1018	1019	1023					1005		1060
2月	999	1019	1070	1070	1007	995	1017	1018	1023					1005		1006
3月	994	1020	1070	1070	1004	991	1026	1025	1032					1004		1060
4月	999	1022	1066	1070	1014	996	1083	1084	1087					1004		1060
5月	994	1009		1061	1010	990	1108	1108	1108					1003		1063
6月	995	992			1006	990	1081	1082	1084					996		1057
7月	1000	990			1000	995	1123	1127						997		1056
8月	1001	991			1006	958	1083	1080						1000		1053
9月	992	986			1009	986	1045	1043						1000		1052
10月	991	982			998	988								1001		1047
11月	999	991			1004	996								1000		1026
12月	997	994			1016	996								1000		1027
1945年																
1月	1002	995			985	995								1001		1045
2月	1000	990			981	990								1000		1050
3月	1000	981			992	992								999		1040
4月	1004	988			1001	999								1002		
5月	1006	979			1000	996								1010		
6月	1006	981			998	989								1004		
7月	1025	988			1040	994								1024		
8月	1013	983			1011	988								1019		
	成都	西安	洛阳	漯河	贵阳	昆明	桂林	柳州	衡阳	吉安	曲江	金华	永康	万县	广州湾	老河口

资料来源:根据《重庆内汇行市》,《中国各重要城市内汇行市》,《中农经济统计》第2卷第4、5、6、7、8—9、10、11—12期(1942年4—12月),第3卷第1、2—3、4—5、6—7、8、9、10、11、12期(1943年1—12月),第4卷第1—12期(1944年1—12月),第5卷第1、2、3期(1945年3月、6月、9月)各期相关数据资料整理而成。

从表 5-16 统计中可以看出，以重庆为中心的内汇市场与战事前线地区，如吉安、曲江、金华、永康等地，在 1942 年 4 月之后就中断了联系。 其他地区，如柳州、衡阳、广州湾、桂林等地，在进入 1943 年和 1944 年之后，也随着战事的不断推进失去了与重庆的内汇往来。 重庆内汇一直较为稳定和持续性较好的地区，主要还是集中于抗战大后方的成都、西安、贵阳、昆明等主要城市，以及在 1943 年 8 月后增加的万县。

从 1942—1945 年 8 月重庆内汇市场运行的整体情况来看，重庆的内汇市场有一个较突出的特点，即受军事战况的影响较大。国民政府需要调动大量资金、物品至战区，因此该地之内汇汇率会呈现明显的短期波动。 此外，汇市涨落，还受埠际间银根松紧的影响。 通常情况下，重庆对外埠汇市跌落时，当地银根呈现紧张象，故汇出少而汇入多，银钱业纷纷由外埠调拨头寸来渝，反之，如汇市上涨，即表示外埠银根吃紧，需要汇款接济，故汇出多而汇入少。 全面抗战期间，由重庆汇出款项，其中约有 80% 为政府支付军政费用，其余则为商汇；由外埠汇入重庆款项，其中 20% 为国家税收，60% 为收购黄金、美金公债、美金储蓄券、美钞及法币折合黄金存款使用，其余 20% 则为商汇。[1] 战争期间，物资匮乏，运输困难，工商业虽在重庆畸形繁荣，但异地销售十分困难，故重庆的商汇并不繁荣，重庆内汇市场的波动呈现出前大后小的情形。

5.3.3　战时重庆外汇市场的崛起

外汇即国外汇兑（Foreign Exchange），以国外汇票作国际资金的移转。 近代中国的外汇市场是随着中国对外贸易的兴起应运而生的，并随着外贸的发展日益成熟。 近代中国的外汇市场最早出现于五口通商地区，伴随着列强对中国侵略的深入由东部向中西

---

[1] 李荣廷：《我国后方之战时金融》，朱斯煌：《民国经济史》，上海：银行学会、银行周报社，1948 年，第 427 页。

部逐渐扩展，但主要还是集中于东部地区。到 1937 年全面抗战爆发前，虽然在东中部的不少城市都建立过外汇市场，但除上海之外，其他各地外汇市场建立的时间都不长，且规模不大，交易量很少，只有上海作为中国对外贸易的中心，其国际汇兑远远超过其他城市，是全国规模最大、最为典型的外汇市场。而相对于东部而言，广大的西部地区不仅对外贸易不多，而且外资银行也几乎没在西部地区建立分支行处。重庆作为西部地区的贸易与金融中心，到 1937 年前还没有外资银行正式入驻，虽然通过长江与中下游的宜昌、汉口、上海都有联系，但主要的汇兑往来是内汇而不是外汇。因此，抗战时期重庆外汇市场的建立，完全是因战而兴的。

抗战时期重庆外汇市场的运行，以 1941 年 12 月 8 日的太平洋战争的爆发为分界线，分为前后两个阶段。1937 年 7 月—1941 年 12 月为第一个阶段，随着国民政府迁都重庆，金融机构也逐渐迁移到了以重庆为中心的大后方，重庆开始出现了外汇交易。但由于大后方对外贸易的不发达，国民政府实行外汇管制，再加之上海租界的存在，中国的外汇市场仍以上海为中心，重庆的外汇交易很少，且其汇率基本遵循上海外汇市场。1941 年 12 月—1945 年 9 月为第二阶段，1941 年 12 月 8 日太平洋战争爆发，上海租界被日军接管，上海的外汇市场开始转移到重庆，重庆外汇市场正式建立并具有了更大的独立性与影响力，这种独立性与影响力一直持续到 1945 年抗战结束。而外汇交易市场并无固定场所，多在银行柜台上或电话中进行，战时重庆的外汇交易还有在重庆银行公会大厦的营业厅内进行的。

5.3.3.1　依附上海外汇市场的重庆外汇交易（1937 年 7 月—1941 年 12 月）

自 1935 年 11 月 3 日法币改革到 1937 年 7 月 7 日卢沟桥事变，中国法定外汇行市，始终稳定于英汇 1 先令 2 便士半（国币 1 元合先令数）、美汇 30 元（国币 100 元合美元数）。外商银行

（如汇丰银行）之挂牌行市则略有抑低，就其每月平均数而论，1937 年 6 月英汇为 1 先令 2 便士 315，美汇为 29.315 元。[1] 中国的外汇市场主要集中于上海，大体上实行的是自由买卖的体制。由中央银行公布外汇官方牌价，中央、中国、交通三家政府银行是法定外汇买卖机构。汇丰、麦加利、花旗等洋商银行则可以自由买卖外汇。其余华商银行既可从事代理进出口商办理结汇购汇的业务，也可以直接从政府银行与外商银行买卖外汇获利。[2]

1937 年 7 月全面抗战爆发，全国局势动荡不安，资本外逃现象严重，且日伪利用法币在上海大量套购外汇，投机者也纷纷购买外汇，使大量外汇流失。1937 年 8 月，国民政府颁布《非常时期安定金融办法》限制存户的法币提款，改流通票据为汇划票据，禁止取现，藉以防止资金逃避，还与外商银行订立君子协定，请予拒绝逃资购买外汇。致使投机商手中缺乏交易筹码，被迫出售部分外汇，外汇汇率的上涨受到一定限制，至该年年底并未发生较大变化。

随着国民政府迁都重庆，国家银行的总行也陆续来到了重庆，虽然外汇市场仍在上海，但重庆也开始出现了外汇交易，凡申请外汇经财政部核准者，均由财政部按"法价"或"商业牌价"售给，从未中断，由中央银行维持重庆的汇市，并与上海的外汇市场紧密相连。[3] 1938 年 3 月，国民政府为了打击敌伪政权利用法币套汇的金融战术，指定中央银行办理外汇之请核事宜，规定《中央银行办理外汇请核办法》3 条，并制定《购买外汇请核办法》6 条，于 3 月 12 日公布，通电各方，对外汇进行统制。规定自 1938 年 3 月 14 日起，外汇之卖出，由中央银行总行于政府所在地办理。为便利起见，得由该行在香港设立通讯处以司承转，银行因客户需要须购买外汇时，如有不敷，得向中央银行总行或其

[1] 辛膺：《抗战期中我国外汇行市变动之经过》，《中农经济统计》第 3 卷第 1 期，1943 年 1 月 31 日，第 10 页。

[2] 吴景平：《上海金融业与太平洋战争爆发前上海的外汇市场》，《史学月刊》2003 年第 1 期，第 47-48 页。

[3] 《中央银行继续买卖外汇》，《西南实业通讯》第 3 卷第 4 期，1941 年 4 月，第 46 页。

香港通讯处申请购买。而购买外汇请核规则的主要内容为：各银行因正常用途，于收付相抵之后急用外汇时，应填具由财政部规定格式的申请书，于星期四晨十时前送中央银行总行或其香港通讯处，中央银行总行接到申请书后，至迟于次日晨十时将核定通知书送交原申请银行，即日凭购外汇。[1] 此举本意在于控制外汇的买卖，阻止外汇流失于日伪，无限制买卖外汇时期到此结束。但是，由于各银行与中央银行核准的外汇数额并未能满足重庆市面的需要，各方势力争相购买外汇。3月底，因重庆中央银行未能足额供给外汇，以汇丰银行为首的外商银行撕毁"君子协定"，开始以暗盘的形式挂盘买卖外汇，导致外汇黑市兴起。受此影响，上海外汇汇率上升速度加大，1938 年 2 月时，法币 1 元折合 14.250 便士，100 元法币折合 29.2398 美元；到 4 月 1 日，法币 1 元仅值12.975便士；100 元法币仅值 26.8817 美元。[2] 重庆外汇指数也随着下降，从 1938 年 2 月的 100，下降至 4 月的 91。由于黑市外汇价格的影响，重庆外汇市场出现两种汇率，即法定汇率与黑市汇率，这导致重庆外汇市场出现混乱，同时对外贸易的风险也随之增加。国民政府财政部为集中外汇而于 3 月推出的《统制出口外汇办法》，就因官价预结外汇价格遭到重庆出口商的强烈抗议。5 月 28 日，他们分别呈向行政院、军事委员会及重庆委员长行营、财政部、经济部、贸易委员会、四川省政府等机关，认为："自抗战迄今，约计八个月之久，川中出口商交与国家银行之外汇，其数甚巨。不意于三月十四日财部突宣布统制出口外汇，非经国家银行预结29 又 3/4 之美汇，112 又 1/4 之英汇，104元之港纸，海关不许出口。但外汇暗盘，港纸最高峰达一百四十五元，美汇二十一元，英汇十一便士，较之法价，在七折左右。于是在欧美销地之买主，以汇价摇动，中国出口货有步跌之趋

---

[1]《财政部规定购买外汇请核办法》，《中央银行月报》第 7 卷第 3 期，1938 年 3 月，第 376-377 页。

[2] 宋佩玉：《近代上海外汇市场研究（1843—1949）》，上海：上海人民出版社，2014 年，第 195 页。

势，均束手不谈进货，市价遂一落千丈。"于是，请求政府帮助，希望"（一）政府对于出口货品，应免征海关出口税；凡经国营之交通机关，免收运费；中央信托局之保险费，不得超过百分之一。（二）外汇应采取不定价之管理，及政府之监督；出口货品售得之外汇，悉数售与国家银行，但价格以售外币时，照香港、上海之外币与国币折合之价格为标准"。[1]对此种情况，国民政府不得不做出相应调整。1938年7月，财政部接受了重庆商帮提出的外汇问题与解决措施，"重庆出口商贡献统制外汇意见，已得财部覆电采纳。今后运销国外之货物，一律以法价计算，如不足法价定额，全由政府津贴"[2]。

另外，国民政府为稳定外汇汇率，维持法币信用，维持正常的进出口贸易秩序，进行了多方面的努力。1938年6月20日，正式实施《进口汇兑办法》，规定，凡各业因商业上正当需要外汇时，必须填具进口汇兑印刷品，说明其目的、进口数量、购置地名、产地、金额，并由各进口之各业负责人签名盖章。各银行向中央银行申请外汇时，须将是项进口汇兑证明书附上。[3]可见，国民政府对进口商品所需之外汇实施了管理，同时也开始了非公开的对外汇黑市进行维护。1939年3月10日，华商中国银行、交通银行与英商汇丰银行、麦加利银行合作，在英国伦敦签订《中英货币平准汇兑基金合同》，议定：由英商银行与华商银行在英格兰银行设立中国法币汇兑基金1000万镑的账户，其认付款项计：华商银行英金500万镑（分认比例自行洽定），汇丰银行英金300万镑，麦加利银行英金200万镑。由基金在香港、上海两地外汇市场专供买卖中国国币及作他项必要运用，以期遏制中国法币与英镑之过度变动。[4]1940年8月1日，财政部宣布：法币

[1]《重庆出口商请改善统制外汇办法》，《四川月报》第12卷第5-6期，1938年5—6月，第177-179页。
[2]《渝商帮统制外汇意见，财政部已覆电采纳》，《新新新闻》，1938年7月8日，第5版。
[3]《进口汇兑办法，本周开始试行》，《现世报》第8期，1938年6月25日，第6页。
[4]中国人民银行总行参事室：《中华民国货币史资料》第二辑（1924—1949），上海：上海人民出版社，1991年，第445-449页。

英镑之官定汇兑率，已自即日起改为四便士半；其他外国货币之汇兑率，将根据彼等与英镑之市场汇率与新定法币英镑汇兑率相比较而定。[1]

当上海外汇市场风潮迭起时，重庆国民政府内部不时有人主张把平准基金的运用从上海租界改到大后方，在后方创造一个国际市场，以免日伪套取外汇，同时鼓励资金内移。当时四联总处权衡再三，认为"此种论调，似未顾及其将来之结果，如后方任何地区，能自由买卖外汇，则后方剩余资金，必大量逃出，而所谓资金内移者，只是钞券内移，即津沪等处之四行收进法币，后方之四行付出法币，驯致游击区法币流通额日减，后方流动额日增，予敌伪以滥发伪券之机会，而促成后方之通货膨胀而已。故权衡轻重，似仍以在上海继续办理平衡工作为宜。至防止敌伪套汇一节，自应责成主办人员，切实注意，其运用方法，亦宜力求灵活，采取机动方式，于社会不知不觉者出之，庶几法币之投放，操之在我，而基金之售出，与补入亦易着手"[2]。

虽然中国的外汇市场仍以上海为中心，但在 1941 年 3 月，国民政府财政部还是决定由中央银行在重庆继续买卖外汇，财政部认为："此举仅用以增加重庆外汇市场之便利，而使法币更为稳定，但深信此项办法，决不致改变上海及其他各地现有之外汇情形"[3]。9 月，行政院成立外汇管理处，开始进一步加强对外汇的管理。国民政府虽然对外汇管理进行了相当的布置，但是从最终的结果来看，在太平洋战争爆发之前，重庆的外汇汇率跟随上海外汇汇率变动，重庆的外汇指数与主要外汇价格的变动趋势与上海外汇市场的变动基本一致。

受上海外汇市场的影响，重庆外汇市场的外汇指数与购买力平价指数变动情况如图 5-5 和图 5-6 所示。

[1]《渝财部宣布商业外汇率》，《中国经济评论》第 2 卷第 2 期，1940 年 8 月，第 185 页。
[2] 中国银行总行、中国第二历史档案馆：《中国银行行史资料汇编》上编（1912—1949）二，北京：档案出版社，1991 年，第 1491-1492 页。
[3]《渝买卖外汇不变沪地位》，《经济丛报》第 3 卷第 3 期，1941 年 3 月，第 47 页。

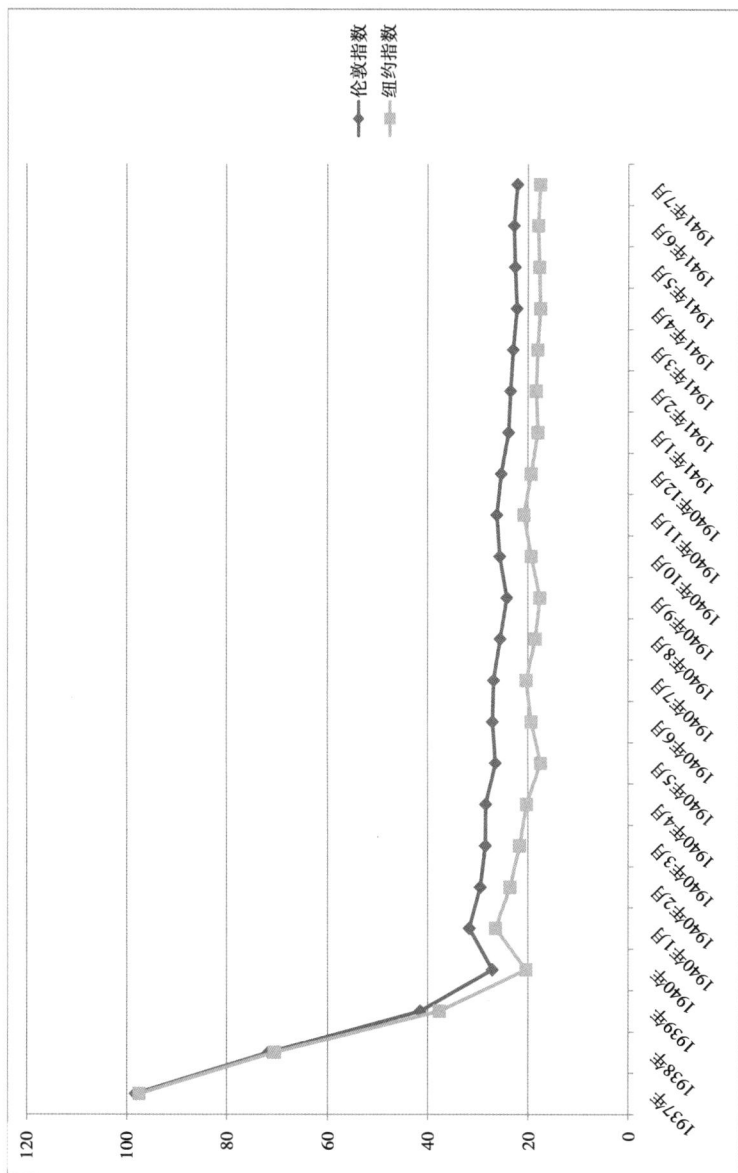

图5-5 1937年—1941年7月上海外汇指数

资料来源：《上海外汇指数》，《中农经济统计》第1卷第2期，1941年8月，第31页。

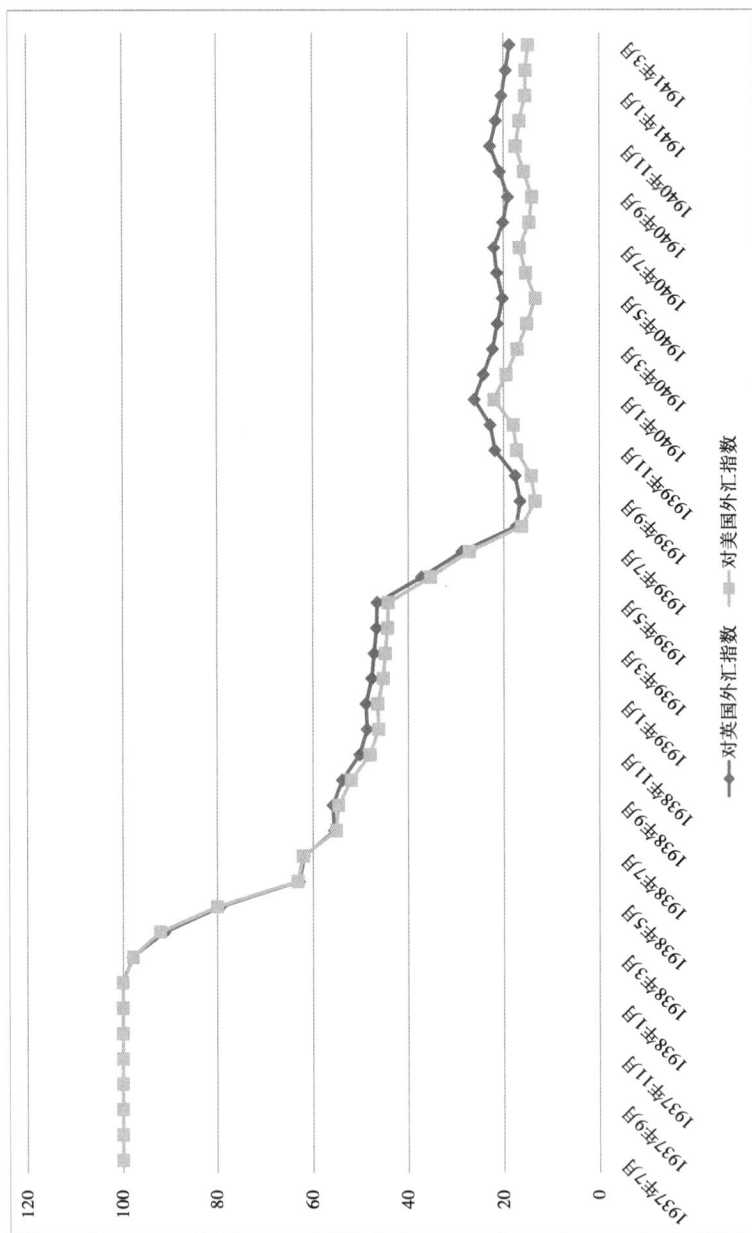

图5-6 1937年7月—1941年3月重庆外汇指数（1937年上半年=100）

图例：对英国外汇指数　　对美国外汇指数

资料来源：《重庆外汇指数及国币购买力平价指数》，《中农经济统计》第1卷第2期，1941年8月，第14页。

图 5-5，图 5-6 中的重庆外汇指数系一种理论指数，是将各月上海外汇指数被同月重庆申汇指数相除得来，重庆基期申汇为1001 元，故其外汇基价与上海相差极微。 重庆购买力平价指数之算法与上海同。 总体上来看，重庆外汇交易的外汇汇率随着上海外汇市场外汇汇率的变化而变化，在 1937—1941 年，重庆的外汇指数下降加快，外汇汇率加速上升出现在 1938 年，此后一直处于上升的态势。 外汇汇率在部分时间段一度暂时下调，但总体上呈现不断增高的趋势。 究其原因，除了愈发加重的外汇黑市投机，敌伪政权的套购之外，国民政府通货膨胀不断加重，也成为此时期外汇汇率增长的重要原因。

5.3.3.2　独立的重庆外汇市场（1941 年 12 月—1945 年 9 月）

1941 年 12 月之后，随着上海外汇市场的关闭，重庆外汇市场具有了更大的影响力与独立性。 而这种趋势在 1941 年 12 月之前初见端倪，1941 年 3 月，"政府为增进重庆外汇市场便利，业已训令中央银行，在财政部督察之下，即将继续开始在市场买卖工作，以供正当需要，自首都迁渝以来，申请外汇经部核准者，均由部按'法价'或'商汇牌价'售给，从未中断，过去中央银行维持汇市成绩斐然，此次改行复奉令出而工作，将来法币前途，当可更行稳固，而整个币制，亦益见安定"[1]。 可见，中央银行在财政部监督之下，开始在重庆恢复外汇买卖，此前申请外汇者，均在香港及上海购买。 新办法实施后，将使内地得按法价及商业牌价获得外汇，这表明重庆外汇市场之地位开始从上海外汇市场之附庸向独立发展的方向转变。 1941 年 8 月，中英美平准基金委员会在重庆成立，11 月，该会美籍委员福克斯及中方委员席德懋均由香港来到重庆主持工作，平准基金委员会已在重庆开始供给中外商人进出口贸易之外汇。[2] 由此可知，重庆外汇市场之地位在 1941 年 12 月之前就已经开始提高，并逐渐成为中国在抗战后期

[1]《中央银行奉令在渝买卖外汇》,《金融周报》第 11 卷第 11 期，1941 年 3 月 12 日，第 20 页。
[2]《平准基金委员会开始在渝供给外汇》,《经济汇报》第 4 卷第 12 期，1941 年 12 月 16 日，第97 页。

最为重要的外汇市场。

从总体上来看，1941 年 12 月—1945 年 8 月的重庆外汇汇率较为稳定。 1942 年 7 月，中央银行重新公布外汇牌价，自 7 月 10 日起，将中央银行美汇挂牌价格，改为法币 20 元折合美元 1 元计算，英镑及其他外汇价格一并比照上项折合计算。[1] 英镑外汇折算汇率为法币 1 元合 3 便士。 到 1943 年 1 月初，中央银行外汇牌价仍未变动，英汇为每法币合英镑 3 先令，美汇为每法币百元合美元 5 元，印汇为每法币百元合印币 16625 卢比。[2] 至此，重庆外汇之汇率基本未有大的变化。 具体情况如图 5-7。

重庆外汇市场自 1942 年 7 月之后汇率一直较为稳定的原因，一方面因为 1940 年抗战大后方唯一与外界进行商贸沟通之公路——滇缅公路被英国关闭，不久被日军切断，抗战大后方与外国之贸易总量降低，因此对外贸易所需之外汇数量锐减。 受此影响，重庆市面上对外汇的实际需求较少。 金融黑市虽有美钞投机，但是对汇率影响不大。 另一方面在于 1942 年 3 月美国与中国签订《五亿美元借款协定》，借给中国 5 亿美元。 英国于当年 2 月宣布给中国 5000 万英镑贷款。 这两笔巨款使国民政府有充足的外汇来控制汇率，因此重庆外汇市场的汇率在抗战后期基本没有很大波动。

除以中央银行为核心的重庆官方外汇市场之外，重庆还存在一个在陕西街银钱业公会内的外汇市场，这里是重庆唯一大宗交易与自由买卖之外汇市场，买卖标的为美金钞票、美金公债票、美金汇票、卢比钞票、卢比汇票等。 每日集市分两次，一为上午 9 时至 10 时，一为下午 1 时至 2 时，每次皆极拥挤。 赶市者大部为各银行钱庄之跑街人员，除银行钱庄外，还有工商业机构及个人，如工业机构向国外购买机器设备需要外汇，向中央银行申请官价外汇不准者，可由此获得以扩充其生产规模，商业机构由国

---

[1] 《美金外汇牌价》，《新新新闻》，1942 年 7 月 10 日，第 8 版。
[2] 《各地经济市况·重庆》，《经济汇报》第 7 卷第 4 期，1943 年 2 月 16 日，第 89 页。

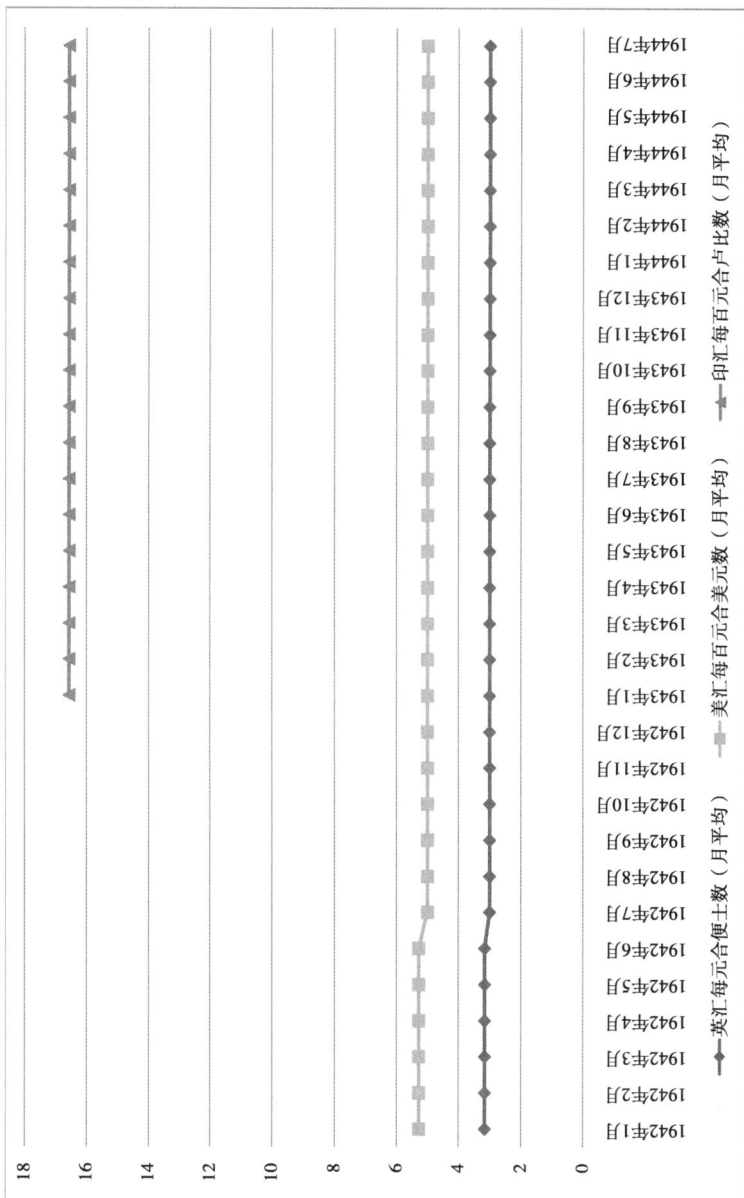

图5-7 1942年1月—1944年7月重庆外汇汇率情况表

资料来源：《外汇行市统计表》，《工业经济参考资料》第9期，1945年7月，第23页。

外输入货物亦需外汇，个人之赴国外学习游历者亦得获其所需外汇。 当然，买卖牟利之个人亦不在少数，买卖毫无资格限制，此种事实无形中助长投机，使市场不免零乱。 参加市场之经营者，有所谓西安帮、昆明帮、川帮、成都帮、内江帮等。 其中昆明为国外往来之要地，昆明之主要标的为各种外汇，外货可设法带运进口或出国者较多时，收购外汇也较多，昆明外汇价上扬，昆明帮乃在重庆大量收进外汇运昆明售出，市价因之坚挺；反之外汇若无出路，且有人自国外带进外汇出售时，昆明市价下跌，昆明帮在重庆亦纷纷抛出，供给增加，市价下跌。 是故，重庆外汇价受昆明帮之操纵影响甚大。 此外，重庆本市大户之大量抛出或收进，对市价之变动影响亦甚大。[1]

纵观重庆战时外汇市场的两个时期，呈现出前期波动后期稳定，前期跟随上海外汇市场，后期成为大后方独立外汇市场的特点。 此种特点是时代背景所决定的，在日军占领租界之前，上海是整个远东的金融中心，上海外汇市场之汇率由外商银行制定，其影响覆盖全国，重庆外汇市场仅能作为其在内陆的一个子市场。 上海外汇市场在抗战爆发之后，受到国民政府、敌伪政府、英美等西方列强三方势力所掌管的金融势力博弈，因此不可避免地会发生外汇汇率的波动，而重庆外汇市场也就难以保持平静了。 当重庆成为大后方经济金融中心之后，重庆外汇市场的影响力与独立性都有了极大增强，而且重庆作为战时首都，为国民政府全权管理，且英美等国均对其进行大量外汇支持，加上 1941 年之后，中国对外贸易的通道所剩无几，外汇的市场实际需求相比抗战前期有明显降低，这也使重庆外汇市场在后期才能保持其相对的稳定性。

---

[1] 程其履：《陕西街之外汇黄金市场》，《本行通讯》第 108 期，1945 年 6 月 30 日，第 14-15 页。

5.3.4 战时重庆黄金市场与黄金风潮

黄金市场是各种金货的集中交易场所,在 1935 年国民政府实行法币政策以前,中国一直以白银为货币本位,实行银、铜币并用,黄金没有铸成货币,一般为储藏工具,政府也没有大量开采黄金。 但黄金仍被视为贵重商品和珍贵饰物的材料为民间所收藏,可以自由买卖,与流通货币之间没有固定比价。 法币改革之后,黄金与白银都成为法币准备。 1937 年全面抗战爆发前,中国政府虽禁止黄金出口,但允许黄金在国内流动、买卖、质押、使用。

由于中外货币本位制度不同,金银比价经常发生变动,近代中国最完备的黄金市场在上海,建立有上海金业交易所,上海黄金市场不仅是中外商人避免交易风险的工具,同时也是世界范围内黄金流通及可利用金银比价进行投机的重要黄金市场。[1] 当时中国的黄金市场以上海为主,一些通商大埠则成为上海黄金市场的次级市场。 全面抗战爆发前的重庆地处内陆,并没有形成专门的黄金市场,黄金买卖的活动散在银楼,后主要集中在银行公会大厦的营业厅中进行。 经营黄金买卖的商家也并不多,以经营黄金生意的银楼业为例,1936 年,同业仅存 10 余家,全帮营业共计约 170 万元,全年赤金出口约为 13500 两,较之往年约差 4/10。 1936 年,因上海金价暴跌及汇水巨变,出口赤金只 7000 余两(尚有外帮出口在内),该帮全年营业即减至 120 万元。 与 1935 年相比,又少 1/3,致使各银楼亏折,杨庆和、天成美等银楼宣告停业。[2] 全面抗战之前,重庆的黄金主要是零星交易,或由当地银楼买进铸成饰品,或由商人购运至上海出售牟利。 因为"上海为我国最重要之通商口岸,加之有金业交易所为黄金公开市场,是

---

[1] 戴建兵、史红霞:《近代上海黄金市场研究(1921—1935 年)》,《黄金》2003 年第 3 期,第 11-14 页。

[2] 《廿五年重庆之银楼业概况》,《四川月报》第 10 卷第 6 期,1937 年 6 月,第 127-128 页。

以内地及各帮商人，莫不向该处活动"[1]。

1937 年全面抗战爆发之后，法币实行外汇汇兑本位制，与英镑、美元等外汇挂钩。虽说英、美等国都放弃了金本位制，但是国际贸易汇兑还是以黄金为计算单位，而黄金作为法币的准备金，成为充实国家金融经济的重要力量，既可以充实外汇基金，增加中央银行的存金，又可防止以金资敌，其价值与地位凸显了出来。

全面抗战爆发后，上海金业交易所于 1937 年 8 月奉令停业，加之国民政府西迁重庆，重庆逐渐成为抗战大后方的金融中心。重庆黄金市场因此形成规模，特别是在抗战中后期一度成为抗战大后方最具影响力的金融市场之一，陕西街之银钱业公会内成为重庆乃至大后方唯一大宗交易与自由买卖黄金的市场。

战时重庆黄金市场以 1943 年 6 月为分界线，分为前后两个时期。1943 年 6 月以前，国民政府为维持币信并稳定金融市场，实施了一系列"黄金国家化"政策，一度禁止黄金自由买卖，重庆黄金市场的发展受到抑制。1943 年 6 月以后，国民政府取消了禁止黄金买卖的法令，重庆黄金市场一度出现畸形繁荣。但是随着国民政府一系列政策失误、通货膨胀与游资的影响，黄金投机风潮难以遏制，重庆黄金市场最终无法避免出现畸形发展。

5.3.4.1　1937 年 7 月至 1943 年 6 月"黄金国有化"下的重庆黄金市场

全面抗战初期，由于日军与敌伪政府大量利用法币套购上海的黄金，上海黄金价格上涨，上海焙赤黄金每市两最高价与最低价从 1937 年的 1155 元与 1141 元，上涨至 1938 年的 2022 元与 1140 元。[2] 于是重庆黄金大量流向上海，造成重庆黄金外流。国民政府为防止国统区黄金外流资敌，于 1937 年 9 月 28 日由行政院通过《金类兑换法币办法》，规定：凡以生金、金器、金饰、金

————————————

［1］《三年来黄金流动量》，《中国农民银行月刊》第 2 卷第 1 期，1937 年 1 月 30 日，第 64 页。
［2］《上海金价十年升迁》，《金融汇报》第 44-45 期，1947 年 2 月 19 日，第 22 页。

币或新产之金块、金沙等金类兑换法币，或换算作为法币存款，收兑机关由财政部委托中央、中国、交通、农民四银行，邮政储金汇业局、中央信托局及其分支行局或其委托代理机关办理；金类兑换法币，按其实包含纯金成分依照中央银行逐日挂牌行市计算；收兑黄金需给手续费，10 两以下给 3%，10 两及其上者给 4%，50 两及其以上者给 5%；以金类交由中央、中国、交通、农民四行换算作为法币存款，定期在一年以上者，除加给手续费外，并照银行规定利率，加给利息周息 2 厘；以金银购买救国公债者，无论多寡，一律加给 6% 手续费。 10 月，又进一步颁布了《金类兑换法币办法实施细则》。[1] 该办法的颁布在一定程度上缓解了重庆市面上黄金外流的局面。 但是，由于上海黄金市价不断攀升，重庆黄金外逃仍然难以遏制，且重庆黄金市场出现黑市，本地民众也开始大量购买黄金，重庆黄金市价上涨。 至 1937 年 11 月，重庆、成都等地每两黄金已经提至 130 元，来货开始枯竭，存货又将用完，各金商底货已将售罄，预计金价将再度上涨。[2] 至 1938 年上半年，一般有产者手中握有法币者不惜用法币大购赤金，认为存赤金较法币安全，因而重庆赤金价格猛向上涨，由每两 142 元上涨达每两 170~180 元，犹有上涨之势头。[3] 1938 年 7 月，重庆黄金价格每两 160 余元，数日前曾高涨至每两值法币 220 元左右。[4] 与此同时，黄金走私的势头继续延续，1938 年 9 月 18 日，由重庆开往泸县的长江轮船上，查获乘客私运黄金 50 余两，由海关人员代行处理。[5] 1938 年底，重庆金价每两涨至 220 元，收进 208 元。 由于来货稀少，购者踊跃，以购金条较多，故价值猛涨，以气势判断，金价有涨无跌。[6]

［1］《金类兑换法币办法》及《金类兑换法币办法实施细则》，《信托季刊》第 2 卷第 4 期，1937 年 12 月 31 日，第 116-117 页。
［2］《黄金上涨》，《新新闻》1937 年 11 月 16 日，第 10 版。
［3］《财政部管理黄金》，《新新闻》1938 年 7 月 5 日，第 6 版。
［4］《黄金价值陆续下跌》，《新新闻》1938 年 7 月 9 日，第 10 版。
［5］《黄金五十两，轮船乘客私运》，《新新闻》1938 年 9 月 21 日，第 6 版。
［6］《重庆银楼业概况》，《四川经济月刊》第 10 卷第 6 期，1938 年 12 月，第 77-78 页。

为了限制重庆黄金市价的上涨，维护重庆黄金市场之稳定，控制更多黄金资源，国民政府加大国家行局及其分支机构收兑黄金的力度。1938 年 5 月，四联总处设立收兑金银处，专门负责收兑金银（主要是金类）工作，以此作为充实外汇准备的措施之一。[1] 同时还打击民间黄金交易者——商铺字号、行庄、银楼、帮客、经纪人等的黄金投机行为与黄金黑市，减少市面的黄金兑换。1938 年 11 月 1 日，国民政府财政部颁布了《监督银楼业收兑金类办法》，规定：银楼业收进或售出赤金及九成金、原金等，概以具有饰物器形状者为限，金条、金块、金叶、沙金、矿金一概不准收售；银楼业收售金饰价值，应以银楼业与中央银行或中国、交通、农民三行共同商定之价值为准，不得任意抬高或抑低；银楼业违背规定，予以停业处分，所存金器金饰一概强制出售给中央银行；专以收买矿金、沙金之店铺，所有收进之沙金、矿金，悉数售给中央银行，不得私自出售，违者受停业处分，所有存货一律强制售给中央银行。[2] 同时，为了进一步抑制黄金逃离重庆流向沦陷区牟利，国民政府颁布了《限制私运黄金出口及运往沦陷区办法》，规定黄金及任何形状之金饰，除经财政部给照特准者外，一律禁止携运出洋或沦陷区域；旅客随身携带金饰必须符合各项规定方可放行；运送黄金及金饰违背本办法之规定者，一经查获，予以全数没收充公；缴获之黄金即应兑换成法币。[3] 国民政府以各种手段增加手中可掌握的黄金数量，限制重庆民间黄金交易，压低重庆黄金市场价格上涨趋势，但效果仍然不佳。

1939 年 9 月 2 日，因无法阻止黄金价格的上涨，国民政府财政部最终下决心禁止民间的黄金交易，并出台《取缔金类收售办法》。具体内容有：矿金、沙金、金条、金叶、金块等生金，及

---

[1] 重庆市档案馆、重庆市人民银行金融研究所：《四联总处史料》（上），北京：档案出版社，1993 年，第 17 页。
[2] 《监督银楼业收兑金类办法》，《中央银行月报》第 8 卷第 1 期，1939 年 1 月，第 81 页。
[3] 《财部颁到限制黄金出口办法》，《省行通讯》第 1 卷第 10、11、12 期合刊，1939 年 1 月，第 36 页。

一切金饰、金器、金币，一律禁止交易；金类收购由四行两局及分支机构，以及以书面形式委托之各地金融机关办理，未受委托之任何团体机关个人均不得收购金类，违者没收；受委托者收购金类，应切实遵守中、中、交、农四行公定牌价收兑，不得抬高压低；各地银楼业原存制造器饰之金料及制成品与半成品，应于本办法颁行之日由所在地或就近之中、中、交、农四行或地方政府查点封存，并由二者依照含金量，照公定牌价收入。 在本办法公布之后，若有私自收购金类，或私自制售金饰、金器者，经该管地方政府或四行收兑金银办事处及四行分支行处查明属实，应由该管地方政府处以所值价格 10 倍以上 50 倍以下之罚锾，并没收其金类及金制品，交由当地或附近四行任何一行之分支行处接收，并由接收行专案报部。[1]

在国民政府的黄金统制政策之下，重庆的银楼业受到打击，成为了被政府控制的金类收兑处，详见表 5-17。

表 5-17　重庆市代兑金类银楼名单（1942 年 12 月）

老庆和	老天宝	天宝成分/总店
老凤祥	老同震	新宝成
凤华	老万年	新丰祥
恒孚	老物华	老庆华
天宝	宝兴	兴丰
凤宝	宝成	丹凤
凤祥	复兴	德义生
景昌	蜀华	乌利文

资料来源：《关于抄送代兑金类银楼店名清单致重庆市政府的公函》（1942 年 12 月 3 日），重庆市档案馆藏重庆市政府未刊档案，档号：0053-0002-00742-0000-124-000。

由上表可见，到 1942 年 12 月，重庆银楼业仅剩 24 家还继续存在，他们都是政府指定的收兑金银的代兑机关。 由此可见，在

––––––––––––––––

[1]《取缔收售金类办法》，《中央银行月报》第 8 卷第 9 期，1939 年 9 月，第 1157-1158 页。

这一系列政策影响下，重庆黄金能够出售的地点，仅剩国民政府的收兑金银办事处与其代兑机关，重庆商民手中的黄金大量被国民政府收兑，市面黄金减少，重庆的黄金投机受到抑制，重庆黄金价格开始逐渐下降。自财政部公布"黄金国有"办法后，重庆各银楼已将所有存金交出，并于9月1日起停止售货，专为中央银行代收，当时之金价，每两为390元，此后金价一再下跌，到9月18日，已跌至340元，较过去460元的高点，已低落120元。[1]

四联总处收兑金银处从1938年5月成立到1942年3月撤销，通过收兑黄金，使国民政府库存黄金量有了显著提高。1939年收兑生金314917两，1940年为267148两，1941年84152两，1942年仅收金4875两，其中1939年是抗战时期收金量最多的一年。此后收金量逐渐萎缩，特别是太平洋战争爆发，沪、港沦陷，国际交通线被完全切断，国民政府已无汇市之虑，大规模地进口战略物资也已不可能，加之英美大借款成立，外汇头寸宽裕，国民政府使用外汇的方向开始发生变化，设法利用外汇于国内金融市场回笼法币。在这种情况下，国民政府自然不愿为扶持采金生产和收兑金类而徒增发行。1942年3月，四联总处撤销收兑金银处，所有收兑事宜移交中央银行办理。[2]

"黄金国家化"政策的核心是禁止民间黄金买卖，大量收兑民间黄金，强力控制黄金价格，打击黄金走私。但是从最终实施的结果来看，1939—1942年政府收兑黄金数量逐年减少，而民间黄金黑市交易则日趋兴盛，黑市金价暴涨，黄金走私猖獗，该政策并未给国民政府带来理想的预期效果，而民间对国民政府禁止黄金自由买卖与低价收兑黄金的政策早有诸多不满情绪。最重要的是，国民政府"黄金国家化"的最终目的在于增加法币发行之准备金，巩固法币币信，并运用黄金购买外汇来获得他国战略

---

[1]《黄金时代已过去，各地金价猛烈下跌》，《新新新闻》，1939年9月18日，第6版。
[2] 重庆市档案馆、重庆市人民银行金融研究所：《四联总处史料》（上），北京：档案出版社，1993年，第17-19页。

物资。

从全面抗战爆发到 1943 年 6 月，国民政府一直致力于将黄金收归国有，而这一系列的政策，虽对重庆黄金市场产生了一定的限制作用，却并没有从根本上压制住黄金上涨。到 1943 年 6 月，国民政府又宣布恢复黄金的自由买卖，企图用黄金回笼法币，缓和通货膨胀。

5.3.4.2 1943 年 6 月至 1945 年 9 月"黄金自由交易"下的重庆黄金市场

战前，重庆黄金市场的出售的品种主要有以下几种：1.标金，由外国金币、金沙、进口之金块及金饰等熔铸而成。2.焰赤，又名赤金，形状有扁条、方条两种。每块重 10 市两，成色应有 997‰，成色比标金高。3.金洋，外国之金币。4.金叶，即薄片之金纸。5.沙金，状如泥沙，成色约有九成。[1] 在抗战后期，重庆金融市场上流通的黄金商品与前期相比有了部分变化，主要有以下几种：1.厂条，中央造币厂铸造，每两含纯金 996 以上。2.宝光条，重庆市宝光银楼铸造的金条，中国农民和中国国货两银行供给金砖，改铸成 5 两和 10 两重金条，加盖宝光印记，每两含纯金 993 以上，市价仅次于厂条，为重庆黄金市场上的主要交易品种之一，行销于昆明、成都、西安等市。3.银楼铸条，重庆市其他银楼铸造的金条，每两成色在 990 以上，仅行销于重庆。4.焰赤，上海市场上著名的金条，每两成色在 990 以上，在重庆的市价与其他银楼铸条相同。5.昆明金条，分昆明厂条与昆明银楼条两种。6.贵阳条，贵阳市银楼业铸造。7.泰国金条，每两成色在 995 以上，但昆明厂条上市后，即被厂条排斥。8.印度拖拉（tola），印度铸造的金块，成色 995 以上，重庆市场仅有少量流通。[2]

除"焰赤"品种之外，其他品种均因重庆转变为抗战大后方

---

[1] 林蔚人：《战时黄金市场》，《黄浦（重庆）》第 6 卷第 8 期，1941 年 5 月 20 日，第 11 页。
[2] 重庆金融编写组：《重庆金融》（上卷），重庆：重庆出版社，1991 年，第 336 页。

金融中心之后，开始逐渐出现在重庆的黄金市场中。可以看出，相较战时前期的黄金商品，其主要种类已经减少为金块、金条两种，含金量均有所提高。战时前期的金洋、沙金、金叶等成色较低，重量较轻的黄金商品的市场份额因挤压而退出主要商品行列，被主要用做加工黄金的原料。黄金商品种类的减少，有利于提高重庆黄金市场商品的质量，便于国民政府的管理，民间购买与保存。

太平洋战争爆发以后，国民政府税收日益减少，财政支出主要靠发行纸币来维持。游资泛滥，物价飞涨，为了抑制通货膨胀，国民政府企图以出售黄金来回笼法币，平抑物价，稳定经济，于是，决定放弃黄金国有政策，准许人民自由买卖黄金。1942年2月，国民政府向英美两国借得巨额贷款，美国贷款5亿美元，英国贷款5000万英镑，折合法币为132.12亿元，并以其中的2亿美元在美国购得黄金570万两，陆续运回国内，作为在中国出售之用。[1] 显然，美国出售这批黄金给中国，是相信中国政府能够以此平抑物价，挽回通货膨胀的恶劣形势。而国民政府用来抛售的现货黄金，在1944年4月以前卖的是自己的存金，是原来用法币低价收购得来的，其后卖的是从中美财政借款5亿美元中提出2亿美元向美国购入的黄金。

1943年5月，国民政府通令将所有前颁统制收金、取缔黄金买卖的法令一律停止执行，标志着国民政府黄金政策的逆转。[2] 6月起，中央银行指定中国农民银行和中国国货银行按官定牌价在市场上抛售黄金。此事只由孔祥熙口头嘱咐中国农民银行的顾翊群和国货银行的宋子良秘密进行，始终未见公文，售价亦由中央银行随时通知两行照办。[3] 6月28日，国民政府财政部部务会

[1] 杨培新：《旧中国的通货膨胀》，北京：生活·读书·新知三联书店，1963年，第43-44页。
[2] 重庆市档案馆、重庆市人民银行金融研究所：《四联总处史料》（上），北京：档案出版社，1993年，第19页。
[3] 戴立庵：《抗战后期重庆的黄金风潮》，中国人民政治协商会议全国委员会文史资料研究委员会：《法币、金圆券与黄金风潮》，北京：文史资料出版社，1985年，第128-129页。

议，决定委托中央银行在重庆、成都、昆明、西安、桂林、兰州各地试办"法币折合黄金存款"和"黄金存款"。前者以法币存入，期限分一年、二年、三年三种，按照当地当日之金价计算。到期时，原本以黄金付还，其利息按收受时之法币数目，以法币支付。利率定为一年6厘，二年8厘，三年1分。后者以黄金存入，期限分一年、二年、三年三种。利率定为一年1厘，二年3厘，三年4厘。到期本息均以黄金付还。希望用此办法，既能吸收法币回笼，又可藉以调剂黄金之供需。9月13日，中央银行公告了黄金存款及法币折合黄金存款办法，并委托中国银行、交通银行、中国农民银行、中央信托局、邮政储金汇业局从9月15日开始举办，地点增加为7个：重庆、成都、昆明、贵阳、桂林、西安、兰州，办法及利率都略有调整，法币折合黄金之比价，照当日中央银行牌价计算，而法币折合黄金存款，分定期半年、一年、二年、三年等四种。利率，半年周息4厘，一年周息6厘，二年周息8厘，三年周息1分。逾期不续计息。[1] 11月下旬，财政部又决定在西南、西北其他城市开办黄金存款，规定二年后始能兑取现货。

开放金禁以后，重庆出现了公开的黄金市场。政府规定的黄金市场是在中国农民银行和中国国货银行内，而自由的黄金买卖市场最初集中在下陕西街钱业公会，后迁至道门口银行公会大楼内。黄金的买卖有现货与期货之分，在1944年7月以前，中国农民银行与中国国货银行，即以黄金现货出售，照中央银行牌价经常供应，购金者付款后，即可取得黄金，此即为现货；但自1944年7月下旬起，黄金现货因运输关系不能源源供给，嗣乃产生期货，即购金者先期向两行交款订货，俟黄金运到，即凭给据按交款先后次第付款，其期限长短不定。黄金的买卖也分集中买卖与零星买卖两种，前者集中在中国农民银行与中国国货银行，后者

---

[1] 中国人民银行总行参事室：《中华民国货币史资料》第二辑（1924—1949），上海：上海人民出版社，1991年，第422-424页。

主要是在重庆银楼业及私人之间进行。[1]

在政府抛售黄金的初期,黄金的市场价格与官价相接近。 但不久,由于通货加速膨胀物资短缺,游资集中抢购黄金,加之运输不及时,在美国购进的黄金不能迅速到达,中国农民银行和中国国货银行的黄金现货减少,宣布停止出售现货改售期货。 黄金市场价格开始上升,黄金市场价格与官价距离越来越大。 中央银行不得不提高黄金官价,官价调高后,黄金市价也随即上涨。 国民政府在抗战爆发后收兑的黄金与组织生产的黄金于 1944 年 3 月就全部出售完毕,之后仅靠抛售价值 2 亿美元的美国黄金以及部分印度黄金支撑局面,但效果仍不显著。 单就重庆黄金市场走势来看,重庆黄金价格除短期出现暂时下降之外,大多数时间处于上涨的过程中。 国民政府调用大批黄金进入重庆抛售,企图控制重庆黄金市场抢购风潮。 1944 年 8 月,美国政府借给中国的黄金现货经由美国运到印度,再由印度空运到重庆,以应后方各埠之买卖。[2] 9 月,国民政府强令,凡向国家银行购存黄金必须搭购乡镇公益储蓄券。 11 月 12 日晚 10 时,奉蒋介石秘电,调整售价,并改定黄金售价为每两法币 2 万元(仍另照搭乡镇公益储蓄券二成),自 11 月 13 日晨 9 时起实行。 法币折合黄金存款,亦照法币 2 万元 1 两计算,由国民政府财政部函达中央银行,通知承办行局遵照办理。 法币折合黄金存款最短为半年期,半年后就要支付黄金。 因到期不能支付,国民政府遂于 1945 年 6 月 25 日停办法币折合黄金存款。 黄金存款本来数量不大,虽未宣布停止,实际上也于同时停办。 不到一年时间,各地四行二局共收法币折合黄金存款 2195553 两,折合法币 624.37 亿余元,收黄金存款 57209 两。[3] 到 1944 年 11 月 13 日,黄金现货卖完,改为期货出售,

---

[1] 李荣廷:《我国后方之战时金融》,朱斯煌:《民国经济史》,上海:银行学会、银行周报社,1948 年,第 427-428 页。

[2] 《大量黄金由印飞渝》,《昆明周报》第 92 期,1944 年 8 月 25 日,第 2 页。

[3] 中国人民银行总行参事室:《中华民国货币史资料》第二辑(1924—1949),上海:上海人民出版社,1991 年,第 424-426 页。

待货到后付现。 1945 年 5 月 22 日起停售黄金。 总计售出黄金现货期货共售出 114 万余两,存款为 162 万余两。[1]

1945 年 6 月,国民政府提高黄金官价每两为 5 万元。 由于货币加速膨胀贬值,游资涌向黄金市场,市场金价每两高达 18.2 万元,为官价 2 倍多。 黄金市场买空卖空投机赌博之风日益猖獗。军政机关打击投机活动,包围市场,搜捕投机分子,黄金交易迁出银行公会,在重庆银行公会大门外分散作秘密黑市交易活动。7 月,国民政府公布在银行购存黄金存户的献金办法,同时将黄金官价提为每两 17 万元,按办法硬性扣除四成献金后兑付到期存单与期货。

自开放黄金买卖以来,产生了以重庆黄金市场为中心遍及西南、西北的黄金市场,即银楼业和私人间的黄金交易市场。 中央银行所定的黄金官价常有变动,官价每提高一次,黄金市价也随之上涨一次,使法币加速贬值。 随着时间的推移,黄金市价和官价的差距越来越大。

表 5-18　1943 年 11 月—1945 年 7 月重庆黄金官价和市价比较表

单位:元

中央银行出售黄金官价		重庆黄金市价	
时间	每市两市价	时间	每市两市价(平均)
1943 年 11 月 8 日	12000	1944 年 1 月	14000
1943 年 12 月 3 日	13000	2 月	18350
1944 年 1 月 28 日	14300	3 月	21500
2 月 1 日	15000	4 月	18750
2 月 4 日	16000	5 月	19050
2 月 7 日	17500	6 月	18900
2 月 8 日	19800	7 月	18000
2 月 9 日	21500	8 月	20250
2 月 15 日	20500	9 月	21250

[1] 杨培新:《旧中国的通货膨胀》,北京:生活·读书·新知三联书店,1963 年,第 48 页。

中央银行出售黄金官价		重庆黄金市价	
4 月 24 日	18500	10 月	21750
7 月 17 日	17500	11 月	30400
9 月 26 日	17500	12 月	34050
		1945 年 1 月	34700
9 月 26 日起搭乡镇公益储存一成	实售 19250	2 月	36350
10 月 30 日又加搭公益储蓄一成	实售 21000	3 月	49000
11 月 16 日	20000	4 月	71500
加搭公益储蓄二成	实售 24000		
1945 年 3 月 29 日期货停搭公益储蓄二成	35000	5 月	80250
5 月 28 日	停售期货	6 月	135400
6 月 8 日	50000	7 月	196000
6 月 25 日	停办法币折合黄金存款		
7 月 31 日	兑付黄金存款及积欠期货。献金标准 170000 元，存户献金四成。		

资料来源：杨培新，《旧中国的通货膨胀》，北京：生活·新书·新知三联书店，1963 年，第 51 页。

表 5-18 集中反映了从 1943 年 11 月到 1945 年 7 月，在重庆的黄金市场上，黄金市价始终高于官价。开办法币折合黄金存款后，每次黄金官价上涨，物价也随之提高，最终形成黄金与物价角赛之局面。另一方面，每一次黄金提价，金融市场即遭牵制，存户纷纷挤提，银行存款减少，黑市利率上涨，银风趋紧，如此循环往复，不仅造成了金融市场的波动，还侵蚀了整个后方金融业。

总体而言，国民政府自 1943 年 6 月开始实施取消黄金国有，开放黄金市场，大量抛售黄金，在现货不济时还推行法币折合黄金存款，但这一系列政策收效甚微，利少弊多。据 1945 年 6 月 29 日国民政府财政部向行政院的报告，当时出售的黄金回笼法币 800 余亿元，对紧缩通货、调节发行有一定成效，1944 年法币发行仍然增加了 1141 亿元，物价由战前的 209 倍，涨至 587 倍，上涨 180.8%，1945 年上半年，法币发行更是增加了 2083 亿元，物价涨至 2133 倍。[1] 在这种情况下，国民政府以发行货币支付庞大军政各费的情况却愈演愈烈，市面上大量游资冲向黄金，中央银行虽然几度提高黄金牌价并采取许多限制办法，都无济于事，反而刺激黄金市场价格不断攀升，刺激物价急剧上升，并不断爆出贪腐案件。

这一阶段出售黄金，国民政府财政部及中央银行的高级人员利用职权进行贪污，层出不穷。如孔祥熙的裕华银行在 1943 年率先由重庆市场贩运黄金整砖，到西安牟取暴利。[2] 1944 年中央银行业务局长郭景琨，勾结大业公司总经理李祖永，利用承印央行钞券预付购料款，在黄金提价前一日，一次购进 33300 两。[3] 1945 年 3 月，在重庆发生了一件闹得满城风雨的黄金加价舞弊案。国民政府决定提高黄金储蓄的价格，由每两 2 万元提到 3.5 万元，自 3 月 29 日开始实行。这个决定是 3 月 28 日财政部长俞鸿钧召集中央银行、中央信托局、中国银行和交通银行负责人开会宣布的。散会时，已过各银行下班时间。但重庆各公私银行、银号、大公司、大企业获得消息后，在 3 月 28 日夜间，匆匆忙忙，通宵达旦地办理黄金储蓄业务。据统计，那天夜间购存黄金储蓄的有四五十家私营银行、银号，数十家大公司、大企业，官僚富商、银行职员乘机营私的更不计其数。每户多者二三千两，少

[1] 杨培新：《旧中国的通货膨胀》，北京：生活·读书·新知三联书店，1963 年，第 54 页。
[2] 卜兆祥：《漫话西安私营裕华银行的投机活动》，中国人民政治协商会议西安市莲湖区委员会文史资料研究委员会：《莲湖文史资料》（第六辑）（内部资料），1991 年，第 139 页。
[3] 寿充一、寿乐英：《中央银行史话》，北京：中国文史出版社，1987 年，第 33 页。

者也在四五十两，一夜之间售出黄金已在万两以上。[1] 此事曝光后，舆论大哗，要求追究责任。在舆论的压力下，国民政府财政部会同四联总处到经售黄金的各行局检查，检察院、审计部前往中央信托局查账。据重庆实验法院调查称：局长郭景琨于3月28日上午赴宋子文官邸参加调整黄金存款价格会议。他将加价事告诉了私交甚笃并有巨额现款的李祖永。李即在下午签发支票三张，计6600万元，分写24户名单，派人购存黄金3300两。财政部总务司长王绍斋、交通银行副经理沈笑春、中央信托局信托科主任胡仁山等人均在当天下午挪用公款，化名购存黄金。黄金舞弊案前后闹了三个月，除郭景琨辞职，中央信托局储蓄处建储科主任戴仁文及助员朱治廉等6人被判有期徒刑外，其余重要涉案人员都未加追究，依然逍遥法外。[2]

总之，抗战时期重庆的黄金市场，经历了不同的阶段，当国民政府控制黄金流通，不准自由买卖的时候，只在重庆白象街银楼业公会有少量黄金交易。1943年6月，当国民政府准许黄金自由买卖后，重庆的黄金市场顿时活跃，有换进小块黄金以保值的；有收购大量金条运去沦陷区易货的；更多的则是黄金投机，国民政府抛售黄金兑换黄金存单，不少黄金商铺也乘机牟利，黄金投机商被称为"黄金客""金牛"，投机之风甚炽，金价涨落成为了一般物价的先导。后来，黄金市场移到了第一模范市场的重庆银行公会内。而黄金官价和市价的不一致，给各方投机者增加了牟取暴利的机会，尤其是大批政府官员利用手中职权和掌握的内部消息中饱私囊。如1945年3月的"黄金存款提价舞弊案"更加剧了市场的疯狂，促使原本就已经存在的黄金黑市进一步发展，使重庆黄金市场成为投机的重点，最终导致重庆黄金市场的

[1] 中国人民政治协商会议全国委员会文史资料研究委员会：《法币、金圆券与黄金风潮》，北京：文史资料出版社，1985年2月，第174-175页。
[2] 中国人民银行总行参事室：《中华民国货币史资料》第二辑（1924—1949），上海：上海人民出版社，1991年，第428-431页。

失控，从而形成了重庆官、商、民普遍的黄金投机而导致的畸形繁荣局面。这极大加剧了金融秩序的紊乱，完全走向了国民政府为吸收通货、稳定物价以及弥补财政赤字而开放黄金交易初衷的反面。不仅带来了金融市场的波动，危害后方金融业，损害国民经济的正常发展，也扼杀了重庆黄金市场自身的发展空间。其原因主要在于：国民政府黄金政策的内在矛盾、黄金政策实施中的失误、大量游资的冲击，而根本原因在于抗战后期国民经济的日益恶化。

6

抗战结束后重庆金融现代化的停滞

1945 年 9 月抗战胜利以后，国民政府开始还都南京。 自 1946 年初长江航运恢复，许多内迁的机关、学校和企业开始了复员。 1946 年 4 月 30 日，国民政府发布自重庆还都南京令，5 月国民政府各机关完成还都任务，5 月 5 日国民政府还都南京。 国民政府于 4 月 23 日命令恢复设置重庆行营，重庆成为国民政府在西南地区的军政中心，负责西南各省之建设工作及协助复原未竟工作，特派何应钦为军事委员会委员长重庆行营主任，在何应钦未到任前，特派张群兼代。 随即确定了重庆行营的辖区为川、滇、康、黔四省及重庆市，行营主要任务在 "建立西南国防建设，并统筹规划地方政治之推进" [1]。 国民政府战后还都结束了重庆作为 "战时首都" 的显赫历史地位，虽然蒋介石称重庆将永久成为中华民国陪都，但是还都之后，重庆市从行政级别上来说还是变成了一个院辖市，与省一级的行政级别是同级的，重庆从逐渐回归到西南政治经济中心的地位。

随着国民政府的还都，国家行局以及东部迁入重庆的各类金融机构纷纷离渝返回，重庆本地的金融机构也乘势将资金外调，并在上海、广州、香港等地设置机构，以图战后业务有所发展。 中国的金融中心也在战后从重庆回到了上海，因战而兴的重庆金融现代化出现停滞，并迅速走向衰落。 本章将对抗战结束之后到中华人民共和国成立之前的重庆金融业状况进行专章论述。

6.1　抗战结束后重庆金融业的衰退

全面抗战时期，重庆不仅是战时首都，还是大后方的经济金融中心，然而，"抗战胜利后，重庆政治经济社会，发生重大变化，所有国营民营之重要工商机构，大都随政府实行东迁，结果

---

[1]《国民政府恢复设置重庆行营命令》(1946 年 4 月 23 日) 及《重庆行营开始办公》(1946 年 5 月 14 日)，郑洪泉、黄立人：《中华民国战时首都档案》第一卷 国府迁渝·明定陪都·胜利还都，重庆：重庆出版社，2008 年，第 166-167 页。

五万工人（约占全市劳工人口四分之一）因之失业，而纱厂与纱锭亦有三分之二以上，停止活动，全市原有制造酒精工厂三十家，惟目前已有二十家关门，中国植物油厂所属规模最大之桐油工厂，亦已停歇"[1]。另据统计，到1946年11月中旬，约有50万人口和大批工业设备从重庆运到下游的汉口、上海和沿海地区。[2] 可见，随着国民政府还都南京，因躲避战乱迁来重庆的大批工矿企业纷纷复员回迁，其中大多数拥有较为先进的生产设备和技术。这使得重庆经济的恢复更加困难，而经济的衰落对金融业也造成了极大的冲击，集中体现在金融业的全面萎缩与衰退。

6.1.1　战后重庆银行业的衰落

在抗战时期，银行业是重庆现代金融的核心，曾经一度获得了大规模的发展。抗战结束之后，四联总处、国家行局及商业银行等重要金融机构逐渐从重庆撤离，复员东移的过程，实际上也就是重庆战时金融中心的地位逐渐消失的过程。特别是自内战爆发以来，重庆银行业从国家银行、商业银行到地方银行，均出现了全面性的衰落。

重庆银行业的衰退，首先表现为四联总处与国家行局的回迁复员。最早开始回迁的是国民政府财政部、经济部的人员，1945年11月底，行政院所属各部确定以交通、财政、经济、粮食四部为主的2000人为首批还都人员，率先出发。[3] 接着，12月间，四联总处及各国家行局也确定了首批还都人员，随同政府机关还都办公。四联总处则以南京办事处组设小组委员负责回迁事宜，并于1946年1月26日举行首次会议。此后陆续经洽主管机关配给交通工具，分批将重庆的员役陆续运送到南京，到1946年4月底止，四联总处大部人员及重要文卷均已迁回到南京照常工作，仅留少数人员在渝办理未了事项。到7月初，留渝少数人员及全

[1]《战后重庆工业之展望》,《征信所报》第68号，1946年5月23日，第1页。
[2] 周勇、刘景修:《近代重庆经济与社会发展》，成都:四川大学出版社，1987年，第474页。
[3]《四部主要首批还都人员月底出发》,《新新新闻》1945年11月25日，第12版。

部档案亦经洽包船只全部运抵南京，四联总处回迁工作至此完成。[1]

在四联总处迁回南京的同时，重庆分处就成为西南地区金融业发展的总领机构，担任起西南地区的金融业发展重任，重庆分处职责加重，业务逐渐增繁，于是将成都、自流井、内江支处划归重庆分处管辖（内江支处于 7 月撤销），所有川省境内有关放款或其他联合业务案件，均由重庆分处承转。[2] 不过，抗战结束之后，国民政府完全放弃甚至废止战时金融、经济管制法规，中央银行实力地位的进一步增强，四联总处对四行二局的控制力逐渐弱化，其在金融、经济领域的活动范围和能力也越来越小。[3] 1945 年 12 月进行第三次改组后，四联总处权力衰落，随着总处分支机构的缩减，重庆分处所辖的支处也大大减少，四联总处重庆分处在此次改革中，先是撤销了合川、江津、北碚、内江等支处，最后仅保留了成都与自流井两个支处，[4] 办事人员也进行了相当的精简，其业务已经难以与抗战时期相比。1948 年 10 月，四联总处宣告结束，所有业务分别由财政部及中央银行接管，重庆分处接总处令正式撤销。

中央银行总行与中国银行总行在 1945 年 11 月已经将各自的总部东迁至上海，"中央银行仁记路外滩之现用大厦，战前原系中国银行所建，三年前经伪中央储备银行占用，前月中央银行接收该行，借用办公营业。兹悉中央银行决仍将该厦让与中国银行，中央银行则迁至横滨正金银行旧址"[5]。中央银行总行迁回了上海外滩 15 号。

1946 年初，中央银行总行在复员东迁后，决定恢复在战时已

[1] 重庆市档案馆、重庆市人民银行金融研究所：《四联总处史料》（上），北京：档案出版社，1993 年，第 107-108 页。
[2] 重庆市档案馆藏四联总处重庆分处未刊档案，档号：0292-0001-00019，第 4-5 页。
[3] 重庆市档案馆、重庆市人民银行金融研究所：《四联总处史料》（上），北京：档案出版社，1993 年，第 44 页。
[4] 重庆市档案馆、重庆市人民银行金融研究所：《四联总处史料》（上），北京：档案出版社，1993 年，第 141-144 页。
[5] 《中央银行迁址》，《申报（上海版）》1945 年 11 月 24 日，第 3 版。

经合并到总行中的重庆分行，调派杨晓波回行接充经理，即开始筹备。由于重庆为陪都所在地，经济金融均有非常进展，而中央银行又为银行之银行居金融领导地位，业务发展臻于鼎盛。虽然国民政府在做还都准备，但政治中心仍在后方。而且重庆为西南经济枢纽，总行业库两局在渝业务极为繁复，在改组合并为重庆分行后，其组织与员额势非配合总行所遗业务范围不可，自不能与其他分行相同。于是，在过渡时期，对重新恢复的重庆分行在组织上做了特殊安排，内部设置文书、会计、存款、贴放、内汇、外汇、出纳、交换、发行、国库等十课，其中文书、会计、出纳、存款、贴放、内汇、外汇七课系业务局之旧制，人员按照总行业务情形分配。于经理以下暂设副理4人，专员1人，每课除主任外，得设副主任2~4人，其他办事人员240人，该项人员先由总行借调协助，另以新进行员及撤销行处人员移并补充。在经过筹备之后，1946年4月1日，中央银行重庆分行正式改组成立。[1]

由于通货膨胀日益加重，人员成本大幅增加，中央银行重庆分行也开始精简、归并其内部机构。如1947年3月，由于总行东迁之后业务量减少，中央银行重庆分行就将存款、放款、内汇三课合并为营业课，以此减少开支。[2] 该行虽然仍然承做外汇、黄金、定额本票发行等生意，但是外汇、黄金受投机影响，黑市价格波动甚大，难以有持续的收益。本票的发行超过其发行储备金，票面价值锐减，贴水日增，经营困难。1948年10月，中央银行总行迁至南京。不久，在南京解放前夕，中央银行总行重要人员和业务机构一部分迁往台湾，一部分经上海去了广州。到1949年9月，广州的中央银行总行的机构人员相继来到重庆，重庆解放前夕，在重庆的总行机构人员又随国民政府撤往成都，而央行重庆分行则由中国人民银行重庆分行接管。[3]

中国银行总管理处迁回上海中山东一路23号，中国银行重庆

---

[1] 杨晓波：《重庆分行之沿革》，《中央银行月报》新3卷第10期，1948年10月，第71页。
[2] 《国行渝分行调整机构》，《征信新闻（重庆）》第620期，1947年3月27日，第9页。
[3] 重庆金融编写组：《重庆金融》（上卷），重庆：重庆出版社，1991年，第113-114页。

分行行址设在中正路 137 号，在重庆市有林森路、上清寺、小龙坎等 3 个办事处。[1] 在战后初期，中国银行重庆分行的业务还是有所扩大，除了战时所辖的川、康、黔三省外，又将昆明支行划归渝中行，云南省企业的投资也划入渝中行，截至 1947 年底，渝中行投资企业 39 个。 不过，由于中国银行总行的回迁上海，储户减少，加上黄金储蓄停办，1946 年与 1945 年相比，重庆中国银行本部普通存款下降 59.8%，储蓄存款下降 28%。 此后，国统区经济金融走向崩溃，重庆分行的业务每况愈下，国民政府规定军政存款一律移存中央银行，同时重庆分行资金奉命分部上调。 1948 年实行金圆券币制改革时，渝中行又遵令将库存金银交售中央银行，致使重庆分行资力进一步削弱，业务停滞，经费开支只好依赖存放国外之外汇调回变现度日。[2] 员工待遇因此下降，纠纷频频出现，如 1949 年 11 月，重庆中国银行员工发生工资纠纷，原因有二："一、央行、交通银行、农民银行职工的工资已经调整，一般职员有一百六七十元的薪水，国行二三月来，普通员工只有四五十元，工友不过十余块钱；二、经理举家逃港，不仅行方一次给予十万港元之休整金，其在港住宅、食品等费用都由行支付；行员们却在困难中挣扎，这些都引起不满，员工全体拒不接受"[3]，遂形成纠纷。 在此种种混乱之中，中国银行重庆分行仅能将主要业务与员工调至香港等其他地方，重庆解放之前，该行已经基本完成迁港。

中国交通银行总管理处迁回上海中山东一路 14 号，交通银行重庆分行设在重庆打铜街 26 号，在重庆市内设有李子坝支行和磁器口办事处。[4] 交通银行重庆分行所属的机构也裁撤 1/3，业务大为衰落。 1936 年底，与全行相比，交行重庆分行存款占 1.5%，放款占 5.1%，汇款占 6.9%，投资占 0.3%，盈利占 2%。 随着内

[1]《中国银行重庆分行广告》，《征信新闻（重庆）》第 620 期，1947 年 3 月 27 日，第 1 页。
[2] 重庆金融编写组：《重庆金融》（上卷），重庆：重庆出版社，1991 年，第 134 页。
[3]《重庆中国银行员工争取待遇发生纠纷》，《新新新闻》，1949 年 11 月 4 日。
[4]《交通银行重庆分行广告》，《征信新闻（重庆）》第 620 期，1947 年 3 月 27 日，第 1 页。

战的爆发，国统区通货恶性膨胀，币制由法币而金圆券、银圆券，一改再改，重庆市场一片混乱，交行重庆分行业务经营十分困难。 1949 年 9 月，国民政府仓皇由广州迁往重庆，交通银行总处名义上亦曾随之来渝，11 月重庆解放，所有交通银行在渝机构均被接管。[1]

1945 年 11 月，孔祥熙辞去中国农民银行董事长职，由陈果夫继任，总经理改由李叔明担任，总管理处于 1946 年 5 月随国民政府由重庆迁到南京[2]，总行设在南京市中华路 24 号。 中国农民银行重庆分行设在重庆市民权路特 21 号，主要业务缩减为政府代办粮食的相关款项与接收政府军政机关的存款。 如重庆分行在 1948 年 4 月，发放农贷配额共 883 亿元，放款范围遍及重庆附近各县，内容包括有食糖、盐业、棉花等。 但是其放款的实际数量已经下降，加上能够吸纳之资金越发减少，使得业务的范围减少。[3] 同时该分行也开始逐渐清理其分支机构，如 1949 年 7 月就撤销了其在北碚的办事处。 至最终重庆解放前，该行仅能勉强维持。

中央信托局总局在抗日战争胜利之后，于 1945 年 9 月在上海圆明园路 8 号复业，[4]1946 年 3 月 1 日，重庆分局正式开业，成为西南地区唯一的一等分局，经理章云保。[5] 1947 年之后中央信托局总局迁回南京，重庆分局设在打铜街 46 号，主要办理信托、保险、储蓄、购料、易货及一切银行业务。[6]

抗战时期，邮政储金汇业局为配合国民政府的经济建设政策，遍设分支机构于大后方，当抗战结束，复员开始，随着政治中

---

[1] 重庆金融编写组:《重庆金融》(上卷)，重庆：重庆出版社，1991 年，第 144-145 页。

[2] 中国人民银行金融研究所:《中国农民银行》，北京：中国财政经济出版社，1980 年，第 38 页。

[3]《中农行核定渝分行四月份农贷配额》，《征信新闻(上海)》第 723 期，1948 年 5 月 19 日，第 3 页。

[4] 刘鼎铭:《中央信托局概略》，《民国档案》1999 年第 2 期，第 65 页。

[5] 田茂德、吴瑞雨:《民国时期四川货币金融纪事(1911—1949)》，成都：西南财经大学出版社，1989 年，第 353 页。

[6]《中央信托局重庆分局广告》，《征信新闻(重庆)》第 620 期，1947 年 3 月 27 日，第 2 页。

心的东移，一面迅速恢复上海、南京、杭州、汉口等分局，一面将后方业务衰退之局裁撤移设。[1] 邮政储金汇业局重庆分局在抗战刚结束的 1945 年下辖 7 个办事处，而到 1947 年 3 月减为上清寺、林森路、黄桷垭等 3 个办事处和铜元局 1 个分理处。[2] 到 1947 年底，已经仅仅剩下 1 个办事处。

在整个留渝的各国家金融机构中，自 1947 年开始，有一些明显的共同特点，首先就是各国家金融机构流动资金愈发减少。由于通货膨胀，民众不愿储蓄，各金融机构吸收存款的数量越来越少，资金缺乏，自然放款能力变弱，其主要的业务必然萎缩。1947 年之后均逐渐难以发展，陷入集体衰落的局面，均或多或少的被迫进行过裁员、合并或裁撤机构等非常措施。为挽救金融衰落的局面，各主要金融机构均开始以各种手段收集金融交易的筹码，但是由于手段单一，无非发行本票、推销债券、使用金融罚款等，难以奏效。部分手段，如发行本票缺乏监管，没有限制，反而加重重庆金融市场的混乱局面，引发民众的不满。最终致使留渝各国家行局机构均无法避免衰亡的结局。

随着四联总处及四行二局的东迁复员，商业银行也陆续开始回迁。如金城银行不仅在抗战时期把总管理处迁到了重庆，而且还是在大后方设立分支机构最多的内迁银行。抗战结束之后，金城银行分别派重庆分行经理徐国懋前往上海，西南区管辖行副经理王恩东（后改派王文山）前往南京，东南区管辖行经理南爕前往汉口，西北区管辖行经理陈国梁前往北平、天津，总处设计室副主任委员刘驭万前往广州、香港等收复区接收清理，准备金融复员。[3] 正是由于金融业的不断回迁，1946 年，重庆的银行业发生了较大的变化，从表 6-1 1946 年 1—12 月重庆银行业的变动情

[1] 中国第二历史档案馆：《中华民国史档案资料汇编》第五辑 第二编 财政经济（四），南京：江苏古籍出版社，1997 年，第 429 页。
[2] 《邮政储金汇业局重庆分局广告》，《征信新闻（重庆）》第 620 期，1947 年 3 月 27 日，第 2 页。
[3] 中国人民银行上海市分行金融研究室：《金城银行史料》，上海：上海人民出版社，1983 年，第 767 页。

况一览表可见一斑。

表 6-1　1946 年 1—12 月重庆银行业变动情况一览表

撤销银行	外埠迁来银行	复业银行	改称银行	搁浅银行
广西银行	华威银行	华侨兴业银行	江西裕民银行改称江西省银行	建国银行
陕西省银行	怡丰银行	大夏银行	复礼银行改称和平银行	
华侨联合银行	福川银行	同丰银行		
江苏银行	裕丰源银行			
河南省银行	益华银行			
盐业银行				
江苏省农民银行				
河北省银行				
山东省银行				
浙江地方银行				
安徽地方银行				
福建省银行				

资料来源:《三十五年一月至十二月重庆市银行钱庄变动一览表》,《征信新闻(重庆)》第 553 期,1947 年 1 月 4 日,第 9 页。

　　由上表可知，1946 年重庆银行业撤销 12 家，外埠迁来重庆 5 家，改名 2 家，搁浅 1 家。 其中从重庆撤销的银行主要是战时迁来的各省地方银行，在撤销的 12 家银行中就有 10 家，占 83.33%。 而抗战结束之后，由于周转不灵，负债累累，曾于 1945 年 9 月后陆续宣告搁浅的同丰银行、华侨兴业银行、济康银行、和丰银行与大夏银行等 5 家银行中有 3 家复业。 这些银行，均系抗战中成立或由钱庄增资改组，成立时间短暂，其中大夏银行就积欠 1.5 亿元。[1] 此后，华侨兴业银行经过一年的整顿，各股东先

---

[1]《渝大夏银行停业》,《银行周报》第 30 卷第 3-4 期,1946 年 1 月 16 日,第 30 页。

后筹足 10 亿元资金，旧欠大部还清，才于 1946 年 10 月 12 日奉准复业。[1] 大夏银行也将资本从 1000 万元增为 1 亿元，于 1946 年 12 月 6 日在林森路 49 号正式宣告复业。[2] 同丰银行在 1946 年复业之后，到 1947 年还有所发展，1 月 5 日召开股东临时会议，决定资本由 6000 万元增至 2 万万元，由旧股东尽先认购，不足再招外股，股款限 2 月底缴足，该行还呈请财政部增设川内外各大埠分支行发展业务。[3] 8 月，首先奉准在四川省的内江与湖北省的宜昌增设 2 分行，于是派员前往二点策划新行事宜，经过两个月的筹备，10 月 18 日，在内江与宜昌两地同时宣告开业。[4] 搁浅的建国银行，在抗战结束之后，一方面曾积极寻求扩张与发展，1946 年开始筹建昆明分行，经过几个月的筹备，到 12 月 16 日，在昆明护国路 354 号正式开幕，经理为陈豫源，另聘前任云南实业银行襄理陈金灿为该行副理。[5] 另一方面则因放款周转失灵，亦不遵照业务正轨办理，颇多不合，还设立暗户从事投机，到 1946 年 12 月，当银根告紧、存户挤提时，建国银行重庆与上海分行均停止交换，宣告搁浅。经财政部派员检查后，责令其限期偿还存款，清理全部债权债务，但经过一个多月的整理仍未好转，1947 年 1 月，财政部饬令撤销建国银行营业执照。[6]

重庆的商业银行在战后进行的经济恢复工作中曾有一些发展，从 1945—1949 年的发展轨迹来看，分为暂时恢复与最终衰落两个时间段。在 1945—1946 年国民政府经济恢复时期，重庆各商业银行还借机进行相关业务的拓展。如著名的聚兴诚银行，在抗

---

[1]《中央银行重庆分行检查华侨兴业银行重庆分行的报告书》，1946 年 12 月 21 日，中央银行重庆分行未刊档案 0286-0001-00940-0000-001-000，重庆市档案馆藏。

[2]《大夏银行明日正式复业》，《征信新闻（重庆）》第 528 期，1946 年 12 月 5 日，第 3 页。

[3]《同丰银行发展业务》，《征信新闻（重庆）》第 555 期，1947 年 1 月 7 日，第 7 页。

[4]《同丰银行奉准增设宜昌内江二分行》，《征信新闻（重庆）》第 734 期，1947 年 8 月 8 日，第 7 页；《同丰银行内江宜昌二分行筹备就绪明日均正式开业》，《征信新闻（重庆）》第 792 期，1947 年 10 月 17 日，第 5 页。

[5]《建国银行筹设分行》，《兴业邮乘》第 124 期，1946 年 12 月 31 日，第 16 页。

[6]《成大银号建国银行财政部饬令撤销营业执照》，《征信所报》第 290 期，1947 年 2 月 24 日，第 3-4 页。

战胜利之初，曾一度想将总行迁至上海，以适应经济金融中心从重庆向上海的回归形势，虽然没有完全实现，但还是于 1946 年在上海设立了总管理处驻沪办事处，指挥中心移至上海。聚兴诚银行在战后还被指定为外汇银行之一，1946 年 3 月起增设国外部，并在重庆、上海、昆明、广州等地成立国外分部；同时，国民政府财部还批准了该行南京、长沙分行，常德、宜昌、沙市等办事处的复业，而且准许了增设天津和广州两个分行。聚兴诚银行在上海有分行 1 个，办事处 2 个，另还有汉口、天津、广州、重庆、成都、自流井、昆明、万县等分行，南京、贵阳、长沙等 3 地支行，北平、香港、宜昌、曲江、沙市、叙州、泸县、乐山、犍为、遂宁、赵家渡、新都等地办事处，全行共 33 个单位，职员 588 人，其业务重心移至上海。存款业务大为发达，其全行存款，长江下游占 2/3，四川只占 1/3。[1]

和成银行在 1946 年初，撤销了设在西部的康定分行，前往收复区设立分支行所，在汉口成立分行，长沙设办事处，还准备进一步在南京、广州两地设立分行。南京分行由吴钥西负责，准备在 5 月初开业，而广州分行由吴子铁任经理，在 5 月中旬成立。[2] 同时，还拟订了在广州、青岛、香港及长江每要埠增设行处的计划，向国民政府进行申请。[3] 至 1947 年，和成银行已经在全国有分行 9 所，支行 1 所，办事处 19 所。[4] 战后，聚兴诚与和成银行均开始经营进出口业务，发展国外业务。

川盐银行，在抗战结束之后，所有存款经常均在 20 亿元以上，该行业务在战后以上海、昆明等地最好。1946 年还呈请增设广州、北平、天津、沈阳等分行，除天津已与川康平民商业银行合

[1] 金逸明：《川帮银行的首脑：聚兴诚银行》（续完），《经济导报》第 73 期，1948 年 6 月 1 日，第 7 页。
[2] 《和成银行在南京广州筹设分行》，《征信新闻（重庆）》第 340 期，1946 年 4 月 26 日，第 3 页。
[3] 《同业动态》，《总管理处周报》第 187 期，1946 年 8 月 16 日，第 11 页。
[4] 《和成银行将召开联行业务会议》，《征信新闻（重庆）》第 572 期，1947 年 1 月 30 日，第 5 页。

办外，其他三地，在 8 月初已经得到财政部的允准，而北平行址已经觅妥，不久即可先告成立。但该行原有分设内地之分支行或办事处，由于地方狭小，业务不佳，在战后考虑酌量裁撤。[1] 1945年 10 月 30 日，四川美丰银行奉财政部批示核准设立南京分行，经过近半年的筹备，1946 年 4 月 8 日正式开业，行址选择在南京中华路 276 号。经理仲芙江，曾在重庆分行供职，会计主任李平良，原任沪行办事员。[2] 而重庆商业银行原在内外各地设有分支行处 30 余处，抗战结束之后，以业务上之关系，曾将四川境内的达县、合川等地分行撤销，加强上海分行业务，并在南京、汉口等地设立分行。到 1946 年还呈请增设广州、天津等分行，到 7 月已经获得财政部批准，于是派员分别前往筹备，而广州分行于 7 月下旬即可先行成立。[3] 亚西实业银行也于 1946 年 10 月，将资本由 3000 万元增为 1.5 亿元，在上海、汉口、天津、广州、昆明、贵阳、成都、西安、兰州等地设立分支机构 13 处。[4]

随着中国金融中心重回上海，以重庆银行业为主体的川帮银行也纷纷到上海以及东部地区寻求发展机会。据统计，到 1947 年初，在上海之纯粹川帮银行，除在上海市金融界已具相当地位且为川帮领袖的聚兴诚银行外，还有四川美丰、和成、重庆商业、川康、川盐、亚西、复华、永成、大同、四川农工、通惠、怡丰、成都商业、谦泰豫、汇通等 15 家银行。[5] 与此同时，重庆仍然是西南地区的金融中心，也有不少周边的银行愿意迁往重庆，如大裕银行，经国民政府财政部批准，将总行由大足迁设重庆，于1947 年 2 月 6 日在重庆市邹容路 66 号开业。[6] 可见，重庆商业

---

［1］《财政部批准川盐银行增设穗平津沈分行》，《征信新闻（重庆）》第 444 期，1946 年 8 月 26 日，第 2 页。

［2］《四川美丰银行南京分行开幕》，《征信所报》第 30 期，1946 年 4 月 9 日，第 2 页。

［3］《重庆商业银行增设广州天津分行》，《征信新闻（重庆）》第 415 期，1946 年 7 月 23 日，第 3 页。

［4］《亚西实业银行召开股东会》，《征信新闻（重庆）》第 620 期，1947 年 3 月 27 日，第 6-7 页。

［5］《本市川帮银行钱庄共十七家》，《银行周报》第 31 卷第 2-3 期，1947 年 1 月 20 日，第 66 页。

［6］《大裕银行总行迁渝开业公告》，《征信新闻（重庆）》第 575 期，1947 年 2 月 3 日，第 1 页。

银行在战后一段时期内曾相继扩张。

1947 年之后，重庆市场上利率上涨加速，通货膨胀加重，这促使重庆的商业银行难以通过高利贷或者商业投机获得利润。国民政府虽命令限制商业银行的存放款利率，打击非法投机，但收效甚微。银行如不投机即无法生存，不少商业银行为了生存，纷纷想办法，谋出路。聚兴诚银行就是注重在信托业务上求出路，而所谓的信托部业务，实际上就是经营工商业，这较诸投机金钞，确已稍胜一筹。[1] 而信托业务从根本上来说，还是从民间吸纳资金囤积商品，以抬高价格来牟取暴利。在抗战后期，正常的银行业务已经无法维持基本营业，这类金融投机手段，在重庆商业银行中普遍出现，从而使重庆的金融秩序失控。而在战后，金融秩序愈益混乱，重庆商业银行已经难以进一步发展，由此必然落入衰退而无法自拔。

国民政府统治后期进行的币制改革更使银行业连遭重创。1948 年 8 月 19 日，国民政府颁布《财政紧急处分令》，实施金圆券币制改革，限期收兑人民所有的黄金、白银、银币和外国币券，禁止任何人持有，以及限期登记管理本国人民存放国外之外汇资产等措施。重庆市对各商业银行所存储的黄金、白银、外币也实施登记和收缴。如四川美丰银行就上缴黄金 3682 两和美金 18.02 万元，美金公债及库券面额约计美金 36 万元，猪鬃 530 担约合美金 23.32 万元，桐油 360 吨约合美金 18 万元，以上总共约合美金 95.34 万元。[2] 而兑换来的金圆券迅速贬值，致使资金愈发缺乏，难以发展。聚兴诚银行、和成银行、川盐银行等其他商业银行均出现类似情形，资本额萎缩，发展停滞。聚兴诚银行于是调整其整个业务方针，"从稳健中谋进取，于进取中策安全。……而以申、渝两行为据点，集中力量；申、渝两总为司令台，负指挥调

---

[1] 金逸明：《川帮银行的首脑：聚兴诚银行》（续完），《经济导报》第73期，1948年6月1日，第9页。

[2] 康心如：《回顾四川美丰银行》，中国民主建国会重庆市委员会、重庆市工商业联合会文史资料工作委员会：《重庆5家著名银行》，重庆：西南师范大学出版社，1989年，第83页。

节之责。 灵活运用，妥慎筹维。 既不肯冒危险以图功，复不可蹈因循以贻误。"[1]其实就是收缩业务，静观其变。 刘航琛在抗战结束之后飞往上海，与杜月笙、汪代玺合组利济轮船公司，由川盐银行投入股本美金 20 万元，刘航琛任董事长，收买了"利济""利华"两艘各 3000 吨的旧轮，航行沪、港、津、厦、穗等地。因利济轮船公司倒闭，川盐银行受到牵连，资金匮乏，难以进一步扩展业务。 到 1949 年 5 月初，川盐银行渝分行头寸约差黄金400 余两。[2]

1949 年 5 月之后，国民政府进行银圆券改革，重庆的商业银行再次被迫兑换银圆券，损失巨大。 不少商业银行无法经营下去，先后裁撤员工，股东撤股，银行内部矛盾逐渐尖锐化。 如1949 年 6 月，四川美丰银行为节省开支，将分支机构多余人员调集总管理处设计股，其中重庆分行原有 103 人，经核定所需员额为49 人，其余 54 人均调设计股。 当 6 月 3 日发出调遣通知后，被调人员认为是"裁员的先声"，员工进行抵制，爆发了"设计股事"件，先后有职工 130 余人参加，美丰管理层被迫与之谈判。结果是，职工退职者共 326 人，实发退职金银元 7.4 万余元，在职员工预储退职金银元 15.3 万余元，两项共支付银元 22.7 万余元。[3] 美丰银行为了平息此事件支付大量现洋，此后，大量股东又撤出资金，困局越发明显。 聚兴诚银行上海分行、重庆总行员工于 1947 年与 1949 年先后两次进行罢工。 1947 年，下层职工成立了职工联谊会，10 月，由于上海物价狂涨，聚兴诚银行上海分行职工在职工联谊会领导下提出改善待遇的要求，遭到拒绝后，遂在营业时间静坐罢工，迫使行方答应借薪两月。 远在重庆的总

[1] 杨季谦：《致本行股东同仁书》，《聚星》复 2 卷第 10 期，1949 年 4 月 25 日，第 4 页。
[2] 马绍周、何兆青：《重庆川盐银行始末》，中国民主建国会重庆市委员会、重庆市工商业联合会文史资料工作委员会编：《重庆 5 家著名银行》，重庆：西南师范大学出版社，1989 年，第145 页。
[3] 康心如：《回顾四川美丰银行》，中国民主建国会重庆市委员会、重庆市工商业联合会文史资料工作委员会编：《重庆 5 家著名银行》，重庆：西南师范大学出版社，1989 年，第 84-86页。

处和渝分行的职工获知消息后，于 12 月也向行方提出调整待遇要求，并于营业时间静坐罢工，直到资方答应照上海分行成例办理，才开始上班。 其后工友也齐集请愿，行方被迫按照行员比例调整待遇。 1949 年，人民解放战争的胜利已成定局，董事长兼总经理杨季谦将一部分资金调剂香港，意图以香港、广州两地为业务重点，向南洋一带发展业务。 港、穗两地行员待遇每月为银元 100~200 元，而重庆行员每月仅 24.3 元，职工联谊会发动西南各行处职工掀起罢工，提出要求：（1）同工同酬，（2）增调"应变"费用，（3）不能任意资遣人员。 因临近解放，此事以发给应变费和增加一个月的工资了结。[1] 众多商业银行最终停业，连位于打铜街的势力雄厚的外商银行——麦加利银行重庆分行也奉伦敦总行令于 1948 年 12 月 31 日起停业，业务交由该行上海分行。[2] 由于通货膨胀，市面银根紧缩，重庆的商业银行为增加筹码与重庆钱庄银号等滥发票据，导致金融风潮，其中至少 7 家商业银行被重庆政府勒令停业整顿或缴纳巨额罚款，使本就陷入困境难以经营的重庆市的商业银行更为困难。 1949 年的"九二"火灾，主要发生在陕西路、中正路金融业比较集中的地区，这次火灾被烧的银行、钱庄、仓库及保险公司等共 33 家，重庆银行业更是遭受重创。 火灾中被烧的银行达 21 家，属于银行经营的仓库 6 家，火灾后能另觅新址恢复的银行有光裕、亚西、胜利、华西、华康、裕丰源、云南兴文、福川、聚康、福华、泰丰、永利、合作金库四川省分库等 13 家，未觅得地址恢复营业的银行有民丰、永成、永美厚、其昌、开源、侨民、全国省银行联合通汇处等 7 家。 重庆市银行公会呈报重庆市商会"九二"火灾损失数字，仅房产及生财部即达银元 510 余万元，加上银行受灾仓库的建筑及设备约银元 53 万元，共损失银元约 563 万余元。 其中四川美丰银行仓库损失

---

[1] 中国民主建国会重庆市委员会、重庆市工商业联合会文史资料工作委员会：《聚兴诚银行》，重庆：西南师范大学出版社，1988 年，第 194-195 页。
[2] 《本市麦加利银行停业》，《征信新闻（重庆）》，第 1236 期，1948 年 12 月 29 日，第 3 页。

最大，约为 25 万元，占银行经营仓库按受灾总数的 47%。[1]

总之，自抗战结束之后，四联总处、国家行局与东部商业银行的回迁，意味着国民政府金融中心的东移，重庆由此失去了战时金融中心的地位，重庆金融业从战时的显赫地位回归平常，不过还是西南地区的经济金融重镇。在 1946—1949 年，虽然重庆银行业一度出现过短暂时期的恢复和发展，但是从总体趋势来看，经济秩序逐渐崩溃，通货膨胀逐渐失控，整个重庆银行业最终不可避免地走向衰落的局面。

6.1.2 战后重庆保险业的衰落

从 1945 年 8 月抗战胜利至 1946 年 5 月国民政府还都南京，重庆与其他沦陷区的联系逐渐恢复，商贸往来逐渐频繁，加上长江航运重新开通，重庆保险业一度得到发展。后随着上海的光复，中国的金融中心逐渐回归至上海，上海的保险市场在全国的影响力逐渐超越了重庆。因此，很多原设在重庆的保险公司都纷纷迁往上海，如 1945 年抗战胜利前夕才在重庆设立的中国人事保险公司，成立仅一年，就在 1946 年上半年决定将总公司迁往上海，南京、重庆设立分公司，还准备到汉口、广州、天津等地设立分公司，计划依托中央信托局代理扩大分公司，其业务中心完全从西部转回到了东部。[2] 甚至川帮资深的兴华保险公司也将总公司迁到上海，仅在重庆设立分公司。[3]

据 1945 年 4 月 1 日统计，向重庆保险业同业公会登记者有 40 家，平均每一公司资本为 750 万元，总共 3 万万元。[4] 到 1947 年 12 月，重庆保险公司数量进一步增加，以下为加入重庆保险同业公会之各保险公司的具体情况见表 6-2。

---

[1] 刘光玉：《重庆金融界的一次浩劫》，中国人民政治协商会议重庆市委员会文史资料委员会：《重庆文史资料》第四十辑，重庆：西南师范大学出版社，1993 年，第 216 页。
[2]《中国人事保险公司扩展业务》，《征信新闻（重庆）》第 420 期，1946 年 7 月 29 日，第 2 页。
[3] 重庆金融编写组：《重庆金融》（上卷），重庆：重庆出版社，1991 年，第 267 页。
[4] 楔子：《中国的保险事业》，《经济通讯》第 12 期，1946 年 4 月 13 日，第 18 页。

表 6-2　1947 年 12 月重庆各保险公司情况一览表

名称	董事长	经理人	资本/元	地址	成立年月
川盐产物保险总公司	刘航琛	颜伯华	5000000	中正路 165 号	1945 年 7 月 1 日
大西洋产物保险总公司	周懋植	陶钧	100000000	羊子坝 22 号	1947 年 6 月 6 日
大吉产物保险总公司	谭备三	谭备三	10000000	陕西路 180 号	1946 年 12 月 18 日
中信局人寿保险处	吴任沧	罗北辰	10000000	打铜街 46 号	1941 年 3 月 1 日
中信局产物保险处	吴任沧	项馨吾	5000000	打铜街 46 号	1937 年 9 月 1 日
中国产物保险分公司	宋汉章	卢逢清	5000000	中正路中国银行 2 楼	1943 年 7 月 1 日
中国再保险分公司	罗北辰	陈文萍	50000000	邹容路 24 号	1946 年 5 月 1 日
中国人事保险分公司	俞鸿钧	朱家鹤	30000000	中华路 6 号	1945 年 3 月 1 日
中国农业保险分公司	陈果夫	徐寿屏	30000000	民权路农行	1944 年 3 月 15 日
中国工业联合产物保险分公司	陈篱士	曾国葆	20000000	民族路曹家巷 5 号	1944 年 10 月 11 日
中国航运意外保险公司	卢作孚	邓华益	5000000	白象街 6 号附 1 号	1942 年 4 月 20 日
中兴产物保险分公司	汤筱斋	陈振锋	10000000	林森路下兴黄学巷 6 号	1942 年 7 月 1 日
中绥产物保险分公司	朱西亭	萧立生	5000000	中华路 6 号	—
中国企业产物保险分公司	刘鸿生	刘同楷	10000000	林森路 212 号	1946 年 9 月 1 日
太平产物保险分公司	徐新之	王永庠	5000000	第一模范市场 11 号	1920 年 3 月 1 日
太平洋产物保险分公司	王正廷	金振声	20000000	五四路 60 号	1943 年 12 月 8 日
永大产物保险分公司	董汉槎	雷炳奂	5000000	邹容路 64 号	1941 年
永中产物保险分公司	鲜伯良	陈冶平	10000000	林森路 108 路	1944 年 11 月
中瑞产物保险总公司	萧立真	赵炳昌	10000000	陕西路 181 号	—
永孚产物保险总公司	石体元	萧立真	40000000	陕西路 181 号	1947 年 3 月 4 日
永兴产物保险分公司	尹致中	杨斯咏	5000000	林森路 16 号	1943 年 6 月
民生产物保险分公司	赵志尧	谭铣中	10000000	五四路 7 号	1944 年 5 月 6 日
民安产物保险分公司	卢作孚	丁晚成	10000000	西大街 3 号	1943 年 11 月 11 日
西南产物保险总公司	宋南轩	杨亚西	20000000	中华路 185 号	1947 年 5 月 7 日
全安产物保险分公司	张櫟任	萧万成	总公司 10000000	中华路 6 号	1944 年 4 月 13 日
宇宙产物保险总公司	全绍武	石钟秀	5000000	民权路川康银行内	1947 年 7 月 1 日
兆丰产物保险分公司	钱隽逵	张艮垣	15000000	第一模范市场 30 号	1946 年 1 月 1 日
合众产物保险分公司	徐寄顼	李光禹	总公司 50000000	民国路 83 号	1943 年 2 月 15 日
安宁产物保险分公司	宁芷邨	李肃然	5000000	中正路 147 号	—
安众产业保险分公司	林啸谷	刘庚扬	5000000	民新路 16 号	—
和通产物保险分公司	李肃然	陈先镳	10000000	中正路 147 路	1946 年
金城产物保险总公司	何知	杨子蒲	10000000	邹容路 136 号	—
怡太产物保险分公司	杨管北	臧康泰	10000000	林森路 25 路	1944 年 4 月 1 日

续表

名称	董事长	经理人	资本/元	地址	成立年月
保安产物保险分公司	邓贤	汤守樸	5000000	民国路 83 号	1946 年 10 月 10 日
建兴产物保险分公司	王绍季	屠迅先	5000000	林森路下兴黄学巷第 6 号	1946 年
建业产物保险总公司	李建民	陈潇沧	10000000	曹家巷 12 号	1947 年 5 月 1 日
信义产物保险分公司	钱浩斋	汤守樸	5000000	民国路 83 号	1945 年 12 月 12 日
恒昌产物保险分公司	夏筱芳	戈恒甫	5000000	太华楼巷 17 号	1944 年 5 月 3 日
恒泰产物保险总公司	刘兆丰	敖益南	20000000	陕西路 99 号	1947 年
泰安产物保险分公司	蒋守勤	刘欣然	5000000	中正路 175 号	1946 年 2 月 1 日
泰康产物保险分公司	罗翼群	—	10000000	林森路正和银行内	1947 年
泰华产物保险总公司	王国泉	王永久	20000000	林森路 88 号	—
开罗产物保险总公司	郑洪福	潘鹤鸣	12000000	保安路 15 号	—
海星产物保险总公司	杨予馨	康怀侠	100000000	青年路 30 号华康银行内	—
常安产物保险分公司	丁趾祥	—	5000000	学田湾 31 号	—
亚洲产物保险分公司	汤壶峤	陈似萍	5000000	林森路 108 号	1945 年
亚兴产物保险分公司	陈焰光	胡宪生	5000000	曹家巷 66 号	1942 年 6 月 1 日
裕国产物保险分公司	谭备三	马逢乐	60000000	陕西路 218 号	1942 年 4 月 15 日
富安产物保险总公司	李农康	张立勋	10000000	四德里 12 号	1947 年
华孚产物保险分公司	杨管北	臧康泰	5000000	林森路 25 号	1946 年 4 月 1 日
普安产物保险分公司	汤秀峰	冯国强	5000000	中正路 147 号	1947 年 4 月
新丰产物保险分公司	王志莘	张明昕	1000000	中正路 156 号	1944 年 5 月 1 日
新中国产物保险分公司	杨啸天	张西华	5000000	五四路 58 号	1945 年
义丰产物保险分公司	杨坤义	杨柏林	5000000	民权路 72 号	1946 年 4 月 15 日
兴华产物保险分公司	潘益猷	陶守诚	5000000	第一模范市场 30 号	1935 年 1 月 25 日
欧亚产物保险总公司	沈执中	涂若咸	5000000	林森路三德里内	1946 年 3 月 1 日
静安产物保险总公司	晏怀德	余盛钧	5000000	陕西路 86 号	1946 年
宝丰产物保险分公司	夏鹏	徐学礼	5000000	林森路 9 号	1933 年 4 月
盐联保险总公司	侯策名	设夑南	100000000	陕西路 93 号	1947 年 3 月 4 日
民众人身保险公司	周梦熊	潘吟孙	100000000	民国路 153 号	
大众产物保险公司	刘照乙	陈文林	100000000	林森路 21 号	
东亚产物保险公司	温少鹤	张澜卿	100000000	保安路华懋大楼	
一力产物保险公司	杨有仪	王继善	100000000	林森路 108 路	
利泰产物保险公司	杨宗序	汤守樸	150000000	民国路 83 号	

资料来源：罗君辅，《重庆保险业之展望》，《四川经济汇报》第 1 卷第 1 期，1948 年 2 月 15 日，第 22-24 页。

从上表来看，在抗战结束之后，重庆一部分保险业虽已随政府东迁，然而，到 1947 年底，重庆保险公司总数为 64 家，较抗战结束的 1945 年，有了显著的增长，其中总公司有 19 家，分公司 45 家。以营业性质而言，人寿保险 1 家，人事保险 1 家，特种保险（即航运意外保险、农业保险）2 家，其余均系产物保险，足见产物保险之发达。再就营业体系而言，专营者有 50 余家之多，兼营者仅中央信托局之人寿、产物保险两处，中国银行之人事、产物、再保险三分公司，中国农民银行之农业保险，川盐银行之产物保险数家而已。以资本言，在战前，财政部规定，20 万元以上始准立案。随着物价上涨，通货膨胀，战时财政部又重新规定保险公司资本总额最低为 500 万元。到抗战结束之后，1947 年 3 月 24 日财政部再次训令上海、南京、重庆、昆明、天津、青岛市保险业同业公会，规定每家保险公司资本总额提高到至少 1 亿元，已开业之公司，其资本不足此数者，应于文到 6 个月内增资足额，逾期应即合并或撤销。[1] 而从上表可知，达到 1 亿元资本的仅 8 家。因此，与 1945 年相比，从表面上来看，重庆保险公司资本与数量上都有提高，但是究其实际，增长只是一种假象。

抗战结束之后，重庆的保险公司规模与业务还是有所增长，如总公司设在民权路 72 号的义丰产物保险公司，到 1947 年 8 月，注册资本已经增加到 1 亿元，承保一切水险、火险业务，在汉口、宜昌、万县、涪陵、长寿、合川、内江、宜宾、泸县、江津、达县、广安、渠县、三汇、遂宁、嘉定、蒲河、丰都、洛碛、成都、江北、北碚等设立了分支公司及办事处 22 个。[2] 不过重庆保险公司的家数虽然增加了，但承保能力却大为削弱。在经济混乱、投机之风日盛的情况下，保险公司意存侥幸，当危险发生，或借故拖延迟不发费，或因手续烦琐拖延时日，更有借口调查，横生枝节。如 1946 年重庆盐务局自重庆运输食盐至宜昌、汉口，出现

---

[1]《财政部训令保险业最低资本额提高为至少一亿元》，《金融周报》第 16 卷第 24 期，1947 年 6 月 11 日，第 17 页。

[2]《广告：义丰产物保险公司》，《征信新闻（重庆）》第 752 期，1947 年 8 月 30 日，第 1 页。

事故的损失共 4 亿余万元，应由重庆市承保之各保险公司赔付，然而承保各保险公司，却以曾向中信局加保盐业再保险而辗转拖延。 对此，盐务局表示，此项保险纯系商业行为，要求各保险公司在 8 月 1 日前赔偿保费，否则将依法起诉。[1] 再如，1946 年 6 月，中央研究院 30 亿元的图书仪器标本需要运输回南京，投保运输险，而重庆的保险公司无力承受，转向上海分保并最终流向外商保险公司。[2] 由于承保能力的减弱，重庆的一些保险公司只能采取再保险的方式分取佣金以维持营业。 另有不少保险公司利用各种非法手段增加业务，如收买经纪人、散播假消息等。 在恶性竞争与通货膨胀的影响下，不少保险公司最终停业。 如 1948 年 12 月，重庆市面工商业萧条，物资运输不便，重庆保险公司业务极为清淡，因此而停止营业者，已有大生保险公司等 2~3 家，其余因赔损而陷入停业状态者，亦有 7~8 家。[3] 1948 年 12 月 22 日，重庆市社会局工商视察团到重庆市保险业公会进行视察时，该业公会代表同业历陈该业困难，希望得到政府的扶植：（一）外商资力雄厚常使国内同业遭受极大威胁而影响业务，日趋下落，希望政府能尽量设法扶助；（二）每逢船只失吉，力伕常索价高昂，希望政府能解除此搕索现象，以轻负担；（三）赞同取消比期制度。[4] 然而，情况并没有得到根本好转，到 1949 年初，重庆的保险公司虽然还有 57 家，但半数都是抗战结束之后的三年所增设，除经营人身保险之公司 4 家外，其余均为产物保险公司。 在此 57 家中，就地设立之总公司 26 家，其余均为外埠保险总公司设渝之分公司，此外，正在申请办理设立手续的新公司还有 20 余家。 尽管公司数并没有下降多少，但受整个经济不景气之影响，维持极为艰难。[5]

---

[1]《盐务局渝汉间本年内失吉盐船》，《征信新闻（重庆）》第 422 期，1946 年 7 月 31 日，第 2 页。

[2] 重庆金融编写组：《重庆金融》（上卷），重庆：重庆出版社，1991 年，第 268 页。

[3]《保险业务清淡》，《征信新闻（重庆）》第 1227 期，1948 年 12 月 18 日，第 2 页。

[4]《保险业希望政府扶助》，《征信新闻（重庆）》第 1231 期，1948 年 12 月 23 日，第 4 页。

[5] 金振声：《一年来之重庆保险业》，《保险知识》第 2 卷第 4 期，1949 年 1 月 23 日，第 13 页。

在重庆的华商保险业纷纷陷入困境的同时，外商保险公司也开始进入中国市场，抢占重庆保险业的市场份额。战后重庆最大的外商保险公司便是美国商人开办的美亚保险公司。美亚保险公司于1946年《中美友好通商航海条约》签订后不久，即开始出现于重庆保险市场。该公司由美国各保险公司组织，资本甚为雄厚，已向国民政府财政部备案，将在重庆市营业，并拟在重庆、广州各地同时设立机构。[1]最终该公司在重庆设立海龙保险公司作为其附属公司，承保能力甚强。除接受中国、交通、农民三银行和中央信托局所属保险机构承保的高额押汇的分保业务外，还以"滥价放佣"（保险费再打折扣，多给经纪人佣金）为手段，承揽抢夺生意，使华商保险公司业务受到重大影响。[2]为防止该公司独霸重庆保险市场，重庆市保险业曾经呼吁工商业界与之合作，勿投保于外商保险公司，从而抵制外商，减轻重庆保险业所承受的外商抢夺市场的压力。但是由于重庆华商保险业内部相互倾轧，恶性竞争频繁，因此难以集中实力对抗外商。这使得重庆保险业的发展更为困难。

重庆保险业在自身实力有限，内部恶性竞争，通货膨胀影响以及外商势力扩张等多重因素的交替影响下，最终陷入困境。重庆的保险业不断停闭，先有国营保险业中的太平洋保险重庆分公司、重庆邮政储金汇业局人事保险部门和中中交农盐运保险管理委员会川康分会等3家相继停业。中国产物保险重庆分公司、中国农业保险重庆分公司、中央信托局重庆分局保险科，因有中国、农民银行和中央信托局作为后盾，尚能勉强维持营业。而民营保险业中，太平、合众、泰安等因资力较大，兴华保险公司因有川帮银行支持，民安保险公司因有航运界的支持，亦尚能继续维持营业，其余均先后停业，到1949年9月，重庆保险公司停业者

[1]《中美商约后第一声：美亚保险公司即将成立》，《征信所报》第221期，1946年11月25日，第3页。
[2]重庆金融编写组：《重庆金融》（上卷），重庆：重庆出版社，1991年，第268页。

达 4/5。[1]

在此风雨飘摇中,9月2日重庆市陕西路朝天门一带发生了火灾,从9月2日午后4时起火延烧至3日上午10时,长达18小时始告完全扑灭。此火灾造成数千人葬身火海,10万居民无家可归。[2]据后来的统计,受灾面积41万平方米,30多条大街小巷全部烧光,死亡人数按当时官方公布为5000多人,受灾9100多户,灾民5.3万多人。重庆市救济委员会根据工商界呈报统计的财产损失总计为银元4200万元,其中有150余万银元的财产投了保险,既有外商经营的保险公司,也有中国的保险公司,以中英合资的宝丰保险公司保额最大,约占10万元。虽然各保险公司承认照赔,但动作迟缓而使理赔受阻。直到重庆解放后,经保户申告,各保险公司慑于人民政府威信,如数照章赔偿。据统计,有中英合资宝丰保险公司、美商海龙保险公司、中国保险公司、太平洋保险公司、太古保险公司、川盐保险公司6家,共计赔款港币225.14余万元,银元35.28余万元,其中中国保险公司赔款港币80万元及银元20万元系接管后由政府赔出。除此之外,合众、民众、宇宙、华兴等4家保险公司向每户赔款一二千元左右,最少的公司赔款100万左右。[3]

经此火灾后,再加整个国民政府经济总崩溃,重庆保险业已经无法避免衰落局面。到重庆解放前夕,名义上虽然还有29家保险公司存在,实际上在营业的仅15家,其中国营3家,民营9家,美资、英资及中英合资各1家。[4]

6.1.3 战后重庆传统金融机构钱庄的变化与结束

民国以后,重庆的钱庄业在票号衰落以后迅速发展,与银行

[1] 重庆金融编写组:《重庆金融》(上卷),重庆:重庆出版社,1991年,第269页。
[2]《重庆朝天门大火,延烧达十八小时》,《中央日报》,1949年9月4日,第1版。
[3] 刘光玉:《重庆金融界的一次浩劫》,中国人民政治协商会议重庆市委员会文史资料委员会:《重庆文史资料》第四十辑,重庆:西南师范大学出版社,1993年,第215-217页。
[4] 重庆金融编写组:《重庆金融》(上卷),重庆:重庆出版社,1991年,第270页。

逐渐形成并立的金融格局。在整个民国时期，虽然二者在金融结构中的力量对比几经变化，尤其是全面抗战时期的多次金融改革，使重庆钱庄业面临着衰退的趋势，但直到中华人民共和国成立后的社会主义改造时期，重庆钱庄业才最终走向终结。

抗战结束后，尽管重庆钱庄业整体走向衰落，但仍有不少在艰难条件下继续发展，甚至有实力的钱庄和银号在重庆之外开设分庄，开拓生意。如著名的义丰钱庄，到 1946 年 5 月又增资到 6000 万元，实收足额，董事长孙益祥，总经理刘兆丰、协理张启明，还奉准财政部命设立上海分庄，上海分庄经理由总经理刘兆丰兼任。义丰钱庄虽然具有殷实朴素旧式钱庄的招牌，其实已经具备了现代新式银行的雏形，办理银行一切应有的业务，可算是众钱庄中的翘楚。上海分庄的设立，成为沟通渝申两地金融的桥梁。[1]

永庆钱庄设立于 1924 年，资本总额 5000 万元，重庆总庄在林森路 194 号，其上海分庄设在宁波路 108 号。主要业务：各种存款，各种放款，国内汇兑，押汇贴现，商业银行一切业务。[2] 1946 年 6 月 16 日，永生钱庄召集股东临时大会，到会股东 70 余人，只有外埠少数股东未到，所到股权 4/5，由董事长刘闻非、总经理王伯康主持，决议增资 1 万万元，并增设上海、汉口、成都等三处为分庄，向国民政府财政部申请备案，将来还准备改为银行。[3] 经过财政部批准后，1946 年 12 月 12 日，在沪成立永生钱庄上海分庄，由重庆总庄划拨 1000 万元作为上海分庄资本，地址设在河南路昌兴里 47 号，对外营业。[4] 上海分庄经理蔡鹤年，蔡本人还是重庆市钱业公会理事长，是重庆钱业之权威。[5]

成立于 1932 年的重庆永裕银号资本原为国币 150 万元，后由

［1］《重庆义丰钱庄》，《银行通讯》新 8 期，1946 年 7 月，第 32 页。
［2］《广告：永庆钱庄上海分庄》，《银行通讯》新 8 期，1946 年 7 月，第 34 页。
［3］《永生钱庄增资》，《征信新闻（重庆）》第 384 期，1946 年 6 月 17 日，第 2 页。
［4］《永生钱庄、永裕银号上海分庄号今日开业》，《征信所报》第 236 期，1946 年 12 月 12 日，第 4 页。
［5］《永生钱庄沪分庄本日开业》，《征信新闻（重庆）》第 534 期，1946 年 12 月 12 日，第 5 页。

200 万元增资到 1000 万元，到 1946 年逐步增至 1 亿元。 该庄在四川成都、璧山有两处分号。 经呈奉财政部核准，设立上海分号，由总号划拨资金 1000 万元，经筹备后，于 1946 年 12 月 12 日，在上海宁波路 440 号正式对外营业，该银号的董事长彭肇淮，董事胡治光、喻华轩、黄肇明、雷殿英、陈德恕、赖善诚，监察人江荣普、黄真贤，总经理易伟伦，上海分号经理张彝仲，襄埋易再兴、王桂元。[1]

久裕银号在经历 1946 年的困境之后，经过整顿，到 1947 年初，决定增资改组，该号总经理已改由杨效贤接任，渝庄副理由余朗西继任。[2] 3 月 4 日正式开始对外营业，该号原有资本 1000 万元，平时已觉不敷周转，于是经股东会讨论，同意增资为 1 亿元，并另备准备金以应急需。 同时为了扩大业务，拟在上海、汉口、昆明等三地设立分号，这些措施一经股东会通过，即将着手进行。[3]

从以上资料可看到，抗战结束后，随着中国金融中心回归上海，重庆的金融机构，即便是传统的钱庄、银号，也开始将业务向以上海为中心的东部地区转移。 但重庆仍是西部地区的重要金融中心和枢纽，仍有不少西部其他各地的钱庄迁入重庆寻求发展。

怡益银号是由四川省金融界人士丁次鹤、杨茂如、陈元文等，于 1941 年 3 月在成都设立的，主要经营丝、糖、药材、皮头等商帮往来业务，信誉良好。 在抗战胜利之后，该号为求业务开展，呈准财政部迁渝营业，资本额为 2000 万元，董事长李春江，总经理丁次鹤。 于 1946 年 7 月 24 日在重庆开业，经营存放汇兑等商业银行业务，在雅安、资中、成都、内江、乐山、灌县、石桥、南充、广元等地均设有分号，同时还呈请财政部，准备在上海

---

［1］《永生钱庄、永裕银号上海分庄号今日开业》，《征信所报》第 236 期，1946 年 12 月 12 日，第 4 页。

［2］《久裕银号即将增资改组》，《征信新闻（重庆）》第 599 期，1947 年 3 月 3 日，第 3 页。

［3］《久裕银号拟在申汉昆筹设分号》，《征信新闻（重庆）》第 600 期，1947 年 3 月 4 日，第 4 页。

开设分号。[1]

保厚钱庄也是战后迁往重庆的一个典型，该庄1942年成立于四川叙永，曾是一个有限公司组织，实收资本200万元。抗战结束以后，在银风动荡不定的情况下，呈请财政部批准迁渝营业，特再增资为5000万元，于1946年11月6日在重庆正式开幕，董事长康心远，常务董事龚龙瞻、周新民、李铁夫、李惟诚，董事陈德恕、蒋祥麟、毛燕明、吴毓兰、萧柳岑，监察袁昭明、董传霖、邹愚山、刘孝仲，总经理由董事萧柳岑兼任，经理李绥之，副理为方德轩。该庄业务，在叙永时以渔业为主要对象，迁渝后，除本过去作风外，并致力于存放押汇等业务，以调剂渝市金融。[2]该钱庄迁渝仅半年，日渐扩充，以原有地址不敷应用，经呈奉国民政府财政部批准，在重庆的中华路72号另设储蓄部，并于1947年4月7日开幕营业，主要从事定期存款，存户甚为踊跃，该储蓄部经理由副理王汉卿兼任，会计则由吴其昌主持。[3]

1947年初，自贡市的福华银号也呈准国民政府财政部批准，将该号荣昌分号迁渝营业。在重庆的号址设在陕西路200号，3月20日正式对外开业，经营存放款、票据贴现、国内汇兑及押汇，买卖有价证券、代募公债及公司债、代理收付款项等业务。该号总号仍设在自贡市，在威远设有分号，与盐业界往来较多，资本总额为1亿元，总经理郭则鸣，渝分号经理由郭则鸣兼任，重要股东有李任坚、郭替年等。[4]由此可见，该号的业务已经逐渐从自贡转向重庆。此外，开丰银号也是由四川内江迁往重庆的，它是由四川资中内江一带的糖业人士所办，与糖帮往来甚多。在抗战结束之后，也将经营中心移向重庆，并于1947年8月，奉准财政部命令，在陕西路增设储蓄部，主要就是为了便利糖业界的

---

[1]《怡益银号迁渝明日正式开业》，《征信新闻（重庆）》第415期，1946年7月23日，第3页。
[2]《叙永保厚钱庄迁渝营业》，《征信新闻（重庆）》第492期，1946年10月23日，第3页。
[3]《保厚钱庄中华路设储蓄部》，《征信新闻（重庆）》第631期，1947年4月10日，第7页。
[4]《自贡市福华银号迁渝营业》，《征信新闻（重庆）》第619期，1947年3月26日，第4页。

资金调拨。[1]

可见，抗战结束之后的一段时间里，虽然重庆有不少钱庄、银号将经营重心东移，但西部内陆还是有不少钱庄、银号迁往重庆发展经营。当然，也有许多钱庄难以为继，如永生、义丰、志成等钱庄，即在 1946 年上半年呈请国民政府财政部改以银行营业。[2] 但总体而言，重庆钱庄在 1945—1946 年还是有所发展的。

然而，国统区经济一片混乱，各地不断出现地下钱庄，并非法经营银行业务，以高利贷盘剥利息，扰乱金融，助长投机。国民政府不得不重拳打击，宣布对钱庄银号的非法行为，除照银行办法处罚之外，并依照刑法规定，送由法院究办。[3]

1947 年之后，由于国民政府的政策控制以及内战的持续升级，重庆钱庄银号开始走向衰落。"黄金风潮"爆发之后，重庆钱庄被国民政府怀疑为"黄金风潮"的推波助澜者，并开始对各钱庄查账，各钱庄的黄金投机开始受到控制。在此期间，同生福钱庄曾将头寸大量调沪，以致周转不灵，一度欠下巨款。中益、中南、协中三公司作为同生福钱庄的股东，为了挽救其危机，决定帮其代付 5.7 亿元债务，并拟投资 10 亿~20 亿元，增设北碚及重庆民权路两处分庄，另设总管理处以控制各分庄业务，同生福钱庄才平安无事。[4] 1948 年之后，重庆有大量钱庄、银号宣布倒闭，但仍有不少在顽强地坚持着，1 月初，原在小什字口营业的同生福钱庄，准备迁移到旧址营业。[5] 到 1948 年 6 月，加入重庆钱业公会的会员钱庄、银号还有 23 家，具体情况详见表 6-3。

[1] 《本市开丰银号陕西路奉准设立储蓄部》，《征信新闻（重庆）》第 752 期，1947 年 8 月 30 日，第 1 页。
[2] 《重庆：钱庄易称银行》，《工商新闻》复刊第 5 期，1946 年 7 月 1 日，第 4 页。
[3] 《财部取缔地下钱庄》，《征信新闻（重庆）》第 535 期，1946 年 12 月 13 日，第 2 页。
[4] 《同生福钱庄困难渡过平安无事》，《征信新闻（重庆）》第 599 期，1947 年 3 月 3 日，第 3 页。
[5] 《同生福钱庄利群银行将移址营业》，《征信新闻（重庆）》第 1216 期，1948 年 12 月 6 日，第 3 页。

表 6-3　1948 年 6 月重庆钱庄、银号情况统计表

牌号	资本/万元	董事长	总经理	成立时间	地址
义丰钱庄	6000	孙益祥 常务董事 邓志学 杨典章	刘兆丰	1935 年 3 月	陕西路 238 号
永生钱庄	10000	刘闻非	王伯康 副总经理 蔡鹤年	1940 年 1 月	陕西路 217 号
永庆钱庄	5000	蒋祥麟	赖善诚	1924 年 2 月	林森路 194 号
志诚钱庄	5000	周懋植	吴懋昭	1941 年 2 月	林森路 274 号
万镒钱庄	4800	赵健臣	萧斗墟	1941 年 1 月	打铜街 47 号
正大永钱庄	5000	汤志修	李炎青	1940 年 4 月	民族路 108 号
信通钱庄	5000	马绍周	卢仲良	1924 年 1 月	曹家巷 52 号
永裕银号	10000	彭肇淮	易纬纶 协理 张彝仲	1942 年 10 月	中正路 288 号
福余钱庄	5000	蓝襄臣	雷应霖	1941 年	中正路 146 号
江庆银号	总额 8000 实收 4000	张筱坡	田尔畋代	1941 年 8 月	第一模范市场 28 号
振裕银号	6000	罗国葆	曾冰臣 协理 曾安国	1941 年 3 月	第一模范市场 25 号
总汇银号	10000	栾仙渠	栾仙渠	1941 年 7 月	第一模范市场 42 号
怡益银号	5000	胡仲实	胡克林	1943 年 7 月	陕西路 260 号
益民钱庄	3000	罗龙光	罗龙光	1933 年	打铜街 17 号
保厚钱庄	5000	康心远	萧柳岑	1943 年 1 月	陕西路 130 号
开丰银号	10000	徐瑞梧	王永久	1943 年 2 月	林森路 88 号
同生福钱庄	10500	庄易醒	陈健南	1886 年	中正路 164 号
信源钱庄	1000	钟惠卿		1941 年 1 月	打铜街 33 号
金源钱庄重庆分庄	营运资金 500	叶先芝	夏杏芳	1942 年 7 月	中正路 133 号
成大银号	2000	杨耿光	张裕良	1941 年 2 月	民族路 16 号
久裕银号	5000	杨耿光	杨效贤	1943 年 7 月	第一模范市场 19 号
宜丰钱庄	10000	龚农瞻	陈肇秋	1941 年 11 月	陕西路 152 号
福华银号重庆分号	10000	李任坚	郭乾昭	1947 年 4 月	陕西路 200 号

资料来源:《重庆市钱商业同业公会会员录》(1948 年 6 月),《钱业月报》第 19 卷第 6 期,1948 年
6 月 15 日,第 58-60 页。

由上表可知，到 1948 年 6 月，加入重庆钱业公会的钱庄、银号还有 23 家，其中仅有 2 家属于分庄、分号，其余 21 家都是总庄、总号设在重庆的。

1948 年 8 月，国民政府实施金圆券币制改革，重庆钱庄、银号的资本流失大半。同年，为方便管理，国民政府将所有银号与钱庄统一称为银号，使钱庄、银号的发展空间再次被压缩。由于恶性的通货膨胀，钱庄、银号的资本额被大量削减，国民政府又限制钱庄、银号的放款利率，使钱庄、银号的经营资本受到严格限制。到 12 月中旬，道门口的总汇银号因在央行存款不敷抵付票据甚巨，延至 12 月 17 日早晨 5 时，仍未能补足交换差额，差缺头寸 40 余万元，中央银行重庆分行依照财政部规定，令饬该银号长期停止交换，该号宣布停止办公。[1]

1949 年 1 月，重庆发生园、永纱号、华华五金号和中国兴业轮船公司等 15 家企业倒闭，钱庄大受牵连，整个钱业处于风雨飘摇之中。重庆钱业公会为谋求同业摆脱困境，购进望龙门 4 号仓库成立联合仓库，规定客户存货后，可凭仓单向任何一家钱庄办理抵押贷款，但因押放业务向属银行经营，在联合仓库存货者多，向钱庄押款者甚少，钱庄质押业务并无起色。同年 5 月间，西南军政长官公署以防止私营行庄滥发本票扰乱金融为由，令中央银行重庆分行对全市银钱业进行突击大检查。一次就查封了 6 家银行和 4 家钱庄，即所谓的"十行庄本票案"，其中，益民、益怡、福华 3 钱庄本已难以维持，查封后因无力行贿，终于被迫停业。[2] 在此种情况下，钱庄、银号的势力再受重创，业务均难以为继，多被迫以暗账投机、滥发票据、囤积居奇等方式维持生意。

综上所述，抗战结束之后，重庆传统金融机构——钱庄、银号虽有短暂发展，但从 1947 年以后，随着通货恶性膨胀物价飞涨，重庆的钱庄、银号无法展开正常的存放、汇兑、融资等业务，主要

---

[1]《总汇银号宣告倒闭》，《征信新闻（重庆）》第 1226 期，1948 年 12 月 17 日，第 3 页。
[2] 重庆金融编写组：《重庆金融》（上卷），重庆：重庆出版社，1991 年，第 98 页。

从事黄金、美钞买卖，投机商贸等非正常的经营活动。 特别是经历了 1948—1949 年的两次"币制改革"，资本所剩无几，大多数钱庄、银行亏累加剧，被迫停业，至重庆解放，重庆的钱庄、银号多数已经停业或倒闭。

总体而言，重庆的金融业从抗战开始到战后，经历了一个从发展到衰落的过程，这个衰落不仅仅简单体现在金融机构数目的增减上，而且体现在通货膨胀上。 以下仅以金融机构的核心——银行钱庄为例，展示其发展演变情况，见图 6-1。

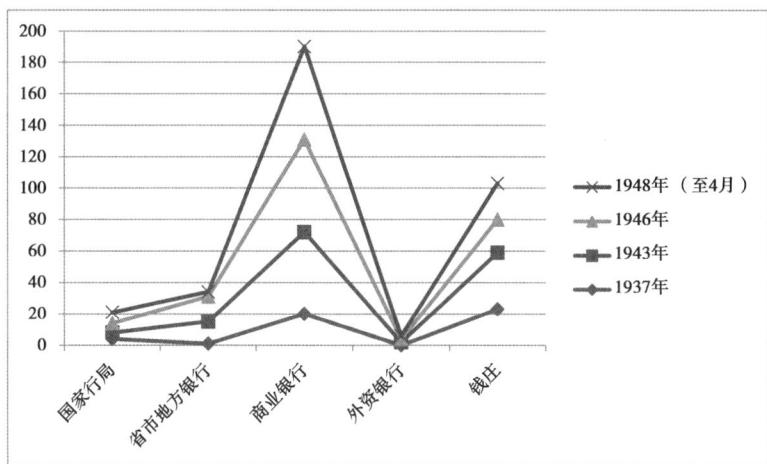

图 6-1　1937—1948 年 4 月重庆行庄家数统计表

资料来源：罗志如、李宗荣，《重庆金融市场概况》，《资本市场》第 1 卷第 10-11-12 期，1948 年 12 月，第 34-35 页。

1937 年重庆行庄数目为 48 家，至 1943 年底，行庄数激增为 108 家，如果加上分支行处，则 1937 年为 59 个，1943 年为 162 个，达到发展的顶峰。 此后，由于国民政府颁布《非常时期银行管制办法》，增设困难，到抗战胜利后国民政府还都，外省银行陆续迁走，部分钱庄改组，行庄数减少为 104 家。 截至 1948 年 4 月，虽新增中央合作金库重庆分库一单位，但外省地方银行减少 13 家，行庄数减至 94 家。

仅从战后银行钱庄家数的变化来看，除了外省银行回迁外，其他变化不大，钱庄虽比战时有所减少，但还算稳定，而商业银行从数量上来说超过了战时。然而，这仅仅是表面现象，以下再比较重庆行庄的资本增加与物价增加的变化情况［这里仅以1937—1948 年重庆的商业银行和钱庄为主，因为国家行局、省市地方银行及外商银行的总行（特别是战后）都不在重庆而从略］，即可更加清晰地看出问题的实质，见表6-4。

表6-4　1937—1948 年重庆行庄平均资本增加与物价增加之比较

时　　期	银　行		钱　庄		物价指数
	平均资本/万元	增加倍数	平均资本/万元	增加倍数	
1937 年	100		9		1
1943 年	1000	10	120	13	
1946 年	2454	25	2700	300	1813
1948 年	2857	28	4131	459	111919

注：物价指数系根据中国银行经济研究处所编重庆22 种基要物品躉售物价指数。

资料来源：罗志如、李宗荣，《重庆金融市场概况》，《资本市场》第 1 卷第 10-11-12 期，1948 年 12 月，第 35-36 页。

由上表可见，以 1937 年为基期，根据 1948 年 4 月底的调查资料，重庆商业银行平均资本增加指数为 188，钱庄为 459，与同时期之物价指数 111919 相比，差距巨大。折合战前实值，银行平均资本不过为 1600 元，而钱庄平均资本不过为 370 元，其资力之薄弱，甚为惊人。而资本实值之贬低，大大增加了金融业经营的内在困难，使商业行庄难以为继，无法生存。

6.2　抗战结束后重庆市银行的建立与结束

地方银行都是由地方政府所设立的银行，近代中国的地方银行主要包括省银行与县银行两大类。省银行的营业区域主要针对省会及中心城市，而县银行的营业区域主要针对农村。根据《县银行法》："省辖市之市银行，或相当于县之行政区域之银行，准用本法之规定", [1] 市银行应该属于县银行的系列。 然而，无论是省辖市、院辖市，市银行都处于较大的中心城市，业务主要面向中心城区，与省银行的业务有诸多类似之处，相较于县银行主要面对县城及广大农村，业务内容则是大不相同的。 可见，市银行是介于省银行与县银行之间的一类特殊地方银行。

重庆市银行筹备于 1944 年，成立于 1946 年 1 月 5 日，1949 年 11 月被中华人民共和国军事管制委员会接管，历时不到 4 年，却经历了抗战胜利到中华人民共和国成立的重要历史阶段，它的成立、发展与衰落，集中反映了重庆金融业在战后的曲折历程，本节将对此进行专题讨论。

6.2.1　重庆市银行的建立

重庆是中国西部地区最早开埠的通商口岸，19 世纪末，重庆人口发展到 30 万[2]，1937 年全面抗战爆发前，重庆城市人口已经达到 47 万多人，1945 年抗战结束时已经达到 125 万人。[3] 重庆不仅是西部地区人口最多的城市，也是抗战大后方的政治中心、经济金融中心、文化中心。 重庆市的行政级别也发生着相应变化，1937 年全面抗战爆发之前，重庆市隶属四川省政府管辖，属于省辖市。 1937 年 11 月，国民政府迁都重庆，1939 年 5 月 5 日，国民政府为加强领导，明确发布训令，改重庆市"为直隶于行政院之市"，重庆正式从一个省辖市变成一个直辖市。 1940 年 9 月 6 日，国民政府再次发布命令，定重庆为中华民国陪都。 抗战胜利后，1946 年 4 月 30 日，国民政府发布自重庆还都南京令，虽然蒋介石称重庆将永久成为中华民国陪都，但是还都之后，重庆市从行政级别上来说还是变成了一个院辖市，与省一级的行政级别是同级的。

---

[1] 沈长泰：《省县银行》，上海：大东书局，1948 年，第 73 页。

[2] 周勇、刘景修：《近代重庆经济与社会发展（1876—1949）》，成都：四川大学出版社，1987 年，第 131 页。

[3]《各院辖市历年分月人口数·重庆》，《内政统计月报》第 4-5-6 期合刊，1947 年 6 月。

随着重庆城市的政治经济地位的不断提高，希望设立市银行扶持地方经济的呼声日益高涨。而建立重庆市银行，是在具有咨议性质的重庆市临时参议会的积极推动下展开并建立起来的。

重庆市临时参议会成立于 1939 年 10 月 1 日，到 1946 年 1 月重庆市参议会宣告成立而结束。其间重庆市临时参议会一共有两届，其参议员都是通过遴选产生，第一届参议员共 25 人，工商金融界人士 12 人，占 48%，第二届参议员共 30 人，工商金融界人士 15 人，占 50%。[1] 从参议员的职业构成来看，工商金融界人士占据主导地位，因此财政经济建设领域始终是参议员们关注的重点。10 月，在重庆市临时参议会第一届第一次大会上，时任振济委员会委员、大川银行董事长的参议员汪云松就提交了"建议设立市民银行以扩展市财力案"的提案，指出 1939 年省市捐税划分之后，重庆市的财政基础已经得到夯实，随着市区面积的扩大，人口增多，推广市营事业的条件已经成熟。提案建议，为了扶助重庆市政建设之发展，调剂盈虚，供应市民之正当需求，使重庆市金融不致有滞塞枯竭，成立重庆市民银行为最好的解决办法办理与途径。[2] 第一次提出重庆市应该设立市民银行。

重庆市临时参议会提出筹设重庆市银行的提案之后，得到了重庆市政府与社会各方的支持。1940 年 12 月出版的《金融周报》和《银行周报》都刊出了同一则报道："重庆市银行准明春成立，资本百万元，内六十万元为官股，四十万元为商股，成立后渝市财政收入即存该行"。[3] 然而，重庆市银行的成立却非一帆风顺，并未如愿在 1941 年春天成立，直到 1944 年春，重庆市参议会再次经过全体大会做出决议，请重庆市政府筹设市银行，以促进地方建设。4 月，重庆市政府即组织"重庆市银行筹备委员会"

---

[1] 杨丽媛：《论抗战时期重庆市临时参议会参议员构成特点》，《红岩春秋》2016 年第 2 期，第 65 页。

[2] 《关于设立市民银行的提案》，重庆市参议会未刊档案 0054-0001-00048-0000-042-000，重庆市档案馆藏。

[3] 《重庆市银行准明春成立》，《金融周报》第 10 卷第 23 期，1940 年 12 月 4 日，第 21 页；《重庆市银行明春可成立》，《银行周报》第 24 卷第 48 期，1940 年 12 月 3 日，第 5 页。

负责进行筹备事宜。[1] 由重庆市政府会计长傅光培担任筹备委员会主席，四川美丰银行监察李奎安，重庆市商会理事长仇秀敷，赈济委员会课长张健冬等人担任委员，正式开始了重庆市银行的筹备工作。接着，重庆市政府呈请国民政府行政院，请准予设立重庆市银行。然而，国民政府行政院与财政部两方却给出了不准设立的两点理由：一即重庆市的地位不属于省，更不属于县，省县设立银行都有法律的依据，而市银行无明文规定；二即当时物价波动甚烈，大家都归咎于银行操纵，财政部遂有限制增设银行之命令。因此，令重庆市银行暂缓设立。[2] 7月，经重庆市临时参议会驻会委员再次提案催询，重庆市政府才据以转请国民政府行政院，奉令准予设立重庆市乡镇银行，并饬财政部转咨重庆市政府依法备具各项文件，办理注册手续，预定于1945年元旦启幕。然而1945年初，因日寇侵犯桂黔，时局动荡，重庆市长贺耀祖核饬暂缓成立。在1945年的重庆市临时参议会春秋两季大会中，对重庆市银行久未设立一事，议员们纷纷严加质询。在此情况下，市长贺耀祖答应于短期内尽快开业，督饬筹备人员加紧筹备。[3] 重庆市政府于是又一次向国民政府行政院与财政部提出申请，并通过疏解，始依据《县银行法》中"乡镇乃设银行"之条文准予设立，以"重庆市乡镇银行"令饬依据备具各项文件送财政部注册，到1945年9月，最终得到财政部的批准，并删去"乡镇"二字。[4] 这样，重庆市银行得到国民政府的正式批准，继续筹备。

筹备的过程也是历经坎坷，首先是重庆市银行的资本，原决定由官商各出一半，公股、商股各1000万元，后招集商股遭遇许多困难。同时，重庆市临时参议会中又有参议员认为，"市银行为

---

[1]《重庆市银行概况》，重庆市银行未刊档案 0299-0001-00013-0000-022-000，重庆市档案馆藏。

[2]《关于市银行筹备经过上重庆市政府的报告》，1945年12月11日，重庆市政府未刊档案0053-0019-02766-0000-001-000，重庆市档案馆藏。

[3]《重庆市银行概况》，重庆市银行未刊档案 0299-0001-00013-0000-022-000，重庆市档案馆藏。

[4]《关于市银行筹备经过上重庆市政府的报告》，重庆市政府未刊档案 0053-0019-02766-0000-001-000，重庆市档案馆藏。

市有唯一金融机构，代理市库应以调剂本市工农商业各业为职志，不应以盈利为目的，尤以本市经八年抗战残破之后，市银行更应配合本市一般建设工作，积极图维，多为市民服务，不必纯做商业银行业务以符名实"。明确提出"应将市银行原议招募商股办法取消，由市库款拨资本，妥筹调剂本市各种公营民营事业之办法分期办理"的提案。[1] 经由重庆市政府各常委会商议，改由重庆市府分别摊垫以免麻烦，所谓摊垫就是全部由重庆市府担任，使其成为一纯粹市有银行。1945 年 9 月初，筹备委员会奉重庆市长贺耀祖的指示，继续筹备早日开业，造产基金为全市公款，透过银行且行造产更为便利，遂签准一次拨付 2000 万元。[2] 其次是行址的选择，最开始筹委会选中林森路的日用品供销处为行址，到 1944 年 9 月，房东认为日军对重庆空袭基本结束，坚持要将房屋收回自用，只能另觅他处。后在渝中区五四路 64 号，四川农工银行隔壁找到房屋，房东虽答应出售房屋，但居住在这里的房客不愿离开，只能作罢。筹委会后来又分别找到胜利银行陕西街 210 号房屋以及永美厚银行作为行址，最后都是无果而终。最后，租定民族路 25 号的房屋作为行址。[3]

1945 年 11 月，张笃伦接替贺耀祖出任重庆市长，他的主要任务，"一为完成战后之复员，一为树立建设之基础。惟复员为历史之创举，建设开百年之大计，复值八年抗战之余，国家元气大伤，国民经济奇困，在推行市政之时，必须注重休养生息之道，从而确定减轻地方负担，增进市民福利，以为施政原则"。[4] 张笃伦接掌渝市之后，积极推动重庆市银行的筹设，他说："抗战即已胜

[1]《关于重庆市银行不须招募商股纯由官办并在各乡镇设分支行办事处的提案》，重庆市参议会未刊档案 0054-0001-00668-0000-162-000，重庆市档案馆藏。
[2]《关于市银行筹备经过上重庆市政府的报告》，重庆市政府未刊档案 0053-0019-02766-0000-001-000，重庆市档案馆藏。
[3]《重庆市银行筹备委员会第六次筹备会会议记录》，1945 年 10 月，重庆市财政局全未刊档案 0064-0008-03380-0000-023，重庆市档案馆藏；《重庆市银行概况》，重庆市银行未刊档案 0299-0001-00013-0000-022-000，重庆市档案馆藏。
[4] 张笃伦：《一年来重庆市政建设之检讨》，《新重庆》第 1 卷第 1 期（创刊号），1947 年 1 月 30 日，第 2 页。

利，建国方兹开始，市银行为自治财政系统内必具之金融机构，对于调剂社会金融，扶持市民经济生活及代理市库，协助市府改进市属各机关团体财务行政，关系至巨，亟宜早为成立，以立自治之基。"并指派赈济委员会课长张健冬为总经理，负责办理并召开第一次董监联席会议，决议于 1946 年 1 月 5 日开业。在新任重庆市长的督导之下，1945 年 11 月 29 日，重庆市政府咨准财政部发给银字第一二九号营业执照，重庆市银行于 1946 年 1 月 5 日宣告正式成立，资本 2000 万元，纯为官股，由重庆市政府在造产经费项下一次拨足。以经营存放、汇兑业务，并代理市库以扶助生产百业、公用百业、建设百业、教育文化百业以及调剂市金融为主旨。[1]

然而，重庆市银行在开业前夕，再起波澜，突然接到国民政府财政部电嘱，要求延期开业，后又由财政部特奉行政院长宋子文电，饬令制止。然重庆市长张笃伦则"以市行为代表民意之市参议会所主建，既经政院核准，又准财政部发给营业执照在案，筹备经年，耗资巨万，百余市民翘首以待，一旦停业，于政府信誉、于民众利益两大俱伤，毅然饬令依然计划实施，一方面评具理由，呈复政院，并咨财部，于是筹设两年余，迭经波折之市行终告成立"[2]。

重庆市银行由重庆市政府出资建立，是重庆市政府一手主导建立的唯一一家市属地方银行，虽然采用的是股份制公司组织，由董事会负责管理，但董事会是由重庆市政府有关单位组织而成，董事长先后由重庆市长张笃伦、杨森担任。总经理也由重庆市长进行指派，先后担任重庆市银行的总经理有张健冬、赖永初、张慕良和胡光烈 4 人。董事总额 1/3 由市政府指派，2/3 由民意机关（包括市参议会及市议会）选举，监察人由市政府指派

---

[1]《重庆市银行沿革》，重庆市银行未刊档案 0299-00010-0013-0000-001-000，重庆市档案馆藏。
[2]《一年来之重庆市银行》，重庆市银行未刊档案 0299-0001-00013-0000-022-000，重庆市档案馆藏。

2/5，民意机关选举 3/5。[1] 照此规定，首届重庆市银行的组织构成是：董事会设董事 15 人，包括董事长 1 人，张笃伦（重庆市长兼任）；常务董事 4 人，为沈质清（重庆市财政局长）、唐鸿烈（重庆市政府秘书长）、康心如（四川美丰银行总经理，重庆市临时参议会议长）、徐凤梧（重庆市政府设计委员）；董事 10 人，为唐毅（重庆市警察局长）、任觉五（重庆市教育局长）、吴晋航（和成银行总经理、重庆市银行公会理事长）、吴人初（重庆市参议员）、仇秀敷（重庆市商会理事长、重庆市临时参议会参议员、重庆市纱商业同业公会理事长）、蔡鹤年（钱业公会理事长、永生钱庄经理）、李奎安（四川美丰银行监察、和成银行董事）、龙文治（重庆市社会局长、重庆市党部执行委员）、胡子昂（重庆参议会议长）、周懋植（重庆市商会主席）。监事会设监察人 5 人，内设常驻监察人 1 人，傅光培（重庆市政府会计长）。监察人 4 人，由重庆市政府聘派陈云阁（重庆市临时参议会秘书长）、陈介生（重庆市政府秘书长第九战区经济委员会主任委员、国民参政会参政员）、陈铭德（重庆市参议员、国民参政会参政员、新民报社总经理）、张季群 4 人担任。董事会设秘书长 1 人，重庆市政府派廖洁予充任。总行设总经理 1 人，张健冬（赈济委员会课长、重庆市政府设计委员）；协理 1 人，暂不派；经理 1 人，熊崇鲁（谦泰银号总经理、重庆市商会常务委员、重庆市钱业公会主席）；副经理 1 人，丁洛泉（重庆市政府专员、市财政局一工科科长）；襄理 3 人，周德侯（重庆市临时参议会总务主任、重庆市商会执行委员及理事）、叶敦彝（谦泰银号经理、和成银行信托部主任）、郑宝孚（建设银行襄理兼营业主任），行员 39 人，练习生 8 人，由总经理派用。[2]

---

[1]《关于提议健全重庆市银行的提案》，重庆参议会未刊档案 0054-0001-00030-0000-026-000，重庆市档案馆藏。

[2]《重庆市银行沿革》，重庆市银行未刊档案 0299-0001-00013-0000-001-000，重庆市档案馆藏；《重庆市银行职员名单》，重庆市政府未刊档案 0053-0019-02798-0100-024-000，重庆市档案馆藏。

由以上重庆银行的任职情况可见，重庆银行的董事、监察人、总经理、经理、副经理以及襄理共计 26 人，在重庆市政府中任职或者与市政府有密切关联的人就有 17 人，比例占到一半以上。 其中有的是重庆市参议会的参议员，有的是重庆市政府部门的官员或职员，其中重庆市长、市财政局长、市警察局长、市教育局长都成了重庆市银行的董事。 此外，重庆市商会、纱业公会以及银钱业的主要代表人物也位列其中，不少人还是多重身份，可见，重庆市银行是重庆市政府主办的市属地方银行，同时还吸纳了重庆工商业、金融业的各界人士。

6.2.2　重庆市银行的发展

重庆市银行作为重庆市属地方银行，营业主要以重庆一市为范围，但从 1946 年 1 月 5 日正式开业之后，就将建立分支机构作为重要的任务列入了自 5 月起至 8 月 31 日止的第二期工作计划中。 与一般商业银行不同的是，重庆市银行的分支机构主要采取的是办事处的形式，"斟酌市行业务需要情形，在适当地区筹设办事处，如上清寺、南岸、小龙坎、江北等地"。[1] 为此，制定了《重庆市银行各办事处办事细则》（16 条），对办事处的组织、人员构成以及职责等做了详细规定。 规定办事处下设总务、营业、会计、出纳四股，办事处的主任由总经理直接任命，主持该处各事务并指挥监督所属人员办理一切事务。 各处人事管理悉遵照本行职员任用规则，职员服务守则，职员请假规则，职员值日规则，职员考绩办法暨职员惩奖规则办理。 而各处放款及处理各该处事务情节重大者，均须先报请总经理或经理核准后始得办理。[2] 据此，首先开始筹设的是上清寺办事处，因为这里既是重庆市政府各单位集中办公地，更是重庆城区的繁华地段，人口稠密。

---

［1］张健冬：《一年来之重庆市银行》，《新重庆》第 1 卷第 1 期（创刊号），1947 年 1 月 30 日，第 68 页。
［2］《重庆市银行各办事处办事细则》，重庆市政府未刊档案 0053-0004-00313-0000-051-000，重庆市档案馆藏。

1946 年 7 月，在重庆市银行第三次董监联席会议上，明确将上清寺办事处的人员编制定为 12 人，其中主任 1 人，公库 2 人，会计 2 人，总务、出纳各 1 人，工役 5 人。[1] 重庆市银行最初计划在重庆市范围内人烟稠密的主要区域都建立办事处，实际上终其结束，仅设立了上清寺办事处一个，且存续时间不足一年。上清寺办事处设立于 1946 年 12 月 18 日，开业以来，由于各机关经费税收即不愿转拨该处办理，而附近民商又日形稀疏，兼之本行存款利率与市息相差远，甚不易吸收游资。负责人虽竭尽精力，业务仍无发展，不能自给自足，已失原设初意，最后经呈奉董事会核饬暂予停办，该处于 1947 年 10 月 31 日宣告结束。[2]

重庆为西南重镇，抗战结束之后，正名陪都，其政治经济地位十分重要。作为在抗战胜利之后建立的重庆市银行，是重庆市的地方银行，对重庆市之经济建设负有全权推行之时代使命。重庆市银行的业务方针：（一）协助市府调剂市财政之淡旺，暨改进市属各机关团体之财务行政；（二）协助国家银行调剂本市金融之荣枯；（三）协助乡镇造产之推进；（四）扶助本市合作事业之推进；（五）扶助本市公用及社会文化教育事业之发展；（六）扶助本市经济建设事业之发展；（七）扶助本市小本工商业之发展；（八）扶助农林生产事业之发展；（九）代理市库。[3] 由此可见，重庆市银行主要是以调剂重庆地方经济金融为任务。

根据《重庆市银行章程》（7 章 51 条）的规定，重庆市银行采行股份有限公司组织形式，以调剂地方金融、扶助经济建设、发展合作事业为案旨，营业年限以 30 年为限。并规定了重庆市银行的主要业务，除了经营一般银行的业务，如存款、放款、汇兑及押汇、票据承兑或贴现、代理收解款项、仓库业、代理保管事宜、经

[1]《重庆市银行第三次董监联席会议记录》，1946 年 7 月 12 日，重庆市政府未刊档案 0053-0004-00313-0000-051-000，重庆市档案馆藏。

[2]《关于停办上清寺办事处事宜已结束的呈》，重庆市政府未刊档案 0053-0019002798-0500-023-000，重庆市档案馆藏。

[3]《一年来之重庆市银行》，重庆市银行未刊档案 0299-0001-00013-0000-022-000，重庆市档案馆藏。

理或代募公债公司债或其他债券与其他银行订立特约事项等之外，还有特别业务，如受委托代理市以下之公库、接受重庆市政府地方建设事业借款及信用透支。[1] 以下介绍重庆市银行存续期间的存款业务、代理市库业务、放款业务等主要方面的情况。

存款业务。 在存款方面，重庆市银行一经成立，就呈请重庆市政府通令市属各机关学校，将所有公款一律在重庆市银行开户存储，大多数单位均能遵照办理。 为此，国民政府还专门颁发了《党政机关公款存汇办法》，规定各军政机关经临事业等费除特殊原因，不得提出转存公库以外之银行或其他金融机关。 各军政机关现存非公款之银行或代库行局营业部分之公款应一律移存公库，依法使用四行两局及省市地方银行，即商业银行绝对不得接受任何军政机关存款。[2] 但是，一般市民及公司商号，则因重庆市银行未开办商业贷款，无从联系，加上市行存款利息较商业银行为低，多不愿存储市行。 因此，重庆市银行吸收一般存款，绩效较小。[3] 而就重庆市银行整个存款余额来看，1946 年末为19.8亿元（法币），1947 年末为 154.9 亿元（法币），1948 年末为165 万元（金圆券），至 1949 年 11 月为 13.9 万元（银圆券）。 存款中以公库存款为主，每年所占比重均在 90% 左右，其余为机关团体存款和企业存款。 公库存款中机关团体临时性款项的代收付保管数额很大，其中主要是重庆市政府查办棉纱囤积案的罚款收入。 如 1947 年 11 月份的 15 天内代收罚款即达 21.5 亿元。 这些罚款陆续有收有支，到 1948 年 4 月，余额达 31.1 亿元。[4] 正因为如此，重庆市银行的存款多为活期存款，且流动性大，虽然来源稳定，数额较大，但多属于临时保管性质，真正的资金运用效

[1]《重庆市银行章程》，1946 年 1 月 16 日，重庆市政府未刊档案 0053-0019-02798-0100-024-000，重庆市档案馆藏。

[2]《党政机关公款存汇办法》，1946 年 7 月 2 日，重庆市政府未刊档案 0053-0002-00815-0000-001-000，重庆市档案馆藏。

[3] 张健冬：《一年来之重庆市银行》，《新重庆》第 1 卷第 1 期（创刊号），1947 年 1 月 30 日，第 68 页。

[4] 重庆金融编写组：《重庆金融》（上卷），重庆：重庆出版社，1991 年，第 201-202 页。

率并不高。

代理市库业务。 重庆市银行作为重庆市政府建立的唯一一家市级地方银行，在代理重庆市库上可以说是责无旁贷。 1939 年 12 月，由重庆市财政局长与重庆中央银行经理签署的《重庆市财政局委托中央银行代理市库契约》明确规定：委托重庆中央银行代理市库经管现金、票据、证券之出纳、保管、移转及财产之契据等保管事务。[1] 抗战结束之后，随着中央银行迁回上海，中央银行重庆分行恢复设立，重庆市库即由中央银行国库局移交给了中央银行重庆分行代理。 重庆市银行建立起来之后，1946 年 2 月与重庆市财政局签订代理市库合约，但这个合约却受到了中央银行重庆分行的抵制，还产生了不小的纠纷。 重庆市政府函请财政部核复后，得到的答复却是"为重庆市库，仍应由中央银行渝分行代理，以资熟练"。 后经重庆市政府代重庆市银行向财政部反复争取，9 月，以"此次中央财粮会议对于中央与地方财政系统之划分，从新有规定，地方金融机构对于地方财政所负责任似必更应加强，基于以上种种理由，市库仍以本行代理为宜，所有恳请代库"[2]。 10 月，重庆市政府明确复函中央银行重庆分行"复查市行代理市库为时已久，各项业务已臻熟练，且事权统一，监督考核均较便利，而于市政函复裨益尤多准，兹财政收支改制，以市行代理市库更属必须"[3]。 中央银行重庆分行无奈之下便不再争夺代理市库的权限，将市库交由重庆市银行代理。

有关重庆市银行代理市库的问题，虽然争执了很长一段时间，但市银行建立之后，就呈准重庆市府先就地方自治经费部分开始办理代库事宜。 1946 年 1—11 月之市库收支情形，各月略有差异，仅就 3 月及 9 月两个月而言：3 月，公库公款收入

---

[1]《重庆市财政局委托中央银行代理市库契约》，《重庆市政府公报》1939 年第 2-3 期，第 55 页。

[2]《关于代理重庆市库的函、呈、指令》，1946 年 9 月 24 日，重庆市政府未刊档案 0053-0019-02798-0100-082-000，重庆市档案馆藏。

[3]《关于中央银行重庆分行受委代理重庆市库的往来函》，1946 年 10 月 2 日，重庆市政府未刊档案 0053-0019-02798-0100-087-000，重庆市档案馆藏。

665233134 元，支出 347169660 元，余额 318063474 元；各机关经费存款，收入 333009454 元，支出 197320683 元，余额135688776元；各事业专款收入 300859000 元，支出200000000 元，余额 280859000 元；暂时保管专款，收入 371213081 元，支出 238198321 元，余额 133014759 元。 9 月公库公款，收入 676495648 元，支出 470095463 元，余额 206400185 元；各机关经费，存款 999692283 元，支出 641856908 元，余额 357838374 元；各事业专款，收入 1047940328 元，支出 402468296 元，余额 645472032 元；暂时保管专款，收入 1089606386 元，支出 839161738 元，余额 250444647 元。[1] 从以上数字可见重庆市银行的代库业务得以正常展开。

放款业务。 就放款而言，重庆市银行以机关及公库存款占主要部分，属保管性质，临时须得备其支用，故对资金之运用，必须求其稳妥灵活，不能长期呆滞。 因此，重庆银行的放款，以短期及不作大宗为原则，除经常拆放同业及拨专款办理小本工商贷款外，侧重于生产事业、公用事业、文化事业、卫生事业之贷款。[2]

以 1946 年 3 月和 9 月的放款比例为例，即可窥见整个重庆银行放款的一般情况。 3 月，生产事业占64.798%，计 343000000 元，公用事业占31.385%，计 166133614 元，文化事业占2.777%，计 14700000 元，卫生事业占 0.944%，计 5000000 元，机关团体放款占 0.094%，计 500000 元。 9 月，生产事业占 60.058%，计 432300000 元，公用事业占 13.753%，计99000000 元，文化事业占 20.7%，计 149000000 元，卫生事业占 3.196%，计 23000000 元，机关团体占 2.292%，计 16500000 元。[3]

1946 年，重庆市银行的业务向好，除一切开支外实际纯益为

[1] 张健冬：《一年来之重庆市银行》，《新重庆》第 1 卷第 1 期（创刊号），1947 年 1 月 30 日，第 68 页。

[2] 张健冬：《一年来之重庆市银行》，《新重庆》第 1 卷第 1 期（创刊号），1947 年 1 月 30 日，第 68-69 页。

[3] 张健冬：《一年来之重庆市银行》，《新重庆》第 1 卷第 1 期（创刊号），1947 年 1 月 30 日，第 69 页。

378699222.77 元，其中最有特色的是小本工商贷款。 早在 1946 年
1 月 4 日，重庆市就有 400 多家中小工厂决定成立联合会，为要求
工业贷款救济各厂向国民政府行政院请愿，并向政治协商会议陈
述意见。[1] 1946 年 4 月，颁布了《重庆市银行办理小本工商业
放款暂行办法》，"为繁荣市场，流通金融，协助小本工商业之发
展，增加日用品之供给，特订本办法"；小工业以其出品能供给民
生日常需用者，小商业以其能运销上项出品之供给者并经社会局
登记加入同业公会者为限；每一借款人其借款额不得超过 100 万
元；申请者应先由各该业公会理事长介绍，填具申请书，提出担
保品，送请本行审核；担保品种类以自由之原料及制成品、土地、
房屋、工具生财有价证券或仓库等为限。 借款利率按照本行普通
放款利率减少 15% 计算；借款期限最多 3 个月，如有特殊情形不
能如期偿还须于到期前半个月填具申请书申述展期理由送交本行
核办，但展期以一次为限。[2] 此后又颁布了《重庆市银行办理本
市小本工商业放款修正办法》，修正的内容主要有：借款最高额降
为 50 万元；借款利率按照本行普通放款利率减少 40 计算；借款期
限减为以 30 天为一期，如需展期须于到期 3 日前填具申请书申述
展期理由送交本行核办，但展期至多以一次为限。[3] 重庆市银
行对本市工商各业经过详细调查，择其制造及经营民生日用必需
品之小本工商 30 余类，函请各业同业公会分别转知所属会员商
号，到 1946 年 4 月底，筹备就绪，于 5 月份拨专款 1 亿元，开始
试办。 后将放款尺度放宽，增加 14 单位，连前 30 单位，共为 44
单位。 而对有关民生日常需用之小本工商业，虽未有同业公会之
组织，而经社会局登记合格者亦得具保申请贷款。 其办理情形，
以 6、9 两月为例，6 月计有陶器、制革、土布、炭薪等业，共 10

[1] 田茂德、吴瑞雨：《民国时期四川货币金融纪事（1911—1949）》，成都：西南财经大学出版
　　社，1989 年，第 351 页。
[2] 《重庆市银行工商业放款暂行办法》，1946 年 4 月 2 日，重庆市政府未刊档案 0053-0012-
　　00197-0000-029-000，重庆市档案馆藏。
[3] 《重庆市银行办理重庆市小本工商业放款修正办法》，重庆市政府档案 0053-0029-00206-0000-
　　213-000，重庆市档案馆藏。

家，共贷出 600000 元；9 月计有制革、土布、碾米、薪炭、印刷、针织、服装等业，共 29 家，共贷出 1430000 元。[1] 总计，在 1946 年一年，小本工商贷款共贷出 87500000 元。 到 1947 年初新旧年关时，重庆市工商业因周转不灵而贷出之紧急小本工商贷款为 576500000 元。[2] 同时，重庆市银行举办的扩大小本工商贷款部分同意重庆市商行会所修正办法，将利率从 6 分 6 厘，改为 6 分，但公司组织仍不列入小本工商范围。[3] 据统计，1947 年 1—4 月，重庆市小本工商贷款为 19640 万元，占放出款额 124947.05 万元的 15.72%。[4] 从 1—4 月，重庆市银行贷出 63 家，共计款项 27500000 元，[5]

而 1947 年 5—7 月，重庆市银行依照原定计划继续办理小本工商业贷款，总计贷出 69 家共计款项 29500000 元。 其类别为：土布业 19 家，7600000 元；服装业 12 家，5400000 元；制革业 12 家，6000000 元；铁锅业 3 家，1200000 元；薪炭业 11 家，5000000 元；国药业 2 家，800000 元；针织业 3 家，900000 元；洗染业 3 家，900000 元；旅栈业 3 家，1200000 元；油业 1 家，500000 元。[6]

1947 年初，重庆市银行为扶助郊区贫农促进农业生产，决定举办小额农贷，[7] 且相应制定了《重庆市银行办理本行郊区贫农小额贷款办法》，明确规定：为扶助本市郊区贫农，促进农业生产，特订定本办法办理农贷事宜；贷款区域以本市第八区至第十

---

［1］张健冬：《一年来之重庆市银行》，《新重庆》第 1 卷第 1 期（创刊号），1947 年 1 月 30 日，第 69 页。

［2］《市银行业务颇好》，《征信新闻（重庆）》第 585 期，1947 年 2 月 14 日，第 4 页。

［3］《市银行小本工商贷款利率改为六分》，《征信新闻（重庆）》第 559 期，1947 年 1 月 17 日，第 2 页。

［4］《重庆市银行监察报告书》（1947 年 5 月），重庆市一至十八区区公所全宗汇集未刊档案0057-0001-00066-0000-026-000，重庆市档案馆藏。

［5］《重庆市银行工作报告》（1947 年 1 月—4 月），重庆市银行未刊档案 0299-0001-00135-0000-001-000，重庆市档案馆藏。

［6］《重庆市银行工作报告》（1947 年 5 月—7 月），重庆市政府未刊档案 0053-0003-00088-0100-050-000，重庆市档案馆藏。

［7］《市银行将举办小额农贷》，《征信新闻（重庆）》第 619 期，1947 年 3 月 26 日，第 4 页。

八区为限；贷款对象以居住市区从事正当农业经营之贫农，而无不良嗜好者为限；贷款用途以购买种子种苗、肥料、农具、耕畜饲料以及其他有关生产上必需费用为限，不得移作其他不正当用途或转贷他人从中渔利；贷款额度按其耕地面积及租石数量分为 10 万、20 万、30 万三等；贷款期间至多以 6 个月为限，每年农历 2 月底贷放至同年 8 月底归还；贷款利率按照月息 5 分计算；贷款手续应由该区农会或保甲二家以上介绍证明填具申请书，觅请担保人送请该区农贷审查委员会审查合格后转请本行贷款。[1] 为办理好对重庆市郊区农民的贷款业务，重庆市银行特别设立了各区农贷审查委员会，专门负责审查申请贷款农民的情况并予以核定公告，对到期不将本利偿清的贷款农民负有催交清楚之责，指导农民利用贷款增加生产改进农业。[2] 进而具体划拨了各区贷款数额：第八区 1000 万元，第九区 600 万元，第十区 1000 万元，第十一区 500 万元，第十二区 600 万元，第十三区 1200 万元，第十四区 1000 万元，第十五区 1000 万元，第十六区 1000 万元，第十七区 1200 万元，第十八区 900 万元，合计 1 亿元。[3] 据统计 1947 年 1—4 月，重庆银行放出郊区贫农贷款 5110 万元，仅占放出款额 124947.05 万元的 4.1%。[4]

至 1948 年 2 月，重庆市银行各业务情况为：甲种活期存款 2078586899 元，乙种活期存款 26854475 元，定期存款 2050000 元；放款方面，折借放款同业 15300000000 元；贴现总额 3773880000 元。各种事业比例，文化事业占 44% 强，生产事业占 50%，机关团体占 5% 强；定期放款总额 1966800000 元，其分配文化事业占 16% 强，机关团体占 84% 弱；活质透支 2742439 元；活期

---

[1] 《重庆市银行办理本行郊区贫农小额贷款办法》，1947 年 4 月 1 日，重庆市政府未刊档案 0053-0019-02798-0700-024-000，重庆市档案馆藏。
[2] 《重庆市银行各区农贷审查委员会办事细则》，1947 年 4 月 1 日，重庆市政府未刊档案 0053-0019-02798-0700-024-000，重庆市档案馆藏。
[3] 《重庆市各区农贷金额分配表》，1947 年 4 月 1 日，重庆市政府未刊档案 0053-0019-02798-0700-024-000，重庆市档案馆藏。
[4] 《重庆市银行监察报告书》，1947 年 5 月，重庆市一至十八区区公所全宗汇集未刊档案 0057-0001-00066-0000-026-000，重庆市档案馆藏。

透支 84274336 元；定期抵押放款 249758000 元。[1] 虽然表面看来其收益有所增加，但是对比货币的通货膨胀率，其实际增长数额则大打折扣。

就重庆市银行的放款而言，以同业拆放为主，四年综合计算其所占的比重约为 51.7%，其次为贴现，前三年平均为 28%，一般以商业为主要对象，到 1948 年底比较特殊，80% 以上金额的贴现对象为重庆私立大中小学。 因当时物价飞涨，私立学校无法维持，向重庆市政府请愿，有 117 所私立院校被允以棉纱罚款拨充的教育基金作担保向重庆市银行申请贴现，这对当时经费极为困难的私立院校勉强维持教学不无裨益。[2]

重庆市银行的特色业务除了代理市库之外，就是专门开设了"小本工商业放款"与"市郊区贫农放款"，为地方工农业的发展提供资金，而后期以对重庆市内各公私立的大中小学校为放款对象的文化放款，对恶性通货膨胀环境下各大中小学校维持教学工作无疑具有重大意义。 除此之外，对公用事业、机关团体多有贴现放款，这些放款对维护重庆市地方经济稳定也起到了不可忽视的作用。

6.2.3　重庆市银行的结束与作用

重庆市银行筹备于抗战后期，建立于抗战结束后的 1946 年 1 月，从其建立到结束的三年多时间里，中国一直处于恶性通货膨胀中，重庆市银行也不能独善其身，最终难逃失败的厄运。

从其资本来看，重庆市银行创立时的资本为 2000 万元，在存续的短短 3 年多时间里，为了能够维持经营，前后进行了三次增资。 第一次是在重庆市银行开业半年之后，1946 年 7 月，重庆市银行第三次董监联席会议上，"为本行资本薄弱，不足以适应本行业务，究应如何增资之处，提请讨论案"，经董监事联席会议讨论

---

[1]《重庆市银行二月份业务概况》，《金融日报》，1948 年 4 月 9 日，第 2 版。
[2] 重庆金融编写组编：《重庆金融》（上卷），重庆：重庆出版社，1991 年，第 202 页。

后作出决议,增资 8000 万元,连同原有资本 2000 万元,共为 1 亿元。[1] 这次增资,最终经过重庆市政府的批准,由重庆市财政拨款得以完成。 增资虽然巨大,仍赶不上通货膨胀的速度,没过多久,重庆市银行的资本又难以继续维持经营,进行了第二次增资。 1947 年 1 月,重庆市银行召开该年度的第一次董监联席会议,又再次提出增资问题:"本行资本前经决议增为一亿元,仍感薄弱不足,以适应本行业务拟请改增为贰亿元,当否提请公决案。"经过讨论,最后决议增资为 2 亿元。[2] 这一次增资虽然使重庆市银行的资本又增加了一倍,但仅过了一年,1948 年重庆市银行再一次上报重庆市政府增资至 5 亿元,较之于成立时的资本金已经增加了 25 倍,而且其增资的势头并没有有所减退。 1948 年 8 月,国民政府颁布了《金圆券发行办法》,开始金圆券改革,1949 年 6 月,重庆市银行再次拟定准备增资 270 万元整(金圆券)。[3] 但是这次改革不到一年,1949 年 7 月,国民政府又颁布《银元及银元兑换券发行办法》开始银元券改革,两次币制改革使国民政府整个货币金融体系几乎崩溃,重庆市银行连申请增资的程序都无法完成,国民政府在大陆的政权就已经土崩瓦解了,重庆市银行希望增资的计划也无疾而终。

从其业务来看,代理市库是重庆市银行最主要的业务之一,这方便了重庆市财政资金的科学管理,提高了市政资金的利用效率。 在存款方面,重庆市银行吸收的存款以公库存款为主,虽然资金数额庞大,但是流动性较大,利用率有限。 由于通货膨胀的失控以及国民政府错误的经济改革,重庆市银行可支配的资金逐渐减少。 加之重庆金融市场的混乱,重庆市银行的业务也随之减少,早期贷出去的款还无法收回。 如 1946 年办理的年关紧急小本

---

[1]《重庆市银行第三次董监联席会议记录》,1946 年 7 月 12 日,重庆市政府未刊档案 0053-0004-00313-0000-051-000,重庆市档案馆藏。
[2]《重庆市银行三十六年度第一次董监联席会议记录》,1947 年 1 月 10 日,重庆市政府未刊档案 0053-0019-02798-0100-148-000,重庆市档案馆藏。
[3]《重庆市银行沿革》,1949 年 10 月,重庆市银行未刊档案 0299-0001-00013-0000-001-000,重庆市档案馆藏。

工商贷款，1947 年仍继续办理，此项贷款原意在救助本市小本工商业，然而，各贷款商号大都不守信用，到期不清偿，致使重庆市银行贷款无法持续开展。据报载，到 1947 年 4 月初，重庆市银行办理的紧急工商贷款，共计贷出约 5.8 亿元，多已到期，经追缴，仅收回 1/2，其余仍在继续追收中，内有小部分商家，因倒闭或停业而变为呆账。[1] 另据档案资料记载，到 1947 年 4 月，重庆市银行年关紧急小本工商贷款核准贷方为 508 家，计总额 576500000 元，实际贷放 394 家，计金额 483100000 元。截至 4 月 30 日已收回 262 家，共计金额 339760000 元，尚有 132 家，计 143340000 元没有收回。虽经重庆市银行加紧催收，并经呈准重庆市政府饬警局协助追还，仍未有效收回。[2] 此后到 1948 年初，重庆市银行又先后经过：（一）专函派员逐催，（二）函请各该业同业公会理事长转催，（三）请保人赔偿，（四）呈请市府令饬警局派警协催，（五）法规发布支付命令限半日内清偿，逾限即予执行等手续催收，都没有将贷出去的款完全收回。到 1948 年 2 月，本息未还者还有 23 户，计金额 24300000 元，本清欠息者 48 户，计金额 24231778 元，还一部分者计 19 户，计金额 8270000 元。[3] 正是由于各类贷款无法收回，导致重庆市银行的收益逐年降低。

从其收益来看，四年中重庆市银行的利息收入占总收入的 95% 以上。1946 年是抗战结束以后重庆经济相对平稳的一年，当年重庆市银行除一切开支外，实际纯益 3.78 余亿元。[4] 此后，随着国民政府军事上的节节败退，重庆经济走向崩溃，重庆市银行的业务也日益萎缩。1947 年，重庆市银行纯益 45 亿元，比 1946 年增加了十倍多，但剔除通货膨胀因素，实值要少得多。

---

[1] 《市银行催收紧急工商贷款，迄目前为止已收回二分之一》，《征信新闻（重庆）》第 627 期，1947 年 4 月 5 日，第 4 页。

[2] 《重庆市银行工作报告》（1947 年 1—4 月），重庆市银行未刊档案 0299-0001-00135-0000-001-000，重庆市档案馆藏。

[3] 《重庆市银行工作报告》（1947 年 11 月—1948 年 2 月），重庆市政府未刊档案 0053-0003-00183-0000-195-000，重庆市档案馆藏。

[4] 《市银行业务颇好》，《征信新闻（重庆）》第 585 期，1947 年 2 月 14 日，第 3 页。

1948 年为 4.9 万金圆券，1949 年 11 月为 2.1 万银圆券，纯益实值急剧下降。其各年纯益按原定分配标准，40% 为重庆市政府所获。[1]

正是由于正常业务无法开展，到 1949 年 6 月，制订下半年年度业务计划时，开篇就做出了这样的检讨："查本行成立迄今已经三载有余，自代理市库后即依据本行既定方针，拟定业务计划分期进行，除已大部分尽力完成外，惟因通货膨胀币制贬值，生活物价不断高涨，市库收支无法平衡，各项税收亦未如期解库，因之本行平素运用能力有限复以各种限制困难，故未能一一如预期之实现。"[2]

从组织机构与人事管理看，到 1949 年，随金融业不景气之趋势，重庆市银行的营业渐趋萧条，由于原有人员之薪金开支较大，无法按时全部支应，于是，重庆市银行在制订当年的人事工作计划中，建议"视业务之需要酌裁减人员或出缺不补，并报董事会改定编制"[3]。在实际的人事工作中，6 月底裁员一次，统计：辞职 4 人，长假 7 人，资遣 11 人，留职停薪 2 人，新派 18 人，升职 6 人，调职 15 人，晋级 16 人，合计 79 人，较 1948 年度减少 6 人，而且经转奉董事会核定，1949 下半年度人员编制减列为 49 人。[4]

经营环境的日益恶化，导致重庆市银行陷入困境。1949 年 2 月，处于风雨飘摇中的国民政府迁往广州，并任命张群为重庆绥靖公署主任，钱大钧为副主任，企图加强对重庆及西南地区的控制，做垂死挣扎。夏秋之交，国民政府及国民党中央党部陆续迁往重庆，10 月 15 日，正式宣布在重庆办公，蒋介石抵达重庆后，

---

[1] 重庆金融编写组：《重庆金融》（上卷），重庆：重庆出版社，1991 年，第 202-203 页。
[2]《重庆市银行三十八年度下半年度业务计划》，重庆市银行未刊档案 0299-0001-00032-0000-002-000，重庆市档案馆藏。
[3]《重庆市银行三十八年度人事工作计划提要项目》，重庆市银行未刊档案 0299-0001-00026-0000-060-000，重庆市档案馆藏。
[4]《重庆市银行三十八年上半年度人事工作报告》，重庆市银行未刊档案 0299-0001-00026-0000-060-000，重庆市档案馆藏。

企图重温抗战时期以重庆作为反攻基地的旧梦。然而，1949 年 11 月下旬，人民解放军对重庆形成合围之势，此时的重庆市银行已无银行业务可言，所剩下的工作就是为国民政府和军队垫款，甚至连重庆市政府职员的工资也需要重庆市银行垫付。11 月 21 日，重庆市政府提出由重庆市银行将 11 月份营业税 35 万元于 5 日内各收垫缴，便于发给员工欠饷，以达到安人心的目的。[1] 11 月 28 日，人民解放军先头部队攻占了重庆市郊的南温泉，并于当晚解放江津县城。29 日晚，蒋介石逃往白市驿机场，凌晨飞往成都。30 日晚，人民解放军进入重庆市区，重庆市银行也被军管会接管，结束了其不到 4 年的历史。重庆解放初期，重庆市军管会成立了金融部，重庆市银行随同当时在重庆的各国家行、局、库被金融部所接管。接管工作至 1950 年 1 月 21 日全部结束，此后重庆市军管会所属金融部并入人民银行西南区行。对外依然悬挂"中国人民银行西南区行"和"重庆市军管会金融部"两块牌子。[2]

重庆市银行虽然存续不到 4 年，但它却是抗战胜利后成立的唯一一家重庆市属地方银行，在其短暂的历史中，重庆市银行最大的特点就是它体现的是重庆市政府的意志，体现了地方银行与地方政府的密切联系。重庆市银行曾一度积极增设分支机构，努力拓展业务，协助重庆市政府做好战后重庆的重建工作。重庆市银行的经营发展以重庆市财政为中心，代理市库，直接充任市财政的出纳机关。存款中绝大部分是公库存款，其中大量为查办棉纱囤积案的罚款收入。贷款多以同业拆放款和贴现为主，贴现放款中有很大一部分是针对重庆市私立大中小学，对当时各类学校维持教学起到了积极的作用。在扶持地方经济方面，重庆市银行开办小本工商贷款、郊区贫农贷款，帮助小本工商业者和城市郊区贫农这两类被国家行局、商业银行所忽视的弱势群体，为他们在

---

[1]《关于重庆市银行垫付重庆市政府职员薪饷的交议案》，1949 年 11 月 21 日，重庆市参议会未刊档案 0054-0001-00020-0000-013-000，重庆市档案馆藏。

[2] 周勇：《重庆通史》，重庆：重庆出版社，2002 年，第 1439 页。

战后的生存提供了积极的帮助。将罚收来的囤积棉纱贷款作为教育基金，用于帮助恶性通胀下难以生存的学校，这一举措符合了财政学中财政的转移支付手段是一种扶持地方教育的科学手段。从以上的业务开展可以看出，重庆市银行作为一家地方银行，在扶持地方经济与教育方面，做了诸多积极有益的工作。正因为如此，重庆市银行的业务自建立之初经营就面临较大风险，盈利能力弱，资金安全性低，唯重庆市政府马首是瞻，许多业务的开展甚至不计收益，以饮鸩止渴的方式扶持地方经济，这本身就成了一个经济不稳定的因素。在 1949 年国民政府败退台湾前夕，重庆市银行还充当了政府滥发钞票、强行收兑金银的工具，对重庆市地方经济更是造成了不小的破坏。因此，从重庆市银行短短不足四年的发展历史来看，地方银行对地方经济的扶持，其前提必须是自身经营的安全稳健，而要做到这一点必须处理好与地方政府的关系，不能沦为地方政府的附庸。

6.3 抗战结束后重庆混乱的金融市场

1945 年 9 月抗战胜利之后，重庆金融市场发生了显著变化，由抗战期间的大后方金融中心变为一内地市场，特别是自 1946 年 5 月 1 日国民政府还都令公布之后，国民政府开始复员南京，人心与资金东向，全国金融中心再次东移上海。重庆金融市场显示出冷落景象，重庆物价曾普遍下跌，法币信用得到提高，人们希望通货膨胀能够得到遏制。然而由于国民党统治区域日渐缩小，再加之国民政府错误的经济政策，使本就脆弱的经济秩序不断遭到摧毁，国统区各地的经济局面一片混乱。重庆作为国民政府在西南地区重要的政治经济城市，其金融市场的混乱尤其典型。

战后，重庆的金融市场是不健全的。由于战时重庆证券交易所关闭之后再也没有开设过，因此，重庆是没有证券市场的，一般投机者多于金钞市场与货物市场内活动，不过，战后重庆的金融市场仍然集中在陕西街的钱业公会里面，"大门附近戏台子下的一群是干汇兑生意，它的左侧有一短木栏，那是黄金市场，再上前有座房子，是专经营外币美钞、卢比的地方"。"上午八点半，下午一点是一天两场开始之时间，在每场结束前，人们都拥上那座小戏台听取汇兑行情的报告，各地行情"。[1] 可见，这里既是货币汇兑的场所，还是黄金交易的场所，也是各种外币交易的场所。

6.3.1 战后重庆的货币汇兑市场

1945 年抗战胜利之后，大片国土的收复，原来局限于大后方，特别是战时首都重庆的法币一下流向全国，这就相对减少了以重庆为中心的大后方地区的法币数量。同时人心振奋，以为抗战胜利国内和平统一，对法币价值恢复相当信心，物价激落亦表示货物来源有继，不须再度囤积居奇。1945 年 9 月 28 日，由国民政府财政部公布伪中央银行储备钞票准以 200 元换法币 1 元，由中央银行及其委托之机关办理收换事务[2]，大大提升了法币在收复区的购买力，减轻了重庆的压力。

1946 年 1 月内，由于国共谈判成功消息传出，金融界亦感兴奋，市面银风平疲，利率下降，而月底旧年年关临近，银风转趋紧俏。但为期至短，不敷数日即转疲滞，故在 2 月份内，银风始终平疲，利率节节下降。3 月 4 日，国民政府公布开放外汇办法，并规定外汇率后，市场游资就范，投机减少。但由于资金汇沪，日有增加，沪市利率较渝市为高，握有资金者既不能投机金钞，亦不愿囤积货物，唯有汇沪生息比较划算。因此，资金东流，重庆市头寸枯竭，银风转趋快俏。4 月，银风由平和转趋松疲，利率回降。5 月初，银风和缓，利率尚能保持稳定，月半比期过后，国民政府还都南京，各机关纷纷东迁。公私汇出款项颇巨，

---

[1]《渝金融市场内幕》，《报报》第 2 卷第 7 期，1946 年 5 月 18 日，第 59 页。
[2] 吴冈：《旧中国通货膨胀史料》，上海：上海人民出版社，1958 年，第 129 页。

重庆市各行庄存户提现者，颇不乏人，一时银风紧俏，利率再升至大一分左右。6月8日，国民政府公布国共停战于二周内谈商和平，银风由平和转趋松弛，而重庆市银钱业，对内和平，向抱乐观保留态度，而本身资金过剩，既不能投资工商，而汇沪转放，又须担负风险。6月底大比来临，各行庄纷纷调款回渝，银风疲滞，无以复加。[1]

战后，重庆的国内汇兑业务，主要体现在重庆与外埠间大量的资金流动，汇款业务十分发达，表6-5、表6-6为战后重庆内汇活动记录。

表6-5 1946—1948年2月重庆的省际汇兑表

单位：万元

汇往地区	1946年(1—12月)				1948年(1—2月)			
	总额	平均额	汇率	占省际汇出总额/%	总额	平均额	汇率	占省际汇出总额/%
上海	9579900	798325	1035	77.8	16530090	8265045	1051	61.5
汉口	671610	55968	1012	5.6	2445900	1222950	1035	9.1
广州	573750	47812	1030	4.7	1271000	635500	1115	4.6
昆明	443400	36950	996	3.6	2625000	1812500	1029	13.5
贵阳	416750	34729	1003	3.4	1280000	640000	1047	4.8
柳州	28150	2559	1034	0.2	37000	18500	1135	0.1
宜昌	281160	23430	1020	2.3	180000	90000	1030	0.6
天津	62150	6906	1028	0.5				
西安	239700	21791	1002	1.9	1490000	745000	990	5.5
总计	12296570				26858990			

资料来源：罗志如、李宗荣，《重庆金融市场概况》，《资本市场》第1卷第10-11-12期，1948年12月，第37页。

---

[1] 李荣廷：《半年来重庆金融市场》，《银行通讯》新8期，1946年7月，第30页。

表 6-6　1946—1948 年 2 月重庆的四川省内汇兑表

单位:万元

汇往地区	1946 年(1—12 月)				1948 年(1—2 月)			
	总额	平均额	汇率	占省内汇出总额/%	总额	平均额	汇率	占省内汇出总额/%
成都	752000	62667	996	78.5	1404000	702000	970	89.0
万县	42550	3868	1007	4.5	170000	178000	1032	2.0
宜宾	22500	3750	1004	2.4				
内江	133350	12122	1006	13.8				
乐山	7250	659	1003	0.8				
共计	957650				1574000			

资料来源:罗志如、李宗荣,《重庆金融市场概况》,《资本市场》第 1 卷第 10-11-12 期,1948 年 12 月,第 37 页。

由上表可知,抗战结束以后的重庆内汇市场,就省际贸易而论,四川省居于出超,资金应向内流,然而,抗战结束之后,由于上海、汉口、广州诸埠牟利机会较多,而货币进货也多经上述诸埠,利率平时也较高,是影响重庆市资金外流的极强力量。 因此,虽间或重庆利率高于上述诸埠,然长期而论,重庆资金外流较内流时候多,尤以流向上海一地为主,上表虽无汇入统计相对照以作准确之分析,不过从重庆市资金外流路线及对各埠口汇款供需状态,及各埠口银根之松紧,可以大约看出。 更可见,一般金融业运用资金之途径日益狭隘,不得不倾注其资力于汇兑业。而重庆金融市场,波动大,张弛不定,一般行庄借买卖汇票方式以调拨头寸,运用其资金,所以,战后重庆金融市场中的汇兑业务特别发达。

在汇兑业务中,抗战胜利之后的申汇,成了重庆市银钱业主要业务之一。 1946 年的 1—6 月,总计市场成交总额约 382.8 亿元,门市汇出尚不在内,据确实估计,连同国家行局在内,半年来汇申之款为 2000 亿元左右。[1]

---

[1] 李荣廷:《半年来重庆金融市场》,《银行通讯》新 8 期,1946 年 7 月,第 30-31 页。

1946 年 1 月 30 日，重庆票据承兑所举行所员大会，决定随行庄胜利复员，将总所迁沪，在渝设分所。[1] 尽管如此，重庆的票据市场依旧红火，到抗战结束之后，虽然重庆作为战时首都的地位已经不复存在，国家四行两局的总行及各省银行（胜利后已有广西、陕西、河南等数家撤销在渝机构）也已回迁，但参加票据交换的中外行庄仍然十分可观，详见表 6-7 统计。

表 6-7　截至 1946 年 9 月重庆市参加票据交换之中外行庄统计表

华商银行名单 （57 家）	银号钱庄名单 （19 家）	外商银行名单 （2 家）
四川省银行渝分行、储蓄部及两路口办事处	永生	汇丰银行
重庆市银行	义丰	麦加利银行
四川美丰银行及其新生路办事处、上清寺储蓄部	振裕	
中南银行渝分行	益民	
大陆银行渝分行	志诚	
浙江兴业银行渝分行	久裕	
金城银行渝分行及其民权路、两路口办事处、信托渝分部	成大	
四明银行	江庆	
通惠实业银行及其信托部、储蓄部	福余	
聚兴诚银行及其民权路、上清寺两办事处	信通	
西亚实业银行及其信托部	万镒	
中国实业银行渝分行及其信托部	信源	
上海银行渝分行	正大永	
建国银行	同生福	
川盐银行	总汇	
和成银行及其化龙桥支行、江北办事处	永庆	
重庆银行及其信托部、民权路办事处、林森路办事处	金源	
四川建设银行	永裕	
川康建设银行及其都邮街支行、上清寺办事处	怡益	
中国国货银行渝分行		
云南兴文银行		
江海银行渝分行		
四川农工银行渝分行		

----

[1] 田茂德、吴瑞雨：《民国时期四川货币金融纪事（1911—1949）》，成都：西南财经大学出版社，1989 年，第 351-352 页。

华商银行名单 (57家)	银号钱庄名单 (19家)	外商银行名单 (2家)
长江实业银行		
开源银行及其信托部		
盐业银行渝办事处（1946年10月1日迁沪）		
大川银行渝分行		
新华银行渝分行		
复兴实业银行渝分行		
中国工矿银行		
中国农工银行		
泰丰银行		
华康银行		
建业银行		
聚丰银行		
汇通银行		
其昌银行渝分行		
胜利银行		
聚康银行		
和通银行		
永成银行		
和丰银行		
和平银行		
同心银行		
永利银行		
同丰银行		
复兴义银行		
安康银行		
正和银行及其储蓄部		
谦泰裕银行		
光裕银行		
大同银行及其储蓄部		
复华银行及其香国寺、头塘两办事处		
四川兴业银公司		
怡丰银行		
济康银行		
山西裕华银行		

资料来源：《重庆银行银号钱庄统计》，《征信新闻（重庆）》第 476 期，1946 年 10 月 3 日，第 1 页。

由表 6-7 可见，到 1946 年 9 月底，参加重庆票据市场交换的行庄主要有华资银行 57 家、银号钱庄 19 家、外资银行 2 家，共计 78 家，连同分支机构共计 104 个单位，此外尚有少数未加入交换之分支处及钱庄未计入。

战后重庆的票据市场上本票充斥，本票本是重庆当地银行发给客户的一种有价票据，必要之时可以缴纳贴水进行兑现。1947 年之后，本票在重庆市面的流通已经难以控制，金融业之间的存取款与银行的同业拆兑，多以本票进行。银行、钱庄本票签发的面额加大，数量增多，重庆市面出现很多伪造本票，如 1947 年 1 月，重庆市面发现五十万面额的伪造本票，导致商民皆有怨言。[1] 国民政府出于维护金融稳定之目的，开始出面限制商业银行与钱庄发行本票。1949 年 3 月 21 日，重庆市参议会向绥靖公署建议，"渝央行已发定额本票，即转各商业行庄，应限各行庄于三日内将所发本票全部收回，如再滥发，亦予停止交换处分"[2]。但直到 5 月 7 日，才是收回行庄发行本票的最后一天，市面对本票大部已停止接受，持票人前往出票行庄兑现颇为踊跃，此后，各行庄尚未兑回的本票金额，将移存中央银行。[3] 然而，在行庄本票停发之后，中央银行却签发大量定额本票，除一百万及五十万在市面流通之外，还进一步增发了一千万、五千万、一亿等种。[4] 商业行庄也并未完全遵守国民政府的相关规定，暗中发行本票。这直接导致重庆 6 月行庄"本票案"的发生。

1949 年 6 月，由西南军政长官公署出面组织检查组，对商业行庄账目进行检查，最终查获重庆商业、永成、益民、同心、聚丰、福华、民丰、大夏、同丰、怡益 10 家行庄超额发行本票，勒令其停业处分。与此同时，另外查出数十家行庄也多开了本票，

---

［1］《渝市近发现五十万伪造本票》，《新新新闻》1947 年 1 月 28 日，第 11 版。

［2］《渝行庄滥发本票，市参会建议制止》，《申报》1949 年 3 月 22 日，第 2 版。

［3］《行庄本票收回限期今日最后一天》，《现代经济通讯》第 434 期，1949 年 5 月 7 日，第 2 页。

［4］《为充分供应市面需要，央行大额本票随时出笼》，《现代经济通讯》第 434 期，1949 年 5 月 7 日，第 2 页。

但最终从宽处理，分别给予申诫、警告或在一定时间内停止交换的惩处。[1] 1949 年 8 月，以"滥发本票，扰乱金融"的罪名对重庆商业、永成等十家行庄提起公诉，其最终判决结果是"同心、永成、重庆、聚丰四行经理及会计主任各处有期徒刑 3 年，并处罚金 5000 元，其余行庄并未受到惩罚"[2]。而四家行庄对相关人员进行贿赂，最终该案件判决并未执行。从此案中已经可以看出，重庆各行庄在战后的混乱程度，滥发的本票确使重庆金融陷入混乱之中。

1946—1949 年，重庆市面因通货膨胀，为了降低法币流通的速度，重庆各银行、钱庄开始大规模发行本票并直接在市面上流通。随着时间的推移，银行、钱庄发行的本票逐渐超过其准备金允许发行的上限，导致本票同样贬值。本票兑换现钞的贴水至 1949 年，已经高达 60 元。

随着国民政府在战场上节节败退，巨额军费的输出与战场的失败使国统区经济陷于崩溃之边缘，国民政府只能继续靠发行钞票来支撑庞大的军费开支。到 1946 年 6 月，国民政府财政部部长俞鸿钧告诉立法院称：截至 1946 年 5 月底，国民政府已经耗去当年度总预算 23 亿亿元之 15 亿亿元，政府的赤字将由发行新钞弥补。[3]

1948 年的重庆货币市场，注定是动荡的，严重的钞荒困厄着重庆的商业行庄，连中央银行重庆分行也感到惶恐不安。6 月出现一波涨风之后，通货周转越来越快，市面现金奇缺，整个货币市场陷入了现钞短缺周转不灵的困境。从上海空运现钞到重庆，一架飞机能运送 3000 亿元，只够中央银行重庆分行一天的供应量。该行经理杨晓波说："一天没有 3000 亿现钞，就开不了门。"加上出口商在内地收购土产，向重庆调现，重庆市面的钞荒

---

[1]《重庆滥发本票行庄，西南公署勒令停业》，《新新新闻》1949 年 6 月 15 日，第 2 版。
[2]《渝四行庄滥发本票，法院判处徒刑三年》，《新新新闻》1949 年 8 月 27 日，第 5 版。
[3]《传闻实行新币制，美钞黑市起波动》，《经济通讯》第 22 期，1946 年 6 月 22 日，第 30 页。

也就更加严重了。[1]

因法币不断贬值，1948 年 8 月，为了收兑金融市场已经泛滥发行的法币，一并收兑民众手中之黄金、白银、银币、美元等筹码，国民政府决定用行政手段，彻底解决回收货币与遏制黄金等投机问题，开始了金圆券币制改革。 8 月 19 日，国民政府颁布《财政经济紧急处分令》，规定：中华民国之货币以金圆为本位币，每元之法定含金量，为纯金 0.22217 公斤，由中央银行发行金圆券，十足流通行使；金圆券发行总额，以 20 亿元为限。[2]《人民所有金银外币处理办法》则规定：黄金、白银、银币及外国币券在中华民国境内，禁止流通买卖或持有；人民持有黄金、白银、银币或外国币券者，应于 1948 年 9 月 30 日以前，向中央银行或其委托之银行，兑换金圆券。 黄金按其纯含量，每市两兑给金圆券200 元；白银每市两按其纯含量，兑给金圆券 3 元；银币每元兑给金圆券 2 元；美国币券每元兑给金圆券 4 元。[3] 金圆券发行上限本为 20 亿元，但实施之后很快突破 20 亿元的总量，这就导致本用于收兑法币、替代法币流通于金融市场的金圆券成了变相的大额法币，由于金圆券一再突破其发行的限度，导致其贬值的幅度不断增加。 对金银外币的收兑没能起到维持金融市场稳定，遏止金融投机的目的，倒是成了国民政府对民众的公开掠夺。 金圆券发行总额上涨至需求量的 10 倍，无异于加重通货膨胀，物价继续飞涨，金融市场混乱难以控制。 在重庆，该项政策实施结果不仅导致金圆券很快被排挤出金融市场，更加重了民间黑市的兴起，破坏当地本就十分脆弱的经济秩序，加剧了社会的动荡。

为了督导国统区金圆券的推行，国民政府还公布了《整理财政及加强管制办法》，将国统区划分为若干经济区，设督导员负责

---

[1] 中国人民银行总行金融研究所金融历史研究室：《近代中国的金融市场》，北京：中国金融出版社，1989 年，第 199 页。

[2]《金圆券发行办法》，《工商法规》，第 23 期，1948 年 8 月 21 日，第 810-811 页。

[3]《人民所有金银外币处理办法（摘录）》，《立信月刊》第 7 卷第 9 期，1948 年 9 月 15 日，第 7 页。

贯彻执行，西南区为徐堪，驻重庆督导，对人民施加高压，强迫工商银钱业和居民以金银外币兑领金圆券。截至1948年9月18日，一个月的时间，中央银行重庆分行统计，兑换黄金40644.63两，白银155369.18两，银元453101元，美钞106356元，港币7680元，辅币1914050元，约合11846496.54金圆，折合法币36万亿元左右，而镍币一项，因散存四乡尚多，以后陆续流入重庆，市场游资骤然增加，银根分外松滥。其结果：（1）游资大量外流，内汇旺盛，各区汇率上涨；（2）游资大量奔本地商品市场，抢购货物，物价因之上涨，影响利率上升，而物价上升违反国民政府的限价规定，致使货品出缺，商店提早关闭，金融市场位置扰乱，贻害社会更大。[1] 截至10月底，中央银行重庆分行共计收兑：黄金5.8万两，占全国收兑总额的3.5%；白银35.6万两，占4%；银元255.6万元，占10.8%；美钞26.9万元，占0.5%；港币2.4万元，占0.03%。[2] 然而，重庆及其四川市场上的收兑任务并没有完成，到12月初，中央银行重庆分行发出公告，"案准本行总行发行局本年12月1日电，略开：关于收兑法币、关金券、东北流通券，请予展期一案，业经转准财政部核定，四川区内展至本年12月15日为止，希即登报公告，加紧收兑，并通知各收兑国省行局库一体加紧收兑，勿延期限等由，自应遵办，除分函外，特此公告"[3]。由此可见，收兑的艰难与民众的不满，重庆民众将私人持有之金银外币限期上缴政府，兑换金圆券，民众财产遭到洗劫，而金圆券因不断贬值，最终被排挤出了重庆金融市场。

1949年3月，重庆钞荒十分严重，贴水达5/10，公教机关无钞发薪，已有断炊之虑，绥靖公署主任张群，特电中央银行总裁告急。于是，中央银行允拨20亿金圆券给重庆，3月29日，由专机运渝救急。同时，为救西南钞荒，决定4月1日恢复重庆印

---

[1] 罗志如、李宗荣：《重庆金融市场概况》，《资本市场》第1卷第10-11-12期，1948年12月，第39页。

[2] 蒋孟豪：《解放前重庆的货币与金融》，中国人民政治协商会议重庆市委员会文史资料委员会：《重庆文史资料》第四十辑，重庆：西南师范大学出版社，1993年，第192页。

[3] 《中央银行重庆分行公告》，《征信新闻（重庆）》第1216期，1948年12月6日，第1页。

钞厂，中央银行增加印制厂技术人员到重庆进行复厂工作。[1]

为挽救经济困境，1949 年 7 月，国民政府又进行银圆券改革，颁布《银元及银圆兑换券发行办法》，规定政府一切收支，均以银元付给；一切税收均以银圆券为惟一合法货币，不得以其他货币，违者收缴，[2]发行银圆兑换券，用以兑换银元现款，该银圆兑换券仅在广州、重庆、成都、衡阳、桂林、贵阳等城市可以兑现。 国民政府正式以 1 比 5 亿的比价，用银元或银圆券兑换金圆券。 但是由于国民政府本来银圆储量就极为有限，发行银圆兑换券作为通货准备金不足，为再次的物价飞涨埋下祸根。 1949 年 8 月，有人就撰文指出"自恢复实施以银元为本位以来，迄今五十有五日，物价暴涨，蓉渝等地，不能形同罢市，国内经济一度陷于极度混乱的状态"[3]。 而国民政府官方仍对发行银圆券的具体情况进行虚假宣传，如"重庆市廿兵工厂代铸银元，正日渐增铸中，银元券发行数字全国仅一千余万元"[4]等，号称银圆券随时都可以兑现，要求市面上不要歧视银圆券。 到 10 月间，银圆券充斥市面，急剧贬值，银圆券一元只值银圆七分。 由于银圆券的贬值，重庆民众开始大批向中央银行重庆分行进行挤兑。 广州解放之后，国民政府高官开始涌向重庆，银元的挤兑风潮达到高潮。无奈之下，国民政府在中国农民银行、中国银行增设兑换处，仍然无法平息银元兑换风潮。 1949 年 11 月，中央银行最终被迫宣布暂停兑换银元，撤销重庆市区的银元兑换处，将其迁移到石桥铺进行兑换，这实际上宣告了银圆券不再兑现，银圆券改革再次以失败告终。

1949 年 7 月实施的《银元及银圆兑换券发行办法》将已经难以恢复的重庆金融业彻底破坏，银圆券大量发行与重庆、成都等西南中心城市，并以 1：500000000 兑换金圆券。 这是国民政府在

[1]《解决西南各省钞荒，重庆印钞厂决恢复》，《新新新闻》1949 年 3 月 29 日，第 5 版。
[2]《总统颁令改币发行银元及银圆券》，《新新新闻》1949 年 7 月 3 日，第 2 版。
[3] 濮实：《论银元与银圆券》，《新新新闻》1949 年 8 月 29 日，第 10 版。
[4]《银圆券发行数字全国现仅千余万》，《新新新闻》1949 年 10 月 15 日，第 5 版。

大陆最后一次货币改革，其目的与 1948 年改革类似，但是从实际情况来看，这次改革的目的已经并不是为了维持金圆券的稳定，而是在金融秩序已经无法维持的情况下对民众进行的最后一次搜刮。 这次所谓的币制改革对重庆的金融市场产生的破坏作用极大，所幸仅 4 个月后，重庆就宣告解放。 从上述内容中可以知晓，在重庆实施的诸多国民政府的经济与金融政策，其破坏作用远远大于建设作用。 国民政府接连出现的政策失误，使战后重庆金融市场不仅没能够从战争的破坏中恢复，反而陷入长期动荡，风潮频发，最终衰落。 国民政府的政策失当是重庆金融市场混乱的根本原因。

6.3.2 战后重庆的黄金市场与外汇市场

抗战之后，重庆的黄金市场与外汇市场关系十分密切。 国民政府的通货膨胀，使重庆市面黄金投机越发增加，导致市面黄金风潮频发。 在恶性通货膨胀下，人们希望通过购存黄金来保值。黄金存款户多数是存量不多的小存户。 宋子文出任行政院长后，于 1945 年 8 月又搞了一次"黄金捐献"。"为充实反共军费"，经国防部最高委员会决议，财政部制定了《黄金购户存户献金办法》，规定：凡购入黄金及存入法币折合黄金存款的购户、存户一律捐献 40%（一两以内免捐）。[1] 这次献金运动一举没收人民1500 亿元法币的财富。 据统计，至 1946 年底，捐款数计820468.8两。 黄金存款户 80% 以上为不满五两的小存户。 1945 年 4 月金价是 35000 元，到期付款时官价 17 万元，后来金价跌至 8 万元。黄金存款户的收入，扣去 4 成，只剩下 48000 元，如计算拆息，就大大蚀本。[2] 这充分暴露了黄金政策的目的并不是在货币贬值情况下，给人民以保存币值的工具，它的目的是趁火打劫，对人民群众进行巧妙的欺骗和赤裸裸的掠夺。

---

[1] 中国人民银行总行参事室：《中华民国货币史资料》第二辑（1924—1949），上海：上海人民出版社，1991 年，第 426 页。

[2] 杨培新：《旧中国的通货膨胀》，北京：生活·读书·新知三联书店，1963 年，第 53 页。

1945 年 6 月，抗战尚未结束，国民政府就出台政策禁止买卖黄金。而仅仅 4 个月之后，1945 年 10 月，中国银行又开始买卖黄金。重庆的黄金与外汇市场也伴随着抗战的胜利与政策的改变，经历了过山车式的起伏。日本投降消息传到重庆后，8 月中旬，黄金市价跌至 8.8 万元，8 月底又续降至 8.3 万元，到 9 月 10 日，黄金市价惨跌至 4.8 万元，打破价值最低纪录。美钞由 7 月的高峰 3200 元，胜利后跌至 1100 元，转入 9 月更暴跌至 650 元最低潮，这时银根紧俏，金融市场被卷进了危险的旋涡里。直到 10 月—12 月，随着重庆金融中心地位的丧失与内战形势的紧逼，金钞才开始蠢动，黄金跃回至 8.7 万元，在中国银行牌价之边缘徘徊，美钞回到 1500 元左右。到 1946 年 1 月，黄金跨入了 9.4 万元的门槛，美钞也突破了 1500 元大关。[1] 重庆市场上的金价，最高已超出中国银行卖价 8.9 万元以上，敏感者观察，中国银行的售金办法终难持久，买气逐步上升，人心益感不安。2 月 12 日，重庆金价随平、津、沪、汉金价猛涨，近 3 日内即由每两 9.3 万余元，接连突破 10 万元、11 万元大关，较中国银行的官价高出 2 万多元，中国银行门前为争购黄金，数百人发生扭打，乱作一团。[2] 自从国民政府将黄金官价固定于每两收进 8.5 万元，售出 8.9 万元，并委托中国银行重庆分行独家发售以来，因为市价的动荡不定，时有涨落，一般投机家便在重庆以中国银行为尾闾，过着转手发财的生活。在市场低的时候，从市场上买得，去卖给中国银行，市价一涨，又从中国银行买来，抛到市场上去，如此进出，博取厚利。[3] 中国银行重庆分行里排队买卖官价（每两 8.9 万元）黄金的人，只要每天能站在前面，就可以把位置出卖 30 万元之巨。[4]

1946 年 2 月 13 日，中国银行迫于购金拥挤，秩序无法维持，

---

[1]《胜利后的重庆金融市场》，《征信新闻（重庆）》第 306 期，1946 年 3 月 16 日，第 13 页。
[2] 田茂德、吴瑞雨：《民国时期四川货币金融纪事（1911—1949）》，成都：西南财经大学出版社，1989 年，第 352 页。
[3]《重庆中国银行购买黄金的真情》，《大观园周报》第 13 期，1946 年 3 月 15 日，第 4 页。
[4]《谁操纵了黄金价格》，《生存》第 1 卷第 1 期，1946 年 3 月 1 日，第 3 页。

遂告停售，此消息一传出，市价激涨，最高曾至 17.8 万元。 2 月
28 日，国民政府公布《中央银行管理外汇办法》，因市场把握不
定，美钞市价由 2 月中旬的 2430 元最高峰，降到 2 月底的 1930 元
左右，而金价也因将在公开市场随时买卖黄金，又趋下挫。 3 月
份开始，金价继续下挫，继受沪价影响，再度回升，然最高价不过
16.4 万元。 美钞则因为 3 月 4 日国民政府公布新外汇率为 2020
元，与市场持平。 4 月起，上海中央银行直接参与市场，公开标
售黄金，市价起伏幅度愈狭，最低 14.24 万元，最高亦仅 16.5 万
元，而美钞也没有大的起落。 5 月起，国民政府还都，资金大量
东下，上海金市再趋活跃，沪价上涨，重庆市随之，最高价一度突
破 20 万元。 美钞则因为金价回涨而被带起，最高价曾达 2550 元。
6 月，继 5 月上涨之后，虽已略现回挫，然市面谣言仍多，内战爆
发可虑，金价受政局影响不得不再行提升，以保全币制。 故半年
内，以 6 月之金价为最高，每两为 21.75 万元。 而美钞市价，则
由于国民政府重申严格管制办法，不许外商银行开发美钞汇票，
市价受此刺激，乃继续上升，最高曾达 2870 元，堪为半年内美钞
市价之最高峰。[1]

1946 年 2 月以后，中国银行重庆分行停止出售黄金后，改为
中央银行在上海明配暗售，上海的黄金价格每两由 9 万余元突至
19 万元，全国各地跟着上涨。[2] 从 5 月开始，中国银行陆续将
存在重庆的黄金运往上海，首批黄金共计 16 箱已经于 5 月 10 日前
后运抵上海。[3] 7 月，重庆的黄金期货因多空胶着而盘旋，到月
底时，期货不断发生倒账，致使市价由 20 万元直泻到 18 万余元，
美钞也因结汇受限而交易冷落。 8 月 19 日调整对美外汇官价前，
市场人心浮动，金钞两市在 17 日一致盲动。 19 日晨盘，黄金由
19.8 万元一跃升至 25.5 万元，美钞亦蹿至 3380 元，当调整美汇官
价确数宣布后，金钞市价再由高价回挫。 9 月，金钞波动幅度稍

---

[1] 李荣廷：《半年来重庆金融市场》，《银行通讯》新 8 期，1946 年 7 月，第 30 页。
[2] 《谁操纵了黄金价格》，《生存》第 1 卷第 1 期，1946 年 3 月 1 日，第 3 页。
[3] 《中行黄金陆续由渝运沪》，《征信新闻（重庆）》第 352 期，1946 年 5 月 10 日，第 2 页。

窄,紧中现平。 10—11 月,金价在中央银行压抑下彷徨,而美钞则在改革币制及国际货币基金委员会通告各会员国对外汇率应加固定,短期内并不得更改等因素影响下,扶摇上升。 12 月,金价仍逐渐上腾,23 日各地金价暴涨,渝市在外力下,金钞联袂上升,厂条市价紧迫 40 万元大关,美钞亦达 7000 余元。[1] 与此同时,中央银行在上海以雷霆万钧之势逐日抛售大批黄金,受其影响,重庆金钞连日盘势如秋风落叶零乱纷纷,大户处此风声鹤唳中遂感维护乏力,散户更把舵不定,迭有了结,到 12 月 26 日,为时不过三日,黄金厂条已由 40 万元大关边缘溃至 34.3 万元,美钞大票亦由 7200 元高峰跌至 5950 元,由于中央银行的压力仍在加大,加上年关将近,金钞短期内不易回平。[2]

1947 年 1 月,在上海,每天都由中央银行配售黄金给金业公会及银楼公会,从 1 月 25 日—30 日,六天合计共放出 14080 条,市场价格却始终被压制在每两 400 万元以内,而重庆黄金市价却节节上升。 2 月 1 日,重庆厂条早盘价与前一日沪市赤价 399 万相较,每两高出 14 万元。 正是由于重庆与上海金价的巨大差距,重庆不断调款到上海收购黄金,进行投机。[3] 2 月 8 日,上海的中央银行抛售黄金千条,计 1 万两,总价值 45 亿元。"一般人士相信,沪上似有一神秘组织,正利用其巨大潜力与中央银行斗法",而重庆黄金市价卖出 58 万元,买入 64 万元。 厂条晨开 61 万,收 61.5 万元,午开 61.5 万元,收 62 万元,其间见 63.5 万元之高价,美钞开 15000 元,收 12000 元。[4] 2 月 11 日,上海中央银行宣布:配售黄金专以银楼业为对象,金店不再配给,使金价疯狂暴升,后在市场管委会宣布投机者将受惩处下略见回缩,但还是比

[1] 徐尔著:《一年来的重庆金融市场》,《征信新闻(重庆)》第 552 期,1947 年 1 月 3 日,第 5-6 页。
[2] 《沪央行大量抛售黄金,渝市金钞连日狂泻》,《征信新闻(重庆)》第 546 期,1946 年 12 月 26 日,第 2 页。
[3] 《黄金沪市平稳渝市上跳》,《征信新闻(重庆)》第 574 期,1947 年 2 月 1 日,第 2 页。
[4] 《上海黄金斗法,央行抛售黄金万两,全为某阔佬所独购》,《新新闻》1947 年 2 月 9 日,第 3 版。

前一日上涨了 18 万元，美钞也随之上涨到 15400 元。 2 月 12 日，晨市金钞交易在各方严密注视下转入暗盘，但仍价格坚挺，厂条高见 100 万元，铸条亦见 95 万元，美钞更升至 17000 元。 午后市场传出主席莅沪及贝祖诒总裁与孔祥熙晤谈等消息，金钞一致狂泻。 晨午金价相差达 20 余万元，美钞差数亦为 4000 元。[1] 2 月 13 日，上海中央银行供售黄金计银楼 45 条，每条价 630 万元。[2] 同日，市场状况略见缓和，晨市卖多买少，厂条 60 万元，铸条 55 万元，美钞 1 万元。 午后，买风转盛，金价升 10 万元，美钞上扬 2500 元，2 月 14 日—15 日，金钞市况已如大风浪后应有之宁静。[3]

国民政府于 1945 年 10 月停止黄金交易，1946 年 2 月又以"明配暗售"方式在上海抛售黄金，此种措施确有控制黄金价格的目的，但是国民政府先后抛售黄金 353.168 万两，占原来存底的 60%[4]，不但未能完全控制金价，反而在通货猛烈膨胀的背景下，黄金抛售刺激了黄金投机，导致其价格在触底之后迅速上升。

1947 年 2 月 15 日，为应付混乱的金融局势，行政院长宋子文主持召集有关部会举行经济政策会议，同日，立法院长孙科亦主持开会对此问题有所商讨，对经济政策做出重要决定。 与此同时，上海开始彻查各金号账册，一部分金号处于停顿中。 晨开以获利多头出笼甚多，市势由 600 万元退至 580 万元，午后收回 620 万元至 640 万元，最后以 635 万元收市，美钞黑市静寂，交易零星有做，以 12300 元与 12800 元为进出价。[5] 2 月 17 日，国民政府公布《经济紧急措施方案》，其中《取缔黄金投机买卖办法》规

[1]《黄金盛极转衰，美债偏多幻想》，《征信新闻（重庆）》第 586 期，1947 年 2 月 15 日，第 10 页。

[2]《沪央行昨供售黄金四十五条》，《征信新闻（重庆）》第 585 期，1947 年 2 月 14 日，第 3 页。

[3]《黄金盛极转衰，美债偏多幻想》，《征信新闻（重庆）》第 586 期，1947 年 2 月 15 日，第 10 页。

[4] 中国人民政治协商会议全国委员会文史资料研究委员会：《法币、金圆券与黄金风潮》，北京：文史资料出版社，1985 年，第 158 页。

[5]《外币黄金收归国有，立委提议两案全文》及《沪市黄金续跌，当局彻查金号账册，部分金号在停顿中》，《新新闻》1947 年 2 月 16 日，第 3 版。

定：禁止黄金条块及金饰之买卖；禁止以黄金代替通货作为交易收付之用；禁止携带黄金条块出国境；指定中央银行公告黄金价格，凡黄金持有人，得以所有黄金向当地中央银行或其委托之银行兑换国币；除中央银行及其委托银行外，其他银行钱庄不得从事黄金买卖，违者以投机操纵扰乱金融罪处罚。[1]

这一政策的颁布，本为抑制黄金价格上涨，但该政策规定完全停止黄金买卖，反而刺激了黄金市价进一步攀升并形成国统区的黄金风潮，重庆黄金黑市买卖由此兴起。 2月17日，就在政策颁布的当日，上海的中央银行公布黄金收兑价格为每两48万元，美钞收兑价格为每美元折合法币11640元。 2月18日，中央银行重庆分行已经奉电令定美钞收兑价格为11640元，黄金收兑价格则并未奉到明令。 在政府积极管制外币流通的形式下，中央银行重庆分行立即令饬各指定银行（包括中国、交通、农民、中央信托局、邮政储金汇业局等5国家行局及汇丰、麦加利、中南、中国国货、金城、广东省行、聚兴诚、上海等8行），迅速将截至1947年2月15日外汇头寸报查。[2] 而重庆银楼业也于2月18日上午集议并得到重庆市社会局局长徐鸿涛面允，在政府处理办法未公告前，重庆的黄金仍照48万元收进，下午，银楼已挂牌收进价为48万元，售出价为56万元，但实际交易清淡。[3] 与此同时，重庆的黄金黑市再现生机，晨市最高价为52万元，最低价为50.5万元，下午传出上海黑市仍继续存在，且暗盘很好。 于是，重庆黑市亦先疲后坚，但起伏已微，最高与最低黑市价相差5000～6000元。[4] 2月19日，重庆的美钞黑市虽然停顿了，但黄金黑市交易却旺盛起来，晨市供少求多，暗盘逐步报好，铸条高见52万元，低见50.5万元，厂条则仅现54万元，到下午，厂条黑市紊

[1]《取缔黄金投机买卖办法》，《视察通讯》第1期，1947年3月15日，第71-72页。
[2]《国行渝分行奉令美钞收兑定为一万一千六百四十元，黄金收兑价格迄未奉到明令》，《征信新闻（重庆）》第588期，1947年2月18日，第5页。
[3]《银楼业本日下午仍开业》，《征信新闻（重庆）》第588期，1947年2月18日，第2页。
[4]《市场概况（二月十八日）·金融市场》，《征信新闻（重庆）》第588期，1947年2月18日，第8页。

乱，铸条则盘旋于 51.5 万元左右。[1]

1947 年 4 月 18 日，重庆为打击黄金美钞黑市，在前一阵拘捕投机者的基础上，进一步动用刑警进入市场，捉获唐姓、冯姓两捐客，并传在小什字捕获较大之捐客陈某，希望从中追查幕后参与金钞黑市交易者，杜绝投机，稳定物价。[2] 在西安、汉口、上海、福州和重庆等地发现有黑市黄金买卖，国民政府财政部分令各地严密查缉，一经缉获，决予重惩不贷。[3] 然而，这些措施并没能从根本上消灭黄金黑市，6 月，重庆金价达到每市两 173 万余元，12 月增至每市两 950 万元，其价格已经达到 1946 年 12 月份（每市两 84283 元）的 112.7 倍。[4]

1948 年，重庆黄金市价仍继续上涨，黄金风潮难以控制。3 月 20 日，在重庆的国家行局开会，讨论抑制黄金黑市办法，做出取缔黄金黑市办法：（一）市府应责令银钱业禁止经营黄金买卖，违者即予严办；（二）近来各地运渝黄金甚多，企图销售图利，以后携运黄金进口，需登记其数量，并取具妥保，不得从事黑市交易。[5] 然而收效甚微，黄金黑市难以遏制，6 月 15 日，重庆市场因涨风弥漫，市场混乱，黄金市价破 1 亿大关。[6] 为了打击非法交易，防止非法分子进入市场兴风作浪，重庆市银行公会自 6 月 22 日开始宣布自行管理市场，凡会员入场赶市，均予严格检查。然而，黑市黄金投机交易在银行公会门外却更形活跃，更见猖獗。[7] 6 月 30 日，重庆市经济检查组在道门口重庆银行公会内之黄金市场逮捕 4 人，其罪名为从事非法之黄金交易。[8]

---

[1]《市场概况（二月十九日）·金融市场》，《征信新闻（重庆）》第 589 期，1947 年 2 月 19 日，第 9 页。

[2]《严禁金钞黑市，今晨市场捕获投机捐客》，《征信新闻（重庆）》第 638 期，1947 年 4 月 18 日，第 7 页。

[3]《沪汉渝等地发现黑市黄金买卖，财部分令各地严缉》，《征信新闻（南京）》第 199 期，1947 年 4 月 28 日，第 5 页。

[4] 主计处统计局：《中华民国统计年鉴》，南京：中国文化事业公司，1948 年，第 275 页。

[5]《渝市取缔黄金黑市》，《新新闻》1948 年 3 月 21 日，第 10 版。

[6]《黄金食米相率跳高》，《新新闻》1948 年 6 月 16 日，第 6 版。

[7]《黑市黄金交易重庆近更活跃》，《经济通讯》第 746 期，1948 年 6 月 23 日，第 1 页。

[8]《渝市银根昨奇紧，黄金市场仍活跃》，《新新闻》1948 年 7 月 1 日，第 6 版。

10 月，由于重庆黄金黑市仍然猖獗，朱绍良授权有关机关首长，严缉奸商枪决。建议取缔银楼业。[1] 但不久之后，重庆市参议会议长范众渠就涉嫌私自买卖黄金，最终却被判无罪，其影响十分恶劣。可见重庆的黄金风潮不仅有一般民众参与，高级官员也参与其中。从另一个方面也证明重庆的黄金风潮的严重程度。

1948 年 12 月上旬，中央银行从上海运抵重庆万两巨额黄金，为防止套购，12 月 13 日，重庆中央银行宣布从即日起改变兑换办法：（一）需凭身份证明购买，（二）每人购买以十两为限。但购买者仍十分踊跃，当天黎明左右，即有大批购买者自中央银行重庆分行门首排班相候，开门后，中央银行仅发号单 30 张，限制购买。[2]

至 1949 年 2 月，国民政府财政部又宣布发行黄金短期公债，第一期就发行 10 万两，分上海 5 万两，外埠 5 万两。沪市委托中国、交通、农民三行及中央信托局四家代为发售。发售价格每日由中央银行挂牌，各代售行即按牌价发售。[3] 同月，国民政府重新开放黄金市场，财政部核准的《买卖黄金现货办法》第四项规定，"金号买卖黄金，须以稳定市场为宗旨，不得有投机行为"，从中可以看到，中央银行是要运用公开的黄金市场，达到稳定金价，进而稳定物价的目的。[4] 然而，黄金市场的开放，又引发了黄金的涨风，从上海波及全国，中央银行重庆分行亦随市买卖。如此反复的政策变动，直接导致黄金风潮再次爆发。5 月 18 日，重庆黄金的市价已经达到天文数字，早盘黄金价格飞升，达到 16 亿元，午后上升到 18 亿元。[5] 宝光条已经突破 48 亿元。重庆的黄金风潮从 1946 年就逐渐开始至 1949 年中华人民共和国成立，

［1］《渝黄金黑市猖獗朱绍良授权杀奸商》，《申报》1948 年 10 月 28 日，第 2 版。
［2］《防止黄金套购，渝国行变动兑换办法》，《征信新闻（重庆）》第 1222 期，1948 年 12 月 13 日，第 2 页。
［3］《黄金短期公债正式发行》，《工商法规》第 10 期，1949 年 2 月，第 207 页。
［4］《黄金政策和黄金潮》，《钱业月报》第 20 卷第 4 期，1949 年 4 月，第 45 页。
［5］《重庆黄金价格飞升》，《征信新闻（上海）》第 1025 期，1949 年 5 月 18 日，第 3 页。

给重庆市的金融秩序造成了极大的损害。

　　总体来看，战后重庆的金融市场，因为不断恶化的通货膨胀以及国民政府经济政策的失误，已经处于失控状态，难以进行正常交易，而重庆金融黑市的长期存在，更加破坏了金融市场的稳定。 金融黑市使民间有了广泛的投机场所，大量社会游资汇集于此，从而形成黑市价格、黑市利率，与官定的利率和市场价格发生冲突，致使重庆金融市场发生混乱。 最后，随着国民政府的接连失败，其统治的日益瓦解，更是造成了重庆金融市场的恐慌，从而引发混乱，加速了国民政府的灭亡。

7

近代重庆金融业的行业自律

金融是现代经济的核心，金融市场是整个市场经济体系的动脉。作为市场经济中的金融机构，其经营活动总是伴随着各种各样的风险，承担风险并获得收益，看似简单的经济关系也是金融业经营的关键问题。对金融业来说，防范金融风险尤为重要，因为这不仅关系到某个金融机构的存亡，也关系到一个国家、一个地区，甚至是国际社会经济的发展状况。而金融本身的高风险性及金融危机引发的多米诺骨牌效应，使金融体系的安全、高效、稳健运行对一个国家经济全局的稳定和发展至关重要。为了防范和化解金融风险，加强金融监管也就显得非常重要。

　　在金融业发展的历程中，执行金融监管职能的有政府与金融业自身两个方面。在政府方面，主要体现为中央政府与地方政府对金融业的监管，依据的是中央与地方政府制定的相关法规，以及政府积极干预金融机构和金融市场的运作，金融业出现震荡时，政府积极出手救市。在金融业自身方面，则主要是通过建立的金融业同业公会来进行，同业公会是近代特别是民国时期普遍成立的新式工商行业组织。它的产生，称得上是近代中国工商行业组织从传统行会向现代行业组织发展变化的一个重要标志。近代以来的金融业同业公会除了监管的职能之外，还有同业的自律管理，在金融业各个行业的自治与自律、整合与管理中起到不可或缺的作用，而且在维护金融业的同业利益，促进金融业发展过程中发挥了令人瞩目的作用。重庆的金融业行业公会，主要以银行公会、钱业公会等为主体，其金融监管的依据是行业规则和习惯法。这两个同业公会组织除了各自独立运作与展开活动外，在非常时期还寻求联合，建立银钱业联合准备委员会共同维护金融市场的正常发展。除此之外，其他金融业，如保险、证券、银楼等也相继建立了同业公会，对维护重庆金融市场的发展做出了贡献。

　　近代以来，重庆的金融业由于地处西部，与外界联系相对较弱，经济与金融的发展处于相对滞后阶段。晚清政府基本上不介入金融业，重庆的金融业走的是一条自由发展型道路。民国之后，重庆的现代金融业逐渐发展起来，金融业与金融市场经历了不同的风险，对这些风险，不同时代的政府均采取了相应的监管措施，只是其监管经历了一个从量变到质变的过程。特别是国民政府时期的金融监管，可以说做到了基本制度化、法律化，且日臻完善、成熟。近代以来重庆金融业所经历的金融风险以及政府对其进行的金融监管，在分时段的金融业与金融市场的叙述中，已经有了相应的阐述。因此，在本章的金融监管中，这部分内容从略，仅以历史时序为主线，以近代重庆金融业行业公会为主体，以现代化金融监管制度的建设为出发点，对重庆金融业同业组织的金融监管与防范做一个历史性的考察。以史为鉴，以期提炼出一些对中国当代金融业行业公会在城市金融监管、风险防范与行业自律等方面有益的思考与借鉴。

7.1　近代重庆钱业同业公会

钱庄与银号统称钱业，是中国传统的金融机构，重庆的钱业兴起于清朝初年，当时称为钱铺，即经营换钱之店铺，进入近代之后得到进一步发展，经过晚清、民国，直到 1949 年中华人民共和国成立后，才终结其历史使命。

钱庄同业为谋公共之利益与互相联络，并解决一切业务上之纠纷，所组成的联合机关，称为钱业公会。重庆钱业的同业组织由来已久，它的产生、发展与演变，也是近代重庆钱业同业组织从传统的行会向现代行业组织发展变化的过程。本节将按照时序，分两个阶段对近代以来重庆钱业公会的源流、成立与发展变迁做一个梳理。重点探讨重庆钱业公会在近代不同的历史条件下，如何协助政府进行经济调控与管理，在行业的自治与自律、整合与管理过程中所起的作用，在维护重庆钱业的同业利益、促进重庆钱业发展乃至重庆社会经济生活的运转进程中所发挥的作用。

7.1.1 全面抗战爆发前的重庆钱业公会

重庆钱业虽然兴起于清朝初年，但最早有记载的重庆钱业的同业组织，却是在清末的光绪年间。当时重庆的钱铺即有上半城与下半城之分：上半城大都设在较场关庙（今民权路之旧址）一带，主要专营换钱业务；下半城则设在陕西街（今陕西路）一带，大半皆兼营倾销、汇兑、贷款等业务。各设一公会，一个叫财神会，成立最久，以上半城各钱铺为主要成员，入会者须缴纳上庄银 50 两[1]；另一叫至公会，以下半城各钱铺为主要会员，入会者须缴纳上庄银 100 两，由于当时各钱铺之资本不一，兼营汇兑业务之钱铺，其资本较多，均在 2 万两以内（当时资本达 2 万两以上者，仅泰丰与积福祥 2 家），少则三数千两不等。[2]

宣统元年（1909 年），随着重庆经济的发展，上半城与下半城的钱铺结为"钱帮"，联合成立了钱帮公所，处理同业纠纷，改善业务进行，规模渐备，全川金融赖以调剂，外省汇兑藉资周转。[3] 重庆钱庄由分散走向集中，开始打上了近代金融自律团体的第一个烙印。

1918 年北京政府颁布《工商同业公会规则》，这是由政府颁布的第一个同业公会法。1918—1919 年，重庆的钱庄发展至极盛时期，共有钱庄 50 余家。[4] 以后逐年减少，1924 年 3 月 1 日，重庆钱帮公所正式改组成立重庆钱业公会，地址设于下陕西街，正副会长分别为连世之、李附周。[5] 参加公会的会员钱庄有 44 家，详见表 7-1。

---

[1] 另据资料显示：至公会的前身是老君会，以李老君为奉祀主神，制订帮规、维护同业利益。见重庆市渝中区政协文史资料委员会、重庆市渝中区金融工作办公室：《重庆市渝中区文史资料第十八辑·渝中金融史话专辑》（内部资料），2008 年，第 71 页。
[2] 李荣廷：《论重庆钱庄业》，《经济汇报》第 4 卷第 11 期，1941 年 12 月 1 日，第 3-4 页。
[3] 周开庆：《四川经济志》，台北：台湾商务印书馆，1972 年，第 122 页。
[4] 周开庆：《四川经济志》，台北：台湾商务印书馆，1972 年，第 122 页。
[5] 《各地钱庄同业录·重庆》，《钱业月报》第 4 卷第 4 期，1924 年 4 月，第 45 页。

表 7-1 1924 年重庆钱业公会会员钱庄统计表

牌号	地址	经理	牌号	地址	经理
宏达	上陕西街	曾禹钦	和济	上陕西街	李柱臣、连世之
福利	上陕西街	李附周	敬胜	上陕西街	苏毓文
正大永	上陕西街	戴禹赞	大成	上陕西街	彭肇嘉
宏康	上陕西街	余泽民	同升福	打铜街	杨巨川
协和	打铜街	李肇林	益大	打铜街	俞瑞生
源胜长	状元桥	王德之	源远长	黉学巷	陈仲勋
会华隆	新街口	李从周	宝通	新街口	王辅仁
永胜	新街口	王升之	源通	新街口	蒋元之
信和	曹家巷	王汝舟	元丰长	曹家巷	叶贞吉
久亨	曹家巷	周命三	全盛昌	千厮门行街	左永春
荣记	千厮门行街	罗炳章	聚义源	千厮门行街	周立夫
永成	千厮门行街	侯顺祥	亨利	姚家巷	程子纯
信丰	姚家巷	陈和清	同利	接圣街	徐瑞乡
诚大	接圣街	尹致陶	永记	下陕西街	徐步云
正大	下陕西街	陈可钧	集成	下陕西街	何晶菴
大生	下陕西街	刘楚白	恒泰	下陕西街	杨怀清
镒丰	下陕西街	陈焕奎	利胜	下陕西街	陈拾遗
泰记	下陕西街	徐少甫	大川源	下陕西街	黄季勋
天厚祥	下陕西街	林寿山	丰济	下陕西街	缪茂修
荣康	关庙街	简梦白	恒升	关庙街	苏炳权
万源	关庙街	周凤翔	永庆	关庙街	蒲文采
荣昇	关庙街	刘增荣	钧厚	朝天门	詹荣增

资料来源:《各地钱庄同业录·重庆》,《钱业月报》第 4 卷第 4 期,1924 年 4 月,第 45-47 页。

由上表可见,重庆的钱业主要集中在上下陕西街、打铜街、关庙街、新街口、千厮门行街及曹家巷等地。

重庆钱业公会会员行庄的家数,随着政局安危、工商业兴衰与钱业自身的盈亏而发生变化。重庆钱业公会成立后,随着军事稍定,各业逐渐回升,钱业界亦谋振作,到 1927 年,钱业公会会员钱庄竟达 49 家,颇有蒸蒸日上之势。但好景不长,后数年中,世界经济之不景气逐渐传播到国内，加之 1931 年长江下游之水患，九一八与一·二八之国难，天灾人祸接踵相乘，全国农工商业均频破碎。 重庆钱庄的生存发生困难，家数逐年递减，1932 年 11 月，会员钱庄降为 12 家，它们是和济、复兴、久大、鼎盛、福星恒、安定、永庆、裕丰、恒茂、宝庆、裕泰、恒泰。 当时的钱业公会主席刘闻非、卢澜康等，为谋改善业务，增强钱业竞争力，"除一面延聘经济界名流于星期六日讲演外；一面并具文向督署呈请拨款救济"。 仍无济于事，到 1935 年初，会员钱庄仅余 7 家，为历年最少。[1]

1936 年 6 月，重庆钱业公会因各执委任期已满，召集全体会员举行执委换届选举，计选出执委李从周、邓志学、刘芝祥、赖善诚、陈达璋、王伯康、胡子移、吴晋航、刘季星、杨行知、周以耕 11 人，候补执委李才量、李遐龄、缪茂修 3 人，后又由各执委选胡子移、邓志学、刘季星、李从星、王伯康 5 人为常委，王伯康为主席。[2]

在 1937 年全面抗战爆发之前，重庆钱业的同业组织从钱帮公所发展到钱业公会，主要的活动归纳起来有以下几个方面。

首先是应付四川军阀的派垫款项。 1912 年中华民国建立之后，四川出现军阀纷争的局面，"饷款莫济，遂酿成战时筹款，不战亦筹款之惯例"。 在重庆，历次驻军的派垫款项，都由钱帮公所或钱业公会转派给会员钱庄，据统计，从 1913 年到 1924 年钱业公会成立的十余年间，重庆钱业就已经被派垫各类款项达百万元以上。 此后，军实饷糈，地方建设，交通路政，均需重款，而岁收额数，不敷甚巨。 以致借垫，仍不能不随时举行。[3] 20 世纪 30 年代初，重庆钱庄每年每家负担的派垫金额平均 6 万~7 万元，以当时的 28 家钱庄计，每年总额已逾 100 万元，钱庄不堪重负，

[1]《钱业界现状》，《四川月报》第 1 卷第 5 期，1932 年 11 月，第 21-22 页；张肖梅：《四川经济参考资料》，上海：中国国民经济研究所，1939 年，第 F2 页。
[2]《重庆钱业公会改选》，《四川月报》第 9 卷第 1 期，1936 年 7 月，第 78 页。
[3]《钱业界现状》，《四川月报》第 1 卷第 5 期，1932 年 11 月，第 23-24 页。

其流动资本滞于官欠，其活动能力大打折扣。[1]

其次是从事钱业的行业自律，对钱业经营进行规范管理。1929年10月，因市面洋水增高，市民反对开做洋厘及划条掉现。重庆钱业公会于10月13日召集大会集众筹商，一致表决，"对于公会洋价牌示，立予撤销，以免他人藉为口实，至以后比期收交，各庄均应慎重办事，凡过账者互为照过，拨账抵解后，应行补付之款，亦应照补，如遇有取现者，自交涉之日起，以一日为期，按照市面洋价，作价付现，倘过期一日再不交款，应即按照去年旧案，每千两每日认息一两，由直接交往之家，照算付息，不得藉口尚有间接者，希图推诿，以维信用，而顾市面，除登记议事录外，用特通告各宝号，一律查照办理，幸勿于过扯空，致失本帮之信用，并受外人之指责，是则本会同人所切祷者也"[2]。 1933年11月恢复重庆钱业公会评价委员会工作，每日评定价值后，即通知各商店及各机关外，同时，为普及起见，将每日通知单印送警备司令部，转饬各区署沿街贴发，以期普遍。[3]

当1931年重庆银行公会成立后，在银钱业两公会共同遇到重要问题时，重庆钱业公会多与重庆银行公会采取联合行动。 如，重庆市场中的比期办理收交主要是用现洋或银行钞票，当数目巨大后改为划条，但却弊端迭出。 于是，重庆市银行业及钱业两同业公会联合设立公库票据交换所进行交换，共同议决，联合公库，除各行庄所立本票照旧行使外，各银行钱庄之盖保付印鉴之支票，亦得与本票同样在票据交换所一体交换，与本票有同等效力。 但其他交换票据，不得盖保付印鉴。 凡保付支票在未经实施交换以前，偶有不幸之情事发生，亦依照本埠习惯，各退来手。[4]

---

[1] 周宜甫：《四川金融风潮史略》，重庆：重庆中国银行，1933年，第84页。
[2] 《钱公会召集各庄议决应付划条问题办法》，《聚星》讨论重庆金融专号，1929年10月，第10-11页。
[3] 《重庆钱业公会评价委员会恢复工作》，《四川月报》第3卷第5期，1933年11月，第39页。
[4] 《重庆银行钱庄议决本票支票交换法》，《四川月报》第3卷第4期，1933年10月，第59-60页。

重庆钱业公会为了维护同业的利益，对钱庄经营本票，专门制定了本票规则，在 1934 年 2 月还进行了修订，制定了交易规则 24 条。 主要内容为：（1）由钱业公会统一制发本票，会员钱庄只需缴纳工本费即可承领，达到杜假冒而归统一的目的；（2）本票印妥后由钱业公会派员负责管理，按照各庄牌号编号，会员钱庄出具由经理人签字盖章的正式领条才能向钱业公会领用本票；（3）各庄领用本票后由专人负责保管，本票只限代办收交及本身确定交款之用，不得随意滥发及借与他人；（4）本票按到期日在票据交换所抵解，远期限不得超过七日，依《票据法》规定，发票人对执票人即应负无条件付款之责，不得以任何理由拒绝付款，但执票人之取得票据非法不在此限；（5）本票如有伪造或诈欺行为，无论已遂未遂均得追究刑事责任；（6）凡领用本票，各钱庄其业务如因一时拮据周转不灵，应由该庄经理将资产负债状况据实报告公会审查，如有救济可能，由同业共同扶助，否则风潮过大，公会主席或常务得自动前往清理之；（7）本票在交换所交换，应照交换所规定，每日午后行之，如有退票行使追索者，以次日午正十二钟为限，逾限未退因而发生损害时，由迟误人负赔偿之责。[1]

最后，督促钱业自觉遵守政府的管理。 1937 年初，四川省政府认为，钱庄与普通商业关系密切，钱庄组织之健全与否，不仅关系钱庄自身业务之得失，同时还影响到普通商业之荣枯。 于是，决定加强对钱庄组织的管理，以维护市场之安定，拟具《四川省府管理钱庄条例》24 条，经四川省府第 127 次省务会议决议通过施行。 主要内容为：（1）凡在本省各市县，专营存款、放款、贴现、汇兑等业务，并未依照《银行法》向主管官厅注册者，称为钱庄，均依本条例办理。（2）指定四川省财政厅为四川全省的钱庄管理机关。 开设钱庄者，须取得所在地钱业公会或商会之保证书、并按规定将钱庄的详细情况呈报四川省财政厅查明核准后，

[1]《重庆市钱业公会重订本票规则》（1934 年 2 月改订），《四川月报》第 4 卷第 2 期，1934 年 2 月，第 61-64 页。

方得开始营业。（3）规定钱庄实收资本的最低数额，市区商埠5万元，繁县5000元，中县3000元，简县1500元，未达到规定资本数目者不得营业。（4）钱庄及其经理人与店员不得经营投机事业。营业亏折达实收资本额50%时，应即停业清理，如能由出资人增加资本达到规定资本数额，仍得继续营业，如有公积金，准以公积金全部或一部分移作资本，均须呈报财政厅核准之。（5）停业清理后，其出资人在债务未了理清楚前，不得为新设钱庄之出资人。余存财产不足清偿债务时，属于独资营业者，独资人应负无限期责，属于合作营业者，出资人应负连带无限期责任。（6）停业清理时，财政厅所得派员监查清理。每届月终，限10日内将资产负债细表及营业状况，作成报告呈报财政厅查核。（7）派往钱庄之调查员以财政厅命令为凭。稽查员依照本条例应行稽查事项，钱庄不得拒绝或借故羁延，违者得由稽查员呈请处罚或停止营业。稽查员发觉有特别事故，认为足以败坏信誉、扰乱金融或妨害他人利益时，得迅速设法防止，呈报核办。稽查员有违背本条例规定各项及得贿舞弊情事，经查实者，按其情节分别惩办。[1] 紧接着，四川省政府又颁布《管理钱庄的具体实施细则》16条，对钱庄的资本、登记、执照与分号等方面做了具体的规定，令成都、重庆、万县各地先行遵照办理。[2] 以上四川省政府对钱业的管理政策，重庆钱业公会均能督促钱业同行，自觉遵守执行。

7.1.2 全面抗战爆发之后的重庆钱业公会

1937年全面抗战爆发之初，在金融市场危机四伏的情况下，重庆钱庄的处境更是十分艰难。1938年1月，国民政府颁布《商业同业公会法》之后，重庆钱业公会也于1939年10月进行了改组，制定了新的《重庆市钱商业同业公会章程》（7章40条），规定，"本会以维持、增进同业之公共利益及矫正弊害为宗旨"。以

---

[1]《省府颁布钱庄管理条例》，《四川经济月刊》第7卷第1-2期，1937年1-2月，第23-25页。
[2]《省府公布管理钱庄施行细则》，《四处经济月刊》第7卷第4期，1937年4月，第18-19页。

重庆市行政区域为范围，事务所设在下陕西街 19 号，主要任务是：关于主管官署及商会委办事项；关于同业之调查研究事项；关于兴办同业劳工教育及公益事项；关于会员营业上弊害之矫正事项；关于会员营业至维持及统制事项等。[1] 改组后的钱业公会选出了第一届当选委员见表7-2。

表7-2　重庆市钱商业同业公会第一届当选委员名册(1939 年 10 月)

职别	姓名	年龄	籍贯	所属商号	在号职务	教育程度	住址
主席	杨行知	40	巴县	益民钱庄	经理	旧制中学	打铜街 23 号
常务委员	董传霖	35	巴县	浚源钱庄	经理	旧制中学	下陕西街 31 号
常务委员	余朗西	46	泸县	永庆钱庄	营业员	高中	一牌坊第 7 号
常务委员	李锡九	33	巴县	义丰钱庄	营业副主任	私塾	陕西街 14 号
常务委员	陈德恕	38	巴县	谦泰钱庄	营业主任	私塾	一牌坊第 7 号
执行委员	王竹君	44	巴县	同生福钱庄	经理	私塾	陕西街 17 号
执行委员	韩济渊	41	江北	复兴钱庄	文书	旧制中学	下陕西街 5 号
执行委员	黄仲谦	43	巴县	仁裕钱庄	经理	旧制中学	陕西街 33 号
执行委员	周以耕	45	巴县	同丰钱庄	副理	私塾	打铜街 24 号
执行委员	李绍康	50	巴县	永美厚银号	副理	私塾	陕西街 57 号
执行委员	卢仲良	56	湖北	信通钱庄	经理	私塾	曹家巷 52 号
候补执委	李柱臣	68	巴县	和济钱庄	经理	私塾	东升楼第 1 号
候补执委	尹泽丰	38	巴县	和通钱庄	营业员	私塾	新街口 32 号
候补执委	杨问民	36	阆中	浚源钱庄	襄理	私塾	陕西街 31 号
监察人	邓彦修	36	巴县	同心钱庄	襄理	私塾	莲花街 23 号
监察人	蒋元之	48	巴县	同丰钱庄	经理	私塾	打铜街 24 号
监察人	缪茂修	50	巴县	谦泰钱庄	经理	私塾	一牌坊第 7 号
候补监委	邓志学	42	江西	义丰钱庄	经理	私塾	陕西街 14 号

资料来源：郑洪泉、黄立人，《中华民国战时首都档案文献》第五卷 战时金融，重庆：重庆出版社，2008 年，第 242-243 页。

由上表可知，重庆钱业当选的 18 个委员的受教育程度，除了少数为中学外，主要的都是私塾，几乎没有受过大学教育，更不

---

[1] 郑洪泉、黄立人：《中华民国战时首都档案》第五卷 战时金融，重庆：重庆出版社，2008 年，第 237-239 页。

用说有过留洋经历了。而从其籍贯来看，除了一个泸县人、一个湖北人、一个阆中人和一个江西人外，几乎都是重庆本地人，其中以巴县人居多，这说明重庆钱业为本地人所主导，传统性很强。他们代表了当时参加钱业公会的会员钱庄银号14家，详见表7-3。

表7-3　重庆市钱商业同业公会会员情况一览表(1939年11月30日)

商号牌名	主体人或经理人姓名	资本额/万元	商号地址
益民钱庄	杨行知	10	打铜街33号
浚源钱庄	董传林	10	下陕西街31号
永庆钱庄	赖善诚	10.8	一牌坊第7号
义丰钱庄	邓学志	42	陕西街14号
谦泰钱庄	缪茂修	5	一牌坊第7号
同生福钱庄	王竹君	5	陕西街
复兴钱庄	王雨樵	8	陕西街5号
仁裕钱庄	黄仲谦	5	陕西街33号
同丰钱庄	蒋元之	5	打铜街24号
永美厚银号	刘光第	20	陕西街57号
信通钱庄	卢仲良	18.5	曹家巷52号
和济钱庄	李柱臣	5.2	东升楼1号
和通钱庄	田习之	20	新街口32号
同心钱庄	李文彬	5	莲花街23号

资料来源:郑洪泉、黄立人,《中华民国战时首都档案》第五卷 战时金融,重庆:重庆出版社,2008年,第240-242页。

由上表可知，到1939年下半年，重庆钱业的规模还是十分弱小，参加钱业公会的14家钱庄银号，共计资本169.5万元。

随着国民政府的西迁及重庆金融中心地位的逐渐形成，1940年以后，重庆钱业又迎来了一次发展的机会，在1941年达到新高，仅1941年一年新开设的钱庄就达20余家。到1942年初，经国民政府财政部审查，发现若干钱庄竟专做投机生意，有碍战时经济之发展，对此，财政部为整顿钱庄业务，已决定勒令不合法之钱庄 14 家停闭。[1]

由于传统业务大多很难获利，钱业想要继续经营必须进行附业的投资。1940 年之后，国民政府开始注意控制银行与钱庄的附业问题，并出台《非常时期管理银行暂行办法》，其中规定"银行运用存款，以投资生产建设事业及联合产销事业为原则……不得直接经营商业或囤积货物，并不得以代理部、贸易部或信托部等名义，自行经营，或代客买卖货物"[2]。1942 年又颁布《修正非常时期管理银行暂行办法》，再次规定明确了上项规定。并对违反办法之钱庄、银号进行处罚。如 1943 年国民政府对重庆银行钱庄的账册、仓库进行了检查，"正大永钱庄……因业务经营有违上项办法之规定，已分别由财政部处以罚金……重庆安钰、天祚、恒聚等三钱庄……由财政部予以停业处分"[3]。政府对银行和钱庄的管理是有所不同的，银行成立时，必须向财政部进行登记，经核准后始得设立，而钱庄或银号在成立时，则仅需向当地的社会局备案，如加入公会，即可设立。

自国民政府实施金融管制政策后，重庆市有钱庄数家因经营不合规定，为财政部察觉予以停业处分，这些钱庄在事后迭经呈请复业，均未获准。1943 年 1 月，国民政府财政部为了加强对钱庄业的监管，明确宣布：该部对行庄停业处分，事前曾充分考虑，一经勒令停业，决不准复业。[4]

1944 年 6 月，因会员庄号改为银行者日多，重庆市钱业公会必须进行改组，重庆市钱业公会改组筹备委员会加紧筹备工作。[5] 1945 年初，重庆市钱商业公会理事长陈德恕，因所营谦丰银号改组为银行，辞去理事长职务，1 月 8 日，钱业公会举行选

---

[1]《经济杂讯·金融》，《经济导报》第 1 卷第 1 期，1942 年 5 月 15 日，第 107 页。
[2]《非常时期管理银行暂行办法》，《中央银行月报》第 9 卷第 8 期，1940 年 8 月，第 2825-2826 页。
[3]《整肃银行钱庄业务》，《西康经济季刊》第 2-3-4 期，1943 年 1 月 31 日，第 131 页。
[4]《各地经济市况·重庆》，《经济汇报》第 7 卷第 4 期，1943 年 2 月 16 日，第 89 页。
[5]《重庆市钱业公会即改组》，《经济汇报》第 10 卷第 3 期，1944 年 8 月 1 日，第 113 页。

举，蔡鹤年当选理事长。[1] 1946 年的钱业公会理事长蔡鹤年，是重庆永生钱庄的董事、上海分庄经理、重庆市参议员、重庆市商会理事。[2]

1946 年 12 月，国民政府财政部对钱庄进行了特别管理，宣布取缔地下钱庄。国民政府针对各地地下钱庄非法经营银行业务，并以高利贷盘剥利息、扰乱金融、助长投机的情况，根据中华民国刑法第 33 章诈欺货信及重利罪一项，规定：凡乘他人急迫，轻率或无经验贷以金钱或其他物品，而取得与原本显不相当之重利者，处一年以下有期徒刑、拘役或并科以 1000 元以下罚金。又规定：以犯前条之罪为常业者，处五年以下有期徒刑，得并科以 3000 元以下罚金。地下钱庄亦以乘人迫急而遂其高利贷，致非法取利之企图，嗣后凡经查获此项案件及私设行庄等情节，除仍依管理银行办法内所定之私设行庄之罚则，勒令停业，处以罚款外，其触犯刑章部分，并将人犯证据送由该管法院依法完办。由于地下钱庄多属临时之机构，时属于住宅或公司、商号之内，查获既不易；被处罚之后，仍可异地另设，再度经营，故应依法严惩。此外并奖励人民随时检举告发。[3]

1947 年 1 月 16 日，重庆市钱业公会召开会员大会，以该会原有会员 17 家所选理监事变动颇大，且有部分离渝，会务无法推动，而重庆市的银号钱庄已增为 21 家，亟应健全组织，决议呈请重庆市社会局改组公会，并从即日开始办理重新登记会员，俟社会局批准即行改组。[4]

1947 年，上海钱业公会发起筹备组织设立全国钱庄业联合会，经过召开二次筹备会，并决定各地公会参加筹备的人数为 32 人，其中上海 15 人，南京 5 人，汉口 5 人，天津 3 人，重庆 2

[1]《银行动态》，《银行通讯》第 17 期，1945 年 1 月，第 29 页。
[2]《永生钱庄、永裕银号上海分庄号今日开业》，《征信所报》第 236 期，1946 年 12 月 12 日，第 4 页。
[3]《财部取缔地下钱庄》，《征信新闻（重庆）》第 535 期，1946 年 12 月 13 日，第 2 页。
[4]《本市钱业公会进行改组》，《征信新闻（重庆）》第 559 期，1947 年 1 月 17 日，第 2 页。

人，鄞州 1 人，杭州 1 人。[1]

重庆市钱业公会，曾定于 1947 年 7 月 19 日召开临时会员大会商讨会务。[2] 因故改为 7 月 22 日召开。[3] 7 月 22 日，重庆市钱业公会召开理监事联席会议，由该会常务理事赖善诚主持，通过：（一）银钱两公会联名请求缓征特种营业税；（二）各庄之首要负责人经理襄理等月入甚微，无力负担综合所得税，请求免征；（三）本年度该会预决算等要案。[4] 表 7-4 是 1948 年 6 月，重庆钱业公会的基本情况表。

表 7-4　重庆市钱商业同业公会理监事简历表（1948 年 6 月）

职别	姓名	年龄	籍贯	经历	通讯处	任职年月
理事长	刘兆丰	42	四川江北	服务金融界 20 余年，曾任重庆市第十区副区长区队附，现任全国钱商业联合会常务理事，重庆市参议员，义丰钱庄总经理	陕西路 238 号	1947 年 1 月
常务理事	詹郁秋	38	江西临川	永生钱庄总经理，全国钱商业联合会重庆代表，重庆银钱业联合准备委员会执行委员	陕西路 217 号	1947 年 1 月
常务理事	赖善诚	45	四川合川	永庆钱庄总经理，全国钱商业联合会常务监事，重庆银钱业联合准备委员会常务委员，重庆市参议员	林森路 194 号	1947 年 1 月

[1]《钱庄联合会积极筹备》，《征信新闻（重庆）》第 666 期，1947 年 5 月 21 日，第 8 页。
[2]《本市钱业公会将召开会员大会》，《征信新闻（重庆）》第 715 期，1947 年 7 月 17 日，第 2 页。
[3]《本市钱业公会临时会员大会改期召开》，《征信新闻（重庆）》第 717 期，1947 年 7 月 19 日，第 6 页。
[4]《本市钱业公会今召开理监事联席会》，《征信新闻（重庆）》第 719 期，1947 年 7 月 22 日，第 7 页。

职别	姓名	年龄	籍贯	经历	通讯处	任职年月
常务理事	吴懋昭	48	四川巴县	曾任源远长钱庄经理，川康平民商业银行经副襄理及董事会稽核主任，现任志诚钱庄总经理	林森路274号	1947年1月
常务理事	萧斗炉	50	四川巴县	曾任宝庆钱庄会计、益友钱庄出纳、主任兼营业，福钰银行襄理，营业主任，重庆市参议员，万镒钱庄总经理	打铜街47号	1948年3月
理事	李焱青	50	湖北	服务金融业30余年	民族路108号	1947年1月
理事	马言志	38	四川巴县	信通钱庄继续任职已8年	曹家巷52号	1947年1月
理事	易纬纶	46	四川合川	曾任永庆钱庄襄理，现任永裕银号总经理兼经理，重庆银钱业联合准备委员会执行委员	中正路288号	1947年1月
理事	雷应霖	41	四川巴县	曾任和成银行营业主任，现任福余钱庄总经理	中正路146号	1947年1月
理事	田尔畋	43	重庆市	曾任四川商业银行、川康银行业务主任，各分支行经副理，胜利银行经协理，现任江庆银号经理	第一模范市场28号	1947年1月
理事	刘宝珩	52	江西吉水	服务钱业界30余年，任振裕银号经理6年	第一模范市场25号	1947年1月
理事	余叔尧	42	重庆市	曾任复礼银行副理，现任总汇银号经理	第一模范市场42号	1947年1月
理事	许效周	45	四川巴县	曾任正泰嘉祥鸿康会计营业等职7年，久大钱庄业务主任，仁裕钱庄经理，现任怡益银号经理	陕西路260号	1947年1月
理事	罗芝麟	48	四川营山	曾任证券业公会主席	打铜街17号	1947年10月
理事	李锡九	39	四川巴县	服务义丰钱庄、胜利钱庄、胜利银行等金融机构20余年	陕西路238号	1948年3月
常务监事	蔡鹤年	42	四川泸县	重庆市参议员、重庆市商会理事长	陕西路217号	1947年1月
监事	萧柳岑	49	四川叙永	续任保厚钱庄总经理6年	陕西路130号	1947年1月

续表

职别	姓名	年龄	籍贯	经历	通讯处	任职年月
监事	王永久	42	四川资中	续任开丰银号总经理5年	林森路88号	1947年1月
监事	钟尔康	35	四川巴县	服务金融业务10余年	打铜街33号	1947年1月
监事	申善初	50	四川巴县	曾任宏达钱庄会计，瑞康、康济、益庆钱庄营业及营业主任，现任万镒钱庄协理	打铜街47号	1948年3月

资料来源：《重庆市钱商业同业公会理监事简历表》(1948年6月)，《钱业月报》第19卷第6期，1948年6月15日，第56-57页。

表7-5　重庆市钱商业同业公会会员录(1948年6月)

牌号	资本/万元	董事长	董事	监察人	总经理	经理	副理	襄理	成立年月	地址	备注
义丰钱庄	6000	孙益祥常务董事邓志学杨典章	戴矩初曾俊臣何远峰熊荫村刘兆丰刘毓橹	李懋卿李纯卿戴屏周	刘兆丰	何远峰	刘毓橹李锡九	邓镜江王茂才杨友苪	1935年3月	陕西路238号	
永生钱庄	10000	刘闻非	王伯康詹郁秋左德范程倜霖蔡鹤年刘仲平罗国葆黄君膏	汪肇修刘洁之詹厚基	王伯康副总经理蔡鹤年	詹郁秋	朱成吉	李汝兰张象离	1940年1月	陕西路217号	
永庆钱庄	5000	蒋祥麟	李克桢秦焕文夏慕尧赖善诚	彭燧良	赖善诚	陈俊卿	贺永康	李文灿李仲贤项继皋	1924年2月	林森路194号	

牌号	资本/万元	董事长	董事	监察人	总经理	经理	副理	襄理	成立年月	地址	备注
志诚钱庄	5000	周懋植	何旭光 蒙克峻 钟振勋 蒋华财 杨成煊 周仲翔 陈希孔 吴懋昭	蒋祥麟 卞必谦 胡鉴如	吴懋昭	林秉南 协理 李崇德 李遐龄	李耀光	刘介几 邓汇江	1941年2月	林森路274号	设有广州、汉口、成都三分庄
万镒钱庄	4800	赵健臣	刘畅和 李如林 蓝玉枢 申善初 牛志敏 周吉璋 萧斗墟 黄维樑	左俊德 徐庶怀	萧斗墟	黄维樑	张同禄 梁光斗	申善初	1941年1月	打铜街47号	
正大永钱庄	5000	汤志修	汤淑婉 何锡九 陈孔嘉 李焱青	谢悦周 童仲虞	李焱青	何锡九	何野樵	朱劲荪 刘承惠 陈纪新 庞绥之	1940年4月	民族路108号	
信通钱庄	5000	马绍周	刘航琛 左德范 刘兰谷 宁芷邨 卢仲良 马言志	刘炯堂 王仲鼎	卢仲良	刘兰谷 马言志	吴幼禄	朱伯阳	1924年1月	曹家巷52号	
永裕银号	10000	彭肇淮	易纬纶 赖善诚 喻华轩 刘兆丰 张彝仲 雷殿英 印荣廷 胡治光	江荣普 黄肇明	易纬纶 协理 张彝仲	易纬纶（兼）	陈执信		1942年10月	中正路288号	

续表

牌号	资本/万元	董事长	董事	监察人	总经理	经理	副理	襄理	成立年月	地址	备注
福余钱庄	5000	蓝襄臣	赵健臣 雷应霖 谢雨滋 钟尔康 刘秀升 吕直平 曾璧辉 王裕康	张玉田 熊松林 彭在中	雷应霖		吕直平	陈子仁	李檀生 李涵初 袁禄绥	1941年	中正路146号	
江庆银号	总额8000（实收4000）	张筱坡	王绩良 胡子霖 刘济周 戴世桢 张毅甫 宋玉门	李秉熙 王尊尧 周令明	田尔畋（代）	田尔畋		周子辉	李重伊	1941年8月	第一模范市场28号	
振裕银号	6000	罗国葆	萧孟能 杨徽渭 李泽章 李纯卿 曾安国 王御祖 周岐生 张咸熙 曾冰臣 刘宝珩	蔡鹤年 赵西怡 刘安泰 黄禄平	曾冰臣 协理 曾安国	刘宝珩		唐鉴可 刘佑卿	杨奎炘 欧振声	1941年3月	第一劳模市场25号	
总汇银号	1000	栾仙渠	栾仙渠 余叔尧 董幼仙 董子贵 陈勉修 栾文甫 李备五 周师郑 孔云生 刘大年 张焕龙	栾居塘 栾临华 王小容 温石珊 张丕介	栾仙渠		余叔尧	楼文宪		1941年7月	第一模范市场42号	

牌号	资本/万元	董事长	董事	监察人	总经理	经理	副理	襄理	成立年月	地址	备注
怡益银号	5000	胡仲实	徐光煜 胡克林 王光琦 胡光燕 丁次鹤 金襄七 章功敩 胡永龄 陈治中 许效周 杨茂如 鄢公复 刘迺桐 汪和笙	赵润秋 钱崇洍 徐润甫 喻仿陶 吴福畲 薛崇中 杨建时	胡克林	许效周	葛天民	汤效铣 龙仲骐	1943年7月	陕西路260号	
益民钱庄	3000	罗龙光	罗梓仪 范众渠 罗芝麟 刘国璋 李崇德 余无外 董传霖 汪锐祥	周让伯 徐裕三 杨问庄	罗龙光	余无外		张孝鲁 刘朗先	1933年	打铜街17号	
保厚钱庄	5000	康心远	周新民 李铁夫 蒋祥麟 毛腾明 萧柳岑 龚农瞻 李惟诚 彭肇淮 陈德恕 吴毓兰	邓愚山 刘孝仲 董传霖 袁昭明	萧柳岑	李绶之	方德轩 王汉卿 张仲诚 张少仙		1943年1月	陕西路130号	

牌号	资本/万元	董事长	董事	监察人	总经理	经理	副理	襄理	成立年月	地址	备注
开丰银号	10000	徐瑞梧	董承先 陈植槟 王昌国 马腾骧 王永久 游培源	马光第 徐梓贤 潘仲良	王永久	夏赓伯 黄文若	金学三	吴寄举		1943年2月	林森路88号	
同生福钱庄	10500	庄易醒	陈健南 石甄烈 吴屏 庄旭初 汪式余 王波 林思源 李农廉 陈鸣锵 张牧生 邱瀛洲 石肖邶 屈用中 白旭初	陈勘 石肖玉 蔡万里 吴涛 卢德安	陈健南	高树莊	吴屏 石森	彭吉臧 黄德一 梁光荣	1886年	中正路164号	
信源钱庄	1000	钟惠卿	钟惠卿 钟尔康 赵健龄 赵琢之 赵健臣 田炳灵 王裕康	汤式民 周忠龙		钟尔康	王裕康		1941年1月	打铜街33号	

牌号	资本/万元	董事长	董事	监察人	总经理	经理	副理	襄理	成立年月	地址	备注
金源钱庄重庆分庄	营运资金500	叶先芝	刘午桥 王振芳 李叔彦 陶原富 陈庭芳 钱远声 吴性栽 蔡承新 丁熊照 孙子芳 顾鸿沼 夏杏芳	裴云卿 刘伯青 董舜琴 曾郁文	夏杏芳	董鲸波	夏行耕	薛视远	1942年7月	中正路133号	
成大银号	2000	杨耿光	张经武	李雯	张裕良	张经武	罗显经	陶公蒂	1941年2月	民族路16号	
久裕银号	5000	杨耿光	赵述曾 梅孝盛 杨效贤 李伯庚 李树臣 杨碳生 熊崇鲁 张树英 杨述曾 王晋三	杨文超 严持敬 许效周		杨效贤	余朗西 王一心	张国荣	1943年7月	第一模范市场19号	
宜丰钱庄	10000	龚农瞻	孙尊山 张耀光 熊荫村 杨鲁玉	杨芳毓 骆远泉	陈肇秋	冉宗华		梁建尧	1941年11月	陕西路152号	

牌号	资本/万元	董事长	董事	监察人	总经理	经理	副理	襄理	成立年月	地址	备注
福华银号重庆分号	10000	李任坚	李任坚 郭乾昭 郭旅进 郭体仁 郭剑文 郭椿年 郭则鸣 郭奠礎 万固生	郭鄂秋 郭裕成 颜继阳	郭乾昭	郭剑文	万固生 王子华	郭翘楚	1947年4月	陕西路202号	

资料来源:《重庆市钱商业同业公会会员录》(1948年6月),《钱业月报》第19卷第6期,1948年6月15日,第57-60页。

由表7-5可知,到1948年6月,参加重庆钱业公会的银号钱庄还有22家,钱业公会的组织机构健全。但是在利益驱使下,不少钱庄银号仍然暗中经营商业,并将其经商代理处或信托部改组成公司形式以逃避惩罚。直到抗战结束,重庆钱庄银号兼营附业的行为并未得到彻底解决。

总之,成立于1924年的重庆钱业公会是由传统的会馆、公所向近代同业公会演变而来,并一直存续到新中国成立初期。尽管其组织形式和会务制度比较简单,但其后渐趋完备,并采取各种积极措施维护同业利益、促进同业发展,在化解重庆金融风险,维护重庆钱业的同业整体利益和金融市面稳定等方面发挥了作用。

7.2 近代重庆银行业同业公会

银行公会作为近代中国新式金融业——银行的自律团体,成为各地金融界的主要代言机关,亦是政府对金融业管理的主要凭证,在社会经济发展中扮演着十分重要的角色。中国是一个地域辽阔，各地区政治、经济、文化等方面发展都很不平衡的大国，不同地区的银行公会常常具有某些不同的特点。

重庆银行公会是近代中国西部地区最重要的金融同业组织之一，成立于1931年，结束于1949年。虽仅存在18年，但它是近代重庆银行业自发组织的自律性同业组织，以维护银行业利益、推动银行业发展为基本宗旨。特别是在抗战的特殊环境里，随着国民政府的内迁，重庆成了国民政府大后方的经济与金融中心，重庆银行公会也就从原来的地方性行业自律组织发展成为大后方金融发展中的重要组织，在后方金融业发展中起着举足轻重的作用，为促进重庆大后方金融中心的形成与近代中国金融业的发展，推动其近代化进程起过重要作用。然而长期以来，对该组织的研究在学术界却未受到应有的重视，缺乏深入的探讨，本节将对近代重庆银行公会分时段进行相对系统的研究。

7.2.1 全面抗战爆发前的重庆银行公会

与票号、钱庄等传统金融业不同，中国银行业是在近代中国社会经济发展的带动下，应政府财政的需要，模仿外国银行体制而逐步兴起的。银行业同业公会是商品经济发展和银行业规模扩大的产物，是银行业的自律组织，是银行业集体利益和意志的代表。其主导面是站在民间的立场，为广大会员银行提供各种服务，反映和维护银行业的利益。自1918年7月8日，12家银行发起成立上海银行公会后，北京、天津、汉口、蚌埠、济南、杭州等地的银行家纷纷发起组建了当地的银行公会。1920年全国共创设银行公会7家，1921年为8家，共有会员银行100家。[1] 截至1923年，全国共有银行公会10家，分设于上海、北京、天津、汉口、杭州、南京、南昌、济南、哈尔滨和蚌埠等地。[2] 主要集中

---

[1] 郑成林：《从双向桥梁到多边网络——上海银行公会与银行业（1918—1936）》，博士学位论文，华中师范大学，2003年，第66-67页。
[2] 金世和：《汉口银行公会创设之经过》，《银行杂志》第1卷第1号，1923年11月1日，第5页。

在中国的东中部地区，至于西南、西北地区，由于银行业的不发达并未成立银行公会。

到抗战爆发前，近代中国金融业发生了巨大变革，其中票号、钱庄的衰落和新式银行的迅速发展就是这种变革的表征，重庆银行公会的兴起则是这一变革的产物。 重庆银行公会的成立是近代重庆新式银行业发展的产物，是近代银行业在重庆取得相对传统金融的优势地位的具体体现，是西部金融近代化的重要表征。

重庆市银行公会，以联欢会为其滥觞。 缘于 1926 至 1927 年间，重庆市之营银行业者，仅有中国、聚兴诚、中和、四川美丰四行；当时因家数无多，尚无同业公共机关；嗣渐感有联络之必要，乃轮流定期集会，藉以研究业务利弊，名曰联欢会。 旋川康殖业成立，加入团体；而市商会因认纳会费及借垫关系，目之为银行帮，因以自名，并公推赵资生为帮董。 1930 年，中和搁浅，遂无人问事，此重庆银行业公会史前之概况。[1] 随着银行中心地位日渐稳固，与经济联系日益密切，为相互加强彼此间的联络，在外国银行界和本国钱庄界的夹缝间求得生存与发展，有必要健全本业组织来维护同业利益。 特别是 20 世纪 30 年代初期，重庆为二十一军刘湘所部驻防地区，"军部有关金融措施的推行和向银行派垫款项事宜，均需一所能承上启下的机构承办"[2]，其任务主要是协助官方传达指令，沟通协调，利于政策执行；代表会员陈述意见，下情上达，维护同业利益。 1931 年重庆市共有 8 家银行（7 家总行，1 家分行），分别为聚兴诚银行、四川美丰银行、重庆平民银行、川康殖业银行、重庆市民银行、四川盐业银行（1932 年改重庆川盐银行）、北碚农村银行以及中国银行重庆分行。 除北碚农村银行距离市区较远，且营业规模较小、营业对象狭窄而影响有限外，其他银行 7 家联合发起组织成立了"重庆市银行商业同业公会"，作为重庆地方的银行界联合组织。

---

［1］张肖梅：《四川经济参考资料》，上海：中国国民经济研究所，1939 年，第 D37-38 页。
［2］重庆金融编写组：《重庆金融》（上卷），重庆：重庆出版社，1991 年，第 312 页。

1931 年 9 月 25 日，重庆市银行业同业公会成立并通过章程。会员银行有中国银行重庆分行、聚兴诚银行、川康殖业银行、四川美丰银行、重庆平民银行、重庆市民银行、重庆川盐银行等 7 家，康心如任主席。[1] 这也是西部地区成立的第一家银行业同业公会。根据 1929 年 8 月，国民政府《工商业同业公会法》第二条规定"工商同业公会之设立须有同业公司行号 7 家以上之发起"[2]，当时的西部各省的主要城市中，除成都能与重庆相提并论外，其他各地所拥有的银行家数均不符合此规定，没有资格成立银行公会。1930 年 11 月 24 日，成都银行钱业公会成立，李星垣任主席。当时成都共有 37 家银行钱庄，因基金不固，投机失败，相继倒闭 28 家。这一组织并非纯粹的近代银行业同业组织，直到 1934 年 5 月 20 日，成都市银行业同业公会才单独正式成立并通过章程。会员银行有：中国银行、聚兴诚银行、川盐银行、川康银行、四川美丰银行、重庆银行、四川地方银行等 7 家，主席胡浚泉。[3] 而此时的重庆银行公会已成立近三年。

1934 年 1 月 11 日，四川省银行加入重庆银行公会，成为其会员银行，1 月 12 日开幕正式营业。5 月 23 日，江海银行加入重庆银行公会，成为其会员银行，6 月 12 日，开幕正式营业。8 月 10 日，四川建设银行加入银行公会，成为其会员银行。[4] 1935 年 10 月 19 日，重庆银行同业公会改选，选出戴矩初、吴受彤、任望南、何北衡、康心之、顾敦辅、龚农瞻、邹汝百、连智临等 9 人为执行委员，吴受彤为主席。[5]

重庆银行公会作为重庆近代银行的同业组织，其组建吸收了诸多近代化的因素。发起成立银行公会的几位主要人物大多都有

[1] 田茂德、吴瑞雨、王大敏：《辛亥革命至抗战前夕四川金融大事记（初稿）》（四），《四川金融研究》1984 年第 9 期，第 38 页。
[2] 徐百齐：《中华民国法规大全》（第三册），上海：商务印书馆，1936 年，第 3463 页。
[3] 田茂德、吴瑞雨、王大敏：《辛亥革命至抗战前夕四川金融大事记（初稿）》（四），《四川金融研究》1984 年第 9 期，第 37、42 页。
[4] 《重庆二十三年银行日志》，《四川月报》第 6 卷第 1 期，1935 年 1 月，第 45-47 页。
[5] 田茂德、吴瑞雨：《民国时期四川货币金融纪事（1911—1949）》，成都：西南财经大学出版社，1989 年，第 144 页。

较高的文化素质，接受过西方的现代知识，拥有较现代的组织能力和管理理论。

表 7-6   重庆银行公会主要发起人简况表

姓名	籍贯	任职银行	所任职务	学历
康心如	陕西城固	四川美丰银行	总经理	大学毕业
周宜甫		中国银行	总经理	
张茂芹	四川江津	聚兴诚银行	总经理	大学毕业
刘航琛	四川泸县	川康银行	幕后组织者，1932年任总经理	北京大学经济系毕业
张子黎	四川巴县	重庆平民银行	总经理	
吴受彤	浙江杭州	川盐银行	董事长	出身官僚家庭，早年于盐运使署充当幕僚
潘昌猷	四川仁寿	重庆市民银行	总经理	仁寿中学毕业

资料来源:重庆市档案馆馆藏重庆市银行商业同业公会未刊档案,档号 0086-1-146;中国民主建国会重庆市委员会、重庆市工商联合会文史资料工作委员会,《重庆 5 家著名银行》,重庆:西南师范大学出版社,1989 年,第 130 页。

他们利用近代理念建立银行公会，正如成立大会上临时主席张茂芹所云："值此世界商业竞争，吾国各界均应自取联络，共谋发展，庶足与外人争衡，本市银行业前虽有联欢会及银行帮之组织，然因势力薄弱，不合国府颁布工商业同业公会组织法法定人数，故未正式成立公会，现本市银行已有 7 家，适合法定人数，故今日特依法组织成立公会，以谋同业公共利益及社会经济之发展。"[1]显而易见，健全金融业组织，加强金融业力量，共谋银行同业发展是发起组建之动机。重庆银行公会的成立使近代银行业在重庆取得了相对于旧式金融界的优势地位，有利于在重庆创造符合近代银行利益的制度化环境。

重庆市银行业同业公会的基本规章制度包括《重庆市银行业

---

[1]《重庆市银行业同业公会成立大会记录》,1931 年 9 月 25 日,重庆市银行商业同业公会未刊档案 0086-1-117,重庆市档案馆藏。

同业公会章程》[1]、《重庆市银行业同业公会会员营业规程》[2]以及其他由公会制订要求会员银行共同遵守的自律规则等。

重庆银行公会"以增进金融业之公共利益及矫正金融业上之弊害为宗旨",以稳定金融市场为目的。最初仅有会员7家,无固定会所办公及开会,借用四川美丰银行、聚兴诚银行及中国银行等银行的房屋。其后二年间,因会员稍多,事务加繁,乃租用打铜街川康银行后院为会址。1935年因会员继续增加,业务日见发扬,会员有自建会所之必要,初经商妥重庆银行让售第一模范市场33号地皮,兴建五层大楼为正式会址。[3]"依照工商业同业公会法第四条之规定,存立期间暂定为30年"。遵其宗旨,初期会务主要为以下六个方面:1.设立票据交换所及征信所;2.办理会员营业必要时之维持事项;3.调节会员与会员或非会员间之争议事项;4.草拟关于金融业法规建议于政府;5.调查同业营业状况;6.举办其他有利于金融业之公共事项。

银行公会的会员代表由会员行就各自银行中推派1至3人组成,代表本银行参加公会各项事务,其资格为各银行全权委托之行员或正副经理人。会员代表享有选举与被选举、罢免、提议、表决、复决、公会举办各项事务之利益等权利,同时也要承担本会章程及议决案所规定之营业规则、担任公会职务、按期抄送营业报告、接受公会咨询及调查、按期缴纳会费、出席会议、不侵害他人的正当营业等义务。第十一条还对不得成为会员及会员代表的六种情况进行了规定。

重庆银行公会的权力机构为会员大会、委员会和常务委员会。会员大会是公会的最高决策机构,分常会和临时会两种,主

---

[1] 四川地方银行经济调查部:《重庆市银行业同业公会章程》,《四川经济月刊》,第1卷第3期,1934年3月,第1-5页。以下内容凡未标注出处的均出自该章程。

[2] 该规程于1932年10月24日,由重庆市银行业同业公会公布施行,见田茂德、吴瑞雨、王大敏:《辛亥革命至抗战前夕四川金融大事记(初稿)》(四),《四川金融研究》1984年第9期,第39页。

[3] 《重庆市银行商业同业公会筹建会所缘起》,《金融周讯》第1卷第5-6期,1945年5月23日,第7页。

席由公会常务委员轮流担任。常会在每年 6 月及 12 月由全体委员负责召集，而临时会经委员会认为有必要时，或有五分之一以上会员代表提出会议事由要求委员会召开时，委员会负责召集。会员大会上每一会员代表拥有一议决权，体现公平原则，但"所议事项与会员或会员代表本身有关系时，该会员代表无表决权，如主席认为有关系，会员代表有回避之必要时，得由主席随时通知该会员代表退席"。委员会和常务委员会是负责重庆银行公会运作的重要机构。委员会每月定期召开会议一次，必要时可开临时会议。常务委员会每星期开会一次，必要时亦可开临时会。据统计，全面抗战爆发前全委会召开的定期会和临时会共 152 次，其中 1931 年 3 个月计 4 次，1932 年 20 次，1933 年 31 次，1934 年 30 次，1935 年 25 次，1936 年 34 次，[1] 1937 年前六个月计 8 次。[2] 原定月开会 1 次，除 1931 和 1937 年较正规外，其他年份远远超出，平均月开两到三次，偶尔个别月达到 4 次之多。大量临时会的存在用来处理大量突发事务，特别是 1935 和 1936 年在配合整理川政时会议更多，显示出其稳定重庆金融市场的目的。

重庆银行公会的会员资格，"凡在重庆市区域内以完全本国人资本合法组织，并合于本会章程所规定成立之银行，由本会会员之 2 人以上之介绍，经全委会审查合格，再提交会员大会通过发给注册证书后，始得加入本会为会员"。凡入会者须填写入会志愿书、缴纳会费及抄送最近 3 年内营业报告书，志愿书须包括以下诸项：商号、设立地点、使用人数、资本金额、已收资本的数目、组织性质、是否向政府注册。

重庆银行公会的决策和管理机构采用委员制，"由会员大会就会员代表中选举委员 9 人，候补委员 3 人组织全委会；由委员中互选常务委员 5 人设常务委员会，就常务委员会中选举主席 1 人，对

---

[1]《关于 1931 年至 1936 年度会议记录》，1931—1936 年，重庆市银行商业同业公会未刊档案 0086-1-117 号，重庆市档案馆藏。
[2]《重庆银行公会会议记录》，1936—1939 年，重庆市银行商业同业公会未刊档案 0086-1-119，重庆市档案馆藏。

478 | 现代化视野下的重庆金融 1840—1949

外代表本会，对内总摄一切会务"。 公会首任主席康心如，其后依次为潘昌猷、吴受彤、康心如、吴晋航、范众渠、陈诗可。 除1933 年 7 月到 10 月周宜甫兼代康心如主席之职，三个月后潘昌猷就职外，余均无较大变动。 直至全面抗战爆发前，决策管理机构无重大改变，不过按照章程之规定，每届两年须改选半数，第一次之改选，以抽签法定之。 1933 年 11 月 2 日举行改选，到有各行代表 24 人，当以会务亟须促进，原有执行委员会委员 7 人，经讨论修改章程第 14 条，执委会人数扩充为 9 人，常务委员会人数扩充为 5 人。 并选出周宜甫、刘航琛、任望南、潘昌猷、吴受彤、张子黎、戴矩初、康心如、周季悔等 9 人为执行委员。 经复选后，又选出周宜甫、潘昌猷、刘航琛、任望南、康心如等 5 人为常务委员，以潘昌猷兼任该会主席。[1] 潘昌猷在就职主席后，聘杨粲三为公会顾问，并将文牍和会计分两组专办，公推周宜甫担任文牍考核，任望南任会计考核。 1935 年 10 月，改选委员后仍推任望南稽核账目，另推康心之核稿。[2] 委员任期四年，每二年改选半数，应改选者不得连任，"委员人数为奇数时，留任人数得较改选人数多 1 人"，以保障会务顺利进行。 初期会员行较少，1931 年成立大会上就选举康心如（四川美丰银行）、周宜甫（中国银行）、张茂芹（聚兴诚银行）、汤壶峤（川康银行）、张子黎（重庆平民银行）、陈丽生（川盐银行）、潘昌猷（重庆市民银行）等 7 人为委员，周宜甫、康心如、张茂芹 3 人为常务委员，几家大银行执掌公会权力。 到全面抗战爆发前委员共改选 3 次，为1933 年 3 月、1935 年 10 月、1937 年 5 月，每次改选几家大银行代表出任公会主席，并占据重要职位，轮流掌控公会权力之格局都没被打破。[3]

[1]《重庆银行公会改选职员已竣》，《四川月报》第 3 卷第 5 期，1933 年 11 月，第 37-38 页。

[2]《关于 1931 年至 1936 年度会议记录》，1931—1936 年，重庆市银行商业同业公会未刊档案 0086-1-117，重庆市档案馆藏。

[3]《关于 1931 年至 1936 年度会议记录》，1931—1936 年，重庆市银行商业同业公会未刊档案 0086-1-117，重庆市档案馆藏；《重庆银行公会会议记录》，1936—1939 年，重庆市银行商业同业公会未刊档案 0086-1-119，重庆市档案馆藏。

重庆市银行业经过新设、改组、停业，到全面抗战前共计 36 家，其中总行 9 家，分行 27 家。[1] 全面抗战前重庆银行公会拥有总行在渝的银行，除发起成立的 6 家外，又吸纳了四川商业银行（1932 年 9 月）、四川地方银行（1934 年 1 月）、四川建设银行（1934 年 8 月）三银行，分行中吸纳了江海银行（1934 年 4 月）、中国农民银行（1936 年 1 月）、金城银行（1936 年 5 月）三银行[2]，退出 1 家，即重庆新业银行（该行于 1934 年 5 月 25 日，由前新业信托公司改组成立，资本 100 万元，因业务趋重于特业——鸦片烟业，而川省烟禁严厉，特业衰落，各股东遂同意收歇，1936 年 6 月底结束。该行于成立时提交入会申请并得到公会同意，但随其停业自动退会）[3]，加上中国银行渝分行共计会员行 13 家。

从以上全面抗战前重庆银行公会吸纳会员行的变化中，可得出四个特点：一是银行公会在重庆市范围，势力较强。本地银行一经成立，随即提出加入公会，如四川商业银行、四川地方银行（后改为四川省银行）、四川建设银行等，为谋已发展，成立之初便加入银行公会。二是国家资本的渗入。中国农民银行进入公会并受国家资本扶持飞速发展，国家行局中国、交通、农民三银行中就有中国、农民两银行加入（中央银行各埠均不加入银行公会为会员，亦不加入票据交换所，委托中国银行代为交换[4]），体现了国民政府对重庆银行界的重视。三是重庆银行公会处于初期发展，对外影响相对较小。外省银行有 25 家在渝设立分行，但只有江海和金城银行加入公会。四是银行公会在吸纳会员问题上处理还很简单，基本上只要提出申请且符合规定即可，不对申请银行的业务状况进行仔细考察。如专营特业的新业银行加入公会

［1］康永仁：《重庆的银行》，《四川经济季刊》，第 1 卷第 3 期，1944 年 6 月，第 104 页。
［2］《关于 1931 年至 1936 年度会议记录》，1931—1936 年，重庆市银行商业同业公会未刊档案 0086-1-117，重庆市档案馆藏。
［3］四川地方银行经济调查部：《民国二十四（1935）年四川金融之回顾》，《四川经济月刊（专论）》第 5 卷第 2-3 期，1936 年 3 月，第 10 页。
［4］中国银行：《渝票据交换所近讯》，《四川月报》第 9 卷第 4 期，1936 年 10 月，第 68 页。

既没受到阻碍，也没被开除公会。

重庆银行公会设事务主任1人，由主席聘用，具体办理以下事项：1.关于办理本会一切文牍会计各事宜；2.关于整理保管文件事宜；3.关于对外调查事宜；4.关于本会会员大会或执行委员会事宜；5.关于掌管本会议事录并通知执行议案事宜；6.关于编制各项报告事宜；7.关于考核本会职员事宜。 此职务全面抗战前基本上由陈晓钟担任，他是四川巴县人，国立清华大学政经系毕业[1]，受过较好的教育。 又设书记、会计或事务员若干人，秉承常务委员会及事务主任之命办理会务，其任免由常务委员会决定。 另外，委员会从会员代表中公推出人选组织各特种委员会，作为公会的辅助机构，大概有行市特种委员会、金融讨论会、币制研究特种委员会及其他各种委员会等。 公会的重要事务须经会员大会决议，由委员会执行，而常务可由事务主任商承常务委员会执行。

公会经费由入会费、年费、特别费、固定基金四项组成。 每一会员代表于入会时缴入会费洋50元；年费为每一会员代表每年洋80元，如年费不足开支，仍由各会员行平均认缴；特别费是遇到特别用费时，由委员会提出理由，交会员代表大会通过，额度由各会员分担；固定基金由会员代表大会决定另筹。 1931年10月召开的第一次执行委员会会议决议"会员入会金及年费即刻征收指存聚兴诚银行"，"会内会计事项委托张委员茂芹办理，会务用款由张委员签字"[2]。 此后公会发展过程中，特别费用度最为频繁，一旦出现紧急用费且费额较小之情况，都由会员行平均分担。 除此以外，公会的会员及委员如违反所规定之情事时，也有相应的处分规定。

由传统经济向近代经济的转化过程中，最根本的特征就是自然经济转变为商品经济，亦即由一种依靠习俗或指令来分配资源

---

[1] 《重庆市银行商业同业公会会员名册》，1941年11月21日，重庆市银行商业同业公会未刊档案0086-1-146，重庆市档案馆藏。

[2] 《关于1931年至1936年度会议记录》，1931—1936年，重庆市银行商业同业公会未刊档案0086-1-117，重庆市档案馆藏。

的经济转变为一种依靠市场配置资源的经济，与之相伴随的必然是各项制度的变迁与重组。近代中国新式商人社团的兴起既是社会制度变迁重组的结果，也是其重要组成部分。重庆银行公会作为近代中国西部成立的第一家银行公会，是中国西部金融近代化的集中体现，其成立为近代中国西部新型商业活动的规范做出了很大的贡献。为了确保银行体系稳健运行、完善内部控制，重庆银行公会参照国内外行业管理的规则与制度，在会员充分讨论和共同协商的基础上，制定了会员银行共同遵守的业务经营与管理规则，并监督会员银行执行，可谓近代中国金融制度创新的积极参与者和推动者。

四川防区制逐渐确立后，境内战争依然频繁，先是"二刘争霸"，后是刘湘"剿赤安川"，致使军费激增，财政亏空，民不聊生。地方政府逼迫各银行发行银行券、承募债券等为其垫付作战款项，市场上充斥着各种债券及银行券，金融秩序极度混乱，对经济影响甚大。在此背景下成立的重庆银行公会，不仅对稳定重庆金融市场秩序、平息西部金融风潮、协助统一川政及辅助地方工商业发展发挥了积极作用，而且为战时国民政府迁都重庆奠定了重要基础。

7.2.1.1　防范金融风潮，稳定重庆金融市场秩序

重庆银行公会组建后，即将防范金融风潮，稳定金融市场秩序作为自己的主要任务，在规范渝市申汇市场、组建重庆证券交易所、建立重庆票据交换所等方面均做出了不懈努力。

20世纪30年代银行的倒闭与风潮不断，1921年创建的中和银行曾有几年信用良好，但1930年5月间市上发现大量伪造该行钞票，该行因而亏累至破产。到1932年7月，中和券经政府宣布，在7月15日以前尚可持券向中和银行资产负债检查委员会补兑，按七折计算。至该行偿债地皮，已由二十一军部令市政府直接点交粮契税债权团接收地皮委员会。军部又以该行银券，业经七折全数收回，亟应焚毁，遂于15日在市商会，邀集各界代表，当众焚毁。计有：（一）金库交来45.2万元。（二）收兑存券266876

元。（三）收回万县分行存票 184000 元。（四）王鸿宾家抄伪票
85000 余元。 共 150 万元。[1]

1932 年 7 月，中国银行与聚兴诚银行同时发生挤兑风潮，旋
即平息。 至中行则因蓉广和叁号欲汇款 5 万元与北平总号，商于
中行，以汇水太高，未成交兑。 但该号竟电北平总局与平中行交
涉。 由平中行付银 47000 元作为 5 万元与广和总号成交。 同时蓉
广和叁号即预备向蓉中行交款。 惟按中行汇款规则，凡在万元以
上之款，须经彼此电告，方能交兑。 蓉中行因此随即向平中行电
讯商洽。 广和羞愤之下，不俟蓉中行电回，即散布蓉中行将倒闭
之流言。 一面并以中行之发行券派人在市面九折八折出售，使人
怀疑，挤兑风潮因之而起。 幸各银号代为兑现，遂告无事。[2]
1934 年 1 月，重庆的四川地方银行遭挤兑，因为抢兑的人太多，
将港口所堆修房之新砖挤倒，从上压下，一般兑现者纷纷逃避，
致当场踏毙 6 人，踏伤 15 人。[3]

20 世纪 30 年代初，重庆钱业操控申汇买卖，在重庆酿成金融
风潮。 为了加强对渝市金融市场的管理及解决地方财政问题，刘
湘部二十一军财政处长刘航琛致函重庆银行公会，邀约公会推人
加入发起共同组织重庆证券交易所。 1932 年 4 月 20 日，重庆证
券交易所开业，除了经营各种公债、库券及有价证券外，并赋予
其以整理申票为附业。 然而，新成立的重庆证券交易所中的申汇
市场，很快成为了投机暴利的场所，汇价的剧烈变动促使重庆银
行公会不得不采取措施。 经过一系列的努力，最后在 1935 年 2
月，关闭重庆证券交易所，停拍申汇，才暂时将此风潮平息
下去。[4]

为稳定重庆金融市场，1932 年 4 月，对重庆市场新开拆息问
题，重庆银行公会极表赞同，主要办法是仿照上海方式（利息逐

---

[1]《中和银券结束》，《四川月报》第 1 卷第 1 期，1932 年 7 月，第 9 页。
[2]《中国银行与聚兴诚银行发生挤兑风潮》，《四川月报》第 1 卷第 1 期，1932 年 7 月，第 8 页。
[3] 中国经济情报社：《中国经济年报》（第一辑），上海：上海生活书店，1935 年，第 192 页。
[4] 为避免重复，相关内容详见本书第二章。

日累计，日拆须经双方同意，否则无息，同业往来不加底码）。同时还致函钱业公会请其定期与会举行联席会议，特别推定由中国银行重庆分行、聚兴诚银行两行为出席联席会议代表，与重庆钱业公会共同协商，维持市场稳定。[1]

1934年9月，二十一军军费无着，乃以未经销售之公债向公库抵借公单，在市面贴现使用。公单发行数由30万而增至800万元，致市面洋水高腾，申汇飞涨。后经筹划，所有公单，除行庄领用者由各该行庄收回外，军部领用者，则向各行庄商借750万元，将公单全部收回。[2]

1935年1月9日，重庆收回公单后，为济军用，二十一军军部令四川地方银行每月向准备库领钞450万元，发行超过准备，引起挤兑。二十一军财政处长刘航琛召集银钱两业会商救济办法，决定封存地钞，换领抵解证，面额分一千、五千、一万三种，最高发行额740万元，3个月为限。6月中旬四川省财厅发行交换证450万元，重庆市面立即发生划账洋对现金补水。蒋介石于21、28两日电令收回，[3]6月30日中央银行又拒绝接收，引起金融恐慌后，以发行保管证470万元，换回交换证销毁。[4]7月15日，四川省财厅向重庆中央银行借得地钞400万元，向各行庄借得70万元，将保管证收销。但同月底又因银根紧缩发行承兑券330万元。8月15日，四川省财政厅呈准发行汇划证800万元以收销前发的承兑证。但因重庆各行庄向中央银行请领现钞4500万元未能实现，汇划证无款兑付，价值低落。[5]1936年12月，西安事变发生后，川省金融市场紊乱，法币、公债贬值，铜元因收藏囤积

[1]《关于1931年至1936年度会议记录》，1931—1936年，重庆市银行商业同业公会未刊档案0086-1-117，重庆市档案馆藏。
[2] 田茂德、吴瑞雨、王大敏：《辛亥革命至抗战前夕四川金融大事记（初稿）》（四），《四川金融研究》1984年第9期，第43页。
[3] 田茂德、吴瑞雨、王大敏：《辛亥革命至抗战前夕四川金融大事记（初稿）》（五），《四川金融研究》1984年第10期，第35页。
[4] 田茂德、吴瑞雨、王大敏：《辛亥革命至抗战前夕四川金融大事记（初稿）》（五），《四川金融研究》1984年第10期，第36页。
[5] 田茂德、吴瑞雨、王大敏：《辛亥革命至抗战前夕四川金融大事记（初稿）》（五），《四川金融研究》1984年第10期，第37页。

多，钱价暴涨，月半比期利率上升。[1]

面对这些金融风波，重庆银行公会均极力采取相关办法进行解救。汤字号事变后，钱业全部入交易所，随之近远期申汇交易亦全部由交易所营作。[2] 1935 年的重组证券交易所稳定金融秩序，6 月，交换证影响市面金融，政府饬令收回及中央银行限制汇兑，6 月 23 日，重庆银行公会立刻做出反应，召集会员行召开紧急会议讨论救济办法：（一）交换证应即收回，各行庄领用之交换证限明日（星期一）各用本票向交易所调取，并将保证品自行撤回。（二）各行庄自动停做远期申汇，只做 6 月底电汇，7、8 两月暂行停止交易。（三）钞票现金各行庄停止买卖。[3] 1934 年 8 月到 1935 年 12 月，银行公会与钱业公会、地方军政府三方进行合作，多次组成银钱业联合公库和抵解证、交换证、保管证委员会和银钱业联合办事处，次第采用划账方式的定期公单、抵解证、交换证、保管证、承兑证、汇划证等多种金融工具来缓解资金缺乏现象，化解金融危机。[4] 1936 年 12 月 17 日，重庆银行公会召开会议，议决本市金融情形因陕变（指"西安事变"）的影响发生不安，应请与军政当局协力维持，并决议法币信用基础巩固，应商请中央、中国、农民三行，将所存现金准备数字在本市报纸宣布，俾坚众信。同时对市面铜元涨价问题认为系钱商操纵所致，应请中央银行将所采所存新辅币尽量发行，代替铜元之用。[5] 通过采取这一系列的措施，12 月的重庆金融市场得到了暂时稳定。

---

[1] 田茂德、吴瑞雨、王大敏：《辛亥革命至抗战前夕四川金融大事记（初稿）》（六），《四川金融研究》1984 年第 11 期，第 30 页。

[2] 田茂德、吴瑞雨、王大敏：《辛亥革命至抗战前夕四川金融大事记（初稿）》（四），《四川金融研究》1984 年第 9 期，第 39 页。

[3] 四川地方银行经济调查部：《一月来之重庆金融》，《四川经济月刊》第 4 卷第 1 期，1935 年 7 月，第 132-133 页。

[4] 四川地方银行经济调查部：《民国二十四年四川金融之回顾》，《四川经济月刊》第 5 卷 2-3 期，1936 年 3 月，第 27-30 页。

[5] 《关于 1931 年至 1936 年度会议记录》，1931—1936 年，重庆市银行商业同业公会未刊档案 0086-1-117，重庆市档案馆藏。

7.2.1.2 协助政府整理川省金融

国民政府统一川政前,重庆地方的金融紊乱,金融机构与金融市场为军阀所掌控,币制复杂,市面流通的钞票纷繁,除二十一军总金库发行之粮契税券外,还有中国银行、四川美丰银行、川康银行、重庆市民银行及四川地方银行等 5 家银行发行的各种钞票。而白银以悠久的历史传统作为重庆货币制度中的本位币,不仅充当各银行准备金,还成为市场流行的通货,普遍为大家所接受。因此,重庆市面上白银之多寡必将引起经济的波动。混乱之时人们纷纷抛售纸币以握现洋,信用危机产生,挤兑事件、银行钱庄倒闭时有发生,金融恐慌不断出现。

1935 年国民政府统一川政后,开始逐渐整理四川的财政金融,主要集中在整理"地钞"上[1],重庆银行公会对国民政府的金融措施给予积极支持,并采取了一系列办法,包括前文所述紧急会议救济办法与钱业公会、地方军政府三方合作等。10 月 23 日,重庆银行公会推举龚农瞻为公会代表参加由财政部、四川财政特派员公署召集组织的重庆四川流通银币成色重量鉴定委员会。[2] 11 月,重庆银行公会向四川财政督署反映本市法币过少市面枯竭等困难现象,并积极派代表参加会议出谋划策,配合政府整理工作[3],严厉制止奸商活动,其后申钞逐渐流通,市面情形恢复。在此后的法币改革中,为法币在四川的推行给予了积极配合,到 1936 年 9 月,渝市各行庄共领钞 6115 万元,而公会会员行就达到 5750 万元,占 94%。[4] 1937 年 2 月,渝市各行庄实领钞达到 6980 万元,尚有 1365 万元准备领取。[5] 这为统一重庆的金融市场发挥了极大作用。

---

[1] 整理"地钞"问题详见本书第二章相关部分。
[2]《关于 1931 年至 1936 年度会议记录》,1931—1936 年,重庆市银行商业同业公会未刊档案 0086-1-117,重庆市档案馆藏。
[3]《关于 1931 年至 1936 年度会议记录》,1931—1936 年,重庆市银行商业同业公会未刊档案 0086-1-117,重庆市档案馆藏。
[4] 四川地方银行经济调查部:《本市各银行领钞额数》,《四川经济月刊》第 6 卷第 3 期,1936 年 9 月,第 15 页。
[5] 中国银行:《渝市各行庄领钞近况》,《四川月报》第 10 卷第 2 期,1937 年 2 月,第 70 页。

重庆银行公会帮助国民政府统一四川金融，稳定重庆的金融市场，保障重庆金融业的有序发展，为国民政府迁都重庆在金融上奠定了有利基础。

7.2.1.3　帮助银行业务转型，支持工商业发展

近代华资银行起步较晚，实力较弱，法律及制度建设更加落后，在外国银行和旧式钱庄的夹缝中求生存谋发展，"银行存款成为支持政府财政的重要来源，政府利用了银行间接融资功能而服务于政府财政，而银行业也是在政府财政需求拉动下得以产生、发展、壮大的"[1]，这种互相利用之境况使我国新式银行与政府交往密切，此一特性导致地方大多数银行被地方军政当局所操纵。重庆的银行也不例外，或为政府直接创办，或有政府人员参股，或被政府一手操纵，不论以何种形式出现都必然与政府有千丝万缕的联系。

重庆银行公会发起的七大会员行均有地方官员插手。中国银行为国家银行自不必说，聚兴诚银行创建于1914年，是重庆较早创建的私营商业银行之一，不仅业务发展迅速，而且盈利颇丰。但"刘航琛以省财政厅长名义，借口聚行亏折过大，以无条件再担任无限责任股东为由，直接密令重庆市政府查聚兴诚银行的账，向之施加压力，最后直白地向杨粲三提出聚行应改组为有限股份公司，并由他们投资一半以上"[2]，杨粲三一再拖延，后为政治力量逼迫，不得已于1937年改组并允其加入一定比例的股份。川康殖业银行是由"刘湘所支持的，由刘航琛约同何北衡、甘典夔、张必果、周季悔等人创办"[3]。被亦官亦商人士创建就必然会受政府控制，四川美丰银行本是重庆第一家中美合作的商业银行，但受第一次国内革命战争影响，美侨纷纷撤离而面临破产，鉴于此情，"驻重庆第二十一军军长兼四川善后督办公署督办

[1] 戴建兵：《白银与近代中国经济（1890—1935）》，上海：复旦大学出版社，2005年，第208页。

[2] 中国民主建国会重庆市委员会、重庆市工商联合会文史资料工作委员会：《聚兴诚银行》，重庆：重庆出版社，1984年，第53页。

[3] 重庆金融编写组：《重庆金融》（上卷），重庆：重庆出版社，1991年，第234页。

刘湘出资收买全部美资股份"[1]，所以四川美丰银行与二十一军关系最为紧密。 重庆市民银行（即日后的重庆商业银行），1929年重庆正式设市，刘湘派师长潘文华兼任市长，潘为筹集经费以改善重庆市政设施，"派市政府秘书长石体元，市商会主席温少鹤负责筹办重庆市民银行，以代理市金库和经营商业银行业务"[2]，1931年1月正式开业，就是为政府服务的银行。 重庆平民银行实力较弱，较晚才有政府人士入股，1936年刘航琛任该行董事长，业务有所开展。 川盐银行的前身是重庆盐业银行，1930年重庆江岸积压食盐甚巨，占用资金颇多，为解决盐商资金融通之难，政府设重庆盐业银行，因资金短缺于1931年停业，后"盐运使署科长吴受彤负责清理盐业银行资产负债"[3]，与二十一军密切合作，终在停业几月后再度复业，更名重庆川盐银行，吴受彤把持大权6年之久，后由刘航琛接管，直至1949年11月重庆解放为止。 这些银行处于政府的强势控制之下，为政府经理省库，某种程度上亦可说是作为政府之账房而存在，有大量弊端。政府弥补财政赤字的最快方法是发钞，每当政府财政拮据时便要求银行为其增发钞票以解燃眉之急，这几年"重庆的商业银行被刘湘搜刮的资金（即所谓军政放款），已占到银行业全部资产的56%"[4]，"对财政预算和银行体系的行政控制，已证明是个最不健康的结合体"[5]，政府一经亏空即靠发行解决，通货膨胀势所必然。 所以，重庆现代银行与政府的此种不正常关系，为重庆的金融危机埋下了祸根。

面对此种情形，重庆银行公会一经组建就积极健全会员行的制度建设，抵制军阀无休止的摊派，将银行业务纳入发展工商业的正轨。 为会员行业务的健康发展创造环境，使其逐步摆脱政府

[1] 重庆金融编写组：《重庆金融》（上卷），重庆：重庆出版社，1991年，第221页。
[2] 重庆金融编写组：《重庆金融》（上卷），重庆：重庆出版社，1991年，第239页。
[3] 重庆金融编写组：《重庆金融》（上卷），重庆：重庆出版社，1991年，第227页。
[4] 隗瀛涛：《近代重庆城市史》，成都：四川大学出版社，1991年，第319页。
[5] 张公权：《中国通货膨胀史（1937—1949年）》，杨志信摘译，北京：文史资料出版社，1986年，第239-240页。

的强势压迫，走上商业银行正常之路，发挥了重要作用。

1931 年 10 月 2 日，重庆银行公会执行委员会召开的第一次会议中，参加者周宜甫、康心如、潘昌猷、张茂芹等就分别代表各银行，商讨会务和同业业务等问题及解决办法。此后重庆银行公会的这种活动从未间断。[1] 例如，1932 年 4 月 28 日，重庆银行公会执行委员会第 13 次会议在四川美丰银行召开，讨论通过民生公司的公司债由本会各银行承认代募，并推选出聚兴诚银行与重庆平民银行的两位经理担任民生公司营业考查员负责考察事宜。接着，6 月 13 日，在公会的第 15 次临时会议上，对自来水公司请求银行公会与钱业公会共同承认 27 万元期票抵借案给予支持，决议由银行公会承认实借 12 万元，其中重庆川盐银行、重庆平民银行、重庆市民银行各承担 1 万元，中国银行、聚兴诚银行、川康银行各承担 2 万，四川美丰银行独自承担 3 万元。[2] 以上事件表明，重庆银行公会对发展实业的支持。

20 世纪 30 年代，刘湘主政重庆后，大规模战争减少，国家及地方官办银行和外省商业银行亦来渝开设，重庆的银行业蒸蒸日上。本地的聚兴诚银行、四川美丰银行、川康平民商业（由重庆平民、川康殖业及四川商业三行合并而成）、重庆川盐银行、重庆商业（市民）银行及日后的和成银行，发展成为以聚兴诚为首的著名的川帮六大银行，并成为川帮集团的主体，"这是抗日战争以前中国金融发展史上的一件大事"[3]。川帮银行在重庆银行公会所创造的制度环境保障和现代规章约束下，开始有条件地抵制政府的军政摊派款项等，业务方面加强与工商业的联系。聚兴诚银行专营存放款汇兑业务，1934 年纯益占资本额的 35%，达 35 万元[4]，在全国广设分支机构，是经营较成功的私人银行，形成重

［1］张守广：《简论四川财团的形成、发展与特点》，《西南师范大学学报》（人文社会科学版）
　　2005 年第 1 期，第 123 页。
［2］《关于 1931 年至 1936 年度会议记录》，1931—1936 年，重庆市银行商业同业公会未刊档案
　　0086-1-117，重庆市档案馆藏。
［3］隗瀛涛：《近代重庆城市史》，成都：四川大学出版社，1991 年，第 292 页。
［4］重庆金融编写组：《重庆金融》（上卷），重庆：重庆出版社，1991 年，第 214 页。

庆银行界中的杨氏财团。四川美丰银行是中美合资银行，利用外人信誉发行美丰券等获利，形成以康心如为中心的康氏财团。川盐银行专营盐业，亦兼做其他业务。川康殖业、重庆平民和四川商业共同合成川康平民商业银行后实力更强，与川盐一起形成了刘航琛财团。重庆市民银行除经营存放汇业务外，又套用资金获利，形成潘昌猷财团。和成银行是1937年由和成钱庄改名而来，形成吴晋航财团。这些银行不仅努力发展其业务，更凭借自身资力投资生产事业和商业，仅1936年一年，聚兴诚银行、四川美丰银行、重庆银行、川盐银行、四川建设银行等5家之存款总额5728万余元，放款总额为4720万元，此5家银行的资本总额仅为540万元（聚兴诚银行、重庆银行、四川建设银行等三行各为资本100万元，四川美丰银行、川盐银行各为资本125万元，至1937年下期，除四川建设银行外均增加资本），但其资产总额则为16259万余元，资产总额超过资本额30倍。可见，当时各行资本虽薄弱，但信用基础则相当雄厚。[1] 他们不断获利之时亦对重庆的社会生产造成一定影响，川帮银行成为四川财团的核心力量，逐渐成为一股不可小觑的金融力量。

全面抗战前重庆市银行总资本即为银行公会会员银行的总资本，计1500万元，23家钱庄银号仅199.6万元，[2] 再加上资本5万以下之少数几家钱庄共计200.6万元[3]，银行公会会员行的总资本占银钱业总资本1700.6万元的88.20%，而钱庄则与其相差甚远。所以，全面抗战爆发前银行界已经支配了重庆的金融市场，相应地，重庆银行公会的地位更为提高。

总之，重庆银行公会在自身壮大的过程中，为促进重庆地方金融市场的建立和辅助地方工商业发展发挥了作用。发起重庆银行公会的7家会员银行除中国银行外，其余6大银行形成了以聚兴

---

[1] 杨泽：《四川金融业之今昔》，《四川经济季刊》第1卷第3期，1944年6月15日，第215页。
[2] 康永仁：《重庆的银行》，《四川经济季刊》第1卷第3期，1944年6月，第108页。
[3] 《重庆钱庄调查》，《四川经济月刊》第8卷第2期，1937年8月，第23-24页。

诚银行为首的川帮商业银行之中心，成为重庆乃至四川地区的金融核心，进而又和川滇银行组合成全国银行界中的"华西集团"并成为其主体。它们和中国银行一起组建覆盖西南地区的金融网络，控制与垄断四川地方的金融业务，关联并影响重庆诸多的金融市场，如存款放款市场、资金拆借市场、票据贴现市场、证券交易市场、货币汇兑市场、外汇黄金市场等，执四川金融界之牛耳。"银行同业公会的建立，则标志着银行在金融业的中心地位的确立"，"这一切就改变了重庆金融的结构，改变了四川的传统货币体系，形成了以重庆为中心的金融市场，从而最终完成了四川金融中心由西（成都）向东（重庆）的转移"[1]。随着金融中心的移向，重庆的金融地位大为提高，金融市场稳定，财政渐入正轨，摆脱了以前混乱的局面，从经济上、金融上，为抗战爆发后国民政府选择定都重庆建立后方基地做了铺垫。

7.2.2　全面抗战之后的重庆银行商业同业公会及其结束

1937 年全面抗战爆发后，全国的主要政治、经济机构和许多工商企业向西南大后方转移，国民政府西迁，重庆成为战时首都。由于战时经济的刺激和国民政府努力建设西南、西北金融网，重庆金融业由此获得较快发展，迅速成为大后方的金融中心。重庆银行业在原有本地银行的基础上，又增加了若干内迁银行。1943 年各种金融机构共计 108 家，其中国家银行 4 家，省市地方银行 14 家，还有商业银行 52 家，外商银行 2 家，钱庄36 家。[2]

伴随着重庆银行业迅猛发展，重庆银行公会却经历了战争带来的曲折。全面抗战爆发之前，重庆银行公会已于 1935 年在第一模范市场 33 号自建了五层大楼作为会址。然而，全面抗战爆发之后，日军不断对重庆进行轰炸，1939 年 9 月，重庆银行公会附近

---

［1］隗瀛涛：《近代重庆城市史》，成都：四川大学出版社，1991 年，第 299 页。
［2］罗志如、李宗荣：《重庆金融市场概况》，《资本市场》第 1 卷第 10-12 期，1948 年 12 月，第34 页。

迭被敌机轰炸，致墙壁震坏多处，虽已略加修葺，但因工程较巨，则暂从缓。 同时，为防备万一并谋职员安全疏散起见，在公会特别收入结存项下，拨款在化龙桥庞家岩借地一块建造瓦屋三间，工峻复因附近被炸震坏，又雇工修缮，以备应用。[1] 到 1940 年 8 月，日军滥施轰炸 20 日，全市发生大火，重庆银行公会会所厨房亦中燃烧弹，因自来水中断无法施救，遂全部被毁。 于是，重庆银行公会只好迁到事先在化龙桥租地建有的临时房屋办公，会务照常进行，只是城内收文地点暂假重庆钱业公会，开会则向四川美丰银行临时借用。 其后向九尺坎魏姓租得办公房屋，因房屋狭小，后又将附近被炸震坏之房舍略加修葺，另辟会议室，并整理三层阁楼，以充宿舍。 1941 年 7 月初旬，全部员役既已移到这里办公，使用到抗战结束。 原模范市场地皮被炸后，鉴于空袭严重，战时材料匮乏，一直都没有得到重建。 直到的 1945 年 5 月，才准备发起重建银行公会大楼。[2] 到 1946 年 7 月 8 日，模范市场新大厦落成，新大厦之建筑及设备等费用，约耗费 1 亿余元，经费来源系由公会发行"社债"（等于公司债，共 1.1 亿元，分配售予各会员，五年还本）。[3]

在艰难残酷的战时环境下，重庆银行公会仍坚持经营，努力发展。 1937 年 10 月，重庆银行公会主席吴受彤病故，10 月 12 日，经公会第 158 次执行委员会临时会议决议，暂时推选戴矩初任常务理事代理主席一职。[4] 11 月 24 日，重庆银行公会正式改组，并选举常委。 结果选定执委康心如、顾敦甫、张茂芹、宁芷邨、潘昌猷、刘航琛、张佑贤、康心之、龚农瞻、鲜伯良、何说崖、冯一飞、何兆青、郭松年、戴矩初 15 人；候补梅孝威、刘敷

[1]《重庆银行公会第四届第三十九次执行委员会会议记录》，1939 年 9 月 9 日，重庆市银行商业同业公会未刊档案 0086-1-119，重庆市档案馆藏。
[2]《重庆市银行商业公会筹建会所缘起》，《金融周讯》第 1 卷第 5-6 期，1945 年 5 月 23 日，第 7-8 页。
[3]《本市银行公会新厦今日开幕》，《征信新闻（重庆）》第 402 期，1946 年 7 月 8 日，第 2 页。
[4]《重庆银行公会第一百五十八次执行委员会临时会议记录》，1937 年 10 月 12 日，重庆市银行商业同业公会未刊档案 0086-1-119，重庆市档案馆藏。

五、汪栗圃 3 人，由执委中推选康心如、顾敦甫、潘昌猷、张茂芹、宁芷邨 5 人为常务委员，并继续推选康心如为主席。[1] 改组后，呈请重庆市政府、四川省政府备案查核，并获得批准。 此后，重庆银行公会的会员大会照章每半年举行一次，1938 年 3 月，召开了改组之后的代表大会，到会各行代表 10 余人，由康心如任主席，报告了 1937 年度的会务经过、收入情形以及 1938 年度会务计划与经费预算，均经一一讨论通过。[2]

1938 年 1 月，国民政府新颁《商业同业公会法》，规定限旧公会于 1938 年 11 月 1 日起至 1939 年 4 月底止，一律改组。 重庆银行公会遵照改组，因法令中有应先向经济部呈请解释者，除一面备文呈请解释外，一面随同重庆市商会及各业公会进行筹备。[3] 4 月初，要求重庆市的银行同业中未加入公会的各行驻渝办事处及中央储蓄会、四行储蓄会、中央信托局等依法应强制入会。[4] 然而，重庆银行公会并没有在 4 月底完成改组，于是，重庆市商会致函，要求其于 5 月内完成改组公会。[5] 重庆银行公会的筹备改组，须先解决各行划分资本问题，直到 8 月 8 日仍有 7 家银行未报资本。[6] 改组问题，迭经政府命令催促，最终决定在 1939 年 11 月 7 日下午 1 点，召开改组大会成立新的银行公会。[7]

根据新订《重庆市银行商业同业公会章程》（6 章 49 条）规定，公会"以维持增进同业之公共利益及矫正弊害为宗旨"，"本会以重庆市行政区域为区域，事务所设于重庆第一模范市场第三

[1]《重庆银行公会改组》，《四川月报》第 11 卷第 5 期，1937 年 11 月，第 77 页。
[2]《重庆银行公会召开会员大会》，《金融周报》第 5 卷第 12 期，1938 年 3 月 23 日，第 20 页。
[3]《重庆银行公会第四届第三十二次执行委员会会议记录》，1939 年 3 月 16 日，重庆市银行商业同业公会未刊档案 0086-1-119，重庆市档案馆藏。
[4]《重庆银行公会第四届第三十三次执行委员会会议记录》，1939 年 4 月 8 日，重庆市银行商业同业公会未刊档案 0086-1-119，重庆市档案馆藏。
[5]《重庆银行公会第四届第三十六次执行委员会会议记录》，1939 年 5 月 13 日，重庆市银行商业同业公会未刊档案 0086-1-119，重庆市档案馆藏。
[6]《重庆银行公会第四届第三十八次执行委员会会议记录》，1939 年 8 月 8 日，重庆市银行商业同业公会未刊档案 0086-1-119，重庆市档案馆藏。
[7]《重庆银行公会第四届第四十次执行委员会会议记录》，1939 年 10 月 18 日，重庆市银行商业同业公会未刊档案 0086-1-119，重庆市档案馆藏。

十三号"。 其任务为"一、关于各项营业规章之厘定；二、关于会员营业之统制；三、关于会员营业之指导、研究、调查与统计；四、办理第三条所揭示宗旨之其他事项"。"凡在本内经营银行商业之公司所设总店、分店、支店、办事处，不论公营、民营，除法令规定之国家专营事业外，均应为本会会员。"[1]新成立的重庆市银行商业同业公会有会员银行22家，依其性质、范围及营业情形分为甲乙丙丁四等：中国、交通、农民、四川省等银行及邮政储金汇业局列为甲等，美丰、川康、重庆、川盐、聚兴诚、金诚、上海商业、中国国货等银行列为乙等，和成、中国实业、广东省及浙江兴业等银行列为丙等，建设、江海、中南、新华、盐业等银行列为丁等。[2] 紧接着，选出了第一届当选委员，见表7-7。

表7-7　重庆市银行商业同业公会第一届当选委员名册(1939年11月28日)

职别	姓名	年龄	籍贯	所属公司行号	在公司行号职务	受教育程度	住址
主席	康心如	49	城固	四川美丰银行	总经理	留学	新街口
常务委员	徐维明（广迟）	42	桐乡	中国银行重庆分行	经理		小梁子
常务委员	蒲拯东（心雅）	48	无锡	交通银行重庆分行	经理		打铜街
常务委员	宁芷邨	46	犍为	川康平民商业银行	总经理	大学	打铜街
常务委员	潘昌猷	36	仁寿	重庆银行	驻行常务董事	大学	陕西街
执行委员	冯英（一飞）	34	吴兴	中国农民银行重庆分行	经理		状元桥
执行委员	谢秉之	52	江津	川盐银行	董事长		新街口
执行委员	郭松年	47	西充	四川建设银行	总经理	大学	陕西街
执行委员	董鸿诗（庆伯）	56	巴县	聚兴诚银行	总经理	大学	新丰街
执行委员	李其猷	41	巴县	上海商业储蓄银行	经理		新街口

---

[1] 郑洪泉、黄立人：《中华民国战时首都档案》第五卷 战时金融，重庆：重庆出版社，2008年，第221-224页。
[2] 《重庆市银行商业同业公会执行委员会第一次会议纪录》，1939年11月18日，重庆市银行商业同业公会未刊档案0086-1-120，重庆市档案馆藏。

职别	姓名	年龄	籍贯	所属公司行号	在公司行号职务	受教育程度	住址
执行委员	张佑贤	46	四川	金城银行	经理		两路口
执行委员	吴晋航	50	成都	和成银行	总经理	法政	新街口
执行委员	王祖廉（酌清）	42	丹徒	邮政储金汇业局	经理		新牌坊
执行委员	唐棣之	45	泸县	江海银行重庆分行	常务董事		莲花街
执行委员	何兆青	40	大竹	四川省银行	经理	大学	接圣街
执行委员	龚农瞻*	56	江津	四川美丰银行	经理	大学	新街口
执行委员	任师尚（望南）	50	盐亭	聚兴诚银行	协理		新丰街
执行委员	梅孟弼（孝威）	38	巴县	聚兴诚银行	经理		新丰街
监察委员	周季悔	43	诸暨	川康平民商业银行	协理	大学	打铜街
监察委员	杨锡恩（晓波）	38	巴县	聚兴诚银行	协理	大学	新丰街
监察委员	李现林	37	项城	中国国货银行	经理	留学	新街口
监察委员	贺友梅	43	万县	新华信托储蓄银行	经理	留学	新街口
监察委员	汪栗甫	46	巴县	重庆银行	襄理	大学	陕西街
候补监察委员	顾羲（敦甫）	50	大仓	中国银行重庆分行	襄理		小梁子

资料来源：郑洪泉、黄立人，《中华民国战时首都档案》第五卷 战时金融，重庆：重庆出版社，2008 年，第 229-230 页。

* 龚农瞻，在该书中为龙农瞻，系错误，故予纠正。

上表可见，当选的委员 22 位，来自 22 家会员银行中的 17 家，其中聚兴诚银行最多，有 4 位，四川美丰银行、川康平民商业银行、重庆银行及中国银行重庆分行各 2 位。由康心如继续担任公会主席。

中央银行作为银行之银行，向来不参加各地公会，但由于重庆是战时首都，与国家及地方金融均息息相关。行政院长孔祥熙认为，重庆银行业对中央银行实有密切联络随时商承之必要，经其提议，经重庆银行公会常委会议决，从 1940 年 6 月开始，以后当重庆银行公会开会时，应函请中央银行推派代表列席。[1]

随着重庆银行业的迅速发展，加入重庆银行公会的会员银行也在不断增加。到 1941 年 2 月，会员银行已有 30 家，此后数月中，家数不断增加，到 11 月增加了 5 家，连前共达 35 家之多。[2]

1941 年 11 月 4 日，重庆市银行商业同业公会第四次会员代表大会在钱业公会会议厅召开，正值本届委员届满二年，依法改选第二届执监委员半数，复于十四日再复选常委及主席，选出了第二届当选委员，见表 7-8。

表 7-8　重庆市银行商业同业公会第二届当选委员名单(1941 年 11 月 14 日)

职别	姓名	代表银行	备注
主席	康心如	四川美丰银行	留任
常务委员	徐广迟	中国银行	留任
常务委员	汤筱齐	交通银行	新选
常务委员	潘昌猷	重庆银行	留任
常务委员	周季悔	川康平民商业银行	新选
执行委员	唐棣之	江海银行	留任
执行委员	王酌清	邮政储金汇业局	留任
执行委员	何兆青	四川省银行	留任
执行委员	龚农瞻	四川美丰银行	留任
执行委员	徐国懋	金城银行	新选
执行委员	尹志陶	中国农民银行	新选
执行委员	黄墨涵	聚兴诚银行	新选
执行委员	曹撑宇	通惠实业银行	新选
执行委员	陈诗可	和成银行	新选
执行委员	席文光	川盐银行	新选

[1]《重庆市银行商业同业公会执行委员会第七次会议纪录》，1940 年 6 月 4 日，重庆市银行商业同业公会未刊档案 0086-1-120，重庆市档案馆藏。
[2]《重庆市银行商业同业公会第四次会员大会会务报告》，1941 年 11 月 4 日，重庆市银行商业同业公会未刊档案 0086-1-146，重庆市档案馆藏。

职别	姓名	代表银行	备注
候补执行委员	张树猷	大川银行	新选
候补执行委员	胡子谦	中国实业银行	新选
候补执行委员	康心远	川康平民商业银行	新选
监察委员	杨晓波	四川省银行	留任
监察委员	李现林	中国国货银行	留任
监察委员	贺友梅	新华信托储蓄银行	留任
监察委员	李其猷	上海商业储蓄银行	新选
监察委员	孙荫浓	中南银行	新选
候补监察委员	顾敦甫	中国银行	留任

资料来源:《重庆市银行商业同业公会第二届当选委员名单》,1941 年 11 月 14 日,重庆市银行商业同业公会未刊档案 0086-1-145,重庆市档案馆藏。

鉴于各省地方银行也有不少迁到重庆,对这些地方银行是否需要加入重庆银行公会,1942 年 1 月 29 日,重庆市银行公会就地方银行驻渝通讯处可否免其加入银行公会一案,呈请国民政府社会部。 1943 年 2 月 26 日,国民政府社会部令重庆市社会局,对此做出了决定,地方银行驻渝通讯处如不经营银行业务,仅为通讯机关,自可不加入公会。[1] 因此,抗战时期凡是加入重庆银行公会的省地方银行都是开展有银行业务的。 截至 1942 年夏,重庆银行公会会员行达到 40 家之多。 1943 年 4 月 28 日,新加入大同、福钰两会员银行。[2] 重庆银行公会在战时已经有了很大的发展,1943 年初,会员银行共有 57 家,此后又有胜利、华侨联合、大夏、泰裕、永成、谦泰豫、复礼、聚康、广西、济康等银行先后加入重庆银行公会为会员,还有外商汇丰、麦加利加入,计共有会员银行 70 家之多。[3]

---

[1]《社会部指令》(1943 年 2 月 26 日),《社会部公报》第 9 期,1943 年 1—3 月,第 123 页。

[2]《重庆市银行商业同业公会第五次理事会会议》,1943 年 4 月 28 日,上海商业储蓄银行重庆分行档案 0310-1-271,重庆市档案馆藏。

[3]《重庆市银行商业同业公会第七次会员大会会务报告》,1944 年 3 月 21 日,重庆市银行商业同业公会未刊档案 0086-1-148,重庆市档案馆藏。

1943 年 9 月，由于重庆银行公会的理监事半数的任期已届满，即应依法改选。于是，经过呈请重庆市社会局审核批准，而抗战之后会员家数增多，1939 年改组时仅有 22 家，现增至 70 余家，加之会费单位变更，出席代表变动甚大，经过各会员行联衔建议，要求重新改组，增加理监事名额，以符实际。而根据《非常时期人民团体组织法》第九条之规定，理事可以增至 25 人，监事可以增至 7 人。[1] 据统计，截至 1944 年 1 月，重庆市已入公会的银行共 75 家，从业人员约 4000 人。[2]

1944 年 7 月 5 日，重庆银行公会在九尺坎举行改选大会，国家银行每家代表为 3 人，其他银行照划拨资本额 25 万为 1 单位派 1 人，4 个单位以上派 2 人，以下须超过 10 个单位始增派 1 人。当日大会计到 88 个单位，吴晋航得 87 票当选为理事。7 月 26 日，续召开新任理监事会议，并举行复选，由重庆市社会局包华国亲临指导，当即选出新任理事长吴晋航（和成银行），常务理事汤筱斋（交通银行），龚农瞻（四川美丰银行），卢澜康（永利银行），范众渠（川康银行）；常务监事杜梅和（中国农民银行）等 6 人。[3]

1945 年 1 月 25 日，新加入会员有和丰、泰丰、聚丰、和通四行。[4] 到 1945 年 3 月，重庆银行公会的会员行已增达 80 家。[5] 从 1931 年起至 1943 年 9 月间，由四川美丰银行总经理康心如担任重庆银行公会主席、理事长；从 1944 年 7 月下旬至抗战胜利，由和成银行总经理吴晋航担任该会理事长。重庆银行公会积极发挥其作用和影响力，不仅发挥其调节职能为会员行谋利益，同时还运用多种金融手段配合国民政府（主要是财政部和四

---

[1]《改组选举大会》，1944 年 7 月 5 日，重庆市银行商业同业公会未刊档案 0086-1-144，重庆市档案馆藏。

[2] 周勇：《重庆抗战史：1931—1945》，重庆：重庆出版社，2013 年，第 396 页。

[3]《重庆市银行公会》，《银行通讯》1944 年第 11 期，第 25 页。

[4]《重庆市银行商业同业公会改组后第六次理事会会议》，1945 年 1 月 25 日，上海商业储蓄银行重庆分行档案 0310-1-352，重庆市档案馆藏。

[5]《重庆市银行商业同业公会第八次会员大会会务报告》，1945 年 3 月 1 日，重庆市银行商业同业公会未刊档案 0086-1-148，重庆市档案馆藏。

联总处）管理重庆金融市场。

战时重庆银行公会与重庆国民政府间的往来明显加强，主要表现为组织银行施行政府颁布的金融法规与政策，参与政府经济金融立法的咨询，代表本业向政府就有关政策或立法提出意见等。《非常时期管理银行暂行办法》是抗战时期重庆国民政府制定的管理商业银行的重要法规之一，它颁布于 1940 年 8 月 7 日，此后在执行的过程中又经过数次修订。它的颁布、执行与修改过程，重庆银行公会均积极参与。

1940 年以后，市场游资充斥、投机猖獗、物价不断上涨，在此严峻形势下，由于商业银行并不负协助政府财政及调度战时金融之责，一些银钱行号业务多背离战时金融政策，呈现出放任发展状态。伴随战时物价的不断高涨，银钱业多利用高利手段吸收社会游资，转而经营投机商业，以获取更高利润。为防止银钱业运用资金助长囤积，1940 年 8 月 7 日，财政部颁布了《非常时期管理银行暂行办法》（10 条）。[1] 其最高目标在于统制金融，平抑物价。而所用手段，则系由管理银行业务着手，对银行信贷加以控制。即将商业银行的业务纳入战时管制体系中，加强对商业银行的金融统制，促进普通银行与国家银行之联系，制止银钱业的非法经营。通过对银钱业的严格规范管理，严禁奸商借银行资金从事囤积居奇，投机操纵，稳定战时金融，促进经济发展。然而由于该办法条文简单且没有制定施行细则，致使管理规则不完善，因此在执行的过程中得不到彻底贯彻，并引发了银行界的各种不满与争议。此后经过反复征询意见，国民政府行政院召开经济会议，探讨解决办法。在第 43 次会议上，通过对上述《非常时期管理银行暂行办法》的修正意见。随后财政部会同经济部与四

---

[1] 中国第二历史档案馆：《中华民国史档案资料汇编》第五辑 第二编 财政经济（三），南京：江苏古籍出版社，1997 年，第 18-19 页。

联总处讨论、修正、补充，于 1940 年 9 月 18 日进行第二次修正，[1] 1941 年 12 月 9 日第三次修正，并由国民政府公布了《修正非常时期管理银行暂行办法》(15 条)。 1943 年 1 月 7 日经过第四次修正后，由财政部公布了《修正非常时期管理银行暂行办法》(15 条)，在 1941 年基础上进行了微调修正。

其间，重庆银行公会在这一法规的建设中起到了积极的作用，因为这项法令直接关系到银行业利益，促使重庆银行公会不得不耗费大量精力积极展开活动，并与政府交涉，尽其所能减少银行业的损失。

首先，重庆银行公会在组织各会员银行讨论，广泛征求意见之后，即以各会员之名义致函财政部，要求制定具体的实施细则。 认为，《非常时期管理银行暂行办法》虽明定自公布之日施行，但未另定有施行细则，致使各银行详加研究与实行均倍感困难，要求解释及设法补救，并详细提出了具体需要解释与补充的十个方面：普通存款之内容；缴存准备金计算之根据；缴存准备金给息的标准；准备金支取手续；汇划限制办法；视同银行之管理；存款准备与当地行；缴存准备金的百分率；存款运用之范围；保证品代用准备之建议。[2]

其次，重庆银行公会还担负起了搜集西南其他各地银行公会意见的责任。 如成都市银行公会于 1940 年 9 月 14 日、昆明市银行公会于 10 月 3 日分别将其意见反馈给重庆银行公会，他们主要针对收取银行存款准备金问题以及财政部规定检查银行业务，要求填报银行旬报表的格式与方法等问题提出了意见，并同意与渝

---

[1] 据重庆市档案馆、重庆市人民银行金融研究所：《四联总处史料》(下)，北京：档案出版社，1993 年，第 379 页所载，第二次修订稿主要改动之处为原办法内"罚锾"应改为"罚金"，第九条第三款"依照"下应加"刑法"两字。 主要内容并没有实质性改动，故不单独加以阐述。

[2]《各会员银行呈财政部函》，1940 年 9 月 18 日，重庆银行公会未刊档案 0086-1-5，重庆市档案馆藏。

市银行一致具文呈请财政部解释条文疑点。[1]

根据重庆银行公会搜集与反馈的意见，1940年11月8日，由财政部长孔祥熙对各地银行所提出的质疑给出了正面的回应，进行了部分的解释：[2]

（1）普通存款。 系指储蓄存款以外其他一切活期（包括比期）定期存款而言，其同业存款、借入款系属同业间往来或属一时抵充头寸之用，应不包括在内。

（2）交存准备金之计算。 根据应仿照储蓄存款准备办法，分为三月、六月、九月、十二月底四次为之，为体恤银行周转兼顾保障存户起见，在此时期中间，如存款减少至总额五分之一以上，当由交存行填具表报向收存行申请，俟核算明确按照比例提回准备。

（3）交存准备金给息。 应按照四行公布之贴放息为准。

（4）承担日用必需品及抗战必需品之口岸汇款。 应由汇款人提出经营业务之证明，由承汇行查明确为本业正当商人方得承汇，如不能提出证明或系个人转汇均应拒绝，俾收时前稽核之效，勿庸在汇往地再为稽考。

至于《非常时期管理银行暂行办法》第六条所规定各银行每旬应造送之各种表报的问题，虽然各银行反映强烈，多次要求取消，但最终财政部并没有接受，还是由财政部制定表式四种。 于1940年12月30日发出通令：填报分送财政部及当地四联分支处查核，如当地未成立四联分支处者即送四行中之一行查核，现据各地行庄陆续填报前来，除由部随时审核指示外，当地四联分支处或四行中之一行收到该项表报务须切实审核，如有疑义，应即派员前往实地检查有关账册及仓库，并将检查结果专案报部核

---

[1]《成都市银行公会致重庆市银行公会函》（1940年9月14日）及《昆明市银行公会致重庆市银行公会函》（1940年10月3日），重庆市银行商业同业公会未刊档案0086-1-5，重庆市档案馆藏。

[2]《财政部训令重庆银行公会》，1940年11月8日，重庆市银行商业同业公会未刊档案0086-1-5，重庆市档案馆藏。

办，其尚未依式填报者，应即日遵令办理以符政令。[1]

除了征询意见外，重庆银行公会还代表会员银行向政府提出建议，积极组织各会员银行执行这一法规。为了让各会员银行能认真实行该法规，1941年1月15、20日，重庆银行公会在四川美丰银行两次召开重庆市各会员银行谈话会，讨论主题为：为财政部《非常时期管理银行暂行办法》何时实行及如何填造旬报表。并作出一面遵照部令切实办理，一面陈述困难请求补救的决定。[2]

首先，推举杨晓波、徐国贸、李其猷、宁芷邨、潘昌猷、刘航琛、康心如、黄墨涵、贺友梅等9人组织小组委员会，并推定黄墨涵为召集人，先行开会研讨，再向财政部洽商实行日期及填造表报。

其次，依限造具1940年12月31日存款报告表以为缴存准备之根据。决定自1941年1月1日起遵照部颁格式，按旬早送报告表。应填报存款种类以普通存款中之定存、往存、特存等为限，其同存、暂存及比存等均毋庸填报。应填报口岸汇款，除同业内因头寸关系调拨款项不必填报外，其承做口岸汇款关于用途之限制，可令汇款商家在申请书上注明（限于购运日用必需品及抗战必需品），自行负责，同时关于放款用途可照此办理（500元以下之零星汇款可汇填总数，毋庸分别说明）。存款准备数、缴存手续旬报表早送后即于本年（1941）二月半以前，向指定之该家银行下办缴存手续（同甲种节储券可作现款缴充），并报部备查。

最后，请重庆银行公会主席代向财政当局疏通并恳求两事：（1）自1940年7月1日起至12月31日止，应补造之各项旬报表应予免造，以省繁赎。（2）动支存款转存准备，恳参照储蓄存款动支

[1]《财政部训令重庆市银行公会》，1940年12月30日，重庆市银行商业同业公会未刊档案0086-1-5，重庆市档案馆藏。
[2]以下内容引自：《重庆市各银行谈话会纪要》（1941年1月15日）及《非常时期管理银行暂行办法实施研究座谈会纪录》（1941年1月20日），重庆市银行商业同业公会未刊档案0086-1-5，重庆市档案馆藏。

保证准备办法，即凭存款行日计表由收存行尽量给予便利。

当然，在这一办法中，银行界反应最强烈的要数对商业银行存款准备金的征收问题。存款准备金制度是国民政府力图从资金的角度在一定程度上削弱一般商业银行的资力的一项制度，因此，商业银行普遍认为，征收20%的准备金率太高，这一条款虽然是模仿美国联邦准备银行制度，但与美国制度相比却大相径庭，依联合准备条例，美国国民银行须保留相当之法定准备于联邦准备银行。不过，根据银行所在地不同，活期存款与定期存款之法定准备率也各不同。活期存款为13%、10%、7%三种。定期存款为3%。而《非常时期管理银行暂行办法》的规定既未区分定期与活期，又未划分都市与城镇。对各地金融特殊情形，如申市之日拆或渝市之比期存款均未另加规定，此后实施缴存准备之时，恐经收银行与商业银行方面均有困难，而缴存准备率之高尤为不容忽视。值此非常时期，各行理宜厚积准备以资应付，除缴存准备金外，尚应充实库存现金准备，如以巨额准备金交存四行而削弱各行本身之库存准备，实影响其对外之信用。且我国各商业银行之分支行，均分布全国，其收受存款与运用，不限于一隅。因此，该办法规定各就当地缴存准备一节，不仅直接减削各行对存款运用之力量，各地金融缓急情形不同，况在沦陷区域之各行调拨款项尤感困难，能照其存款总额为比例之缴存，似此种种事实上之困难，不加顾及，殊失政府维护金融之至意也。[1] 正是基于这样的认识，重庆、昆明等地的银钱业曾呈请财政部核准，要求将存款准备金的征收展期至1941年4月底开始实行。[2]

面对各地商业银行的强烈不满，财政部除了随时分别进行解答外，为了划一收存办法，1941年由四联总处专门针对存款准备金问题，订定补充办法七项，提经四联总处第72次理事会通过，遵照执行。

---

[1]《对非常时期管理银行暂行办法之管见》，重庆市银行商业同业公会未刊档案0086-1-5，重庆市档案馆藏。
[2] 邹宗伊：《中国战时金融管制》，重庆：财政评论，1943年，第297页。

其主要内容为两方面，一是各地四行收取存款准备金的规定与具体要求。存款准备金之缴存，先就四行分支行处所在地举办，且收取存款准备金的次序为：凡设有四行的地方，以中央银行为负责承办行，无中央银行地方以中国银行为负责承办行，无中国银行地方以交通银行为负责承办行，其仅有四行中之一行者即由该行负责承办。负责承办行由财政部授予稽核各缴存准备金银行账目之权。四行收取存款准备金摊存比例：四行全设地方为35、30、20、15；三行地方为40、30、30；二行地方为60、40；一行地方为100。二是对省银行及商业银行缴纳存款准备金之规定。省银行缴存于该总行所在地之承办行；商业银行除就近缴存于该行所在地之承办行外，并得汇总缴存于指定地方之承办行。各缴存准备金银行应送报表一律送交负责承办行，由该行以一份送财政部、一份送四联总处、一份留存备查。存款准备金由负责承办行接洽办理，其余各行应协助办理。[1] 据此办法，到1941年底，全国共指定负责承办行200家以上。

由此可见，国民政府并没有因各地商业银行的反对而改变征收存款准备金的决定，反而制定和补充了更加完善的条规，并使其在大后方得以实行。据四联总处所统计，1941年度收缴准备金数目（截至1941年底），西南各地行庄遵照规定缴纳准备金者178家，地区包括重庆、成都等19市县，共缴准备金余额计47161829.98元。而各地区中，重庆所缴数为18210555.35元，占38.61%。[2] 显然，这与以重庆银行公会为首的后方各地银行公会的支持是分不开的。

由于《非常时期管理银行暂行办法》存在诸多法律漏洞，在执行的过程中颇多窒碍。如抵押放款展期虽有限制，但抵押放款期限没有限制，于是，各银行纷纷放长放款期限以避免展期；禁

---

[1] 重庆市档案馆、重庆市人民银行金融研究所：《四联总处史料》（下），北京：档案出版社，1993年，第387-388页。

[2] 重庆市档案馆、重庆市人民银行金融研究所：《四联总处史料》（下），北京：档案出版社，1993年，第389页。

止银行本身经营商业，但却未禁止私立银行服务人员利用行款经营商业，于是各银行由其服务人员借行款经营商业或由银行出资另设商号经营之；对注册设立的银行，政府有案可稽，而各小银行不经注册，擅自设立则可逍遥法外；对商业银行经营外汇没有法律限制等。于是，全国各银行资金之运用，始终处于自由状态下，以私人利益为转移。其结果为大多数脱离生产过程，流为商业资本。商业资本过于活跃，生产资本相对不足，银行运用资金问题引起人们关注。1941 年 12 月间，行政院经济会议经济检查队检查囤积居奇多起，察其内容颇多与银钱业有关。财政部一面派专员数十人，稽查各银行钱庄之账目，进行整肃[1]，一面针对存在的问题，对《非常时期管理银行暂行办法》进行修正，于1941 年 12 月 9 日，国民政府财政部公布《修正非常时期管理银行暂行办法》[2]，其新增内容要点如下：

（1）限制新银行之设立，并督促银行注册。自该办法施行之日起，新设银行除县银行及华侨资金内移请设立银行者外，一概不得设立；银行设立分支行处，应先呈请财政部核准；前此已开业而未呈请注册之银行，应于一个月内呈请财政部补办注册手续。

（2）货物押款条件加严。银行承做以货物为抵押之放款，应以经营本业之商人，并以加入各该同业公会者为限。放款期限最长不得超过 3 个月，每户放款不得超过该行放款总额 5%。对请求展期者，应考察其货物性质。如系非日用重要物品，则以一次为限。

（3）明令取缔银行附设商号，经营商业。

（4）彻底管理外汇及口岸汇款。具体规定银行承做口岸汇款的性质，以购买供应后方日用重要物品、抗战必需物品、生产建设事业所需机器、原料及家属之赡养费之款项为限。明确规定银行非经呈奉财政部特准，不得买卖外汇。

---

[1] 邹宗伊：《中国战时金融管制》，重庆：财政评论社，1943 年，第 298-300 页。
[2] 《修正非常时期管理银行暂行办法》，1941 年 12 月 9 日，重庆市银行商业同业公会未刊档案 0086-1-91，重庆市档案馆藏。

（5）对银行从业人员的禁令。银行服务人员利用行款经营商业，以侵占论罪。

（6）加重银行违反规定时的处罚。除罚金外，对情节较重者可勒令停业，"累犯二次以上者，予以停业处分"。

与原办法相比较，新增的办法对私营商业银行进行了更加严格的限制和更多的控制。特别是体现在限制银行设立问题上，是这次国民政府公布的《修正非常时期管理银行暂行办法》正式提出，其后《修正非常时期管理银行暂行办法》又有修正，但限制银行设立措施却再次重申并未废止。1942 年 5 月 12 日，财政部很快根据修正办法的规定制定了普通存款暨准备金旬报表、普通放款旬报表、汇出汇款旬报表、汇入汇款旬报表等四种，通令各银行钱庄从该年 5 月上旬起，遵照依式填报分送查核。[1] 这些都充分说明，国民政府进一步强化了对战时银行的控制。自此，战时商业银行的业务已完全纳入战时金融管制体系。

1943 年 1 月 7 日颁布的《修正非常时期管理银行暂行办法》[2]与 1941 年的办法相比，主要内容基本一致，只是在第二条限制新银行设立中，取消了不在限制设立管辖之内的"华侨资金内移请设立银行者"一项。

总之，在国民政府对《非常时期管理银行暂行办法》进行数次重新修订过程中，重庆银行业同业公会在尊重政府立法的基础上，提出的意见较能反映实际状况，为政府所不能忽视，从而使某些法令条款不致仓促施行，造成与立法本意相反的结果。在维护本业利益不受侵害的同时，发挥了对政府的政策咨询作用，为政府的战时银行法制建设提供了依据。

特别是重庆银行公会与国民政府围绕《非常时期管理银行暂行办法》的制定与修改所展开的活动，使国民政府颁行的法律得以不断完善，并在一定程度上有效调节了双方利益。一方面反映

---

[1] 财政部钱币司：《银行管理法令辑要》，重庆：财政部钱币司，1942 年，第 47 页。
[2] 中国第二历史档案馆：《中华民国史档案资料汇编》第五辑 第二编 财政经济（三），南京：江苏古籍出版社，1997 年，第 22-24 页。

出国民政府拟以"法"的形式规范战时商业银行业务,谋求对银行业的控制;另一方面,也反映出重庆银行公会对国民政府银行业立法管理的支持,因为这有益于整个金融业长远发展。

维护同业利益,成为沟通政府与银行的桥梁。 1938 年 2 月 14 日,重庆银行公会召开常委会,议决公推宁芷邨、张茂芹为代表赴营业税总局面谒关吉玉局长,商该局索取各行资产目录,及限制房屋摊提办法问题。 又营业税总局,顷训令本市银行公会,转饬各银行,以后其他各县分支行及办事处之资本,如未与总行划分者,于征收营业税时,准予各在渝总行,一并完纳。[1] 1941 年,重庆市银行公会所属各会员银行为襄助政府解决当时的粮食问题,于 4 月 29 日召开联席会议决议成立重庆市粮食协助社,资金规定为 300 万元,由各会员银行分担,以低利贷予协助社购粮储存,作为调剂青黄不接时期渝市粮食之用。[2]

协助政府加强对银行业的管理。 太平洋战争爆发之后,国民政府财政部要求检查各地银钱业有无敌国人民或其化名存款,重庆银行公会对此积极支持。 经过调查,四川美丰银行等 48 家银行及重庆振裕银号等 11 家先后呈报,并无敌国人民存款,同时,还进一步发出通告,要求未行呈报之各银行银号迅速汇报。[3] 抗战时期,国民政府对重庆的商业银行进行了严格的监管。 1943 年 3 月间,重庆福铨银行由钱庄改组成立。 然而,该行不仅大做投机买卖,而且滥施授信,扯空周转,为此不断受到财政部严令警告,饬其改进,均未照办。 到 1944 年,该行总经理、协理及襄理等互相勾结侵占行款,其触犯刑法部分已被移送法院起诉,同时,财政部派员监督该行限期整顿业务。 然而,该行在立法院究办及财政部监督整顿期间,仍违反规定滥施放款,并化整为零,变相变期,蒙蔽查核。 且复设立暗账,隐匿实情,违法事实,层

[1]《渝银行公会近讯》,《四川经济月刊》第 9 卷第 3 期,1938 年 3 月,第 6 页。
[2]《渝银行公会决定成立重庆市粮食协助会》,《陕行汇刊》第 5 卷第 5 期,1941 年 5 月,第 90 页。
[3]《重庆市银行公会致各会员银行函》,1942 年 11 月 11 日,重庆市银行商业同业公会未刊档案 0086-1-8,重庆市档案馆藏。

出不穷。 财政部为取缔不健全银行整饬金融起见，于 1945 年 4 月勒令该行停业，限三个月清理完竣。[1] 1945 年 1 月，永美厚银行也因违反业务法令，财政部于 1 月 24 日命令吊销该行执照，勒令停业。[2]

维护重庆银行业的正常业务。 鉴于重庆市不断遭受日机轰炸，1938 年 2 月 20 日午后，重庆银行公会在该会会所举行会议，讨论重庆市防空加紧更改办公时间事宜。 决议定于 2 月 22 日起，各银行营业时间一律改为午后 4 时至 8 时，4 时以前停止营业，全市银行照办，只有中央银行尚须电总行请示后，始能决定。[3] 1939 年 5 月后，因"敌机连日肆虐，银行为社会动脉，不可一日停顿"，财政部下令金融业营业不能停顿，重庆银行公会于是即转知各会员银行一律照常营业，由各同业单独或联合就上清寺至小龙坎一带择较为安全地点，设立临时行址从速筹设，以资联系。[4] 9 月，再因"敌机来渝肆虐，市面顿受影响，惟金融为社会动脉，当此抗战期间，军需拨汇尤为顿紧，不可稍形停滞"。重庆银行公会为顾虑空袭起见，决定将营业时间自 9 月 8 日起，暂行改为每日（除例假外）午前 7 至 9 时，在新市区择定较为安全地点设立临时办事处，办理收付事宜。 并要求各会员银行在上清寺至小龙坎一带单独或联合筹设临时办事处，以资联系，而期便利。[5] 11 月后，随着空袭减少，为便利顾主起见，又将各行营业时间改为：自 11 月 10 日起平日自上午 9 时起至 12 时止，又自 12 时半起至下午 2 时止，星期六自上午 9 时起至 12 时止，如遇比期无论星期日或星期六均照常营业，至下午 3 时为止。[6] 1940

---

[1]《财部整饬金融取缔福铨银行》，《财政经济》第 5 期，1945 年 5 月 15 日，第 24 页。

[2]《银行动态》，《银行通讯》第 17 期，1945 年 1 月，第 29 页。

[3]《重庆银行公会召开会员大会》，《金融周报》第 5 卷第 12 期，1938 年 3 月 23 日，第 20 页。

[4]《重庆银行公会第四届第三十五次执行委员会会议记录》，1939 年 5 月 6 日，重庆市银行商业同业公会未刊档案 0086-1-119，重庆市档案馆藏。

[5]《重庆市银行公会致各会员银行函》，1939 年 9 月 6 日，重庆市银行商业同业公会未刊档案 0086-1-56，重庆市档案馆藏。

[6]《重庆银行公会第四届第四十一次执行委员会会议记录》，1939 年 11 月 7 日，重庆市银行商业同业公会未刊档案 0086-1-119，重庆市档案馆藏。

年4月，正值日军空袭重庆最严重期间，重庆银行公会执委会每月至少开会一次例会被迫停开。[1] 直到 1940 年 6 月初再次召开，鉴于 5 月 30 日重庆市连遭空袭，商场收交无形停顿，经与各常务委员临时商决，营业时间改为午后 3 时起至 7 时止。并自 6 月 1 日起至 6 日止，暂行改为午后 3 时起至 6 时止。自 6 月 7 日起，照例实行暑季营业时间，即每营业日自上午 8 时起至正午 12 时止。每营业日如在未开始营业前，即发生警报而解除又在下午 2 时以前时，各行应于是日午后 3 至 5 时补行营业，倘上午已经营业始遇警报或虽未营业而解除警报在下午 2 时以后，均不在此限。[2]

1941 年 4 月，四联总处认为，以现值抗战紧要关头，全国上下自应加倍努力工作，拟请转饬各银行于星期六下午应一律照常办公。四联总处第七十二次理事会决议：（一）通告内地各分支处并由各总行转知各分支行处自 4 月 14 日起，一律于星期六下午照常办公。（二）应转请财政部令饬各省地方银行及商业银行一律照办等。重庆银行公会在得到通知后，即刻转行各会员银行，要求遵照办理。[3]

积极支援抗战，为前线捐款捐物。1937 年 9 月，为了增强重庆的防空力量，经四川省财政厅长刘航琛面商允饬由以市征收处具函担保期限一月，即由防空司令部拟具合同交重庆银行公会统办，分向各会员银行借现钞 3 万元，作为重庆市防空设备之用。[4] 1938 年 10 月，各行应缴防空经费前经议定摊派办法确定，共计会员银行共缴防空费 6.5 万元。[5] 1941 年 5 月，重庆银

[1]《重庆市银行商业同业公会执行委员会第六次会议记录》，1940 年 4 月 24 日，重庆市银行商业同业公会未刊档案 0086-1-120，重庆市档案馆藏。

[2]《重庆市银行商业同业公会执行委员会第七次会议记录》，1940 年 6 月 4 日，重庆市银行商业同业公会未刊档案 0086-1-120，重庆市档案馆藏。

[3]《重庆市银行商业同业公会致各会员银行函》，1941 年 5 月 7 日，重庆市银行商业同业公会未刊档案 0086-1-72，重庆市档案馆藏。

[4]《重庆市银行公会第一百五十五次执行委员会临时会议记录》，1937 年 9 月 28 日，重庆市银行商业同业公会未刊档案 0086-1-119，重庆市档案馆藏。

[5]《重庆银行公会第四届第二十次执行委员会会议记录》，1938 年 8 月 30 日，重庆市银行商业同业公会未刊档案 0086-1-119，重庆市档案馆藏。

行公会（除中、中、交、农、邮汇局外）共摊认防空献金 25 万元。[1] 1938 年 10 月，前方将士浴血抗战，天气渐寒，需用棉衣至急，重庆银行公会会员银行共 17 家，自动一次捐集法币 2 万元以作购置前方将士寒衣之用。[2] 当节约献金运动在重庆轰轰烈烈开展时，1939 年 3 月 2 日，重庆银行公会决定，各会员行，除中国、交通、农民等 3 行另案认缴外，其余商业银行 16 家各认献金 2500 元，共为 4 万元。 而职工方面亦以一日以上之所得作为个人献金，定于 3 月 3 日午后 5 时，行方派重要职员 2 人，率同全体职工在重庆银行公会聚齐，携款前往致献，以示热烈。[3] 1940 年 2 月，春礼劳军，由重庆银行公会各会员银行共认募 2 万元。[4] 1941 年 11 月，在一元献机劝募运动中，重庆银行公会各会员行共同献机一架（计合代金 15 万元）。[5] 1944 年度的七七劳军献金中，公会规定，各会员行全体从业员工每人最底捐献一日所得薪津，多多益善；缴款办法依照总会规定先期送交国家银行代收取据；献金之日（7 月 7 日）下午，各行对外暂停办公，以便全体职工整队携同献金花单，并开明收据号数，午后 3 时前到达沧白路沧白纪念堂聚齐出发，前往夫子池新运广场参加献金大会，以示热烈。[6] 1945 年初，重庆市银行公会经募慰劳赴援部队暨急赈湘桂难胞收支款，并派员参加湘桂前线将士慰劳工作。[7]

---

[1] 《重庆市银行商业同业公会第一届第十四次执行委员会会议记录》，1941 年 5 月 16 日，重庆市银行商业同业公会未刊档案 0086-1-120，重庆市档案馆藏。

[2] 《重庆银行公会第四届第二十二次执行委员会会议记录》，1938 年 10 月 4 日，重庆市银行商业同业公会未刊档案 0086-1-119，重庆市档案馆藏。

[3] 《重庆银行公会第四届第三十一次执行委员会会议记录》，1939 年 3 月 2 日，重庆市银行商业同业公会未刊档案 0086-1-119，重庆市档案馆藏。

[4] 《重庆市银行商业同业公会执行委员会第三次会议记录》，1940 年 2 月 1 日，重庆市银行商业同业公会未刊档案 0086-1-120，重庆市档案馆藏。

[5] 《重庆市银行商业同业公会执行委员会第十七次会议记录》，1941 年 10 月 22 日，重庆市银行商业同业公会未刊档案 0086-1-120，重庆市档案馆藏。

[6] 《重庆市银行商业同业公会第十三次理事会会议记录》，1944 年 7 月 5 日，重庆市银行商业同业公会未刊档案 0086-1-148，重庆市档案馆藏。

[7] 《重庆市银行商业同业公会第六次理事会会议事程序》，《金融周讯》第 3 期，1945 年 1 月 30 日，第 14-15 页。

抗战胜利之后，伴随着国民政府的还都南京，内迁的国家行局、省银行，以及商业银行都纷纷开始东移，但重庆还是西部的经济金融中心，重庆银行公会作为行业自律组织，仍然做着其本职工作。1945年秋，复华银行总经理范众渠（曾自创协大轮船公司、大来实业公司，就聘川康银行协理等）出任重庆银行公会理事长。[1]

抗战结束之后，重庆银行公会继续献计献策，积极参与国民政府金融法规的制定。国民政府为废止抗战期间有关银行管理各法案，在《银行法》尚未修正公布以前，拟定了一个《管理银行办法草案》25条，行将公布施行。为此，上海银行公会在1946年4月25日发表了《上海市银行商业同业公会为请修改管理银行办法呈财部文》。[2]同样，重庆银行公会也将对新订银行法草案之意见呈文立法院，从原则与条文两个方面提出了意见。从原则上讲，政府颁行法令，应有合理之规定，使被管理者易于遵守，草案限制银行存放业务，不合实际金融情形。如责令银行遵守，则必遭受重大损失，银行为保全资本与存户资金之安全起见，势难免阳奉阴违，其结果如非自行歇业，势必使法律成为具文。从条文上讲，在当时通货膨胀日益恶化的情况下，规定银行资本不少于200万元，银行活期存款、定期存款比例规定，信用放款不得超过借款人资本额及公积金的10%等，都是不合理或难以实施的。[3]

在战后，重庆银行公会仍努力维护同业利益，代表同业继续与政府协商。1946年3月6日，重庆市银行公会召开第20次理事会，对各兼办储蓄业务之会员银行，依法应缴纳保证准备，因证券市场尚未恢复，市价亦失正常，提出可否呈请财政部命令暂准以现金抵缴，并优给存息问题进行了讨论。并做出决议，由银行公会呈请财政部暂准以现金抵缴，照普通存款准备金例酌减缴

[1]《重庆银行公会理事长：范众渠先生》，《银行通讯》新第21期，1947年8月，扉页。
[2]《上海市银行商业同业公会为请修改管理银行办法呈财部文》，《银行周报》第30卷第27期，1946年7月15日，第1页。
[3]《重庆市银行公会对修正银行法草案之意见》，《银行周报》第30卷第27期，1946年7月15日，第7-8页。

存比率为 20%，并优给存息以示体恤。[1]

维护重庆金融市场的稳定，也是重庆银行公会在战后继续推进的工作。 1947 年 2 月 17 日，国民政府公布了《经济紧急措施方案》，重庆市警察局立即对重庆市银行公会的金融市场加强警戒，非银钱业人员不准入场。 同时侦骑四出，到处捉人，强迫人民前往中央银行交兑金银。 1948 年 8 月 30 日，重庆市特种刑事法庭庭长肖邦承率领检查官数人，伙同警备司令部、警察局的武装军警突然袭击，搜查重庆银行公会的金融市场，荷枪实弹，把守大门，禁止出入。 对场内 2000 多人逐个搜查，先查验有无银行公会签发的会员证，查到 1000 多人没有，便被视为非行庄人员。其实有些行庄人员只是没有随身携带会员证。 当时在场的聚兴诚银行副经理杨受百目睹此状，站出来招呼：属于行庄来公会开会的，站到讲台上来。 这部分人才免于当场被扣。 银行公会理事长陈诗可和范众渠出面向肖邦承疏解说情[2]，1948 年 6 月，自重庆米潮发生后，为防止非法分子进入市场兴风作浪，重庆银行公会开始自行管理市场，凡会员入场赶市，均予严格检查。 但在银行公会门外之投机交易，却更形活跃，而黑市黄金更见猖獗。[3]

重庆银行公会是重庆华商银行业的自律性同业组织，是重庆重要的金融业同业公会之一，是近代工商业组织中具有重要影响的一员。 重庆银行公会从 1931 年成立，到 1949 年底停止活动，虽然时间不长，但却在中国金融史上占据着重要的历史地位，特别是在抗战时期的大后方金融业发展推动其现代化进程中。

[1]《重庆市银行商业同业公会第二十次理事会议记录》，《金融周讯》第 2 卷第 21~22 期，1946 年 3 月 13 日，第 3 页。
[2] 何兆青、马绍周、赵世厚：《解放前夕重庆金融崩溃琐记》，中国人民政治协商会议四川省重庆市委员会文史资料研究委员会：《重庆文史资料选辑》（第十五辑），内部发行，1982 年，第 156 页。
[3]《黑市黄金交易重庆近更活跃》，《经济通讯》第 746 期，1948 年 6 月 23 日，第 1 版。

7.3 近代重庆其他金融行业的同业组织

在近代重庆金融业的发展中，除了传统的金融机构钱庄银号和新式金融银行占主导地位之外，还有保险、证券、银楼等金融机构。因此，重庆金融业的同业组织中，除了重庆钱业公会与重庆银行公会之外，其他金融行业同样也建立了自己相应的同业组织。与此同时，为了共同维护金融市场的正常运行，重庆的两大同业公会——钱业公会与银行公会，常组织联合组织，特别是还曾组织过联合准备委员会，以共同维护重庆地方金融市场的健康发展，本节将对这些组织进行专题探究。

7.3.1 重庆市银钱业的联合组织

银行业与钱庄业是近代中国两大金融行业，分别建有自己的同业组织，当遭遇重大危机时，两业也会携手共进，共同维护金融市场的稳定。在近代的重庆，1933—1935 年，重庆银钱业为谋两会互相联络共同发展，共同发起组织过银钱业联合公库，为了同业间工作上的便利及公共利益，进一步共同发起成立了一个票据交换所。[1] 抗战开始之后，还仿效上海建立过银钱业联合准备委员会，银钱业同业公会随时联合沟通，为维护重庆金融市场的稳定做出了贡献。

在近代中国，银行公会与钱业公会建立联合组织的情况首先出现在上海，全面抗战爆发之后，作为国民政府大后方金融中心的重庆也曾效法上海的做法，建立过重庆银钱业联合准备委员会。此后，全国不少城市如广州、兰州、杭州、天津等都成立了相应的银钱业联合准备委员会，以应对各地的金融危机。

银钱业联合准备委员会的组织首创于上海，1932 年"一·二

---

[1] 具体内容详见本书第二章的相关部分。

八"沪战爆发之后，上海银行公会为救济当时市面之恐慌，发起组织"联合准备委员会"，于 1932 年 2 月 8 日正式成立，先后加入之银行有 32 家。加入的银钱业将所有货物、金货、租界内地产及伦敦与纽约市场有价证券等财产，经缴委员会保管后，照评价七折，由银钱业联合准备委员会发给公库证二成，抵押证四成，公单可以替代现金流通市面，由委员会代兑，公库证及抵押证则可作发行等准备，此项措施对于当时金融市场之救济颇有助益。[1]

全面抗战爆发之后，重庆金融市场动荡不定，原本发达的票据交换受到冲击，交换行庄间有的不顾信用，对应付票据不能付现，致使不少行庄损失巨大。其中尤以负转账责任之中国银行为甚，被迫于宣布停止办理票据交换转账事宜，结果市场顿告紧张。此次票据交换风潮发生后，重庆市地方政府即出面维持，准各差额行庄以财产为担保，组织重庆市银钱业联合准备委员会发行"代现券"，作为抵样差额之用。[2] 8 月 31 日，由重庆市银钱业联合准备库发行发行代现券 560 余万元。[3] 9 月 15 日，重庆银钱业联合准备委员会为发行保证代现券事，特假银行公会召开第一次常务会议，做出如下决议：（一）关于发行保证代现券一切办法，均照业经公布之条例办理。（二）参加准备委员会各银行钱庄，除依法流通保证代现券外，并按旧例，于一切收交时，可各自负责签发本票。（三）代现券发行保管会计各组事务负责人员，除已推定者外，余俟再行派定之。（四）现任该会各常务暂行负责，至本底（指 1937 年 8 月底）收交完结时为止。[4] 凡参加该会之行庄，如不能现款抵解，可以"代现券"解付，但未参加该会之行庄，则必须以现款办理收交。然而，由于"代现券"以担保品不

[1] 郑洪泉、黄立人：《中华民国战时首都档案》第五卷 战时金融，重庆：重庆出版社，2008 年，第 214 页。
[2] 郑洪泉、黄立人：《中华民国战时首都档案》第五卷 战时金融，重庆：重庆出版社，2008 年，第 214 页。
[3]《金融概况·重庆》，《金融周报》第 4 卷第 12 期，1937 年 9 月 22 日，第 6 页。
[4]《金融概况·重庆》，《金融周报》第 4 卷第 11 期，1937 年 9 月 15 日，第 8 页。

易变现，故其价格遂与法币间发生贴水情事，到 1939 年 11 月予以取消。

全面抗战爆发之初，重庆成立的银钱业联合准备委员会与 1932 年的上海银钱业联合准备会一样，均是金融市场发生变故，导致通货缺乏，银根紧迫之时的补救措施。准备委员会成立之目的是以多数银钱业之联合力量互助担保信用，以应付危机，但遗憾的是并未包括全体银钱业。

国民政府迁都重庆以后，重庆金融事业蓬勃发展，行庄之增设与增资改组者为数甚多，特别是 1940 年春以后，物价激涨，商业利润膨胀，市场利率随之上升，投机盛行，影响金融市场之稳定。如 1942 年 8 月间江庆钱庄发生搁浅，市场一度呈现严重状态，虽经政府迅速处置，渡过难关，但已表现出重庆金融市场之内在危机。1943 年后，渝市银根经常在紧迫之中，主要原因为：（一）物价上涨，以致一切交易所需之筹码加大；（二）各行庄虽经政府严格管理，但仍不乏经营商业者，致资金常搁置于货物而周转不灵；（三）由于重庆管制较严，利率远不及外县高，如南充、内江等地，致资金外逃。此外，如黄金自由买卖禁令之取消，以及人民大量购买美金储券，均足以加重重庆金融市场之压力。[1] 重庆金融市场的各种不稳定因素，促使国民政府将重组银钱业联合准备委员会又提上了议事日程。在此种情况下，1943 年 7 月，为适应抗战需要，安定后方金融，国民政府决定再次组建银钱业联合准备委员会，由财政部令饬银钱业筹组准备委员会，规定《银钱业公会组织联合准备委员会原则》11 条，由重庆市首先实行。其他地方如有组织必要，由各地银钱业同业公会陈明实情，呈由各区银行监理官办公处转报财政部核准办理。并即训令由重庆银钱两业妥慎筹划办理，并与中央银行洽办。[2] 其设立之目

---

[1] 郑洪泉、黄立人：《中华民国战时首都档案》第五卷 战时金融，重庆：重庆出版社，2008 年，第 214-215 页。

[2] 《重庆市银行商业同业公会致各会员银行函》，1943 年 7 月 21 日，重庆市银行商业同业公会未刊档案 0086-1-14，重庆市档案馆藏。

的有三：（一）集中全市银钱业实力，增强其对社会之信用；（二）制造担保工具，调剂同业资金周转；（三）辅佐中央银行伸张市场信用。[1]

重庆市银钱两业公会，奉到部令后，即遵照部颁原则，并参照上海市银钱业联合准备委员会公约原案，代拟公约草案，分函各会员行庄，普遍征求意见。7月29日，在重庆银行公会会所，就已经复函志愿参加之重庆等24行，以及意在参加而尚须研讨公约之各会员钱庄，召开预备会议，即席推定席文光等11人为筹备委员，即日起，假银行公会会所开始进行筹备工作。并于次日（7月30日）在川盐银行召开该第一次筹备会议，对两公会代拟之公约草案，多有发明补充及修正之点，除另推委员详加修订外，经再请两公会转向各会员行庄继续征求参加，并提供意见。[2]

1943年8月初，渝市银风紧急，亟需调剂。8月12日，重庆市银钱业各行庄为商讨银风紧急问题联系会议，专题讨论"渝市头寸短绌，市面紧张，如何设法救济案"。当场一致公推银行公会康心如理事长（由常务理事周季梅代表）钱业公会陈德恕理事长代表两业面谒财政部长孔祥熙，陈述困难情形，并请在银钱业联合准备委员会未正式成立前，先行责令中央银行设法在15000万元额度内调剂行庄头寸。[3]

此后，先后开会商讨多次，最初行庄报名参加的仅有53家，主管部门认为尚欠普遍，再度征求意见。8月17日，再召集行庄联系会议，商讨筹组联合准备委员会。决议：除各省地方银行之分支机构因未兼营存放业务，可免参加外，其余两公会会员行庄（包括四川省银行在内）均须一律加入。后采取通讯选举办法，发出选举票87张，收回64张，超过2/3，选出陈德恕、康心如、

---

[1] 李荣廷：《重庆市银钱业联合准备委员会之任务平议》，《中央银行经济汇报》第10卷第1期，1944年7月1日，第21页。

[2] 李荣廷：《重庆市银钱业联合准备委员会之任务平议》，《中央银行经济汇报》第10卷第1期，1944年7月1日，第22页。

[3] 《重庆市银钱业各行庄为商讨银风紧急问题联系会议记录》，1943年8月12日，重庆市银行商业同业公会未刊档案0086-1-13，重庆市档案馆藏。

蔡鹤年、李崇德、潘昌猷、席文光、卢澜康、孙荫浓、徐国懋、徐广迟、汤筱齐等 11 人为筹备委员，继续办理筹备事宜。 8 月 30 日的联席会议，拟定《重庆市银钱业联合准备委员会公约草案》15 条，规定：凡重庆市各银行、银号、钱庄均可参加重庆市银钱业联合准备委员会作为委员行庄；联合准备委员会设执行委员 15 人，常务委员 5 人，于必要时可呈准财政部增加名额；参加行庄应于该委员会成立日设定金额，准缴估值相当之准备财产，设定后负随时缴足之责。[1]

1943 年 9 月 29 日在钱业公会举行第一次委员行庄代表大会，票选陈德恕、徐广迟等 15 人为执行委员。 10 月 1 日又举行第一次执行委员会，互选龚农瞻、徐广迟、卢澜康、陈德恕、蔡鹤年 5 人为常务委员。 即日起，在银行公会场地开始办公，草拟章程及公库证发行规则、准备财产缴退增减及管领办法、评价委员会组织及议事规则及预算编审办法等，提经 12 月 9 日第二次委员行庄代表大会通过，并呈财政部审核。 1944 年 2 月 1 日得到财政部批准，直到 1944 年 4 月 5 日，在重庆市九尺坎 36 号，重庆市银钱业联合准备委员会宣告正式成立。 开始接受委员行庄缴存准备财产，并照章签发公库证。[2] 可见各行庄对该会之成立，颇为慎重。

4 月 15 日，重庆市银钱业联合准备委员会开第三次会员行庄大会，决议：（一）1944 年预算 1550400 元；（二）催各会员行庄填报资产准备数字；（三）领用公库券。[3] 该准备委员会成立的初衷，即为使银钱业本身不能流动之资产利用公库证方式，向中央银行或同业作借款保证品，承贷行庄应按公库证面额十足拆借。 而这个组织建立起来之后的具体运作以及最后的结束情况，由于资料所限，还不得而知，但仅从该组织建立后不久，有学者

---

[1]《重庆市银钱业联合准备委员会筹备委员会第一次筹备会议记录》，1943 年 8 月 30 日，重庆市银行商业同业公会未刊档案 0086-1-14，重庆市档案馆藏。

[2]《重庆市银钱业联合准备委员会成立之目的及经过》，重庆市银行商业同业公会未刊档案 0086-1-14，重庆市档案馆藏。

[3]《各地动态·陪都》，《经济新闻》第 2 卷第 42 期，1944 年 4 月 15 日，第 1 页。

对其成立后对战时及战后金融之影响的分析可见，这个准备联合会所起到的作用不仅是有限的，而且还留下不少隐患。"重庆银钱业准备会成立之目的，乃利用中央银行资金，扩张其本身信用，增加银钱业战时利润。今日之中央银行，已充分具备领袖银行之地位，对稳定利率，收缩信用，及调剂市场资金流动诸方面，并已尽其最大之努力，卓有成效，商业银钱行庄，过去既未能与中央银行协力合作，稳定战时经济及物价，已属有负于国家，今竟另立组织，填发公库证，集体向中央银行拆借，资金获得后，决非为产业投资，而为商业投机及信贷，其结果等于间接利用中央银行资金，兼营商业。金融资本扩张，对战时金融及经济有害无益，银钱业只图近利，不顾全局，殊非贤者所欲取也。进一步言，如该会所属各行庄，利用公库证向中央银行十足拆借，则在短时间内，信用扩张数额尤堪惊人，战时百物上扬，银钱业以有价证券、栈单及房地产作抵，万一不能清偿，变卖过户，似不虞过度亏蚀；若至战后，物价下落，银钱行庄资产价值，恐不及今日千分之一，彼如陆续向中央银行拆借，延及战后仍不能清偿债务，则物价跌落，抵押品长期呆滞亏损，将由何人负责？除宣告破产或拖赖外，别无他法。彼时银钱业准备会，虽声言负责清偿，并由同业连环保证，但如各行庄欠巨额借款无法清偿，连环担保又有何用？最后结果，大家一起抵赖，惹起金融恐慌，仍须中央银行出动救济，岂非自相矛盾乎。"[1]

抗战结束之后，重庆银钱两业更是派出代表联合起来共同上书国民政府主席蒋介石，请求废止金融管制法令：（一）修正非常时期管理银行暂行办法中转存准备之规定，恳予根本撤废；（二）请解除商业行庄在后方不准增设迁移之禁令，并修正收复区商业银行复员办法行庄推设行处之限制；（三）请再解除承押黄金禁令；（四）储蓄存款保证准备请开放各种公债储蓄券缴充之限

---

[1] 李荣廷：《重庆市银钱业联合准备委员会之任务平议》，《中央银行经济汇报》第 10 卷第 1 期，1944 年 7 月 1 日，第 25 页。

制，并准以现金抵缴优给存息；（五）美金购粮储蓄券恳饬财政部如期偿付；（六）申市票据交换行庄请准普遍参加以资便利；（七）司法院解释银行长期存款得为增加给付应予取消。[1] 然而，国民政府最终无法解决这些问题，仅靠金融业的自救是挽救不了经济金融的崩溃的。

7.3.2　近代重庆其他金融业的行业组织

除上述金融组织之外，重庆市还有重庆证券交易所经纪人公会、重庆保险业同业公会和重庆银楼公会等金融组织。 金融业中，证券业发展主要是在 1937 年全面抗战爆发之前，而保险业与银楼业的发展都主要集中在 1937 年全面抗战爆发之后。 国民政府在 1929 年 8 月曾颁布了《工商同业公会法》（15 条），规定：凡在同一区域内经营各种正当之工业或商业者，均得依法设立同业公会。[2] 1938 年 1 月，国民政府公布工业、商业、输出业三同业公会法，实际上是将战前的公会法一分为三，就各业之特殊性质，规定定期任务及组织，期望能切实达到维持同业利益，矫正同业弊害之目的。 之后，经济部又公布了施行细则，国民政府明令于 1938 年 11 月 1 日施行新法，要求各业同业，其原无公会者，应从速组织，其已有公会者，亦须照新法分别改组，或重新办理设立手续。[3] 根据新的法规，金融业属于商业范畴，应该遵守的是《商业同业公会法》。 该法于 1938 年 1 月 13 日由国民政府颁布，共 11 章 59 条，规定：凡重要商业之公司行号，在同一区域内有同业三家以上时，应依本法组织商业同业公会。 前项重要商业之种类由实业部指定之。 除通则外，对公会的设立、会员资格与权力、职员、会议、清算、监督及罚则等均做了详细规定。 而在

---

[1]《重庆市银钱两业请废止金融管制法令之呈文》，《银行周报》第 30 卷第 27 期，1946 年 7 月 15 日，第 5-6 页。

[2]《工商同业公会法》（1929 年 8 月 17 日国民政府公布），《东方杂志》第 26 卷第 15 期，1929 年 8 月 10 日，第 120 页。

[3]《经济部限令工商业组同业公会》，《四川经济月刊》第 11 卷第 1-2 期，1939 年 1-2 月，第 57 页。

附则中，明确规定："本法施行后，凡经实业部指定之重要商业，应依指定之日起六个月内组织商业同业公会，其已设有公会者应于同期限内依法改组。"[1]比 1929 年的《工商同业公会法》的规定更加详尽。重庆证券交易所在全面抗战爆发之后就停业了，此后再也没有恢复，而重庆的保险业与银楼业，都是在全面抗战爆发之后才发展起来的，因此，这两个金融行业的同业公会组织，依据的法规均属于《商业同业公会法》。

7.3.2.1 重庆证券交易所经纪人公会

1932 年重庆证券交易所成立，1933 年 2 月就成立了重庆证券交易所经纪人公会，作为经纪人自律管理的机构，并分别获得国民革命军第二十一军司令部及重庆市政府的批准。制定《重庆证券交易所经纪人公会章程》，规定"凡在重庆证券交易所注册牌号领有经纪人执照者皆得为本会会员"，并"以维持增进同业之公共利益，矫正营业之弊害为宗旨"。[2] 1935 年 10 月，重庆证券交易所重建之后，拥有证券经纪人的交易所有 42 家，详见表 7-9。

表 7-9　1935 年重庆证券交易所证券经纪人统计表

牌号	证券经纪人名	牌号	证券经纪人名	牌号	证券经纪人名
1 号	四川地方银行	11 号	同丰	21 号	集荣
2 号	成记	12 号	胜利	22 号	美丰银行
3 号	聚和	13 号	川盐银行	23 号	元康
4 号	重庆银行	14 号	和济	24 号	荣丰
5 号	永康	15 号	聚丰	25 号	建设银行
6 号	安泰	16 号	川康银行	26 号	权济
7 号	聚兴诚代办部	17 号	义丰	27 号	和胜
8 号	复源	18 号	裕民	28 号	江海银行
9 号	德记	19 号	商业银行	29 号	蜀记
10 号	平民银行	20 号	同心	30 号	锦记

---

[1]《商业同业公会法》（1938 年 1 月 13 日国府公布），《中央银行月报》第 7 卷第 3 期，1938 年 3 月，第 377-384 页。
[2]《重庆证券交易所经纪人公会章程》，川盐银行未刊档案 0297-2-3789，重庆市档案馆藏。

牌号	证券经纪人名	牌号	证券经纪人名	牌号	证券经纪人名
31 号	联益银号	35 号	和祥	39 号	泉丰
32 号	益民	36 号	源源	40 号	和丰
33 号	利安	37 号	正记	41 号	惠民
34 号	盛记	38 号	鸿庆	42 号	诚益

资料来源:《重庆证券交易所开幕》,《四川月报》第 7 卷第 4 期,1935 年 10 月,第 56-57 页。

到 1937 年全面抗战爆发之前,重庆有经纪人的证券交易所增加到了 50 家。

1935 年 7 月,当重庆证券交易所再次筹建时,证券商号也开始模仿各帮公会办法,由侯玉岑发起组织证券同业公会,曾请重庆市党务指导委员会发给许可证在案,嗣具呈重庆市政府立案,市政府以该会内部组织不符法令未经批准,特令暂缓组织,并函重庆市党务指导委员会,追缴许可证。[1] 直到全面抗战爆发后,重庆证券交易所停业,重庆证券业同业公会都没有筹建起来,在重庆市场中起同业组织作用的主要是重庆证券交易所内部建立起来的经纪人公会。

7.3.2.2 重庆保险业同业公会

在 1937 年全面抗战爆发之前,重庆的保险业就诞生了,虽然当时还没有建立起保险业的同业公会,但重庆市政府加强了对保险业的监管。 1929 年 12 月,国民政府颁布了第一部《保险法》,到 30 年代又进行了修订,并先后颁布了《保险业法》《保险业法施行法》等法规,并试图依法对保险业进行监管,然而,这些法规一直都没有得到全面施行。 其中火灾保险方面,由于有的城市曾经发现社会上有少数人超额投保纵火图赔事件,重庆市政府专门作出了火险保户必须进行登记的规定,从 1937 年 1 月起,凡投火险者,将保险单送市府登记,以便派员检查,否则一经出险,索赔即

---

[1]《重庆证券同业会暂缓组织》,《四川月报》第 7 卷第 1 期,1935 年 7 月,第 98 页。

不生效。[1]

全面抗战时期，中国华商保险业的中心也转移到了重庆，1938年重庆保险同业公会成立。1943年华商保险公司已发展到21家，翌年已逾50家。这些保险公司有些是迁来户，如中国、太平、宝华、四明等，有一些是包括迁川来渝的工商企业在内的实业界投资兴建的，他们大部分经营财产保险，其平均资本为580余万元法币。[2]但截至1945年4月1日，向重庆市保险业同业公会登记的保险公司有40家，平均每一公司资本为750万元，总共3万万元。[3]

1944年6月，重庆市保险公会举行理事会，决议呈请财政部，准仿银钱业联合准备委员会条例，设立保险业联合再保委员会，以实行该会第试一次会员大会之决议。该决议内容为：（一）内谋互助外求互惠；（二）官督商办；（三）业务自由；（四）组织简单；（五）经营一切再保险；（六）促进保险金融系统等。[4]

抗战结束以后，1948年11月底，重庆市保险业同业公会补选理监事，选出理事冯宝辅1人，常务监事丁晚成1人，监事敖燕南等2人，候补理事熊湛然等7人，候补监事封式成等2人，理事长仍为金振声。[5]

7.3.2.3　重庆市银楼业同业公会

重庆市银楼业一般以经营金银首饰珠宝钻石为通常业务，因

---

［1］赵同生：《建国前政府对保险业的监督管理》，重庆市渝中区政协文史资料委员会、重庆市渝中区金融工作办公室：《重庆市渝中区文史资料第十八辑·渝中金融史话专辑》（内部资料），2008年，第262页。

［2］如中国工业联合、永大、永兴、中兴、裕国、合众、大南、大东、华孚、长安、宁波、亚兴、恒昌、长华、怡太、民生、民安、安宁、中国航运意外和中国人事等保险公司。颜鹏飞、李名炀、曹圃：《中国保险史志（1805—1949）》，上海：上海社会科学院出版社，1989年，第321页。

［3］陆自诚：《谈中国的保险事业》，《报报》第1卷第13期，1946年3月30日，第43页。

［4］《渝市保险业请设联合再保委员会》，《经济汇报》10卷第3期，1944年8月1日，第113页。

［5］《保险业增资问题：渝保险业公会电财部速颁新办法》，《征信新闻（重庆）》第1213期，1948年12月2日，第2页。

此，金银交易也出自银楼业，其历史可以追溯到清光绪年间，当初之饰物制工甚粗俗，多为银质，及至浙江宝成号迁渝后，以专门技师细工制造精美之饰物，被当时的富者视若珍宝，争相购买，因而促成重庆银楼之竞争发展。[1] 此后银楼业逐渐发展，到1933年，全市较大的银楼有杨庆和、宝成、天宝成、天宝、庆和、蜀华、恒孚、源丰、璧霞、丰盛、聚源、老同震、宝盛、德义生等，主要分为浙江帮、江西帮及本城帮。而本城帮之老同震、天宝成、聚源、德义生、源丰、蜀华、恒孚、宝盛、丰盛、利源、璧霞、庆和等12家，为对付浙江帮，联合一致，互相保证收兑。[2] 1935年，重庆银楼同业仅存10余家。[3] 到全面抗战爆发之前，重庆银楼业有所发展，达到49家。[4] 至于是否成立重庆银楼业公会，就目前的资料不得而知。

全面抗战爆发之后，因为国民政府禁止黄金自由买卖，重庆银楼业减到24家，仅代政府收兑黄金。[5] 1942年8月，重庆银楼商业同业公会间，设事务所于江家巷3号内，规定以重庆市为区域，凡在该区域内经营银楼商业之公司行号，均应为本会会员。[6] 1943年6月，黄金恢复自由买卖后，又逐渐增加。到1944年3月，已达76家，尚又十多家在筹设中。[7] 表7-10和表7-11是1944年加入重庆市银楼商业同业公会的会员名单及理监事名单，从中可见银楼业在抗战后期的繁荣程度。

[1]《重庆银楼业概况》，《四川经济月刊》第10卷第6期，1938年12月，第77页。
[2]《重庆之银楼业》，《四川月报》第3卷第2期，1933年8月，第45页。
[3]《廿五年重庆之银楼业概况》，《四川月报》第10卷第6期，1937年6月，第127-128页。
[4]《重庆银楼业近况》，《银行通讯》第7期，1944年3月，第24页。
[5]《重庆银楼业近况》，《银行通讯》第7期，1944年3月，第24页。
[6] 郑洪泉、黄立人：《中华民国战时首都档案》第五卷 战时金融，重庆：重庆出版社，2008年，第240-250页。
[7]《重庆银楼业近况》，《银行通讯》第7期，1944年3月，第24页。

表 7-10　重庆市银楼商业同业公会会员单位名册(1944 年 3 月)

行号牌名	主体人姓名	资本额/万元	籍贯	地址
庆和	徐庆福	10	宁波	民国路特 53 号
宝丰	罗廉武	40	汉口	林森路 138 号
新华	匡宝之	20	巴县	磁器街 33 号
老物华	王光前	10	湖北	民生路 215 号
老文元	牟元吉	15	巴县	中正路 85 号
凤华	涂文星	20	湖北	民生路 96 号
宝兴	范省岳	30	浙江	民族路 143 号
鸟宝	程克章	10	巴县	民族路 198 号
复兴	杜思林	30	巴县	民权路 40 号
丹凤	王兰轩	40	江北	中正路 509 号
老万年	余健	10	巴县	民生路 176 号
艺文	徐智康	5	江北	保安路 234 号
老庆云	周幼甫	15	武昌	民生路 248 号
老万华	张锦泉	60	浙江	民族路 171 号
老凤祥	陈祖贤	150	宁波	民族路 230 号
杨庆和	邵济德	50	浙江	邹容路
杨庆和分店	邵济德		浙江	民权路 42 号
老宝华	陈汉卿	28	绍兴	民权路特 8 号
老宝庆	余善煜	40	湖北	民权路 16 号
老庆和	陈宝奎	20	巴县	林森路特 3 号
天宝成	吴耀奎	22	巴县	中正路 506 号
裘天宝	崔兰轩	10	江北	民国路 33 号
老天宝	吴梦卿	60	浙江	中华路 163 号
庆福星	杨祥孙	50	浙江	林森路 44 号
新宝成	忻慎生	10	浙江	陕西路 228 号
老庆华	蒋玉顺	10	巴县	民权路 136 号
协和	胡鹤皋	50	湖北	林森路 260 号
天成亨	张勤臣	32	巴县	林森路 230 号
新天宝	夏清和	30	铜梁	磁器街 83 号
双凤	侯超	0.6	巴县	十八梯 34 号
老景福	唐诗三	30	宜昌	林森路 207 号
元天宝	刘松祯	5	江苏	中三路 253 号

行号牌名	主体人姓名	资本额/万元	籍贯	地址
民生	刘炳益	0.3	巴县	弹子石百寿街 3 号
瑞昌	肖青云	0.3	巴县	弹子石口街 6 号
吴丽	孙子敏	10	浙江	民生路 220 号
老凤宝	贺王根	60	浙江	民族路 23 号
庆复兴	王玉泉	5	汉口	十八梯 41 号
天诚	柳其煊	5	楚北	十八梯 45 号
新凤	刘德容	5	巴县	冉家坝 16 号
兴业	沈宝元	10	浙江	中三路 139 号
天宝华	曾志诚	10	巴县	民权路 116 号
天宝诚	刘绍钦	0.7	巴县	磁器口正街 273 号
蜀华	邹培德	20	巴县	中正路 119 号
老九霞	胡思贤	10	巴县	中一路 175 号
宝成元	戴清和	10	重庆	民权路 198 号
宝成	余成名	20	湖北	林森路 195 号
庆云	余成名	25	湖北	林森路 75 号
庆云分店	余成名	14	湖北	黄桷垭崇文路 89 号
新丰祥	吴瑞陔		湖北	龙门浩上新街 88 号
宝光	江朝荣	32	四川	中正路 259 号
老太华	徐志纲	31	湖北	陕西路 202 号
老同震	郑松	130	浙江	民权路 22 号
天祥	李英超	10	河北	中三路 47 号
宝成永	余善煜	5	湖北	小龙坎 46 号
同正	杜吉珊	30	四川	民生路 235 号
新凤祥	洪汇川	50	浙江	中一路 44 号
华天宝	洪绍	100	浙江	邹容路 108 号
凤祥福	王信甫	50	浙江	民族路 180 号
庆和	张朝钟	5	浙江	小龙坎土湾 138 号
老宝成	管敦甫	70	浙江	民族路 19 号
凤祥	冯子莆	10	巴县	中正路 154 号
成记炉房	马成珂	0.2	湖南	中正路 137 号
庆记炉房	马成珂	4	湖南	中正路 137 号
文元	陈济丰	0.8	巴县	江北正街 91 号

续表

行号牌名	主体人姓名	资本额/万元	籍贯	地址
新宝庆	戴韦豪	80	浙江	民权路 242 号
物华	孙友皋	4	巴县	江北正街 5 号
本人	杨铭清	0.3	巴县	南岸石桥街 18 号
天宝渝	王锡敬	50	浙江	陕西路 234 号
福记炉房	曹东福	2	湖南	兴隆巷 30 号
天宝	方允文	10	宁波	莲花街 1 号
宝盛	盛楚舫	10	宁波	莲花街 1 号

资料来源:唐润明,《中国战时首都档案文献·战时经济》,重庆:西南师范大学出版社,2017 年,第 377-379 页。

表 7-11　重庆市银楼商业同业公会理事会名册(1944 年 3 月 19 日)

职别	姓名	年龄	籍贯	所属商号	在商号职务	教育程度	住址
理事长	唐鉴可	49	巴县	老庆和	协理	中学	林森路特 3 号
常务理事	罗时昌	36	巴县	昌景	经理	中学	民权路特 8 号
常务理事	冯子莆	46	巴县	凤祥	经理	中学	中正路 154 号
理事	翁维通	35	宁波	恒孚	经理	中学	磁器街 48 号
理事	杜思林	36	巴县	复兴	经理	中学	民权路 40 号
理事	吴瑞陵	45	武汉	新丰祥	经理	私塾	龙门浩上新街
理事	杨吉人	45	浙江	老凤祥	协理	私塾	民族路 230 号
理事	涂文星	38	汉口	凤华	经理	私塾	民生路 96 号
理事	吴梦卿	45	浙江	老天宝	经理	私塾	中华路 163 号
候补理事	张锦泉	46	浙江	老万华	经理	中学	民族路 171 号
候补理事	方云文	42	浙江	新宝成	会计	私塾	陕西路 228 号
监事	王信甫	48	浙江	天宝	经理	私塾	林森路 239 号
监事	骆海轩	50	巴县	蜀华	经理	私塾	中正路 119 号
监事	吴耀奎	36	巴县	天宝成	经理	私塾	中正路 506 号
候补监事	蒋志诚	36	巴县	宝成	经理	私塾	林森路 195 号

资料来源:郑洪泉、黄立人,《中华民国战时首都档案》第五卷 战时金融,重庆:重庆出版社,2008 年,第 250 页。

由以上两表可见,重庆的银楼业在 1943 年 6 月国民政府宣布开放黄金市场之后，得到迅猛发展，全市范围内有银楼 71 家，达到畸形繁荣的程度，可以与当时的银行业媲美。银楼分布范围较广，主要集中在林森路、民权路、民生路、民族路、中正路等地，而从事银楼公会理监事人员的受教育程度并不高，除了传统的私塾教育外，新式教育也仅仅到中学教育。从他们的籍贯看，公会主要由本城帮与浙江帮掌控。随着银楼业的迅速发展，特别是重庆黄金市场交易的日趋活跃，协助政府规范与管理黄金市场，就成为银楼业同业公会的首要任务。

1943 年 6 月，国民政府宣布开放黄金市场，允许黄金自由买卖之后，各地黄金市场极为活跃。重庆市场交易售出价格与收进价格每两相差 2000 元之谱，持有黄金者因为价值过低，多不愿意抛出。重庆银楼业公会于 6 月 30 日特将足赤金收进价格合理调整，将原收进之价格改为每两 8400 元，售出每两 9400 元，银楼每两获利 1000 元。这样，在 6 月 30 日当天，售出者甚多。[1] 然而，重庆市的黄金市价，转瞬即越出万元大关，最高达到 15000 元，到 7 月底才有所回落。面对黄金市场的大起大落，重庆市银楼商业同业公会，为谋金价之统制，乃定期举行议价，规定收进售出之价格，交由各银楼实行交易。[2]

在 1947 年 2 月 17 日国民政府公布《经济紧急措施方案》后，银楼及首饰店制成金饰之处理办法，正由财政部草拟即将颁布施行，重庆市银楼业同业公会以政府对该业业务尚无明确规定，决定自 2 月 18 日起，各银楼一致停止交易，静候处理办法，以便遵循。[3] 与此同时，重庆市银楼业同业公会于 2 月 18 日上午经过集体讨论，并获得重庆市社会局局长徐鸿涛面允，在处理办法未公告之前，照 48 万元收进，当日下午重庆市银楼业仍继续开业，

---

[1]《金融·各地金融市况》，《中央银行经济汇报》第 8 卷第 4 期，1943 年 8 月 16 日，第 101 页。

[2]《黄金买卖最近动态》，《财政评论》第 10 卷第 4 期，1943 年 10 月，第 119 页。

[3]《候财部处理饰金办法，渝银楼业今日停止交易》，《征信新闻（重庆）》第 588 期，1947 年 2 月 18 日，第 5 页。

挂牌收进牌价为 48 万元，售出价为 56 万元，但实际交易清淡。[1]

1947 年 2 月 21 日，重庆市社会局转国民政府财政部命令，重庆市银楼自本日起全部停业。对此，重庆市银楼公会银楼从业人员代表职工会于当天下午联合招待新闻界，声明银楼乃靠手工维持生计者，并非黄金投机家，政府紧急经济措施公布后，重庆市 120 余家银楼，3000 余员工，势将失业。于是，吁请停止内战，平抑物价，希望政府制定合理处理银楼业办法，并拥护京沪同业四项请求。[2]

面对财政部公布的银楼业及首饰店处理办法，全国各地的银楼业即有存金有限，如照央行规定价格出售，不须三月即可售罄，今后即不能继续营业，民间所存金饰如欲兑用，除售与中央银行外别无他法，边远及极小县份如未设立中央银行者，即无法兑用。对此，银楼业有召开全国大会共商对策之议。面对银楼业要求改善处理办法的质询，财政部次长徐堪认为"此为彻底禁止黄金买卖所必要之措置，银楼业不做金饰，仍可经营银器，证诸其取名亦相符合，故当局对银楼业请求，无考虑之余地"[3]。在此状态下，重庆银楼业公会也走到了尽头。

同业公会是近代中国的行业组织形式，它不仅对维护各行业的同业利益、促进行业发展有着重要的意义，同时也是政府进行经济管理的重要市场中介。从其组织形态来看，既承接中国本土固有会馆、公所之传统，又吸纳新兴商会之制度精神，同业公会之设立，旨在谋同业间公共之利益，及矫正业务上发生之弊害。经过清末民初的酝酿与初萌，到 1918 年北京政府颁布《工商同业公会规则》以后，同业公会组织逐步遍及全国各大都市与中小城

---

[1]《银楼业本日下午仍开业》，《征信新闻（重庆）》第 588 期，1947 年 2 月 18 日，第 2 页。
[2]《本市银楼业奉令今起全部停业》，《征信新闻（重庆）》第 591 期，1947 年 2 月 21 日，第 7 页。
[3]《财部徐次长谈银楼可经营银器，改善办法实无考虑余地》，《征信新闻（重庆）》第 593 期，1947 年 2 月 24 日，第 3 页。

镇。 纵观近代重庆的金融业同业公会组织的成立和发展，可以从一个方面反映出近代重庆作为中国西部重要金融中心的服务范围、功能和目的。 他们在协助政府厘定国策，带领同业遵守国家法令，厉行自肃减少管制，积极团结与联络同业等方面都做出了重要贡献。

在改革开放后的中国，通过对近代金融业同业公会组织的研究，总结历史的经验与教训，有助于更好地建设现代化的金融业同业自律组织，充分发挥金融业同业公会组织的自我约束、相互监督、共同规范、维护权益等功能，为健全现代金融机制提供必要的历史借鉴，促进金融业健康发展。

近代重庆的新式金融家与金融人才的
培养

被誉为"人力资本之父"的美国经济学家西奥多·W.舒尔茨认为:"人是国民财富的一个重要部分。拿劳动对于产量的贡献来衡量,现在人类的生产能力远远大于其余各种形式的生产能力的总和。"[1]也就是说,劳动力是除了自然资源和物质资本之外,构成经济发展的重要因素。金融业作为知识密度高、以智力为依托的行业,劳动力的知识技能能够发挥更明显的产业绩效推动作用,因此,高素质高技能人才是金融行业人力资本的重要载体。近代中国金融现代化的实现就需要集中一大批既有扎实理论基础、又有丰富实践经验的金融专业人才。

在重庆,从晚清时期的票号、钱庄到早期的新式银行、保险等金融机构的建立,重庆的金融业聚集了一批专业的金融家,既有四川(包括重庆)的内地金融家,也有来自外省特别是东部地区的金融家。他们中既有接受传统教育的,也有受过高等教育的,甚至还有留学国外,接受过西方经济学、财政学、商学和货币银行学等现代专业的系统训练的,不少人持有学士、硕士乃至博士学位。近代重庆的专业金融家群体中,产生于重庆本土有见识、敢于开拓创新的就有杨粲三、康心如、刘航琛、潘昌猷、吴晋航等。需要指出的是,近代中国的其他金融机构如保险、证券等,与银行有着千丝万缕的联系,且很多都是由银行家直接参与创办的。如1932年4月建立的重庆证券交易所,就是由重庆银行公会召集并组织建立起来的,其理事长与理事均为重庆银钱界的头面人物。重庆的保险业最初也是由银行附设的,此后虽然建立了独立的保险公司,但其领导成员以及不少的从业者也与银行有着千丝万缕的联系。鉴于此,在论述近代重庆的金融家时以银行家为主,并以银行业为主体来分析近代重庆金融人才培养及其现代化特征。

全面抗战时期,从东中部地区迁来了众多金融机构,他们与

---

[1] [美]西奥多·W.舒尔茨:《论人力资本投资》,吴珠华等译,北京:北京经济学院出版社,1990年,第2页。

重庆本地的金融机构一起共同促进了重庆金融业的现代化发展，这些现代化的金融机构，除了需要很多有名望、有影响、有地位的金融家、银行家之外，还需要大量懂得现代金融业务的金融人才。而这些金融家与金融人才，有的是从东部发达地区内迁转移到重庆来的，有的是从大后方各地各类学校中培养的，有的则是重庆金融机构自己培养的，他们共同为战时重庆的金融现代化做出了自己的贡献。

本章通过对近代以来重庆现代金融家与金融人才培养的探讨，分析在近代的不同时期，金融家对重庆金融现代化建设所做出的贡献。探讨作为西部内陆城市典型代表的重庆，在现代金融人才培养中的途径和特点，揭示近代重庆现代金融人才的培养对重庆乃至四川、西部地区经济金融事业的发展，以及在推动中国西部地区经济金融现代化中所产生的重大作用，其中的经验教训也为当今金融人才培养提供了借鉴。

8.1 近代以来重庆本地的金融家与金融思想

在近代，重庆作为长江上游最早开埠的内陆口岸城市，其金融现代化的建设与发展虽然较东部晚，但在西部地区却是开风气之先，取得了相当大的成就。同时也涌现出了一大批重庆本地有见识、敢于开拓创新的金融家，如杨粲三、康心如、刘航琛、潘昌猷、吴晋航等，本节将对他们的主要金融活动与思想做专题探讨。

8.1.1 银行家杨粲三及其思想

杨粲三（1887年—1962年），1887出生于四川省江北县宝盖箱(现重庆江北区)，名英培，号粲三，其父杨文光是重庆巨商，人称"杨百万"。于清光绪年间，以其资力经营进出口货物，岁计贸易总额，辄达数千万元，获利甚丰，当时四川营汇兑者仅大清银行及天顺祥与山西票号数家，杨文光为调剂金融计，亦经营汇兑。[1]

杨粲三自幼在家族商号聚兴成当学徒，学习经商之道。其父杨文光与经营百货业有经验的吴勋成合办聚兴成商号，不到一年，吴勋臣退出，聚兴成就成了杨家独资经营的企业。杨寿宇（杨文光长子，杨粲三的长兄）任经理，派杨粲三往宜昌、汉口、上海坐庄。1908年，杨寿宇病故，杨粲三被召回重庆，接任聚星成商号经理职务。接办商号后，杨粲三扩大业务，除经营原有进出口货物外，又增加了生丝、楚盐两大类，还陆续在上海、汉口、沙市、宜昌、万县、自流井、潼川等地设立分号。他认为要人聚财兴，重在一个"诚"字，因此把商号名称"聚兴成"改为"聚兴诚"。

1915年3月16日，杨氏家族在自己原有商号的基础上创办了聚兴诚银行，由杨文光任事务员会主席，杨希仲（杨文光次子）任总经理，杨粲三任协理近10年，1924年，总经理杨希仲去世，由杨粲三接任总经理。1937年，已做事务员会主席的杨粲三，鉴于股份两合公司之组织不合经济潮流，更不愿将此项社会事业据为一姓私有，毅然提经事务员会讨论，得到一致赞许，即于3月25日举行第十二届股东大会，全体无限责任股东提出申请退股书，经出席股东过半数之决议认可，商定增加资本为200万元，改为股份有限公司，由出席股东即席认足。遂召开股份有限公司第一届股东大会，通过章程，并票选董事9人，监察3人，董事会设董事长1人，常务董事3人，董事长由常务董事中选出，杨粲三任董事长，董庆伯任常董兼总经理。[2]

1915年聚兴诚银行创立，杨粲三即出任协理，1924年出任总经理及事务员会主席，1937年改组为股份制以后又出任董事长，1942年11月间，奉国民政府财政部训令改选董监事，杨粲三仍被

[1]《聚兴诚银行》，《金融导报》第2卷第12期，1940年12月31日，第33页。
[2] 宫廷璋：《聚兴诚银行三十年来概况》，《四川经济季刊》第1卷第3期，1944年6月15日，第184页。

推为董事长兼总经理，1946 年宣布退休，做高等顾问，1948 年底辞去高等顾问。 1949 年中华人民共和国成立之后，出任重庆市工商联常务，四川省政府常委，1962 年病逝于重庆。

杨粲三经营聚兴诚银行 30 余年，银行资本额最初为 100 万元，1937 年增为 200 万元，1940 年又增为 400 万元，1942 年再增为 1000 万元。 聚兴诚银行赚取了巨额利润，积累了大量财富，以物价比较正常的 1943 年计算，全行资产总值已达 4.59 亿元。 国内机构发展到 30 多个，员工 1300 余人，被国民政府指定为办理外汇银行之一。[1] 聚兴诚银行成为首屈一指的川帮银行，蜚声于国内外金融界，成为近代中国独具特色的家族式商业银行。 总结杨粲三的银行经营实践及思想，主要有以下几个方面。

第一，杨粲三在接掌聚兴诚银行后逐渐形成了一套管理银行的思想。 他为银行制定了"便利社会，服务人群"八字经营方针，把聚兴诚银行办成"一个有主义的银行"，这个"主义"就是八字方针，即"便利社会，服务人群"，"其宗旨和社会主义并不矛盾"，也就是"商人不应以牟利为目的"。 借鉴订家规的办法，提出"恒、信、贞、勤"四字作为"行训"，借此来"统一全体人员庞杂的思想，使之站在同一战线，以保行务之隆盛"。 对此行训，他还专门撰写了一副对联来加以阐释："专其心、执其信、守其恒，虽困而亨；志于道、据于德、依于义，苦久必通。"他平时很重视培养人的精神气质和品德修养，规定各行都要举行"朝会"或"周会"进行精神训练；他还津津乐道地向行员灌输"三眠说"，人生可分三个时期，有如蚕之三眠，"蚕经三眠，方能吐丝；人历三眠，事业乃成"。 他勉励行员第一要忍耐，第二要自持，第三要坚定，经此三关，方能成才，受到重用。 他期望行员"以行为家"把聚兴诚银行办成"西南第一金融机构"[2]。

[1] 杨受百：《我的父亲杨粲三》，中国民主建国会重庆市委员会、重庆市工商联合会文史资料工作委员会：《重庆工商人物志》，重庆：重庆出版社，1984 年，第 64、90-91 页。
[2] 杨受百：《我的父亲杨粲三》，中国民主建国会重庆市委员会、重庆市工商联合会文史资料工作委员会：《重庆工商人物志》，重庆：重庆出版社，1984 年，第 71-72 页。

杨粲三管理银行的思想中，除了培养优良行风之外，还特别重视对高层领导的选拔，强调要审慎董监事人选，"照公司法之规定，一个事业之董事与监察人，在法律上所负责任之重大，殆属无以复加。然遍观任何事业之董监，真实能负其重大责任者，实不多见，多半在事业方面攀援贤达，以为装潢场面之工具。而在董监本身亦无若何责任感之足言，董监会既少按期召开，即使召开亦未必认真到会，即使到会，平时对于事业既极隔膜，临议自少切实主张。故多半形成董事长一人负责，甚至有董事长亦不负责，只待发生法律问题时，再说责任者。此种形态在我国普遍皆是，本行亦未能例外。兹为加强董监会力量，拟建议股东大会遴选董监应以真能负责为第一要义，除监察人依法不能选负执行责任者外，最好选负有实职者出任董事或选出董事后，畀以实职，以免最高无上负内外总责之机构演成形同虚设之状态。现时欧美各国，多已采行此种办法，本行似亦可仿行"。[1]

第二，提出立足西南发展民族工商业的方针。聚兴诚银行在发展之初，在哈尔滨、北京、天津、上海等地广设分行，1923年，为了躲避四川军阀的派垫，杨氏家族将聚兴诚银行总管理处迁往汉口。然而，哈尔滨分行开设失败，北京、天津分行合并，逐渐断送了北方的发展。杨粲三这时才开始认识到，通商大埠如上海、汉口、天津等处，银行林立，现金过剩，利率过低，银行存款不投资地产，便投资公债，造成公债投机风浪，因此决心移资至西南。[2] 在1929年5月，杨粲三在第七届股东会议上提出将总处迁返重庆，以主要精力经营西南的决策。他说："东南数省每苦资金过剩，而西南方面则至感枯涩，本行在西南有十数年之历史，有发展西南商业，整理西南金融之职责。"股东会同意了他的意见，在1930年冬将总管理处迁回重庆。[3] 此后，开始大见成

[1] 杨粲三：《卅八年度常年股东大会建议书》，《聚星》第2卷第10期，1949年4月，第2页。
[2] 《聚兴诚银行》，《经济特讯》第202期，1948年2月5日，第5页。
[3] 中国民主建国会重庆市委员会、重庆市工商业联合会文史资料工作委员会：《聚兴诚银行》，重庆：西南师范大学出版社，1986年，第30页。

效，存放、汇兑、信托等业务迅速发展，于川中各县广设汇兑所或代理处，同时向西南各省发展，调查云贵经济，建湖南长沙、常德等汇兑处，伸入滇黔，西南处点密布，而与长江下游东南处点完成脉络。[1] 全面抗战爆发后，南京及老河口、沙市三办事处相继撤归重庆总行，苏州支行及香港办事处撤归上海分行，武昌办事处撤归汉口分行并迁入法租界，长沙支行与常德办事处相继移沅陵，宜昌办事处始移三斗坪，1943年撤归万县分行。同时，为实践发展西南政策，四川省外之昆明分行、贵阳支行及柳州办事处，四川省则自流井分行及新都、金堂、简阳、乐山、犍为、南充等办事处先后增设。[2] 20世纪30—40年代也被称为聚兴诚银行的"中兴"时期，它在四川和西南工商界树立了良好的信誉，长期稳居川帮银行之首的重要地位。

第三，利用外资发展银行业务的思想。杨氏家族中，杨希仲是留学过日本、美国的，是杨氏家族中新思想的主要传播者。当杨粲三还在上海坐庄时，杨希仲就不断从日本给他写信，指出家族事业的理想前景，唤起他的事业心。到美国留学后，又在信上向他讲述金融科学知识。受此影响，杨粲三眼界大开，逐渐形成了向西方学习的思想。[3] 在聚兴诚商号时代，杨粲三接受其兄杨希仲的建议，开展对外贸易。当时四川的桐油、生丝、猪鬃等皆为外销物资，而桐油尤为美国所急需，杨粲三组织中国物产贸易公司，以聚兴诚商号为国内收购桐油集中点，收购川东桐油赴汉口，转销外洋。[4] 1934年4月10日，杨粲三携子杨锡远、甥杨明安与友张宙安、张志和等人，以私人资格从上海出国考察欧美金融实业。经过英伦，与英商德善公司商定，依照中国法律拟组联益金融公司，欲利用外资，介绍来川兴办实业，并签订合同

---

[1]《聚兴诚银行》，《经济特讯》第202期，1948年2月5日，第6页。

[2] 宫廷璋：《聚兴诚银行三十年来概况》，《四川经济季刊》第1卷第3期，1944年6月15日，第188页。

[3] 中国民主建国会重庆市委员会、重庆市工商业联合会文史资料工作委员会：《聚兴诚银行》，重庆：西南师范大学出版社，1988年，第22页。

[4]《本行掌故二则·本行原有贸易部》，《聚星》第1卷第8期，1948年，第51-52页。

14条及附录2项。此事由于受到留英同学会的抨击，并呈控于国民政府行政院而作罢。[1]

第四，秉承"稳健"经营理念，对放款力求下家稳妥。在抗战末期，同业增加，营业范围缩小，物价飞涨，开支日巨，仍不收比期存款，不放高利贷，不作投机事业，不经营"特货"交易，以薄利力求细水长流。[2] 即便是到抗战胜利之后，在恶性通货膨胀的情况下，银行如不投机就无法自存，杨粲三还是始终坚持他的稳健经营方针："本行业务向以稳健为主旨，不投机，不取巧，不接受高利存款，……而自实行扶植工商业，多开往来，代办收交，并厉行付现政策以来，收效颇巨。近有以市场上利率高涨，主张提高利率接受定期存款者，虽言之不无相当理由，本会仍决议维持本行一贯作风，不接受提高利率接受定期存款之建议"。为了求生存，注重在信托业务上求出路，"本会决定开展信托业务，以期与银行部之业务相呼应，而收相成之效"。信托部业务，实即经营工商业，这较诸投机金钞，确已稍胜一筹。[3] 就是到了1949年，杨粲三虽然已经退休三年，但他还是十分关心聚兴诚银行的发展，在给当年股东大会的建议书中，强调要发扬行旨精神："本行宗旨为服务社会，便利人群，宗旨既如此明确，则业务上一切作法则不能纯以本身获益为目的，投机自不应有，取巧亦属不当，际此时局变乱时代，政府统驭无力，金融圈内动荡不安，花样百出，其流毒社会，为害人群之处，不知凡几。本行无论力量大小如何，必须有砥柱中流之雄心，最低限度亦不可同流合污，贪图便益。例如，最近钞荒、现钞贴水、本票盛行，人民无意中遭受对折之损失，本行则应厉行付现款政策以为抵制，并应倡议消弭之方期挽狂澜。又如高利、比期存款，本行最初拒办时，亦遭受行内若干责难，既而成效大著，方知决策者之远见。

---

[1]《本行掌故二则·粲老曾图利用外资》，《聚星》第1卷第8期，1948年，第53-54页。
[2]《聚兴诚银行》，《经济特讯》第202期，1948年2月5日，第7页。
[3] 金逸明：《川帮银行的首脑：聚兴诚银行》，《经济导报》第73期，1948年6月1日，第9页。

至于本行在历史过程中如反对代现券、公单等等，曷莫非防止遗害于社会与人群，初未计及于本身是否有益也，凡此作风毅力，本行之负责者，不但不应颓废之，且须积极发扬之。"[1]

第五，帮助同业，为重庆金融业的共同发展做贡献。 杨粲三因为其稳健作风和多次抗拒军阀派垫勒索抵制官僚资本渗入，而被工商界誉为"石匠"。 但是他对银行界的朋友却非常慷慨，抗战爆发后，重庆银行总经理潘昌猷投资公债惨败，潘为渡过难关到处求援。 时任四川省财政厅长兼四川省银行总经理的刘航琛，对援助重庆银行百般阻挠，不准四川省银行贷款予重庆银行。 重庆银行面临关闭的危机，杨粲三亲自上门看望潘昌猷，主动借款100 万元，协助他渡过难关。[2] 在抗战期间，杨还担任四川省银行理事及重庆银钱公会和银钱业公会联合库常务委员，这些职务，使他能够充分参与到重庆市金融决策中。 抗战期间，聚兴诚银行在总经理杨粲三带领下稳健经营，不投机取巧，获得进一步发展。

正是在杨粲三的银行思想指导下，聚兴诚银行得到发展，不仅成为最具有经济实力和社会影响力的川帮银行，而且成为战时大后方的重要银行之一。

8.1.2　康心如的金融实践与思想

康心如（1890 年—1969 年），字宝恕，陕西省城固县人，1890 年 11 月，在其父亲康寿桐从陕西前往四川彭山做县知事的赴任途中出生于四川绵阳。 其父倾向维新变法，支持儿子们接受西方科学民主的新教育，先后将自己的四个儿子送往日本留学。 康心如与长兄康心孚（字宝忠）以优异的成绩考入日本著名高等学府早稻田大学，攻读政治经济学。 留学期间，积极学习各种西方先进思想和理念，为他以后的生活和工作打下坚实的基础。 1911

---

[1] 杨粲三：《卅八年度常年股东大会建议书》，《聚星》第 2 卷第 10 期，1949 年 4 月，第 1 页。
[2] 杨受百：《我的父亲杨粲三》，中国民主建国会重庆市委员会、重庆市工商联合会文史资料工作委员会：《重庆工商人物志》，重庆：重庆出版社，1984 年，第 75 页。

年底，康寿桐病逝，康心如回国奔丧。此时的中国刚刚经历辛亥革命，有留学经历、思想先进的康心如在成都创办《公论日报》宣传民主思想，同时兼任四川军政府设立的四川银行贷付课课长，后又任四川金库经理。[1]

1913年，康心如离开成都去上海，曾担任濬川源银行上海分行经理，不久又去北京，在北京政府国务院侨务局当"佥事"。1921年参与到四川美丰银行的创办中，1922年中美合资的四川美丰银行成立，康心如担任协理，1927年四川美丰银行成功改组为华商银行，康心如被聘任为总经理，直到1950年该银行停业。在担任四川美丰银行总经理之余，康心如还被推为重庆市银行公会主席（1931—1933年；1937—1944年），抗战期间，康心如积极投身政治，参政议政。1940年到1946年，代表工商界利益加入临时参议会，被国民政府任命为重庆市临时参议会议长。中华人民共和国成立后，康心如任西南军政委员会财经委员、四川省政协委员、全国工商联执行委员、重庆投资公司经理等职，于1969年病逝。

康心如一生致力于经营四川美丰银行，同时热心公益，心系重庆金融业的发展，是近代重庆著名的金融巨子，总结其金融实践与思想，主要体现在以下几个方面。

首先，在经营四川美丰银行中形成一套独具特色的银行管理思想。四川美丰银行凝聚了康心如的主要精力和心血。正如1942年，康心如在四川美丰银行的一次周会上说："我这二十年来，对于美丰银行比对于我自己的家还要亲密，还要知道得清楚，这二十年当中有时候我可以不必回家，但是我一定要到银行。"[2]四川美丰银行（中美合资银行）开业的第一年，亏损了3000多元，最主要的原因是美商不谙重庆商情，把纽约式的经营方式硬搬过来。如当时重庆商帮习惯于"比期存款制度"，无所

---

［1］姜帅：《四川美丰银行研究（1922—1950年）》，硕士学位论文，西南大学，2013年4月，第18页。

［2］培根：《康心如与四川美丰银行》，《川康建设》第1卷第2-3期，1943年8月，第100页。

谓"活期存款",放款凭借信用,而美丰银行却只办押放,汇兑方面也是凭信用叙做,届期办收交,也规定必须先收后交。像这样的"新式银行业务",重庆商帮一时难以接受,以致业务清淡。1923年,康心如作为协理,大胆提出"改变经营方式和裁员节支"的建议,得到总经理雷文的支持,另派美方人士鄂赓诗为重庆分行经理,并要其"一切听从康协理的安排"。按照康心如确定的方针,鄂、康两人合力经营,大力开展汇兑业务,发行美丰兑换券(最高额达150万元)充裕银行运营资金。他特别注重以广告宣传树立银行信誉,"利用美资关系,把当时的重庆海关、邮局、和各个洋行的汇兑业务牢牢抓在手里;竭力宣传美丰是重庆唯一可与美国各地直接通汇的银行"[1],使美丰银行扭亏为盈且年年获利,股东开始分得股息、红利。1924—1926年,美丰银行还向美国政府缴纳了所得税26415元。[2]但这些都是临时措施,在四川美丰银行改制之后,康心如在银行的经营管理中,还更多地借鉴了外资银行的先进管理理念,一直坚持以"以法治行,以章理行,以心用人,以信待人"为宗旨,对四川美丰银行进行了有效管理和经营。四川美丰银行成立以来,建立了各项规章制度67种,大到银行章程、组织大纲,小至《图书室借书规则》《员司洗浆办法》等,真是巨细无遗。规章制度订立这样多,是康心如强调以"法制精神"管理企业的一种表现。[3]

在众多规章制度中,康心如给四川美丰银行制订的行规是"一诺千金",以"信用"为银行之生命,是美丰制胜的重要法宝。一次赌申汇,美丰营业人员陷入圈套,当场赔损甚巨。又一次赶场人员做存放交易,将头寸算错,差款数千元,经手人均主"遁盘"(即毁约之意),康心如坚持顾全信用,如数填补,在同

---

[1] 周本渊、朱苏:《康心如生平》,中国民主建国会重庆市委员会、重庆市工商联合会文史资料工作委员会:《重庆工商人物志》,重庆:重庆出版社,1984年,第139-140页。
[2] 张仲:《康心如与四川美丰银行》,《重庆与世界》2010年第9期,第68页。
[3] 康心如:《回顾四川美丰银行》,中国民主建国会重庆市委员会、重庆市工商联合会文史资料工作委员会:《重庆5家著名银行》,重庆:西南师范大学出版,1989年,第76页。

业中赢得"康心如一诺值千金"的美誉。[1]

抗战时期的康心如虽然兼任的公私差事有八十多项,但他不管有多忙,每天都会到美丰银行办公,甚至还要抽出时间到美丰银行的分支行去视察,如 1940 年 10 月 16 日的《中央银行经济汇报》即有"美丰银行总经理康心如氏,定日内启程赴成都一带视察行务"[2]的报道。

1937 年到 1942 年四川美丰银行先后在四川的乐山、涪陵、合川、南充、叙永、江津、北碚、雅安、自流井、中坝、犍为、三汇、达县、五通桥,贵州的遵义等设立 15 个办事处以及昆明、贵阳两分行,并在重庆设立化龙桥办事处,在成都设立染房街和菖泉街办事处。1943 年又在陕西设立西安分行和湖南、四川设立柳州、衡阳、广元办事处。[3]

其次,主张银行业务应以投资工商事业为主。康心如担任重庆银行公会主席及理事长的时间最长,他对银行业务十分关心。特别是全面抗战爆发之后,康心如认为"国府西迁,西南诸省遂成为民族复兴根据地;于是建设西南之呼声,随时局之推移而益高,盖抗建大业之完成,舍此别无途径可循也"。而要完成西南实业的建设,就必须要按照《抗战建国纲领》的要求,"统制银行业务,从而调整工商业之活动"[4]。1942 年,康心如发表《几家商业银行资产的运用》一文,通过对聚兴诚、川康、川盐、重庆、和成、大川、美丰、亚西、通惠、建设、建国、长江等 12 家银行(截至 1941 年 12 月 31 日)的资产负债的分析,指出了当时商业银行存在的问题:第一是"这十二家银行的信用都很薄弱,这在经营金融业务的人,是应该引为最惭愧的事";第二是"存款里面长期的数字非常小,短期与活期的数字特别大,可见是社会

---

[1] 周本渊、朱苏:《康心如生平》,中国民主建国会重庆市委员会、重庆市工商联合会文史资料工作委员会:《重庆工商人物志》,重庆:重庆出版社,1984 年,第 148 页。
[2] 《金融界近讯一束》,《经济汇报》第 2 卷第 8 期,1940 年 10 月 16 日,第 90 页。
[3] 重庆市档案馆馆藏四川美丰银行未刊档案,档号 0296-14-513。
[4] 康心如:《建设西南实业的蠡见》,《西南实业通讯》第 1 卷第 4 期,1940 年 4 月,第 1 页。

金融的不安定。 ……放款也只能够做短期的运用。 对于农工矿方面，不能尽力协助，也是很大一个缺憾"[1]。 由于康心如是重庆银行公会主席，且为四川美丰银行总经理，其所论又为当时各方所注意之银行信用问题，该文发表之后，颇受社会广泛认同，此后不断得到转发。[2] 康心如通过对商业银行资金运用的研究，更加坚定了银行应该以投资工商业为主营业务的认识。 康心如不仅是这样想的，也是这样做的，他所经营的四川美丰银行，发展的黄金时期是 1931 年到抗战胜利，除了拓展银行自身办事机构外，积极在四川投资实业八九十家。 就是到 1950 年停业的时候还有工矿和公用事业、商业、交通运输、金融保险信托、文化新闻等 5 类 66 家企业，比如重庆电力公司、重庆自来水公司、四川水泥公司、四川丝业公司、天府煤矿公司、民生实业公司、太平洋航业公司、四川旅行社、宝丰实业公司、和记地产公司、永成银行、大夏银行、四川商业银行、中国人事保险公司、中华实业信托公司、国民公报、新民报等。 所以四川美丰在重庆、在四川，甚至在西南，都是一个很大的银行，康心如的影响都很大。[3] 从四川美丰银行在大后方的投资来看，投资水电、交通这些公用事业，极大地推动了重庆市政建设，方便了人民生活；投资银行、保险、信托，有利于重庆金融的发展；投资实业，则有利于大后方工业的发展，这些措施在很大程度上支持了抗战。

最后，致力于重庆金融与经济的发展。 康心如一生热心公益事业，重庆银行公会从 1931 年成立到 1950 年结束，经历了近二十年的时间，而康心如担任公会主席和理事长的时间近十年，占了一半。 特别是全面抗战的八年，有七年时间都是康心如做银行公

---

[1] 康心如:《几家商业银行资产的运用》,《金融周刊》第 3 卷第 5-6 期, 1942 年 2 月 9 日, 第 9-11 页。

[2] 该文原文载于《大公报》及《国民公报》1942 年 2 月 7 日, 此后《金融知识》第 1 卷第 3 期 (1942 年 5 月) 转载了此文, 到 1943 年又以《四川的商业银行在做些什么?》在《川康建设》第 1 卷第 1 期 (1943 年 1 月) 发表。

[3] 郑仲兵、李宇锋、康国雄:《康心如和四川美丰银行》,《中国改革》第 5 期, 2010 年 5 月, 第 110 页。

会主席或理事长，他对战时银行界的责任与技能分别提出了自己的观点："四年多抗日的战争，不只是武力战，同时更发生了政治战，尤其我们应该明了而要切实地工作的是经济战。经济战是多方面，而银行刚好站在主力的地位，一切工商业的建设与成长，物资的集中分配和交换，和银行是绝对不可分离的。银行界负有这艰巨的责任，而且要在这剧烈的战争中获得胜利，就非认清自己的责任不可。"银行界的责任主要集中在三个方面：第一，树立和加强信用，因为银行成了金融动脉，运用资金务以活泼安全为主；第二，调整机构与人事管理，虽然各银行制度有别，而共同进展目标只有一个，所以各单位相互的联络应该密切，这样就可以完成一致的行动；第三，协助工商促成建设银行的目的，一方面吸收社会游资，一方面贷款给工商业，在战争中的我国，一切工商业均逐步建设和发展。"至于技能方面，涵量极广……今细为分别，所需专门学识与技能，不可谓不多"。最主要的在于：一，业务方面，以银行学为主，但基础则是经济学、经济地理、国际政治、统制经济、国际贸易、汇兑、货币等；二，法律方面，必须的法律知识，如银行法、储蓄银行法、公司法、票据法、民法等；三，事务方面，则如商品学之知识，事务管理的知识，等等。[1]

康心如坚持"以经济控制政治，使政治为经济服务"的理念，在 1927 年改组之后，康心如即将刘湘看成统一四川的理想人物，声称"愿为刘湘筹集庞大军费、缓急相通效劳"。并为稳固刘湘财政经济出了不少力，同时也在刘湘势力的庇护下，进行了一系列经营活动（如放手买卖刘湘所发债券、从事申汇赌博、参加利济财团经营鸦片生意等），从中获得不少实利，积累了大量资金。当时工商界评论：康心如投资刘湘这一宝押得很准，成了美丰发家的一着。[2] 国民政府迁都重庆后，为了笼络重庆地方金融人士，更好地践行战时财政金融政策，作为重庆银行公会主席的康

---

［1］康心如：《战时银行界的责任与技能》，《银行界》第 1 卷第 1 期，1941 年 11 月，第 1-2 页。

［2］周本渊、朱苏：《康心如生平》，中国民主建国会重庆市委员会、重庆市工商联合会文史资料
　　工作委员会：《重庆工商人物志》，重庆：重庆出版社，1984 年，第 144-145 页。

心如还被推选为重庆临时参议会议长。 如此，康心如也得以结识国民政府的军政要员。 康心如所具有的独特的政治地位、雄厚的银行资本和高超的金融才华，不仅为四川美丰银行在抗战中进入发展的黄金时代铺平了道路，而且还带领重庆银行公会为维护同业的利益与金融业的稳定做出了重要贡献。 他还作为重庆市临时参议会议长，为战时首都重庆经济与金融的发展积极与国民政府沟通。 如1943年4月8日，康心如与李奎安作为重庆市临时参议会议长的正副议长，针对当时的限价政策新决定，向当时的国民政府军事委员会委员长兼行政院长的蒋介石直接报告，得到蒋介石的接见并加以说明后，"表示竭诚拥护政府决策，群策群力，共竟事功"[1]。

8.1.3 刘航琛的金融实践与思想

刘航琛（1896年—1975年），被称为"西南怪杰"，1896年生于四川泸县，1923年毕业于北京大学经济系。 大学毕业后，历任泸县中学校长、重庆实用商业学校校长、川康团务委员会教授兼政治部主任。 1927年经王陵基的推荐，被任命为重庆铜务局事务所所长，因扭亏为盈而名声远扬，后担任刘湘二十一军财政处长，是刘湘的聚敛能臣之一。 此后，他亦官亦商，在工商界中担任银行、工矿企业的董事长、董事、总经理等职务，做过川康殖业银行总经理与重庆电力厂总经理，还出任过四川省财政厅长以及行政院粮食部常务次长、经济部长。[2] 刘航琛的金融实践与思想主要集中在以下三个方面。

第一，发展金融为地方军阀与地方政府聚敛财富。 刘航琛的发家得益于为刘湘二十一军聚敛军费。 1926年国民革命军北伐，川军易帜，刘湘部改编为国民革命军第二十一军，刘湘任军长，

---

[1]《限价政策新决定》，《田家时事特刊》第19期，1943年4月15日，第2页。
[2]《经济名人汇志——刘航琛》，《四川经济月刊》第5卷第1期，1936年1月，第1页；宁芷邨、马绍周、李时辅：《亦官亦商的刘航琛》，中国民主建国会重庆市委员会、重庆市工商联合会文史资料工作委员会：《重庆工商人物志》，重庆：重庆出版社，1984年，第215页。

以重庆为筹集军饷的策源地。 1926—1927 年，刘湘的财政已负债800 万~900 万元之巨，非常拮据。 当时为刘湘办理财政的甘绩镛等束手无策，王陵基向刘湘举荐刘航琛，于是刘湘任命刘航琛为二十一军财政处科长，不久便升任副处长、处长。 刘航琛掌管二十一军财政大权之后，除了整顿税收，增加收入外，更主要的是加强与重庆金融界的联系，通过发展金融来为刘湘聚敛军费。1930 年秋，设立二十一军总金库，刘航琛兼任收支官，下设经理、副理，并在总金库内设基金保管委员会，聘请重庆银钱业大户康心如、张茂芹、熊崇鲁等任委员，以壮大声威。 并大量发行库券公债，从 1932 年 3 月—1933 年 10 月，二十一军发行的各种库券公债总金额竟高达 4120 万元之巨。[1]

为推销二十一军发行的各类债券，也为继续发行债券开辟道路，1932 年 4 月 20 日，刘航琛约集重庆银钱业要人杨粲三、康心之、张子黎、卢澜康、邹侠舟、康心如、周见三、吴受彤等发起设立重庆证券交易所。 经营种类主要包括各种有价证券，管理申汇等，其中经营的各种公债库券及有价证券，主要包括地方公债，以及部分产业证券等。[2] 刘航琛为了打开局面，把公债打六折、七折向银钱业推销，并提高利率。 刘航琛的川康殖业银行带头认购，并推动同他关系紧密的美丰银行、川盐银行以及钱庄认购，造成认购债券的繁荣局面，解决了刘湘庞大的军费开支。 因其善于运用金融手段敛财，被誉为"刘湘的财神爷"。

1935 年 2 月，四川省政府在重庆成立后，刘航琛担任四川省财政厅长。 为了解决财政上庞大的开支，刘航琛上任后即改组四川地方银行为四川省银行，加拨资本 80 万元，凑足资本 200 万元并兼任总经理。 刘航琛以财政厅长的身份，邀集重庆金融界商议，决定将各行庄所有地钞尽量交由"四川地方银行兑换券准备

---

[1] 宁芷邨、马绍周、李时辅：《亦官亦商的刘航琛》，中国民主建国会重庆市委员会、重庆市工商联合会文史资料工作委员会：《重庆工商人物志》，重庆：重庆出版社，1984 年，第 221-222 页。
[2] 刘志英：《近代证券市场与西部发展的关联——以重庆为例》，《重庆社会科学》2009 年第 1期，第 73 页。

库"封存，发行一种"抵解证"。重庆一地各行庄封存"地钞"700多万元，还执行了八折收缴"地钞"的任务，为平息挤兑之风奠定了基础。后来刘航琛获得财政部批准，四川省银行获得五角辅币的发行权。[1]

刘航琛在担任四川财政厅长期间，还先后发行了"二十四年四川善后公债""二十五年整理四川金融库券""二十五年四川善后公债""二十五年四川建设及换偿公债"，共计1.45余亿元，发行这样大量的公债，刘航琛除了仍采用过去办法，以各家银行钱庄作为推销债券主要对象，分别给以不同利息和按票面额六折或七折推销外[2]，1935年10月，还重新恢复了因经营申汇而被关闭的重庆证券交易所，使发行的这些地方公债得以流通市面。

第二，刘航琛积极参与重庆本地商业银行的创办与经营，为重庆金融的现代化做出贡献。刘航琛参与发起创立的第一个银行是1930年9月1日在重庆开业的川康殖业银行，该行宗旨在于调济金融，扶助川康生产事业。建立之初，刘航琛因负责地方财政关系，未能当职，仅任董事，而由卢作孚任总经理，周季悔任协理。1931年刘航琛出任总经理，并陆续在上海、汉口、宜昌、万县等设立分行，为昭示信用，刘航琛以30万元代价在打铜街首创新式银行大厦。在业务上，将主要的资金投资于实业，如电力厂、水泥厂之投资扶助，民生公司、自来水公司与马路局之贷款等，都是川康银行当时所努力推行的。特别是民生公司，为扩展业务，致力于购船造船计划，每有借款，川康银行无不尽力助之。[3]

1937年全面抗战爆发后，全国公债暴跌。重庆的金融市场也陷于风雨飘摇中，为应对危机，刘航琛提出"并行发展业务"的观

[1] 宁芷邨、马绍周、李时辅：《亦官亦商的刘航琛》，中国民主建国会重庆市委员会、重庆市工商联合会文史资料工作委员会：《重庆工商人物志》，重庆：重庆出版社，1984年，第228-289页；何兆青：《四川省银行内幕一瞥》，中国民主建国会重庆市委员会、重庆市工商业联合会：《重庆工商史料选辑》（第二辑），内部发行，1962年，第4页。

[2] 宁芷邨、马绍周、李时辅：《亦官亦商的刘航琛》，中国民主建国会重庆市委员会、重庆市工商联合会文史资料工作委员会：《重庆工商人物志》，重庆：重庆出版社，1984年，第231页。

[3] 《川康平民商业银行小史》，《四川经济季刊》第1卷第3期，1944年6月15日，第196页。

点，主张"合并求存，以渡难关，共求发展"。当时的四川商业银行因一贯在申渝两地赌多头公债，面临重重困难，不得不向刘航琛求救，而重庆平民银行要想有长足发展又力量不足。刘航琛认为，如果三行合并，拥有的资金额将超过聚兴诚、四川美丰两家银行的总和，而成为重庆最大的商业银行，可以执四川金融界牛耳。[1] 于是，在刘航琛的积极倡议之下，加之三行的董监事多是交叉兼任，很快就达成了合并协议。1937 年 9 月 21 日，正式宣告由川康银行、重庆平民银行、四川商业银行三行合并为"川康平民商业银行"。刘航琛为董事长，宁芷邨为总经理，周季悔、戴矩初为协理。[2] 合并之后的川康平民商业银行，业务逐渐推动，尤其注意汇兑经营，仍本发展川康实业之宗旨，继续对实业投资，电力厂、水泥厂仍有巨量贷借，并于五通桥投资盐场，以增加食盐生产，扶助运销，对国计民生的确有相当贡献。该行先后增设各分支行处，到 1944 年上半年，共有：成都、昆明、上海、西安、叙府、乐山、泸县、内江、资中、自流井、雅安、康定、广元、绵阳、南充、遂宁、合川、太和镇、五通桥、牛华溪、衡阳、万县、新津、成都外东、达县、广安、渠县、都邮街、沙坪坝、小龙坎、磁器口、上清寺、歌乐山、江北等分支行处 30 余处，职员 400 余人。[3]

重庆川盐银行于 1930 年 10 月由吴受彤创办，做为董事长的吴受彤与刘航琛交情很深，吴在病危时留下遗嘱说："刘航琛是个人才，办法多，各方面走得通，川盐董事长一职，非刘莫属。"[4] 1937 年 8 月吴受彤去世后，即推由刘航琛继任董事长，由于当时刘航琛还是四川省财政厅长，虽已到行视事，但公务繁忙。此

[1] 宁芷邨、周季悔等：《川康平民商业银行述略》，中国民主建国会重庆市委员会、重庆市工商联合会文史资料工作委员会：《重庆 5 家著名银行》，重庆：西南师范大学出版社，1989 年，第 102-103 页。
[2]《川康平民商业银行首脑人员决定》，《四川月报》第 11 卷第 4 期，1937 年 10 月，第 85-86 页。
[3]《川康平民商业银行小史》，《四川经济季刊》第 1 卷第 3 期，1944 年 6 月 15 日，第 197 页。
[4] 中国民主建国会重庆市委员会、重庆市工商联合会文史资料工作委员会：《重庆工商人物志》，重庆：重庆出版社，1984 年，第 241 页。

后，该行董事会特增设秘书1人，刘董事长离渝后之一切行务，即由秘书代为处理，并推定何九渊为秘书，同时推曾子唯随时到行办公。[1] 1938年春，董事会正式改选，刘航琛当选为川盐银行的董事长。至此，刘航琛以川康、川盐两行为支柱，大量投资各工商企业。在工矿企业方面：有重庆电力公司、自来水公司、四川水泥厂、大华生丝公司、川康兴业公司、华西兴业公司、益和木材公司、润记营造厂、平光机器厂、华源织造厂、西安益世印刷厂、四川绢纺厂、民生公司等。在商业方面：有中国国货公司、和沅猪鬃公司、重庆猪鬃公司、南洋烟草公司、中复公司、四川旅行社等。在金融保险方面：有重庆银行、四川美丰银行、聚兴诚银行、华康银行、大夏银行、和通银行、兴华保险公司、太平洋保险公司等。这些投资促进了重庆及西南地区经济的发展，为抗战厚植了根基。

第三，力主引进东部金融资本，开发四川经济发展。1936年5月25日，四川省财政厅长刘航琛借赴上海向财政部长孔祥熙报告四川省财政情况之机，访晤交通银行总经理唐寿民，商讨上海银行界投资四川、开发四川实业等问题。[2] 还与宋子良的中国建设银公司各银行商洽投资建设成渝铁路问题，成渝路工程垫款问题经此次与中国建设银公司商洽结果，并签订合同。[3] 8月7日至15日，为准备10月份成渝铁路开工，刘航琛与卢作孚在重庆向金融界商借现款115万元，以建设公债180万元以及成渝铁路股票100万元为担保。[4]

刘航琛以经济实力作为自己的政治资本，再以政治势力来支持经济的发展。他充任刘湘的财政干员，利用金融界和商帮的实力为军阀和地方政府聚敛财富，同时又依靠政治势力发展经济和金融。

---

[1]《川盐银行选举董事长》，《四川月报》第11卷第4期，1937年10月，第86-87页。
[2] 张守广：《卢作孚年谱长编》（上），北京：中国社会科学出版社，2014年，第596页。
[3]《刘航琛等在京接洽财政已毕》，《申报》第22659号，1936年6月1日。
[4] 张守广：《卢作孚年谱长编》（上），北京：中国社会科学出版社，2014年，第615页。

8.1.4 潘昌猷的金融实践与金融思想

潘昌猷（1901年—1981年），号文义，1901年1月10日生于
四川省仁寿县文公乡，仅读过私塾，但他勤勉好学，逐渐精于商
贾，是川军将领潘文华的二弟。 1928年重庆设市，撤销原来的
"商埠督办公署"，刘湘委派原商埠督办潘文华做了第一任市长。
于是，潘昌猷在其兄潘文华的扶植下，当上了重庆市金库主任兼
市奖券所所长，又与人合伙开设中孚钱庄，进入金融界。 从此之
后，潘昌猷先后担任重庆市民银行、重庆商业银行、四川省银行
总经理、董事长，并投资经营120余家工商企业，出任过重庆市银
行公会主席、重庆证券交易所理事长、重庆市商会主席，还当选
为重庆市参议会议员、第三届国民参政会参政员、立法委员等职
务。[1] 潘昌猷是民国时期重庆金融业和工商业头面人物之一，
其金融实践与金融思想体现在以下两方面。

首先，参与重庆市主要本地商业银行的创办，为重庆金融业
的现代化发展做出贡献。 1928年，潘昌猷的兄长潘文华成为重庆
市第一任市长。 1931年，潘文华仿照上海市和南京市的成例，由
官商合办设立重庆市民银行，潘昌猷在其兄的支持下，被推为董
事兼总经理。 虽然潘不熟悉银行业务，但是他能避己之短用人之
长，他延揽原富川银行会计主任杨学优为襄理，原大中银行会计
汪粟甫为会计主任。 潘昌猷自己也上商业补习学校，学习专业银
行知识，向同行如聚兴诚银行总经理杨粲三请教管理经验。 这对
市民银行的经营起到了助推作用。 当时市面流通的一元以下的辅
币只有铜元，一元钞票兑换二百文的铜元一百二三十枚，携带流
通不便。 潘昌猷通过其兄潘文华获得军阀刘湘的支持，取得一角
和五角钞票的发行权。 这些角票的发行取得了很大成功。[2] 潘

[1] 刘仁耀、赵世厚：《我们所知道的潘昌猷》，中国民主建国会重庆市委员会、重庆市工商联合
会文史资料工作委员会：《重庆工商人物志》，重庆：重庆出版社，1984年，第155-157页。
[2] 刘仁耀、赵世厚：《我们所知道的潘昌猷》，中国民主建国会重庆市委员会、重庆市工商联合
会文史资料工作委员会：《重庆工商人物志》，重庆：重庆出版社，1984年，第158页。

昌猷通过自己的经营，使重庆市民银行拥有了庞大的运营资金，推动了重庆市民银行的业务不断扩展，并获取了丰厚的利润。 随之而来的就是潘昌猷个人声望大增。

1934 年，由于万县市民银行发生风潮，渝万相近，潘昌猷担心因名称雷同而受到影响。 经董事会决议，召集临时股东大会讨论，决议变更章程，定名为重庆银行，经呈请财政部并四川建设厅转呈实业部，变更登记，换给执照，于 8 月 29 日，举行开幕典礼，重庆市民银行正式改组更名为重庆银行[1]，将官商合并的市民银行变为纯粹的商业银行。

1938 年 6 月，王赞绪出任四川省政府主席，任命潘昌猷为四川省银行总经理，以酬谢乃兄的支持。 潘昌猷出掌四川省银行后，以低息贷款和同业放款等方式，将省行资金大量流入重庆银行，引起王赞绪眼红。 同年 11 月下令改组四川省银行，王赞绪任命他的军需处长郭松年为董事长，并修改章程，改行董事长责任制，潘昌猷成为了一个有职无权的总经理。 直到 1939 年 9 月，王赞绪下台，由蒋介石自兼四川省政府主席，之后整理川政，1940年 6 月，由财政部投资法币 200 万元，改组四川省银行，并指定潘昌猷为董事长，他再度获得管理四川省银行的大权，一直到 1946年四川省银行总管理处迁成都后才卸任，潘昌猷掌管四川省银行先后长达八年之久。[2]

潘昌猷在经营银行业中形成了自己独特的经营特色。 第一，做到人弃我为，开办"小商贷款"。 重庆各行各业中的小商户甚多，生意做得不大，一般银行不会把他们作为放款对象。 潘昌猷则不嫌其小，创办小商贷放业务，贷给每户的数额虽不大，但投放比较普遍，整个贷放总额也很大，贷款利率稍有偏高。 对一般小商户、小手工业者来说，有款可借，可谓雪中送炭，重庆银行的

---

[1]《重庆市民银行改名重庆银行》，《四川月报》第 5 卷第 3 期，1934 年 9 月，第 45 页。

[2] 石体元、刘选琛、赵世厚：《重庆商业银行的兴起和衰落》，中国民主建国会重庆市委员会、重庆市工商联合会文史资料工作委员会：《重庆 5 家著名银行》，重庆：西南师范大学出版社，1989 年，第 178-179 页。

这类往来户，经常保持在 300 家左右。[1] 潘昌猷的做法，既能使银行获得一定利润，又能使小工商业者维持经营，对调剂供需、活跃市场起到一定作用。 第二，致力于经营西康和西藏。 1938年，潘昌猷派人到康定，成立了康定支行，次年 4 月又成立了西昌办事处。 从重庆调款去组织庆康公司、裕民石棉厂等企业。 1942年，潘昌猷还与西藏商人格桑悦西合作组织康藏贸易公司，重庆银行投资 31 万元，占股额 62%，遗憾的是此投资后来失败。[2]第三，承做粮食运销业务。 抗战期间，由于国民政府、工商企业、高校及军队与难民的西迁，大量人口涌入重庆，粮食问题亟待解决。 潘昌猷经营下的重庆银行在调剂米商资金、便利粮食运销方面发挥了很大作用。 潘昌猷利用重庆银行在各地设立的办事机构，承做米商"合票"汇兑。"合票"是运米商在各地买米时，先卖出为期十五天的一种期票，卖票所得款支付购米价款，米运到合川出售后，再买回"合票"。[3] 这样不仅帮助米商解决资金短缺问题搞活粮食运销，而且重庆银行也大有利可图。

其次，银行从业人员之抱负与修养为事业成功之始基。 1934年潘昌猷当上了重庆银行公会主席，同年，重庆市商会改选，又被选为市商会主席，他对银行从业人员的基本素养进行了思考，并结合自己创办银行与管理银行的经验，对银行从业员提出了要求。 首先是银行从业人员要有抱负，"每一银行从业员应先对银行在社会经济事业中所处之地位，具有一种深刻的认识应有，乃能确定其之抱负为何。 ……银行为现代经济界信用之调节机关。其功能在储蓄社会游散资金，投资生产事业，扶助经济繁荣。……银行从业人员既认清银行所处社会经济之重要，则其应有之

[1] 刘仁耀、赵世厚：《我们所知道的潘昌猷》，中国民主建国会重庆市委员会、重庆市工商联合会文史资料工作委员会：《重庆工商人物志》，重庆：重庆出版社，1984年，第167-168页。
[2] 石体元、刘选琛、赵世厚：《重庆商业银行的兴起和衰落》，中国民主建国会重庆市委员会、重庆市工商联合会文史资料工作委员会：《重庆 5 家著名银行》，重庆：西南师范大学出版社，1989年，第175-176页。
[3] 刘仁耀、赵世厚：《我们所知道的潘昌猷》，中国民主建国会重庆市委员会、重庆市工商业联合会文史资料工作委员会：《重庆工商人物志》，重庆：重庆出版社，1984年，第167页。

抱负，厥为发展社会经济事业，促进工商繁荣，协助国家工业化之完成。 其识见与抱负应以国家社会之繁荣与发展为前提，为其从事斯业之宗旨，勿以私利视为经营事业之惟一中心。 舍此前提，纵一时投机，有所利得，但其危害社会福利，则殊非浅鲜，而其业务一涉邪径，距离正途过远，亦足覆其母巢，并从而牵连其他经济部门，发生剧烈波动，濒于险境。 故银行从业人员之眼光与抱负，应着重于远者大者，应着重于造福人群，应使私利服从公利。 能造福社会国家者，己身福利自然亦在其中"。 其次银行人员要有修养，主要是三个方面：（一）银行从业人员应不断进修，丰富自己对经济学之智识。（二）虚心学习，由热忱之服务中以求实际经验之丰富。（三）培养高尚品格。 学识、经验与品德三者缺一不可，是成功立业之基础。"一个银行从业员必须具有远大之抱负与深厚之修养，其事业始具有成功之条件，备有此种成功之条件后，若果能以坚忍不拔之毅，刻苦耐劳之习惯，与勇迈直前之精神以临事，则事业必有成功之望也"[1]。 潘昌猷不仅是这样要求银行职员的，也是这样要求自己的。 当1945年9月，他在接受记者采访时，就以自己曾经好赌为例，谈到了银行从业人员的职业道德问题："老实告诉你以前我是一个烂赌搏，可是当我走进了银行的大门，我就再也不来了！ ……为了我是银行从业员，假若是我赌输了钱，当然钱是自己的，不过别人一定要诽议，也许金库的钥匙是拴在我的腰带上！ 而每个银行从业员的私德不检，所能影响到的是小则本身的事业，大则金融的大局！"[2]

总之，潘昌猷虽没有出过洋，仅受过传统的私塾教育，但他一生不断学习，不仅致力于重庆银行业的管理与经营，还直接投资经营一些工商厂矿企业。 其中比较著名的有自来水公司、四川水泥公司、庆华轮船公司、华陵化学公司、四川兴业银公司等共计125家公司。 其中有53家在1949年以前陆续结束，剩下的72

---

[１] 潘昌猷：《银行从业员应有之抱负与修养》，《银行通讯》第19-20期，1945年4月，第9页。
[２] 黄宇乾：《潘昌猷先生访问记》，《银行通讯》第25期，1945年9月，第22页。

家的总投资额达银元 2745136 元。 潘昌猷在这一百多个企业里，分别担任董事长、常务董事、总经理等重要职务。[1] 因此，潘昌猷不仅为重庆的金融现代化做出了贡献，还有力地推动了重庆及西部地区工商业的发展。

8.1.5　吴晋航及其金融思想

吴晋航（1887 年—1965 年），名国琛，1887 年生于四川仁寿县。 1909 年考入四川警务学堂，1916 年任重庆警察厅长，任职不到一年即离职。 后跟随军阀刘文辉，1934 年刘文辉战败后，他弃政从商，应邀为川康殖业银行总务主任，不久升为经理，但因对总经理刘航琛不满辞职。 早在川康殖业银行任职期间，吴晋航与人发起成立了和成钱庄。 凭借与军政人物的交往获得可靠金融信息，买卖申汇，向地方银行领钞，开业当年就获取了丰厚利润。1938 年，和成钱庄增资改组为和成银行，吴晋航任总经理，成为和成银行创始人。 抗战期间，吴晋航还历任四川贸易局副局长，四川桐油公司董事长，生丝公司、华懋公司总经理等职，后任四川畜产公司、民治纺织公司、新民报公司董事长等职。 1944 年 7月，出任重庆银行公会理事长，他的金融实践与思想主要体现在以下几个方面。

首先是金融机构的人才观。 吴晋航从经营钱庄起家，之后转入经营银行，因此，他对金融机构从传统如何走向现代有着深刻的体会与认识。 吴晋航对新式金融机构——银行的领导人必须具备的条件提出了要求，"合理的领导人，只须第一有相当的才力，才能善尽其责，第二要事情做得多，钱拿得少，才能使同事信服，第三要能替同事谋出路，才能使人努力前途，第四要解除同事一切的困难，才能安心职务"[2]。 也就是说，作为银行的领导者必

---

[1] 刘仁耀、赵世厚：《我们所知道的潘昌猷》，中国民主建国会重庆市委员会、重庆市工商业联合会文史资料工作委员会：《重庆工商人物志》，重庆：重庆出版社，1984 年，第 168 页。
[2] 曹国璋：《重庆市银行公会理事长——和成银行总经理吴晋航氏访问记》，《银行通讯》第 11期，1944 年 7 月，第 17 页。

须既有提高银行业务的能力，还要有解决银行经营过程中所面临各种困难的担当，吴晋航在领导和成银行期间，也始终以此标准严格要求自己并身体力行践行自己的主张，"不断与青年做朋友，勉励他们帮助他们，并将'虚心学，踏实做'作为和成银行一贯勉励同事的口号，一个团体，奖惩必须公正严明，今年本行十周年纪念时，董事会举行成绩考核，本人与工友行警两人同一等奖章，因为分工的职务虽然不同，论资则奖励并无高下"。

其次，经营和成银行，形成独特的经营之道。1944年，吴晋航在接受记者采访时，谈到和成银行的成功时总结道："办银行不一定要谋大利，最紧要的，第一要求其'稳'，第二要求其'久'，稳久之后，能在社会上树立信用，那时社会自然需要你了。"[1]和成银行在钱庄时代，侧重扶助川省进出口贸易，抗战爆发后，随着淞沪抗战的失败，特添设香港代理处，以应进出口贸易之需要。太平洋战争爆发后，香港亦陷落，后方物资缺乏，多赖自沦陷区抢购。于是，吴晋航的和成银行又在屯溪、长沙、衡阳、柳州等接近沦陷区的地方设立办事处，调剂当地金融，便利商业汇兑，抢购物资。而上海完全沦陷后，渝申汇兑一度中断，旅居后方人士亟需汇款到上海瞻家，因抗战时期交通通讯阻断和币值混乱，国民政府指定的十三家商业银行不愿开展此项业务。和成银行却承担了此项业务，获准在安徽屯溪设立转汇办事处。这个办事处靠近敌占区，虽然风险增大，但是既有利于办理瞻家汇款，又有利于资金内移。据统计从1942年到1945年，和成银行共完成瞻家汇款3万多笔。"既为自身提供了一笔可用资金，又为滞留敌占区的家属解决了困难，因而深得各界好评"[2]。此外，和成银行也投资大后方生产建设事业，主要有丝毛纺织工业、制茶炼油业、机器燃料陶瓷等工矿事业，并于边区

---

[1] 曹国璋：《重庆市银行公会理事长——和成银行总经理吴晋航氏访问记》，《银行通讯》第11期，1944年7月，第17页。

[2] 重庆金融编写组：《重庆金融》（上卷），重庆：重庆出版社，1991年，第433页。

倡办垦殖，增进农产，其他如文化事业，亦极力扶助。[1]

和成银行在川帮银行中成立时间较晚，但在吴晋航的经营下社会影响日益扩大。到1944年，资本已增至2000万元，公积金有300余万元，存款总额达到2亿元，分支机构已设24处，职工共有500余人，范围日广，基础渐固。[2]因此吴晋航被金融界誉为后起之秀。

再次，积极探讨了政府与商业银行关系。抗战时期，特别是抗战后期，由于政府种种严厉的管制，如业务的限制、区域的限制，以及存放款利息的限制等，银行业务的范围大大缩小，一般商业银行多以汇兑业务为大宗，银钱业买卖汇款亦受限制，致使商业汇兑不通过银行，汇兑业务也成衰象。[3]面对这些问题，吴晋航对抗战后期国民政府的金融管理提出批评，认为：当时金融的乱象，"并非金融界本身不健全，实是政府管制不得法"。这主要体现在，（一）游资作祟，囤积居奇，过不在银行。全国存款不过50余亿元，只能买到三四万批阴丹士林布，不及发行数1%，大量资金因政府官定利率之限制，拒于银行之外。（二）政府并未为银行找出路，政府筹措财政发行公债，自应承担。但发行的乡镇公益储蓄券之类，既不能作保证，又不能作市价，徒然搁死了资金。（三）政府对银行业并无保障，中央银行在金融危急之时，应出面救济，但近年来中央银行对任何银行之危急，均坐视不救，银行业毫无保障。（四）中央银行应有力量控制利率，何必官定？中央银行既有发行之权，应该凭信用控制利率。[4]

最后，深入思考银行公会的职责。1944年，吴晋航当选为重庆银行公会的理事长。上任之初，他就对银行公会的职责做了思

---

[1]《和成银行十年来业务概况》，《四川经济季刊》第1卷第3期，1944年6月15日，第195页。

[2]《和成银行十年来业务概况》，《四川经济季刊》第1卷第3期，1944年6月15日，第194页。

[3] 曹国璋：《重庆市银行公会理事长——和成银行总经理吴晋航氏访问记》，《银行通讯》第11期，1944年7月，第16页。

[4]《吴晋航氏痛论金融管理失策》，《金融周讯》第8期，1945年3月6日，第5-6页。

考，明确提出："一、对社会则领导同业遵行国家金融政策，协助政府执行战时与战后经济政策，并对经济上之管制办法或统制方案，随时向政府供献技术上之意见，以期推行顺利，发挥本业最大之功能。 二、对同业则彼此常常交换意见，为增进同业之公共利益，矫正错误，并研究调查及统计与本业有关之材料，以供同业参考。"[1]

总之，吴晋航带领和成从钱庄到银行，探索出了一条从传统金融业向现代金融业转型的成功之路，其经验值得总结与借鉴。

8.2 全面抗战开始后内迁重庆的金融家与金融思想

全面抗战爆发后，上海金融家作为一个整体，随着战局的变化和国家金融中心的转移，频繁来往于"上海—汉口—香港—重庆"之间。 随着战事的急剧变化，上海很快陷入敌手，这些声名赫赫的金融家们除极少数如唐寿民、傅筱庵投敌卖国外，大部分都坚持抗战。 他们有的退入租界，有的撤往香港，继续维持金融局面；有的留在沦陷区维持金融业务；有的则随着国民政府的西迁，为抗战大后方金融服务。 这些迁往大后方的金融家，如陈光甫、张嘉璈、钱新之、王志莘、虞洽卿、胡笔江、徐新六等，大部分都选择前往大后方的金融中心——重庆，他们在重庆，为西南西北金融网的构建，为大后方的经济建设，努力发挥自己的金融才干。

8.2.1 抗战时期陈光甫的金融活动与金融思想

陈光甫（1881 年—1976 年），江苏镇江人，原名陈辉祖，后改名陈辉德，字光甫。 1899 年任职于汉口海关邮政局，1904 年随

---

[1] 曹国璋：《重庆市银行公会理事长——和成银行总经理吴晋航氏访问记》，《银行通讯》第 11 期，1944 年 7 月，第 16 页。

湖北省参加圣路易博览会代表团赴美，会后留美攻读。 1909 年毕业于美国宾夕法尼亚大学，获商学士学位，是年 2 月回国。 辛亥革命后，任江苏银行监督，任职三年，陈光甫深感他从美国学到的一套商业银行经营理论，根本不适用于江苏银行这类官僚银行，于是决定自办银行。 1915 年 6 月，陈光甫创办上海商业储蓄银行，自任总经理，资本仅 10 万元（实收仅 7 万元），员工 7 人，到 1937 年全面抗战爆发前，资本已达 500 万元，较开办时增加 60 多倍，公积金 900 多万元，存款总额 1.8 亿多元，分支行处达 80 处左右，职工人数增加到 2700 多人。[1] 这时的上海商业储蓄银行已由原来的一个小银行发展为一个大型的商业银行，在全国民营商业银行中排列首位。 在近代中国金融界，陈光甫是一位极富传奇性的人物，也是最具影响力的银行家之一。 短短二十年，他便把一家小银行发展成为国内数一数二的民营大银行，创造了中国金融史上无数个"第一""之最"。 他被后人誉为"旧中国最成功的银行家"，被外国人尊称为"中国的摩根"。 1949 年，将上海商业银行转至香港，1950 年该行在港注册，1954 年设"上海商业银行总管理处"于台北，1965 年该行在台复业，任董事长，1976 年 7 月在台北逝世。[2]

抗战时期的陈光甫，除了经营上海商业储蓄银行之外，还出任国民政府军事委员会下设之贸易调整委员会主任、"中、英、美平准基金委员会"主席，战时陈光甫的金融活动与金融思想集中体现在以下几个方面。

第一，带领上海商业储蓄银行坚持抗战，为抗战服务。 1937 年抗日战争全面爆发后，上海金融市场处于一片混乱之中。 在危难时刻，陈光甫却以民族大义激励上海银行员工们："在今日抗战局面之下，亦应有抗战之精神"，"何谓抗战精神，……不外忠于职守四字。"而银行在战时的职守有三：一、"为努力保护存款人

---

[1] 中国社会科学院近代史研究所中华民国史研究室：《中华民国史资料丛稿·人物传记》（第五辑），北京：中华书局，1978 年，第 86 页。
[2] 刘继增、张葆华：《中国国民党名人录》，武汉：湖北人民出版社，1991 年，第 228 页。

558 | 现代化视野下的重庆金融 1840—1949

士及股东所付托之资金,此项资金为中华民族之血汗。"二、"为在可能范围内,应予存款人士以种种便利,继续吾人服务之主旨,不可随意留难,减少对于银行之信任。"三、"为努力疏通货物,使资金不陷于呆滞,而工商业亦得进行其最低限度之活动。"此三种职守本属平时之职守,但在战时尤为重要。号召全行同仁要做到四点:一、去除本身地位不稳固之错觉;二、了解本行真实情形;三、研究本身职务;四、处处以行为前提。"凡我同仁,如能实行以上四点,才能忠于职守,而具抗战精神,此种人物亦为本行今后复兴之中坚分子。吾人须知任何银行,必须有健全之人才方能日趋发展。所谓健全人才者有五项要素:第一为忠实可靠,第二为有进步,第三为有技能,第四为能辅助本行进展,第五为能专心一志,办理银行事务。凡我同仁,如能具有此五种要素,即为本行之健全人才,亦即为抗战环境内之战士。"[1]正是在这样的精神鼓励下,陈光甫带领上海商业储蓄银行成功渡过了上海金融风潮灾难。在七七事变之后,陈光甫将上海商业储蓄银行总管理处迁到香港,上海改为分行,同时把江浙等地一些二行处撤销,在西南内地组设新的行处,在重庆设总经理驻渝办事处。[2]不久,又将上海商业储蓄银行重庆办事处改为分行,并获得长足发展。1937 年 11 月下旬时,该处存款还只有 30 余万元,到 1938 年 2 月就已增至 150 余万元,业务亦较前繁忙。[3]

第二,积极参与国民政府的金融活动,为战时大后方金融做出重大贡献。抗日战争期间,陈光甫除了料理上海商业储蓄银行的本职业务外,还积极参与国民政府的各项活动,为抗战服务。正如他自己在回忆录中所说:"对于抗日战争,我做出了三大贡

---

[1]《二十六年十月一日陈先生与上海总分行同人谈话录》,上海商业储蓄银行:《陈光甫先生言论集》,上海:上海商业储蓄银行,1949 年,第 189-193 页。
[2] 中国社会科学院近代史研究所中华民国史研究室:《中华民国史资料丛稿·人物传记》(第五辑),北京:中华书局,1978 年;上海商业储蓄银行:《陈光甫先生言论集》,上海:上海商业储蓄银行,1949 年,第 86 页。
[3]《廿七年二月廿三日陈先生在行务会议致词摘录》,上海商业储蓄银行:《陈光甫先生言论集》,上海:上海商业储蓄银行,1949 年,第 194 页。

献：第一，我是战时'贸易调整委员会'的主任；第二，我在1939年和1940年通过谈判获得两笔美国贷款，尽管中国官员认为这些钱并不够，但我觉得这为后来的援助铺平了道路；第三，从1941年到1943年我任'平准基金委员会'主席。"[1]1937年9月，国民政府设立了贸易调整委员会，"对于全国原有或新设之国营及民营之贸易事业，如买卖、运输、堆存及贸易、金融等事项有督促调整之全权"[2]。陈光甫被任命为贸易调整委员会主任，虽然贸易调整委员会实际存在的时间并不长，但它在疏散集存货物、协助国家和民营出口创汇的工作上却发挥了很大的作用，使得原来已经迅速下跌的中国对外贸易又逐渐回升。如1938年1月至7月，经长江及华南沿岸的汉口、宜昌、沙市、重庆、万县、广州、九龙、拱北、汕头、蒙自、宁波等关出口的货物总额，与战争爆发前1937年同期相比，增长率高达60％以上。从而对维持中国经济，支持抗战起到了相当重要的作用，这些显然都离不开贸易调整委员会的调整与协助。作为战时中国统一的经济协调机构，贸易调整委员会为以后国民政府实施统制经济、有效管理贸易奠定了基础。陈光甫在此期间的工作业绩也得到人们广泛的好评。1938年春，国民政府开始实行战时经济统治政策，贸易调整委员会随即宣告撤销。

在完成贸易调整委员会任务后不久，陈光甫再度受命前往美国为艰苦的中国抗战借款。如果说此前陈光甫的身份一直是金融家的话，那么，此次美国之行又让他又多了一个身份——杰出的外交家。1938年武汉会战结束后，中日战争进入战略相持阶段，此时的中国急需外国的资金援助。为此，国民政府决定主动出击，派人前往美国争取援助。这个任务落到了陈光甫的身上。这不仅是因为陈光甫早年接受美国高等教育，有"美国"背景，另一方面也由于他金融家的身份。据担任过国民政府驻法国大使的顾维

---

[1] 郑焱、蒋慧：《陈光甫传稿》，长沙：湖南师范大学出版社，2009年，第144页。
[2] 中国第二历史档案馆：《中华民国史档案资料汇编》第五辑 第二编 财政经济（九），南京：江苏古籍出版社，1994年，第433-434页。

钧回忆，1938年7月，摩根索曾在巴黎向他表示：陈光甫是一个正直的和绝对信得过的实业家，对陈光甫本人，他完全信任，并建议中国政府派陈光甫赴美谈判贷款问题。 摩根索甚至保证，如果中国派遣陈光甫，他会指示美国财政部驻华参赞尼克尔森（M.R.Nicholson）陪同陈赴美，以便沿途照料。[1] 1938年秋，美国财政部长摩根索同中国代表陈光甫谈判贷款问题。 1939年2月8日，陈光甫以世界贸易公司董事长身份与美国进出口银行签订了借款合同，中国以桐油做抵，称为"桐油贷款"。 时任行政院长的孔祥熙曾经这样评价这笔数额不算大的贷款："这笔二千五百万美元仅是开始，将来可望有大笔贷款源源而来。 这是一笔政治性的贷款，美国已经明确地投身进来，不能打退堂鼓了。 同情我国的华府当局尚有两年任期，也可能六年。 现在我们的政治前途更加光明了。"[2]

桐油贷款达成之后，陈光甫与驻美大使胡适开始与美国各方交涉争取新贷款。 经历一番波折之后，美国于1940年3月7日正式宣布再次向中国提供2000万美元的贷款，中国以云南锡矿作抵，称"滇锡贷款"。 当时，美国国内有严重的绥靖日本的势力和倾向。 在这种不利条件下，陈光甫这个业余外交家竟能完成职业外交家未竟之事业，开美国援华之先河，不能不说是个奇迹。万事开头难，陈光甫为美国援华抗日开了一个好头。

第三，抗战时期，陈光甫带领内迁重庆的上海商业储蓄银行，为抗战大后方金融经济及教育做出贡献。 陈光甫对开发西部很有远见，早在抗战爆发之前，就派上海总行调查部经理资耀华到四川考察，特别介绍他到重庆拜访民生公司总经理卢作孚，受到卢作孚的热情接待，极力主张并欢迎上海商业储蓄银行来四川开设分行，声称四川是天府之国，有做不完的事业和生意，不是

---

[1] 张振江、任东来：《陈光甫与中美桐油、滇锡贷款》，《抗日战争研究》1997年第1期，第89-90页。

[2] ［美］迈克尔·沙勒：《美国十字军在中国：1938—1945年》，郭济祖译，北京：商务印书馆，1982年，第30-34页。

一个银行或几个银行所能包办的，银行事业大有前途。陈光甫听取资耀华的意见，决定在重庆、成都、自贡等地开设机构，为全面抗战爆发之后，总管理处迁往重庆奠定了基础。[1] 1938 年，陈光甫将上海商业储蓄银行重庆办事处改为分行，后又设立"总经理驻渝办事处"，1939 年，再在贵阳、昆明、桂林三市设立分行，由此建立了以重庆为中心的川、黔、滇、桂四省的业务网。1943 年，上海商业储蓄银行的总行迁往重庆，这既显示了陈光甫同赴国难的决心，也意味着上海商业储蓄银行在战时重心完全移往西部。

　　抗战时期的上海商业储蓄银行为了规避战火，整体业务西移。1938 年，陈光甫将上海商业储蓄银行重庆办事处改为分行，后又设立总经理驻渝办事处，由赵汉生为主任，管理西南、西北各地分支行。1944 年重庆成立总行，由陈光甫任董事长，伍克家任总经理。[2] 在渝办事处的业务对象，一方面是针对抗战时期内迁到渝的工厂，比如上海迁渝的机电工厂，另一方面是直接投资大后方的工商企业。1939 年，在贵阳、昆明、桂林三市设立分行。抗战期间，陈光甫还与一些社会著名人士合作，共同创办后方社会急需的公司企业。如 1940 年 6 月，他和章乃器合作，创办上川实业公司，设有酒精厂、手摇发电机厂、机器厂、畜牧场等。[3] 陈光甫凭借他曾经担任过贸易调整委员会主任与中、英、美平准基金委员会主席这两个职务，使战时的上海商业储蓄银行成为重庆 9 家特许经营外汇银行之一（国家银行中央、中国、交通、农民四家，外资银行汇丰、麦加利两家，民营资本银行便是上海、金城和浙江兴业三家）。战时陈光甫还大搞商业经营，大规模地囤积商品，为此成立专门从事商业经营活动的机构——大业贸易公司。在大后方区和当时称为国际通道的越南、缅甸等处广

————————————
[1] 资耀华：《我与陈光甫》，"近代中国工商经济丛书"编委会：《陈光甫与上海银行》，北京：中国文史出版社，1991 年，第 60-61 页。
[2] 蔡墨屏、潘泰封：《陈光甫的思想和企业简析》，"近代中国工商经济丛书"编委会：《陈光甫与上海银行》，北京：中国文史出版社，1991 年，第 148 页。
[3] 郑焱、蒋慧：《陈光甫传稿》，长沙：湖南师范大学出版社，2009 年，第 170 页。

设机构，最高时这种机构有 33 处，职工有 560 多人。 主要将日用品、工业品等大量运入大后方，如纱、布、砂糖、纸张、西药、颜料、五金、汽油、煤油等，特别是内地迫切需要的纱与布。 战时国统区的纱锭只有 17 万枚，但织布需用的纱，重庆一地原来就需要 18 万件，加上军需和大量内移的人口，需求量增加更多。 大业公司因此进行大量的购运，1939 年 10 月，存量最高时，纱有3000件，布达 7 万余匹。[1] 在陈光甫的领导下，战时上海商业储蓄银行虽然从商业经营和外汇经营中获得了暴利，还从通货的不断贬值中获得好处，但在客观上也为抗战后方的生产和生活提供了便利。

陈光甫一直是教育事业的积极支持者，在抗战期间，鉴于大学教授生活清苦，于是在大后方的成都、乐山、桂林、贵阳和昆明等地分行举办大学教师低息贷款。 凡经校长介绍，即可低息贷借，分期归还。 当时贷到款项的大学教师多达 3000 余人，分属成都的金陵大学、金陵女子大学、华西大学、齐鲁大学、燕京大学和四川大学，贵阳的大夏大学，桂林的广西大学，昆明的云南大学和西南联大等十多所著名学府。[2]

第四，兼办保险业务，为战时经济稳定做贡献。 上海商业储蓄银行还参与办理保险业务，大华保险公司与宝丰产物保险公司均由陈光甫在抗战前的上海发起成立。 1937 年宝丰产物保险公司内迁，在重庆设立总公司，改上海为分公司。 1940 年，设立西安、兰州分公司。 宝丰保险公司总公司在重庆设立驻渝办事处，管理大后方一批分支机构，并联合中国、太平、兴华保险公司等 9 家华商公司组织成立了"四联分保办事处"。 对战时在大后方展开保险业务，陈光甫先生说："大华、宝丰两保险公司先后参加组设之原因，由于吾国保险费之流入外国，据闻每年在 2000 万元左

[1] 吴经砚：《上海商业储蓄银行历史概述》，"近代中国工商经济丛书"编委会：《陈光甫与上海银行》，北京：中国文史出版社，1991 年，第29-31 页。
[2] 蔡墨屏、潘泰封：《陈光甫的思想和企业简析》，"近代中国工商经济丛书"编委会：《陈光甫与上海银行》，北京：中国文史出版社，1991 年，第155 页。

右，故添办保险亦为挽回利权之一种方法。且人事保险与金融集中极有关系，而火险与银行之保管业务关系尤为密切，在革命时代中最可赖以保护产业，兼之添设机关，亦可推广青年出路，近年来吾在此间终日与人接洽者只有两事，非为借款，即是荐人，以前青年皆欲做官，纷纷投入政界。结果此种行为，有弊无利，以致青年出路一日少于一日，吾人一方提倡保险事业，一方仍注意于青年职业。大华、宝丰两公司中同人约有五六十人可以安插，此五六十人得有相当职业，生活不致恐慌，亦即我行对社会之贡献也。"[1]

此外，陈光甫创办的上海商业储蓄银行还全额投资了一个附设机构——中国旅行社，除了它便利的旅游功能外，在战时还发挥了特殊的作用。旅行社下设运输部，九一八事变后，运输部接受国民政府的委托，把北京故宫的国宝迁移到战火未曾波及的西南大后方，保护了中国珍贵的文化遗产。1944年，中国旅行社在云南成立了"滇缅公路食宿管理处"，简称"滇缅处"，在滇缅公路沿线设立招待所及食堂，配合政府发展西南交通、支援抗战。

总之，抗战时期的陈光甫在为国效命的同时，也为自己赢得了蜚声国际大舞台的机遇。他已经不仅仅是一位银行家，而且是国民政府的金融决策层的一员，为抗战时期的大后方金融与经济都做出了重要贡献。

8.2.2　抗战时期钱新之的金融活动与金融思想

钱新之（1885年—1958年），名永铭，字新之，晚年号"北盐老人"，浙江吴兴人，出生于上海。钱新之幼时入塾，读四书五经，1897年进上海育才学堂（后改为南洋中学）读书，1902年入天津北洋大学学习财政经济学。1903年得官费赴日本留学，入神户高等商业学校，研习财政及银行学。1909年回国后，一度任

---

[1] 中国人民银行上海市分行金融研究所：《上海商业储蓄银行史料》，上海：上海人民出版社，1990年，第842-843页。

教于南京高等商业学校。[1] 辛亥革命后，钱新之弃教从政，被工商总长陈其美派往北京参加接收旧工商部，任会计课课长。后来与张謇结识，1917 年经过张謇推荐，任交通银行上海分行副经理，1919 年升任经理，钱新之在交行前后工作了 32 年。1920年，他还担任了上海银行公会会长。"1915 年至 1927 年间，上海银行公会是上海工商界最有实力的团体之一，它代表着一群杰出的、年轻有为的银行家的势力，并鼓吹他们的主张。这群年轻人为推动银行业的发展，进行各种财政金融改革，进行不懈的努力。总的来说的，他们是提倡经济体系和政治制度现代化的一群人。"[2]1922 年 6 月，任交通银行总行协理，积极整顿行务，对军政借款一概婉拒。同时，紧缩机构，节约开支，到 1923 年，交通银行业务好转，反亏为盈。1925 年 5 月离职交通银行，担任四行联合准备库及四行储蓄会协理。四行联合准备库和四行储蓄会是由当时被称为北四行的中南、金城、大陆、盐业银行联合设立的金融机构，其目的是互为奥援，提高竞争力，以求得更大的发展。

在钱新之主持下，四行储蓄会业绩大涨。1926 年底结算，实收各类储金 3000 多万元，1932 年底为 6000 多万元，1934 年达9000 多万元，到 1935 年底达 1 亿元，成为当时国内吸收储蓄最高的银行之一。与此相联系，四行准备库钞票发行额也大幅提高。1925 年，四行准备库发钞 1451 万元，到 1935 年已达 7228 万元，增加了将近 5 倍，它在全国重要银行钞票发行额中所占的比例也从1925 年的 7.1% 增至 1935 年的 12.3%。[3] 钱新之再次显现了他过人的业务水平。

1935 年，国民政府为达到统制经济的目的，再次增投官股并

[1] 中国社会科学院近代史研究所中华民国史研究室：《中华民国史资料丛稿·人物传记》（第七辑），北京：中华书局，1979 年，第 48 页。
[2] 上海市地方志办公室：《上海：通往世界之桥》（《上海研究论丛》第三辑），上海：上海社会科学院出版社，1989 年，第 363 页。
[3] 孔令仁、李德征：《中国近代企业的开拓者》（下），济南：山东人民出版社，1991 年，第 407页。

改组中、交两行，使之由国民政府控制，钱新之以官股常务董事进入中国银行，同时他在交通银行的常务董事也予以保留。这样，他在中、中、交、农四大官方银行中的三行获得重要职位。抗战军兴，为战时集中金融决策，国民政府决定成立中央银行、中国银行、交通银行、中国农民银行四行联合办事总处（简称"四联总处"），后来中央信托局、邮政储金汇业局和中央合作金库加入，四联总处成为四行二局一库之上的决策机构，凡战时金融设施、经济筹划等，均由其做出决策。四联总处的最高权力机构是理事会，由蒋介石任主席，孔祥熙任副主席，设常务理事3人，钱新之为其中之一。1938年，交通银行董事长胡笔江因座机被日本侵略军击落而身故，钱新之进而升为交通银行董事长。由此可见，钱新之在当时中国金融界的地位是多么显赫，对国民政府抗战经济与金融的主要贡献体现在以下几个方面。

第一，带领交通银行，内迁重庆。1937年八一三事变后，钱新之与杜月笙、潘公展、王晓籁等人发起组织"上海市各界抗敌后援会"，筹集资金支援抗战。1938年胡笔江身故后，交通银行的董事长职位就空出来了，蒋介石拟请杜月笙为交行董事长，但杜月笙认为，钱新之过去曾任交行协理，对交通银行的历史与发展情况比较熟悉，同时在交通银行的职员中，一部分还是钱新之的旧部。于是，在杜月笙的竭力推荐下，蒋介石就下令任命钱新之为交通银行董事长。[1] 于是，1938年9月下旬，钱新之即在香港履新上任。[2]

虽然由钱新之接任了董事长，但一开始他还是希望以香港作为交通银行的中心，尽管名义上总处对外机构奉命内撤，先至汉口，后迁重庆，实际上却是将从上海撤出的资金和人员大半都集中到香港。香港是交通银行实际的内部重心，只是在香港对外不挂总处招牌，信封亦不用总处名义，对分支行处一切事项及函件

---

[1]《钱新之任董事长》，交通银行总行、国家历史档案馆：《交通银行史料第一卷》（1907—1949），北京：中国金融出版社，1995年，第69页。
[2]《钱新之接任交行董事长》，《银行周报》第22卷第41期，1938年10月18日，第4页。

往来由港总处直接处理，对各机关行文则寄由渝总处加封转递。那时总处重要人员大都在港，渝总处人手不够，原则上渝总处为对外机构，董事长、总经理应常川驻渝，钱新之曾往返多次，唐寿民没有去过。[1] 尽管如此，交通银行并没有放慢内迁重庆的脚步，据统计，从 1937 年 7 月 7 日至 1939 年 7 月 20 日的两年时间里，在西南、西北地区及越南设立的分支行、办事处等共 35 处。与此同时，从华北、华东、中南地区撤退的行处共 38 处，因战事关系及业务清闲而裁撤的机构共 50 处。[2] 直到 1941 年 12 月 8 日太平洋战争爆发后，交通银行和钱新之个人在港的资财损失惨重。之后，他只好将交通银行的中心转到重庆。[3]

第二，为国民政府战时公债的发行大力宣传。1941 年 5 月，香港及华侨方面举行战时公债劝募运动，钱新之在香港积极参与其中，称"此次依照国民参政会之建议，在政府领袖倡导之下成立战时公债劝募委员会，以劝募为集债之方法展开战时公债运动，此在我国实为一空前之举动。自我政府以至全国国民对此运动之成功，应无不同具热烈之期望"。进而提出了五点认识：一、"公债为国民应尽之责任"；二、"公债亦为最佳之投资"；三、"侨胞爱国热忱素不后人"；四、"应较国内同胞倍加努力"；五、"购债更宜迅速不容犹豫"鼓励全港各界人士积极认购，"战时公债运动之成功，在国家财政军事及经济上皆属必要，为国家富盛抗战胜利之基础，而人民购债既为爱国心之表现，爱国责任之履行，并为一种优良之投资，切盼我国内外同胞一致尽最大之努力"[4]。

第三，以重庆为中心，开发西南。太平洋战爆发之后，钱新

---

[1] 交通银行总行、国家历史档案馆：《交通银行史料第一卷》（1907—1949），北京：中国金融出版社，1995 年，第 100-101 页。

[2] 交通银行总行、国家历史档案馆：《交通银行史料第一卷》（1907—1949），北京：中国金融出版社，1995 年，（前言）第 14 页。

[3] 中国社会科学院近代史研究所中华民国史组研究室：《中华民国史资料丛稿·人物传记》（第七辑），北京：中华书局，1979 年，第 51 页。

[4] 钱永铭：《对于战时公债运动应有之认识》，《香港商报》第 145 期，1941 年 5 月 13 日，第 11-12 页。

之一再表示，"开发西南，是金融界应尽的责任"。 他要求交通银行雇员经常注意各地工商实业发展情形，社会动态，竭力开拓业务，尤其要为发展后方工商业出力。[1] 交通银行在钱新之的领导下，致力于西南、西北开发。 1942 年 3 月，钱新之与杜月笙在重庆设立"中华实业信托公司"，钱新之担任常务董事，该公司主要负责从华中各地抢购物资内移。 1943 年，杜月笙在重庆筹设"通济公司"，钱新之代表交通银行进行投资，并担任常务董事。[2] 在钱新之的主持下，交通银行赞助了昆明裕滇纱厂、长江裕新纺织公司、贵州实业公司等大后方重要企业，并创立了生产中型纱厂机械设备的经纬纺织机器公司，为推动后方工业发展起了积极作用。[3] 1943 年 12 月 8 日，在钱新之的主导下，交通银行联合川康银行、新华银行、民生实业等公司，在重庆成立了太平洋产物保险公司，为大后方人民规避战争所带来的物产损失提供了便利。 据统计，到 1944 年底，交通银行的工矿交通事业两项放款为 29.8 亿余元，计占放款总额 78.9%，涉及的主要行业有：钢铁业、机器业、煤矿业、电力工业、纺织工业、面粉工业、液体燃料工业、化学工业、水泥工业等，除上述各工矿业外，其他交通事业、造纸工业、食品工业等，交通银行也分别贷款予以协助。[4]

8.2.3 战时为重庆金融做出贡献的东部金融家们

除了陈光甫、钱新之等，1937 年全面抗战爆发之后，跟随国民政府及金融机构来到重庆的金融家还有一大批，他们为抗战大后方的金融与经济的发展做出了贡献，其中有的甚至还献出了自

---

[1] 孔令仁、李德征：《中国近代企业的开拓者》（下册），济南：山东人民出版社，1991 年，第 411 页。
[2] 中国社会科学院近代史研究所中华民国史组研究室：《中华民国史资料丛稿·人物传记》（第七辑），北京：中华书局，1979 年，第 51 页。
[3] 石磊：《钱新之》，徐矛、顾关林、姜天鹰：《中国十银行家》，上海：上海人民出版社，1997 年，第 112 页。
[4] 交通银行总行、国家历史档案馆：《交通银行史料第一卷》（1907—1949），北京：中国金融出版社，1995 年，第 503-505 页。

己的生命。 下面这些仅是一些主要的典型代表。

8.2.3.1 捐躯国难的金融巨子胡笔江与徐新六

胡笔江（1881 年—1938 年），江苏江都人，谱名敏贤，字筠，号笔江。 早年在钱庄、银号当练习生和店员，初步积累了金融业的工作经验，后到交通银行工作，深得交行总理梁士诒厚爱，遂破格提拔，不久晋升总行稽核、北京分行副经理和经理。1921 年 6 月 5 日，南洋华侨黄奕住在上海创立中南银行，由黄奕住任董事长、胡笔江任总经理，经营大权全部由胡笔江掌控。 交通银行总部从北京迁到上海后，1933 年 4 月再次改组时，宋子文推荐他担任交行董事长。 抗战开始后，胡笔江带头捐钱捐物支持抗日，还到上海电台发表誓死抗战的演讲，充分体现了民族金融家的拳拳爱国之心。 作为交通银行的董事长，按照国民政府指令，将总行改为总管理处随同政府撤往汉口。 为了业务上的便利，胡笔江本人移至香港，负责指挥、调度全行业务。[1]

徐新六（1890 年—1938 年），浙江余杭人，字振飞。 早年赴英国留学，先后毕业于伯明翰大学和维多利亚大学，专攻经济学，1913 年，转赴法国入巴黎政治学院学习财政管理。 归国后任北京政府财政部官员兼北大教授，后曾任财政总长梁启超的秘书。 20 世纪 20 年代初，雄心勃勃的徐新六已改行进入金融界，1925 年起，出任浙江兴业银行总经理，1927 年底，国民政府已在南京成立，有着英法留学背景，熟悉洋务的徐新六当选为上海公共租界华人会执行委员、上海公共租界工商局华董等要职，还曾一度兼任复旦大学校长及《时事新报》《大陆报》《申报》电讯社董事长及交通银行、中国企业银行等机构的董事，一向主张抗日。[2]

胡笔江、徐新六二人皆为近代中国知名银行家。 1937 年 11 月上海沦陷后，国民政府的财政部几次从重庆或香港致函给徐新

---

[1] 李涌金、胡厚强：《爱国金融巨子胡笔江》，《上海人大月刊》2009 年第 5 期，第 53-54 页。
[2] 张家胜、王磊：《侵华日军谋杀银行家徐新六的内幕》，《文史春秋》2006 年第 9 期，第 11 页。

六，要求他与尚留在租界内的李铭等人一起维护上海金融市面。到 1938 年 8 月初，国民政府计划派出一个民间人士组成的代表团去美国争取援助，浙江兴业银行董事长兼总经理徐新六被内定为赴美国争取美援的首席代表。而时任交通银行董事长的胡笔江在香港也接到国民政府财政部的电报，邀请他到重庆商量筹款赴美国购买飞机抗日事宜。1938 年 8 月 24 日晨，徐、胡二人由香港乘中国航空公司"桂林号"民航班机飞重庆。刚飞到广东珠江口上空，突然遭到日军战斗机的密集射击，顷刻机身先后中弹多处，抵达中山县已无法飞行，只好迫降在张家边的水面上。正当胡、徐等人挣扎着从机舱爬出时，残忍至极的日机又俯冲下来，机枪猛烈扫射，胡、徐当即中弹身亡。

"桂林号"民航机遭袭和金融家胡笔江、徐新六遇难殉职，举世震惊，中、美等国领导人纷纷发表讲话，严厉谴责日军击毁民航机的罪行，上海、香港两地有关方面先后举行了一系列的追悼纪念活动。1937 年 8 月 28 日，上海市银钱业业余联谊会致上海市银行业同业公会函：为纪念两公，9 月 16 日出版的《银钱界》杂志专门刊载了追悼两位金融家的特辑，以此表达各界的哀思。上海市银行业同业公会发起胡笔江、徐新六先生追悼会，定于 9 月 21 日（星期三）下午 4 时，在八仙桥青年会开追悼大会，以志哀思。而 1938 年 8 月 25 日香港《工商晚报》新闻版不仅详细报道桂林号机长活士报被日机袭击的详细经过，而且还发表机长草具长函请美国严重抗议。[1] 9 月 4 日，追悼会隆重举行，上海、汉口和香港等地下半旗志哀。毛泽东、朱德、彭德怀送了花圈挽联，毛泽东在挽联中称胡笔江为"金融巨子"，高度评价他的人品和事业，充分肯定了胡笔江在抗日战争中，为国谋划战时经济和支持发展后方金融事业所做的杰出贡献。[2]

---

[1]《徐新六、胡笔江遇难纪念史料选辑》，《档案与史学》2003 年第 6 期，第 16-20 页。
[2] 李涌金、胡厚强：《爱国金融巨子胡笔江》，《上海人大月刊》2009 年第 5 期，第 54 页。

8.2.3.2　王志莘与内迁重庆的新华银行

王志莘（1896 年—1957 年），原名允令，上海人，金融家、教育家，中国证券市场建设的先行者。 1909 年在钱庄当学徒，不久就读于南洋公学。 1921 年考入国立东南大学附设上海商科大学，修读银行理财，同时兼任中华职业教育社编辑及会计主任。 1925 年获哥伦比亚大学银行学硕士，同年回国，执教于上海商科大学，并参与中华职业教育社，担任《生活》主编，兼教于中华职业学校。 相比于钱新之他出道较晚，直到 1926 年，王志莘才弃教投身银行界。

1928 年任江苏省农民银行总经理。 1931 年任新华信托储蓄银行总经理，并创办中国国货公司、中国国货联营公司、中国棉麻公司等企业。

王志莘主持新华银行后，从业务方针、营业规则、内部管理、人员任用方面作了较大的创新与改革。 他在草拟的"改组宣言"中提出：新华银行的使命"在以社会为对象，从事于其经济力与信仰心两者之集中，进而运用之于社会，为社会福"。 这就是说，他想把西方资本主义银行的业务经验和操作技术借鉴运用于这家改组后的银行，强调办好银行必须加强服务、改进管理和培植人才。 由于在储蓄业务上聚集资金有方，又注意服务方式，广设分支机构，重视对职工的教育和福利，动员职员购买本行股票，鼓吹"新华精神"。 新华银行在仅仅几年时间，就成为当时上海银行业中比较有朝气的一家新型银行。 到抗战前夕，存款总额比改组前增加了 7 倍，各项放款比改组前增加了 2 倍，各项投资也达到 1165 万元，被列为南方金融集团"南四行"之首。[1]

抗日战争爆发后，王志莘率领部分人员到达汉口，再辗转到重庆，先后设立了汉口、重庆、桂林、昆明等分行（随着战局演变，汉口和桂林分行先后撤销），并在重庆设立总管理处，领导后方各分行业务。 同时在上海保留总行，由副经理孙瑞璜主持，管

---

[1] 朱汉国、杨群：《中华民国史》（第九册），成都：四川人民出版社，2006 年，第 8-10 页。

理沦陷区的上海、北平、天津、厦门等地分行业务。[1] 王志莘在渝期间积极参加各种社会活动。 迁渝的生活书店，在中国共产党的秘密领导下，出版很多进步书刊，宣传进步思想，但遭到国民党的限制和扼杀，因此经济十分困难。 在王志莘的授意之下，新华银行一次贷款 10 万元协助其渡过难关。

1944 年 10 月 5 日，新华银行总经理王志莘自印转美出席国际商业会议为顾问后，经该行召开之董事会议决，在其出国期间，调该行重庆分行经理贺友梅任总管理处经理，行总经理职务。[2]

8.2.3.3　战时的张嘉璈及其金融思想

张嘉璈（1889 年—1979 年），字公权，江苏宝山（今上海市）人。 他的家族非常注重教育，张嘉璈幼时受塾师教育，13 岁随兄张君劢到上海"广方言馆"读书，习法文。 1904 年考取秀才，翌年进京入北京高等工业学堂，不久得友人帮助到日本入东京庆应大学学习财经学。 他悉心研究明治维新后日本财政、币值改革对经济发展的作用，希望回国后在财政金融上有所建树。[3]这些为他后来进入金融界奠定了基础。 1913 年，张嘉璈遇到了他人生中的贵人——时任中国银行总裁的进步党人汤觉顿。 经其推荐，弃政从商，出任中国银行上海分行副经理。 从此，张嘉璈便开始了他长达二十余年的中国银行的金融生涯。

1917 年，张嘉璈从上海来到北京，出任中国银行总行副总裁，实际主持中国银行的日常事务。 同年 5 月，张嘉璈在上海创办了中国最早的金融专业期刊——《银行周报》，积极传播、研究和总结近代银行理论知识和实践经验。 他在上海期间，与江浙财团的实力派人物如李铭（馥荪）、蒋鸿林（抑卮）、叶景葵（揆初）、陈辉德（光甫）、钱永铭（新之）等人成为至交。 为了交流

[1]　吾新民：《王志莘、孙瑞璜与上海新华银行》，《20 世纪上海文史资料文库》(5)，上海：上海书店出版社，1999 年，第 223 页。
[2]　《银行动态·新华银行》，《银行通讯》第 14 期，1944 年 10 月，第 37 页。
[3]　中国社会科学院近代史研究所中华民国史研究室：《中华民国史资料丛稿·人物传记》（第九辑），北京：中华书局，1980 年，第 53 页。

金融信息、传播先进的银行经营方式，健全新式银行制度，联络银行家的感情，他发起由各行经理参加的星五聚餐会，参加的同行越来越多，他的朋友圈子也不断扩大，后来演变成上海银行公会。在他主管中国银行时，他不断扩充商股，摆脱北京政府的控制。但是南京国民政府建立后，中国银行被迫改组，1935年12月，张嘉璈辞去中央银行总裁职务，改任国民政府铁道部长。

于是，他将主要精力放在振兴中国铁路事业上。在他担任铁道部长期间，新修铁路1500多公里。1937年9月，浙赣铁路全线通车，著名的钱塘江大桥和潼关黄河大桥也在此期间建成通车。除了修建铁路，张嘉璈还积极改善和修筑后方公路。这些铁路和公路设施，为维持抗战起了十分重要的作用。蒋介石曾赞许他"贤劳备至，匡助实多，尤以抗战以远，运事纷繁，所有路航邮电各部分之员司职工，在兄指导下，精神奋发，尽瘁奉公，且多躬赴冒险，迅赴机宜，裨助军事，良非浅鲜"[1]。

全面抗战时期，虽然张嘉璈担任交通部长，并未完全脱离金融圈子。他仍然在金融决策层里。他在1939年5月21日的日记中写道："余不问金融已久，今后财政金融，日见困难。每次遇有关于财金之会议，必被邀参加。"[2]而且修筑铁路、公路需要金融资本的支持，张嘉璈提倡中国银行界投资铁路。他还指出"同时华商银行若能参加投资，可使外国投资者有减轻风险之感，对于新投资必更踊跃"[3]。他的筑路资金来源一部分直接来自国库，大部分靠发行公债。如张嘉璈所言指出"全国铁路收入，悉数充作公债担保，旧日合同内有以关盐收入担保者，亦一并代以铁路收入，以期划一，倘铁路收入不足时，应由国家总收入中拨补充"[4]。这些公债的认购，很大程度上得益于他在金融界积累的人脉，比如向外国借款修建镇南段铁路时，张嘉璈与"法银团

[1] 李占才：《中国铁路史（1876—1949）》，汕头：汕头大学出版社，1994年，第573页。
[2] 姚崧龄：《张公权先生年谱初稿》（上册），北京：社会科学文献出版社，2014年，第218页。
[3] 张嘉璈：《中国铁道建设》，杨湘年译，重庆：商务印书馆，1945年，第50页。
[4] 张嘉璈：《中国铁道建设》，杨湘年译，重庆：商务印书馆，1945年，第215页。

代表夏第、刘符诚及中国建设银公司刘协理景山等讨论合作建筑镇南段铁路事宜"。 最终达成的借款条件后，"黄主席随即邀同财政、建设两厅厅长，及省银行行长会商，均允照办。 法银团亦表示满意"[1]。 从中看出协助张嘉璈的有中国建设银公司、省银行和法国银团。 其中中国建设银公司是由宋子文发起成立。 其宗旨为：在国内联合各个金融机构，"以便我国各银行及其他公司之合作及相互担任投资事业"。 在国外"本公司成立后不独能引起中外投资之互助与联络，且可使外人趋向于中国实业之投资，盖无论外国各银行实业家及投资家，且于本公司为扶助本国各项实业之唯一机关，均采于委托本公司为代理或代表，而谋华人为共同之投资，本公司并可为中外金融界切实联络与合作之机关"[2]。

8.2.3.4　虞洽卿与战时大后方经济

虞洽卿（1867年—1945年），浙江慈溪人，出身贫苦，早年在上海瑞康颜料行当学徒工，积累了从商的经验。 因勤快和颇具经商头脑，深得老板赏识，获得瑞康的部分股份。 工作之余，他到洋人开设的学馆学习外语。 1894年充任外资德商鲁麟洋行买办，1902年改任华俄道胜银行买办，1903年又任荷兰银行买办。 这些经历为他从事金融业积累了资本和经验。 1903年他独资开设通惠银号。 1906年赴日考察，回国后发起组织四明银行。 1920年，参与创办了中华劝业银行。 1920年7月，虞洽卿参与筹办近代我国第一家综合性交易所——上海物品证券交易所。 1921年，参与创办了中国商业信托公司和华盛信托公司。 除此之外，他还不断借助金融机构银行的贷款投身实业，1909年集资创办宁绍轮船公司。 辛亥革命期间，他大力支持孙中山的革命活动，并任外交次长等职。 1914年独创三北公司，投资航运业。 1923年当选为上海总商会会长。 1927年，南京国民政府建立后，虞洽卿与之

---

[1] 姚崧龄：《张公权先生年谱初稿》（上册），北京：社会科学文献出版社，2014年，第189页。
[2] 《组建中国建设银公司史料选》，《档案与史学》1998年第6期，第19页。

谋求良好关系。 1936 年在虞洽卿寿辰时，上海公共租界内把西藏路改名为虞洽卿路。 1937 年七七事变揭开了全民族抗战序幕，他的三北公司积极支持政府抗战，有些船只被政府征用，用以阻塞水道，虞洽卿本人也参与到抗日活动中。 他担任上海救济委员会监察委员，集资募捐，支援抗战。 淞沪会战后，他发起成立了上海难民救济协会，自任会长，救济难民。 上海沦为孤岛后，他与意大利商人泰米那齐合伙组织了中意轮船公司，意在免受日本航运限制。 该公司到西贡、仰光等地运米，按照市价七折出售，差额由募捐款补足。 这样既有暴利可图，又可以部分缓解租界内难民拥挤而缺粮的危机。 值得一提的是，南京国民政府发出民族工业内迁的号召后，虞洽卿利用三北航运集团船只协助民族工业抢运机器设备和人员到大后方。

1941 年他拒绝在日伪政权任职，离开上海，转道香港赴重庆，在香港期间看到香港的卡车比较便宜，他也料定大后方必定急需此物，便断然决定向华伦银行贷借五万英镑，买下了一批福特牌卡车。 他亲自押运着这批卡车，绕道越南的海防、河内，经缅甸的仰光、沿着滇缅公路驶抵昆明，一路辗转，始达重庆。 在渝期间，由于日军封锁，大后方的物资难以运出，外地物资难以运入，运费暴涨，大后方军需物资尤其匮乏。 见此情形，他与王晓籁等组织了三民运输公司，虞、王利用二人在各处的关系，运来大宗的布匹、粮食等日用百货，既缓解了后方的物资匮乏，也狠赚了一笔钱。[1] 后来，他又与云南财阀缪云台筹备了三北运输公司，主要通过滇缅公路运输物资。

除此之外，抗日战争时期，对大后方金融业的管理做出贡献的还有孔祥熙及宋子文。 虽然他们不是单纯的银行家、金融家，但他们与战时的金融业有着重要的联系，甚至在某些金融政策的制定与执行中起着决定性的作用。 特别是战时的孔祥熙，任国民政府行政院副院长（1938 年至 1939 年为行政院长），并兼任财政部

---

[1] 刘夏：《超级大亨虞洽卿》，北京：中国城市出版社，2011 年，第 303-304 页。

长、中央银行总裁和四联总处副主席等职。这一时期，孔祥熙作为国民政府主管财政金融的首脑、金融银行界的领袖人物之一，厉行《抗战建国纲领》中关于强化金融监管、统制银行业务、调剂市场金融等重要金融政策。为了适应抗战建国的需要，扩充西南、西北金融网，推行设立省、县银行，调剂地方金融，协助政府抢购物资，贡献颇多。主张严加监管商业银行，对国民政府的金融稳定乃至经济发展都有着积极的影响。其中，尤其是孔祥熙完善中央银行职能、划分银行业务、健全金融机构、强化银行监管、融通社会资金等金融方面的思想和实践，为现代银行制度在中国的确立奠定了基础。在孔祥熙的影响下，中国的银行业渐趋规范，金融业逐步稳定，从而带动了生产的发展和经济的恢复。其间，在恶劣的国内外环境下，在惨烈的抗日战争中，银行金融不仅没有崩溃破产（当然，这与全国人民的支持和国际社会的积极援助分不开），反而在其 1944 年 11 月辞去财政部长时，国库存有美金外汇 9 亿余元，黄金 600 余万两，共计美元 12 亿元的财产，这其中的经验值得深思。[1] 宋子文与孔祥熙一样，也参与了某些金融政策的制定，抗战时期的宋子文，尽管没有孔祥熙与国民政府金融业联系得那么紧密，但是他是中国银行的董事长。1939年 9 月 8 日被国民政府特派为四联总处常务理事。10 月 2 日，在重庆范庄参加四联总处理事会第一次会议，被会议确定为四联总处战时经济委员会委员和战时金融委员会委员。[2] 正是凭着这样的身份和他在金融业中的广泛联系与影响，宋子文对战时国民政府金融制度的规划与实施，对战时大后方金融业和金融界的影响和作用还是相当大的。

---

[1] 张乃中：《孔祥熙银行思想研究》，《山西财政税务专科学校学报》2006 年第 4 期，第 22-25 页。
[2] 吴景平：《宋子文政治生涯编年》，福州：福建人民出版社，1998 年，第 339 页。

8.3　近代以来重庆现代化金融业的人才培养

金融的元素是金融资本，但更重要的元素是人力资本，是高素质的专业人才，近代中国金融现代化的实现需要集中一大批学历最高、素质最好的金融专业人才。然而，自近代以来，西部地区不仅经济金融事业非常落后，金融人才的选拔培养也很落后，如学徒制曾长期是主要的途径，致使金融人才奇缺。1937年全面抗战爆发后，随着国民政府的西迁，中国金融中心迅速从上海转向重庆，带动了西部地区经济金融业的快速发展。对抗战时期中国金融现代化进程起到推进作用的，除了大的社会环境，整个工商业、社会、政府的政策等，金融家与金融人才同样起着十分重要的作用。抗战时期，在西南西北大后方，如此众多的金融机构的建立，除了需要金融家、银行家外，还需要大量了解熟悉现代金融业务的金融人才。而这些金融人才，有的是从东部发达地区内迁转移到大后方，有的是从大后方各类学校中培养的，有的则是大后方金融机构自己培养的，他们为战时中国抗战大后方的金融现代化做出了贡献。

金融体系的效率与竞争力取决于优秀人才，现代化的金融体系离不开现代化的教育制度与人才制度。鉴于人才对金融现代化发展的重要性，对近代中国的金融机构来说，发展所面临的最大困难与挑战就是吸引人才、激励人才、挽留人才。纵观近代重庆的金融发展，重庆金融机构，无论是传统的金融机构——钱庄、银号，还是新式的金融机构——银行、证券与保险公司，都十分重视对人才的选拔与培养。通常采用的方式，既有学徒制、客卿礼聘制、内部调剂等传统人才选拔方式，也有通过开办学校等新式选拔人才的方式。本节将对此展开论述。

8.3.1 全面抗战爆发前以传统模式为主的重庆金融人才培养

学徒制与客卿礼遇制是重庆金融机构选拔与培养人才最为普遍的方式，在近代重庆的金融发展中，这种培养人才的方式并不仅仅局限于票号、银号、钱庄、典当等传统金融机构中，新兴的新式金融机构银行等，在最初的时间中也大量借鉴和采用这种方式。在此，我们以聚兴诚银行为例，通过新式银行借鉴学徒制与客卿礼遇制等传统金融人才的选拔与培养的运用情况，来展示近代西部地区金融现代化过程中，传统与现代的交织与融合。

8.3.1.1 传统选拔人才的方式

学徒制是传统金融机构培养人才的主要方式。在重庆的典当业中，内部人员主要由经理（主管资金的筹划、业务的开展、账簿的检查、职员的任免等）、拿秤（主管每日当进与赎当的银钱收付）、理包（在营业终了时，根据当天当进货物的质单即当票号数，清点入库，或装上衣架，标以号码，以便赎取）、坐柜（又名朝奉，专司对外营业，如看当物，议当价等）、学徒构成。学徒，又名小官，是当铺中最低级的职务，专司取递货物和办理一切杂务。学徒见习三年以后，视其工作能力与是否勤奋来决定以后的职务，有的可以充任理包或坐柜。[1]

从聚兴诚银行的发展来看，1915 年—1923 年最初这九年的创建中，基本上是以旧商号的学徒制度为基础，选用了大批的学徒，学徒制具体内容主要涉及学徒来源与入行程序、培训、待遇等方面。

（1）学徒的来源与入行程序。初期有一部分学徒由旧商号转入，一部分来自杨氏家族，杨文光创办的依仁学校里，专门开办了一个商业班，一年毕业，对杨氏亲友子弟加以训练，毕业后经过甄别吸收了一批人如杨乃庆、卢澜康、尹叔陶等入行为学徒。

---

[1] 四川省地方志编纂委员会：《四川省志·金融志》，成都：四川辞书出版社，1996 年，第 50-51 页。

1917 年起改为不公开招考，曾通知省立甲种商业学校和几个中学的应届毕业生应考，张茂芹、李其猷等就是这年入行的。 1918 年才公开招考，考试科目有国文、数学、珠算、常识，后又增加英文，笔试之后还要由杨粲三亲自主持口试，盘问考生的家庭、保人等情况，观察考生的仪容、举止、言谈。 1923 年后规定考生文化程度必须高中毕业，除在重庆招考外，各行处也就地招考。 学徒入行的第一件事是找保人，由保人写具保证书，内容是"×××入行当学徒，遵守行规，拜×××为老师，如遇天灾人祸，风寒暑湿，听天安命，与行无涉；如有长支动用，由保人负责"。 当时行员要找个殷实保人极为困难。 学徒入行后的第二件事是拜师，1915 年—1923 年所有学徒都曾拜杨粲三为师，一律要磕头，礼仪极为隆重。 学徒入行的第三件事是填写《学生规约》十二条，表示遵守行规，不得贪污，戒嫖戒赌等。[1]

（2）对学徒的训练。 学徒期为三年，在此期间要接受业务和精神两方面的训练，早期均由杨粲三亲自主持。 第一年做些勤务杂活。 包括学打算盘，学鉴定银锭成色和银元真伪以及秤重、清数等，学翻电码。 第二年出外办收交，送银子，下河提货，收发电文，管理伙食等。 第三年缮写文书，翻译电报，装卸货物，协助存放、汇兑、会计、出纳、庶务等部门工作，管理来往信电等。杨粲三称这种训练为"大小并重，内外精通"，其目的就是要把学徒训练成熟悉银行业务的"全挂子"。

精神训练则主要是由杨粲三及其代理人通过大小会及个别谈话的方式，向学徒宣传杨粲三的思想和主义。 他常常向学徒讲解聚行执行的"便利社会，服务人群"的八字方针，他不厌其烦地对学徒说：聚行不是杨家一族的私产，而是一个社会需要的经济事务团体，凡是这个团体内的人必须牢记"聚兴诚"三字，承认自己是聚兴诚的一分子，为聚兴诚效力也即是为社会人群服务。 这些

---

[1] 中国民主建国会重庆市委员会、重庆市工商业联合会文史资料工作委员会：《聚兴诚银行》，重庆：西南师范大学出版社，1988 年，第 155-156 页。

话，增强了学徒对聚行的凝聚力和对他本人的敬重。[1]

（3）学徒的待遇。 学徒除供伙食外，没有工资，只发浆洗费，初期的十一年中，第一年每月一元，二年二元，三年三元，故这批学徒自称"幺二三朋友"或"幺二三帮"。 杨粲三认为学徒和行员待遇高了便会骄奢淫逸，所以在待遇上不高。 学徒未满师即担任正式职务者，其学徒身份不变，除浆洗费外，只另给津贴八元、十二元不等。 1927 年宜昌工潮事件后，浆洗费改为月费，每月十二元（算作薪金，决算时可分享普通酬劳金），1933 年改为二十四元，1940 年改为三十元。 通货贬值期中，正式行员按底薪加发津贴，学徒（见习生）却不能支领薪金加倍数，生活补助费只能按行员标准七折发给。 总之，学徒在转为正式行员之前，待遇是低的。 至于学徒的工作时间在聚行早期也较长，请假受到严格控制，去留则全凭资方决定，缺乏公开的制度上的保证。[2]

客卿礼聘制。 如果说，学徒制是聚兴诚银行对一般人才的培养方式，那么对于高级人才的延揽，则采用了客卿礼聘制。 聚兴诚银行作为家族企业，杨氏家族及姻亲在经营管理层中占了很大的比重。 此外还有"客卿"，客卿则是聚行的智囊团，一般用重金礼聘为高级行员，其中有不少高级军政要员。 如延聘了一些有名望的卸任官吏如曾任北京政府国会议员的黄墨涵，曾任直隶省代省长的任望南，曾任四川省财政厅长的龚农瞻、董庆白，担任过旧军政高级职务的李维城、李世璋、高新亚、宫廷璋等，分别担任聚行总经理、协理、秘书长、经济研究室主任以及顾问、专员等职务。 杨粲三素以"不卷入政治"相标榜，延用这些客卿，不仅是为了应付不同时期复杂的社会环境，处理聚行与军政当局关系的需要，而且也有助于抬高聚行的社会地位，为聚行献计。[3] 客

[1] 中国民主建国会重庆市委员会、重庆市工商业联合会文史资料工作委员会：《聚兴诚银行》，重庆：西南师范大学出版社，1988 年，第 157 页。
[2] 中国民主建国会重庆市委员会、重庆市工商业联合会文史资料工作委员会：《聚兴诚银行》，重庆：西南师范大学出版社，1988 年，第 158 页。
[3] 四川省政协文史资料委员会：《四川文史资料集粹》第三卷 经济工商编，成都：四川人民出版社，1966 年，第 786-787 页。

卿里面还包括一部分洋商和旧商号的大掌柜，便于充分利用他们的社会地位和社会关系拓展业务。

内部调剂制。 近代中国的其他金融机构如保险、证券等，与银行有着千丝万缕的联系，且其创办者很多都是由银行家直接创办的，因此不少非银行类金融机构的人才，往往就是通过银行内部调剂来实现的。 如 20 世纪 30 年代，在中国出现的主要证券交易所就与银行有着密切的关联，1932 年 4 月建立的重庆证券交易所，就是由刘航琛提议，由重庆银行公会主席康心如召集，并推银行公会会员 7 名银行经理人加入发起组织。[1] 第一届理事长为聚兴诚银行总经理杨粲三，常务理事均为重庆金融界的头面人物。 川康银行协理康心之、平民银行经理张子黎、重庆钱业公会主席安定、钱庄经理卢澜康及一般股东中的邹侠舟。 其余理、监事人选则有美丰银行的康心如、周见三，川盐银行的吴受彤，川康银行的刘航琛等。[2] 1935 年的第二届理监事多半是连选连任，仅理事长改选为重庆银行的潘昌猷，常务理事只保留 2 任，由康心之、卢澜康连任，另聘谦泰钱庄经理熊崇鲁为经理。 监察官由督办公署指派佘子立担任。[3] 仍然是由银钱业掌控。 全面抗战爆发后，此种内部调剂的方式，依然是解决非银行类金融机构人才问题的重要办法。 战时以重庆为中心的大后方保险业迅速发展起来，到 1945 年年底，西南、西北各省及湖南、湖北等地，共有 59 家公司约 200 个营业机构。 然而，这些保险机构的专业人员缺乏，很多机构都是依存银行而展开业务，如中国保险公司虽业务能量很大，但专业人员不多，其业务主要依靠中国银行在各地的分支机构派员或公司派驻人员具体办理保险业务。 1943 年 12 月 8 日，在重庆成立的太平洋保险公司，是以交通银行投资为主兴

---

[1]《重庆市银行业同业公会执行委员会第四次会议记录》，1931 年 11 月 26 日，重庆市银行商业同业公会未刊档案 0086-1-117，重庆市档案馆藏。

[2] 卢澜康：《重庆证券交易所的兴亡》，全国政协文史资料委员会：《文史资料选辑》第 149 辑，北京：中国文史出版社，2002 年，第 77 页。

[3] 卢澜康：《只有六年寿命的重庆证券交易所》，中国民主建国会重庆市委员会、重庆市工商业联合会：《重庆工商史料选辑》（第三辑），内部发行，1982 年，第 89 页。

建的，资本额为 1000 万元，交通银行投资 45%，川康、金城、新华、大陆等银行和民生、中华实业、华侨企业等公司共投资55%。 领导成员大部分由交通银行派员担任，王正廷任董事长，钱新之兼总理，王伯衡、浦心雅任协理。 并在成都、万县、自贡、泸州、内江、宜宾、乐山、合川等地的交通银行内设立分公司。 经理一般由交通银行经理兼任，另由公司派员协助。

8.3.1.2 新式选拔人才的方式

在重庆，新式金融机构可能采取传统的选拔人才的方式，而旧式的钱庄票号也有可能接受新的选拔人才的形式。 据记载，重庆钱庄对人才的选拔也采用了新式的学校培养方式，如 1935 年初，重庆市政府为救济本市失业民众特拟定《商业团体设立民众夜课学校计划书》，并召集各公会及工厂负责人在教育处开会，商讨进行事宜。 决定由各公会及重庆市钱业公会原在陕西街办有夜课学校 1 所，招收各钱庄学生职员肄业，现为扩大范围起见，将另办 1 所钱帮商业学校，凡属钱业界之亲属子弟，均可入校读书，以资造就钱业人才，并将建筑新校舍 1 所，一俟组织就绪，即开始招生。[1] 而重庆钱业公会为了改进钱业，增强竞争力，在公会内设商业班，授以会计簿记、实践常识等课，以造人才。[2]

而新式金融机构采用招考的方式选拔人才，则是最普遍的方式。 如四川美丰银行，从 1922 年创立以来，就对人才的选拔十分重视，实行一年一度的练习生考试，每年都是按期举行。 康心如本着自己用的人应该由自己训练的原则，每一届练习生入行口试都是亲自来主持，同时在每一届练习生的训练班上，无论他是怎样忙碌，总要抽出时间来按时上课。 到 1943 年 8 月，四川美丰银行全行有 400 多职员，差不多 90% 是从练习生训练班出身的。[3]另据康心如的回忆，四川美丰银行的职员由创业阶段的 20～30 人

---

[1]《重庆市府令各工会设民众夜校》及《重庆钱业公会筹办商业学校》，《四川月报》第 6 卷第 3 期，1935 年 3 月，第 196 页。

[2] 全国经济委员会：《四川考察报告书》，上海：太平洋印刷公司，1935 年，第 166 页。

[3] 培根：《康心如与四川美丰银行》，《川康建设》第 1 卷 2-3 期，1943 年 8 月，第 101 页。

发展到极盛时期已近500人。职员的来源，1931年以前是由各方荐用；1931年以后，一部分是延揽的较成熟的金融业务人才，一部分是招收的大专学校的学生，但主要是以招收练习生作为基层骨干。四川美丰从1931年至1948年共招收练习生27届，总计737人，在行员中所占比例很大。[1] 再如，1934年四川地方银行建立后，也采用了考试的方式招考员生，选拔人才。为此，专门成立了考试委员会，并登报公告，于当年4月23日，招考行员，5月6日，招考练习生，不分性别，均可应试。当时应考人数，计男性401名，女性45名，合计446名，初试结果，行员及格者，共36名，练习生及格者，共100名。复于5月4日及19日分别举行复试，考试结果，录取行员8名，试用员8名，练习生20名，二年级待遇练习生8名及预备生30名，总共录取74名。这种方式，在1935年四川地方银行改组为四川省银行之后，继续采用。从1935年11月到1937年全面抗战爆发前，举行了第一届员生考试。这届考试，只招收男性练习生，由协理康心之充任考试委员长，于1936年4月19日，在蓉渝两地分别举行初试，4月25日，举行复试，考试结果，重庆方面，初试及格者11名，复试及格者8名。成都方面，初试及格者4名，复试及格者3名，两地总共录取11名。[2]

银行创办学校培养金融人才。杨文光在筹备聚兴诚银行的时候，就认识到人才的重要性。1914年，杨文光仿效上海澄衷中学先例，创办一所杨氏依仁学校，拨出蹇家桥（现重庆市中区五四路）住宅旁的一幢西式楼房为校舍，并特别开办商业班，专门为聚兴诚银行培训干部。[3]

在重庆新式银行创办的过程中，传统与现代的选拔方式常常交织进行。聚兴诚银行最初以传统学徒制为主，辅以新式人才培

[1] 康心如：《回顾四川美丰银行》，中国民主建国会重庆市委员会、重庆市工商联合会文史资料工作委员会：《重庆5家著名银行》，重庆：西南师范大学出版社，1989年，第78页。
[2]《本行之过去与现在》，《四川省银行行务月报》第1卷1期，1940年5月，第41-42页。
[3] 王宪之等：《聚兴诚银行创办人杨文光的一生》，中国民主建国会重庆市委员会、重庆市工商联合会文史资料工作委员会：《重庆工商人物志》，重庆：重庆出版社，1984年，第68页。

养方式，而四川美丰银行、四川省地方银行及改组后的四川省银行则以新式人才培养方式为主，辅以传统人才培养模式。而1931年1月成立的重庆市民银行，首任总经理潘昌猷虽曾与人合伙开办过中孚钱庄，但与重庆金融界并没有什么深厚的关系，也没有专门的银行业务知识。于是他物色的人员是银行与钱庄的人才兼有，原大中银行会计汪粟甫为襄理，曾任聚兴诚银行会计的牟陶菴为会计主任，和济钱庄副经理连式之为营业主任。至于一般办事人员，除接收早些时候与人合办的中孚钱庄的一部分人外，另外招收了10余名初中学生为练习生。同时，他还开办了一个商业夜课学校，自兼校长。他办这个学校有两个目的：一是为市民银行培训一批班底，后来任重庆分行经理的赵世厚、昆明分行经理的王天元等人都是这个学校的学生。另一个目的便是他自己也以到校监学为名，借机听课，学得一些银行管理知识。[1]

虽然在近代重庆金融人才的培养中，传统与现代的培养方式常常交织在一起，但在全面抗战爆发前，仍然是以传统的培养方式为主，同时也不断吸收和借鉴新式金融人才的培养方式，使西部重庆的金融人才与金融机构不断走向现代化。

8.3.2 全面抗战开始后以现代化培养模式为主的重庆金融人才培养

近代中国金融人才的现代化培养模式，主要产生于最早对外开放的东部沿海地区。由于中国的金融中心在上海，中国的金融业也主要集中在以上海为核心的东中部沿海沿江的主要城市。而这些城市中的金融人才的主要来源不外乎三个方面：留学国外的金融专业性人才，国内高等院校培养的经济、金融类人才与各类金融机构自身培养的专业人才。

抗战时期，随着中国金融中心从上海转移到重庆，国民政府

---

[1] 石体元、刘选琛、赵世厚：《重庆商业银行的兴起与衰落》，中国民主建国会重庆市委员会、重庆市工商联合会文史资料工作委员会：《重庆5家著名银行》，重庆：西南师范大学出版社，1989年，第159-160页。

提出以重庆为中心重构西南西北金融网。于是，在大后方，逐渐形成了以国家银行为主体，地方银行与商业银行为补充的银行网，同时保险、信托等金融机构也从东部向西部转移，以重庆为中心在大后方各省建立起来，各类金融分支机构的建立和发展，都急需大量的金融人才。为了限制金融人才的恶性竞争，四联总处曾规定了中、中、交、农四行之间不能以提高待遇的方式挖取人才。1939 年重庆银行公会，根据中、中、交、农四行总处来函，决定本会各会员银行一律采取各行用人相互维系之办法：（一）请中、中、交、农四行将限制办法扩大，适用于一般商业银行；（二）凡在甲会员行辞职之行员如因待遇关系乙会员行应以避免任用为原则；（三）会员银行得向公会报告已辞职之行员姓名，公会即据以转知其他各会员行一体知照。[1] 即便如此，国民政府与金融企业是如何解决战时大后方急需金融人才的呢？本节将对此展开研究。

8.3.2.1　金融人才的内迁

抗战爆发后，国家银行从东中部迅速搬迁到广大西部地区，并且在西部各重要城市先后成立大大小小几百家分支行处。在国家银行的带动下，商业银行和东部少数省地方银行也开始了内迁，随着东部地区银行业的内迁，银行人员也随之内迁到西部各省重要城市，协助西部各地分支机构的创立和业务的发展。

内迁银行中无论是国家银行还是商业银行，在内迁的初期，主要通过将东部人才调往西部筹办机构，以解燃眉之急。为完成筹建金融网计划，中国银行发挥其人才多的优势，把原在沿海城市分行负责人员大批调到大后方筹设分支行处。1938 年 8 月，中国银行总处通知沪驻港处：嘱令在云南、广西两省筹设支行。派原上海分行襄理兼虹口办事处主任王振芳等筹建昆明支行，派原济南支行经理陈隽人筹建桂林支行。经过数月筹备，1938 年 11

---

[1]《重庆市银行商业同业公会执行委员会第二次会议纪录》，1939 年 12 月 13 日，重庆市银行商业同业公会未刊档案 0086-1-120，重庆市档案馆藏。

月 1 日昆明支行开业，1939 年 1 月 26 日桂林支行开业。 1938 年
12 月 25 日成立贵阳支行，调派石家庄支行经理赵宗溥任经理。
1939 年 12 月 27 日筹建甘肃天水分行，调派天津分行副经理束士
方任经理。 天水分行于 1940 年 10 月 21 日正式开业，1942 年 1 月
1 日移设西安，与西安支行合并，改称西安分行。[1]

　　中国农民银行在 1938 年初筹建昆明分行时，租赁鼎新街四层
大楼从事筹备开业事宜，定于 5 月 1 日正式开幕，而经理一职为前
中国农民银行广东分行的副经理徐元堃调任。[2]

　　中国通商银行在重庆分行成立时，关于该行人员内调问题，
曾派骆清华前往筹设，此后沈景时等人内调支援，使该分行顺利
成立。 此外，1943 年初，该行兰州支行开业时，因业务增多，遂
感人手不足，适逢上海分行三名行员内调，遂被派往该支行
服务。[3]

　　当 1941 年 12 月 8 日太平洋战争爆发之后，国民政府开始加大
了西北金融网的建设。 1942 年 9 月 3 日，四联总处第 240 次理事
会议通过"扩展西北金融网筹设原则"，此为专对西北金融建设而
拟定的第一个方案，规定：以兰州为建设西北的出发点，依经济
军事交通等需要，四行在陕西、甘肃、宁夏、青海及新疆五省境内
增设行处。 各行局新设行处或作其他布置而需增添人员时，应就
滇浙赣闽等各省撤退行处人员尽先调用。[4] 1943 年 3 月 1 日，
四联总处就国家行局增设西北机构致六行局函中明确规定，"各行
局新设机构应尽先调用各地因战事撤退行处人员"[5]。

8.3.2.2　通过招考选拔金融人才

　　抗战大后方的金融机构，无论是国家行局还是商业银行、保

---

［1］中国银行行史编辑委员会：《中国银行行史（1912—1949）》，北京：中国金融出版社，1995
　　　年，第 418-420 页。
［2］《各地金融市况（二）·昆明》，《金融周报》第 5 卷第 16 期，1938 年 4 月 20 日，第 9 页。
［3］陈礼茂：《抗战时期中国通商银行的内迁和战后的复员》，《上海商学院学报》2011 年第 1
　　　期，第 70 页。
［4］李京生：《论西北金融网之建立》，《经济建设季刊》第 2 卷第 4 期，1944 年 4 月，第 154 页。
［5］重庆市档案馆、重庆市人民银行金融研究所：《四联总处史料》（上），北京：档案出版社，
　　　1993 年，第 204 页。

险机构等，还是大后方本地的金融机构，要发展首先面临的一个问题便是人才的招募。如果不能吸引招募大量人才，金融机构的发展便是无源之水、无本之木。因此，大后方各类金融机构银行对如何招募人更是各显神通，从下面选取的部分事例就能略见一斑。

国家银行在向西南西北大后方迁移的过程中，银行人才也十分紧缺。1939年12月12日，四联总处第12次理事会中，中、中、交、农四行分别陈述了在筹设西南西北金融网建设计划中所遭遇的困难，主要是四个方面："交通不便""人员缺乏""房屋难觅""治安问题"。其中特别将人才的缺乏列入影响四行在大后方筹设分支行，构建金融网的四大原因之一："人员确乏，通晓后方各地金融经济情形，并能耐劳忍苦者殊不易见"。同时，还陈述了为解决人才缺乏的困难，各国家银行分别采取训练办法，注重新人才之补充，如中央银行已开办学员训练班，考取受训者达140余人。交通银行曾举办撤退行处员生训练班，农民银行亦正计划招考学生，分批训练。[1] 中国银行在推进地方金融事业中，因内地人民智识较旧，近代化之银行尚未能充分发挥其功能。于是采取因势利导，并联络当地银钱业协力推进。四联总处理事会认为，中央、交通、中国农民三总行所采之训练班法，仅仅解决的是中下级人员缺乏的困难，对各分支行处主持人员则提出了更高的要求："惟应注意者，即各分支行处主持人员，担当一行一处之全责，其能力是否胜任，办事是否认真，能否公忠体国，领导属员，坚贞勇毅，负荷艰巨，尤属重要。明责任，辨是非，重能力，定赏罚，乃奖植贤才，鼓励精神，提高效率，推进事业之重要因素。究应如何计划努力，俾事得其人，人尽其力，如臂使手，运用灵便之处，应请四行继续切实研究者。"[2]

---

[1] 中国第二历史档案馆：《四联总处会议录》（一），桂林：广西师范大学出版社，2003年，第242页。

[2] 重庆市档案馆、重庆市人民银行金融研究所：《四联总处史料》（上），北京：档案出版社，1993年，第187-189页。

抗战时期内迁大后方的金城银行，在录用人员时总是倾向身家清白、品行良好者，这种要求在战时显得异常重要，故而金城银行明令规定"有不良嗜好者、身体畸形残废或有痼疾不堪服务者、曾有犯法行为被通缉者、褫夺公权者"[1]不得雇佣。对办事员、试用办事员、助员、练习生等基层的员工，金城银行基本沿袭战前的规定以招考试用为原则，并且各行处任用员生均须先到重庆报到，受相当时间的训练，再派往各行处服务。据金城档案记载，1941 年自流井办事处因人手颇感不敷，就地招考练习生数名以资补充，报名投考者经笔试国文、英文、商业、常识、数学、会计学五种及面试后，评判成绩录取，然后到行试习，试用期六个月。[2]

抗战时期，随着重庆金融业的发展，金融人才十分紧缺，各金融机构除了多方采取办法培养人才，还出现了金融机构之间的人才争夺战。如 1941 年刚建立起来的重庆本地商业银行——建国银行，为了更好地发展业务，不惜一切代价笼络人才。1943 年 6 月，建国银行聘任了中国农民银行化龙桥行经理赵秀岩为该行协理，当 6 月 21 日赵秀岩到职建国银行之后，中国农民银行不能不派出副理戴仁继任赵的职务，将其遗缺补上。[3]

为了充实银行业务，战时不少银行都自主招考练习生并进行培训。如战前就开始以招考方式选拔人才的四川省银行，在全面抗战时期得到飞速发展，在人才的选拔与培养上更是继承了原有的方式，并不断完善招考制度。从 1937 年 7 月到 1940 年 4 月，一共举行了四届选拔员生的考试。第一届为 1937 年的招考，由协理康心之充任考试委员长，只招收男性练习生，于 7 月 18 日举行初试，7 月 27 日举行复试。考试结果，初试及格者共计 90 名，复试及格者共计正取生 30 名，备取生 20 名，总共录取 50 名。第二届为 1938 年的考试，亦只招收练习生，由总经理潘昌猷指派经

[1] 重庆市档案馆馆藏金城银行重庆分行未刊档案，档号 0304-1-185。
[2] 重庆市档案馆馆藏金城银行重庆分行未刊档案，档号 0304-1-11。
[3] 《赵秀岩转任建国银行协理》，《银行通讯》第 2 期，1943 年 7 月 1 日，第 14-15 页。

理何兆青充任考试主任委员，于 7 月 16 日举行初试，7 月 26 日举行复试。考试结果初试及格者，共计 71 名，复试及格者，计正取生 46 名，备取生 10 名，总共录取 56 名。第三届为 1939 年考试，于 7 月 23 日在成都、重庆两地同时举行，考试结果，重庆方面录取行员 2 名，练习生 17 名，成都方面录取行员 4 名，练习生 15 名，总共录取 38 名。第四届为 1940 年考试，招收行员及练习生，不分性别，当即成立考试委员会，设委员 19 人及事务员 11 人，由董事长郭松年，指定经理何兆青为主任委员。于 3 月 8 日在接圣街办公处召开考试委员会第一次会议，议决于 4 月 7 日在重庆总行及成都分行同时举行初试，4 月 21 日举行复试。报名应试者，重庆方面，计行员 57 名，练习生 700 名，成都方面计 553 名。考试结果，重庆方面，录取行员 11 名，练习生 56 名，成都方面录取行员 6 名，练习生 10 名。两地总共录取员生 83 名，于 4 月 30 日到行办理入行手续。[1] 再如 1944 年 1 月 20 日，因业务需要，谦泰豫兴业银行经过第一届第三次董监联席会议决议招考练习生 20 名，此后，经过 1 月 28 日考试取录，正取 20 名，备取 6 名，此外经人介绍 2 名，共计 28 名，因设主分行处，调派需人，故额外 8 名亦一并收取，2 月 10 日，所有新录取的练习生到行，进行为期两周的开班训练，再行上岗。[2]

抗战结束后，银行招考录取人才的方式仍然继续，1947 年度招考员生，分在申渝两地举行。申总方面自 6 月 23 日开始报名，分函各学校保送，继以新闻通讯方式公开在报章透露本行招考消息。于 7 月 4 日截止，计投考试用行员者 132 名，投考练习生者 380 名，共 512 名。7 月 6 日假震旦大学举行初试，经评定成绩，计取试用行员及练习生各 30 名。于 7 月 12 日复试，15 日揭晓，录取试用行员 20 名，备取 2 名，练习生 20 名。渝总方面自 6 月 18 日开始报名，至 7 月 3 日截止，计投考试用行员者 45 名，投考

---

[1]《本行之过去与现在》，《四川省银行行务月报》第 1 卷 1 期，1940 年 5 月，第 41-43 页。

[2]《谦泰豫兴业银行第一届第四次董监联系会议记录》，1944 年 2 月 20 日，重庆市银行商业同业公会未刊档案 0086-1-14，重庆市档案馆藏。

练习生者 1113 名，共计 1158 名。 亦于 7 月 6 日假朝阳学院、市商会太华楼、中心学校等处举行初试，经评定成绩，计录取试用行员 6 名，练习生 94 名，定 7 月 16 日复试，计录取试用行员 4 名，练习生 40 名，备取 10 名。 两地合计试用行员正取 24 名，备取 2 名，练习生正取 60 名，备取 10 名。 申总训练班由欧总经理聘官专员廷璋为教务主任，杨专员南克为训导主任，吴主任廷璋为事务主任，各部室首长及具有专长者分别担任教授。 于 7 月 21 日开学，22 日开课，训练 5 星期，于 8 月 24 日结业，实际报到受训者试用行员金永礼等 21 名，练习生黄曰伟等 15 名。 班址初借民国中学校舍，后选康定路新收回之 770 号。 渝总训练班由成协理亲往主持，聘萧专员智僧为教务主任，李耘棘先生为训导主任，渝总及渝行各重要职员担任教授，于 8 月 2 日开课，训练 6 星期，预定于 9 月中旬结业，实际报到受训者试用行员杨骏骥等 4 名，练习生胡开智等 36 名。 班址在上清寺中美文化协会内。[1]

抗战结束之后，开丰银号自内江迁设重庆后，业务情况日有进展，该号为充实职员学识修养以增进工作效能，决定开办职员训练班，由该号总经理王永久担任班主任，聘请名流担任讲席，定于 1947 年 10 月初开课。[2]

1947 年，重庆市银行为了充实该行从业人员学识能力，决定办一个银行从业人员训练班，请该行会计顾问、陪都商业专科学校校长古铎主持，短期内即在该行三楼开始。[3]

8.3.2.3　通过各方推荐招募人才

不少金融机构还采用与后方大专院校建立联系，或者由大专院校推荐的方式，或者由金融机构向大专院校直接招收金融人才。 如金城银行在大后方发展中，就有诸多学校都主动向其介绍毕业生，比如西南联大、四川省立重庆高级商业职业学校、四川

---

[1]《新招员生训练》，《聚星》第 1 卷第 3 期，1947 年 9 月 15 日，第 41-42 页。
[2]《开丰银号训练职员开办训练班》，《征信新闻（重庆）》第 771 期，1947 年 9 月 22 日，第 3 页。
[3]《市银行开办银行从业人员训练班》，《征信新闻（重庆）》第 627 期，1947 年 4 月 5 日，第 3 页。

省立重庆大学商学院、私立实商高级商业职业学校、国立重庆大学、私立立信会计专科学校等，均向金城银行发函介绍该校毕业生。据档案记载，柳克明就是经西南联大法学院院长陈序经介绍到金城服务，黄稚琮是由国立商学院院长程瑞霖介绍，邓秋霖是由四川省立商科学校介绍，后任渝行代账务组领组，黄理涵是由四川省立高级商业学校介绍，后任渝行代收款组领组，李肇泉是由四川省立高级商业学校介绍，后任渝行代付款组领组。[1] 国立西北农学院周伯敏院长介绍其院农业经济系第四届毕业生四名，均为品性温和的男性毕业生，金城银行予以录用，以试用员名义派在文书及会计部实习。[2] 当然，这些介绍的院校也有些是金城银行主动联系的，比如湖南大学，戴自牧曾是汉口分行经理时电嘱湖南大学选送毕业生至沅陵办事处服务，湖南大学介绍了许慎、周昭衍、蒯万谨三名，均为平日在校学习优秀的。[3] 四川省银行也有从学校选取人才的方式，1940 年 7 月，正值学校毕业季，四川省高等商业学校于中华职业学校申送本届毕业生来四川省银行服务。为此，四川省银行特于 7 月 7 日午前 9 时在松林坡总行举行甄别考试，取录罗锁藩、张崇贤、刘先仲、胡春荣、周子牧、万朝源、杨名骏、吴士群、刘高嵩、方镜、林报华、朱希唐、刘荣沛、赵吉昌、王道古、王忠芳、李代晖、刘成材、熊寿昌、黄叔良、秦宗强、穆万铨、钟子奇、李肇林、张丕昌、周郁谟、雷文献、钟未伦等 28 名，随即办清入行手续，分派各部见习。[4]

金融机构也采用由内部管理人员及其他相关企业机关等向其推荐介绍的方式招募人员。如，1939 年金城银行滇支行经理邵仲和介绍胡荣寿到沙坪坝分处服务，1941 年重庆管辖行襄理曾济五介绍吴忠廉到两路口分处任办事员，1942 年沈永绥介绍吴贤瑞到

[1] 重庆市档案馆馆藏金城银行重庆分行未刊档案，档号 0304-1-249。
[2] 重庆市档案馆馆藏金城银行重庆分行未刊档案，档号 0304-1-37。
[3] 重庆市档案馆馆藏金城银行重庆分行未刊档案，档号 0304-1-8。
[4] 《总行临时甄取见习生》，《四川省银行行务月报》第 1 卷第 4 期，1940 年 8 月，第 66 页。

渝行任办事员,吴贤瑞曾任江宁县南京省立小学教员、安徽凤阳县政府科员、司法行政部书记官。 1943 年,金城陕行副理徐国棠介绍吴硕夫到渝行服务,金城专员刘驭万介绍向景星到民权路分处工作,向景星曾任农本局福生总庄会计科办事员、中国建业公司会计主任。 1944 年总处稽核处主任南经庸介绍刘天禄到渝行服务。[1] 1943 年贵阳支行人手缺乏,汆业管理处李文瀛主任介绍胡力生到黔处服务,金城银行因其国学清通,书法秀丽,以助员名义就近录用。[2] 中央航空运输公司重庆办事处主任郑远善介绍其旧僚熊守一到重庆办事处工作,桂林中国实业银行襄理余汝勋介绍其朋友谈焕鸿到梧州办事处工作,电话局长黄如祖介绍孟育才到渝行服务。[3]

8.3.2.4　通过自主培训培养金融人才

1938 年 6 月 1 日在汉口开幕的第一次地方金融会议,到各地银行金融主管 70 余人,此次会议历时 3 日,决议之原则 8 项,其中,"训练金融机关人才"就是决议的重要原则之一。[4] 1940 年 7 月,成都、重庆等地办理财政金融人员高等考试。[5]

战时大后方的金融机构的人事管理制度发生了改变,除了从国内外大学商科、银行学校等选用人才,还自主对职员进行培训、教育,力求使本行的员工素质得到提高,能迅速适应日趋现代化的金融业的需要。 银行等金融机构的人事管理也是从人员的选择、培训、调度、考核、人员管理(包括服务规则、奖惩办法、福利待遇等)等方面来进行,并且管理更加完备。

从 1941 年 1 月到 1943 年 4 月,中国农民银行呈奉中央训练团委员会核准举办行员训练班四期,其训练的方式,全系遵照中央训练团颁发办理。 受训人员共 452 人,不仅接受业务训练,明了

[1] 重庆市档案馆馆藏金城银行重庆分行未刊档案,档号 0304-1-249。
[2] 重庆市档案馆馆藏金城银行重庆分行未刊档案,档号 0304-1-53。
[3] 重庆市档案馆馆藏金城银行重庆分行未刊档案,档号 0304-1-249。
[4] 沈雷春:《中国金融年鉴》(1947),上海:黎明书局,1947 年,第 453 页。
[5] 田茂德、吴瑞雨:《抗日战争时期四川金融大事记(初稿)》,《西南金融》1985 年第 11 期,第 28 页。

本行章则及各种银行事务。还要提高民族意识，加强对主义及领袖之信仰，养成勇敢果决牺牲奋斗之精神，娴熟军事技能并锻炼强健体魄和负责守纪律的精神，实行新生活信条，养成勤俭朴素、整齐清洁的风尚和集体生活的习惯。[1]

为了留住人才，四联总处体恤员工，及时解决他们的燃眉之急。如"查本处员工眷属每月所需炊爨燃料，近以市面购买困难拟向贵处购用相应，填具十一月份申请书两份连同分往化龙桥及两路口员工眷属人数，暨需煤数量清单二分随函送请"，最终燃料管理处同意四联总处的申请。[2] 四联总处在 1939 年 11 月 28 日的第十次理事会会议上通过了"关于四行中之一行，如有辞职员生，其他三行概不录用"的决议，并函请四行查照办理。1940 年 1 月初，重庆市银行业同业公会致函四联总处，要求将四行限制录用各行辞职员生办法扩大到一般商业银行："此项用人限制办法实为目前切要之图，经该公会第二次执委会议决：（一）请中中交农四行，将限制办法扩大，俾适用于一般商业银行；（二）凡在甲会员银行辞职之行员，乙会员银行应以避免任用为原则；（三）会员银行得向公会报告已辞职之行员姓名，公会即据以转知其他会员行一体知照"。1 月 9 日四联总处理事会第 15 次会议决议："应由该公会自行拟定办法。"[3]

在自主培养人才方面，重庆市银行公会出资创办重庆实用商业学校，该校为全面抗战爆发前，由重庆银行帮之各银行及金融业有关之人士所创，刘航琛为校长。[4] 而培养与造就之人才又足供金融机关干部补充之用，自当予以维护，以资久违。1937 年全面抗战爆发之后，该校致函重庆银行公会请求给予年助经费，9 月 6 日，经重庆银行公会第 153 次执行委员会临时会议决议，先推

---

[1] 中国人民银行金融研究所：《中国农民银行》，北京：中国财政经济出版社，1980 年，第 291-293 页。

[2] 重庆市档案馆藏四银行联合办事处处笔未刊档案，档号：00210002002120000010。

[3] 中国第二历史档案馆：《四联总处会议录》（一），桂林：广西师范大学出版社，2003 年，第 388-389、400 页。

[4] 《经济名人汇志·刘航琛》，《四川经济月刊》第 5 卷第 1 期，1936 年 1 月，第 1 页。

张茂芹与该校商洽，再由重庆银行公会提出两条件：（一）预算交重庆银行公会审查；（二）须由重庆银行公会接办或参加管理。如该校能予承认，再由本会续议办法。[1] 10 月，实用商业学校函送该校预决算及教育方案到重庆银行公会，经公会第 157 次执行委员会临时会议决议，对于该校经费予以承认，自 1937 年度起酌量贴补，以 6000 元为最高额。此项额外开支列入公会预算事业费项下，待提交会员大会正式通过，即作定案。学校所提教育方案即照所拟办理，并推由张茂芹监督该校财政。[2] 进而，实用商业学校请重庆银行公会加推董事以便分别延聘，11 月 10 日，经公会第 162 次执行委员会临时会议决议，在公会各会员行代表中，如刘航琛、康心如、何兆青、张茂芹、周季悔、康心之、戴矩初等，原系该校校董，再加推徐广迟、冯一飞、张佑贤、潘昌猷、石竹轩、宁子村、鲜伯良、郭松年、龚农瞻为该校董事。[3] 这应该是重庆银行公会独自办的一所职业学校。

该校在 1945 年抗战胜利之后，难以为继，1948 年实用高级商业学校出请重庆银行公会参加董事会予以有效支持。经 3 月 17 日会员大会决议，重庆银行公会可参加该校行政管理；经济方面在可能范围内予以补助（但此并非负责全部经济责任，应示意校方切勿误解）；该校毕业生各会员行尽量甄用。[4]

抗战结束后建立的重庆市银行，为充实该行从业人员学识能力，1947 年 4 月，决定办一银行从业人员训练班，请该行会计顾问、陪都商业专科学校校长古铎主持，短期内即在该行三楼开始。[5]

[1]《重庆银行公会第一百五十三次执行委员会临时会议记录》，1937 年 9 月 6 日，重庆市银行商业同业公会未刊档案 0086-1-119，重庆市档案馆藏。

[2]《重庆银行公会第一百五十七次执行委员会临时会议记录》，1937 年 10 月 6 日，重庆市银行商业同业公会未刊档案 0086-1-119，重庆市档案馆藏。

[3]《重庆银行公会第一百六十二次执行委员会临时会议记录》，1937 年 11 月 10 日，重庆市银行商业同业公会未刊档案 0086-1-119，重庆市档案馆藏。

[4]《重庆市银行商业同业公会第十一次会员大会记录》，1948 年 3 月 17 日，重庆市银行商业同业公会未刊档案 0086-1-148，重庆市档案馆藏。

[5]《市银行开办银行从业人员训练班》，《征信新闻（重庆）》第 627 期，1947 年 4 月 5 日，第 3 页。

综上所述，近代以来重庆金融人才队伍的培养经历了一个曲折的过程。全面抗战前，主要是学徒制，还有部分的客卿礼聘制、内部培训等方式，这与重庆等西部地区教育水平和金融事业的普遍落后有关。进入全面抗战时期，大后方金融事业得到了空前的发展，在金融人才的培养上也有了长足的进步。从东部地区内迁而来的众多人才极大地壮大了重庆的金融人才队伍，而且从东部地区迁来的大量金融机构、教育机构也为金融人才的培养提供了有力支撑。因此，这一时期重庆金融人才的选拔与培养，逐步克服了之前以学徒制为主的落后方式的束缚，呈现出多渠道、多元化的依托现代金融机构和教育体系为主的培养方式。人才队伍的成长壮大，不仅大大推动了以重庆为中心的抗战大后方地区金融事业的发展，适应了战时社会经济发展的要求，有力推动了中国西部地区金融业现代化的发展。无论是从东部地区内迁的，还是西部地区本土的金融家与金融人才，他们共同努力，使战时中国金融的业务、管理服务体制等方面都有所创新与改革，也为中国抗战的最终胜利做出了巨大贡献，也在大后方的金融现代化进程中留下了他们闪亮的足迹。

余　论

近代以来，重庆金融业的发展清楚地展现出该地区金融逐步走向现代化的历程，同时也代表着西部地区的金融业缓慢地向现代化方向迈进的过程。独特的地域和时代的多重因素，使得重庆金融现代化表现出发展进程的阶段性与不平衡性、发展路径的联动性的特点，不仅体现了重庆本地金融业由传统迈向现代的转变轨迹，也代表了中国西部地区金融业逐步走向现代化的艰难转型过程。

一、发展进程的阶段性与不平衡性

所谓发展进程的阶段性，即以一些重大事件为标志，近代重庆金融现代化的发展呈现出在不同时期速度与程度的巨大差异和突变，大体上表现为如下四个阶段。

第一阶段，清末民初至 20 世纪 20 年代，金融现代化的萌芽阶段。一方面，开埠尤其是传统商业开始向近代商业的发展，有力地推动了传统金融组织的转型。另一方面，代表着金融业现代化趋向的以银行为主体的新式金融机构，在重庆零星出现。重庆商品经济由于开埠而产生了巨大变化，票号与钱庄做出了不同判断与选择，它们也因此走上了截然相反的道路。票号由于自身的缺陷和抱残守缺，落得最终消亡的结局。票号一般不与外商发生联系，1891 年，重庆开埠后，票号愈发不能适应开埠后迅速扩大和发展起来的商品经济，特别是进出口贸易的需要。当时新式银行已在国内兴起，一些有识之士纷纷呼吁票号改革，筹办银行，却为财东们拒绝。1903 年，直隶总督袁世凯招聘西帮票号筹建直隶官银号，次年户部尚书邀请西帮票号入股户部银行，结果仍遭西帮财东们拒绝。[1] 就这样，在重大历史关头，票号一次次抛弃生

---

[1] 杨章建：《重庆山西票号之兴衰略历》，《经济汇报》第 6 卷第 4 期，1942 年 8 月 16 日，第 71 页。

死攸关的宝贵机遇，终于将自己送上了不归路，在辛亥革命后很快衰落并走向了覆亡。据 1916 年 3 月版《四川公报》调查所载，以日升昌等为代表的 14 家重庆票号全部停业，票号在重庆城市经济发展进程中寿终正寝。[1] 考其衰亡的主要原因，内由于票号"墨守成规，毫无远识，迨至时局转变，则束手无策。外则清末，新兴之银行纷纷成立，不特往日恃为利数之汇兑存款等为其所攘夺，且银行放款注重抵押品，票号则仅凭信用，时有倒账之虞，优胜劣败，票号自亦难逃此例也"。[2] 如此一来，清政府的覆亡，使得票号失去了依存凭据，大量放款无法收回，存款又被提取一空，从而陷入倒闭，且相互牵连，于是局面不可收拾。而与票号在新形势下的僵化保守不同的是，钱庄虽然也作为传统的金融机构，但却能锐意改革，吸收银行先进的理念和经营方式，积极为开埠后日益发展的商业贸易提供服务，同时也促进了自身发展与变革。清末民初，钱庄、外国银行、本国银行一度呈现三足鼎立之势。一方面，此时期的钱庄业务以存、放、汇款为主，兼营兑换，已同商业银行基本相同，只是在组织形式、经营习惯、经营作风与方式及业务用语、业务处理手续等方面，有所不同而已；另一方面，钱庄甚至通过垄断货币兑换、庄票发行等，以及熟络的人脉关系，相当程度上控制了商业资本家。"在今日之下，钱庄与银行已打成一片，除掉招牌二字不同外，简直找不出什么两样。"[3] 当然，钱庄生存发展的根基，还在于近代中国社会经济的多样性、复杂性，虽然商品经济和资金流通规模自近代以来在不断地迅猛扩大，但同时零星分散的商品经济和小额资金流通也仍大量地、持续不断地存在着，这就为能与银行发展相抗衡的钱庄的生存发展，提供了现实基础与空间。重庆的钱庄经历了坎坷的历程，但总体保持着曲折发展的势头，作为重要金融组织发挥

［１］重庆金融编写组：《重庆金融》（上卷），重庆：重庆出版社，1991 年，第 85—86 页。
［２］杨章建：《重庆山西票号之兴衰略历》，《经济汇报》第 6 卷第 4 期，1942 年 8 月 16 日，第 71 页。
［３］傅为群：《近代民间金融图志》，上海：上海书店出版社，2007 年，第 112 页。

了历史性的作用。 开埠通商后商业的发展也推动了作为新式金融组织的银行、保险机构在重庆的产生。 开埠通商前，重庆虽已成为重要商业枢纽，但"惟关山险阻，交通梗塞，经济落后，资本短绌，平时既无大量资金之移动，因无所谓供求之调节，是以新式金融机关，无由产生"[1]。 重庆的现代银行发轫于清末，最早出现的银行是 1899 年中国通商银行在重庆开办的分行，1902 年户部银行重庆分行筹建，1905 年浚川源银行于重庆成立，此乃官办地方银行，隶属四川藩司。 这期间重庆先后还出现了一批银行，如中国银行分行（1915 年）、聚兴诚银行（1915 年）、大中银行（1919 年）等。

第二阶段，20 世纪 20 年代至全面抗战爆发前，金融现代化的曲折发展阶段。 1921 年前后，重庆军阀混战给金融业的发展造成了不利影响，这时期重庆金融现代化是在一种动荡不安的环境中断断续续地艰难前行。 钱庄常被强迫筹款和摊派，家数逐年减少，到 1925 年，减至 30 家。 1926 年刘湘进驻重庆，市面趋于安定，次年，钱庄又回升至 49 家。 但好景不长，此后宁汉分裂政局动荡，钱庄倒闭、歇业不断。 1931 年长江下游城市遭受特大水灾，重庆出口贸易受阻，再加之九一八事变与一·二八事变的发生，天灾人祸接踵而至，致使业务原已不振的重庆钱业进一步受到影响，家数锐减，只余 12 家勉强维持营业。 1932 年初，重庆钱庄业务略有起色，家数又回增到 20 家。 但随即受"钱交之争""汤子号倒闭"事件等金融风潮影响，1933 年减少到 12 家。 1935 年当时重庆钱业公会的会员钱庄，除结束和归并者外，仅余 7 家，为历年会员钱庄家数最少的时期。 之后，国民政府致力整顿川省财政金融，局面趋于稳定，银钱业开始复苏，1936 年回升至 23 家。[2] 对银行业而言，1930 年后，因四川政局渐趋安定，同时钱庄经营不善，渐趋衰落，银行遂代之而兴。 自 1935 年省府改组

---

[1] 张舆九：《抗战以来四川之金融》，《四川经济季刊》第 1 卷第 1 期，1943 年 12 月 15 日，第 65 页。
[2] 重庆金融编写组：《重庆金融》（上卷），重庆：重庆出版社，1991 年，第 94—97 页。

成立、法币施行以后，四川金融渐入正轨，银行业乃更有长足之进步。[1] 这期间重庆又先后出现了一批银行，中和银行（1922年）、富川银行（1922年）、美丰银行（1922年）、平民银行（1928年）、川康殖业银行（1930年）、盐业银行（1930年）、市民银行（1930年）、四川商业银行（1932年）、新业银行（1934年）、四川建设银行（1934年）、江海银行分行（1934年）、中央银行分行（1935年）等相继开办。上述银行中，除江海银行分行、中央银行分行外，均为重庆本地商业银行。[2] 在此基础上，形成了所谓川帮银行。截至1937年，四川历年共设银行（总行设在川省者）28家，其中重庆有16家，占57.14%。当年，实际存在的还有13家，其中重庆7家，占53.84%。[3] 可见，重庆已很明显地成了当时四川的金融中心。

第三阶段，全面抗战时期，金融现代化的快速发展阶段。如上所述，重庆金融现代化的发展是适应近代重庆商业贸易在开埠后空前扩大的需要的产物，总体上看，自清末民初到全面抗战爆发前，重庆金融现代化虽然逐渐在发展，但其步伐一直较为缓慢甚至是曲折坎坷的，而且钱庄仍在金融业中占据主导地位。这一格局，随着全面抗战爆发的到来，却被改变了。1937年全面抗战爆发之后，"国府迁渝，随政治重心之西移，战区之重要工商机构，均相继迁川，各金融机关，亦相继内徙；而自沪港相继沦陷以后，重庆已成为全国实际上之金融重心"[4]。据统计，到1943年10月底止，重庆市银钱业行庄的家数，共计为162家，其中银行总行计37家，银行的分支行处计89家，钱庄、银号的总分庄号计36家。[5] 以银行总行论，这37家总行设在重庆的银行，比

---

[1] 张肖梅：《四川经济参考资料》，上海：中国国民经济研究所，1939年，第D1页。

[2]《重庆银行业之统计》，《中行月刊》第10卷第6期，第80-81页；张肖梅：《四川经济参考资料》，上海：中国国民经济研究所，1939年，第D2页。

[3] 张肖梅：《四川经济参考资料》，上海：中国国民经济研究所，1939年，第D2页。

[4] 杨泽：《四川金融业之今昔》，《四川经济季刊》第1卷第3期，1944年6月15日，第213页。

[5] 康永仁：《重庆的银行》，《四川经济季刊》第1卷第3期，1944年6月，第102页。

1937 年 7 家总行设在重庆的银行数有了很大增长。

当然，这种发展并非只是现代银行机构数量的增加，而是更进一步顺应现代银行要求，发扬健全现代银行制度的深刻变革。无论在组织形式、业务经营还是监管等银行制度方面都发生了全面深刻变革。这些发展和变革，不仅体现了重庆本地银行业由传统迈向现代的轨迹，也代表了中国西部地区银行业逐步向现代化的艰难转型。显然，这一时期重庆金融现代化的发展与之前的情况比较，其发展速度之快，发展水平之高，都是前所未有的。这种短短数年内的爆发性发展，远远超过了此前几十年的发展速度。由此可见，重庆金融现代化的发展不仅具有阶段性，而且具有不平衡性。

第四阶段，抗战胜利后，金融现代化的停滞和衰落时期。1945 年 9 月，抗战赢得全面胜利，随着国民政府的还都，国家行局以及东部迁入重庆的各类金融机构纷纷离渝返回，重庆本地的金融机构也乘势将资金外调，并在上海、广州、香港等地设置机构，以图战后业务有所发展。中国的金融中心在战后便从重庆回到了上海，因战而兴的重庆金融现代化陷入停滞，并迅速走向衰落。如同在全面抗战爆发后重庆金融现代化的发展是那样的突然而快速，抗战胜利后重庆金融现代化的停滞和衰落也是那样的突然而快速，这也再次体现了重庆金融现代化发展中的不平衡性。当然，这种停滞和衰落并非随着抗战的胜利结束立刻就直线式下落，在 1945—1946 年国民政府经济恢复时期，一些重庆的商业银行还曾想借机进行相关业务的拓展，如聚兴诚、和成、川盐、美丰、亚西等银行纷纷调整、增设在外地的机构，力图到上海以及东部地区寻求发展机会。

遗憾的是，这些美好的梦想因为生不逢时，只能令人痛心地破灭。国民政府还都南京，巨额资金由此流出重庆，造成重庆资金的严重短缺；同时，许多商号非法高息揽存更使银根吃紧，导致银行存款业务量的急剧下降。以重庆市各行庄存入中央银行重庆分行的存款准备金为例，1946 年 4 月为 43.55 亿元，到 12 月，降到 34.35 亿元，8 个月下降了 21.13%。[1] 一些实力欠佳的银行，如正和、同丰、大同、华侨、兴业等，或因借贷无门相继搁浅，或因亏损过大，倒闭关门。银根紧缩又导致工商业困境，以致于政府为此发放 50 亿元紧急贷款也无济于事。[2] 最大的灾难在于，国民党发动全面内战，为了维持内战的巨大消耗，无限制地滥发纸币，从而引起恶性通货膨胀，经济秩序大乱。1946 年重庆全年物价指数为 384086，比 1945 年的 150193 增长了 155.73%，1947 年上涨到 1655656，是 1946 年的 4.31 倍，1948 年 8 月又涨至 251785087，8 个月的涨幅是 1947 年月平均水平的 152.08 倍，是全面抗战前的 1937 年上半年的 251.785 倍，是抗战胜利的 1945 年 8 月的 1181 倍。[3] 恶性通货膨胀造成一切纸币的信用均荡然无存，鉴于法币的崩溃，国民政府先后推出金圆券、银元券，但除了在国民政府垂死挣扎前充当了继续残暴搜刮民脂民膏的工具外，金圆券、银元券完全是一堆废纸，重庆市场上流通的除了银元、黄金外，就是以货易货。这种局面下，无论是近代重庆的金融业还是其他各业，一切正常的业务活动都停止了，只有尽其所能地囤积居奇，并最终伴随着国民政府的垮台走向末路。

二、发展路径的联动性

所谓发展路径的联动性，即近代重庆金融现代化并非孤立发展的，而是伴随着经济领域中许多方面共同的现代化发展而发展，各方面之间存在着千丝万缕的联系与影响。金融现代化是重庆城市现代化的重要组成部分，但金融现代化的发展绝非孤立的，而是循着金融业与经济领域中密切相关的各业共同发展的路

[1] 中央银行重庆分行：《检查重庆市各行庄三十五年度总报告书》，重庆，1947 年 1 月印，第 17、18 页。
[2] 隗瀛涛：《近代重庆城市史》，成都：四川大学出版社，1991 年，第 320-321 页。
[3] 隗瀛涛：《近代重庆城市史》，成都：四川大学出版社，1991 年，第 321 页。

径前行，即金融现代化的发展与商业、工业和交通运输业等现代化的发展密切关联，相辅相成。 由此，构成了重庆城市现代化内部的独特关系：重庆城市现代化启动是从商业开始的，开埠后现代商业的发展促成现代金融的兴起，再推动现代工业和交通运输业的诞生；重庆城市现代化的先锋是商业，核心是工业化，交通运输业是重庆城市现代化发展的基础条件和设施，而金融业的发展既依赖于上述各业的发展，又为上述各业的发展提供了动力。

近代重庆金融现代化的发展，呈现出一种与商业之间独特的密切关系，商业的发展为近代金融的发展提供了广阔的市场和强大需求，而金融的发展又成为了商业发展有力的助推器。 一般而言，在近现代金融与社会经济的关系中，对于金融业的发展影响最大的往往是工矿业、交通运输业等。 因为这些部门在国民经济中份额最大，对资金的需求也较商业更大。 然而，在重庆近代金融的发展中，商业却成为与金融关系最密切，影响也最大的行业。 之所以如此，并非重庆近代工矿业、交通运输业等不需要资金，而是由于商业在重庆从古到今的历史中，特别突出和繁荣的地位所造就的。 自然地理的独特，使得重庆坐落于连接东西南北物流的枢纽点上，深居西部内陆，使得工业经济极其落后，虽然陆路交通困难，却又有黄金水道的便利，这一切造就了重庆的传统经济结构中，商业贸易自古兴盛且一枝独秀。

重庆开埠通商，使商业更是与世界资本主义市场体系建立了空前密切的联系，由此产生了商业对资金的空前需求，也使得商业成为促进重庆近代金融发展最主要的基础。 尽管开埠通商后，重庆的近代工业开始起步，但与商业相比，工业的发展仍极为缓慢。 全面抗战前，四川境内银行业以兼营货物进出口买卖、汇兑投机及参加口岸要埠之证券投机等，为其主要业务项目。 而金融业之兼营商业，本肇始于钱庄字号，中小商人进出货物的资本多依靠钱庄字号，由于新式银行的竞争压力，这些钱庄字号遂由专为商人提供资金进行商业贸易，逐渐变为兼营商业贸易以扩大利润，后来银行见其有利可图，亦起而效尤。 而且银行由于拥有资金规模的优势，其所经营者，多为需要资金量较大之对外贸易货品或重要进口物品，如四川大宗进出口之桐油、生丝、猪鬃、山货、棉纱、布正等，即多为银行经营之对象，而钱庄受限于资金，其所经营者，则为川省境内地各埠际间货物之营运。1936年，聚兴诚、美丰、重庆、川盐、四川建设五家之放款总额为4720万元，此五家银行之资本总额，共计仅为540万元（聚兴诚、重庆、四川建设三行各为资本100万元，美丰、川盐各为资本120万元），放款规模如此之大，非传统金融机构所能比拟。[1]

全面抗战时期，庞大的人流、物流和资金流汇聚于成为陪都的重庆，带来了重庆社会经济的空前发展。可是，发展最快的仍是商业以及商业投机所推动的金融业，两者相互渗透、相互依赖，结成了一种一损俱损、一荣俱荣的关系。战时重庆的商业及金融业发展已经到了畸形繁荣的程度，商业依靠金融业提供的资金大肆囤积居奇获取暴利，金融业通过贷款给商业投机，甚至自身从事商业投机捞取暴利。由此，金融业在这种与商业的畸形关系和相互作用中，已经偏离了在国民经济中应有的正常位置和影响，奔向了一条脱实就虚，专事投机的道路。在利润远高过利息，物价上涨率远大于利息上升率（亦即物价高度远过利息高度）之情形下，银行经营商业，最初虽在追求利润，最后则在保持其资产之价值，此乃一般商业金融机构，尤其中小资本之银钱机构之生存基础，关系巨大；故离开了从事商业投机，一般依存于商业之银钱机构，将有根本不能存在之虞。[2]据重庆市银钱业放款统计，1940年26家银钱业（银行占2家，余为钱庄）之放款余额，计商业放款占到96.86%，工业及交通公用事业仅占1.12%。1942年3月下旬67家银钱业之放款余额，计工业放款占7.02%，工矿交通放款合计占11.32%，而商业占52.19%。如果将

[1] 杨泽：《四川金融业之今昔》，《四川经济季刊》第1卷第3期，1944年6月15日，第215页。
[2] 杨泽：《四川金融业之今昔》，《四川经济季刊》第1卷第3期，1944年6月15日，第220页。

个人放款并入商业放款，并将同业放款剔除不计，则商业放款将为 70% 以上，工矿交通事业放款亦增为 14% 强。[1] 尤其是抗战结束国民党发动全面内战之后，金融业与商业的这种畸形关系又因为内战的推动达到了历史的顶峰。可见，重庆近代金融的发展，因为与商业的密切关系和作用，获得了强有力的发展动力，同时，金融的发展也有力支撑了商业的繁荣。然而，这种密切关系，一旦脱离国民经济的正常经济结构与发展轨道，而趋向疯狂投机，那么必然致使金融投机与商业投机共同陷入恶性循环并走向末路。

近代重庆金融现代化的发展，与工业现代化的发展也是密切联系的，尽管两者发生关系的时间略晚于金融与商业的关系发生时间。重庆是一个因商而兴的城市，商业资本成为了近代工业资本的最初的主要来源，森昌火柴厂，这个最早的重庆近代手工业工厂，就是因商致富转而投资开设火柴厂的。据统计，当时重庆的棉织业、缫丝、机械、钢铁、电力、矿业等业，绝大部分企业的大部分资金也来自商业。随着重庆近代工业的产生，一些票号、钱庄也开始投资于其中。如天顺祥投资锦和丝厂、蓬溪油矿。聚兴诚银行的杨氏家族，先是以"聚兴"字号经商，兼营票号，然后因经商致富，继而将商业资本转为金融资本，于 1915 年创办了聚兴诚银行，之后将金融资本投入工矿、航运、盐业、糖业等近代工业领域。

无论商业资本，还是金融资本，其投资工业的资金远不如对商业的放贷，且其方向主要是轻纺工业和出口加工工业。重庆近代工业直到全面抗战开始前，除缫丝业机械化生产程度较高外，其他绝大多数行业仍是以手工业为主。投资的有限，极大制约了重庆近代工业发展水平，直到全面抗战开始后，重庆工业现代化才有了大踏步的发展。

---

[1] 李紫翔：《我国银行与工业》，《四川经济季刊》第 1 卷第 3 期，1944 年 6 月 15 日，第 89-90 页。

全面抗战开始后，大量沿海厂矿内迁重庆，使重庆近代工业发展水平空前提升。为坚持抗战，国民政府实行统制经济，空前加大了对工矿业的投资和管理，国家金融资本是支持战时重庆近代工业的主要力量。[1] 诸如钢铁、煤炭、化学、石油、电力、机器制造等基础工业，以及军工制造等行业，重庆近代化工业由此得到了长足发展。所以，包括重庆在内的后方各省工业的大发展，不能不说是拜特殊的时代所赐。尤其是重工业的发展最具代表性，全面抗战以前，重庆轻工业占80%以上，重工业占20%以下。1945年重庆工业总产值中，重工业产值为81.3%，轻工业产值为18.7%。[2] 以重庆为代表的大后方重工业的发展，不仅改变了大后方地区的工业结构，也改变了中国工业的布局，使得战前近代工业过于集中于东部沿海地区，而西部地区又极其缺乏的格局得到了一定程度的扭转。

近代重庆金融现代化的发展，与交通运输业的现代化发展密不可分。全面抗战前，重庆的交通是以水路运输为主，辅以人力（轿行）、畜力等较为原始的运输方式。1898年，英国人黎特耳率领"利川"号轮船实现了川江首航，标志着川江轮船航行时代的到来，而金融业为轮船在川江航运的兴起、发展提供了宝贵资金。1926年卢作孚在重庆创办了民生公司，资金问题是民生公司发展中的关键。对此，民生公司主要采取了以下几种融资方式。股份融资，这是民生公司首选的融资形式，民生公司不仅积极吸收职工入股，而且还努力使股权分散化，持股者所涉及的阶层有官僚地主、工商业资产阶级、公司职工等。发行债券也是民生公司融资的方式之一，以此使公司通过更多的路径获取资金。1935年，民生公司急需巨额资金收购在竞争中破产的美商捷江轮船公司，于是由中国银行总经理主持，金城银行在上海发行民生公司债券100万元，规定八年还清。这是四川省企业首次在上海募

---

[1] 张舆九：《抗战以来四川之金融》，《四川经济季刊》第1卷第1期，1943年12月15日，第78页。

[2] 隗瀛涛：《近代重庆城市史》，成都：四川大学出版社，1991年，第248页。

债。此次所募 100 万元的公司债券中，金城银行认购了 40 万，中国银行认购了 20 万，中南银行认购 10 万，交通银行认购 10 万，上海商业储蓄银行、川康银行、美丰银行、聚兴诚银行各认购 5 万。[1] 在各大银行的鼎力支持下，民生公司的实力大为增加。从 1926 年创建不久的 4.6 万元股本到 1937 年增值为 350 万元，平均每年以 52% 的速度增长；资产从 1926 年的 7.7 万元，到 1937 年增为 1215 万元，平均每年以 63% 的速度增长。[2] 不过，除川江航运外，川渝地区公路、铁路交通却极为落后，而资金的匮乏则是其重要原因之一。虽然民国后开始出现公路，但除成渝公路稍具规模外，四川境内线路完整的公路少，而且零散稀疏。铁路同样如此，重庆已经建成的铁路仅全长 60 公里的北川铁路，只用于煤炭和矿物的运输。

全面抗战爆发以后，随着国民政府政治、经济重心内迁，大量物力、人力、财力向大后方转移，重庆经济与社会获得迅速发展的同时，也使重庆的水路、陆路、航空交通获得了空前的大发展，促成了重庆作为大后方交通枢纽中心地位的确立。其中，因铁路、公路的缺少，车辆、油料补给的困难，川江航运之重要地位更是凸显，一跃而居各种交通事业之首位。[3] 由于对川江航运的倚重，国民政府空前加大了支持的力度，从而有力地推动了重庆航运的现代化。据时任民生公司副总经理的童少生回忆，国民政府当时对民生公司的支持形式有以下几种：（1）直接拨款造船。抗战初期，以发展"陪都"附近短航为名，由交通部提出，经行政院批准，拨款给民生公司造了 400 匹马力的"屏山""秀山"等钢骨木壳船十几只。（2）发给损失补助。对于在撤退运输中遭到损坏的船只，按照民生公司修复或改建的工料价格，由国民政府给予补助。1940 年至 1944 年，提供给民生公司修船的工料补助费

[1] 周凝华、田海蓝：《卢作孚和民生公司》，郑州：河南人民出版社，1998 年，第 92 页。
[2] 周凝华、田海蓝：《卢作孚和民生公司》，郑州：河南人民出版社，1998 年，第 108—109 页。
[3] 金龙灵：《四川省水上交通之发展及其趋势》，《四川经济季刊》第 1 卷第 2 期，1944 年 3 月 15 日，第 103 页。

及施工费共计 1.67 亿元，修复船只 20 余艘。（3）随时调整运价。面对上涨的物价，民生公司不断申请调整运价并获得批准，从而避免了通货膨胀的损失。（4）拨给外汇，进口设备。 民生公司获得了一笔英国信贷款，为民生机械厂进口了大批设备。（5）更重要的是大量贷款。 中国、中央、交通、农民四个银行，先后贷给民生公司共计 5.63 亿元，其中 1941 年 800 万元，1942 年 2000 万元，1943 年 1000 万元，1944 年 1.25 亿元，1945 年 4 亿元。 这些贷款利息低、期限比较长（1~2 年，至少半年）。 在货币不断贬值，物价飞涨之时，公司每取得贷款，就立即买进器材和油料，待大笔的贷款到偿时，往往只用几吨货的运价就可以抵消。 抗战中，民生公司最多时有 116 艘船只，3.6 万余吨，到抗战胜利时，除被敌机炸毁和触礁沉没等损失无法修复之外，民生公司有大小轮船 88 艘，2.6 万余吨，比抗日战争前夕的 46 艘，1.8 万吨，分别增长了 91%，44%。[1] 除民生公司外，强华轮船公司、合众轮船公司、重庆轮渡公司等也在抗日战争期间有很大发展。 据 1944 年 3 月统计，重庆有轮船公司 12 家，有轮船 143 艘，33777 吨，比战前约增加 1 倍多，其中民生公司占总吨数 80% 以上，在川江居统治地位。 其余 11 家仅有船 6487 吨，不及总吨数的 20%，其中强华轮船公司占 1747 吨，大通仁记航业公司占 1272 吨，合众轮船公司占 755 吨，重庆轮渡公司占 531 吨。 另外永昌实业公司、佛亨轮船公司、庆磁航业公司、三兴轮船局、华中航业局、燮记轮船局、顺记轮船局等 7 家共有船 2182 吨，微不足道。[2]

国民政府的资金支持也促进了重庆铁路、公路建设的大发展。 抗战时期的铁路交通建设经费，主要依靠国民政府的国库拨款，特别是专门设立交通部铁道建设事业专款。 其次是向国外借款，而向当时的银行等新式金融机构借款筑路，所占比例较小。

---

［1］中国人民政治协商会议四川省重庆市委员会文史资料研究委员会：《重庆文史资料》（第十七辑），内部发行，1983 年，第 163-164 页。
［2］王绍荃：《四川内河航运史（古、近代部分）》，成都：四川人民出版社，1989 年，第 242 页。

在公路建设方面，交通部在 1938 年 6 月制定其交通方案时，要求加强后方公路建设，以代铁路之功用。最重要的是：一为西北公路网，即自汉口通河南、陕西、甘肃、新疆之线；二为西南公路网，即自湖南通四川、贵州、云南、缅甸、广西、广东之线；三为西北西南公路沟通线，即四川通陕西与甘肃之线，这些经费的主要来源大多都是国民政府的财政拨款。

总体上，全面抗战开始的前后，重庆金融业的服务对象有明显的变化。特别是 1935 年以前，重庆金融业主要为进出口贸易和城市商业服务，从事商业投机活动，而涉足工矿交通业的资金不占主要地位。抗战全面爆发后，国家银行、重庆地方银行和商业性银钱业的放款扩大到商业、工业、矿业、交通、同业、个人、其他等 7 个方面，投资也涉及商业、工矿业、公用事业、交通、房地产、政府债券、其他等 7 个方面。其中政府对工业放款的关注和支持，远大于商业银行。

然而，抗战胜利之后，随着国民政府和外来工业的回迁，重庆就失去了大后方经济中心的地位。及至 1946 年 11 月中旬，约有 50 万人口和大批工业设备从重庆运到汉口、上海和沿海地区，本地银行为了高利贷和其他投机买卖，把所有余款都汇到上海，造成本地年底时银根吃紧，同时各方及政府的采购量大减，金融紧缩又使很多抗战有功的工厂倒闭。[1] 不仅如此，战时和战后不断膨胀的国家垄断资本无情地吞噬着本就弱小的民营资本，1936 年，工矿业中的国家垄断资本只有 2.06 亿元，民营资本则有 11.7 亿元，后者是前者的 5.68 倍。[2] 全面抗战开始后，国家垄断资本借机大肆扩充，挖空心思地兼并民营资本，如重庆中国汽车制造公司、綦江铁矿、江北铁厂等[3]，到 1946 年上半年，工矿

[1] 周勇、刘景修：《近代重庆经济与社会发展》（1876—1949），成都：四川大学出版社，1987年，第 474-475 页。
[2] 吴承明：《中国资本主义与国内市场》，北京：中国社会科学出版社，1985 年，第 130 页。
[3] 周天豹、凌承学：《抗日战争时期西南经济发展概述》，重庆：西南师范大学出版社，1988年，第 161-162 页。

企业中的国家垄断资本已占全国产业资本的 80% 以上。[1]

　　毁灭性的灾难在 1946 年 6 月底，由于国民党不顾一切地挑起全面内战，国民经济和金融迅速走向崩溃。重庆的工业自抗战以来出现的加速现代化的进程被彻底中断，工厂企业全面停工停产，破产倒闭。1947 年，上海、天津、重庆、汉口等 20 多个大中城市的工商企业共有 2.7 万家倒闭，重庆就达 7000 多家，占全市工商业总数的 80%。[2] 1949 年 6 月，重庆 80% 的工厂停业关闭，其中机器业达 90%。[3] 甚至国家垄断资本所属的企业也难以为继，如电化冶炼厂因停工发不出工资，被迫向职工发放"精钢卷"，抵扣应支付的工资。与工业企业的全面破产一样，在残酷的现实面前，曾经还梦想着抗战胜利后，可以将民生公司的业务重心由长江上游拓展到长江中下游，乃至走向远洋的卢作孚，终于无力回天。1948 年 8 月，重庆物价指数上涨 492 万倍，同期从重庆到上海的上下水货运价仅上涨 69 万倍，客运价也只上涨 190 万倍。这样轮船公司连简单的再生产也无法维持了，只好宣告破产。[4] 倾注了卢作孚毕生心血的民生公司至此徒叹奈何地惨然收场，从而也宣告了以民生公司为代表的重庆交通运输现代化进程的中断。至此，无论重庆的金融还是工业、交通运输业现代化的进程，都伴随着国民政府统治的崩溃而中断了，只待着新时代到来后的涅槃重生。

---

［1］筚移今：《节制资本的再认识——兼论中国工业化》，《经济周报》第 2 卷第 18 期，1946 年 5 月 9 日，第 4-6 页。
［2］于素云、张俊华、周品威：《中国近代经济史》，沈阳：辽宁人民出版社，1983 年，第 473 页。
［3］重庆市地方志编纂委员会总编辑室：《重庆大事记》，重庆：科学技术文献出版社重庆分社，1989 年，第 284 页。
［4］周凝华、田海蓝：《卢作孚和民生公司》，郑州：河南人民出版社，1998 年，第 289 页。

主要参考文献

一、档案及文献资料汇编

（一）未刊档案文献

重庆市档案馆藏

四川省建设厅未刊档案，全宗号：0009

经济燃料管理处未刊档案，全宗号：0021

国家总动员会议重庆经济检查大队未刊档案，全宗号：0024

重庆市政府未刊档案，全宗号：0053

重庆市参议会未刊档案，全宗号：0054

重庆市一至十八区区公所全宗汇集未刊档案，全宗号：0057

重庆市社会局未刊档案，全宗号：0060

重庆市财政局未刊档案，全宗号：0064

重庆市银行商业同业公会未刊档案，全宗号：0086

义大煤矿股份有限公司未刊档案，全宗号：0247

中国农民银行重庆分行未刊档案，全宗号：0289

重庆市合作金库未刊档案，全宗号：0291

四联总处重庆分处未刊档案，全宗号：0292

聚兴诚商业银行未刊档案，全宗号：0295

四川美丰商业银行未刊档案，全宗号：0296

川盐银行未刊档案，全宗号：0297

重庆市银行未刊档案，全宗号：0299

和成银行未刊档案，全宗号：0300

金城银行重庆分行未刊档案，全宗号：0304

上海商业储蓄银行重庆分行未刊档案，全宗号：0310

贵州省档案馆藏

中国银行贵州分行未刊档案，全宗号：M52

上海市档案馆藏

金城银行未刊档案，全宗号：Q264

台北"国史馆"馆藏

国民政府未刊档案，全宗号：001

"台湾财政主管部门"未刊档案，全宗号：018

（二）已刊档案文献及资料汇编

财政部财政科学研究所、中国第二历史档案馆：《国民政府财政金融税收档案史料（1927—1937年）》，北京：中国财政经济出版社，1997年。

戴鞍钢、黄苇：《中国地方志经济资料汇编》，上海：汉语大词典出版社，1999年。

《涪陵地区盐业志》编纂委员会：《涪陵地区盐业志》，成都：四川人民出版社，1991年。

贵州省地方志编纂委员会：《贵州省志·金融志》，北京：方志出版社，1998年。

洪葭管：《中央银行史料（1928.11—1949.5）》（上、下卷），北京：中国金融出版社，2005年。

湖北省志·金融志编纂委员会：《湖北省金融志》（上）（内部刊物），1985年。

交通银行总行、国家历史档案馆：《交通银行史料第一卷》（1907—1949），北京：中国金融出版社，1995年。

刘继增、张葆华：《中国国民党名人录》，武汉：湖北人民出版社，1991年。

卢广绵等：《回忆中国工合运动》，北京：中国文史出版社，

1997 年。

吴汉民：《20 世纪上海文史资料文库》（5），上海：上海书店出版社，1999 年。

南京金融志编纂委员会、中国人民银行南京分行：《民国时期南京官办银行》，南京：南京金融志编辑室，1992 年。

聂宝璋：《中国近代航运史资料》第一辑（1840—1895 年）（上册），上海：上海人民出版社，1983 年。

全国政协文史资料委员会：《文史资料选辑》第 149 辑，北京：中国文史出版社，2002 年。

任建树：《现代上海大事记》，上海：上海辞书出版社，1996 年。

上海市地方志办公室：《上海：通往世界之桥》（《上海研究论丛》第三辑），上海：上海社会科学院出版社，1989 年。

沈雷春：《中国金融年鉴》（1939 年），沈云龙：《近代中国史料丛刊续编》第六十二辑（613），台北：文海出版社，1979 年。

郭荣生：《中国省银行史略》，沈云龙：《近代中国史料丛刊续编》第十九辑，台北：文海出版社，1975 年。

四川省地方志编纂委员会：《四川省志·金融志》，成都：四川辞书出版社，1996 年。

四川省档案馆、四川大学历史系：《清代乾嘉道巴县档案选编》（下），成都：四川大学出版社，1996 年。

四川省政协文史资料委员会：《四川文史资料集粹》第三卷 经济工商编，成都：四川人民出版社，1996 年。

唐润明：《中国战时首都档案文献·战时经济》，重庆：西南师范大学出版社，2017 年。

田茂德、吴瑞雨：《民国时期四川货币金融纪事（1911—1949）》，成都：西南财经大学出版社，1989 年。

颜鹏飞、李名炀、曹圃：《中国保险史志（1805—1949）》，上海：上海社会科学院出版社，1989 年。

姚崧龄：《张公权先生年谱初稿》（上册），北京：社会科学文献出版社，2014 年。

张守广：《卢作孚年谱长编》（上、下），北京：中国社会科学出版社，2014 年。

中国第二历史档案馆、中国人民银行江苏省分行、江苏省金融志编委会：《中华民国金融法规选编》（上），北京：档案出版社，1989 年。

中国第二历史档案馆：《四联总处会议录》（一），桂林：广西师范大学出版社，2003 年。

中国第二历史档案馆：《中华民国史档案资料汇编》第五辑 第二编 财政经济（五），南京：江苏古籍出版社，1994 年。

中国第二历史档案馆：《中华民国史档案资料汇编》第五辑 第二编 财政经济（九），南京：江苏古籍出版社，1994 年。

中国第二历史档案馆：《中华民国史档案资料汇编》第五辑 第二编 财政经济（三），南京：江苏古籍出版社，1997 年。

中国第二历史档案馆：《中华民国史档案资料汇编》第五辑 第三编 财政经济（四），南京：江苏古籍出版社，1995 年。

中国近代经济史丛书编委会：《中国近代经济史研究资料》（4），上海：上海社会科学院出版社，1985 年。

中国民主建国会重庆市委员会、重庆市工商业联合会文史资料工作委员会：《重庆工商史料》（第二辑），重庆：重庆出版社，1983 年。

中国民主建国会重庆市委员会、重庆市工商业联合会文史资料工作委员会：《聚兴诚银行》，重庆：西南师范大学出版社，1988 年。

中国民主建国会重庆市委员会、重庆市工商业联合会文史资料工作委员会：《重庆工商人物志》，重庆：重庆出版社，1984 年。

中国民主建国会重庆市委员会、重庆市工商业联合会文史资料工作委员会：《重庆 5 家著名银行》，重庆：西南师范大学出版社，1989 年。

中国民主建国会重庆市委员会、重庆市工商业联合会：《重庆工商史料选辑》（第二辑），内部发行，1962 年。

中国人民保险公司四川省分公司：《四川保险志》，内部发行，1989 年。

中国人民银行山西省分行、山西财经学院、《山西票号史料》编写组：《山西票号史料》，太原：山西人民出版社，1990 年。

中国人民银行上海市分行金融研究室：《金城银行史料》，上海：上海人民出版社，1983 年。

中国人民银行上海市分行金融研究室：《中国第一家银行——中国通商银行的初创时期》（一八九七年至一九一一年），北京：中国社会科学出版社，1982 年。

中国人民银行上海市分行金融研究所：《上海商业储蓄银行史料》，上海：上海人民出版社，1990 年。

中国人民银行总行参事室：《中华民国货币史资料》第二辑（1924—1949），上海：上海人民出版社，1991 年。

中国人民政治协商会议全国委员会文史资料研究委员会：《法币、金圆券与黄金风潮》，北京：文史资料出版社，1985 年。

中国人民政治协商会议四川省成都市委员会文史资料研究委员会：《成都文史资料选辑》（第八辑），内部发行，1985 年。

中国人民政治协商会议四川省委员会文史资料和学习委员会：《四川文史资料选辑》（第四十九辑），出版社及时间不详。

中国人民政治协商会议四川省重庆市委员会文史资料研究委员会：《重庆文史资料》（第十七辑），内部发行，1983 年。

中国人民政治协商会议四川省重庆市委员会文史资料研究委员会：《重庆文史资料》（第二十二辑），内部发行，1984 年。

中国人民政治协商会议四川省重庆市委员会文史资料研究委员会：《重庆文史资料》（第十四辑），内部发行，1982 年。

中国人民政治协商会议西安市莲湖区委员会文史资料研究委员会：《莲湖文史资料》（第六辑）（内部资料），1991 年。

中国人民政治协商会议西南地区文史资料协作会议：《抗战时期西南的金融》，重庆：西南师范大学出版社，1994 年。

中国人民政治协商会议重庆市委员会文史资料委员会：《重庆文史资料》(第四十辑)，重庆：西南师范大学出版社，1993年。

中国社会科学院近代史研究所中华民国史研究室：《中华民国史资料丛稿·人物传记》(第五辑)，北京：中华书局，1978年。

中国社会科学院近代史研究所中华民国史研究室：《中华民国史资料丛稿·人物传记》(第七辑)，北京：中华书局，1979年。

中国社会科学院近代史研究所中华民国史研究室：《中华民国史资料丛稿·人物传记》(第九辑)，北京：中华书局，1980年。

中国银行总行、中国第二历史档案馆：《中国银行行史资料汇编》上编(1912—1949年)，北京：档案出版社，1991年。

重庆市地方志编纂委员会总编辑室：《重庆大事记》，重庆：科学技术文献出版社重庆分社，1989年。

郑洪泉、黄立人：《中华民国战时首都档案》第一卷 国府迁渝·明定陪都·胜利还都，重庆：重庆出版社，2008年。

郑洪泉、黄立人：《中华民国战时首都档案》第五卷 战时金融，重庆：重庆出版社，2008年。

重庆市档案馆、重庆市人民银行金融研究所：《四联总处史料》(上、中、下)，北京：档案出版社，1993年。

重庆市地方志编纂委员会总编辑室：《重庆市志》(第一卷)，成都：四川大学出版社，1992年。

重庆市渝中区政协文史资料委员会、重庆市渝中区金融工作办公室：《重庆市渝中区文史资料第十八辑·渝中金融史话专辑》(内部资料)，2008年。

周开庆：《四川经济志》，台北：台湾商务印书馆，1972年。

周勇、刘景修：《近代重庆经济与社会发展(1876—1949)》，成都：四川大学出版社，1987年。

二、民国著作

财政部钱币司:《银行管理法令辑要》,重庆:财政部钱币司,1942 年。

财政部钱币司:《十年来之金融》,重庆:中央信托局印制处,1943 年。

全国经济委员会:《四川考察报告书》,上海:太平洋印刷公司,1935 年。

行政院:《国民政府年鉴》,重庆:行政院,1943 年。

蒋介石:《抗战到底》,上海:上海生活书店,1937 年。

交通银行总管理处:《金融市场论》,上海:交通银行总管理处,1947 年。

联合征信所调查组:《上海金融业概览(1947 年)》,上海:联合征信所,1947 年。

联合征信所调查组:《上海金融业概览(1948 年)》,上海:联合征信所,1948 年。

上海商业储蓄银行:《陈光甫先生言论集》,上海:上海商业储蓄银行,1949 年。

中国保险年鉴社:《中国保险年鉴》(1936),上海:中国保险年鉴社,1936 年。

沈雷春:《中国金融年鉴》(1947 年),上海:黎明书局,1947 年。

沈长泰:《省县银行》,上海:大东书局,1948 年。

汤约生、傅润华:《陪都工商年鉴》,重庆:文信书局,1945 年。

王承志:《中国金融资本论》,上海:光明书局,1936 年。

吴受彤:《川盐银行营业报告书:1935 年》,重庆:川盐银行,1935 年。

徐百齐：《中华民国法规大全》（第三册），上海：商务印书馆，1936 年。

杨承厚：《重庆市票据交换制度》，重庆：中央银行经济研究处，1944 年。

张家骧：《中华币制史》，北京：民国大学出版部，1925 年。

张嘉璈：《中国铁道建设》，杨湘年译，重庆：商务印书馆，1945 年。

张肖梅：《四川经济参考资料》，上海：中国国民经济研究所，1939 年。

张肖梅等：《中外经济年报》1941 年第三回续编，上海：世界书局，1941 年。

中国国民党中央执行委员会宣传部：《抗战六年来之财政金融》，重庆：国民图书出版社，1943 年。

中国合作事业协会：《抗战以来之合作运动》，南京：中国合作事业协会，1946 年。

中国通商银行：《五十年来之中国经济》，上海：六联印刷股份有限公司，1947 年。

中国银行经济研究室：《全国银行年鉴》（1937 年），上海：中国银行经济研究室，1937 年。

中国银行总管理处经济研究室：《全国银行年鉴》（1934 年），上海：中国银行总管理处经济研究室，1934 年。

中国银行总管理处经济研究室：《全国银行年鉴》（1936 年），上海：中国银行总管理处经济研究室，1936 年。

中央储备银行调查处：《上海银行业概况》，上海：中央储备银行调查处，1945 年。

重庆市合作金库：《重庆市合作金库概况》，重庆：重庆市合作金库，1944 年。

重庆市政府：《重庆要览》，重庆：重庆市政府，1945 年。

重庆中国银行：《重庆经济概况（民国十一年至二十年）》，重庆：重庆中国银行，1934 年。

周葆銮:《中华银行史》,上海:商务印书馆,1919年。

周宜甫:《四川金融风潮史略》,重庆:重庆中国银行,1933年。

朱斯煌:《民国经济史》,上海:银行学会、银行周报社,1948年。

邹宗伊:《中国战时金融管制》,重庆:财政评论社,1943年。

三、民国报刊

《保险季刊》

张明昕:《简易人寿保险制度创设经过及由邮政经办理由》,《保险季刊》1937年第1卷第3期。

《保险界》

《兴华保险公司举办战时人身意外保险》,《保险界》1941年第7卷第15期。

《保险知识》

金振声:《一年来之重庆保险业》,《保险知识》1949年第2卷第4期。

《报报》

陆自诚:《谈中国的保险事业》,《报报》1946年第1卷第13期。

《渝金融市场内幕》,《报报》1946年第2卷第7期。

《本行通讯》

程其履:《陕西街之外汇黄金市场》,《本行通讯》1945年第108期。

《财政评论》

孔祥熙:《第二次地方金融会议演词》,《财政评论》1939年第

1 卷第 4 期。

《中外财政金融消息汇报·巨量资金流返国内》,《财政评论》1940 年第 4 卷第 1 期。

《中外财政金融消息汇报·沪市游资大量内移》,《财政评论》1940 年第 4 卷第 4 期。

《中信局成立人寿保险处》,《财政评论》1941 年第 5 卷第 4 期。

《银行钱庄限期注册》,《财政评论》1942 年第 7 卷第 4 期。

《黄金买卖最近动态》,《财政评论》1943 年第 10 卷第 4 期。

《筹备证券票据市场》,《财政评论》1944 年第 11 卷第 1 期。

《财政学报》

郭荣生:《战时西南西北金融网建设》,《财政学报》1943 年第 1 卷第 3 期。

《财政知识》

傅兆棻:《抗战以来之我国省地方银行》,《财政知识》1943 年第 2 卷第 3—4 期合刊。

《重庆合作》

曹海秋:《重庆市消费合作社联合社的成长》,《重庆合作》1942 年第 1 卷第 1 期。

张攻非:《重庆市合作社组织与指导》,《重庆合作》1942 年第 1 卷第 1 期。

张攻非:《重庆市合作社组织与指导》(续),《重庆合作》1942 年第 1 卷第 2 期。

张攻非:《重庆市合作社组织与指导》(续),《重庆合作》1942 年第 1 卷第 3—4 期。

《川康建设》

陈英兢:《比期存放制度之存废问题》,《川康建设》1943 年第 1 卷第 1 期。

《四川的商业银行在做些什么?》,《川康建设》1943 年第 1 卷第 1 期。

培根：《康心如与四川美丰银行》，《川康建设》1943 年第 1 卷第 2—3 期。

《东方杂志》

《工商同业公会法》（1929 年 8 月 17 日），《东方杂志》1929 年第 26 卷第 15 期。

《工商半月刊》

《重庆金融机关及货币状况》，《工商半月刊》1930 年第 2 卷第 24 期。

《工商特刊》

《呜呼重庆之钱业》，《工商特刊》1933 年创刊号。

《工商新闻》

《重庆：钱庄易称银行》，《工商新闻》1946 年复刊第 5 期。

《工业合作月刊》

吴本蕃：《川康工合事业之现状与展望》，《工业合作月刊》1941 年新 1 卷第 5—6 期。

《重庆市合作金库成立，本会认提倡股十万元》，《工业合作月刊》1941 年复刊号第 1 期。

石鸣：《三年来之川康工合》，《工业合作月刊》1942 年第 3 卷第 1—2 期。

《工业经济参考资料》

《外汇行市统计表》，《工业经济参考资料》1945 年第 9 期。

《国货与实业》

《华侨建国银行已在考虑组织》，《国货与实业》1941 年第 1 卷第 2 期。

《国际劳工通讯》

《四川地方银行全用女职员》，《国际劳工通讯》1940 年第 7 卷第 11 期。

《合作评论》

巢楣：《重庆市工业合作的分析》，《合作评论》1941 年第 1 卷第 11 期。

《华侨先锋》

《华侨联合银行开幕》，《华侨先锋》1943 年第 5 卷第 5 期。

《交通建设》

王租廉：《邮政储金汇业局重庆分局概况》，《交通建设》1944 年第 2 卷第 7 期。

《金融导报》

沈雷春：《抗战前后之我国保险业》，《金融导报》1940 年第 1 卷第 5—6 期。

《聚兴诚银行》，《金融导报》1940 年第 2 卷第 12 期。

《金融汇报》

《上海金价十年升迁》，《金融汇报》1947 年第 44—45 期。

《金融知识》

梁子范：《重庆比期存放及其高利问题》，《金融知识》1942 年第 1 卷第 1 期创刊号。

朱祖晦：《重庆之比期存款》，《金融知识》1942 年第 1 卷第 1 期创刊号。

李荣廷：《重庆市之钱庄业》，《金融知识》1942 年第 1 卷第 3 期。

朱偰：《重建后方证券及物品交易所问题》，《金融知识》1942 年第 1 卷第 3 期。

章乃器：《对于工业资金问题之管见》，《金融知识》1942 年第 1 卷第 3 期。

詹显哲：《后方开办证券物品交易所问题》，《金融知识》1942 年第 1 卷第 4 期。

谢敏道:《论资本市场之设立及其运用》,《金融知识》1942 年第 1 卷第 4 期。

邹宗伊:《证券市场》,《金融知识》1943 年第 2 卷第 2 期。

郑尧拌:《推广我国简易寿险刍议》,《金融知识》1943 年第 2 卷第 4 期。

吴承明:《产业资金问题之检讨》,《金融知识》1943 年第 2 卷第 5 期。

章乃器:《生产会议与工业资金》,《金融知识》1943 年第 2 卷第 5 期。

《金融周报》

《沪川汇水抑平》,《金融周报》1936 年第 1 卷第 1 期。

《中央信托局长叶琢堂就职》,《金融周报》1936 年第 1 卷第 4 期。

《金融概况·重庆》,《金融周报》1936 年第 1 卷第 19 期。

《金融概况·重庆》,《金融周报》1937 年第 3 卷第 23 期。

《重庆银行公会召开会员大会》,《金融周报》1938 年第 5 卷第 12 期。

《各银行筹设重庆分行》,《金融周报》1938 年第 5 卷第 14 期。

《各地金融市况(二)·昆明》,《金融周报》1938 年第 5 卷第 16 期。

《重庆市银行准明春成立》,《金融周报》1940 年第 10 卷第 23 期。

《重庆市合作金库举行开礼典幕》,《金融周报》1941 年第 11 卷第 3 期。

《中央银行奉令在渝买卖外汇》,《金融周报》1941 年第 11 卷第 11 期。

《财政部训令保险业最低资本额提高为至少一亿元》,《金融周报》1947 年第 16 卷第 24 期。

《金融周刊》

康心如：《几家商业银行资产的运用》，《金融周刊》1942 年第 3 卷第 5—6 期。

《重庆市废除比期制度之经过》，《金融周刊》1943 年第 4 卷第 6 期。

《一年来重庆银钱业之动态》，《金融周刊》1943 年第 4 卷第 5 期。

《非常时期票据承兑贴现办法》，《金融周刊》1943 年第 4 卷第 29 期。

《重庆票据交换逐月统计表》，《金融周刊》1944 年第 5 卷第 33 期。

《金融周讯》

李云吉：《一年来重庆银钱业动态》，《金融周讯》1945 年第 1 期。

《重庆市银行商业同业公会第六次理事会议事程序》，《金融周讯》1945 年第 3 期。

《重庆市银行商业同业公会筹建会所缘起》，《金融周讯》1945 年第 1 卷第 5—6 期。

《吴晋航氏痛论金融管理失策》，《金融周讯》1945 年第 8 期。

《重庆市银行商业同业公会第二十次理事会议纪录》，《金融周讯》1946 年第 2 卷第 21—22 期。

《经济丛报》

《渝买卖外汇不变沪地位》，《经济丛报》1941 年第 3 卷第 3 期。

《经济导报》

《经济杂讯——国内之部·金融》，《经济导报》1942 年第 1 卷第 1 期。

《经济杂讯·金融》，《经济导报》1942 年第 1 卷第 1 期。

金逸明：《川帮银行的首脑：聚兴诚银行》，《经济导报》（香港）1948 年第 72 期。

《经济建设季刊》

康永仁：《论重庆市银钱业的发展及管理》，《经济建设季刊》
1942 年第 1 卷第 1 期（创刊号）。

李京生：《论西北金融网之建立》，《经济建设季刊》1944 年第
2 卷第 4 期。

《经济特讯》

《聚兴诚银行》，《经济特讯》1948 年第 202 期。

《经济通讯》

《黑市黄金交易重庆近更活跃》，《经济通讯》1948 年第
746 期。

《经济新闻》

《各地动态·陪都》，《经济新闻》1944 年第 2 卷第 42 期。

《经济杂志》

汪粟甫：《重庆金融市场考略》，《经济杂志》1936 年第 1 卷第
4 期。

《金城银行广告》，《经济杂志》1936 年第 1 卷第 2 期。

《经济周报》

笪移今：《节制资本的再认识——兼论中国工业化》，《经济周
报》1946 年第 2 卷第 18 期。

《聚星》

《钱公会召集各庄议决应付划条问题办法》，《聚星》1929 年讨
论重庆金融专号。

《新招员生训练》，《聚星》1947 年第 1 卷第 3 期。

《本行掌故二则·本行原有贸易部》，《聚星》1948 年第 1 卷第
8 期。

《本行掌故二则·粲老曾图利用外资》，《聚星》1948 年第 1 卷
第 8 期。

杨粲三：《卅八年度常年股东大会建议书》，《聚星》1949 年复 2 卷第 10 期。

杨季谦：《致本行股东同仁书》，《聚星》1949 年复 2 卷第 10 期。

《昆明周报》

《大量黄金由印飞渝》，《昆明周报》1944 年第 92 期。

《立信会计月报》

《银行钱庄补行注册变通办法》，《立信会计月报》1942 年第 2 卷第 4 期。

《内政统计月报》

《各院辖市历年分月人口数·重庆》，《内政统计月报》1947 年第 4—5—6 期合刊。

《钱业月报》

《各地钱庄同业录·重庆》，《钱业月报》1924 年第 4 卷第 4 期。

致高：《重庆之钱庄》，《钱业月报》1932 年第 12 卷第 9 期。

《重庆市钱商业同业公会会员录》（1948 年 6 月），《钱业月报》1948 年第 19 卷第 6 期。

《重庆市钱商业同业公会理监事简历表》（1948 年 6 月），《钱业月报》1948 年第 19 卷第 6 期。

《陕行汇刊》

《渝证券交易所短期内可成立》，《陕行汇刊》1941 年第 5 卷第 3—4 期合刊。

《农民银行积极推行简易储蓄》，《陕行汇刊》1941 年第 5 卷第 5 期。

《建国银行定五日开幕》，《陕行汇刊》1941 年第 5 卷第 5 期。

《渝银行公会决定成立重庆市粮食协助会》，《陕行汇刊》1941 年第 5 卷第 5 期。

《商情报告》

《聚丰钱庄举行创立会》，《商情报告》1942 年特 1206。

《申报（上海版）》

《中央银行迁址》，《申报（上海版）》1945 年 11 月 24 日。

《申报》

《刘航琛等在京接洽财政已毕》，《申报》1936 年 6 月 1 日。

《渝行庄滥发本票，市参会建议制止》，《申报》1949 年 3 月 22 日。

《省行通讯》

《财部颁布限制黄金出口办法》，《省行通讯》1939 年第 1 卷第 10—12 期合刊。

《四川财政季刊》

《成渝各钱庄资本业务概况表》，《四川财政季刊》1938 年创刊号。

《四川经济季刊》

张舆九：《抗战以来四川之金融》，《四川经济季刊》1943 年第 1 卷第 1 期。

李紫翔：《抗战以来四川之工业》，《四川经济季刊》1943 年第 1 卷第 1 期。

本处资料室：《川省银钱业之现状及其管制》，《四川经济季刊》1943 年第 1 卷第 1 期。

金龙灵：《四川省水上交通之发展及其趋势》，《四川经济季刊》1944 年第 1 卷第 2 期。

杨泽：《四川金融业之今昔》，《四川经济季刊》1944 年第 1 卷第 3 期。

康永仁：《重庆的银行》，《四川经济季刊》1944 年第 1 卷第 3 期。

施复亮：《四川省银行的过去现在和将来》，《四川经济季刊》

1944 年第 1 卷第 3 期。

李紫翔:《我国银行与工业》,《四川经济季刊》1944 年第 1 卷第 3 期。

《和成银行十年来业务概况》,《四川经济季刊》1944 年第 1 卷第 3 期。

陈晓钟:《十年来重庆市银行业鸟瞰》,《四川经济季刊》1944 年第 1 卷第 3 期。

《四川十家银行概述》,《四川经济季刊》1944 年第 1 卷第 3 期。

宫廷璋:《聚兴诚银行三十年来概况》,《四川经济季刊》1944 年第 1 卷第 3 期。

《川康平民商业银行小史》,《四川经济季刊》1944 年第 1 卷第 3 期。

董幼娴:《重庆保险业概况》,《四川经济季刊》1945 年第 2 卷第 1 期。

《四川经济月刊》

《地方银行之缘起》,《四川经济月刊》1934 年第 1 卷第 1 期。

《地方银行之使命》,《四川经济月刊》1934 年第 1 卷第 1 期。

《四川地方银行兑换券准备金检查委员会条例》,《四川经济月刊》1934 年第 1 卷第 1 期。

四川地方银行经济调查部:《重庆市银行业同业公会章程》,《四川经济月刊》1934 年第 1 卷第 3 期。

卢澜康:《从申汇说到现金问题》,《四川经济月刊》1934 年第 1 卷第 4 期。

四川地方银行经济调查部:《重庆申汇市况》,《四川经济月刊》1934 年第 2 卷第 4 期。

《重庆证券交易所停拍——汇兑管理所撤销》,《四川经济月刊》1935 年第 3 卷第 2 期。

《重庆各商业银行收回纸币》,《四川经济月刊》1935 年第 3 卷第 4—5 期。

四川地方银行经济调查部：《财部整理川省金融》，《四川经济月刊》1935 年第 4 卷第 1 期。

四川地方银行经济调查部：《一月来之重庆金融》，《四川经济月刊》1935 年第 4 卷第 1 期。

《重庆金融近讯》，《四川经济月刊》1935 年第 4 卷第 2 期。

《四川最近之公债与房捐问题》，《四川经济月刊》1935 年第 4 卷第 3 期。

四川地方银行经济调查部：《一月来金融业之动态与静态》，《四川经济月刊》1935 年第 4 卷第 3 期。

四川地方银行经济调查部：《二十四年四川金融大事日志》，《四川经济月刊》1936 年第 5 卷第 1 期。

《经济名人汇志·刘航琛》，《四川经济月刊》1936 年第 5 卷第 1 期。

四川地方银行经济调查部：《民国二十四年四川金融之回顾》，《四川经济月刊》1936 年第 5 卷第 2—3 期合刊。

《本市证券业概况》，《四川经济月刊》1936 年第 6 卷第 3 期。

四川地方银行经济调查部：《本市各银行领钞额数》，《四川经济月刊》1936 年第 6 卷第 3 期。

《金融界两问题圆满解决》，《四川经济月刊》1937 年第 7 卷第 1—2 期。

《省府颁布钱庄管理条例》，《四川经济月刊》1937 年第 7 卷第 1—2 期。

《渝市典当业改隶市府管理》，《四川经济月刊》1937 年第 7 卷第 3 期。

《二十五年四川金融之回顾》，《四川经济月刊》1937 年第 7 卷第 3 期。

《上海银行筹备设渝分行》，《四川经济月刊》1937 年第 7 卷第 4 期。

《商业银行增加资本》，《四川经济月刊》1937 年第 7 卷第

4 期。

《兴华保险公司扩大组织》，《四川经济月刊》1937 年第 7 卷第 4 期。

《四川省银行改总管理制》，《四川经济月刊》1937 年第 8 卷第 1 期。

《重庆钱庄调查》，《四川经济月刊》1937 年第 8 卷第 2 期。

《一月来之保险业务》，《四川经济月刊》1937 年第 8 卷第 2 期。

《重庆金融近况》，《四川经济月刊》1937 年第 8 卷第 2 期。

《刘主席向中央呼吁救济》，《四川经济月刊》1937 年第 8 卷第 3 期。

《金融界共商维持办法》，《四川经济月刊》1937 年第 8 卷第 3 期。

《金融界拟具三项救济办法》，《四川经济月刊》1937 年第 8 卷第 3 期。

《财部电准维持渝市金融》，《四川经济月刊》1937 年第 8 卷第 3 期。

《银行奉令停业》，《四川经济月刊》1937 年第 8 卷第 3 期。

《中中农三行组织贴放委会》，《四川经济月刊》1937 年第 8 卷第 3 期。

《发行保证代现券》，《四川经济月刊》1937 年第 8 卷第 3 期。

白也：《抗战期中的重庆金融》，《四川经济月刊》1938 年第 9 卷第 1—2 期。

《重庆申汇洋水及比期利息涨落表》，《四川经济月刊》1938 年第 9 卷第 1—2 期。

《渝银行公会近讯》，《四川经济月刊》1938 年第 9 卷第 3 期。

《渝钱庄将联合营业》，《四川经济月刊》1938 年第 9 卷第 4 期。

《证券市场近讯——渝证券交易所增资》，《四川经济月刊》1938 年第 9 卷第 4 期。

《重庆票据交换数额及利息统计表》,《四川经济月刊》1938
年第 10 卷第 1 期。

《重庆银楼业概况》,《四川经济月刊》1938 年第 10 卷第
6 期。

《渝市金融业去岁均获利》,《四川经济月刊》1939 年第 11 卷
第 3 期。

《中国国货银行渝分行开幕》,《四川经济月刊》1939 年第 11
卷第 1—2 期。

《经济部限令工商业组同业公会》,《四川经济月刊》1939 年
第 11 卷第 1—2 期。

《四川月报》

《造币厂停铸铜币》,《四川月报》1932 年第 1 卷第 1 期。

《石建屏倒骗案结束》,《四川月报》1932 年第 1 卷第 1 期。

《川盐银行正式开幕》,《四川月报》1932 年第 1 卷第 1 期。

《公债·重庆》,《四川月报》1932 年第 1 卷第 1 期。

《中和银券事结束》,《四川月报》1932 年第 1 卷第 1 期。

《中国银行与聚兴诚银行发生挤兑风潮》,《四川月报》1932
年第 1 卷第 1 期。

《货币·重庆》,《四川月报》1932 年第 1 卷第 2 期。

《重庆申汇风潮之追述与现状》,《四川月报》1932 年第 1 卷
第 2 期。

《少年银行》,《四川月报》1932 年第 1 卷第 2 期。

《江北筹办农村银行》,《四川月报》1932 年第 1 卷第 4 期。

《重庆商业银行开幕》,《四川月报》1932 年第 1 卷第 4 期。

《廿一军筹办建设银行》,《四川月报》1932 年第 1 卷第
4 期。

《中国保险公司》,《四川月报》1932 年第 1 卷第 4 期。

《钱业界现状》,《四川月报》1932 年第 1 卷第 5 期。

《重庆银钱业组织联合公库》,《四川月报》1933 年第 2 卷第

6 期。

《重庆银钱业组织票据交换处》,《四川月报》1933 年第 2 卷第 6 期。

《重庆市银钱业联合公库票据交换所交换办事细则》,《四川月报》1933 年第 2 卷第 6 期。

《重庆银行业杂询》,《四川月报》1933 年第 3 卷第 2 期。

《重庆之银楼业》,《四川月报》1933 年第 3 卷第 2 期。

《重庆银行钱庄议决本票支票交换法》,《四川月报》1933 年第 3 卷第 4 期。

《重庆钱业公会评价委员会恢复工作》,《四川月报》1933 年第 3 卷第 5 期。

《重庆银行公会改选职员已竣》,《四川月报》1933 年第 3 卷第 5 期。

《重庆证券交易所概况》,《四川月报》1934 年第 4 卷第 1 期。

《重庆恒茂钱庄歇业》,《四川月报》1934 年第 4 卷第 2 期。

《重庆市钱业公会重订本票规则》(1934 年 2 月改订),《四川月报》1934 年第 4 卷第 2 期。

张舆九:《四川经济之分析及其重要性》,《四川月报》1934 年第 4 卷第 4 期。

《督署令委九银行合组四川地方银行兑换券发行准备库》,《四川月报》1934 年第 5 卷第 1 期。

《重庆市民银行改名重庆银行》,《四川月报》1934 年第 5 卷第 3 期。

《二十一军部设立重庆金融汇兑管理处》,《四川月报》1934 年第 5 卷第 5 期。

《中央银行筹设重庆分行》,《四川月报》1935 年第 6 卷第 1 期。

《重庆二十三年银行日志》,《四川月报》1935 年第 6 卷第 1 期。

《重庆市府令各工会设民众夜校》，《四川月报》1935 年第 6 卷第 3 期。

《重庆钱业公会筹办商业学校》，《四川月报》1935 年第 6 卷第 3 期。

《整理地钞办法决定》，《四川月报》1935 年第 6 卷第 6 期。

《中国农民银行重庆分行开幕》，《四川月报》1935 年第 7 卷第 1 期。

《重庆证券同业会暂缓组织》，《四川月报》1935 年第 7 卷第 1 期。

《重庆福兴钱庄停业》，《四川月报》1935 年第 7 卷第 4 期。

《中央信托局定下月成立》，《四川月报》1935 年第 7 卷第 4 期。

《重庆证券交易所开幕》，《四川月报》1935 年第 7 卷第 4 期。

《重庆钱业公会改选》，《四川月报》1936 年第 9 卷第 1 期。

《渝市钱庄统计》，《四川月报》1936 年第 9 卷第 2 期。

《川省银行增加资本》，《四川月报》1936 年第 9 卷第 3 期。

《渝金融界转账问题近讯》，《四川月报》1936 年第 9 卷第 3 期。

中国银行：《渝市各行庄领钞近况》，《四川月报》1937 年第 10 卷第 2 期。

重庆中国银行：《川盐银行淘修内陆滩口》，《四川月报》1937 年第 10 卷第 3 期。

《兴华保险公司扩大组织》，《四川月报》1937 年第 10 卷第 3 期。

《聚兴诚银行改组增资》，《四川月报》1937 年第 10 卷第 4 期。

白也：《四川金融业最近之动态》，《四川月报》1937 年第 10 卷第 5 期。

《廿五年重庆之银楼业概况》，《四川月报》1937 年第 10 卷第

6 期。

《重庆金融发生危机》,《四川月报》1937 年第 11 卷第 1 期。

《四川建设银行停业》,《四川月报》1937 年第 11 卷第 1 期。

《川康平民商业银行首脑人员决定》,《四川月报》1937 年第 11 卷第 4 期。

《川盐银行选举董事长》,《四川月报》1937 年第 11 卷第 4 期。

《重庆银行公会改组》,《四川月报》1937 年第 11 卷第 5 期。

《重庆证券交易所准备复业》,《四川月报》1938 年第 12 卷第 2 期。

《重庆银钱业发行代现券》,《四川月报》1938 年第 12 卷第 2 期。

《重庆出口商请改善统制外汇办法》,《四川月报》1938 年第 12 卷第 5—6 期合刊。

《四川省银行行务月报》

《四川省银行章程》,《四川省银行行务月报》1940 年第 1 卷第 1 期。

《本行之过去与现在》,《四川省银行行务月报》1940 年第 1 卷第 1 期。

《总字通告第二十九号》,《四川省银行行务月报》1940 年第 1 卷第 3 期。

《总行一年来事务之回顾》,《四川省银行行务月报》1940 年第 1 卷第 4 期。

《总行临时甄取见习生》,《四川省银行行务月报》1940 年第 1 卷第 4 期。

《通告·奖惩(十一月份)》,《四川省银行行务月报》1940 年第 1 卷第 8 期。

《社会部公报》

《社会部指令》(1943 年 2 月 26 日),《社会部公报》1943 年第 9 期。

《田家时事特刊》

《限价政策新决定》,《田家时事特刊》1943 年第 19 期。

《西南实业通讯》

康心如:《建设西南实业的蠡见》,《西南实业通讯》1940 年第
1 卷第 4 期。

《东方汇理银行渝分行复业》,《西南实业通讯》1941 年第 3
卷第 4 期。

《中央银行继续买卖外汇》,《西南实业通讯》1941 年第 3 卷
第 4 期。

《现世报》

《进口汇兑办法,本周开始试行》,《现世报》1938 年第 8 期。

《新重庆》

张笃伦:《一年来重庆市政建设之检讨》,《新重庆》1947 年第
1 卷第 1 期创刊号。

张健冬:《一年来之重庆市银行》,《新重庆》1947 年第 1 卷第
1 期创刊号。

《新经济》

杨骥:《重庆市的票据交换制度》,《新经济》1942 年第 7 卷第
11 期。

彭瑞夫:《谈寿险事业与公教人员寿险问题》,《新经济》1945
年第 12 卷第 3 期。

《新闻报》

《沪证券交易所暂不迁渝》,《新闻报》1941 年 3 月 27 日。

《新新新闻》

《黄金上涨》,《新新新闻》1937 年 11 月 16 日。

《集中资力合并营业,渝市钱庄托拉斯化》,《新新新闻》
1938 年 3 月 11 日。

《财政部管理黄金》，《新新新闻》1938 年 7 月 5 日。

《渝商帮统制外汇意见，财政部已覆电采纳》，《新新新闻》1938 年 7 月 8 日。

《黄金价值陆续下跌》，《新新新闻》1938 年 7 月 9 日。

《黄金时代已过去，各地金价猛烈下跌》，《新新新闻》1939 年 9 月 18 日。

《黄金五十两，轮船乘客私运》，《新新新闻》1938 年 9 月 21 日。

《美金外汇牌价》，《新新新闻》1942 年 7 月 10 日。

《渝市钱庄业决定设立联合仓库》，《新新新闻》1942 年 12 月 30 日。

《四部主要首批还都人员月底出发》，《新新新闻》1945 年 11 月 25 日。

《渝市近发现五十万伪造本票》，《新新新闻》1947 年 1 月 28 日。

《重庆滥发本票行庄，西南公署勒令停业》，《新新新闻》1949 年 6 月 15 日。

《渝四行庄滥发本票，法院判处徒刑三年》，《新新新闻》1949 年 8 月 27 日。

《重庆中国银行员工争取待遇发生纠纷》，《新新新闻》1949 年 11 月 4 日。

《信托季刊》

《金类兑换法币办法》，《信托季刊》1937 年第 2 卷第 4 期。

《金类兑换法币办法实施细则》，《信托季刊》1937 年第 2 卷第 4 期。

《中中交农四行内地联合贴放办法》，《信托季刊》1938 年第 3 卷第 1—2 期。

《西康经济季刊》

《整肃银行钱庄业务》，《西康经济季刊》1943 年第 2—4 期。

《兴业邮乘》

盛慕杰：《重庆票据交换制度概述》，《兴业邮乘》1949 年第169 期。

《银行界》

康心如：《战时银行界的责任与技能》，《银行界》1941 年第1卷第1 期。

杨秀：《比期存放款的分析》，《银行界》1942 年第1 卷第4 期。

詹显哲：《比期存放款问题之检讨》，《银行界》1942 年第1 卷第4 期。

《银行通讯》

《赵秀岩转任建国银行协理》，《银行通讯》1943 年第2 期。

《重庆银楼业近况》，《银行通讯》1944 年第7 期。

《金融界简讯》，《银行通讯》1944 年第10 期。

《重庆市银行公会》，《银行通讯》1944 年第11 期。

曹国璋：《重庆市银行公会理事长——和成银行总经理吴晋航氏访问记》，《银行通讯》1944 年第11 期。

《金融界简讯》，《银行通讯》1944 年第13 期。

《重庆联合票据承兑所》，《银行通讯》1944 年第13 期。

《银行动态·新华银行》，《银行通讯》1944 年第14 期。

《复兴义记钱庄》，《银行通讯》1945 年第17 期。

《渝泰丰银号改泰丰银行》，《银行通讯》1945 年第17 期。

《聚丰钱庄增改为聚丰银行》，《银行通讯》1945 年第17 期。

《渝和通钱庄》，《银行通讯》1945 年第17 期。

《银行动态》，《银行通讯》1945 年第17 期。

《永生钱庄》，《银行通讯》1945 年第18 期。

潘昌猷：《银行从业员应有之抱负与修养》，《银行通讯》1945 年第19—20 期。

黄宇乾：《潘昌猷先生访问记》，《银行通讯》1945 年第

25 期。

《重庆义丰钱庄》,《银行通讯》1946 年新 8 期。

《广告：永庆钱庄上海分庄》,《银行通讯》1946 年新 8 期。

李荣廷：《半年来重庆金融市场》,《银行通讯》1946 年新 8 期。

《重庆银行公会理事长：范众渠先生》,《银行通讯》1947 年新 21 期。

《银行月刊》

《聚兴诚银行》,《银行月刊》1921 年第 1 卷第 1 期。

《银行杂志》

金世和：《汉口银行公会创设之经过》,《银行杂志》1923 年第 1 卷第 1 号。

《银行周报》

《四川地方银行发钞状况》,《银行周报》1935 年第 19 卷第 17 期。

《重庆市证券业调查》,《银行周报》1936 年第 20 卷第 36 期。

甘慕乔：《重庆信用票据之兴废》,《银行周报》1937 年第 21 卷第 28 期。

《财部限制汇兑》,《银行周报》1938 年第 22 卷第 38 期。

《钱新之接任交行董事长》,《银行周报》1938 年第 22 卷第 41 期。

《中央信托局办理战时兵险》,《银行周报》1939 年第 23 卷第 34 期。

《重庆市银行明春可成立》,《银行周报》1940 年第 24 卷第 48 期。

《各银行创办重庆比期存款》,《银行周报》1941 年第 25 卷第 40 期。

杨荫溥、钟襄充：《八年来后方之金融》,《银行周报》1946 年

第 30 卷第 3—4 期。

《渝大夏银行停业》,《银行周报》1946 年第 30 卷第 3—4 期。

《上海银行公会为请修改管理银行办法呈财部文》,《银行周报》1946 年第 30 卷第 27 期。

《重庆市银行公会对修正银行法草案之意见》,《银行周报》1946 年第 30 卷第 27 期。

《重庆市银钱两业请废止金融管制法令之呈文》,《银行周报》1946 年第 30 卷第 27 期。

《本市川帮银行钱庄共十七家》,《银行周报》1947 年第 31 卷第 2—3 期。

《银励》

《四川省银行迁移新址》,《银励》1941 年第 2 卷第 2 期。

《建国银行开幕资本暂定两百万》,《银励》1941 年第 2 卷第 2 期。

《雍言》

《中央银行办理票据交换办法》（1942 年 5 月）,《雍言》1942 年第 2 卷第 6 期。

《裕民（遂川）》

《财政部指令准废除比期制度》,《裕民（遂川）》1943 年第 4 期。

《征信所报》

《四川美丰银行南京分行开幕》,《征信所报》1946 年第 30 期。

《战后重庆工业之展望》,《征信所报》1946 年第 68 期。

《中美商约后第一声：美亚保险公司即将成立》,《征信所报》1946 年第 221 期。

《永生钱庄、永裕银号上海分庄号今日开业》,《征信所报》1946 年第 236 期。

《成大银号建国银行：财部饬令撤销营业执照》，《征信所报》1947 年第 290 期。

《征信新闻（重庆）》

《和成银行在南京广州筹设分行》，《征信新闻（重庆）》1946 年第 340 期。

《永生钱庄增资》，《征信新闻（重庆）》1946 年第 384 期。

《本市银行公会新厦今日开幕》，《征信新闻（重庆）》1946 年第 402 期。

《重庆商业银行增设广州天津分行》，《征信新闻（重庆）》1946 年第 415 期。

《怡益银号迁渝明日正式开业》，《征信新闻（重庆）》1946 年第 415 期。

《中国人事保险公司扩展业务》，《征信新闻（重庆）》1946 年第 420 期。

《盐务局渝汉间本年内失吉盐船》，《征信新闻（重庆）》1946 年第 422 期。

《财政部批准川盐银行增设穗平津沈分行》，《征信新闻（重庆）》1946 年第 444 期。

《重庆银行银号钱庄统计》，《征信新闻（重庆）》1946 年第 476 期。

《叙永保厚钱庄迁渝营业》，《征信新闻（重庆）》1946 年第 492 期。

《大夏银行明日正式复业》，《征信新闻（重庆）》1946 年第 528 期。

《永生钱庄沪分庄本日开业》，《征信新闻（重庆）》1946 年第 534 期。

《财部取缔地下钱庄》，《征信新闻（重庆）》1946 年第 535 期。

《三十五年一月至十二月重庆市银行钱庄变动一览表》，《征信新闻（重庆）》1947年第553期。

《同丰银行发展业务》，《征信新闻（重庆）》1947年第555期。

《市银行小本工商贷款利率改为六分》，《征信新闻（重庆）》1947年第559期。

《本市钱业公会进行改组》，《征信新闻（重庆）》1947年第559期。

《和成银行将召开联行业务会议》，《征信新闻（重庆）》1947年第572期。

《大裕银行总行迁渝开业公告》，《征信新闻（重庆）》1947年第575期。

《市银行业务颇好》，《征信新闻（重庆）》1947年第585期。

《候财部处理饰金办法，渝银楼业今日停止交易》，《征信新闻（重庆）》1947年第588期。

《银楼业本日下午仍开业》，《征信新闻（重庆）》1947年第588期。

《本市银楼业奉令今起全部停业》，《征信新闻（重庆）》1947年第591期。

《财部徐次长谈银楼可经营银器，改善办法实无考虑余地》，《征信新闻（重庆）》1947年第593期。

《久裕银号即将增资改组》，《征信新闻（重庆）》1947年第599期。

《同生福钱庄困难渡过平安无事》，《征信新闻（重庆）》1947年第599期。

《久裕银号拟在申汉昆筹设分号》，《征信新闻（重庆）》1947年第600期。

《自贡市福华银号迁渝营业》，《征信新闻（重庆）》1947年第619期。

《市银行将举办小额农贷》，《征信新闻（重庆）》1947年第

619 期。

《国行渝分行调整机构》,《征信新闻（重庆）》1947 年第 620 期。

《中国银行重庆分行广告》,《征信新闻（重庆）》1947 年第 620 期。

《中央信托局重庆分局广告》,《征信新闻（重庆）》1947 年第 620 期。

《邮政储金汇业局重庆分局广告》,《征信新闻（重庆）》1947 年第 620 期。

《亚西实业银行召开股东会》,《征信新闻（重庆）》1947 年第 620 期。

《市银行催收紧急工商贷款，迄目前为止已收回二分之一》,《征信新闻（重庆）》1947 年第 627 期。

《市银行开办银行从业人员训练班》,《征信新闻（重庆）》1947 年第 627 期。

《保厚钱庄中华路设储蓄部》,《征信新闻（重庆）》1947 年第 631 期。

《钱庄联合会积极筹备》,《征信新闻（重庆）》1947 年第 666 期。

《本市钱业公会将召开会员大会》,《征信新闻（重庆）》1947 年第 715 期。

《本市钱业公会临时会员大会改期召开》,《征信新闻（重庆）》1947 年第 717 期。

《本市钱业公会今召开理监事联席会》,《征信新闻（重庆）》1947 年第 719 期。

《同丰银行奉准增设宜昌内江二分行》,《征信新闻（重庆）》1947 年第 734 期。

《广告：义丰产物保险公司》,《征信新闻（重庆）》1947 年第 752 期。

《本市开丰银号陕西路奉准设立储蓄部》,《征信新闻（重庆）》1947 年第 752 期。

《开丰银号训练职员开办训练班》，《征信新闻（重庆）》1947
年第 771 期。

《同丰银行内江宜昌二分行筹备就绪明日均正式开业》，《征
信新闻（重庆）》1947 年第 792 期。

《保险业增资问题：渝保险业公会电财部速颁新办法》，《征
信新闻（重庆）》1948 年第 1213 期。

《同生福钱庄利群银行将移址营业》，《征信新闻（重庆）》
1948 年第 1226 期。

《总汇银号宣告倒闭》，《征信新闻（重庆）》1948 年第
1226 期。

《保险业务清淡》，《征信新闻（重庆）》1948 年第 1227 期。

《保险业希望政府扶助》，《征信新闻（重庆）》1948 年第
1231 期。

《本市麦加利银行停业》，《征信新闻（重庆）》1948 年第
1236 期。

《征信新闻（上海）》

《中农行核定渝分行四月份农贷配额》，《征信新闻（上海）》
1948 年第 723 期。

《职业与素养》

泗幸：《内汇管理》，《职业与素养》1939 年第 2 卷第 1 期。

《中国经济评论》

《渝财部宣布商业外汇率》，《中国经济评论》1940 年第 2 卷
第 2 期。

《中国农民银行月刊》

《三年来黄金流动量》，《中国农民银行月刊》1937 年第 2 卷
第 1 期。

《中行月刊》

《重庆钱业概况》，《中行月刊》1930 年第 1 卷第 5 期。

《中农经济统计》

《上海外汇指数》，《中农经济统计》1941 年第 1 卷第 2 期。

《重庆外汇指数及国币购买力平价指数》，《中农经济统计》
1941 年第 1 卷第 2 期。

《重庆申汇行市与日拆》，《中农经济统计》1941 年第 1 卷第
6 期。

辛膺：《抗战期中我国外汇行市变动之经过》，《中农经济统
计》1943 年第 3 卷第 1 期。

《中农月刊》

《重庆申汇行市与日拆》，《中农月刊》1941 年第 2 卷第
11 期。

《重庆市票据交换统计》，《中农月刊》1945 年第 6 卷第
9 期。

《中外经济年报》

《最近一年来之渝津申汇概况》，《中外经济年报》1941 年第
三回。

《经济汇报》

《四川省银行扩充资本为一千万元》，《经济汇报》1939 年第
1 卷第 2 期。

《"八一三"前后之我国保险业》，《经济汇报》1940 年第 1
卷第 15 期。

《金融界近讯一束》，《经济汇报》1940 年第 2 卷第 8 期。

《重庆证券交易所请求复业》，《经济汇报》1941 年第 3 卷第
9 期。

邹宗伊：《当前之内地证券市场建立问题》，《经济汇报》1941
年第 4 卷第 2 期。

李荣廷：《论重庆钱庄业》，《经济汇报》1941 年第 4 卷第
11 期。

《平准基金委员会开始在渝供给外汇》，《经济汇报》1941 年

第 4 卷第 12 期。

《渝市票据交换所正积极筹设中》，《经济汇报》1942 年第 5 卷第 1—2 期。

郭荣生：《抗战期中之四川省银行》，《经济汇报》1942 年第 5 卷第 5 期。

罗北辰：《一年来之中央信托局人寿保险业务》，《经济汇报》1942 年第 5 卷第 9 期。

周绍廉：《寿险事业之真谛》，《经济汇报》1942 年第 5 卷第 9 期。

杨章建：《重庆山西票号之兴衰略历》，《经济汇报》1942 年第 6 卷第 4 期。

《各地经济市况·重庆》，《经济汇报》1943 年第 7 卷第 4 期。

《银钱业零讯》，《经济汇报》1943 年第 7 卷第 5 期。

《各地经济市况·重庆》，《经济汇报》1943 年第 7 卷第 5 期。

《金融·各地金融市况》，《经济汇报》1943 年第 8 卷第 4 期。

《四川省银行办理重庆市小工业放款暂行办法》，《经济汇报》1943 年第 8 卷第 9—10 期。

朱耀初：《近年来重庆市之金融组织》，《经济汇报》1944 年第 9 卷第 1 期。

李荣廷：《中国保险业之回顾与前瞻》，《经济汇报》1944 年第 9 卷第 2 期。

《增订银号钱庄改组为银行办法》，《经济汇报》1944 年第 9 卷第 8 期。

李荣廷：《重庆市银钱业联合准备委员会之任务平议》，《经济汇报》1944 年第 10 卷第 1 期。

《重庆市钱业公会即改组》，《经济汇报》1944 年第 10 卷第 3 期。

《渝市保险业请设联合再保委员会》，《经济汇报》1944 年第 10 卷第 3 期。

《中央银行月报》

《商业同业公会法》（1938 年 1 月 13 日），《中央银行月报》1938 年第 7 卷第 3 期。

《财政部规定购买外汇请核办法》，《中央银行月报》1938 年第 7 卷第 3 期。

《监督银楼业收兑金银办法》，《中央银行月报》1939 年第 8 卷第 1 期。

《取缔收售金类办法》，《中央银行月报》1939 年第 8 卷第 9 期。

《便利内汇暂行办法》，《中央银行月报》1940 年第 9 卷第 8 期。

《非常时期管理银行暂行办法》，《中央银行月报》1940 年第 9 卷第 8 期。

《修正国内汇款统一征费实施细则》，《中央银行月报》1941 年第 10 卷第 9 期。

张度：《二十年来中央银行之变迁》，《中央银行月报》1948 年新 3 卷第 10 期。

杨晓波：《重庆分行之沿革》，《中央银行月报》1948 年新 3 卷第 10 期。

《资源委员会公报》

《沦陷区中中交农四行停业》，《资源委员会公报》1942 年第 2 卷第 2 期。

《总管理处周报》

《同业动态》，《总管理处周报》1946 年第 187 期。

《资本市场》

罗志如、李宗荣：《重庆金融市场概况》，《资本市场》1948 年第 1 卷第 10—12 期。

四、学术著作

[美]迈克尔·沙勒:《美国十字军在中国:1938—1945》,郭济祖译,北京:商务印书馆,1982年。

"近代中国工商经济丛书"编委会:《陈光甫与上海银行》,北京:中国文史出版社,1991年。

《近代中国典当业》编委会:《近代中国典当业》,北京:中国文史出版社,1996年。

陈岩松:《中华合作事业发展史》(上),台北:台湾商务印书馆,1983年。

戴建兵:《白银与近代中国经济(1890—1935)》,上海:复旦大学出版社,2005年。

杜元载:《革命人物志》(第八集),台北:"中央"文物供应社,1971年。

复旦大学中国金融史研究中心:《中国金融制度变迁研究》,上海:复旦大学出版社,2008年。

傅为群:《近代民间金融图志》,上海:上海书店出版社,2007年。

胡致祥:《贵州经济史探微》(内部资料),贵州省史学学会近现代史研究会,1996年。

黄鉴晖:《山西票号史》(修订本),太原:山西经济出版社,2002年。

黄立人:《抗战时期大后方经济史研究》,北京:中国档案出版社,1998年。

《交通银行史》编委会:《交通银行史》(第一卷),北京:商务印书馆,2014年。

孔令仁、李德征:《中国近代企业的开拓者》(下册),济南:山东人民出版社,1991年。

兰日旭：《中国金融现代化之路——以近代中国商业银行盈利性分析为中心》，北京：商务印书馆，2005 年。

李平生：《烽火映方舟——抗战时期大后方经济》，桂林：广西师范大学出版社，1995 年。

李一翔：《近代中国银行与钱庄关系研究》，上海：学林出版社，2005 年。

刘夏：《超级大亨虞洽卿》，北京：中国城市出版社，2011 年。

刘志英、张朝晖等：《抗战大后方金融研究》，重庆：重庆出版社，2014 年。

罗瑞：《近代金融奇才周作民传》，石家庄：河北人民出版社，1995 年。

南开大学世界近现代史研究中心：《世界近现代史研究》（第三辑），北京：中国社会科学出版社，2006 年。

潘子豪：《中国钱庄概要》，沈云龙：《近代中国史料丛刊正编》第八十八辑（876），台北：文海出版社，1987 年。

时事问题研究会：《抗战中的中国经济》，中国现代史资料编辑委员会翻印，北京：北京大学印刷厂，1957 年。

寿充一、寿乐英：《中央银行史话》，北京：中国文史出版社，1987 年。

宋佩玉：《近代上海外汇市场研究（1843—1949）》，上海：上海人民出版社，2014 年。

王丹莉：《银行现代化的先声——中国近代私营银行制度研究（1897—1936）》，北京：中国金融出版社，2009 年。

王绍荃：《四川内河航运史（古、近代部分）》，成都：四川人民出版社，1989 年。

隗瀛涛、周勇：《重庆开埠史》，重庆：重庆出版社，1983 年。

隗瀛涛：《近代重庆城市史》，成都：四川大学出版社，1991 年。

隗瀛涛：《重庆城市研究》，成都：四川大学出版社，1989 年。

吴承明：《中国资本主义与国内市场》，北京：中国社会科学出版社，1985年。

吴冈：《旧中国通货膨胀史料》，上海：上海人民出版社，1958年。

吴景平：《宋子文政治生涯编年》，福州：福建人民出版社，1998年。

吴景平等：《抗战时期的上海经济》，上海：上海人民出版社，2001年。

吴康零：《四川通史》（卷六，清），成都：四川人民出版社，2010年。

吴申元、郑韫瑜：《中国保险史话》，北京：经济管理出版社，1993年。

徐矛、顾关林、姜天鹰：《中国十银行家》，上海：上海人民出版社，1997年。

杨培新：《旧中国的通货膨胀》，北京：生活·读书·新知三联书店，1963年。

李占才：《中国铁路史（1876—1949）》，汕头：汕头大学出版社，1994年。

于素云、张俊华、周品威：《中国近代经济史》，沈阳：辽宁人民出版社，1983年。

张公权：《中国通货膨胀史（1937—1949年）》，杨志信摘译，北京：文史资料出版社，1986年。

张国辉：《晚清钱庄和票号研究》，北京：社会科学文献出版社，2007年。

张国辉：《中国金融通史》（第二卷），北京：中国金融出版社，2003年。

赵兰亮：《近代上海保险市场研究（1843—1937）》，上海：复旦大学出版社，2003年。

郑焱、蒋慧：《陈光甫传稿》，长沙：湖南师范大学出版社，2009年。

《中国保险史》编审委员会：《中国保险史》，北京：中国金融出版社，1998 年。

中国人民银行金融研究所：《中国农民银行》，北京：中国财政经济出版社，1980 年。

中国人民银行总行金融研究所金融历史研究室：《近代中国的金融市场》，北京：中国金融出版社，1989 年。

中国银行行史编辑委员会：《中国银行行史（1912—1949）》，北京：中国金融出版社，1995 年。

重庆金融编写组：《重庆金融》（上、下卷），重庆：重庆出版社，1991 年。

周凝华、田海蓝：《卢作孚和民生公司》，郑州：河南人民出版社，1998 年。

周天豹、凌承学：《抗日战争时期西南经济发展概述》，重庆：西南师范大学出版社，1988 年。

周勇：《重庆抗战史：1931—1945》，重庆：重庆出版社，2013 年。

周勇：《重庆通史》，重庆：重庆出版社，2002 年。

朱汉国、杨群：《中华民国史》（第九册），成都：四川人民出版社，2006 年。

五、学术论文

《创议设立中国（建设）银公司缘起》，《档案与史学》1998 年第 6 期。

《民国时期中央银行历史沿革及业务状况》，《档案与史学》2003 年第 3 期。

《四明银行行史资料》，《档案与史学》2002 年第 6 期。

《徐新六、胡笔江遇难纪念史料选辑》，《档案与史学》2003 年第 6 期。

林幸司：《日中战争与重庆银行业》，《抗日战争研究》2013 年第 4 期。

白兆渝：《刘湘与四川地方银行》，《文史杂志》2002 年第 6 期。

陈礼茂：《抗战时期中国通商银行的内迁和战后的复员》，《上海商学院学报》2011 年第 1 期。

陈敏：《民国时期的重庆钱庄业》，硕士学位论文，四川大学，2003 年 5 月。

陈默：《清末民初四川铸行银元铜元简述》，《西南金融》1989 年第 S1 期。

戴建兵、史红霞：《近代上海黄金市场研究（1921—1935 年）》，《黄金》2003 年第 3 期。

付晓飞：《抗战时期大后方金城银行研究》，硕士学位论文，西南大学，2015 年。

郭晋昌：《重庆早期的保险市场》，《当代保险》1989 年第 8 期。

郝明超：《1927—1937 年中国金融制度现代化研究》，硕士学位论文，哈尔滨工业大学，2014 年。

黄立人：《四联总处的产生、发展和衰亡》，《中国经济史研究》1991 年第 2 期。

黄艳：《聚兴诚银行的经营理念与特色（1937—1945）》，硕士学位论文，西南大学，2011 年。

姜帅：《四川美丰银行研究（1922—1950）》，硕士学位论文，西南大学，2013 年。

郑仲兵、李宇锋、康国雄：《康心如和四川美丰银行》，《中国改革》2010 年第 5 期。

李睿：《重庆近代金融建筑研究》，硕士学位论文，重庆大学，2006 年。

李涌金、胡厚强：《爱国金融巨子胡笔江》，《上海人大月刊》2009 年第 5 期。

刘鼎铭：《中央信托局概略》，《民国档案》1999 年第 2 期。

刘方健：《近代重庆金融市场的特征与作用》，《财经科学》1995 年第 3 期。

刘志英、杨朋辉：《抗战爆发前的重庆银行公会》，《西南大学学报》（社会科学版）2010 年第 3 期。

刘志英：《关于抗战时期建立后方证券市场之论争》，《西南大学学报》（社会科学版）2007 年第 4 期。

刘志英：《近代证券市场与西部发展的关联——以重庆为例》，《重庆社会科学》2009 年第 1 期。

刘志英：《抗战大后方重庆金融中心的形成与作用》，《中国社会经济史研究》2013 年第 3 期。

芦智龙：《聚兴诚银行业务变迁研究（1937—1945）》，硕士学位论文，重庆师范大学，2012 年。

栾成斌：《川渝地区金融地理研究（1890—1949）》，博士学位论文，西南大学，2014 年。

吕树杰：《和成钱庄的现代化变革》，《重庆交通大学学报》（社会科学版）2015 年第 6 期。

吕树杰：《和成银行研究》，硕士学位论文，西南大学，2016 年。

马华：《北洋政府时期中国金融现代化研究——以银行业为例》，硕士学位论文，郑州大学，2007 年。

秦素碧：《民国时期四川典当业研究》，硕士学位论文，四川大学，2003 年。

屈利伟：《抗战时期重庆保险业研究（1937—1945）》，硕士学位论文，西南大学，2012 年。

任荣：《民国时期合作运动发展述略》，《档案与史学》2000 年第 5 期。

石丽敏：《四川盐载保险研究》，硕士学位论文，四川大学，2003 年。

时广东：《1905—1935：中国近代区域银行发展史研究——以聚兴诚银行、四川美丰银行为例》，博士学位论文，四川大学，

2005 年。

时广东：《军阀控制时期的四川美丰银行》，《社会科学研究》2004 年第 6 期。

唐学峰：《抗战前的重庆钱庄》，《成都大学学报》（社会科学版）1991 年第 2 期。

田茂德、吴瑞雨、王大敏：《辛亥革命至抗战前夕四川金融大事记（初稿）》（一），《四川金融研究》1984 年第 4 期。

田茂德、吴瑞雨、王大敏：《辛亥革命至抗战前夕四川金融大事记（初稿）》（二），《四川金融研究》1984 年第 5 期。

田茂德、吴瑞雨、王大敏：《辛亥革命至抗战前夕四川金融大事记（初稿）》（三），《四川金融研究》1984 年第 8 期。

田茂德、吴瑞雨、王大敏：《辛亥革命至抗战前夕四川金融大事记（初稿）》（四），《四川金融研究》1984 年第 9 期。

田茂德、吴瑞雨、王大敏：《辛亥革命至抗战前夕四川金融大事记（初稿）》（五），《四川金融研究》1984 年第 10 期。

王洪涛：《成长与迟滞：近代中国华商保险业发展历程的历史考察（1865—1945）》，硕士学位论文，厦门大学，2006 年。

王理想：《从中华民国成立到抗战时期地方财政的演变》，《新西部》2013 年第 9 期。

王培培：《抗战时期四明商业储蓄银行内迁及发展研究》，硕士学位论文，上海师范大学，2014 年。

王巍：《民国时期兰州金融近代化研究》，硕士学位论文，西北师范大学，2013 年。

王颖：《近代西北农村金融现代化转型初论》，《史林》2007 年第 2 期。

魏浩然：《中国中央银行的现代化（1928—1945）——以银行立法为视角》，硕士学位论文，广西师范大学，2005 年。

吴筹中、朱肖鼎：《清末民初的四川省纸币》，《西南金融》1989 年第 S1 期。

吴景平、史立丽：《上海金融的现代化与国际化国际学术讨论会综述》,《历史研究》2002 年第 5 期。

吴景平:《近代中国金融中心的区域变迁》,《中国社会科学》1994 年第 6 期。

吴景平:《上海金融业与太平洋战争爆发前上海的外汇市场》,《史学月刊》2003 年第 1 期。

伍野春、阮荣:《蒋介石与四联总处》,《民国档案》2001 年第 4 期。

向仪:《户部官票、大清宝钞——清咸丰时期曾在四川发行的纸币》,《西南金融》1989 年第 S1 期。

徐琳:《试论抗战时期的邮政储金汇业局》,《社科纵横》2007 年第 11 期。

杨红伟、李浩功:《20 世纪上半叶甘肃金融现代化进程评议(下)——基于制度变迁的考察》,《社会纵横》2015 年第 7 期。

杨丽媛:《论抗战时期重庆市临时参议会参议员构成特点》,《红岩春秋》2016 年第 2 期。

杨朋辉:《川盐银行业务变迁研究(1937—1945)》,硕士学位论文,西南大学,2010 年。

张家胜、王磊:《侵华日军谋杀银行家徐新六的内幕》,《文史春秋》2006 年第 9 期。

张建涛:《南京国民政府时期四川农村金融的现代化转型初探》,《云南财经大学学报》(社会科学版)2009 年第 2 期。

张乃中:《孔祥熙银行思想研究》,《山西财政税务专科学校学报》2006 年第 4 期。

张善熙:《清末民初四川银两制度简述》,《西南金融》1989 年第 S1 期。

张守广:《简论四川财团的形成、发展与特点》,《西南师范大学学报》(人文社会科学版)2005 年第 1 期。

张天政、李冬梅:《20 世纪 40 年代前期重庆银行公会对政府金融法规的因应》,《中国经济史研究》2013 年第 1 期。

张振江、任东来:《陈光甫与中美桐油、滇锡贷款》,《抗日战

主要参考文献 | 657

争研究》1997 年第 1 期。

张仲：《康心如与四川美丰银行》，《重庆与世界》2010 年第
9 期。

赵秀芳：《抗战前十年中国金融业的现代化趋向》，《文史哲》
2003 年第 4 期。

郑成林：《从双向桥梁到多边网络——上海银行公会与银行业
（1918—1936）》，博士学位论文，华中师范大学，2003 年。

朱智文、杨红伟：《20 世纪上半叶甘肃金融现代化进程评议
（上）——基于制度变迁的考察》，《甘肃社会科学》2007 年第
6 期。

邹晓昇：《中国农民银行与农村金融现代化》，硕士学位论
文，河北大学，2003 年。

后　记

本书作为重庆大学出版社组织出版的"重庆近代城市历史研究丛书"之一，是近代重庆城市史的一个组成部分。从 2015 年的最初酝酿，到如今交出版社付梓，已经整整三年的时间过去了，回想起来，感慨良多。

　　记得 2015 年夏天，重庆大学出版社学术出版中心屈腾龙先生和张慧梓女士，冒着酷暑来到西南大学抗战大后方历史文化研究中心，邀请我参加这套丛书的写作，对近代重庆的金融史做一个全面的梳理与研究，我当即欣然同意。

　　因为重庆不仅是一座英雄的城市，更是一片总让我们心潮澎湃的热土，不仅是青年时代编织梦想与追求的地方，还是若干年后跋涉于书山中的我们学术起步的发祥地，更是我们如今工作生活的地方。自从 2007 年夏天我们回到西南大学工作，开始步入了抗战大后方金融史研究的学术新领域，重庆就一直是我们学术关注的重点。这里是抗战大后方的经济金融中心，承载着全民族抗战走向胜利的基础，这里是近代中国西部地区经济与金融的区域中心，承载着西部地区迈向现代化的重任。经过多年的关注，我们不仅想挖掘抗战时期的重庆金融历史，更希望以此为契机，梳理近代重庆开埠以来的金融发展演变的历史，于是，我们愉快地接受了这个邀请。

　　这个项目的启动会是 2016 年 1 月 15 日在重庆大学虎溪校区出版社大楼召开的，当时确定的大致题目，就是"近代重庆金融"。此后，我们即正式进入了课题的研究中，在进行研究后，我们才逐渐感到，这本书稿的工程之浩大远超预期。从时间来看，跨度大，从我们熟悉的全面抗战时期，向上推到了晚清的鸦片战争时期，向下延长到了 1949 年中华人民共和国成立前，上下 110 年的历史，从晚清—民国的北京政府—南京国民政府统治的前期—全面抗战时期—抗战之后至国民政府大陆政权覆亡。从内容来看，近代重庆的金融业包括货币、金融机构、金融市场等方方面面，包罗万象，要在短时间里做到详尽而全面地反映，难度极大。因此，在研究体系的架构中，首先面临的问题，就是以怎样的主题来统领上述林林总总的研究对象？ 选择一个怎样的视角来贯穿研究的始终？ 经过反复讨论，最终我们以"现代化"作为贯穿近代重庆金融研究的视角，主要探寻重庆金融从传统向现代化的转型，于是将书名定为 "现代化视野下的重庆金融1840—1949"。

历史研究的基础是史料，而史料的搜集是非常辛苦的事，虽然当今已经进入数据化时代，搜集资料的烦琐度大大降低，效率大为提高。 记得20年前，我到上海复旦大学做访问学者及后来读博士研究生的时候，当时的民国报刊与著作都还没有数据化，散见于各高校及各地的图书馆中，且很不完整，常常需要耗费大量的时间去手工爬梳史料。 而如今，各种数据库，如大成老旧刊全文数据库、全国报刊索引、瀚堂近代报刊数据库等，为我们提供了较为方便快捷的资料获取渠道，节省了大量的时间。 即便如此，面对浩瀚庞杂的史料，还是需要以极耐心谨慎的态度，进行鞭辟入里的解读和消化。 我们在研究的过程中， 就不断地为甄别史料，准确运用史料而苦苦思索，一天甚至几天都没有进展。 我们常常为了一个问题、一段史料而苦思冥想、茶饭不思、寝食难安，甚至梦中都在做研究或者被出版社催交书稿。

尤其艰难的是，在接受了这个任务的同时，我们还承担着其他国家级、省部级、市级等多项研究课题的任务，以及日常的繁重教学任务。 因此，三年来，我们几乎放弃了一切休闲娱乐，全身心投入研究和工作。 为了使这部书稿成为系统全面地反映近代重庆金融史的作品，不仅能尽快问世，而且经得起历史的检验，成为信史，我们只有在实事求是精神的指导下，夜以继日、废寝忘食地埋头苦干，不仅取消了这三年的所有寒暑假中的外出度假计划，还把2013年的国家社科基金项目"抗战大后方金融网的构建与变迁"，以及其他研究项目往后推迟结项。 特别是今年夏天，重庆遭遇多年未有的高温酷暑，也正是完成书稿的最后冲刺阶段，我们在陋室里，顶着38～40摄氏度的高温，挥汗如雨，不分白天黑夜地研究和写作。 终于，在暑假结束新学期开学之际的今天完成了书稿，可以付梓出版了。

在本书的写作过程中，我的博士研究生张秀梅与张格也积极支持与参与，张秀梅提供了第 8 章"近代重庆的新式金融家与金融人才的培养"的初稿，张格提供了第 5 章"全面抗战时期的重庆金融现代化（下）"及第 6 章"抗战结束后重庆金融现代化的停滞"两章的初稿。尽管在后来的成书中，我们对此进行了大量内容的充实与观点的提升，但仍衷心感谢二位博士研究生的辛苦劳作！本书在研究过程中还得到西南大学中央高校基本科研项目"抗战大后方的经济发展与社会变迁研究"（项目批准号：SWU1709122）的支持，特此感谢！

在书稿的写作与出版中，感谢重庆大学出版社的编辑们，本来书稿预定是在 2017 年春节前后完稿，作为重庆市直辖 20 周年的一个献礼，由于体系庞大，更由于我们教学工作等事务繁多，时间安排不够，没能如期完成，但重庆大学出版社给了我们最大的关心、鼓励和包容，宽限了我们时间，才使书稿最终得以完成。在此，向重庆大学出版社的同志以及在笔者写作、出版本书过程中给笔者提供过各种帮助的人们，致以衷心感谢！

刘志英、张朝晖
2018 年 9 月 10 日于重庆北碚北泉花园